독자의 1초를
아껴주는 정성을
만나보세요!

세상이 아무리 바쁘게 돌아가더라도 책까지 아무렇게나 빨리 만들 수는 없습니다.

인스턴트 식품 같은 책보다 오래 익힌 술이나 장맛이 밴 책을 만들고 싶습니다.

땀 흘리며 일하는 당신을 위해 한 권 한 권 마음을 다해 만들겠습니다.

마지막 페이지에서 만날 새로운 당신을 위해 더 나은 길을 준비하겠습니다.

길벗IT 도서 열람 서비스

도서 일부 또는 전체 콘텐츠를 확인하고 읽어볼 수 있습니다.
길벗만의 차별화된 독자 서비스를 만나보세요.

더북(TheBook) ▶ https://thebook.io

더북은 (주)도서출판 길벗에서 제공하는 IT 도서 열람 서비스입니다.

AWS UNYO NYUMON

Copyright © 2023 Yoichi Satake, Shohei Yamasaki, Masaru Okura, Yusuke Mine
All rights reserved.

Original Japanese edition published by SB Creative Corp.
Korean translation rights © 2024 by GILBUT PUBLISHING CO., LTD
Korean translation rights arranged with SB Creative Corp., Tokyo through Botong Agency, Seoul, Korea

이 책의 한국어판 저작권은 Botong Agency를 통한 저작권자와의 독점 계약으로 길벗이 소유합니다.
신 저작권법에 의하여 한국 내에서 보호를 받는 저작물이므로 무단전재와 무단복제를 금합니다.

IT 엔지니어를 위한 AWS 운영의 기본과 노하우
AWS運用入門

초판 발행 • 2024년 8월 22일

지은이 • 사타케 요이치, 야마사키 쇼헤이, 오구라 마사루, 미네 유스케
옮긴이 • 서수환
발행인 • 이종원
발행처 • (주)도서출판 길벗
출판사 등록일 • 1990년 12월 24일
주소 • 서울시 마포구 월드컵로 10길 56(서교동)
대표 전화 • 02)332-0931 | **팩스** • 02)323-0586
홈페이지 • www.gilbut.co.kr | **이메일** • gilbut@gilbut.co.kr

기획 및 책임편집 • 이다인(dilee@gilbut.co.kr) | **디자인** • 박상희 | **제작** • 이준호, 손일순, 이진혁
영업마케팅 • 임태호, 전선하, 차명환, 박민영, 지운집, 박성용 | **유통혁신** • 한준희 | **영업관리** • 김명자 | **독자지원** • 윤정아

교정교열 • 김윤지 | **전산편집** • 박진희 | **출력 · 인쇄 · 제본** • 정민

▶ 잘못 만든 책은 구입한 서점에서 바꿔 드립니다.
▶ 이 책은 저작권법에 따라 보호받는 저작물이므로 무단전재와 무단복제를 금합니다.
   이 책의 전부 또는 일부를 이용하려면 반드시 사전에 저작권자와 (주)도서출판 길벗의 서면 동의를 받아야 합니다.

ISBN 979-11-407-1422-3 93000
(길벗 도서번호 080395)

정가 38,000원

독자의 1초를 아껴주는 정성 길벗출판사

(주)도서출판 길벗 | IT교육서, IT단행본, IT교육서, IT단행본, 경제경영, 교양, 성인어학, 자녀교육, 취미실용 www.gilbut.co.kr
길벗스쿨 | 국어학습, 수학학습, 어린이교양, 주니어 어학학습, 학습단행본 www.gilbutschool.co.kr

페이스북 • www.facebook.com/gbitbook

IT 엔지니어를 위한 AWS 운영의 기본과 노하우

RUNNING AWS

사타케 요이치, 야마사키 쇼헤이,
오구라 마사루, 미네 유스케 지음 | 서수환 옮김

길벗

지은이의 말

이 책은 이제 막 AWS(Amazon Web Services)를 학습하기 시작한 신입 사원이나 지금까지 온프레미스 운영을 맡았던 엔지니어를 대상으로 합니다. AWS를 사용한 시스템이나 IT 서비스를 안정적이고 지속적으로 제공하는 데 필수적인 **AWS 운영 방법을 알려 주는 입문서**입니다.

AWS를 비롯한 클라우드 환경은 과거 십여 년 사이에 비약적으로 성장해 왔으며, 지금은 수많은 기업이 AWS를 활용해서 자사 시스템이나 IT 서비스를 구축합니다. 게다가 최근에는 DX(디지털 트랜스포메이션) 일환으로 클라우드가 더욱 주목받고 있습니다. 이런 이유로 클라우드 시스템의 운영 및 관리 노하우와 관련한 수요도 매년 늘어나고 있습니다.

한편 **운영 관련 정보나 노하우**는 부족하다 보니 상당수 엔지니어가 주먹구구식으로 하루하루 AWS를 운영하는 실정입니다. 이 책에서는 EC2, RDS, S3 등 AWS의 기본 서비스뿐만 아니라 백업과 복원, 보안 통제, 감사 관련 서비스 등 **엔지니어가 꼭 알아야 할 AWS 운영 전반과 운영 노하우를 체계적으로 꼼꼼하게 설명합니다**. 또 실제 업무에 도움이 되고 운영할 때 주목해야 하는 포인트와 구체적으로 설정하는 방법까지 다양하게 소개합니다. 이 책은 기초 지식과 실무 수준의 노하우를 모두 담아 업무에 도움이 되는 능력을 한 권으로 습득할 수 있도록 만들었습니다. 실제로 이 책에는 매일 AWS를 사용하여 시스템을 운영하는 현역 엔지니어의 유용한 노하우를 집약해 놓았습니다.

우리가 스트레스받을 일 없이 시스템과 IT 서비스를 일상적으로 이용할 수 있는 것은 가동 중인 시스템을 매일 누군가가 '운영'하고 있기 때문입니다. AWS에만 한정된 이야기는 아니지만, **시스템은 구축한 이후의 '운영'이 아주 중요합니다.** 따라서 이 책은 운영 관련 기초 지식을 먼저 설명하고 점차 실무 수준의 깊은 내용으로 진행합니다. 이런 과정을 즐기면서 읽길 바랍니다.

이 책이 여러분이 AWS 운영을 배우고 익히는 데 진심으로 도움이 되길 바랍니다.

2024년 3월
필자 일동

옮긴이의 말

어떤 변화는 비가역적입니다. 한번 경험하면 그 이전으로 되돌아갈 수 없는 것들이 있지요. 자동차, 웹, 스마트폰이 그런 예입니다. 그리고 우리는 서버를 사서 쓰는 것이 당연한 시대에서 빌려서 쓰는 것이 당연한 클라우드의 시대로 넘어왔습니다. AWS는 IT 관련 생태계와 비즈니스 환경에 아주 커다란 변화를 불러왔습니다. 개발자에게 클라우드 도입은 더 이상 선택의 문제가 아니라 필수에 가깝습니다. 이제 클라우드는 더 이상 뜬구름 잡는 소리가 아니라 마치 수돗물이나 전기처럼 너무나 당연하게 쓰는 기술입니다.

이 책은 이런 클라우드의 대표적인 서비스인 AWS를 시작하고 운영하는 데 필요한 노하우를 담고 있습니다. 실제로 어떤 서비스를 선택해서 어떻게 구성하고, 최소 비용으로 최대 효과를 얻을 수 있는지와 같은 실무에 필요한 기법은 공부와 실습이 필요한 영역입니다. 이 책은 이런 부분을 이해하는 데 많은 도움이 되는 내용입니다. 전부 외울 필요 없이 어떤 것이 있는지 전체를 훑어보고 필요할 때마다 찾아보면 좋은 책이라고 생각합니다. 클라우드의 최대 장점인 필요할 때 바로바로 쓸 수 있는 것처럼 이 책도 그렇습니다.

"작게 시작해서 크게 키우기"

사업도 사랑도 사람도 인생도, 결국 대부분의 세상살이가 이런 것이 아닐까요? 이 책으로 여러분도 클라우드를 즐겁게 시작해 보기 바랍니다. 실력을 키우는 것은 한 번에 되는 것이 아니라 한 땀 한 땀 노력이 모인 결과입니다. 이 책을 번역하려고 AWS 자격증을 딴 저처럼 말이죠. :)

언제나 응원하고 지켜봐 주신 사랑하는 가족과 좋은 책을 만드는 데 도움을 주신 편집자분께 감사드립니다.

2024년 여름의 문턱에서

서수환

베타리딩 후기

배우려는 의지를 가지고 이 책을 펼쳤다면, 모든 준비가 끝났습니다. 이후 책에 담겨 있는 내용은 독자가 알고 싶어 하는 what, why를 친절하게 설명한 후 어떻게 적용할 수 있는지 how도 가이드하고 있기 때문입니다. 단순히 정의만 담고 있는 책이 아니라, 방대한 AWS 서비스 중에서 주로 쓰는 서비스가 무엇인지도 알려 주는 실무자를 위한 책입니다. 또 저처럼 AWS 기본 지식은 있지만 운영 실무가 처음인 사람에게는 지침서가 되어 줄 것입니다. 이 책을 잘 읽기만 해도 책에서 알려 주는 Well-Architected 프레임워크를 구상할 수 있겠다는 생각이 듭니다. AWS 서비스를 운영해야 하는 모든 분께 이 책을 강력히 추천합니다.

김혜미, 가비아 시스템 엔지니어

이 책은 AWS 클라우드 환경에서 시스템을 운영하는 포괄적인 가이드를 제공합니다. 각 장은 주제를 정의하는 기초 단계부터 이와 관련한 AWS 서비스를 소개하고 해당 서비스를 이용할 때 주의할 점과 궁금증을 해소하는 실무 단계로 나뉘어져 있습니다. 이 장들이 단계별로 진행되어 AWS의 핵심 개념을 쉽게 이해하고 실제 환경에 적용할 수 있도록 도와주고 있어 내용을 이해하는 데 도움이 되었습니다. AWS를 처음 접하는 독자부터 AWS 공식 문서를 읽었지만 제대로 개념을 이해하지 못했거나 정의된 내용 이상의 이해가 필요한 독자에게 강력히 추천합니다.

이호섭, 이커머스 프런트엔드 개발자

AWS 서비스를 사용하기 전에 해당 서적을 읽어 보니, 운영 측면뿐만 아니라 AWS가 왜 만들어졌는지 등 배경도 상세하게 설명하고 있습니다. 개인적으로 놀란 부분은 복잡한 AWS Cloud 구조를 한 땀 한 땀 그림으로 표현하여 설명하고 있다는 점입니다. 클라우드 관련 업무를 할 때 Devops 영역에 대해 많은 질문과 문의를 받고 있는데, 기술적 배경이 되는 용어를 자세하게 설명하고 있습니다. 특히 AWS 보안 통제 실무 관점에서 관련 내용도 포함되어 있어 현업 담당자가 읽기에도 손색이 없는 좋은 입문서로 이 책을 추천합니다.

황대선, LG유플러스

콘솔 화면을 구체적으로 캡처해서 알려 주어 따라 하기에 좋습니다. 단순한 기능 나열이 아니라, 실제로 현업에서 사용할 때 어떤 목적으로 어떤 서비스를 사용하는지 잘 구분해 놓아서 구성이 매우 알찹니다. 현업에서 AWS를 주로 사용하기에 대부분이 알고 있는 서비스였는데, 콘솔에서 용량을 제한할 수 있다는 것은 처음 배웠습니다. AWS를 운영하고 있는 사람은 물론이고 새로 시작하는 사람에게도 강력히 추천하고 싶습니다.

이장훈, 데브옵스 엔지니어

책 제목 그대로 AWS 운영의 기본 정보와 노하우가 가득 담겨 있습니다. 입문자도 쉽게 접근할 수 있도록 기초 지식을 알려 주고 있으며 AWS의 주요 서비스, 실무 노하우까지 입문, 기초, 실무로 나누어 설명해 줍니다. 많은 이미지와 친절한 설명으로 책을 보고 실습하기 좋게 구성되어 있습니다. 클라우드 서비스에 관심이 있거나 AWS 인프라 구축을 위한 기본서를 찾고 있다면 이 책을 추천합니다.

김기준, 에스에스지닷컴

이 책은 AWS를 처음 접하는 사람에게 매우 유용한 가이드입니다. 실무 경험이 없는 사람도 이해할 수 있도록 직관적이고 상세한 설명을 제공하며, 입문자 눈높이에 맞춘 내용 구성이 돋보입니다. 또 엔지니어가 반드시 알아야 할 핵심 정보와 노하우도 함께 다룹니다. 개인적으로 '9장 보안 통제' 부분이 인상 깊었습니다. AWS 운영을 배우고자 하는 모든 사람에게 강력히 추천합니다.

추상원, 대구대학교 정보보호전공 대학생

클라우드를 공부한다면 점유율과 리더십 측면에서 가장 앞서 있는 AWS 기술을 익히는 것이 당연하다고 생각합니다. 이 책은 AWS 서비스를 알고 있거나 AWS 서비스 운영을 계획 중이라면 꼭 필요한 책입니다. 초보자도 쉽게 이해할 수 있도록 AWS 서비스 운영에 필요한 중요한 기술을 설명하고 있습니다. 각 장은 기초와 실무를 쉽게 설명하며, 실무에서는 각 기술이 어떻게 활용되는지 쉽게 이해할 수 있도록 써 있습니다. AWS 서비스 운영에 큰 도움이 될 이 책을 클라우드를 공부하는 모든 사람에게 추천합니다.

여병훈, 엔티소프트 서버개발자, PM

이 책의 구성

HOW TO OPERATE AWS

이 책은 모두 11장으로 구성되어 있습니다.

- **1~3장:** 입문 파트로 시스템 운영의 전반적인 내용과 클라우드 기초 지식, AWS를 사용한 시스템에서 이용하는 기본적인 AWS 서비스를 설명합니다.
- **4~11장:** 운영과 관련한 내용을 자세히 설명합니다. **기초** 파트에서는 각 운영별로 어떤 운영 업무인지 기초 지식을 설명합니다. 이어서 **실무** 파트에서는 운영에 이용하는 AWS 서비스, 실무에 도움이 되는 노하우를 설명합니다. 각종 운영 설명은 **기초**와 **실무**로 구성됩니다.

1장부터 순서대로 읽으면서 시스템 운영을 체계적으로 배울 수 있도록 구성했습니다. 초보자라면 처음부터 순서대로 읽길 추천합니다. 이미 운영 현장에서 일하고 있거나 지금 바로 도움이 되는 지식을 배우고 싶다면 4장 이후 관심이 가는 장부터 먼저 읽어도 됩니다.

입문 **기초** **실무**

- **노트:** 관련 지식이나 주의 사항을 소개합니다.

> **Note** Aurora에는 PostgreSQL 호환과 MySQL 호환이 있습니다. 백트랙은 MySQL 호환에서만 대응하므로 주의하기 바랍니다.

- **칼럼:** 각 장 주제와 관련한 좀 더 깊은 이야깃거리를 다룹니다. 시스템 운영이나 AWS 서비스를 보다 깊게 이해할 수 있습니다.

> **COLUMN | 공통 취약점 식별자(CVE)**
>
> 미들웨어나 애플리케이션 취약점이 보고되면 식별자를 할당하는데 이런 식별자를 Common Vulnerabilities and Exposures(공통 취약점 식별자) 줄여서 CVE라고 합니다. 취약점에는 CVE-ID 식별 번호가 할당됩니다. CVE는 인터넷에 공개되고 제품의 취약점을 벤더 등이 공표할 때 CVE-ID도 함께 공표합니다. CVE-ID라는 용어는 AWS 패치 적용에도 등장하므로 기억해 둡니다.

목차

1장 시스템 운영의 전체 모습 ····· 19

1.1 입문 시스템이란 20
  1.1.1 시스템 이해 20

1.2 입문 시스템을 이용하기까지 거치는 과정 21
  1.2.1 시스템 수명 주기 21

1.3 입문 시스템 운영 분류 23
  1.3.1 시스템 운영의 세 종류 23

2장 AWS와 클라우드 ····· 27

2.1 입문 온프레미스란 28
  2.1.1 온프레미스 이해 28
  2.1.2 아마존이 안고 있던 문제에서 태어난 AWS 29

2.2 입문 클라우드란 30
  2.2.1 클라우드 이해 30
  2.2.2 클라우드 특징 30

2.3 입문 AWS란 35
  2.3.1 AWS 이해 35

3장 운영할 때 꼭 알아 두어야 할 AWS 서비스 ····· 41

3.1 입문 3장에서 설명하는 서비스 42
  3.1.1 AWS 서비스 이용 분야 42

3.2 입문 네트워크 서비스 43
  3.2.1 Amazon VPC 43
  3.2.2 VPC 기본 통신 제어 44
  3.2.3 AWS에 있는 가상 방화벽 두 개 45

3.3 입문 컴퓨팅 서비스 49
   3.3.1 Amazon EC2   49
   3.3.2 EC2에서 사용하는 IP 주소   52
   3.3.3 EC2 키 페어와 수명 주기   54

3.4 입문 스토리지 서비스 55
   3.4.1 Amazon EBS   55
   3.4.2 Amazon S3   58
   3.4.3 S3에서 사용하는 용어   58
   3.4.4 S3 기능   60

3.5 입문 데이터베이스 서비스 64
   3.5.1 Amazon RDS   64
   3.5.2 RDS 이중화 구성   68
   3.5.3 RDS 스냅샷과 복원   70

3.6 입문 부하 분산 서비스 72
   3.6.1 Elastic Load Balancing   72
   3.6.2 ALB   74

4장 계정 운영 ····· 77

4.1 기초 계정 운영이란 78
   4.1.1 계정이란   78
   4.1.2 계정 운영에 빠질 수 없는 인증과 인가   78
   4.1.3 계정 운영   80

4.2 실무 AWS 계정 운영 81
   4.2.1 루트 사용자   81

4.3 실무 관련 AWS 서비스 82
   4.3.1 AWS IAM   82
   4.3.2 여러 AWS 계정에서 IAM 사용자를 효율적으로 관리   88

4.4 실무 표본 아키텍처 소개 92
   4.4.1 아키텍처 개요   93

4.5 실무 표본 아키텍처를 운영할 때 주의점   93
   4.5.1 루트 사용자 관리   93
   4.5.2 IAM 사용자 비밀번호 관리   97
   4.5.3 IAM 사용자의 MFA 관리   101
   4.5.4 IAM 사용자 액세스 키의 주기적 교체   106
   4.5.5 계정 운영과 IAM의 지속적인 작업   108

5장 로그 운영 ····· 117

5.1 기초 로그 운영의 이해   118
   5.1.1 로그란   118
   5.1.2 로그 종류와 용도   119
   5.1.3 로그 운영 필요성   120

5.2 실무 AWS의 로그 운영   122
   5.2.1 AWS에서 수집할 수 있는 로그 종류   122
   5.2.2 AWS 서비스별 로그 수집 방법   123

5.3 실무 관련 AWS 서비스   126
   5.3.1 Amazon CloudWatch   126
   5.3.2 Amazon CloudWatch Logs   127
   5.3.3 통합 CloudWatch 에이전트를 이용한 EC2 로그 수집 설정   128
   5.3.4 CloudWatch Logs 이용 요금   129
   5.3.5 CloudWatch Logs Insights   134
   5.3.6 CloudWatch Logs Insights 이용 요금   140
   5.3.7 Amazon Kinesis   141
   5.3.8 Kinesis Data Firehose 이용 요금   144
   5.3.9 Amazon Athena   145
   5.3.10 Athena에서 쿼리 실행   146
   5.3.11 Athena 편리 기능   152
   5.3.12 Athena 이용 요금   158

5.4 실무 표본 아키텍처 소개   160
   5.4.1 아키텍처 개요   161

5.5 실무 표본 아키텍처를 운영할 때 주의점 162
- 5.5.1 EC2 인스턴스가 많을 때 EC2 로그 수집 설정 162
- 5.5.2 AWS Systems Manager Parameter Store 163
- 5.5.3 AWS Systems Manager Run Command 164
- 5.5.4 SSM 에이전트 165
- 5.5.5 통합 CloudWatch 에이전트 설정 적용 167
- 5.5.6 CloudWatch Logs 로그를 Kinesis Data Firehose를 경유해서 S3에 출력 173
- 5.5.7 주의해야 할 액세스 정책 설계 174

5.6 실무 자주 하는 질문 180

6장 모니터링 ····· 185

6.1 기초 모니터링 기초 지식 186
- 6.1.1 모니터링이란 186
- 6.1.2 모니터링에서 해야 할 일 186

6.2 실무 AWS의 모니터링 189
- 6.2.1 모니터링 전체 모습 189

6.3 실무 관련 AWS 서비스 190
- 6.3.1 Amazon CloudWatch Metrics 190
- 6.3.2 Amazon CloudWatch Alarm 193
- 6.3.3 Amazon SNS 195
- 6.3.4 Amazon CloudWatch 대시보드 204
- 6.3.5 Amazon CloudWatch Logs 206
- 6.3.6 EC2 상태 검사와 자동 복구 210
- 6.3.7 AWS Health 213
- 6.3.8 내 계정 상태의 두 가지 알림 215

6.4 실무 표본 아키텍처 소개 219
- 6.4.1 아키텍처 개요 219
- 6.4.2 모니터링 요건 220

6.5 실무 표본 아키텍처를 운영할 때 주의점 220
- 6.5.1 경보 임계 값 재검토 220
- 6.5.2 알림 대상 재검토 221
- 6.5.3 경보 알림 제어 222

7장 패치 적용 223

7.1 기초 패치 적용의 기본 지식 224
- 7.1.1 패치와 패치 적용 224
- 7.1.2 패치 적용 작업 내용 225

7.2 실무 AWS의 패치 적용 226
- 7.2.1 AWS에서 패치 적용이 필요한 서비스 226

7.3 실무 관련 AWS 서비스 226
- 7.3.1 AWS Systems Manager Patch Manager 227
- 7.3.2 패치 기준 228
- 7.3.3 패치 정책 233

7.4 실무 표본 아키텍처 소개 241
- 7.4.1 아키텍처 개요 241

7.5 실무 표본 아키텍처를 운영할 때 주의점 242
- 7.5.1 기본 패치 기준 변경 242
- 7.5.2 패치 정책에서 지정하는 패치 기준 제약 조건 243
- 7.5.3 패치 검증 244
- 7.5.4 온디맨드 패치 적용 245

8장 백업 및 복원 운영 ····· 247

8.1 [기초] **백업이란 248**
    8.1.1 일반적인 백업 248
    8.1.2 시스템 운영에서 빠질 수 없는 백업 248
    8.1.3 백업 취득 방법 249
    8.1.4 백업 취득 단위 250
    8.1.5 백업 세대 관리 251

8.2 [실무] **AWS의 백업 및 복원 운영 253**
    8.2.1 AWS로 구현하는 효율적인 백업 및 복원 운영 254
    8.2.2 EC2 백업 254
    8.2.3 RDS와 Aurora 자동 백업과 스냅샷 255
    8.2.4 Aurora 복원 기능 백트랙과 특정 시점으로 복구 256

8.3 [실무] **관련 AWS 서비스 257**
    8.3.1 AWS Backup 257
    8.3.2 백업 계획 257
    8.3.3 백업 리소스 할당과 서비스 옵트인 260
    8.3.4 AWS Backup에서 백업 다루기 264
    8.3.5 Amazon Data Lifecycle Manager 268

8.4 [실무] **표본 아키텍처 소개 269**
    8.4.1 아키텍처 개요 269
    8.4.2 백업 요건 270

8.5 [실무] **표본 아키텍처를 운영할 때 주의점 271**
    8.5.1 AWS Backup 백업 계획의 태그 설계 271
    8.5.2 AWS Backup 복구 시점에서 복원 272
    8.5.3 EC2에서 주의해야 하는 EBS 초기 성능 저하 274
    8.5.4 RDS, Aurora 복원 275

HOW TO OPERATE AWS

9장 보안 통제 ····· 277

9.1 `기초` 보안이란 278
　9.1.1 보안 기본 지식 278
　9.1.2 보안의 3요소 279
　9.1.3 보안 대책의 딜레마 280

9.2 `실무` AWS 보안 282
　9.2.1 AWS 보안의 전체 모습 283

9.3 `실무` 관련 AWS 서비스(네트워크 트래픽 보호) 288
　9.3.1 AWS Certificate Manager 288
　9.3.2 ACM의 네 가지 특징 290
　9.3.3 ACM 이용 요금 293

9.4 `실무` 관련 AWS 서비스(네트워크, 방화벽 구성) 293
　9.4.1 보안 그룹 293
　9.4.2 보안 그룹 이용 요금 294
　9.4.3 보안 그룹의 네 가지 특징 294
　9.4.4 VPC 관리형 접두사 목록 296
　9.4.5 AWS WAF 299
　9.4.6 AWS WAF 이용 요금 302

9.5 `실무` 관련 AWS 서비스(서버 쪽 암호화) 303
　9.5.1 암호화 기초 지식 303
　9.5.2 AWS KMS 304
　9.5.3 키 정책 생성 예 308
　9.5.4 KMS 이용 요금 311

9.6 `실무` 관련 AWS 서비스(보안 이벤트 대비) 312
　9.6.1 AWS Config Rules 312
　9.6.2 Config Rules 활용 패턴 317
　9.6.3 Config Rules 이용 요금 318
　9.6.4 AWS Security Hub 319
　9.6.5 AWS 계정 보안 상태를 지속적으로 검사하는 기능 319
　9.6.6 Security Hub 분석 결과(Findings) 이해 322
　9.6.7 Security Hub 이용 방법 325
　9.6.8 보안 이벤트 통합 관리 기능 327
　9.6.9 Security Hub 이용 요금 329

9.6.10 Amazon GuardDuty 330
9.6.11 GuardDuty 이용 요금 334
9.6.12 Amazon SNS 336
9.6.13 SNS 이용 요금 340
9.6.14 Amazon EventBridge 341
9.6.15 샌드박스 활용 347
9.6.16 EventBridge 이용 요금 352
9.6.17 AWS Trusted Advisor 353
9.6.18 Trusted Advisor 이용 요금 355

9.7 실무 표본 아키텍처 소개 356
9.7.1 표본 아키텍처 개요 356

9.8 실무 자주 하는 질문 358

10장 감사 준비 ····· 365

10.1 기초 감사 준비 기초 지식 366
10.1.1 감사란 366
10.1.2 감사 준비란 368

10.2 실무 AWS의 감사 준비 370
10.2.1 AWS 감사 구분 370

10.3 실무 관련 AWS 서비스 372
10.3.1 AWS CloudTrail 372
10.3.2 CloudTrail 추적 무결성 수준 높이기 379
10.3.3 CloudTrail 이용 요금 385
10.3.4 AWS Config 386
10.3.5 Config 이용 요금 395
10.3.6 AWS Artifact 396
10.3.7 Artifact 이용 요금 399

10.4 실무 표본 아키텍처 소개 399
10.4.1 표본 아키텍처 개요 399

10.5 실무 자주 하는 질문 400

HOW TO OPERATE AWS

11장 비용 최적화 ····· 401

11.1 기초 AWS(클라우드) 비용 개념 402
- 11.1.1 필요할 때 필요한 만큼만 지불하는 종량 요금제 402
- 11.1.2 비용 최적화 원칙 402

11.2 실무 AWS 비용 최적화 405
- 11.2.1 비용 최적화와 비용 절감의 차이 405
- 11.2.2 비용 최적화는 왜 필요한가? 407
- 11.2.3 비용 최적화 실현에 필요한 네 가지 요소 413
- 11.2.4 비용 최적화 실행 절차 416
- 11.2.5 비용 최적화를 하는 네 가지 방법 420
- 11.2.6 비용 최적화 실행 워크플로 424

11.3 실무 관련 AWS 서비스(AWS 사용료 파악) 425
- 11.3.1 AWS Cost Explorer 425
- 11.3.2 AWS Budgets 429
- 11.3.3 AWS Cost Anomaly Detection 438

11.4 실무 관련 AWS 서비스(태그 추가) 444
- 11.4.1 AWS에서 태그 역할 444
- 11.4.2 비용 할당 태그 446

11.5 실무 관련 AWS 서비스(AWS 이용 상황 분석) 450
- 11.5.1 AWS Cost Explorer 450
- 11.5.2 사용 사례별 검색 조건 452
- 11.5.3 Cost Explorer 보고서 라이브러리 활용 455
- 11.5.4 AWS Compute Optimizer 457
- 11.5.5 Compute Optimizer 이용 요금 462
- 11.5.6 AWS Trusted Advisor 463

11.6 실무 관련 AWS 서비스(비용 최적화 실행) 465
- 11.6.1 예약 인스턴스 465
- 11.6.2 절감형 플랜 477
- 11.6.3 절감형 플랜 구매 방법(Compute Savings Plans) 480
- 11.6.4 예약 인스턴스와 절감형 플랜 비교 487
- 11.6.5 AWS Systems Manager Quick Setup 491

11.7 `실무` **표본 아키텍처 소개** 494
　　11.7.1 표본 아키텍처 개요　495

11.8 `실무` **자주 하는 질문** 495

찾아보기 499

1장
시스템 운영의 전체 모습

AWS 운영을 알아보기 전에 먼저 시스템 운영 목적과 구체적인 업무를 설명합니다. 운영의 전반적인 모습을 파악해 봅시다.

키워드

- 시스템 수명 주기
- 업무 운영
- 인프라 운영
- 운영 관리

1.1 입문 시스템이란

스마트폰에 설치해서 사용하는 앱, 웹에서 물품을 구매할 수 있는 쇼핑 사이트, 업무에 이용하는 앱 등 IT 서비스는 일상생활에서 없어서는 안 될 생활 기반으로 자리 잡았습니다. 이 장에서는 보이지 않는 곳에서 움직이는 이런 IT 서비스의 '시스템'을 이해해 봅니다.

1.1.1 시스템 이해

IT 서비스 이면에서는 다양한 장비나 소프트웨어가 작동합니다. 구체적으로 계산을 처리하는 컴퓨터(서버)와 컴퓨터를 돌아가게 하는 소프트웨어(OS, 미들웨어), 서버에서 작동하는 계산 방법이 정의된 프로그램, 데이터를 저장하는 저장 장치, 서버에서 처리한 데이터를 IT 서비스 사용자에게 전송하는 라우터나 네트워크 회선 등이 있습니다. 이런 시스템 구성 요소를 서로 연계하여 작동시켜서 IT 서비스를 제공하는 것입니다. 예를 들어 회사에서 다양한 사람과 협력해서 일하고 고객에게 가치를 제공하는 것과 비슷합니다.

이처럼 **하드웨어, 소프트웨어, 네트워크, 데이터 등 다양한 요소를 잘 조합해서 전체적으로 기능(서비스)을 제공하는 구조 방식을 시스템**이라고 합니다. 시스템은 서비스를 제공하는 사용자에 따라 B2C 시스템(일반 고객 대상), B2B 시스템(기업 고객 대상), 사내 시스템(사내 직원 대상) 등으로 구분합니다.

▼ 그림 1-1 시스템 뒷면과 시스템 종류

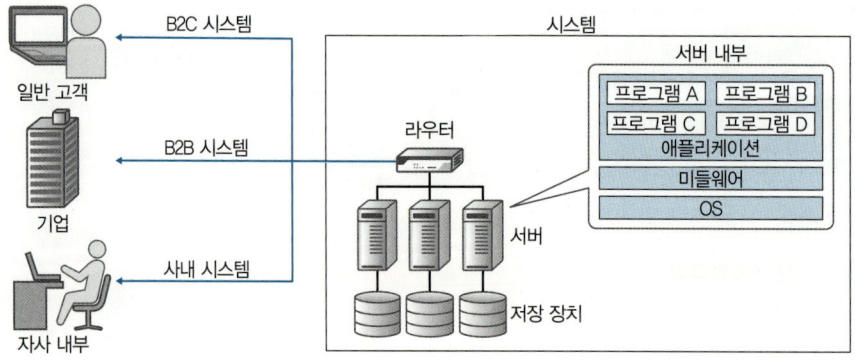

1.2 입문 시스템을 이용하기까지 거치는 과정

시스템 운영을 이야기하기 전에 먼저 평소에 사용하는 시스템이 어떤 과정을 거쳐 개발되고 서비스로 제공되는지 그 수명 주기를 알아봅시다.

1.2.1 시스템 수명 주기

기업은 회사의 비즈니스를 성장시킬 목적으로 시스템 도입 여부를 결정합니다. 시스템을 도입하기로 결정했다면 해당 시스템에 필요한 기능 요구 사항과 비기능 요구 사항(보안 요건 등)을 도출하고 정리해서 요건을 정의합니다. 그 후 정리된 요건을 실현하는 데 필요한 시스템 구조나 상세한 시스템 설정 값 등을 검토하고 정리해서 실제로 시스템을 개발하기 시작합니다. 시스템이 완성되면 서비스 제공을 시작하기 전에 올바르게 작동하는지 테스트를 실시합니다. 이렇게 해서 무사히 테스트가 끝난 시스템은 정식으로 출시되어 사용자가 이용할 수 있는 시스템으로 가동되기 시작합니다.

하지만 한번 출시된 시스템을 영구적으로 가동할 수 있는 것은 아닙니다. 고장 난 장비를 수리하거나 더 좋은 서비스를 제공하는 신기능을 추가하는 등 출시 후에도 다양한 업무가 필요합니다. **시스템 운영은 이런 시스템이 출시되고 나서 서비스 제공을 종료할 때까지 안정적으로 계속 작동하도록 시스템을 유지하고 관리하는 일을 의미합니다.** B2B 시스템을 제공한다고 가정해 봅시다. 시스템 운영을 소홀히 해서 시스템이 중지되면 고객 업무에도 심각한 문제가 생깁니다. 최악의 경우에는 고객 기업의 영업 손실까지 발생할 수 있습니다. 당연히 고객 입장에서 이렇게 자사에 손해를 끼친 시스템을 계속해서 이용할 수는 없으므로 이는 시스템 이용 중지, 즉 서비스 이용 해지로 이어집니다. 시스템 운영은 사용자가 계속해서 시스템을 이용할 수 있게 할 뿐만 아니라 서비스를 제공하는 자사 이익을 지키는 일이기도 합니다.

시스템 운영은 대부분 요건 정의나 기본 설계와 함께 동시에 검토됩니다. 보통은 그림 1-2와 같이 운영 범위 정의, 운영 기본 설계, 운영 상세 설계, 운영 테스트를 실시합니다. 이처럼 동시에 검토하는 이유는 출시한 후에 시스템 운영과 관련된 일을 정리하려면 재작업이 발생하고 안정적으로 시스템을 운영하는 데 악영향을 줄 수 있기 때문입니다.

▼ 그림 1-2 시스템 수명 주기

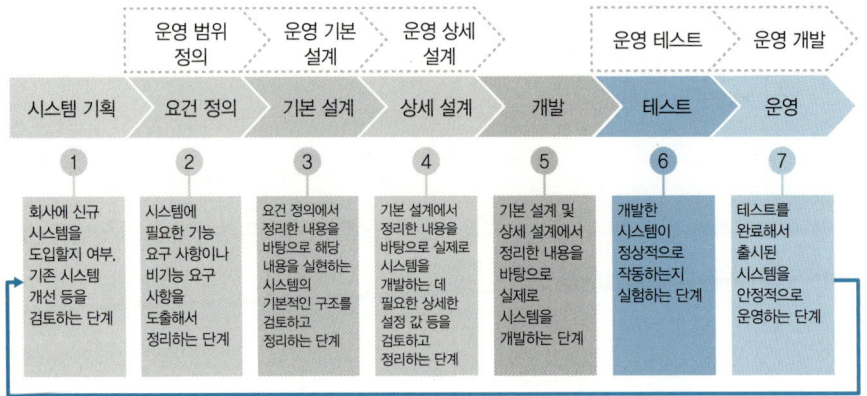

COLUMN ≡ | 기능 요구 사항과 비기능 요구 사항

시스템 수명 주기 중에서 기초 단계에 해당하는 요건 정의는 시스템에 필요한 기능 요구 사항과 비기능 요구 사항을 도출해서 정리한다고 소개했습니다. 이 칼럼에서는 어떤 요구 사항인지 좀 더 자세히 알아보겠습니다.

시스템에 요구되는 **기능 요구 사항**은 '로그인 기능이 필요하다', '기존 시스템과 통합 기능이 필요하다', '결제 데이터 저장 및 분석 기능을 사용하고 싶다' 등 시스템을 활용해서 업무를 실행하는 애플리케이션 기능이나 데이터 자체와 관련된 요구 사항입니다.

한편 시스템에 요구되는 **비기능 요구 사항**은 '장애가 발생해서 시스템이 중지하면 3시간 이내에 복구해야 한다', '검색 버튼을 누르면 3초 이내에 결과를 표시해야 한다' 등 업무를 안정적으로 운영하는 데 필요한 시스템 유지 관리 방침이나 시스템 성능의 요구 사항입니다. 기능 요구 사항은 'XX 기능'처럼 정리할 수 있어 요건을 도출할 때 쉽게 떠올릴 수 있습니다. 하지만 비기능 요구 사항은 이미 만든 시스템을 실제로 사용자가 이용하는 모습을 상상하면서 사용자가 불편함을 겪지 않도록 만드는 관점에서 요건을 도출하기 때문에 정리하기가 어려운 편입니다.

앞서 예로 들었던 '장애가 발생해서 시스템이 중지하면 3시간 이내에 복구해야 한다'는 비기능 요구 사항에서 몇 시간 이내에 복구해야 하는지(목표 복구 시간) 정하지 않았다면 어떤 문제가 생길까요? 시간 내 복구하는 데 필요한 인력 배치나 복구 절차 정비를 소홀히 하게 되어 결과적으로 복구가 늦어지고 사용자에게 불편을 끼치게 될 것입니다. 목표 복구 시간은 빠르면 빠를수록 좋지만 가동 중인 시스템 규모나 그에 맞는 인력 배치, 사용자의 시스템 이용 시간대 등 여러 가지 고려할 사항이 많아 적절한 목표 복구 시간을 결정하기가 그리 간단하지 않습니다. 이처럼 비기능 요구 사항이란 기능 요구 사항에 비해 정의가 힘든데도 검토 대상에서 빠지면 사용자가 불이익을 볼 수 있는 요건입니다.

▼ 그림 1-3 기능 요구 사항과 비기능 요구 사항

> 비기능 요구 사항이 누락되지 않으려면 가용성, 성능 확장성, 운영 보수성, 이행성, 보안성, 시스템 환경 및 생태계 관점 등에서 검토가 필요합니다.[1]
>
> 이런 비기능 요구 사항은 주로 요건 정의 과정에서 활용하지만 시스템 운영을 설계할 때도 많은 관련이 있는 내용입니다. 요건 정의 과정에서 시스템에 요구되는 비기능 요구 사항이 제대로 정리되면 반드시 해당 내용을 참고해서 시스템 운영도 검토하길 추천합니다.

1.3 입문 시스템 운영 분류

시스템 운영은 세 종류로 분류할 수 있습니다. 이것을 먼저 소개한 후 이 책에서 다루는 시스템 운영을 설명합니다.

1.3.1 시스템 운영의 세 종류

시스템 운영은 '업무 운영', '인프라 운영', '운영 관리' 세 종류로 분류할 수 있습니다.

업무 운영

'1.2절 시스템을 이용하기까지 거치는 과정'에서 소개한 시스템 수명 주기로 개발되고 서비스되고 있는 '시스템'의 실체를 풀어 보면, 각 기능을 구현하는 프로그램의 집합체로 볼 수 있습니다.

B2C용 EC 사이트를 예로 들어 봅시다. 계정 인증 기능, 출품 관리, 결제 기능 등 각종 기능을 구현한 프로그램이 서로 연계해서 EC 사이트라는 하나의 시스템을 구성합니다. 이 중에서 결제 기능을 살펴보면, EC 사이트에서 발생한 돈을 주고받는 거래를 프로그램으로 자동화한 것이 EC 사이트의 결제 기능입니다. 하지만 프로그램 결제 기능만으로는 처리할 수 없는 일도 있습니다. 구입자의 신용 카드 정보나 주소 변경 작업이 그 예인데, 카드 소지자가 직접 변경 절차를 밟아야 합니다.

---

[1] 역주 이런 관점과 자세한 작성법은 정보통신산업진흥원에서 발간한 《공공 SW사업 제안요청서 작성을 위한 요구 사항 상세화 실무 가이드라인》 등을 참고합니다.

B2B 사업에서도 마찬가지로 프로그램 자동화만으로는 대응할 수 없을 때가 있습니다. 사내 시스템 계정의 사용 권한을 변경하는 작업을 예로 들어 봅시다. 시스템은 입사자, 퇴사자, 부서 이동 등을 자동으로 알 수 없기 때문에 반드시 수작업으로 변경해야 하는 작업이 필요합니다. 이 책에서는 이렇게 시스템 도입만으로는 자동화할 수 없는 업무를 포괄해서 하는 운영 업무를 **업무 운영**으로 분류합니다.

인프라 운영

시스템을 안정적으로 계속 가동하려면 일상적인 유지 보수가 빠질 수 없습니다. 시스템이 돌아가고 있는 서버의 패치 적용, 시스템 고장이나 오류를 빨리 발견하는 데 필요한 모니터링(감시), 시스템 장애 발생을 고려한 백업 및 복원 등 다양한 업무가 있습니다. 이 책에서는 이렇게 시스템을 유지하고 안정적으로 가동하는 데 필요한 운영 업무를 **인프라**(infrastructure) **운영**으로 분류합니다.

운영 관리

업무 운영과 인프라 운영에 관계없이 모든 운영 업무를 실시하려면 운영 규칙과 기준이 필요합니다.

여기에서는 정보 보안 관점에서 암호 정책을 예로 들어 살펴봅시다. 암호 정책이란 사용자가 시스템에 로그인할 때 인증에 사용할 암호가 만족해야 하는 조건을 규정한 것으로, 암호 길이나 문자 종류 등이 이에 해당합니다. 기업 내부에 암호 정책과 관련한 운영 규칙이 없다면 시스템마다 암호 정책이 달라지거나 시스템 개발 현장에서 어떤 규칙을 따라야 할지 알 수 없어 혼란을 가져올 수 있습니다. 따라서 암호 정책을 명확하게 정의하고 사내 공통 규칙으로 정해 두어야 혼란을 막을 수 있습니다.

이렇게 운영과 관련한 사내 공통 규칙이나 판단 기준을 다루는 업무를 **운영 관리**로 분류합니다.

▼ 그림 1-4 시스템 운영의 세 종류

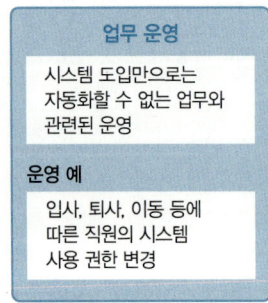
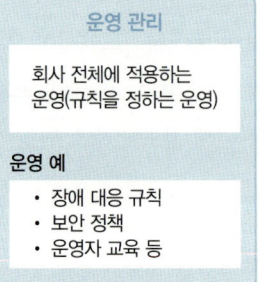

책에서 다루는 시스템 운영

업무 운영은 시스템에서 자동화할 수 없는 업무를 다루기에 도입한 시스템마다 실시해야 하는 운영 업무가 다릅니다. 또 운영 관리는 각 기업마다 이미 규칙을 세워 둘 때가 많아서 시스템을 도입할 때는 기존 운영 규칙을 따릅니다. 따라서 **이 책에서 다루는 시스템 운영은 시스템 특성에 따라 변화가 적은 인프라 운영에 초점을 맞춥니다.** 구체적으로는 다음과 같은 운영을 설명합니다.

- 계정 운영
- 로그 운영
- 모니터링
- 패치 적용
- 백업과 복원 운영
- 보안 통제
- 감사 준비
- 비용 최적화

> **COLUMN** | 환경 파악 및 트러블슈팅에 유용한 '구성도'
>
> 구성도는 시스템 전체 모습을 시각화한 설계도입니다. 시스템 구성도, 네트워크 구성도, 서버 구성도 등 이용 용도에 따라 구성도가 다릅니다. AWS는 2024년 2월 현재 200개가 넘는 서비스를 제공하고 있으므로 이런 서비스를 조합해서 시스템 요건을 만족시키는 구성을 구현할 수 있습니다. 이 방식을 **빌딩 블록**(building blocks)이라고 합니다. 구성도는 AWS를 활용함에 있어 조합한 서비스끼리 어떻게 연동되는지 그 관계성을 파악하는 데 아주 유용합니다. 이외에도 구성도를 작성하면 다음 장점이 있습니다.
>
> - 엔지니어, 사용자와 클라이언트끼리 시각적인 정보를 공유할 수 있습니다.
> - 장애 발생 등 문제가 생겼을 때 원인으로 의심이 가는 부분을 시각화할 수 있습니다.
> - 운영 업무 인수인계나 신입 사원 교육에서 AWS 환경 전체도(AWS 서비스 조합)를 설명하는 교재로 활용할 수 있습니다.
> - 시스템 개선, 운영 개선을 검토할 때 사용할 수 있습니다(개선 전후 구성을 비교하기가 쉽습니다).
>
> 구성도를 작성하면 여러 장점을 누릴 수 있지만, **구성도에서 가장 중요한 점은 구성이 변경될 때마다 유지 보수를 하는 것입니다.** 구성도는 자주 사용하지 않으므로 대응을 미루기 쉬운데, 유지 보수를 소홀히 하면 다음 문제가 생길 수 있습니다.
>
> - AWS 환경의 정확한 전체 모습을 파악하는 엔지니어는 아무도 없습니다.
> - 장애가 발생하거나 문제가 생길 때 AWS 환경의 전체 모습을 파악하려면 처음부터 구성도를 작성해야 합니다.
> - 시스템 개선과 운영 개선을 검토할 때 개선할 부분이 어디에 있는지 알 수 없습니다.

각종 AWS 서비스를 잘 아는 엔지니어라도 구성도 없이 AWS 환경의 전체 모습을 파악하기는 무척 어렵습니다. 혹시나 가능하더라도 이런 엔지니어가 어떤 이유로 현장에 없을 때 무슨 일이 일어날지 쉽게 짐작할 수 있을 것입니다. 이 칼럼에서는 주로 AWS 관련 환경 구성도를 다루지만 온프레미스 환경도 마찬가지이므로 반드시 구성도를 그려 두기 바랍니다. 요즘은 온라인 작성 툴이 많아 간편하게 이용할 수 있습니다. 예를 들어 draw.io, Lucidchart, Visual Paradigm 등이 있으므로 사용하기 편한 작성 툴을 활용하기 바랍니다. 다음 그림은 draw.io로 작성한 구성도입니다.

▼ 그림 1-5 draw.io로 작성한 구성도 예

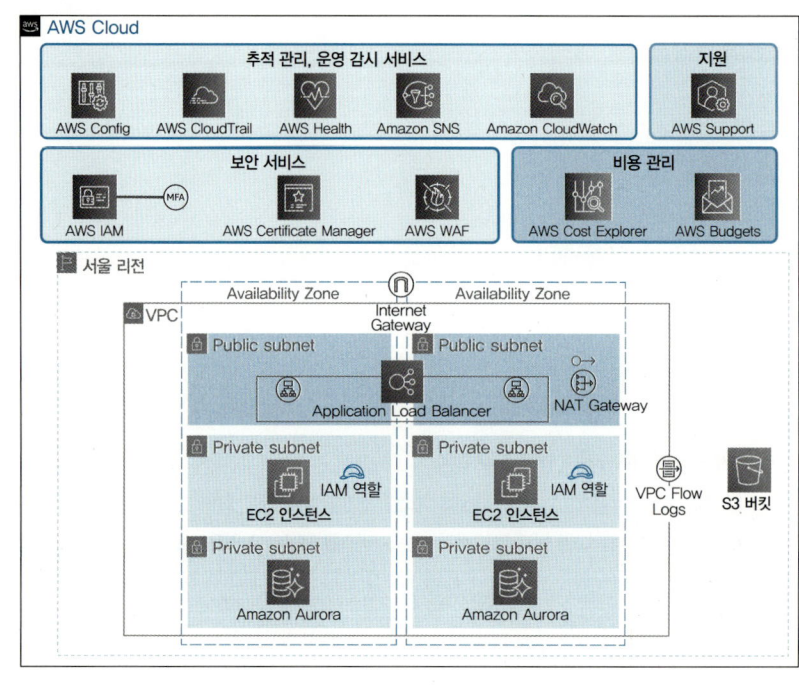

2장

AWS와 클라우드

AWS(Amazon Web Services)는 클라우드 서비스입니다. 따라서 AWS를 이해하려면 클라우드를 이해해야 합니다. 2장에서는 클라우드가 등장하기 전 이용하던 온프레미스의 시스템 운영 형태를 설명합니다. 또 클라우드는 무엇이고 클라우드를 이용하면 온프레미스에 비해 어떤 점이 좋은지 확인합니다. 그 후 AWS가 어떤 서비스인지 이해하는 순서로 진행합니다.

키워드

- 온프레미스
- 클라우드
- AWS(Amazon Web Services)

2.1 입문 온프레미스란

온프레미스(on-premise)란 사내 또는 데이터 센터 등에서 서버나 네트워크 장비를 수십 대에서 수백 대 이상 보유하고 사내외 시스템을 운영하는 것을 의미합니다. 클라우드가 등장하기 전에는 온프레미스에서 시스템을 운영했습니다.

2.1.1 온프레미스 이해

온프레미스에서는 하드웨어와 사용하는 OS, 소프트웨어 등 모든 부분을 각 기업의 운영 담당자가 관리합니다. 여러분이 개인 PC나 스마트폰을 직접 관리하는 것과 마찬가지입니다. PC를 사서 쓰다 문제가 생기면 수리하거나 소프트웨어 업데이트를 설치하는 것처럼 온프레미스에서는 운영 담당자가 이를 모두 수행합니다.

▼ 그림 2-1 온프레미스의 시스템 모습

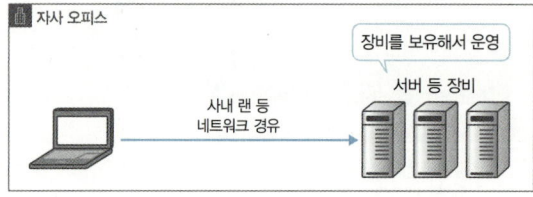

온프레미스 운영에는 다음 장단점이 있습니다.

장점

- 사내 또는 재해에 강한 곳 등 장비를 설치할 장소를 자유롭게 선택할 수 있습니다.
- 장비를 소유하므로 하드웨어를 맞춤 제작할 수 있습니다.

단점

- 장비가 고장 나면 운영 담당자에게 밤낮없이 연락이 오며, 바로 대응해야 하므로 상당히 피곤할 수 있습니다.
- 장비의 사양(CPU나 메모리 용량 등)을 구매할 때 미래에 필요한 성능을 예측해서 결정하기가 어렵습니다.
- 장비를 구매하면 간단히 폐기할 수 없습니다.
- 장비 구매를 요청하고 실제로 받을 때까지 1개월 이상이 걸립니다.

온프레미스의 여러 단점 때문에 이런 문제를 해결하고자 가상화 기술이나 서버 임대 방법 등 다양한 아이디어가 나왔습니다. 그 속에서 탄생한 것이 바로 **클라우드**입니다.

2.1.2 아마존이 안고 있던 문제에서 태어난 AWS

예전 아마존에는 장비를 조달하는 데 시간이 너무 오래 걸려서 시스템 개발에 집중할 수 없는 문제가 있었습니다. 이 문제를 해결하려고 아마존은 컴퓨팅이나 스토리지 같은 IT 리소스를 서비스화해서 곧바로 조달할 수 있도록 개선했습니다.

다른 회사도 장비 조달에 시간이 오래 걸리는 문제가 똑같이 있었는데, IT 리소스를 간단히 조달하는 서비스를 제공하면 수많은 회사가 시스템 개발에 집중할 수 있으니 혁신이 일어나는 환경을 만들 수 있다는 생각에서 AWS가 시작되었습니다. 네트워크를 이용해서 언제든 누구나 액세스할 수 있는 클라우드로 제공하게 된 것입니다.

▼ 그림 2-2 AWS가 탄생한 배경

2.2 입문 클라우드란

클라우드는 사용자가 인프라스트럭처(infrastructure)(서버나 네트워크 장비 등 기반이 되는 설비)나 소프트웨어를 보유하지 않아도 인터넷 등 **네트워크를 통해 컴퓨팅, 데이터베이스, 스토리지 같은 IT 리소스를 필요할 때 필요한 만큼 이용할 수 있는 웹 서비스를 총칭**한 말입니다.

2.2.1 클라우드 이해

여러분 주변에도 클라우드처럼 필요할 때 필요한 만큼 사용할 수 있는 서비스가 많이 있습니다. 예를 들어 전기, 가스, 스마트폰 데이터 통신(용량제, 무제한) 등이 있습니다. 전기는 가전제품을 콘센트에 연결해서, 가스는 가스레인지를 켜서, 데이터는 스마트폰으로 인터넷에 접속해서 필요할 때 필요한 만큼 사용할 수 있습니다. 클라우드는 전기, 가스, 스마트폰 데이터 통신과 비슷한 느낌으로 IT 리소스를 이용할 수 있게 하는 웹 서비스입니다.

▼ 그림 2-3 클라우드 시스템 모습

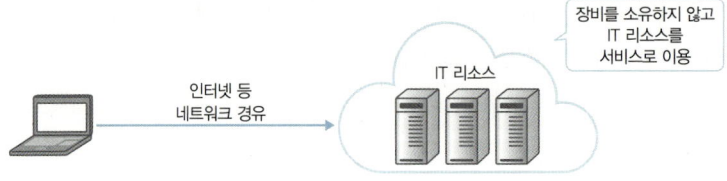

2.2.2 클라우드 특징

앞서 온프레미스의 네 가지 단점을 이야기했는데, 이 문제는 클라우드를 이용하면 모두 해결할 수 있습니다. 클라우드의 여섯 가지 특징은 다음과 같습니다.

1. 장비 운영 및 유지 보수가 불필요
2. 온디맨드 셀프 서비스
3. 초기 투자 불필요, 실제로 쓴 만큼만 지불

4. 스케일 업과 스케일 다운이 쉬움

5. 비즈니스 속도 개선

6. 곧바로 중단 가능

장비 운영 및 유지 보수가 불필요

클라우드에서 사용할 수 있는 장비는 클라우드 벤더가 관리합니다. 이런 장비는 인터넷에서 빌려 써서 서버를 생성할 수 있습니다. 장비가 고장 나면 이 또한 클라우드 벤더가 대응하므로 운영 담당자의 운영 부담이 줄어듭니다.

물론 서버 이외에도 라우터나 방화벽 등 장비도 운영 유지 보수 없이 사용할 수 있습니다.

▼ 그림 2-4 온프레미스와 클라우드의 장비 관리

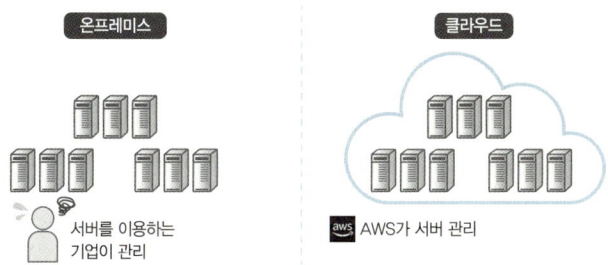

온디맨드 셀프 서비스

온프레미스는 장비를 조달할 때 벤더에게 구매를 요청하는 등 사람을 통하지만, **클라우드는 사람을 통하지 않고 직접 자신이 조작해서 서버 등을 준비할 수 있습니다.**

예를 들어 지금까지는 물건을 사려면 가게에 가야 했지만, 이제는 인터넷 쇼핑으로 집에서도 구입(조달)할 수 있게 된 것과 비슷합니다.

▼ 그림 2-5 온프레미스와 클라우드의 장비 조달 차이

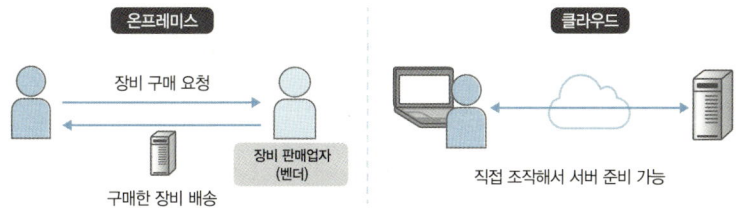

초기 투자 불필요, 실제로 쓴 만큼만 지불

클라우드는 온프레미스와 다르게 처음에 장비를 구매할 필요 없이 **사용한 만큼만 지불합니다**. 또 클라우드는 단위 시간당 비용을 청구하여 초 단위나 시간 단위로 정산합니다.

▼ 그림 2-6 온프레미스와 클라우드의 비용 지불 차이

스케일 업과 스케일 다운이 쉬움

클라우드는 무척 간단하게 서버 사양을 변경할 수 있습니다. **운영을 시작한 후에도 사양이 부족하다고 느끼면 곧바로 사양을 높여서 변경할 수 있습니다.** 온프레미스는 구매 전에 사전 조사를 해서 꼼꼼하게 사양을 설계해야 하지만, 클라우드는 엄격하게 사양을 설계하지 않아도 됩니다.

▼ 그림 2-7 온프레미스와 클라우드의 사양 설계 차이

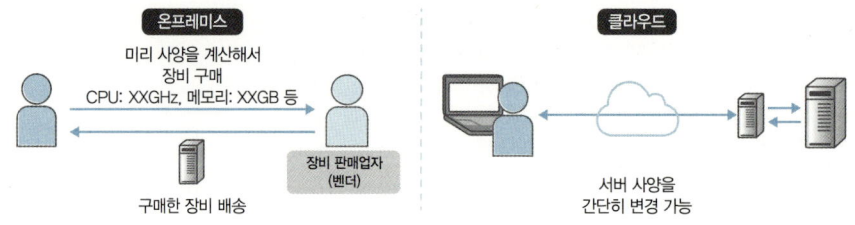

비즈니스 속도 개선

온프레미스에서 서버를 구축하려면 장비 구매를 요청해야 하고, 장비가 도착해야 구축을 시작할 수 있습니다. **클라우드는 자신이 원할 때 웹 화면에서 서버를 준비할 수 있으므로 서버를 구축하는 데 걸리는 시간을 줄일 수 있습니다.** 따라서 하고 싶은 것이 있으면 곧바로 시도할 수 있습니다.

▼ 그림 2-8 온프레미스와 클라우드의 비즈니스 속도 차이

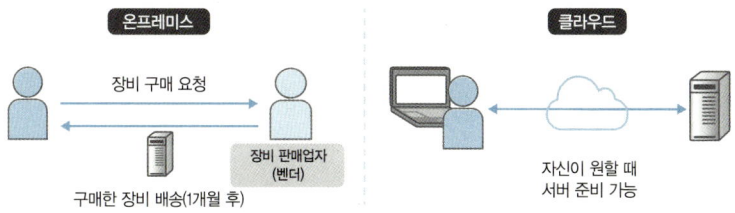

곧바로 중단 가능

클라우드는 서버 삭제나 계정 해약이 무척 간단합니다. 따라서 클라우드를 사용해 보고 생각한 것과 다르다면 곧바로 서버를 삭제하여 사용을 끝낼 수 있습니다.

▼ 그림 2-9 온프레미스와 클라우드의 장비 처분 방법

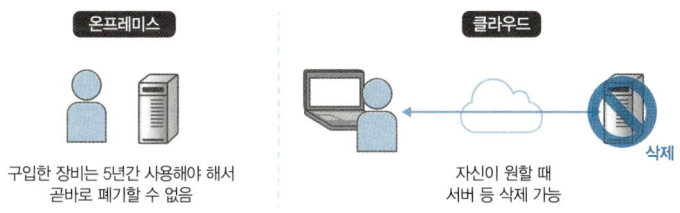

온프레미스와 클라우드의 특징을 비교하여 다음 표에 정리했습니다.

▼ 표 2-1 온프레미스와 클라우드의 특징

구분	온프레미스	클라우드
장비 운영 보수	필요	불필요
온디맨드 셀프 서비스	불가능	가능
초기 투자	필요(장비 구매)	불필요(이용 시간 단위로 정산)
스케일 업/스케일 다운	어려움	쉬움
사용 시작까지 걸리는 시간	수 개월	수 분~
장비 폐기	어려움	쉬움

클라우드 특징을 알아보았으니, 이제 온프레미스와 비교하여 클라우드 장점을 잘 알 수 있는 두 가지 예를 들어 봅시다.

예 1. 야간에 이용하지 않을 때

온프레미스는 장비를 이미 구입했으므로 야간에 서버를 중지하더라도 전기료 비용이 줄어드는 것이 전부입니다. 하지만 클라우드는 **이용한 만큼만 지불**하기 때문에 이용하지 않을 때는 서버를 중지시켜 전체 비용을 줄일 수 있습니다.

▼ 그림 2-10 야간에 이용하지 않을 때 들어가는 비용

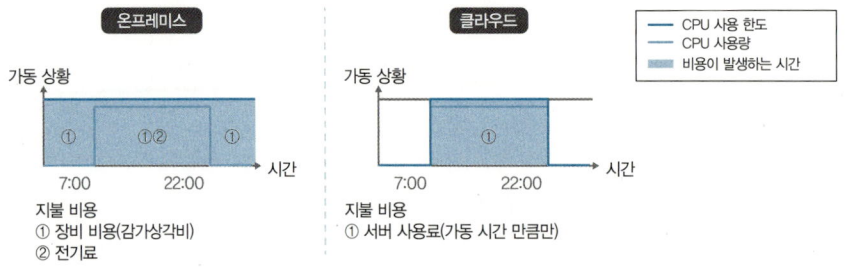

예 2. 사양을 초과해서 처리할 때

온프레미스는 구입한 장비에 설치된 사양보다 높은 사양을 요구하는 작업은 처리할 수 없습니다. 예를 들어 온프레미스로 쇼핑 사이트를 운영한다고 가정해 봅시다. 판매하던 제품이 갑자기 TV에 소개되어 예상보다 많은 접속이 들어온다면 서버는 사양의 한계를 마주하게 됩니다. 이 때문에 일정량 이상은 처리할 수 없어 아쉽게도 판매 기회를 놓치게 될지도 모릅니다.

클라우드는 서버 사양을 필요에 따라 변경할 수 있기 때문에 같은 상황에 처하더라도 **일시적으로 평소보다 고사양인 서버에서 이를 처리할 수 있습니다.**

▼ 그림 2-11 사양을 초과해서 처리할 때

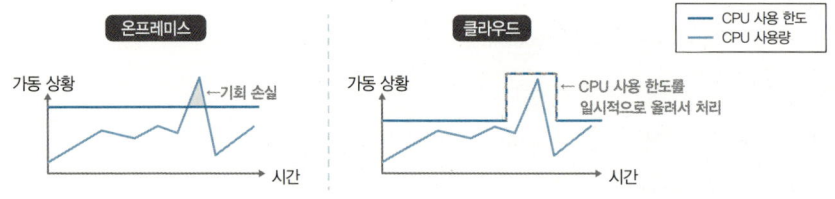

2.3 입문 AWS란

AWS는 Amazon Web Services(아마존 웹 서비스)의 약어로, 2006년에 시작한 클라우드 서비스입니다. AWS로 아마존 쇼핑 사이트와 같은 기술을 사용할 수 있습니다.

2.3.1 AWS 이해

앞서 클라우드를 설명할 때 클라우드 벤더가 장비를 관리한다고 이야기했습니다. AWS는 AWS가 관리하는 데이터 센터 내에 있는 하드웨어를 빌려서 서버 등을 가동할 수 있습니다. 그렇다면 이런 데이터 센터는 어디에 있는지 AWS의 구조를 확인해 봅시다.

리전

AWS는 세계 각지의 서로 멀리 떨어진 곳에 **리전**(region)이라는 영역을 두는데, 해당 영역에 데이터 센터가 있습니다. AWS 사용자는 원하는 리전을 선택해서 서버 등을 운영할 수 있습니다. 2024년 2월 현재는 다음 그림과 같이 세계 33개 지역에서 리전을 사용할 수 있습니다. 리전은 매년 계속 늘어나므로 https://aws.amazon.com/ko/about-aws/global-infrastructure/에서 최신 정보를 확인합니다.

▼ 그림 2-12 AWS 리전

해외 리전을 활용하면 해외로 사업 확장이 가능합니다. 한 지역 단위로 **재해 복구**(Disaster Recovery)[1]를 할 수 있어 곧바로 다른 리전에 시스템을 구축할 수 있습니다.

▼ 그림 2-13 오사카 리전에 DR을 구축한 예

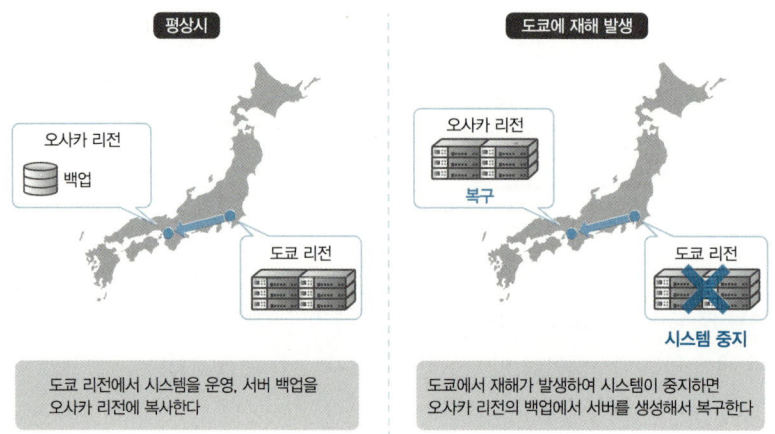

가용 영역

리전 내부에는 **가용 영역**(Availability Zone, AZ)이라는 물리적으로 떨어진 데이터 센터 그룹이 있습니다. 가용 영역은 리전 내부에 여러 개 있고 각 가용 영역 간 재해나 재난 피해를 덜 받도록 설계되어 높은 가용성을 제공합니다. 또 각 가용 영역끼리 상호 통신할 수 있도록 저지연 회선으로 연결되어 있습니다.

AWS 사용자는 여러 가용 영역에 서버를 구축할 수 있습니다. 따라서 가용 영역 중 일부에 장애가 발생하더라도 다른 가용 영역에서 서버를 구동하면 시스템을 계속해서 유지할 수 있습니다.

▼ 그림 2-14 AWS 가용 영역

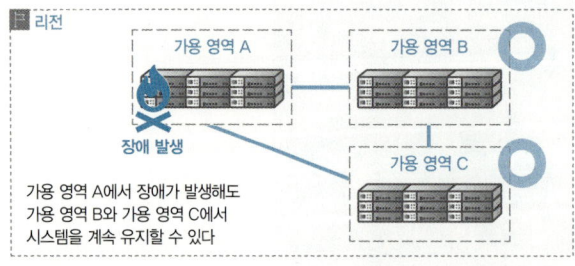

---

1 재난이 발생했을 때 시스템 장애를 복구하고 복원하는 방법을 의미합니다.

AWS 서비스

AWS는 **서비스** 단위로 기능을 제공합니다. AWS 서비스는 컴퓨팅이나 데이터를 보관하는 스토리지 등 시스템 기반뿐만 아니라 머신 러닝 지원이나 IoT 같은 다양한 서비스를 포함한 서비스를 200여 개 이상 제공합니다. **200여 개가 넘는 서비스 중에서 이용하고 싶은 서비스만 조합해서 쓰면 됩니다.** 각 서비스의 세부 내용과 조합 방법은 3장 이후에 설명하겠습니다.

이외에도 AWS를 사용하려면 공동 책임 모델과 Well-Architected 프레임워크를 이해해야 합니다.

공동 책임 모델

공동 책임 모델(AWS shared responsibility model)**이란 고객(AWS 사용자)과 AWS의 각 담당 영역을 명확히 구분하여 운영상 책임을 공유한다는 개념입니다.** 이 절 서두에서 AWS가 관리하는 데이터 센터 내부의 하드웨어를 빌려서 서버를 운영한다고 설명했습니다. 하지만 공동 책임 모델에서는 AWS가 관리하는 하드웨어나 제공하는 기능은 AWS의 책임 범위로, 하드웨어에서 가동 중인 OS나 보관한 데이터는 사용자의 책임 범위로 나뉩니다. 이렇게 **AWS와 사용자가 각자의 책임을 완수함으로써 AWS 클라우드 전체의 보안을 유지할 수 있습니다.**

이런 개념은 물론 서버 외에도 적용될 수 있습니다. 예를 들어 책임 범위를 고려할 때 AWS에서 작동하는 서버의 OS 보안 패치를 적용하지 않고 계속 가동했다고 가정해 봅시다. 그런 상태로 부정 접속을 당해 정보 유출이 일어났다면 그것은 사용자가 보안 패치를 적용하지 않은 것이 원인입니다. 이때 보안 패치는 하드웨어에서 작동하는 OS 관리에 해당하므로 AWS가 아니라 사용자 책임이 됩니다(그림 2-15의 고객 책임에서 위에서 세 번째에 해당).

따라서 **사용자는 공동 책임 모델의 사용자 측에 명시된 '보관하는 데이터 암호화 및 통신 규제' 등을 어떻게 대응할지 검토해야 합니다.**

▼ 그림 2-15 AWS 공동 책임 모델[2]

고객 클라우드 내부의 보안 책임	고객 데이터		
	플랫폼, 애플리케이션, ID와 접속 관리		
	오퍼레이팅 시스템, 네트워크, 방화벽 구성		
	클라이언트 쪽 데이터 암호화와 데이터 무결성 인증	서버 쪽 암호화 (파일 시스템과 데이터)	네트워크 트래픽 보호 (암호화, 무결성, 아이덴티티)
AWS 클라우드의 보안 책임	소프트웨어		
	컴퓨트	스토리지	데이터베이스	네트워킹
	하드웨어, AWS 글로벌 인프라스트럭처		
	리전	가용 영역	엣지 로케이션

Well-Architected 프레임워크

Well-Architected 프레임워크는 AWS가 오랜 경험에서 얻은 모범 사례(best practice)를 정리한 것입니다. 프레임워크는 여섯 가지 원칙으로 구성되어 있으며, 여기에 있는 내용을 따라 설정한다면 AWS를 더 잘 활용할 수 있습니다.

▼ 그림 2-16 Well-Architected 프레임워크[3]

각 원칙별 간단한 설명을 표 2-2에 정리했습니다. Well-Architected 프레임워크에는 AWS 서비스를 어떻게 설정하면 좋은지 구체적으로 소개한 내용이 담겨 있어 AWS 초보자에게는 조금 어려울 수 있습니다. 따라서 우선은 **AWS 구축이나 운영의 모범 사례가 있다는 것만 기억해 두고, 실제로 구축할 때 자세한 내용을 확인해 보는 것이 좋습니다.**

---

2 그림의 출처는 다음과 같습니다.
   https://aws.amazon.com/ko/compliance/shared-responsibility-model/
3 그림의 출처는 다음과 같습니다.
   https://aws.amazon.com/ko/architecture/well-architected/

▼ 표 2-2 Well-Architected 프레임워크 원칙의 목적[4]

원칙	목적
운영 우수성 원칙	개발 지원, 시스템의 효과적인 실행, 운영 통찰력, 비즈니스 가치를 제공하는 지원 프로세스 및 절차의 지속적인 개선
보안 원칙	클라우드 기술을 활용해서 데이터, 시스템, 자산을 보호하고 보안을 향상
안정성 원칙	원하는 순간에 의도한 기능을 정확하고 일관성 있게 실행하는 시스템
성능 효율성 원칙	시스템 요건을 만족하도록 컴퓨팅 리소스를 효율적으로 사용하고 수요 변화나 기술 진화에 따른 효율성을 유지
비용 최적화 원칙	가장 저렴한 가격으로 비즈니스 가치를 제공하는 시스템을 운영
지속 가능성 원칙	필요한 총 리소스를 최소화해서 에너지 소비를 줄이고 시스템 모든 구성 요소의 효율을 향상시켜 계속해서 지속 가능성을 개선

AWS 사용을 시작하려면 **AWS 계정**을 만들어야 합니다. AWS 계정을 생성하는 방법은 다음 웹 사이트를 참고합니다. AWS 계정 생성에는 신용 카드가 필요하니 미리 준비해야 합니다.

URL https://repost.aws/ko/knowledge-center/create-and-activate-aws-account

COLUMN 물리 서버의 운영 및 유지 보수

필자는 10여 년 동안 데이터 센터의 네트워크나 서버 장비 운영 보수를 담당한 경험이 있습니다. 그때 가장 힘들었던 점을 꼽자면 바로 하드웨어 고장에 대응하는 일이었습니다.

당시 현장에서는 장애가 발생하면 필자가 유지 보수 업체에 연락하고, 연락을 받은 유지 보수 업체는 정상적인 하드웨어를 데이터 센터로 들고 와서 교체하는 방식으로 대응했습니다. 어째서인지 장애는 꼭 한밤중에 자주 발생하고는 했습니다. 곤히 자다 갑자기 울리는 전화 소리에 깨어서는 유지 보수 업체에 연락하여 하드웨어 교체를 준비해야 했습니다. 유지 보수 업체가 하드웨어를 교체하는 데 몇 시간씩 걸렸으므로 교체가 끝날 때까지 기다려야 했습니다. 게다가 한밤중에 장애 대응을 했더라도 다음 날 평소처럼 아침 시간에 출근해야 했습니다. 돌이켜 보니 꽤나 고된 기억이네요.

AWS는 하드웨어를 AWS가 관리합니다. 하드웨어는 언젠가는 반드시 고장이 나므로 하드웨어에서 작동하는 서버가 중지될 수 있습니다. 서버 복구 방법을 알아봅시다. AWS 가상 서버라면 **자동 복구** 기능이 있어 자동으로 다른 하드웨어에서 서버를 작동하므로 하드웨어 장애를 복구할 수 있습니다. 또 가용 영역을 넘나드는 이중화 구성을 해 두면, 서버 한 대가 중지되더라도 아무런 문제없이 시스템을 계속 사용할 수 있습니다. 따라서 **온프레미스에 비해 하드웨어 장애 대응 시간이 줄어들고 담당자 수면 시간도 확보할 수 있습니다.** 이외에도 클라우드 장점은 많지만, 하드웨어 장애 대응만 없어져도 온프레미스에서 AWS로 이전할 만한 가치가 있습니다.

---

[4] 표의 출처는 다음과 같습니다.
https://repost.aws/ko/knowledge-center/create-and-activate-aws-account

> **COLUMN** | 온프레미스를 선택하는 상황
>
> 클라우드 관련 설명을 읽으면서 클라우드가 얼마나 유연하고 사용하기 쉬운 서비스인지 알게 되었을 것입니다. 이런 클라우드 특징을 알면서도 왜 온프레미스를 선택할까요?
>
> 클라우드 단점을 굳이 꼽자면 클라이언트와 서버 간 거리가 멀어 응답 속도가 약간 느려진다는 것입니다. 예를 들어 공장에서 문제가 발생하여 장비를 긴급으로 중지해야 할 때나 자동차의 자동 운전 등 인명과 관련된 판단처럼 실시간성이 높은 처리가 필요할 때가 있습니다. 이때 클라우드를 사용한다면 문제 처리가 늦어져서 큰 사고가 발생할 가능성이 있습니다.
>
> 이렇게 실시간성이 높은 처리를 할 때는 클라우드가 아니라 온프레미스를 선택하여 서버를 현장과 가까운 곳에 두는 경우가 있습니다.

3장

운영할 때 꼭 알아 두어야 할 AWS 서비스

2장에서는 AWS와 클라우드를 배웠습니다. 앞으로 AWS에서 시스템을 운영하려면 어떻게 해야 하는지 배워 볼 텐데, 그 전에 AWS를 사용한 시스템 구축에서 자주 이용하는 AWS 서비스 개요를 설명하겠습니다.

이 장에서 설명하는 AWS 서비스는 VPC, EC2, EBS, S3, RDS, Elastic Load Balancing 총 여섯 개입니다. 이런 AWS 서비스 여섯 개를 모두 이해한다면 4장 이후에 소개하는 아키텍처 등도 더 잘 이해할 수 있습니다. 이런 서비스를 이미 알고 있다면 이 장은 건너뛰고 4장부터 읽어도 됩니다.

키워드

- Amazon VPC
- Amazon EC2
- Amazon EBS
- Amazon S3
- Amazon RDS
- Elastic Load Balancing

3.1 입문 3장에서 설명하는 서비스

이 장에서 설명하는 AWS 서비스를 하나의 구성도로 정리했습니다. 여기에 적혀 있는 AWS 서비스를 순서대로 배워 봅시다.

▼ 그림 3-1 3장에서 설명하는 서비스

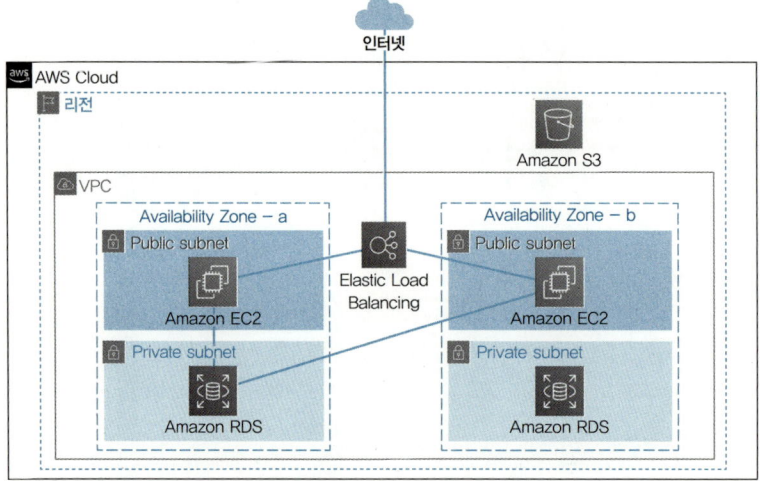

3.1.1 AWS 서비스 이용 분야

운영에서 가장 먼저 알아야 할 AWS 서비스 분야는 다음과 같습니다.

- 네트워크 서비스
- 컴퓨팅 서비스
- 스토리지 서비스
- 데이터베이스 서비스
- 부하 분산 서비스

3.2 입문 네트워크 서비스

먼저 네트워크와 관련된 AWS 서비스를 설명합니다.

3.2.1 Amazon VPC

Amazon VPC(Virtual Private Cloud)는 AWS에서 생성할 수 있는 가상 네트워크입니다. VPC 내부에는 가상 서버 같은 AWS 리소스를 생성할 수 있습니다.

▼ 그림 3-2 Amazon VPC 범위(굵은 테두리 범위)

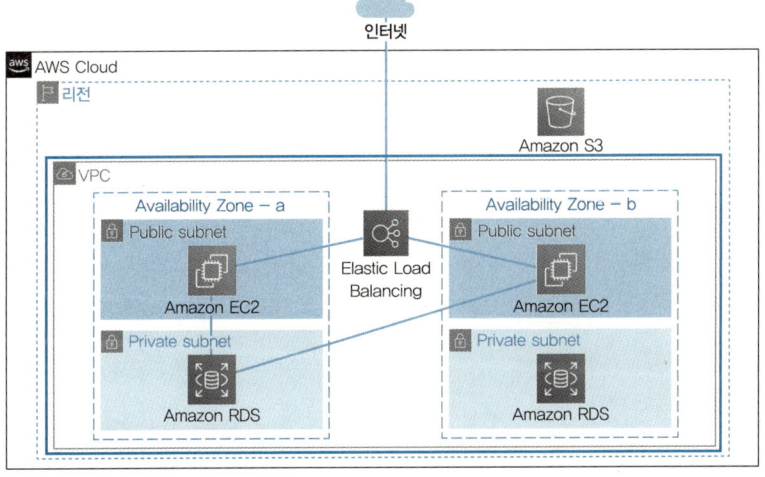

VPC는 리전 단위의 서비스로 VPC 안에서 사용하는 IP 주소 범위를 CIDR 블록 형식(X.X.X.X/Z)으로 지정합니다. **VPC에서 사용하는 IP 주소의 CIDR 블록은 /16부터 /28까지 지정할 수 있지만, CIDR 블록은 한번 설정하면 변경할 수 없습니다.** 따라서 여유를 갖고 IP 주소를 확보할 수 있도록 설계합니다.[1] 또 VPC는 RFC1918[2]에서 언급한 프라이빗 IP 주소 범위 내에 있는 CIDR 블록을 쓰

---

1 예를 들어 10.0.0.2/24로 VPC를 생성하면 나중에 10.0.0.0/16으로 변경할 수 없지만 별도의 CIDR 블록 10.0.1.0/24를 동일한 VPC에 추가하는 것은 가능합니다.
2 RFC(Request For Comments)는 인터넷 기술 표준 사양이 기록된 문서입니다. RFC1918은 프라이빗 IP 주소와 관련된 정의 문서입니다. https://datatracker.ietf.org/doc/html/rfc1918

면 좋습니다. RFC1918의 프라이빗 IP 주소가 아닌 다른 주소를 VPC에서 사용하면 인터넷의 글로벌 IP 주소와 중복되어 서버 통신에 문제가 생길 수 있습니다.

▼ 표 3-1 RFC1918에 정의된 프라이빗 IP 주소의 범위

프라이빗 IP 주소 범위
10.0.0.0~10.255.255.255(10.0.0.0/8)
172.16.0.0~172.31.255.255(172.16.0.0/12)
192.168.0.0~192.168.255.255(192.168.0.0/16)

이 절에서는 VPC의 IP 주소 범위로 **10.0.0.0/16**을 선택한다고 가정하고 설명합니다.

3.2.2 VPC 기본 통신 제어

여기에서는 VPC와 관련된 AWS 통신을 제어하는 방식을 소개합니다. 서브넷, 인터넷 게이트웨이, 라우팅 테이블을 알아봅시다.

서브넷

서브넷(subnet)은 VPC의 CIDR 블록을 쪼개서 생성한 VPC 내부의 작은 네트워크입니다. 통신을 관리하기 쉽도록 웹 서버용이나 데이터베이스용처럼 용도에 따라 생성하여 서브넷 내부에 AWS 리소스를 생성합니다.

서브넷은 리전 내부의 가용 영역을 지정해서 생성합니다. 예를 들어 그림 3-2와 같이 서로 다른 가용 영역에 각자 같은 목적으로 서브넷을 생성하고 동일한 AWS 리소스를 생성하면 가용 영역을 넘나드는 내구성 높은 이중화 구성을 쉽게 만들 수 있습니다.

인터넷 게이트웨이

인터넷 게이트웨이(internet gateway)는 VPC와 인터넷이 서로 통신하는 데 사용하는 기능입니다. VPC에 인터넷 게이트웨이를 지정하지 않으면 VPC와 인터넷은 서로 통신할 수 없습니다. 어떤 기능을 붙이는 것을 **연결**(attach), 기능을 제거하는 것을 **연결 해제**(detach)라고 합니다.

라우팅 테이블

라우팅 테이블(routing table)**은 서브넷별로 통신 경로를 정하는 설정입니다.** 기본적으로 VPC 내부에 생성한 모든 서브넷에 공통 라우팅 테이블이 연결됩니다. 기본 라우팅 테이블을 쓸 수도 있지만, **서브넷별로 통신 경로를 구분하고 싶다면 용도별로 라우팅 테이블을 생성해서 서브넷에 연결하면 됩니다.**

예를 들어 다음 그림과 같은 구성이 있다고 가정해 봅시다. 통신 흐름은 인터넷 → 웹/앱 서버 → DB 서버 순이고, DB 서버에는 개인 정보 같은 기밀 정보가 저장됩니다. 이때 인터넷에서 DB 서버에 직접 접속할 수 있다면 정보 유출 가능성이 있으므로 인터넷 접속은 차단하고자 합니다. 라우팅 테이블을 생각하면 DB 서버의 서브넷은 인터넷과 통신이 불필요하므로 인터넷 게이트웨이를 향한 라우팅(통신 목적지 설정)은 필요하지 않습니다. 웹/앱 서버의 서브넷은 인터넷과 통신해야 하므로 인터넷 게이트웨이를 향한 라우팅을 설정합니다. 이렇게 필요한 통신 요건에 맞추어서 서브넷별로 라우팅 테이블을 구분하여 생성할 수 있습니다.

▼ 그림 3-3 VPC와 서브넷 전체 모습

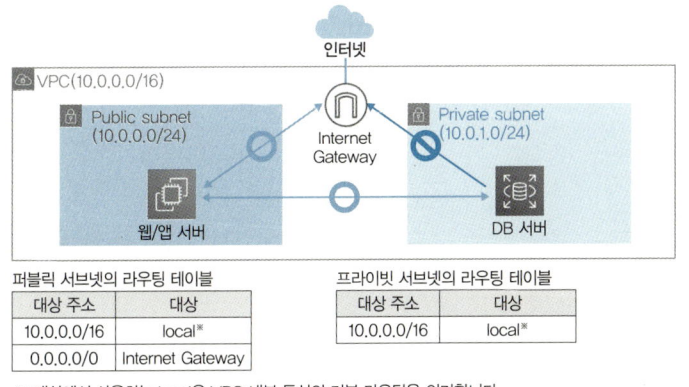

※ 대상에서 사용하는 local은 VPC 내부 통신의 기본 라우팅을 의미합니다.

AWS를 사용하다 보면 **퍼블릭 서브넷**과 **프라이빗 서브넷**이라는 말을 자주 보는데 특정한 설정 값이 있는 것은 아닙니다. **인터넷 게이트웨이를 향한 라우팅이 있으면 퍼블릭 서브넷이라 하고, 없으면 프라이빗 서브넷이라고 합니다.**

3.2.3 AWS에 있는 가상 방화벽 두 개

외부에서 들어오는 공격을 막는 방화벽으로 AWS에는 보안 그룹과 네트워크 ACL이 있습니다.

보안 그룹

보안 그룹(security group)은 EC2 등 AWS 리소스에 연결해서 이용하는 가상 방화벽입니다. 인바운드(AWS 리소스를 향해 들어오는 통신)와 **아웃바운드**(AWS 리소스에서 나가는 통신)를 제어할 수 있으며, 허용한 통신만 통과 가능합니다. 그러나 특정 통신을 거부하도록 설정하는 것은 불가능합니다. 통신은 소스 주소, 프로토콜, 포트 번호를 지정합니다. 허용 규칙을 **보안 그룹 규칙**이라고 합니다.

보안 그룹의 통신 제어

보안 그룹 통신 제어는 **스테이트풀**(stateful) 방식으로 진행됩니다. 스테이트풀은 서버를 향한 요청이 보안 그룹 규칙에 허용된 상태라면 응답 통신은 명시적인 허용이 없더라도 통신이 가능한 방식입니다.

예를 들어 AWS에 웹 서버를 만들고 클라이언트의 접속을 위해 보안 그룹을 설정한 경우를 설명하겠습니다. 이때 보안 그룹의 인바운드 규칙에 소스 주소는 '모든 IP 주소', 프로토콜과 포트 번호는 'TCP 80번 포트'를 허용하도록 설정했다고 가정해 봅시다. 이런 인바운드 규칙을 추가하면 보안 그룹과 연결된 AWS 리소스(웹 서버)에 대한 통신이 허용됩니다.

기본적으로 아웃바운드에는 모든 통신을 허용하는 규칙이 들어 있습니다. 다만 아웃바운드 규칙을 삭제해서 아무것도 허용하지 않은 상태라도 인바운드가 허용되어 있다면 스테이트풀 처리를 하기 때문에 통신할 수 있습니다.

▼ 그림 3-4 보안 그룹 규칙

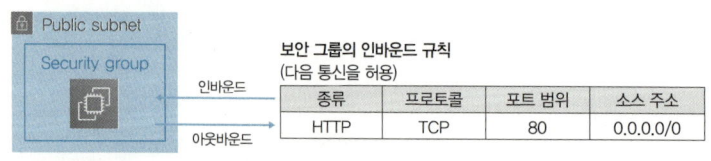

네트워크 액세스 제어 목록

리소스 단위로 이용하는 보안 그룹과 다르게 **네트워크 액세스 제어 목록**(네트워크 ACL, Network Access Control List)은 서브넷에 설정된 가상 방화벽입니다. 서브넷에 설정되기 때문에 서브넷 내부의 모든 AWS 리소스에 대한 액세스 제어가 가능합니다. 액세스 제어는 인바운드와 아웃바운드, 허용과 거부 설정으로 하며, 이런 네트워크 ACL 설정을 **규칙**(rule)이라고 합니다. 규칙에는 번호를 설정하고 규칙 번호가 작은 순서대로 확인해서 액세스 허용인지 거부인지를 판단합니다. 액세스 제어는 '거부를 설정할 수 있다'는 점에서 보안 그룹과 다릅니다.

예를 들어 어떤 특정 IP 주소가 서버를 공격하고 있을 때, 네트워크 ACL에 거부 규칙을 추가하여 공격을 막을 수 있습니다.

서브넷을 생성하면 기본값으로 모든 통신이 허용된 공통 네트워크 ACL이 연결됩니다. **서브넷별로 액세스 제어를 할 때는 네트워크 ACL을 생성해서 서브넷에 연결하여 사용합니다.** 서브넷은 웹 서버용이나 DB 서버용처럼 용도별로 생성하므로 서브넷마다 허용할 통신(포트 번호)이 달라집니다. 공통 네트워크 ACL을 사용하면 불필요한 통신, 예를 들어 웹 서버용 서브넷인데 DB 서버용 통신에 허용되는 경우도 발생할 수 있으므로 주의하기 바랍니다.

네트워크 ACL 통신 제어

네트워크 ACL 통신 제어는 **스테이트리스**(stateless)입니다. **스테이트리스는 네트워크 ACL이 서버 요청을 허용하더라도 응답 통신을 명시적으로 허용해야 하는 방식입니다.**

앞서 다루었던 보안 그룹과 마찬가지로 AWS에서 웹 서버를 생성해서 클라이언트 접속용으로 네트워크 ACL을 설정한다고 합시다. 이때 인바운드 규칙에 소스 주소는 모두, 프로토콜과 포트 번호는 TCP 80번 포트를 허용하는 설정을 추가합니다. 다만 네트워크 ACL은 스테이트리스이므로 명시적으로 **응답 통신**(아웃바운드) 허용 규칙을 추가해야 합니다.

▼ 그림 3-5 네트워크 ACL 규칙

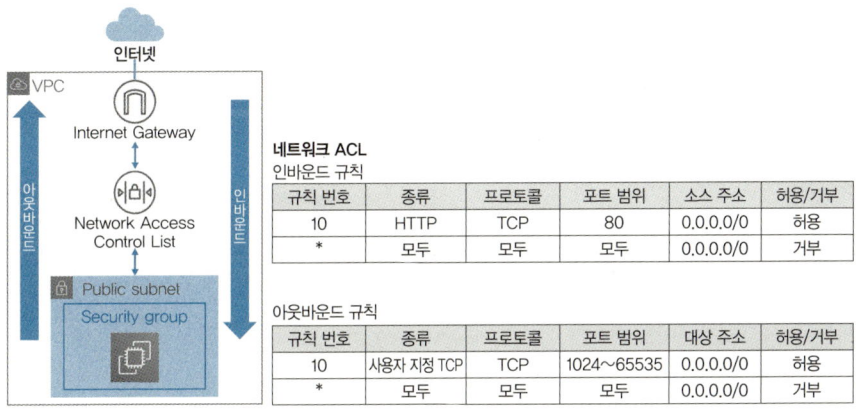

스테이트풀과 스테이트리스의 차이점을 다시 정리해 봅시다.

- **스테이트풀**: 인바운드 통신이 허용되면 아웃바운드 통신은 허용되지 않아도 통신할 수 있습니다.

- **스테이트리스**: 인바운드 통신이 허용되고 아웃바운드 통신도 명시적으로 허용되면 통신할 수 있습니다.

보안 그룹과 네트워크 ACL의 용도와 기능 차이점을 다음 표에 정리했습니다.

▼ 표 3-2 보안 그룹과 네트워크 ACL 비교

구분	보안 그룹	네트워크 ACL
적용 범위	리소스 단위(주로 서버)	서브넷 단위
설정 방법	허용을 인바운드와 아웃바운드에 설정	허용, 거부를 인바운드와 아웃바운드에 설정
응답 통신	스테이트풀이므로 응답 통신을 고려할 필요가 없음	스테이트리스이므로 응답 통신도 명시적으로 허용이 필요
규칙 평가	모든 규칙을 확인해서 통신 여부를 판단	규칙 번호가 작은 순서대로 확인해서 통신 내용과 일치하는 규칙으로 통신 여부를 판단

보안 그룹과 네트워크 ACL 사용 구분

보안 그룹과 네트워크 ACL을 구분해서 사용하는 방법을 알아봅시다. **네트워크 ACL은 느슨하게 제한하고, 보안 그룹은 엄격하게 제한하면 관리하는 데 적합합니다.** 방화벽 규칙은 필요한 통신만 허용하고 그 외에는 모두 거부하는 것이 일반적이지만, 네트워크 ACL은 스테이트리스이므로 응답 통신을 엄격하게 제어하려고 하면 **임시 포트 번호**(ephemeral port)[3] 때문에 제한할 포트 개수가 늘어나 관리하기가 힘듭니다. 게다가 **네트워크 ACL은 규칙 개수가 최대 40개**이므로 이렇게 세세하게 제어하다 보면 규칙 개수 제한 때문에 빠지는 규칙이 있습니다.

따라서 서브넷에 웹 서버만 있다면 네트워크 ACL 인바운드는 'TCP 80번 포트'를 허용하고, 아웃바운드는 '모든 통신'을 허용하도록 느슨하게 제한하며, 각 EC2 인스턴스와 통신은 보안 그룹에서 세세하게 제한한다면 운영 부담을 줄이고 비교적 안전하게 운영할 수 있습니다. 보안 그룹을 세세하게 제한하더라도 스테이트리스가 아니기 때문에 아웃바운드를 설정하는 데 번거로움이 없습니다.

---

3 통신할 때 클라이언트 쪽에서 일시적으로 사용하는 포트 번호(1024~65535)입니다.

▼ 그림 3-6 보안 그룹과 네트워크 ACL을 동시에 사용하는 통신 제어

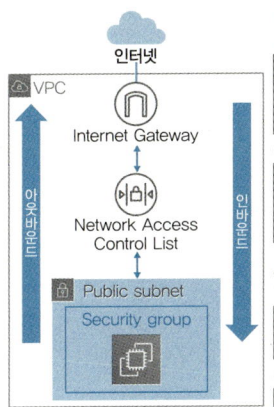

네트워크 ACL					
인바운드 규칙					
규칙 번호	종류	프로토콜	포트 범위	소스 주소	허용/거부
10	HTTP	TCP	80	0.0.0.0/0	허용
*	모두	모두	모두	0.0.0.0/0	거부

아웃바운드 규칙					
규칙 번호	종류	프로토콜	포트 범위	대상 주소	허용/거부
100	모두	모두	모두	0.0.0.0/0	허용
*	모두	모두	모두	0.0.0.0/0	거부

보안 그룹
인바운드 규칙

종류	프로토콜	포트 범위	소스 주소
HTTP	TCP	80	x.x.x.x/z

아웃바운드 규칙

종류	프로토콜	포트 범위	대상 주소
모두	모두	모두	0.0.0.0/0

네트워크 ACL에서 소스 주소를 제어하지 않고 보안 그룹에서 제어한다.

HOW TO OPERATE AWS

3.3 입문 컴퓨팅 서비스

이 절에서는 컴퓨팅 관련 AWS 서비스를 설명합니다.

3.3.1 Amazon EC2

Amazon EC2(Elastic Compute Cloud)는 AWS에서 가상 서버를 제공하는 서비스입니다. 인스턴스(instance) 단위로 가상 서버를 관리하고 관리 콘솔에서 클릭 몇 번으로 VPC 서브넷 안에 생성할 수 있습니다.

▼ 그림 3-7 Amazon EC2 범위(굵은 테두리 범위)

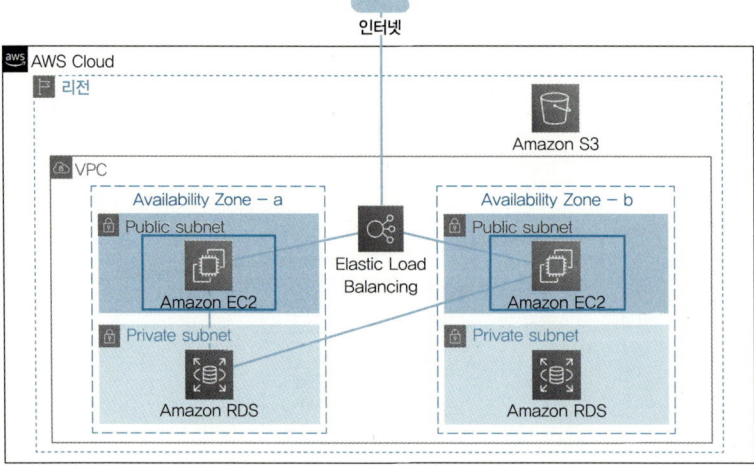

AMI

AMI(Amazon Machine Image)는 EC2의 기본 이미지(서버 설정 템플릿)입니다. AWS는 마이크로소프트 Windows Server나 레드햇 엔터프라이즈 리눅스 같은 다양한 OS의 AMI를 제공합니다. 가상 서버(EC2 인스턴스)를 생성할 때 어떤 AMI를 사용할지 선택합니다.

또 AMI를 직접 생성할 수도 있는데, 이것을 **사용자 지정 AMI**라고 합니다.

처음에는 AWS에서 제공하는 AMI를 사용해서 EC2 인스턴스를 생성하지만, 생성한 후 소프트웨어를 설치하거나 설정을 변경하면 AWS에서 제공하는 AMI와는 다른 내용이 됩니다. 이처럼 변경된 내용을 반영한 사용자 지정 AMI를 생성할 수도 있습니다.

▼ 그림 3-8 EC2와 AMI 관계

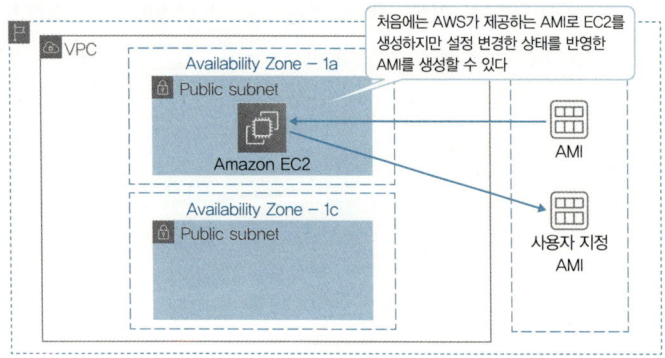

AMI에는 OS 설정과 EBS 백업인 **스냅샷**(snapshot)이 포함됩니다. EBS는 EC2 데이터를 보관하는 스토리지로, 자세한 내용은 3.4.1절에서 설명합니다.

사용자 지정 AMI를 사용하면 다른 가용 영역에 사용자 지정 AMI와 같은 설정의 서버를 생성해서 이중화 구성을 하거나 장애가 발생하면 사용자 지정 AMI로 서버를 생성해서 복구할 수 있습니다.

▼ 그림 3-9 AMI 이용 용도

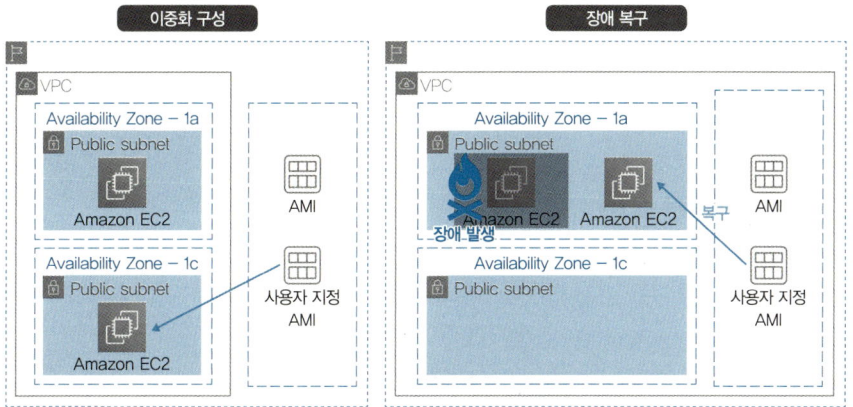

Note ≡ 사용자 지정 AMI를 생성할 때는 EC2 인스턴스를 중지하고 생성합니다. EC2 인스턴스에서 어떤 처리가 진행되고 있으면 처리 중인 상태로 AMI를 생성해서 데이터에 문제(파일 시스템이 관리하는 정보와 실제로 기록된 정보가 일치하지 않는 상태)가 생길 수 있습니다.

이런 불완전한 AMI라면 정상적으로 EC2 인스턴스를 생성할 수 없거나 부팅에 실패할 수 있습니다. 어쩔 수 없이 중지할 수 없는 상황일 때는 심야처럼 EC2 인스턴스 사용이 적은 시간대를 골라서 AMI를 생성하면 이런 문제가 발생할 가능성을 낮출 수 있습니다.

인스턴스 유형

인스턴스 유형에는 생성할 가상 서버의 사양을 지정할 수 있습니다. 인스턴스 유형은 CPU, 메모리, 스토리지, 네트워크 성능의 조합으로 구성되며 **t2.micro**나 **c5.xlarge**처럼 표기됩니다.

첫 글자 t 또는 c를 **인스턴스 패밀리**라고 하며, 이는 인스턴스 종류를 의미합니다. 예를 들어 고성능 CPU를 쓸 수 있는 컴퓨팅 최적화라면 c로 시작하고, 대용량 데이터 처리에 적합한 메모리 최적화라면 r로 시작합니다.

다음 숫자는 **인스턴스 세대**(generation)를 의미하며, 숫자가 클수록 최신 세대입니다. 최신 세대일수록 성능이 좋고 가성비가 높으므로 최신 세대 사용을 권장합니다.

다음으로 micro나 xlarge는 **인스턴스 크기**로, 클수록 고사양입니다.

▼ 그림 3-10 인스턴스 유형 표기법

인스턴스 유형은 이런 요소를 조합해서 사양을 결정합니다. EC2 인스턴스를 생성한 후에도 인스턴스 유형은 간단히 변경할 수 있습니다.

3.3.2 EC2에서 사용하는 IP 주소

EC2에서 사용할 수 있는 IP 주소는 **프라이빗 IP 주소, 퍼블릭 IP 주소, 탄력적**(elastic) **IP 주소** 세 종류가 있습니다. 차이점을 다음 표에 정리했습니다.

▼ 표 3-3 IP 주소 비교[4]

구분	프라이빗 IP 주소	퍼블릭 IP 주소	탄력적 IP 주소(EIP)
종류	프라이빗	글로벌	글로벌
EC2에 할당	필수	선택	선택
IP 주소 특징	• 고정 • 서브넷 내부의 IP 주소 사용	• 변동 • EC2를 중지/가동하면 다른 IP 주소를 할당	• 고정 • 연결 해제해서 다른 EC2와 연결 가능
요금	무료	유료	유료

퍼블릭 IP 주소와 탄력적 IP 주소 사용법

표 3-3의 퍼블릭 IP 주소와 탄력적 IP 주소를 덧붙여 설명하겠습니다. 퍼블릭 IP 주소와 탄력적 IP 주소는 글로벌 IP 주소입니다. 따라서 퍼블릭 서브넷에 있는 EC2는 둘 중 하나를 쓰지 않으면 인터넷 통신이 불가능합니다. 이런 두 IP 주소의 큰 차이점은 퍼블릭 IP 주소는 변동이고, 탄력적 IP 주소는 고정 글로벌 IP 주소라는 것입니다. 따라서 다음과 같이 다르게 활용합니다.

---

[4] 표의 출처는 다음과 같습니다.
https://docs.aws.amazon.com/ko_kr/AWSEC2/latest/UserGuide/using-instance-addressing.html

1. **EC2의 퍼블릭 IP 주소를 대상으로 들어오는 통신이 없고 EC2에서 인터넷으로 나가는 통신만 있는 경우**

   퍼블릭 IP 주소를 사용합니다. 예를 들어 소프트웨어나 보안 패치 다운로드 등이 있습니다. EC2에서 나가는 통신이라면 EC2의 IP 주소가 변해도 문제없습니다.

2. **인터넷에서 EC2를 대상으로 통신하는 경우**

   탄력적 IP 주소를 사용합니다. 예를 들어 EC2가 웹 서버라고 가정한다면 클라이언트는 EC2의 글로벌 IP 주소를 향해 통신합니다. 웹 브라우저에서 웹 사이트에 접속할 때는 보통 URL을 지정하는데, 그 이면을 들여다보면 DNS 서버와 연동해서 URL을 글로벌 IP 주소로 변환하여 통신합니다. EC2의 글로벌 IP 주소가 변경되었는데 DNS 서버가 새로운 IP 주소를 모른다면 통신이 불가능합니다. 따라서 고정 글로벌 IP 주소인 탄력적 IP 주소를 사용해서 이런 문제를 방지합니다.

   2024년 2월 1일 이후 BYOIP(사용자 소유의 퍼블릭 IPv4 주소를 AWS로 가져온 경우)를 제외한 모든 퍼블릭 IPv4 주소는 요금이 발생하므로 주의가 필요합니다.

ENI

EC2에는 **ENI**(Elastic Network Interface)라는 가상 네트워크 인터페이스가 연결되어 있습니다. 네트워크 인터페이스는 PC의 랜 케이블 포트를 생각하면 이해하기 쉬운데, AWS에서는 ENI에 EC2의 IP 주소를 연결해서 네트워크 통신을 합니다.

▼ 그림 3-11 EC2와 ENI 관계

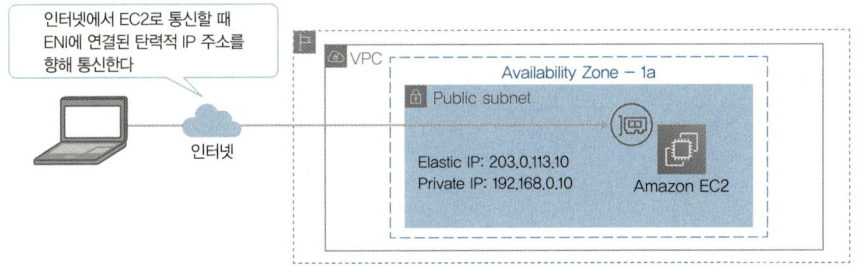

3.3.3 EC2 키 페어와 수명 주기

여기에서는 EC2의 보안 향상 목적으로 사용하는 키 페어와 EC2 상태를 나타내는 수명 주기를 설명합니다.

키 페어

키 페어(key pair)는 **공개 키**와 **비밀 키**의 쌍을 의미합니다. 키 페어를 생성할 때 공개 키는 AWS에 두고 비밀 키는 자신의 PC에 내려받아 보관합니다. 또 EC2 인스턴스를 생성할 때 키 페어를 지정하면 공개 키를 EC2에 복사합니다.

EC2 인스턴스의 OS에 로그인할 때는 사용자 이름과 암호를 입력하는 대신 리눅스에서는 사용자 이름과 비밀 키를, 윈도우에서는 사용자 이름과 비밀 키에서 복호화한 암호를 입력하여 로그인합니다. 비밀 키를 가지고 있는 사람만 로그인할 수 있으므로 사용자 이름과 암호로 로그인하는 것보다 보안성이 뛰어납니다. 다만 비밀 키가 유출되면 제3자가 로그인할 가능성이 있습니다. 따라서 **비밀 키는 인터넷 등 공개적인 공간에는 보관하지 말고 자신의 PC에만 보관하는 것이 좋습니다.**

▼ 그림 3-12 키 페어 구조

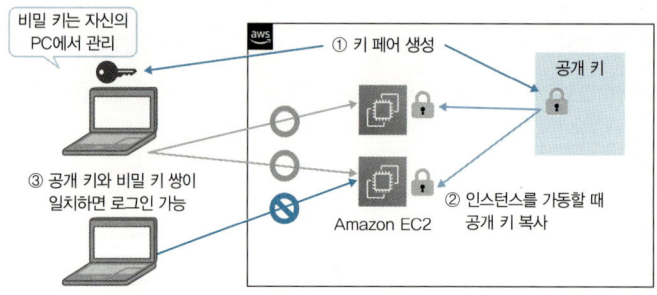

수명 주기

EC2 인스턴스는 **수명 주기**(lifecycle)를 가지며, 가동한 인스턴스는 **실행 중**(running), **중지됨**(stopped), **종료됨**(terminated) 중 하나의 상태를 가집니다.

- **실행 중**은 EC2 인스턴스가 실행 중이라 요금이 발생하는 상태입니다. 중지 조작을 하면 중지됨 상태로, 종료 조작을 하면 종료됨 상태로 전환됩니다.
- **중지됨** 상태는 EC2 인스턴스가 중지된 상태로 요금이 발생하지 않습니다. 가동을 시작하면 실행 중으로, 종료 조작을 하면 종료됨 상태로 전환됩니다.

- **종료됨** 상태는 EC2 인스턴스를 삭제한 상태입니다. 한번 삭제하면 실행 중이나 중지됨 상태로 전환할 수 없습니다. 따라서 **삭제 작업을 할 때는 만약의 경우에 대비해서 AMI를 생성하고, AMI로 복구할 수 있는 상태를 만들어 둔 후 삭제하는 것이 좋습니다.**

▼ 그림 3-13 EC2 인스턴스와 수명 주기

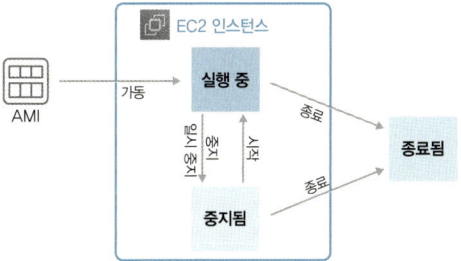

※ 일시 중지는 PC 절전 모드와 마찬가지로 메모리 내용을 저장 장치에 보관하고 중지했다가
다음에 다시 가동할 때 일시 중지 이전 상태를 유지한 채로 시작할 수 있습니다.
예를 들어 웹 브라우저를 열어 둔 채로 일시 중지를 시켰다면 다음에 시작할 때
웹 브라우저가 열린 상태 그대로 가동합니다.

3.4 입문 스토리지 서비스

여기에서는 AWS의 로그나 데이터를 보관하는 데 사용하는 스토리지 서비스를 설명합니다.

3.4.1 Amazon EBS

Amazon EBS(Elastic Block Store)는 EC2의 데이터를 보관하는 블록 스토리지입니다. **블록 스토리지는 데이터를 고정 크기의 블록 단위로 저장하는 방식입니다.** 파일 갱신과 수정을 효율적으로 처리할 수 있다는 점이 특징입니다. 블록 스토리지에 저장된 데이터를 갱신하거나 수정할 때는 파일 전체가 아니라 해당하는 블록만 변경합니다. 파일 스토리지나 객체 스토리지는 파일 전체를 변경해야 합니다.

EBS의 네 가지 특징

1. EBS는 EC2 인스턴스에 직접 연결된 대신 네트워크를 통해 EBS에 액세스하여 데이터를 저장합니다.

2. EBS는 가용 영역을 지정해서 생성하지만, EC2는 같은 가용 영역에 있는 EBS만 사용할 수 있습니다.

3. 하나의 EBS는 하나의 EC2 인스턴스에서만 사용하지만, EBS는 연결/연결 해제가 되므로 다른 EC2 인스턴스에 연결해서 사용할 수 있습니다.

4. EBS는 **스냅샷**으로 백업을 만들고, 스냅샷을 다른 가용 영역이나 다른 리전에 복사하여 EBS를 생성할 수 있습니다.

▼ 그림 3-14 Amazon EBS 범위(굵은 테두리 범위)

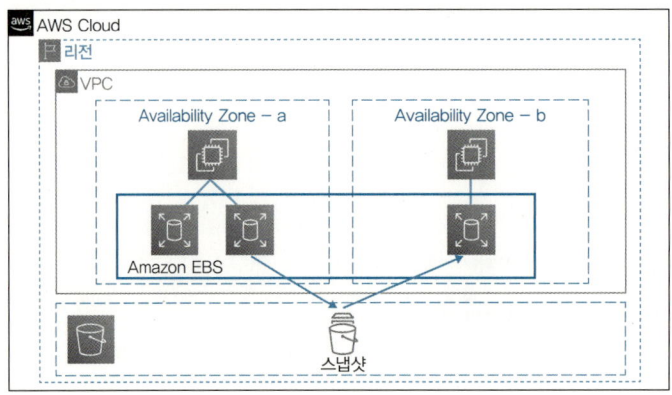

EBS 스냅샷 장점

스냅샷을 사용하는 장점은 EBS 단위로 백업을 만들 수 있다는 것입니다. 예를 들어 EC2에 EBS가 여러 개 연결되었을 때 그중 하나의 EBS에 장애가 발생했다고 합시다. 이런 장애는 스냅샷에서 EBS를 생성하고 장애가 발생한 EBS를 제거하여 새로 생성한 EBS를 EC2에 연결하면 복구할 수 있습니다. 스냅샷을 이용하면 EC2를 멈추지 않고도 복구가 가능합니다.

▼ 그림 3-15 스냅샷 이용 모습

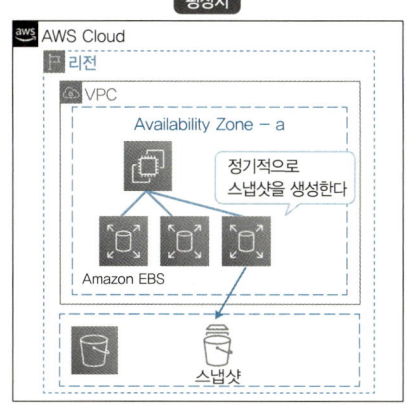
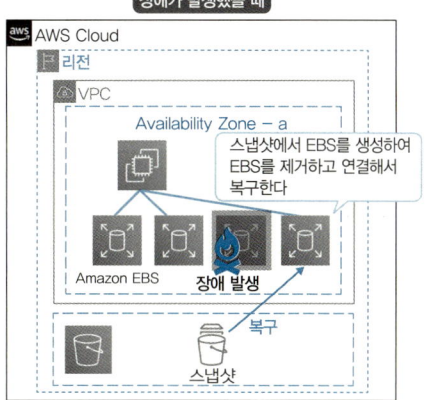

EBS 요금

EBS에는 여러 종류의 볼륨 유형이 있으며, 빠른 처리 속도 등 용도에 따라 이를 선택할 수 있습니다. EBS 생성 후에도 볼륨 유형을 변경하거나 디스크 크기를 늘릴 수 있으며, 가동 중인 EC2에 연결된 상태라도 변경할 수 있습니다. 단 **디스크 크기를 줄이는 것은 불가능합니다**.

EBS는 디스크 크기에 따라 요금이 부과됩니다. 따라서 별로 사용하지 않는데도 크기가 큰 디스크를 사용하면 불필요한 요금이 발생합니다. 우선은 작은 크기의 디스크를 생성하고 부족할 때면 크기를 늘려 가는 방식으로 요금을 줄이는 것이 좋습니다. EC2 인스턴스를 생성할 때 볼륨 유형과 디스크 크기를 지정하면 EC2 인스턴스와 함께 EBS도 생성됩니다.

▼ 표 3-4 EBS 비교

구분	Solid State Drive(SSD)		하드 디스크 드라이브(HDD)	
볼륨 유형	범용 SSD(gp2/gp3)	프로비저닝된 IOPS SSD(io1/io2)	처리량 최적화 HDD (st1)	콜드 HDD (sc1)
특징	범용적인 용도	높은 IOPS	높은 처리량	낮은 가격
볼륨당 최대 IOPS*	16,000	64,000	500	250
부트 볼륨	지원		지원되지 않음	

* IOPS(Input/Output Per Second)는 1초당 디스크가 읽고 쓸 수 있는 횟수입니다.

3.4.2 Amazon S3

Amazon S3(Simple Storage Service)는 객체 스토리지 서비스입니다. **객체 스토리지는 데이터를 객체로 다루고 ID와 메타데이터로 묶어 관리하는 방식입니다.** 구글 드라이브, 마이크로소프트 원드라이브, 드롭박스 등이 객체 스토리지를 사용하는 대표적인 서비스입니다.

▼ 그림 3-16 Amazon S3 범위(굵은 테두리 범위)

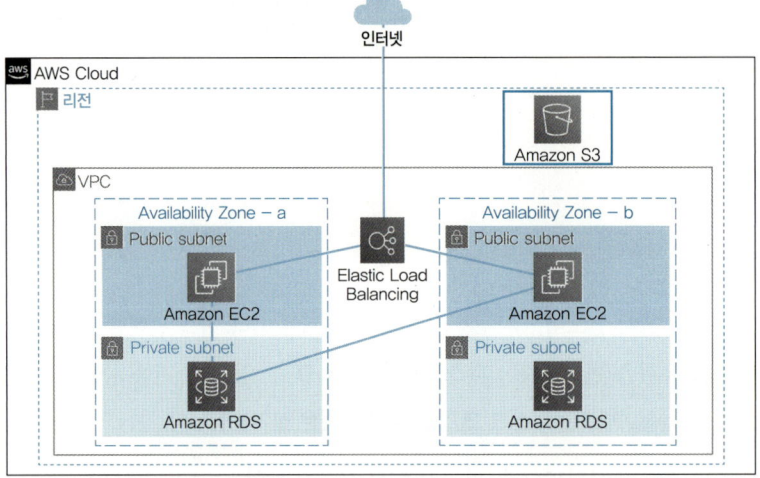

S3는 무제한 용량(객체 하나당 최대 5TB까지)과 99.999999999%(일레븐 나인) 내구성을 목표로 설계되어 S3에 데이터를 보관하면 잃을 가능성이 거의 없습니다.

사용 사례로는 백업 데이터 보관이나 빅데이터 해석용 대용량 파일 보관 등이 있습니다. **대용량이거나, 장기간 보관해야 하거나, 사라지면 곤란한 데이터라면 일단 S3를 사용할 수 있는지부터 검토합시다.**

3.4.3 S3에서 사용하는 용어

S3는 버킷처럼 특징적인 용어나 개념을 사용하고 있습니다. S3를 잘 사용할 수 있도록 이를 차례대로 이해해 봅시다.

버킷

버킷(bucket)은 **객체 저장 장소입니다.** 버킷을 생성할 때 이름을 붙일 수 있는데, 전역적으로 고유한 이름이어야 합니다. 예를 들어 필자가 이용하는 AWS 계정에는 20221017-test라는 이름의 S3 버킷이 있습니다. 따라서 다른 AWS 계정은 S3 버킷 이름으로 20221017-test를 사용할 수 없습니다. 여러분 AWS 계정에서 시험 삼아 20221017-test 이름으로 S3 버킷을 생성해 보면 이름이 동일한 버킷이 이미 있다는 메시지가 표시되는 것을 확인할 수 있습니다.

고유한 버킷 이름을 생성하는 방법으로 버킷 이름에 자신의 AWS 계정 ID(12자리 숫자)를 넣는 방법이 있습니다. AWS 계정 ID는 사용하는 AWS 환경마다 고유한 값이므로 이런 숫자를 포함하면 고유한 이름을 만들기 쉽습니다. 관리 콘솔에 로그인해서 화면 오른쪽 위에 있는 사용자 이름을 클릭하면 AWS 계정 ID를 확인할 수 있습니다.

객체

객체(object)는 **버킷에 저장하는 로그처럼 데이터 자체를 의미합니다.** 각 객체에는 키가 부여되고 **버킷 이름 + 객체 키(키 이름) + 버전 ID로 반드시 고유한 URL이 생성됩니다.** 이런 URL에 HTTP 기반의 웹 API를 사용해서 각 객체에 액세스합니다.

- 키 예

    https://⟨버킷 이름⟩.s3.ap-northeast-2.amazonaws.com/⟨객체 키(키 이름)⟩?versionId=⟨버전 ID⟩

    ※ URL의 버킷 이름 뒤에 있는 ap-northeast-2는 아시아 태평양(서울) 리전을 의미합니다. 자세한 내용은 다음 URL을 참고합니다.

    URL https://docs.aws.amazon.com/ko_kr/general/latest/gr/rande.html#regional-endpoints

객체 키

객체 키(object key)는 **S3 버킷 내부의 객체를 식별하는 정보입니다.** S3 버킷 내부는 평탄한 구조라서 폴더 같은 계층이 없지만, 관리 콘솔에서는 객체 키에 **/(슬래시)**를 넣어 폴더 구조를 표시합니다.

- 객체 키 예

  ① example/test1.txt

  ② work.pdf

> Note ≡ 이런 객체 키를 관리 콘솔에서 보면 마치 example 폴더 내부에 test1.txt 파일이 있는 것처럼 보이지만 실제로 ①과 ②는 S3 버킷의 동일한 계층에 저장됩니다.

메타데이터

메타데이터(metadata)**는 객체를 관리하는 정보 중 하나입니다.** 객체 크기나 최신 갱신일 등 시스템 정의 메타데이터와 애플리케이션에서 필요한 정보를 추가할 수 있는 사용자 지정 메타데이터가 있습니다.

▼ 그림 3-17 객체 스토리지 구조

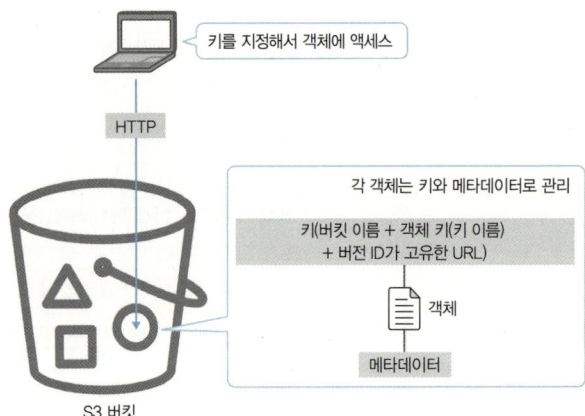

3.4.4 S3 기능

S3도 다른 서비스처럼 기능이 다양하지만, 여기에서는 스토리지 클래스, 버킷 정책과 ACL, 블록 퍼블릭 액세스를 설명합니다.

스토리지 클래스

S3는 **스토리지 클래스**(storage class)를 지정해서 저장할 수 있습니다. 이용 빈도가 낮은 파일은 보관 요금이 싼 스토리지 클래스로 변경하여 비용을 줄일 수 있습니다. 2024년 6월 기준으로, 스토리지 클래스는 다음 표와 같이 구성됩니다. **스토리지 클래스의 RRS(낮은 수준 중복성 스토리지)는 S3 Standard보다 보관 요금이 비싸기 때문에 데이터 보관 용도로는 그다지 적합하지 않습니다.**

▼ 표 3-5 S3 스토리지 클래스 비교

스토리지 클래스	특징	요금(보관)	요금(기타)
범용 Amazon S3 Standard(S3 Standard)	여러 가용 영역에 데이터를 복제하는 기본 스토리지 클래스	높음	–
빈번하지 않은 액세스 Amazon S3 Standard-Infrequent Access(S3 Standard-IA)	S3 표준에 비해 저장 비용이 낮고, 데이터 읽기 용량에 따라 비용 발생		데이터를 읽는 데 비용 발생
빈번하지 않은 액세스 Amazon S3 One Zone-Infrequent Access(S3 One Zone-IA)	단일 가용 영역에 데이터를 저장하고, 가용 영역에 장애가 발생하면 데이터 손실 발생		데이터를 읽는 데 비용 발생
아카이브 Amazon S3 Glacier Instant Retrieval	액세스가 거의 없는 데이터는 보관하고, 곧바로 데이터에 액세스 가능		데이터를 읽는 데 비용 발생
아카이브 Amazon S3 Glacier Flexible Retrieval(이전의 S3 Glacier)	비용이 낮고, 데이터를 꺼내는 데 비용과 시간 발생		꺼내는 데 비용 발생
아카이브 Amazon S3 Glacier Deep Archive	가장 저렴하며, 데이터를 꺼내는 데 비용과 시간 발생	낮음	꺼내는 데 비용 발생
Amazon S3 Reduced Redundancy Storage(RRS)	**비싸고 저장용으로 추천하지 않음**	비쌈	–
알 수 없거나 변화하는 액세스 Amazon S3 Intelligent-Tiering(S3 Intelligent-Tiering)	액세스 빈도에 따라 자동으로 S3 표준과 빈번하지 않은 액세스와 Glacier Instant Retrieval을 최적화하는 스토리지 클래스	–	–

스토리지 클래스를 선택하는 방법을 소개합니다.

웹 서버 접속 로그와 오류 로그를 S3에 보관하고 싶다고 가정해 봅시다. 웹 서버에 장애가 발생하여 로그를 조사할 때, 보통은 장애가 발생한 시간대 근처의 로그를 확인합니다. 따라서 액세스 횟수는 최신 로그일수록 많고 오래될수록 줄어듭니다. 이처럼 시간이 경과하면서 데이터 액세스가 줄어든다면 그림 3-18과 같이 스토리지 클래스를 변경하여 요금을 줄일 수 있습니다.

▼ 그림 3-18 웹 서버 접속 로그와 오류 로그를 S3에 보관하는 경우 스토리지 클래스

스토리지 클래스를 직접 변경하려면 꽤 번거롭습니다. S3에는 수명 주기 관리 기능이 있어 시간 경과에 따라 자동으로 스토리지 클래스를 변경할 수 있습니다.[5]

버킷 정책과 ACL

S3 액세스를 제어하는 방법으로 **버킷 정책**과 **ACL**이 있습니다.

버킷 정책은 버킷별로 액세스 권한을 설정할 수 있으며 ACL은 버킷 단위나 객체 단위로 간단하게 권한을 설정할 수 있습니다. 하지만 2021년 12월 이후 새로 생성되는 **버킷은 ACL이 기본값으로 비활성화되므로 버킷 정책으로만 액세스를 제어할 수 있습니다.**

예제 3-1 버킷 정책 예

```
{
    "Version": "2012-10-17",                              ❶
    "Id": "S3PolicyId1",                                  ❷
    "Statement": [                                        ❸
        {
            "Sid": "IPAllow",                             ❹
            "Effect": "Allow",                            ❺
            "Principal": "*",                             ❻
            "Action": "s3:*",                             ❼
            "Resource": [                                 ❽
                "arn:aws:s3:::DOC-EXAMPLE-BUCKET",
                "arn:aws:s3:::DOC-EXAMPLE-BUCKET/ * "
            ],
            "Condition": {                                ❾
                "IpAddress": {
                    "aws:SourceIp": "203.0.113.0/24"
                }
            }
```

---

[5] 출처는 다음과 같습니다.
https://docs.aws.amazon.com/ko_kr/AmazonS3/latest/userguide/object-lifecycle-mgmt.html

```
        }
    ]
}
```

❶ 사용하는 정책 언어의 버전. 최신은 2012-10-17
❷ (선택)정책 내용을 구별하는 식별자
❸ 정책 정의
❹ (선택)정책 내용을 구별하는 식별자
❺ Allow(허용), Deny(거부) 지정
❻ AWS 계정, 사용자, 역할 등을 지정. *는 제한이 없음을 뜻합니다.
❼ 작업 지정
❽ 작업을 적용할 리소스 지정
❾ 정책이 적용되는 추가 조건 지정

예제 3-1 정책에서 허용한 내용은 'IP 주소 203.0.113.0/24에서 요청된 S3 버킷 DOC-EXAMPLE-BUCKET에 대한 S3의 모든 작업을 허용한다'입니다. 자세한 정책 내용은 다음 URL을 참고합니다.

IAM JSON 정책 요소 참고

URL https://docs.aws.amazon.com/ko_kr/IAM/latest/UserGuide/reference_policies_elements.html

퍼블릭 액세스 차단

S3는 버킷 정책이나 ACL로 S3 버킷 액세스를 제어할 수 있습니다. 다만 액세스 제어를 제대로 설정하지 않으면 S3에 저장한 데이터가 유출되는 사고가 발생할 수 있습니다.

유출 사고 중 하나로 버킷을 **의도하지 않게 외부에 공개하는 것**이 있습니다. 이런 사고에 대비하는 방법으로 **퍼블릭 액세스 차단** 기능이 있습니다. 이는 버킷 단위와 객체 단위로 의도하지 않은 외부 공개를 막는 설정으로, 기본적으로 활성화되어 있습니다. 외부에 공개할 때는 퍼블릭 액세스 차단을 비활성화하고 버킷 정책이나 ACL을 설정해야 합니다.

S3 버킷이 외부 공개된 상태인지 알아보려면 S3 콘솔 화면에서 S3 버킷 목록의 액세스를 확인합니다. **퍼블릭**은 S3 버킷이 외부 공개 상태라는 의미이며, **퍼블릭이 아님**은 퍼블릭 액세스 차단이 유효한 상태라는 의미입니다.

▼ 그림 3-19 S3 버킷 공개 상태 검사

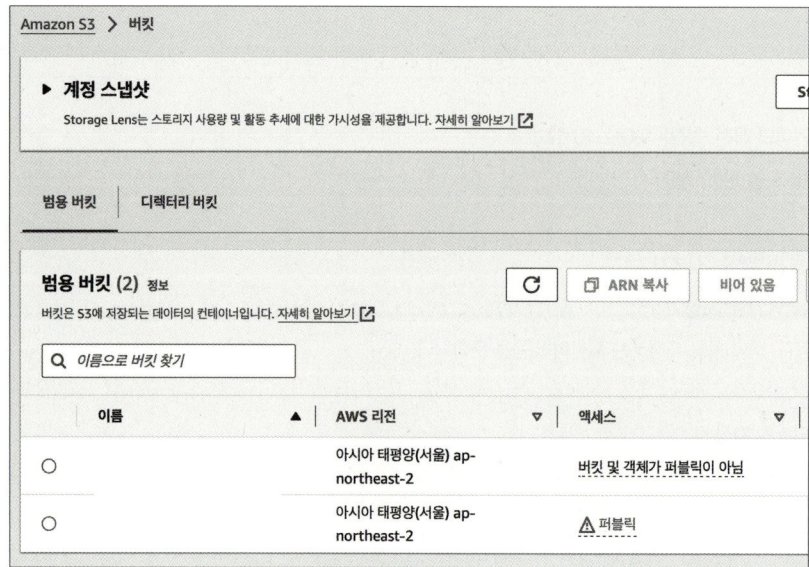

3.5 입문 데이터베이스 서비스

HOW TO OPERATE AWS

지금부터 AWS에서 이용할 수 있는 데이터베이스 서비스를 설명합니다.

3.5.1 Amazon RDS

Amazon RDS(Relational Database Service)는 관리형 데이터베이스 서비스로 클릭 몇 번으로 DB 서버와 AWS에서 말하는 DB 인스턴스를 생성할 수 있습니다.

▼ 그림 3-20 Amazon RDS 범위(굵은 테두리 범위)

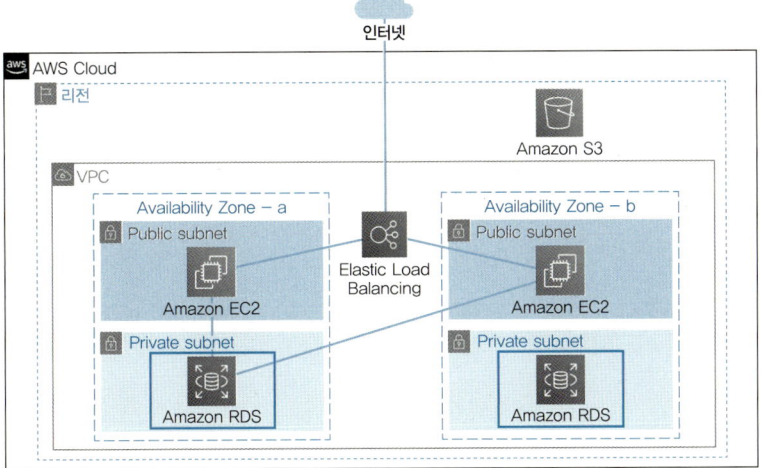

관리형(managed)이라는 용어가 나왔는데 이것은 나중에 다시 설명하겠습니다. RDS에서 사용할 수 있는 데이터베이스 엔진으로 MySQL, MariaDB, PostgreSQL, Oracle, Microsoft SQL Server, AWS가 자체 개발한 Amazon Aurora 등이 있습니다. 이 중 Amazon Aurora만 간단히 설명하겠습니다. Amazon Aurora는 MySQL, PostgreSQL과 호환성이 있는 클라우드용 데이터베이스입니다. 특히 **처리 성능이 높아 MySQL의 최대 5배, PostgreSQL의 최대 3배 처리량을 제공합니다. 또 가용 영역 세 개에 데이터 여섯 개를 복제하므로 내결함성이 무척 뛰어납니다.**

▼ 그림 3-21 Amazon Aurora

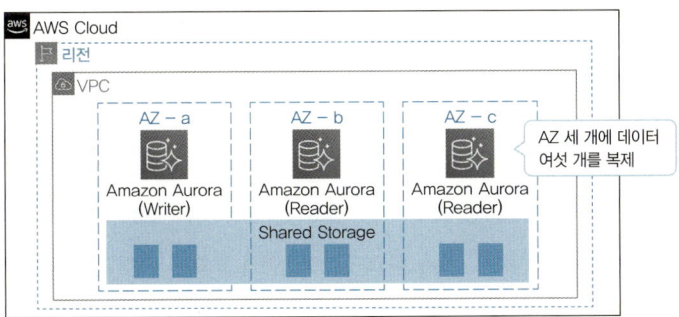

앞서 RDS를 관리형 데이터베이스 서비스라고 설명했는데, **관리형이란 관리 작업 대부분을 AWS가 담당하는 것입니다.** 온프레미스는 사용자가 하드웨어를 비롯하여 데이터베이스 관리까지 모든 것을 해야 하지만, RDS는 AWS가 하드웨어와 확장성까지 관리합니다. 따라서 **사용자는 애플리케이션 최적화만 관리하면 되어 자연스레 운영 부담이 줄어듭니다.**

▼ 그림 3-22 온프레미스, AWS가 제공하는 EC2/RDS 비교

온프레미스	Amazon EC2	Amazon RDS	
애플리케이션 최적화	애플리케이션 최적화	애플리케이션 최적화	
확장성	확장성	확장성	
가용성	가용성	가용성	
백업	백업	백업	
미들웨어 패치	미들웨어 패치	미들웨어 패치	
미들웨어 설치	미들웨어 설치	미들웨어 설치	
운영 체제(OS) 패치	운영 체제(OS) 패치	운영 체제(OS) 패치	
OS 설치	OS 설치	OS 설치	범례:
서버 유지 관리	서버 유지 관리	서버 유지 관리	사용자가 준비
하드웨어 수명	하드웨어 수명	하드웨어 수명	AWS가 제공
전력, 네트워크 및 냉각	전력, 네트워크 및 냉각	전력, 네트워크 및 냉각	

RDS 제약과 부가 기능

지금까지 설명한 내용만 보면 데이터베이스는 RDS를 사용하면 되겠구나 싶겠지만 **RDS는 기능과 성능에 제약이 있습니다.** 예를 들어 데이터베이스 엔진 버전은 AWS가 제공하는 것만 선택 가능하고, DB 인스턴스 사양이 제한되며, DB 인스턴스의 OS에 로그인할 수 없는 등 여러 가지 제약이 있습니다.

RDS를 실제 서비스 환경에서 사용한다면 미리 AWS 공식 문서를 확인하거나 검증 환경에서 예상한 대로 작동하는지 확인해야 합니다. 작동 확인 중 문제가 생기거나 제약 때문에 RDS를 사용할 수 없다면 EC2 인스턴스에 데이터베이스 엔진을 설치하여 사용하는 방법을 검토해야 합니다.

RDS는 OS에 로그인할 수 없기 때문에 OS에 로그인하지 않아도 데이터베이스 엔진 설정을 변경할 수 있는 **파라미터 그룹**(parameter group)과 **옵션 그룹**(option group) 기능을 제공합니다.

파라미터 그룹은 데이터베이스 엔진 설정을 관리하는 기능이며, 옵션 그룹은 데이터베이스 엔진마다 제공되는 추가 기능을 활성화할 수 있는 기능입니다. 파라미터 그룹과 옵션 그룹을 지정하지 않고 DB 인스턴스를 생성하면 공통 설정의 기본값이 적용됩니다. **실제 서비스 환경에서는 DB 인스턴스마다 설정을 조정할 수 있도록 파라미터 그룹과 옵션 그룹을 각각 생성해서 적용하면 좋습니다.**

DB 인스턴스 클래스

RDS도 EC2와 마찬가지로 DB 인스턴스 클래스로 사양을 지정할 수 있습니다. DB 인스턴스 클래스는 CPU, 메모리, 스토리지, 네트워킹 용량을 조합해서 구성하는데 db.t2.micro나 db.r5.xlarge처럼 표기합니다.

제일 앞에 있는 db는 모든 DB 인스턴스 클래스에 붙는 이름입니다. t나 r은 **인스턴스 패밀리**라고 하며 인스턴스 종류를 의미합니다. 예를 들어 범용이라면 t로 시작하고, 메모리 최적화라면 r로 시작합니다.

다음 숫자는 **인스턴스 세대**를 의미하며 숫자가 클수록 최신 세대입니다. 최신 세대일수록 성능이 좋고 가성비가 좋으므로 최신 세대 사용을 권장합니다.

다음으로 micro나 xlarge는 **인스턴스 크기**로, 크기가 클수록 고사양입니다.

DB 인스턴스 클래스는 이런 요소를 조합하여 사양을 정합니다. **RDS 생성 이후에도 이 DB 인스턴스 클래스는 간단히 변경할 수 있습니다.**

스토리지

RDS에서 사용하는 스토리지는 **범용 SSD, 프로비저닝된 IOPS SSD, 마그네틱** 세 종류 중에서 선택할 수 있습니다. 각 스토리지 특징을 다음 표에 정리했습니다.

▼ 표 3-6 RDS 스토리지 비교[6]

스토리지 종류	범용 SSD(gp2/gp3)	프로비저닝된 IOPS SSD(io1)	마그네틱
종류	SSD	SSD	하드 디스크
용량 요금	있음(GB당)	있음(GB당)	있음(GB당)
추가 IOPS 요금	없음*	있음(IOPS당)	없음
IOPS 요청 요금	없음	없음	있음
성능	100~16,000IOPS	1,000~256,000IOPS(MySQL 경우)	최대 1,000IOPS

* 범용 SSD(gp3)에서 기본 스토리지 성능 임계 값을 넘도록 설정하면 추가 IOPS와 처리량에 따라 비용이 발생합니다.

---

[6] 표의 출처는 다음과 같습니다.
https://docs.aws.amazon.com/ko_kr/AmazonRDS/latest/UserGuide/CHAP_Storage.html

마그네틱은 하위 호환성 때문에 존재하므로 보통은 범용 SSD나 프로비저닝된 IOPS SSD를 선택합니다. **IOPS**(Input/Output Per Second)는 스토리지에 1초당 읽고 쓸 수 있는 횟수를 뜻하는 단위로 값이 클수록 고성능입니다. 따라서 데이터베이스 읽고 쓰기가 빈번하게 발생한다면 프로비저닝된 IOPS SSD를 써서 스토리지 처리에 병목 현상이 일어나지 않도록 해야 합니다.

DB 인스턴스가 작동 중이라고 할지라도 스토리지 크기를 늘릴 수 있는 점이 특징입니다. **하지만 스토리지 크기를 줄이는 것은 불가능합니다.**

3.5.2 RDS 이중화 구성

여기에서는 RDS를 사용할 때 주의해야 하는 이중화 구성과 사용하는 인스턴스를 설명합니다.

다중 AZ 배포

다중 AZ 배포(Multi AZ Deployments)는 여러 가용 영역에 **대기 인스턴스(예비)**를 생성해서 **프라이머리 인스턴스(메인 DB)**에서 데이터베이스 내용을 동기화하는 구성입니다. 다중 AZ 배포를 사용하면 서로 다른 가용 영역을 활용하여 이중화 구성을 간단히 생성할 수 있습니다.

프라이머리 인스턴스에 장애가 발생했다면 대기 인스턴스로 **페일오버**(failover)(전환)하여 서비스를 유지할 수 있습니다.

페일오버 방식을 좀 더 자세히 설명하겠습니다. 애플리케이션은 DB 인스턴스를 지정할 때 IP 주소가 아니라 AWS가 관리하는 **엔드포인트**(Fully Qualified Domain Name(FQDN))(전체 도메인 네임)를 지정합니다. 프라이머리 인스턴스에 장애가 발생하면 엔드포인트에 연결된 IP 주소를 AWS가 자동으로 대기 인스턴스의 IP 주소로 바꾸어 애플리케이션 접속 주소를 변경하는 방식입니다. 따라서 **실제 서비스 환경에서는 다중 AZ 배포 사용을 권장합니다.**

▼ 그림 3-23 RDS가 페일오버하는 방법

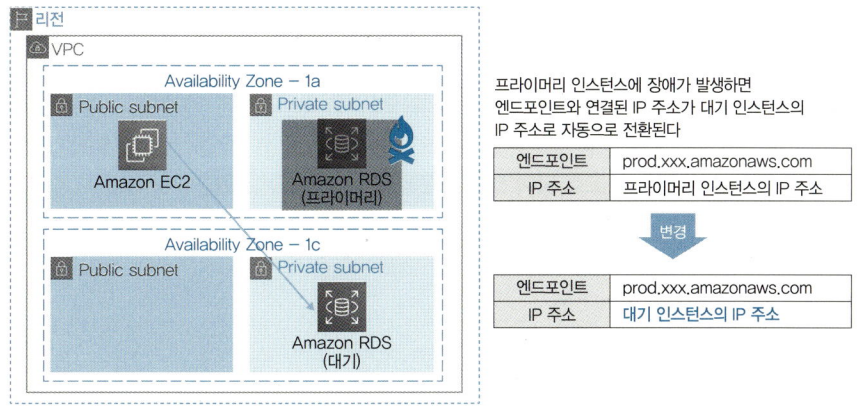

읽기 전용 복제본

읽기 전용 복제본(read replica)은 읽기 전용의 DB 인스턴스입니다.

사용 사례로는 쇼핑 사이트의 상품 정보 데이터베이스가 있습니다. 쇼핑 사이트에서 물건을 사려는 고객은 상품을 검색해서 상품 정보를 확인하는데, 이런 작업은 데이터베이스 내용을 읽기만 합니다. 상품 정보를 변경하는 것은 쇼핑 사이트 관리자입니다. 이 경우 데이터베이스 액세스는 대부분 읽기 작업입니다.

DB 인스턴스가 하나라면 하나의 DB에서 읽기와 쓰기를 모두 처리하므로 부하가 걸릴 수 있지만, **읽기 작업을 읽기 전용 복제본으로 분산하면 DB 인스턴스 부하를 줄일 수 있습니다.**

▼ 그림 3-24 RDS 읽기 전용 복제본 활용 예

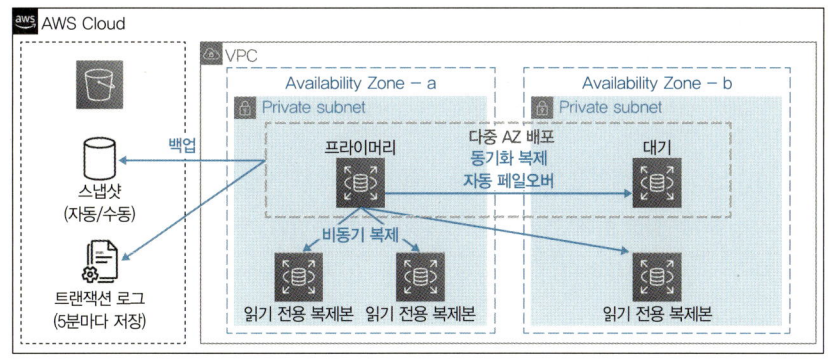

DB 서브넷 그룹

DB 서브넷 그룹은 DB 인스턴스를 배치하는 서브넷을 지정하는 설정으로 DB 인스턴스를 생성하기 전에 만듭니다. DB 서브넷 그룹에는 적어도 가용 영역 두 개의 서브넷을 등록합니다. 이는 다중 AZ 배포를 사용하지 않는 단일 AZ 배포일 때도 필수적입니다. **단일 AZ 배포라도 나중에 간단히 다중 AZ 배포로 변경할 수 있는 구조로 되어 있기 때문입니다.**

▼ 그림 3-25 DB 서브넷 그룹(굵은 테두리 범위)

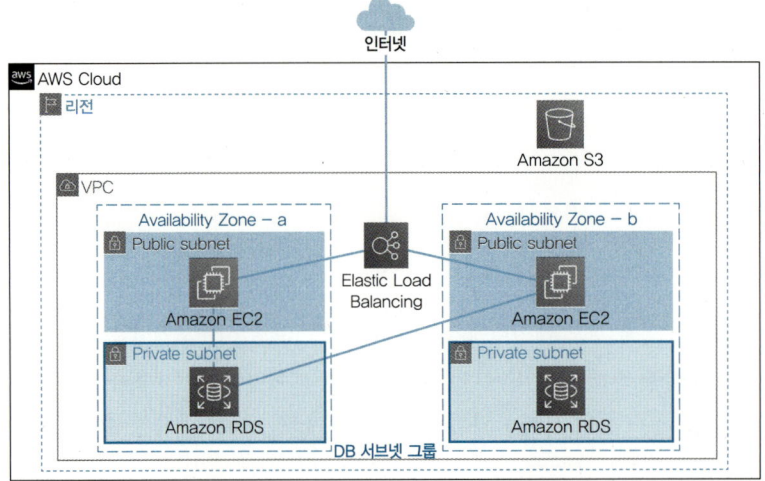

3.5.3 RDS 스냅샷과 복원

지금부터 RDS에서 생성할 수 있는 스냅샷과 복원을 설명합니다.

RDS 스냅샷

스냅샷(snapshot)은 DB 인스턴스 백업을 의미합니다. 표준 기능으로 자동 백업(트랜잭션 로그[7]와 1일 1회 스냅샷)을 생성할 수 있고 **최대 35일 동안** 보관할 수 있습니다. 또 생성하고 싶은 순간에 수동으로 생성하여 영구 보관도 가능합니다. 따라서 감사 등 요구에 따라 백업을 장기 보관한다면 수동으로 스냅샷을 생성해야 합니다.

---

[7] 트랜잭션 로그는 데이터베이스에서 발생한 변경 내용을 순서대로 기록한 것입니다.

RDS 복원

복원(restore)은 생성한 스냅샷으로 DB 인스턴스를 생성하는 것입니다. 복원 방법은 두 종류로, 그 중 하나는 스냅샷에서 그대로 DB 인스턴스를 생성하는 방법입니다. 또 다른 하나는 **지정 시간 복구**(Point In Time Recovery, PITR)로 자동 백업을 사용해서 특정 시점(최소 5분 이전) 상태로 DB 인스턴스를 생성하는 방법입니다. 지정 시간 복구를 사용하려면 자동 백업을 활성화해야 합니다.

장애 등으로 복구가 필요하다면 지정 시간 복구를 써서 장애 발생 시각의 직전 시점으로 되돌릴 수 있습니다. 다만 **자동 백업은 최대 35일 동안만 보관하므로 35일보다 더 이전 상태로 돌아가고 싶을 때는 수동으로 생성한 스냅샷에서 되돌릴 수 있습니다.**

DB 인스턴스에는 **이름 변경** 기능이 있어 엔드포인트 이름을 변경할 수 있습니다. 이름 변경을 사용하면 장애 발생 때문에 복구용으로 복원한 DB 인스턴스를 애플리케이션 측 변경 없이도 사용할 수 있습니다(그림 3-26).

▼ 그림 3-26 장애가 발생했을 때 이름 변경 활용법

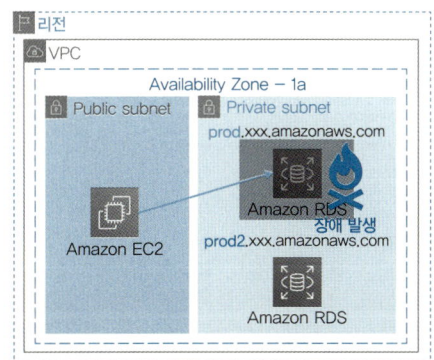

3.6 입문 부하 분산 서비스

부하 분산은 로드 밸런서에 서버를 여러 대 묶어서 로드 밸런서가 받은 통신을 서버들에 분산시켜 하나의 서버가 받는 부하를 줄이는 방식입니다.

3.6.1 Elastic Load Balancing

Elastic Load Balancing(ELB)은 AWS가 제공하는 **부하 분산 서비스**입니다. 로드 밸런서 역할을 ELB가 담당합니다.

▼ 그림 3-27 ELB 범위(굵은 테두리 범위)

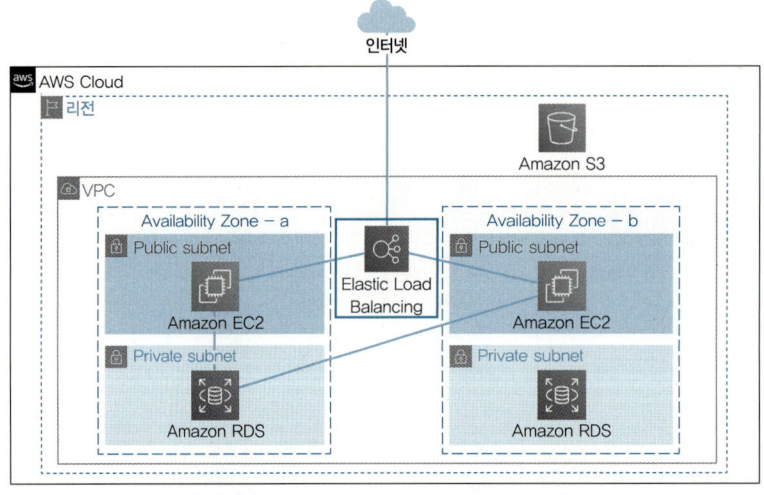

ELB가 통신을 분산하여 서버 여러 대에서 처리하므로 한 서버에 장애가 발생해서 처리할 수 없게 되더라도 나머지 서버가 처리할 수 있어 가용성이 높아집니다.

서버 여러 대에서 부하를 분산 처리하는데도 각 서버의 부하가 높다면 서버 대수를 늘려 부하를 줄일 수 있습니다. **부하 분산 서버를 여러 가용 영역에 배치한다면 지리적으로 떨어진 곳에도 부하 분산을 할 수 있습니다.**

▼ 그림 3-28 ELB가 제공하는 부하 분산

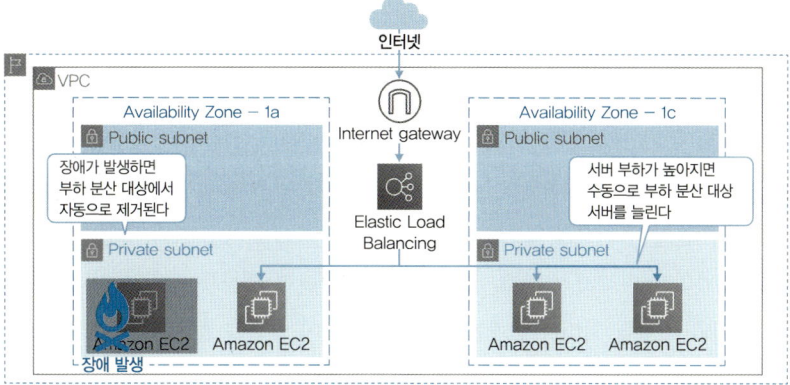

그림 3-28을 보면 ELB가 하나밖에 없어 거기에 장애가 발생하면 통신에 문제가 생길 것 같습니다. 하지만 실제로 다수의 가용 영역을 사용하는 구성이라면 각 가용 영역으로 ELB가 이중화되기 때문에 단일 장애 지점이 되지 않습니다. 또 ELB 자체도 부하가 늘어나면 ELB가 자동으로 **스케일 업**(사양을 올림), **스케일 아웃**(대수를 늘림)하기 때문에 ELB 자체 부하를 자동으로 조절합니다.

▼ 그림 3-29 ELB 부하 대응 모습

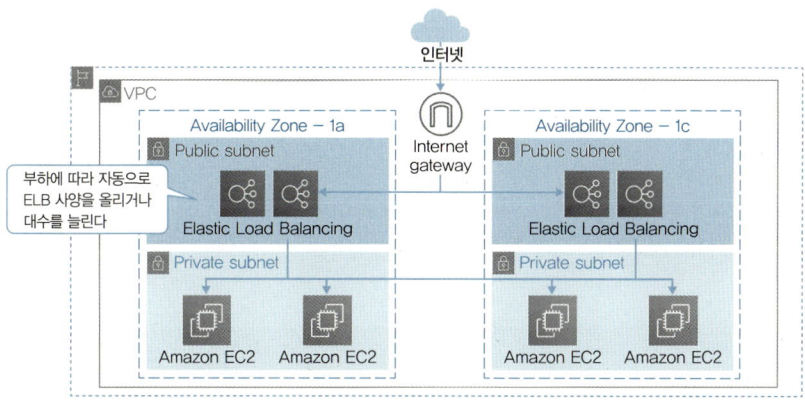

ELB는 총 네 종류가 있습니다. 여기에서는 **ALB**(Application Load Balancer)와 **NLB**(Network Load Balancer)를 설명합니다. 이외에도 CLB(Classic Load Balancer)와 GWLB(GateWay Load Balancer)가 있지만, CLB는 구세대고 GWLB는 용도가 조금 다르므로 자세한 설명은 생략합니다.

ALB와 NLB

ALB는 OSI 모델의 7계층에 해당하는 애플리케이션 계층에서 작동하며, **주로 웹 서버 부하 분산에서 사용합니다.**

애플리케이션 계층의 부하 분산 예로 **경로 기반 라우팅**(path based routing)을 소개하겠습니다. 그림 3-30 구성에서 웹 서버로 들어오는 트래픽을 부하 분산할 때 ALB가 접속할 주소는 http://example.com이라고 가정해 봅시다. 접속할 URL 경로에 corp와 recruit가 포함되어 있다고 합시다. corp를 포함한다면 왼쪽 서버로 전송하고, recruit를 포함한다면 오른쪽 서버로 전송하도록 URL에 포함된 경로에 따라 전송할 서버를 변경할 수 있습니다. 이 방식을 경로 기반 라우팅이라고 합니다.

▼ 그림 3-30 ALB 경로 기반 라우팅 구조

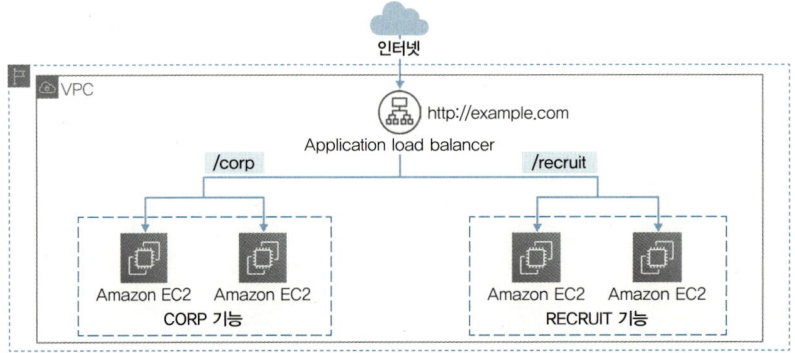

한편 NLB는 OSI 모델의 4계층에 해당하는 전송 계층에서 작동합니다. **주로 웹 서버 이외의 부하 분산에 사용합니다.** 낮은 지연성으로도 높은 처리량을 보여 줍니다.

3.6.2 ALB

지금부터는 대표적인 ELB 종류인 ALB를 더 깊이 알아보겠습니다. NLB도 ALB와 설정 항목이 거의 동일하기 때문에 ALB 내용을 응용할 수 있습니다.

ALB를 배치하는 가용 영역과 서브넷

ALB를 이용할 때 배치할 **가용 영역**과 **서브넷**을 선택합니다. 인터넷에서 들어오는 트래픽을 부하 분산하고 싶을 때 퍼블릭 서브넷을 선택하지 않는다면 인터넷과 통신할 수 없습니다.

또 ALB는 자동 스케일아웃할 때 서브넷 IP 주소를 사용합니다. **ALB를 배치하는 각 서브넷에 적어도 IP 주소를 여덟 개 이상 ALB가 사용 가능하도록 설정하는 것이 모범 사례입니다.**

리스너

리스너(listener)는 ALB가 어떤 통신을 수신하고 어디로 전달(forward)할지 정하는 설정입니다. 수신 설정은 HTTP 또는 HTTPS 프로토콜과 포트 번호를 설정합니다. **HTTPS를 선택할 때는 서버 인증서 준비가 필요합니다.**

리스너 전달 대상은 다음에 설명하는 대상 그룹 등을 지정할 수 있습니다. 앞서 설명한 경로 기반 라우팅은 이 전달 대상 설정에서 할 수 있습니다.

❤ 그림 3-31 ALB 리스너 구조

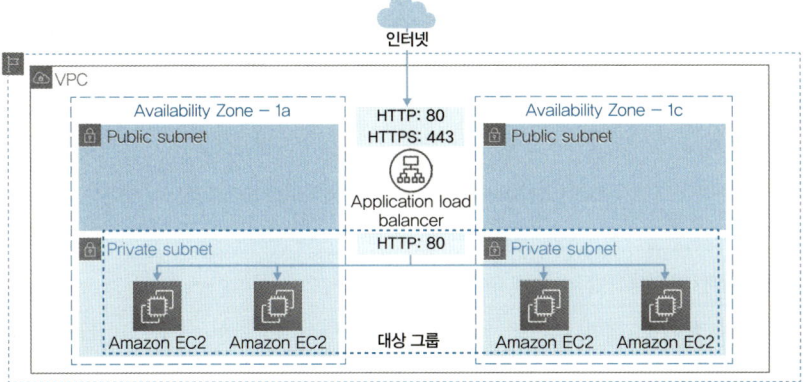

대상 그룹

대상 그룹(target group)은 부하 분산 대상 서버를 모아 둔 그룹입니다. 대상 그룹에 포함된 서버를 **대상**(target)이라고 합니다. 인터넷 트래픽은 ALB에서 대상 그룹으로 전송되고 대상에서 처리합니다.

상태 검사

상태 검사(health check)는 ALB가 대상 그룹에 속한 대상을 주기적으로 확인해서 정상 가동 중인지 확인하는 기능입니다. 상태 검사해서 정상 가동 중인 서버에만 트래픽을 전달합니다.

▼ 그림 3-32 ALB 상태 검사

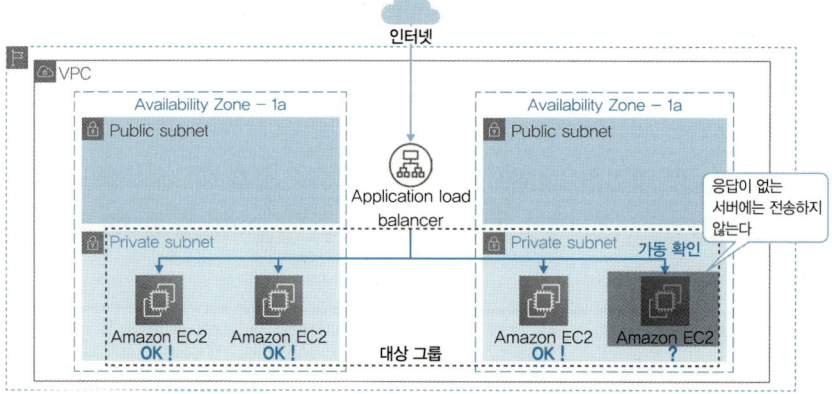

상태 검사에서 설정할 수 있는 항목을 다음 표에 정리했습니다. **상태 검사 설정을 변경하여 비정상적인 대상 서버를 부하 분산 대상에서 제외하는 시간을 앞당기거나 상태 검사에서 사용하는 포트를 변경할 수 있습니다.**

▼ 표 3-7 상태 검사 설정

설정	설명	기본값(ALB)
프로토콜	상태를 검사할 때 로드 밸런서가 사용할 프로토콜	HTTP
경로	상태 검사의 대상 경로	/
포트	상태를 검사할 때 로드 밸런서가 사용할 포트	트래픽 포트
정상 값	비정상인 대상을 정상적이라고 간주할 때까지 상태 검사의 연속 성공 횟수	5
비정상 값	대상이 비정상이라고 간주할 때까지 상태 검사의 연속 실패 횟수	2
타임아웃	상태 검사 실패로 간주할 때까지 대상에서 무응답 시간	5초
간격	대상의 상태 검사 간격	30초
성공 코드	대상의 정상적인 응답으로 확인에 사용할 HTTP 코드	200

3장에서는 VPC, EC2, EBS, S3, RDS, ELB를 배웠습니다. 지금까지 배운 AWS 서비스는 AWS를 사용한 시스템을 구축할 때 자주 씁니다. 어떤 서비스인지 제대로 이해하길 바랍니다.

4장

계정 운영

AWS 같은 클라우드 서비스를 사용할 때 '계정'이란 단어에는 서비스에 가입할 때 만드는 환경(테넌트)과 각 사용자 개인에 부여되는 사용자 계정 두 가지 뜻이 내포되어 있습니다. 이 장에서는 주로 AWS 사용자 계정에 대한 운영을 설명합니다.

키워드
- AWS IAM
- IAM Access Analyzer
- AWS Organizations

4.1 기초 계정 운영이란

오늘날 웹 서비스에서 서비스를 처음 사용할 때는 ID나 암호를 등록하는 **계정 등록** 과정이 필요합니다. 평소에 무심코 듣는 **계정**(account)이란 도대체 무엇일까요?

4.1.1 계정이란

계정은 컴퓨터나 서비스를 이용할 사용자를 식별하려고 등록하는 사용자 고유의 인식 정보로 '사용자 이름' 또는 'ID'라고 합니다. 친숙한 예로 주민 등록 번호가 계정과 비슷한 개념입니다. 주민 센터에서 행정 서비스를 받을 때는 주민 등록 번호를 요구하는데, 이 번호로 서비스를 받을 개인을 찾는 것입니다. 이렇듯 웹 서비스에서는 주민 등록 번호가 로그인할 때 입력을 요구하는 ID(계정)에 해당하는 것입니다.

4.1.2 계정 운영에 빠질 수 없는 인증과 인가

계정이 있는 사용자가 컴퓨터나 서비스를 이용할 때 시스템은 **인증**(authentication)과 **인가**(authorization) 처리를 합니다.

인증

앞서 계정을 사용자 고유의 식별 정보라고 설명했는데, 사용자를 식별하는 정보만으로는 사용자 본인이 맞는지 확인하기에는 부족합니다. 따라서 **시스템은 계정(식별 정보)과 함께 사용자 본인만 알고 있는 정보를 함께 확인하여 본인임을 식별합니다.** 이것을 **인증**이라고 하며, 비밀번호나 암호는 인증 정보의 일종으로 볼 수 있습니다. 웹 서비스를 사용할 때 ID와 암호를 입력하라는 메시지가 나오는데, 이는 웹 서비스가 '인증'을 하겠다는 의미입니다. AWS도 역시 AWS 계정을 사용할 때 인증용 화면이 표시됩니다.

▼ 그림 4-1 AWS 계정 인증 화면

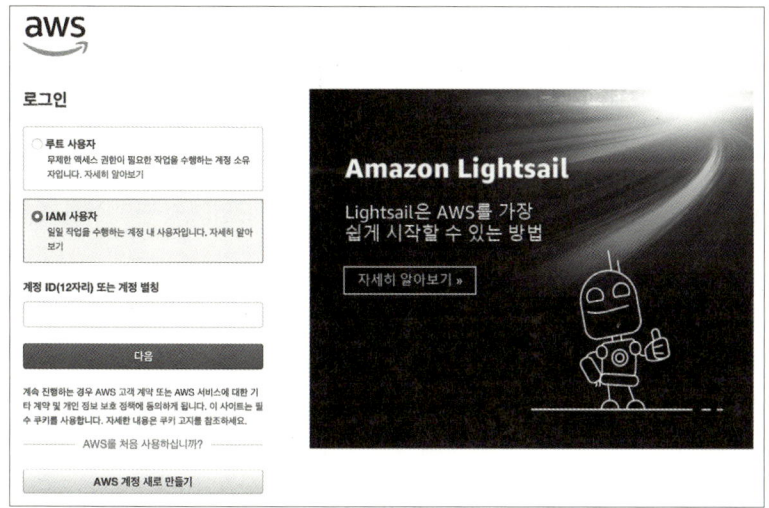

인가

인증된 계정에 대해 서비스 이용 권한을 부여하는 것을 인가라고 합니다. 어떤 쇼핑 사이트에서 무료 회원과 유료 회원이 이용할 수 있는 서비스를 나누었다면 계정마다 다른 서비스 이용 권한을 부여한 것입니다.

▼ 표 4-1 무료 회원과 유료 회원의 쇼핑 사이트 서비스 차이

종류	최저가 상품 검색	내일 배송	일괄 배송
무료 회원	○	×	×
유료 회원	○	○	○

▼ 그림 4-2 쇼핑 사이트의 인가 정보

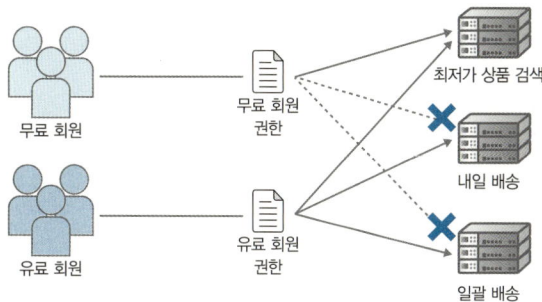

4.1.3 계정 운영

지금까지 계정, 인증, 인가를 설명했습니다. 웹 서비스를 이용할 때 올바른 계정(식별 정보)과 암호(인증 정보)를 입력했지만 로그인할 수 없거나, 시스템이 멋대로 계정을 삭제하거나, 유료 회원인데 무료 회원 서비스밖에 이용할 수 없다면 이는 큰 문제입니다. 이런 상황을 피하려면 **시스템이 계정 관련 정보를 잘 보관하고 적절하게 관리해야 합니다.** 이 작업을 **계정 운영(계정 관리)**이라고 합니다.

▼ 그림 4-3 인증, 인가 및 계정 관리 모습

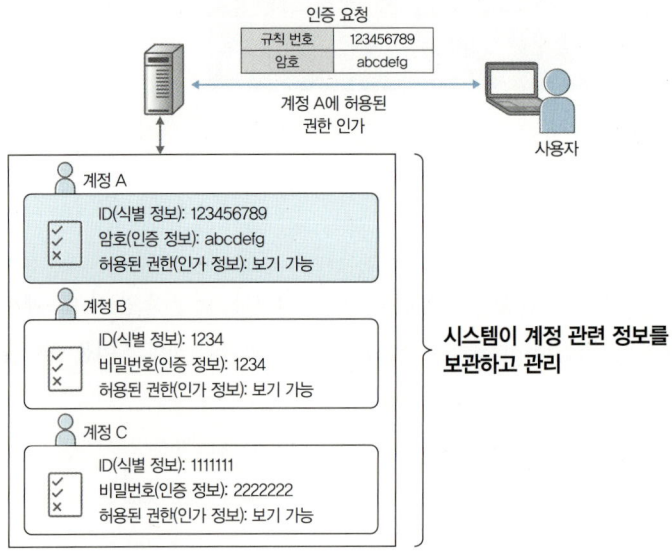

계정 운영 대상과 구체적인 작업

계정 운영 대상은 다음과 같습니다.

- 시스템의 서버 OS 사용자 계정
- 데이터베이스의 사용자 계정
- 시스템에서 이용하는 외부 서비스 계정

이런 계정은 시스템 개발자나 운영 담당자가 사용합니다.

계정 운영 작업에는 시스템 개발자나 운영 담당자가 변경될 때마다 사용자나 계정을 생성, 삭제, 권한 변경하는 작업 등이 있습니다. 담당자가 암호를 잊었을 때 암호를 초기화하는 작업도 있습니다. 이외에도 사용하지 않는 계정이 있는지, 할당된 권한에 문제는 없는지 주기적으로 확인합니다.

퇴사한 직원 계정을 깜빡하고 삭제하지 않는 등 계정 관리를 소홀히 하면 퇴직자가 그 계정으로 시스템에 접근해서 비밀 정보를 빼내거나 시스템을 훼손하는 등 위험이 발생할 수 있습니다.

> **COLUMN** | 계정에 권한을 부여하는 방식
>
> 계정에 권한을 부여하는 방식은 크게 두 종류로 나뉩니다.
>
> - 하나의 계정을 만들어 권한을 부여하고 여러 사람이 함께 사용하는 방식
> - 개별 계정을 여러 개 생성한 후 각자 필요한 권한을 부여하는 방식
>
> 어떤 방식을 선택할지는 운영 요건에 달려 있습니다. 또 IaaS나 SaaS처럼 클라우드 서비스라면 서비스 사양이나 규약에 정해져 있기도 합니다. AWS는 두 번째 방식처럼 개별 계정을 생성할 때가 많습니다. IAM 그룹이나 역할 전환으로 각 사용자 계정 권한을 한꺼번에 관리할 수 있는 기능이 있기 때문입니다.

4.2 실무 AWS 계정 운영

AWS에서 시스템을 운영할 때 반드시 하나의 AWS 계정(테넌트 단위)만 운영하지는 않습니다. 시스템이나 부서별로 AWS 계정을 나눌 수 있습니다. 그러다 보면 AWS 계정 사용자 관리나 권한 관리의 부담도 늘어나기 마련입니다. 권한과 인증 정보 관리가 부실하면 보안 위험성도 커지기 때문입니다.

이를 위해 AWS는 계정을 효율적으로 관리하는 체계를 갖추고 있습니다.

4.2.1 루트 사용자

AWS 계정을 생성한 직후에는 **루트 사용자**(AWS account root user)로 로그인하여 작업합니다. **루트 사용자**는 AWS 계정을 생성할 때 등록한 이메일 주소와 암호로 로그인할 수 있는 사용자를 의미합니다. 이런 루트 사용자는 모든 AWS 서비스의 액세스 권한을 가집니다. AWS 계정 등록 정보 변경이나 해지 등 AWS 계정 자체 설정도 변경할 수 있습니다.

루트 사용자 권한은 강력하므로 보통은 AWS 계정 관련 변경에만 사용합니다(IAM 관련 내용 참고). 그 외의 일반적인 작업은 AWS IAM에서 소개하는 IAM 사용자를 씁니다.

4.3 실무 관련 AWS 서비스

AWS는 계정 관련 사용자와 리소스 액세스 제어에 AWS IAM 서비스를 이용합니다.

4.3.1 AWS IAM

AWS IAM(Identity and Access Management)은 AWS 계정에서 인증, 인가를 관리하는 서비스입니다. AWS IAM은 사용자나 AWS 리소스, 다른 AWS 계정에서 하는 액세스를 관리하며 구성 요소는 다음 표와 같습니다. AWS IAM을 이용하는 것만으로는 요금이 발생하지 않습니다.

▼ 표 4-2 AWS IAM 구성 요소

구성 요소	설명
IAM 사용자	AWS 계정의 액세스 인증 단위
IAM 그룹	IAM 사용자를 그룹 단위로 관리하는 기능
IAM 역할	AWS 리소스의 조작 권한 인가 방식
IAM 정책	조작 권한 인가 방식

각 구성 요소는 모두 IAM 콘솔에서 확인할 수 있습니다. 다음 그림은 IAM 사용자 예입니다.

▼ 그림 4-4 IAM 사용자 목록 표시

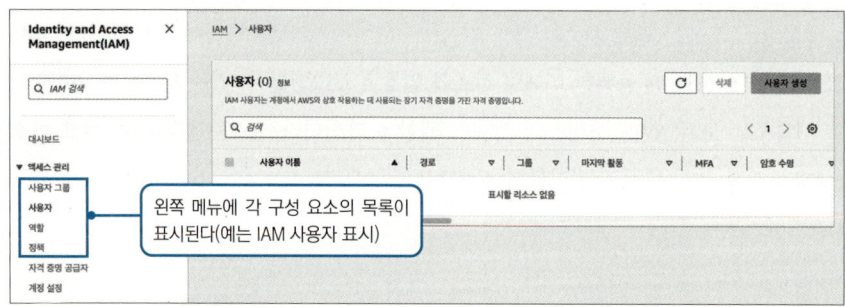

IAM 사용자

IAM 사용자는 AWS 계정 안에서 생성한 사용자로, AWS 계정에 대한 액세스 인증 단위입니다. 앞서 설명했듯이, 루트 사용자는 AWS 계정의 모든 조작을 할 수 있는 권한을 부여받기 때문에 조심해서 다루어야 합니다. 따라서 **AWS에서는 루트 사용자 대신 필요한 최소한의 조작 권한 인가를 얻은 IAM 사용자를 생성하여 이용하는 방식을 권장합니다.** 이렇게 필요한 최소한의 조작 권한만 부여하는 것을 AWS에서는 **최소 권한의 원칙**이라고 합니다.

IAM 사용자를 생성하면 사용자 인증 정보가 발급됩니다. 이 인증 정보를 이용하면 다음 그림과 같이 두 가지 방법으로 AWS에 액세스할 수 있습니다.

▼ 그림 4-5 AWS 액세스 방법

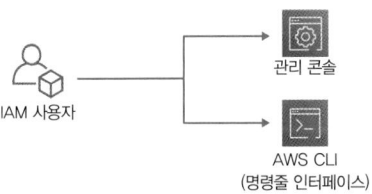

- 관리 콘솔 이용
  → 사용자 이름과 암호로 인증
- AWS CLI 이용
  → 액세스 키로 인증

이외에도 AWS API, AWS SDK 등 개발 도구를 사용해서 AWS에 액세스하여 조작할 수 있습니다. 이때 AWS에서 발급한 액세스 키를 인증 정보로 이용합니다. 액세스 키는 각 도구를 실행하는 터미널에서 설정합니다. 자세한 설정 방법은 AWS 문서를 확인합니다(AWS CLI 관련 문서[1]).

IAM 역할

IAM 역할(role)은 AWS 계정에서 생성한 각종 AWS 리소스에 대해 다른 AWS 리소스의 조작 권한을 인가하는 방식입니다. 예를 들어 AWS 리소스로는 EC2 인스턴스나 S3 버킷이 있습니다. AWS 리소스를 조작하는 주체를 크게 분류하면 두 종류입니다. IAM 사용자가 AWS 리소스를 조작하는 경우와 AWS 리소스가 다른 AWS 리소스를 조작하는 경우입니다. IAM 역할에서 다루는 인가는 리소스가 리소스를 조작할 때 씁니다.

IAM 역할은 AWS 리소스에 인가할 권한을 **IAM 정책**(policy)으로 정의합니다. **IAM 역할을 AWS 리소스에 연결해서 조작 권한을 인가합니다.**

---

[1] 자세한 내용은 다음 URL을 참고합니다.
https://docs.aws.amazon.com/ko_kr/streams/latest/dev/kinesis-tutorial-cli-installation.html

▼ 그림 4-6 IAM 역할 이용 모습

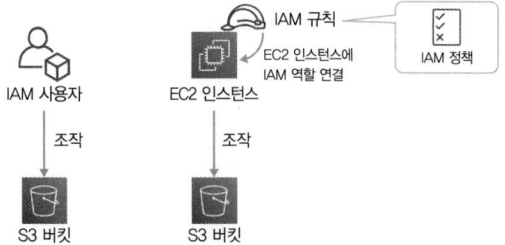

IAM 역할이 어떤 AWS 서비스와 리소스에 연결될 수 있는지 정의하는 것을 **신뢰 정책**(trust policy)이라고 합니다. 이는 JSON(JavaScript Object Notation) 형식으로 정의합니다. 신뢰 정책은 각 IAM 역할 화면의 **신뢰 관계 탭**에서 확인할 수 있습니다. 다음 그림 및 예제 4-1은 EC2 인스턴스에 연결하는 신뢰 정책의 예입니다. 자세한 내용은 AWS 문서[2]를 확인합니다.

▼ 그림 4-7 IAM 역할 화면의 [신뢰 관계] 탭에서 신뢰 정책 확인

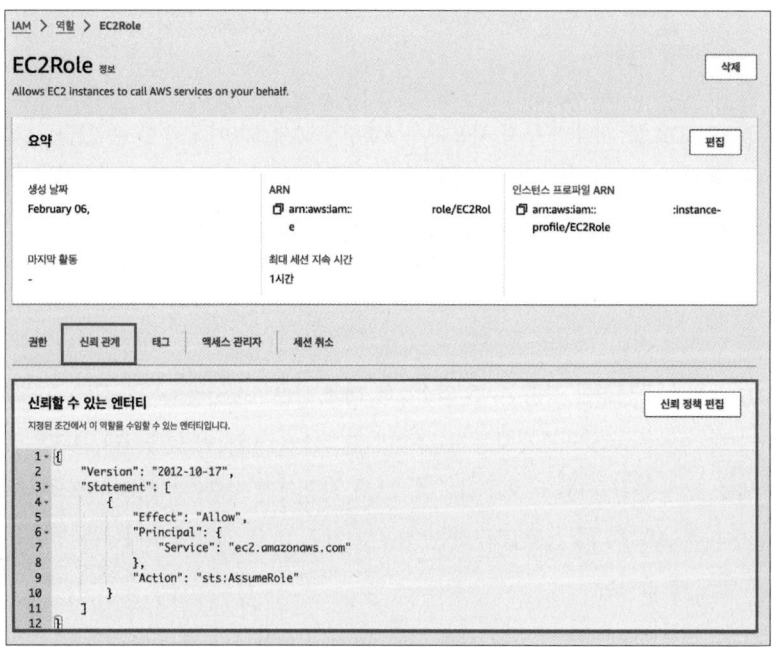

---

2 https://docs.aws.amazon.com/ko_kr/IAM/latest/UserGuide/reference_policies.html

예제 4-1 신뢰 정책 예

```
{
    "Version": "2012-10-17",
    "Statement": [
        {
            "Effect": "Allow",
            "Principal": {
                "Service": "ec2.amazonaws.com"
            },
            "Action": "sts:AssumeRole"
        }
    ]
}
```

예제 4-1에서 정의한 내용을 다음 표에 정리했습니다.

▼ 표 4-3 신뢰 정책 설정 내용

요소	설명	내용 설명
Version	정책 버전 지정	2012-10-17을 지정합니다. 정책 버전은 생성일이 아니라 AWS가 정한 구문 규칙의 버전을 지정합니다. 현행 버전은 2012-10-17입니다.
Statement	정책 기술 선언	이후 내용에서 구체적인 정책을 정의한다고 선언합니다.
Effect	조작 허용(Allow)	조작 허용(Allow). 신뢰 정책은 Allow만 가능합니다.
Principal	어떤 서비스에 위임(연결) 가능한가	예에서는 EC2("Service": "ec2.amazonaws.com")를 지정합니다.
Action	구체적인 조작 내용	신뢰 정책은 권한 위임(sts:AssumeRole)만 가능합니다.

IAM 정책

IAM 정책은 IAM에서 **조작 권한을 인가하는 방식**입니다. IAM 정책도 JSON으로 정의합니다. 다음 예제는 IAM 정책의 예입니다.

예제 4-2 IAM 정책 예

```
{
    "Version": "2012-10-17",
    "Statement": [
        {
```

```
            "Sid": "S3FullAccess",
            "Effect": "Allow",
            "Action": "s3:*",
            "Resource": "*"
        }
    ]
}
```

IAM 정책은 단독으로 이용할 수 없습니다. IAM 사용자나 IAM 그룹 같은 IAM 엔티티(entity)(권한을 부여할 대상)에 IAM 정책을 연결(적용)해서 씁니다. IAM 정책을 연결한 IAM 엔티티는 IAM 정책으로 정의된 조작 권한 인가를 받을 수 있습니다. 예제 4-2의 IAM 정책 예에서 정의한 내용을 다음 표에 정리했습니다.

▼ 표 4-4 IAM 정책 설정 내용

요소	설명	내용 설명
Version	정책 버전 지정	2012-10-17을 지정합니다. 정책 버전은 생성일이 아니라 AWS가 정한 구문 규칙의 버전을 지정합니다. 현행 버전은 2012-10-17입니다.
Statement	정책 기술 선언	이후 내용에서 구체적인 정책을 정의한다고 선언합니다.
Sid	기술할 정책 설명	예에서는 S3에 모든 조작 권한을 부여하는 정책이므로 S3FullAccess를 기술합니다.
Effect	조작 허용(Allow), 거부(Deny) 여부	조작 허용(Allow)
Action	구체적인 조작 내용	S3에 대한 모든 조작(*은 와일드카드. 리소스 이름:*은 대상 리소스의 모든 조작을 의미합니다)
Resource	정책 적용 범위(적용 대상의 AWS 리소스)	정책 적용 범위에 제한을 두지 않습니다.

> **Note** ≡ IAM 정책은 신뢰 정책과 생성 방법이 같지만, Condition 같은 요소로 좀 더 상세하게 제어할 수 있다는 점이 다릅니다. 자세한 내용은 AWS 문서[3]를 확인합니다.

IAM 정책은 특성에 따라 세 가지로 분류합니다.

---

[3] https://docs.aws.amazon.com/ko_kr/IAM/latest/UserGuide/reference_policies.html

▼ 표 4-5 세 가지 IAM 정책

정책 분류	개요
AWS 관리형 정책	• AWS가 제공하는 정책들을 여러 IAM 엔티티에 **반복 사용 가능** • IAM 사용자가 **편집 불가능**
고객 관리형 정책	• 사용자가 생성한 정책들을 여러 IAM 엔티티에 **반복 사용 가능** • IAM 사용자가 편집할 수 있으므로 필요에 따라 **정책 추가, 삭제, 수정 가능**
인라인 정책	• IAM 엔티티 고유의 정책들을 여러 IAM 엔티티에 **반복 사용 불가능** • 사용자가 편집할 수 있으므로 필요에 따라 **정책 추가, 삭제, 수정 가능**

AWS 관리형 정책은 AmazonEC2FullAccess, AmazonEC2ReadOnlyAccess처럼 **AWS 서비스 이름 + FullAccess** 또는 **ReadOnlyAccess**인 경우가 많습니다. 이름 그대로 어떤 AWS 서비스의 모든 조작 또는 읽기 조작만 가능한 정책입니다. AWS 관리형 정책은 미리 준비된 각 AWS 서비스 이용 정책이 있어 편리합니다. 하지만 이런 정책은 사용자가 세세하게 제어할 수 없으므로 **특정 리소스만 조작 권한을 제한하고 싶다면 고객 관리형 정책을 사용합니다.** 고객 관리형 정책 생성 방법은 AWS 문서[4]를 확인합니다.

IAM 그룹

IAM 그룹은 IAM 사용자를 그룹 단위로 관리하는 방식입니다. IAM 사용자처럼 IAM 그룹에도 IAM 정책을 부여합니다. 예를 들어 직원 100명을 대상으로 각각 IAM 사용자를 생성한다고 합시다. 이 IAM 사용자 100명에게 각자 권한을 인가해서 관리한다면 관리자 부담이 너무 큽니다. 따라서 역할별(권한별) IAM 그룹을 생성하고, IAM 사용자를 각 역할에 맞게 IAM 그룹에 할당하면 그룹 단위로 IAM 사용자를 관리할 수 있습니다.

예를 들어 역할별 IAM 그룹은 **AWS 계정 관리자용 IAM 그룹, 구축 작업 및 설정 변경 작업용 IAM 그룹, 참조 전용 IAM 그룹**으로 나눌 수 있습니다.

---

[4] 자세한 내용은 다음 URL을 참고합니다.
https://docs.aws.amazon.com/ko_kr/IAM/latest/UserGuide/access_policies_create-console.html

▼ 그림 4-8 IAM 그룹 이용 모습

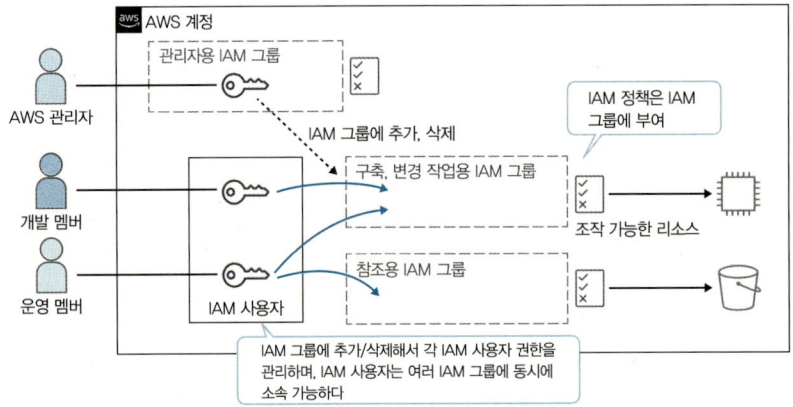

AWS는 이렇게 IAM 그룹에 IAM 사용자를 할당하는 운영 방법을 권장하고 있습니다. IAM 사용자는 동시에 여러 IAM 그룹에 소속될 수 있습니다. 따라서 모든 IAM 사용자를 기본 권한을 지닌 IAM 그룹에 소속시키고, 추가로 권한이 필요할 때는 일부 IAM 사용자를 별도의 IAM 그룹에 소속시키는 방법도 생각해 볼 수 있습니다. 실제로는 좀 더 세세하게 IAM 그룹을 구분하겠지만, **프로젝트에서 역할과 각 역할별 AWS 리소스 액세스 권한을 미리 정의하는 것이 IAM 그룹 운영을 잘 관리하는 요령입니다.**

4.3.2 여러 AWS 계정에서 IAM 사용자를 효율적으로 관리

시스템에 따라 AWS 계정을 여러 개 소유하는 것을 고려할 수 있습니다. 여러 계정을 소유하는 이유는 다음과 같습니다.

- 계정별로 요금을 관리할 수 있습니다.
- 계정별로 사용자 액세스를 관리할 수 있습니다.
- 계정별로 사용자 액세스를 관리하기 때문에 사용자 조작 실수를 방지할 수 있습니다.

구체적으로는 개발 환경이나 실제 서비스 환경에서 각각 별도의 AWS 계정을 만들거나 시스템마다 계정을 만듭니다. 이때 각 AWS 계정에서 프로젝트 구성원 수만큼 IAM 사용자를 생성하면 관리해야 할 인증 정보가 AWS 계정 개수만큼 늘어나 관리가 복잡해지고 보안 위험도 커집니다. 이 경우에는 IAM 역할을 활용하여 효율적으로 관리할 수 있습니다.

▼ 그림 4-9 여러 AWS 계정을 이용하는 IAM 사용자 관리

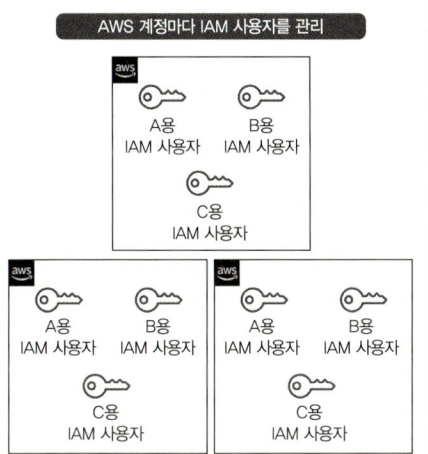
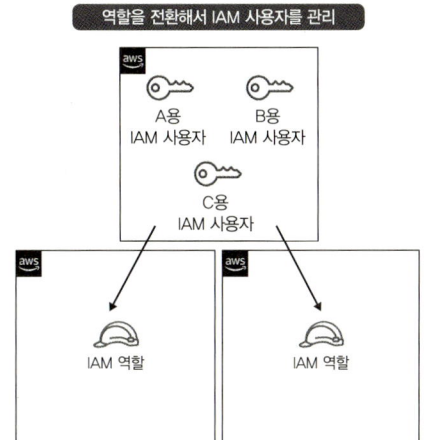

역할 전환

여러 AWS 계정에서 액세스 제어는 IAM 사용자가 아닌 **역할 전환**(switch role) 방식을 활용하여 관리 부담과 보안 위험을 줄일 수 있습니다. **역할 전환을 이용하면 IAM 사용자로 로그인할 AWS 계정은 한 개로도 충분합니다.** 이 책에서는 이런 중간 역할을 하는 계정을 **점프 계정**(jump account)으로 칭하겠습니다.

역할 전환은 점프 계정에만 IAM 사용자로 로그인하고 그 외 AWS 계정에서는 해당 IAM 사용자에서 **IAM 역할로 권한을 전환해서 로그인**하는 방식입니다. 로그인 대상 계정은 IAM 역할에 부여된 IAM 정책으로 각 AWS 리소스를 조작할 수 있습니다. 이렇게 하면 1인당 IAM 사용자 하나만 부여하면 되므로 관리해야 할 IAM 사용자 수를 줄일 수 있습니다.

▼ 그림 4-10 점프 계정을 이용한 여러 계정 액세스 제어

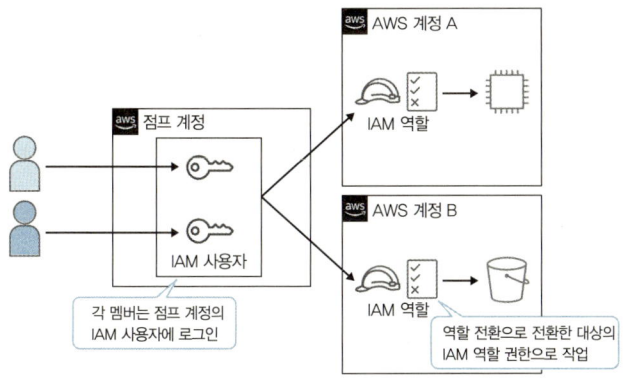

로그인 대상 AWS 계정은 각각 **역할 전환에 사용할 IAM 역할**을 준비합니다. 이 IAM 역할은 신뢰 정책에서 점프 계정에 권한을 위임하도록 설정합니다.

예제 4-3 역할 전환의 신뢰 정책 예(역할 전환 대상 계정에 생성)

```
{
    "Version": "2012-10-17",
    "Statement": [
        {
            "Effect": "Allow",
            "Principal": {
                "AWS": "arn:aws:iam::<점프 계정 ID>:root"
            },
            "Action": "sts:AssumeRole"
        }
    ]
}
```

점프 계정에 생성하는 IAM 사용자의 IAM 정책에는 점프 계정에서 로그인하고 싶은 계정의 sts:AssumeRole[5]을 허용합니다.

예제 4-4 역할 전환의 IAM 정책 예(점프 계정에 생성)

```
{
    "Version": "2012-10-17",
    "Statement": {
        "Effect": "Allow",
        "Action": "sts:AssumeRole",
        "Resource": "<로그인 대상 AWS 계정의 IAM 역할의 ARN>"
    }
}
```

---

[5] sts:AssumeRole은 일시적인 인증 정보를 발급하는 방식입니다. 5장에서 자세히 설명하겠지만, 역할 전환은 다른 계정의 리소스(그림 4-10의 계정 A의 EC2 인스턴스)에 일시적인 인증 정보를 사용해서 접근하는 방식으로 진행됩니다.

▼ 그림 4-11 설정이 필요한 IAM 정책, IAM 역할, 신뢰 정책의 관계

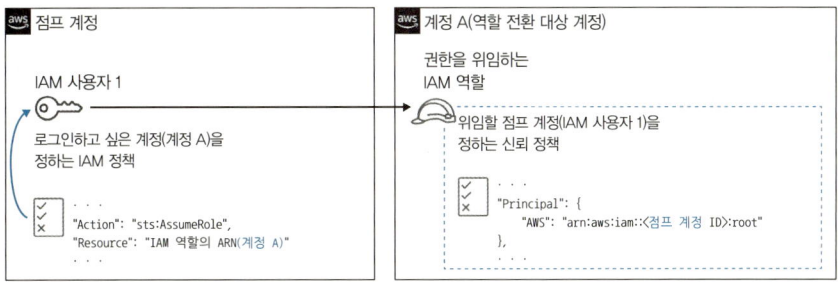

역할 전환 대상이 되는 IAM 역할은 하나에 국한되지 않고 여러 개 준비할 수 있습니다. 예를 들어 프로젝트 내부 역할이나 권한마다 IAM 역할을 준비할 수 있습니다. 읽기 권한만 있는 IAM 역할과 읽기 및 조작 권한까지 부여한 IAM 역할 등이 전형적인 예입니다.

▼ 그림 4-12 전환할 IAM 역할을 여러 개 준비

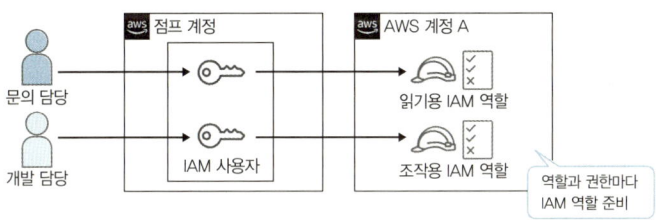

IAM 그룹을 사용하는 역할 전환

점프 계정에서 각 AWS 계정으로 역할 전환은 **IAM 정책**으로 제어합니다. 실제 운영에서는 모든 구성원에게 모든 계정으로 역할을 전환하는 대신 프로젝트 구성원 역할에 따라 특정 AWS 계정 또는 특정 권한만 역할 전환 대상에 추가합니다.

예를 들어 A 시스템 개발 멤버는 실제 환경과 개발 환경의 양쪽 계정에 조작용 권한으로 역할 전환을 할 수 있지만, B 시스템 개발 멤버는 A 시스템 계정에는 역할 전환을 허용하지 않는 식으로 운영하기도 합니다.

이렇듯 특정 역할을 하는 사용자 그룹의 역할 전환을 관리할 때는 **IAM 그룹**을 사용합니다. 자세히 말하면 단일 또는 다수의 전환 대상 계정마다 sts:AssumeRole 권한을 부여한 IAM 그룹을 준비합니다. 거기에 IAM 사용자를 추가해서 각 계정의 역할 전환을 제어합니다. **계정 관리자는 IAM 사용자를 IAM 그룹에 추가하고 삭제하는 것만으로도 IAM 역할의 역할 전환을 관리할 수 있습니다.**

▼ 그림 4-13 점프 계정에서 IAM 그룹 도입

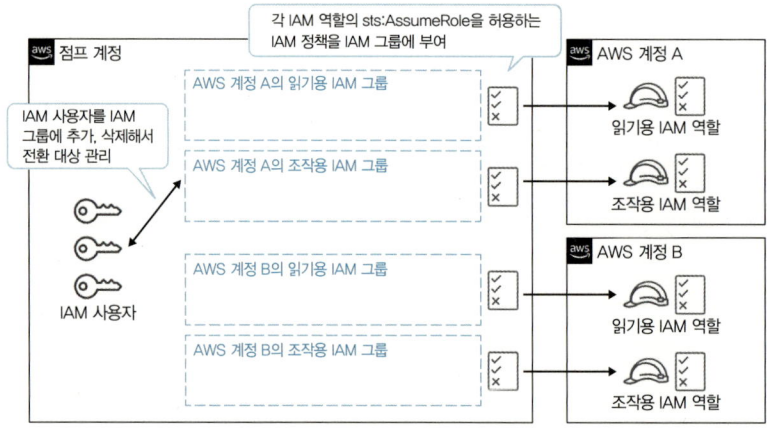

4.4 실무 표본 아키텍처 소개

HOW TO OPERATE AWS

지금까지 설명한 기능을 최대한 활용하면 권한을 쉽게 관리할 수 있습니다. 여러 계정을 운영할 때 이상적인 아키텍처는 다음 그림과 같습니다.

▼ 그림 4-14 계정 운영 표본 아키텍처

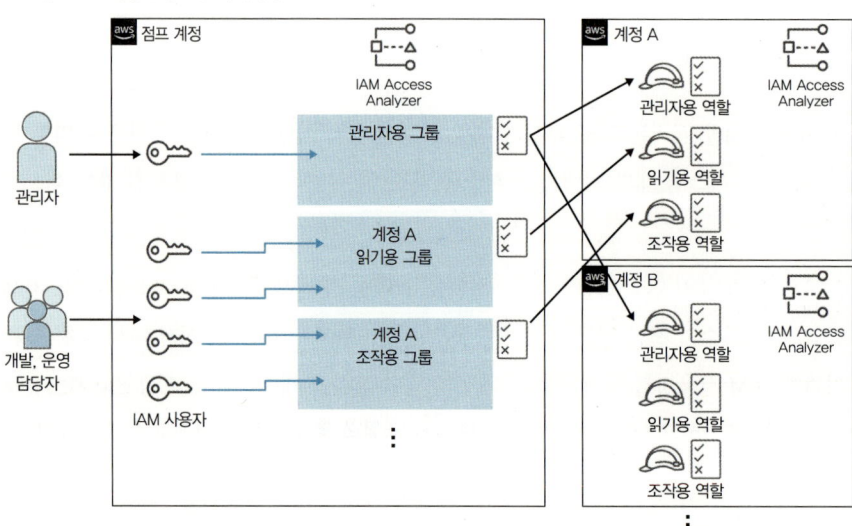

4.4.1 아키텍처 개요

표본 아키텍처는 시스템마다 AWS 계정을 하나씩 사용합니다. AWS 계정 관리자는 모든 계정에서 공통이지만 시스템을 개발, 운영하는 멤버는 각기 다릅니다.

따라서 점프 계정인 AWS 계정과 각 멤버의 IAM 사용자를 생성하여 IAM 그룹에서 각 IAM 사용자가 어떤 AWS 계정의 어떤 권한으로 로그인할지 관리하고 있습니다. 각 계정에 로그인하기 위해 점프 계정에서 역할 전환으로 로그인하고 있으며, 시스템에는 AWS 계정으로 직접 로그인할 수 없습니다. 계정 운영은 점프 계정을 포함한 각 AWS 계정을 대상으로 IAM Access Analyzer로 정기적으로 권한을 재확인합니다.

4.5 실무 표본 아키텍처를 운영할 때 주의점

여기에서는 계정을 운영할 때 주의점을 설명합니다.

4.5.1 루트 사용자 관리

루트 사용자는 이메일 주소와 암호만으로 인증하는 것이 기본이지만 **멀티 팩터 인증(MFA)**[6]을 활성화하여 보안을 강화하는 것을 추천합니다.

루트 사용자 MFA 설정하기

루트 사용자로 AWS 관리 콘솔에 로그인하는 절차부터 설명하겠습니다. 먼저 로그인 페이지에서 **루트 사용자**를 선택합니다. 루트 사용자 이메일 주소에 AWS 계정을 생성할 때 등록한 이메일 주소를 넣고 암호를 입력해서 로그인합니다.

---

[6] MFA는 Multi-Factor Authentication의 약어로, 비밀번호 등 지식 정보, 스마트폰 같은 장치의 소유 정보, 지문 같은 생체 정보를 조합해서 하는 인증 방법을 의미합니다.

▼ 그림 4-15 루트 사용자로 로그인

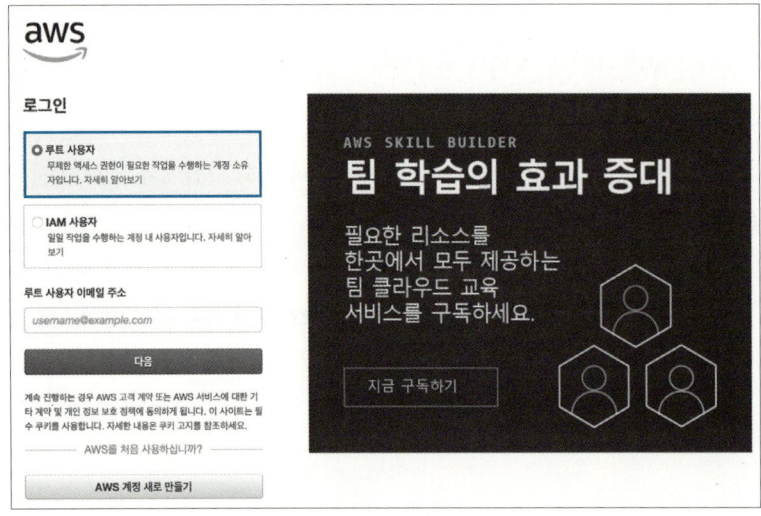

▼ 그림 4-16 루트 사용자의 이메일 주소 입력

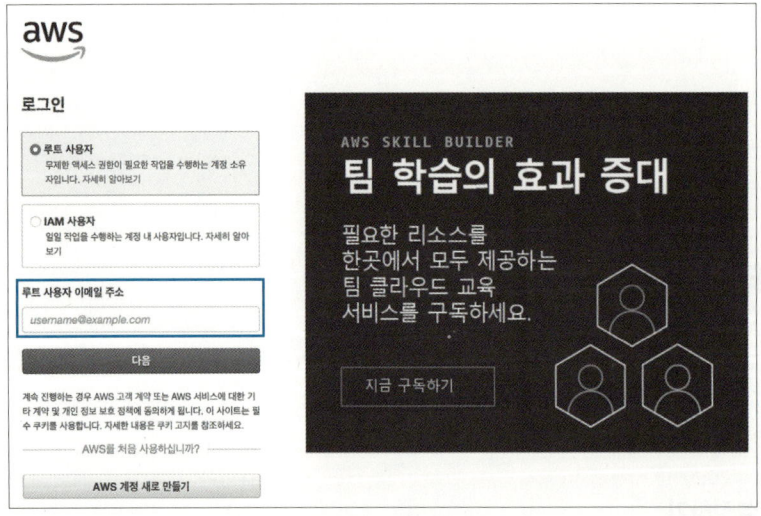

루트 사용자로 로그인했으면 콘솔 오른쪽 위에 있는 계정 이름에서 **보안 자격 증명**을 클릭하여 AWS 계정의 보안 자격 증명 화면으로 이동합니다. **멀티 팩터 인증**(MFA)의 **MFA 디바이스 할당**을 클릭하여 MFA 디바이스를 등록합니다. MFA 디바이스를 선택하는 화면에서 MFA 디바이스 종류를 선택하고 안내에 따라 등록합니다.

▼ 그림 4-17 계정 이름 클릭 후 나오는 화면

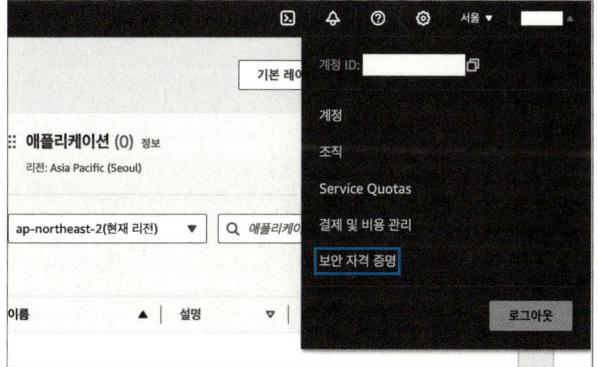

▼ 그림 4-18 보안 자격 증명 화면

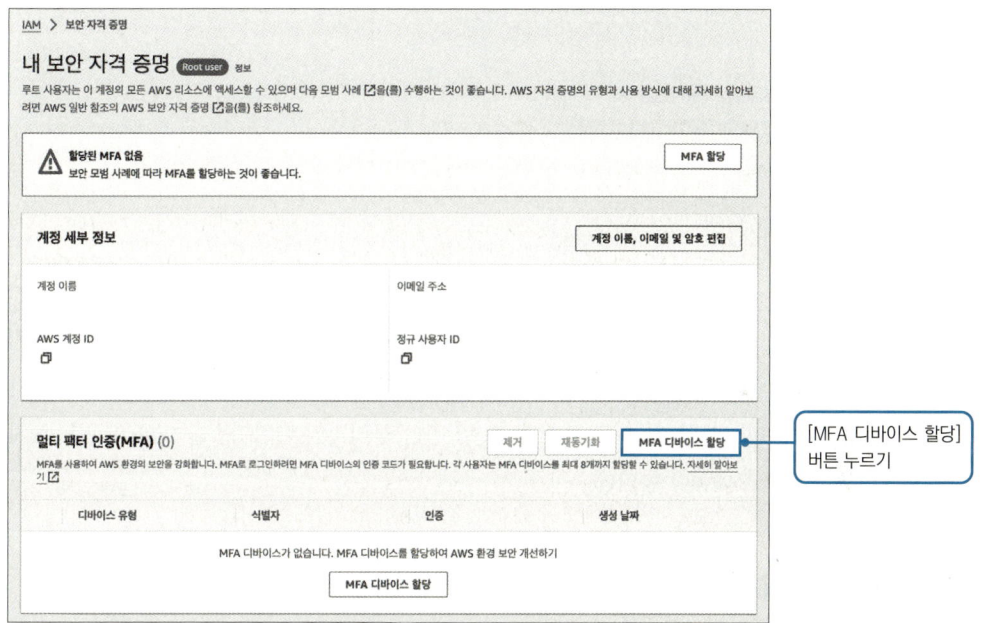

▼ 그림 4-19 MFA 디바이스 선택 화면

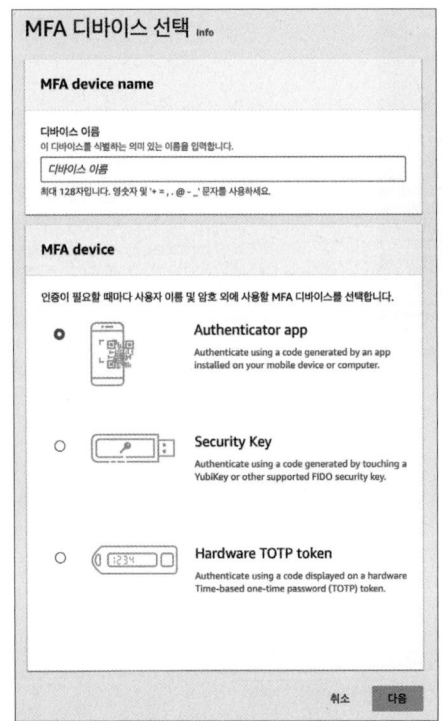

MFA 디바이스에서 가장 많이 사용하는 것은 **인증 애플리케이션**(Authenticator app)과 **보안 키**(Security Key)입니다. 인증 애플리케이션은 스마트폰이나 MFA용 앱을 설치해서 사용하므로 간단히 설정할 수 있습니다. 보안 키는 유비키(Yubikey)[7] 같은 물리적인 디바이스를 이용합니다. 하지만 이런 키는 별도로 구매해야 합니다.

루트 사용자와 관리자용 IAM 사용자 구분하기

루트 사용자는 권한이 강력하기 때문에 자칫 실수하면 시스템 전체에 치명적인 영향을 미칠 수 있습니다. 따라서 최소한 AdministratorAccess[8] 같은 AWS 관리 정책을 부여하여 관리자용 IAM 사용자를 생성하고, 이후 작업은 해당 관리자용 IAM 사용자로 실시합니다. IAM 사용자 생성 방법은 AWS 문서[9]를 확인합니다.

---

[7] 자세한 내용은 다음 URL을 참고합니다.
https://www.yubico.com/

[8] AdministratorAccess는 모든 AWS 서비스, 리소스에 접근할 수 있는 AWS 관리 정책으로 루트 사용자밖에 할 수 없는 조작 이외의 모든 조작을 실행할 수 있습니다.

[9] 자세한 내용은 다음 URL을 참고합니다.
https://docs.aws.amazon.com/ko_kr/IAM/latest/UserGuide/id_users_create.html

루트 사용자로 일상적인 작업을 하는 것은 권장하지 않지만, 다음 항목은 루트 사용자만 할 수 있는 주요 작업입니다. 일상적인 업무는 IAM 사용자를 활용하고 다음과 같은 특수 작업만 루트 사용자로 작업하길 권장합니다.

- 계정 설정 변경(계정 이름, 이메일 주소, 루트 사용자 암호 등)
- AWS 계정 관리자가 자기 IAM 사용자의 IAM 정책을 잘못해서 취소했을 때 IAM 정책 편집과 복원
- IAM 사용자 및 IAM 역할이 청구 정보와 비용 관리 콘솔에 액세스할 수 있도록 허용
- AWS 계정 해지
- AWS Support 플랜 변경과 취소

4.5.2 IAM 사용자 비밀번호 관리

AWS 계정 관리자나 프로젝트 멤버는 IAM 사용자로 작업과 운영 업무를 합니다. 이때 AWS 관리 콘솔에 로그인하려면 **암호**가 필요합니다.

IAM 사용자 암호 정책

IAM 사용자 암호에는 **암호 정책**이 있습니다. 이는 암호 조건을 정의하는 설정으로, 기본적으로 다음과 같이 설정되어 있습니다.

- 최소 8자부터 최대 128자의 암호 길이
- 대문자, 소문자, 숫자 및 로마자가 아닌 문자(! @ # $ % ^ & * ( ) _ + - = [ ] { } | ') 중에서 문자 유형 세 가지 이상 혼합
- AWS 계정 이름 또는 이메일 주소와 같으면 안 됩니다.

IAM 사용자 지정 암호 정책

사용자 지정 암호 정책을 사용하면 **IAM 사용자에 더욱 복잡한 암호 정책을 설정할 수 있습니다.** 사용자 지정 암호 정책에서 설정할 수 있는 항목은 다음과 같습니다.

- 암호 최소 길이(6~128자)
- 암호 강도

- 라틴 문자에서 대문자 하나 이상 필요(A~Z)
- 라틴 문자에서 소문자 하나 이상 필요(a~z)
- 숫자 한 개 이상 필수
- 영숫자가 아닌 문자 하나 이상 필요(! @ # $ % ^ & * ( ) _ + - = [ ] { } | ')

- 암호 유효 기간(1~1,095일)
- 암호가 만료되면 관리자 재설정 필요 여부
- 사용자 자신의 암호 변경 허용 여부
- 암호 재사용 제한 여부

암호 유효 기간을 설정하면 유효 기간이 끝나기 며칠 전에 AWS 관리 콘솔에 경고가 표시됩니다. 또 IAM 사용자에 암호 변경을 허용했다면 IAM 사용자를 이용하는 사람이 이런 경고를 확인해서 직접 암호를 변경할 수 있습니다. 사용자 지정 암호 정책을 이용하면 강력한 암호를 강제할 뿐만 아니라 암호 변경도 유도할 수 있습니다. **유효 기간 설정은 곧바로 적용되므로 기존 암호 중에서 유효 기간이 지난 것은 만료되어 IAM 사용자를 이용하는 사람이 로그인할 수 없으므로 암호 변경 작업은 AWS 관리자가 해야 함에 주의하기 바랍니다.**

IAM 사용자 지정 암호 정책 생성

사용자 지정 암호 정책은 IAM 콘솔에서 설정합니다. IAM 콘솔의 계정 설정 화면에서 **편집** 버튼을 누르고 원하는 항목을 활성화하여 저장하면 설정 및 변경할 수 있습니다.

▼ 그림 4-20 IAM에서 사용자 지정 암호 정책 설정 1

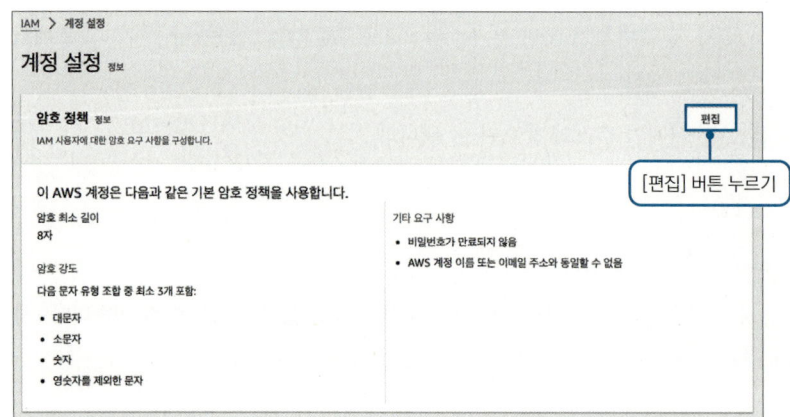

▼ 그림 4-21 IAM에서 사용자 지정 암호 정책 설정 2

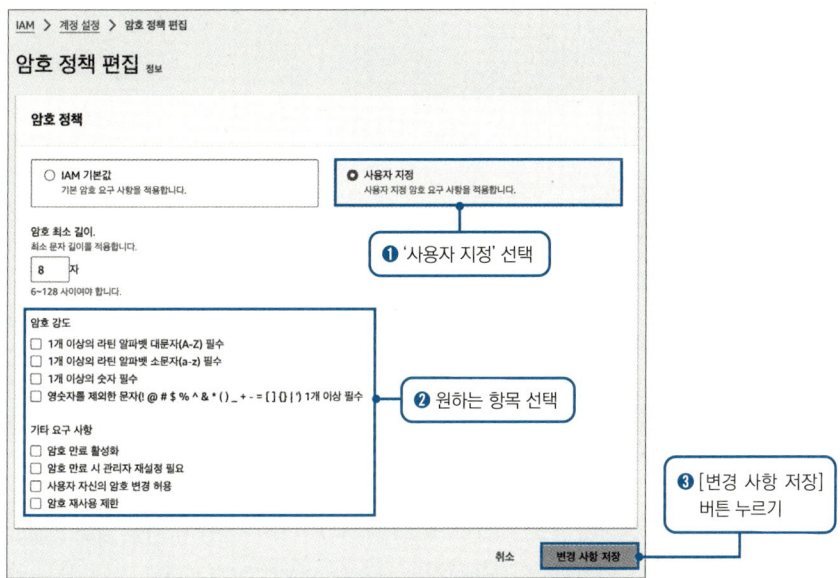

> **Note** 8장에서 설명하는 Trusted Advisor를 사용하면 AWS 계정에서 암호 정책이 유효한지, 강력한 암호가 설정되었는지 스스로 확인할 수 있으므로 설정 실수를 방지할 수 있습니다.

사용자 암호 변경

암호 변경의 암호 정책에서 암호 유효 기간을 설정하고 사용자가 직접 암호를 변경하도록 허용할 수 있습니다. 이렇게 설정하면 유효 기간 만료 후 로그인할 때 사용자가 암호를 변경하도록 요구합니다.

IAM 사용자는 IAM 사용자의 암호 변경을 **IAM 콘솔**에서 실행합니다. 변경하려면 IAM 콘솔의 **사용자**에서 대상의 **IAM 사용자 이름**을 클릭하여 세부 정보 화면으로 이동합니다. **보안 자격 증명 탭**에서 **콘솔 액세스 관리**(manage console access) 버튼을 누르면 암호 관련 설정이 표시됩니다.

▼ 그림 4-22 IAM 사용자 목록 화면

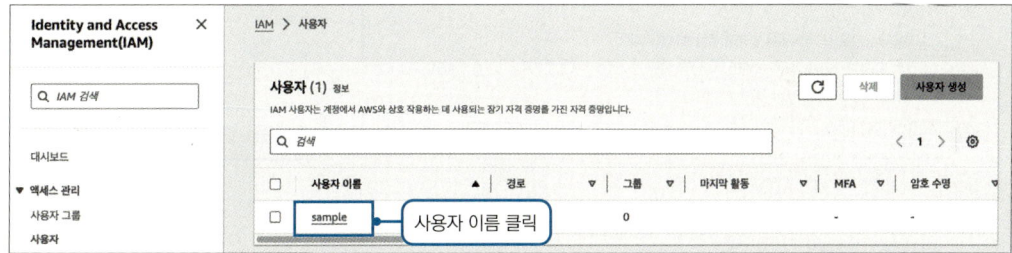

▼ 그림 4-23 사용자 세부 정보 화면

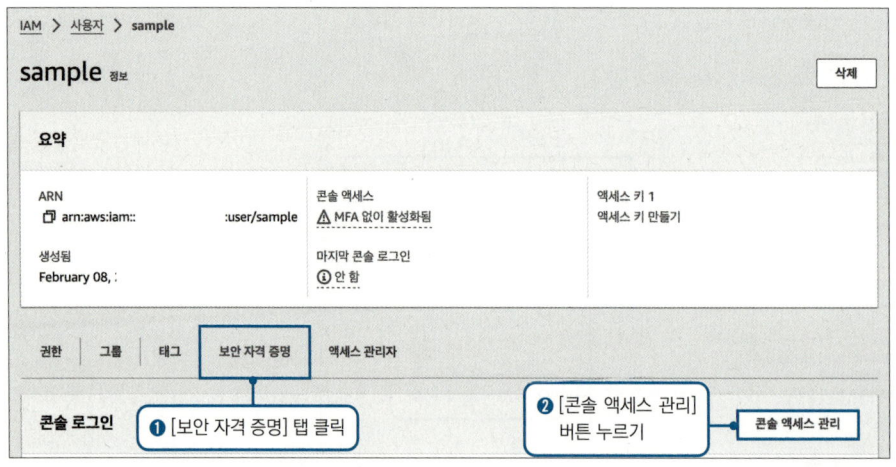

콘솔 액세스 관리 화면에서 **자동 생성된 암호**(autogenerated password) 또는 **사용자 지정 암호**(custom password)를 선택합니다. 사용자 지정 암호를 선택했으면 사용할 암호도 입력합니다. '사용자는 다음 로그인 시 새 암호를 생성해야 합니다.'를 선택하면 다음에 로그인할 때 새로운 암호를 설정할 수 있는데 사용자가 IAM 사용자의 암호를 재설정할 수 있을 때는 필요하지 않은 옵션입니다. 각 항목 설정이 끝났다면 **적용** 버튼을 누릅니다. **.csv 파일 다운로드** 버튼을 눌러 새로 만든 암호를 내려받습니다.

▼ 그림 4-24 콘솔 액세스 관리 화면

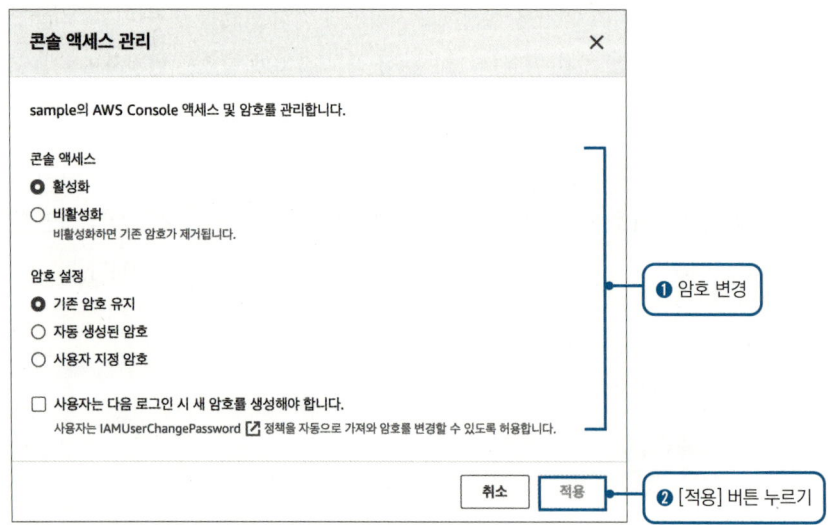

▼ 그림 4-25 암호 CSV 파일 내려받기

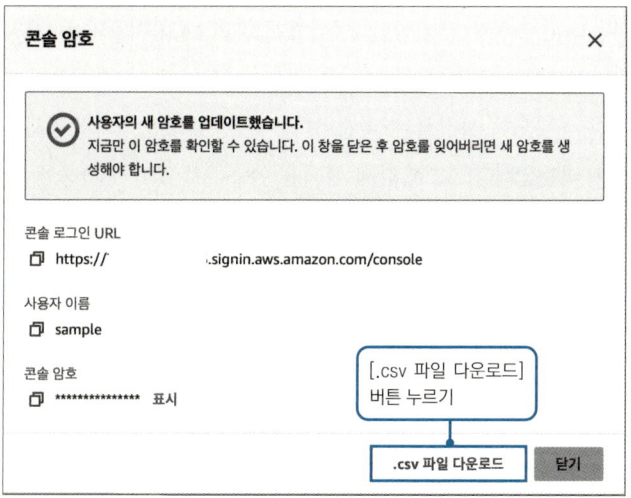

4.5.3 IAM 사용자의 MFA 관리

여러 번 로그인에 실패한 사용자를 사용할 수 없게 하는 기능을 일반적으로 **잠금**(lockout)이라고 하는데, **IAM 사용자에는 이런 잠금 기능이 없습니다**. 암호 정책으로 강제로 강력한 비밀번호를 사용하더라도 우연히 인증을 통과할 위험성은 여전히 존재합니다. 또 암호나 액세스 키 같은 인증 정보 관리는 이용자에게 맡기는 경우가 많으므로 유출될 위험성도 있습니다. 따라서 **각 이용자의 IAM 사용자도 루트 사용자와 마찬가지로 MFA를 활성화하는 것이 좋습니다**.

IAM 사용자에 MFA 강제 적용하기

MFA를 모든 IAM 사용자에 활성화한다면 IAM 사용자의 MFA 설정은 각 IAM 사용자를 쓰는 사람에게 달려 있기 때문에 관리자가 설정 상태를 파악하기 어렵습니다. 그러므로 **MFA 설정을 하지 않으면 다른 조작을 할 수 없도록 IAM 정책을 정의하고, 이를 IAM 엔티티에 부여**하는 방법을 사용합니다. 이 책에서는 이런 IAM 정책을 **MFA 강제 정책**이라고 합니다. MFA 강제 정책을 생성하는 방법은 AWS 문서를 확인합니다.[10]

---

10 IAM 자습서는 사용자가 자신의 자격 증명 및 MFA 설정을 관리하도록 허용합니다. 자세한 내용은 다음 URL을 참고합니다.
https://docs.aws.amazon.com/ko_kr/IAM/latest/UserGuide/tutorial_users-self-manage-mfa-and-creds.html

이런 MFA 강제 정책도 각 IAM 사용자에 개별적으로 부여하는 것이 아니라 IAM 그룹에 부여하고, 신규 생성한 IAM 사용자는 해당 IAM 그룹에 추가합니다. 이렇게 하면 IAM 사용자에 MFA 강제 정책 이외의 다른 어떤 작업을 허용하는 정책이 연결되었더라도, 이용자가 IAM 사용자에 MFA 설정을 하기 전에는 다른 작업은 거부되어 실행될 수 없습니다. 이것은 **IAM 정책에서 명시적인 허용보다 명시적인 거부가 우선되기 때문입니다.** MFA 강제 정책을 이용하지 않다가 나중에 부여하더라도 부여된 순간부터 MFA가 설정되지 않으면 다른 작업은 거부됩니다. IAM 사용자를 쓸 사람은 MFA를 설정하기까지 다른 모든 작업이 불가능하므로 AWS 계정 관리자 입장에서는 통제하기가 수월합니다.

▼ 그림 4-26 MFA 강제 정책으로 제어

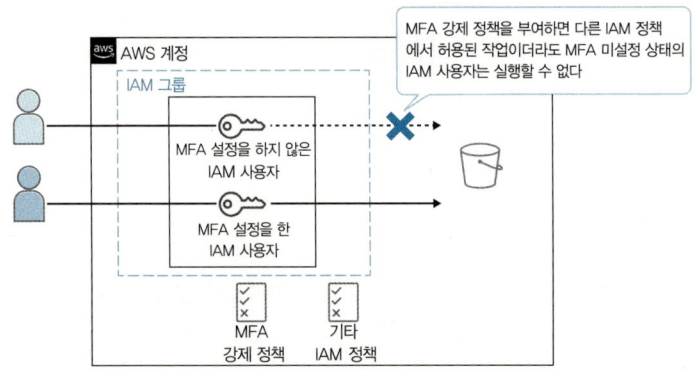

IAM 사용자의 MFA 설정 절차

각 IAM 사용자의 MFA 설정은 해당 IAM 사용자를 이용하는 사람이 설정합니다. 실제로 이용할 MFA 디바이스나 설정 방법은 관리자가 안내하는 경우도 있으므로 IAM 사용자의 MFA 설정 절차를 설명하겠습니다.

우선 IAM 사용자에서 **IAM 콘솔**을 엽니다. **사용자 화면**에서 이용하는 **사용자 이름**을 클릭하고 IAM 사용자 세부 정보 화면으로 이동합니다.

▼ 그림 4-27 사용자 화면에서 이용하는 사용자 선택

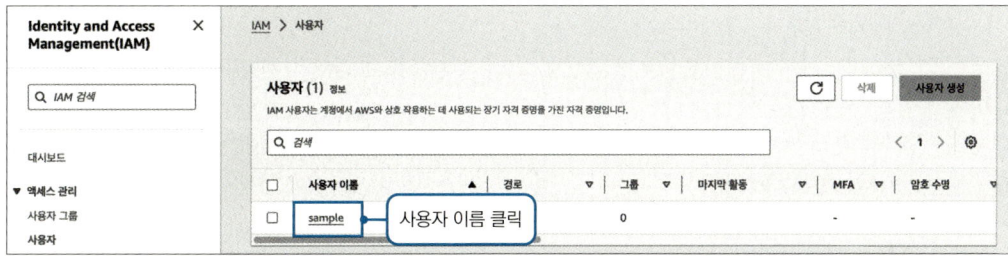

보안 자격 증명 탭에서 MFA 디바이스 할당 버튼을 누릅니다. MFA 디바이스 선택 화면에서 사용할 MFA 디바이스 종류를 선택하고 안내에 따라 설정합니다.

▼ 그림 4-28 IAM 사용자의 [보안 자격 증명] 탭에서 MFA 디바이스 할당

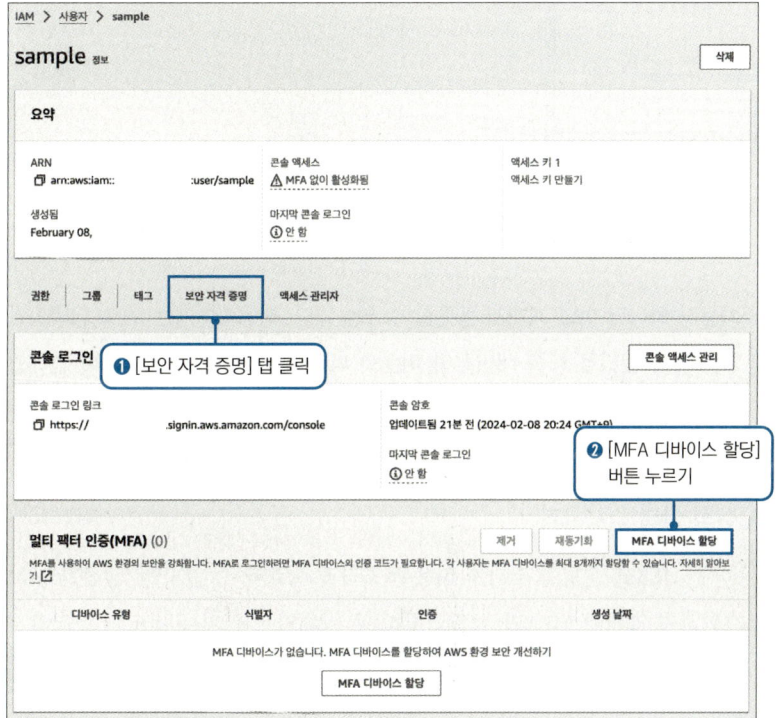

▼ 그림 4-29 MFA 디바이스 선택 화면에서 MFA 디바이스 종류 선택

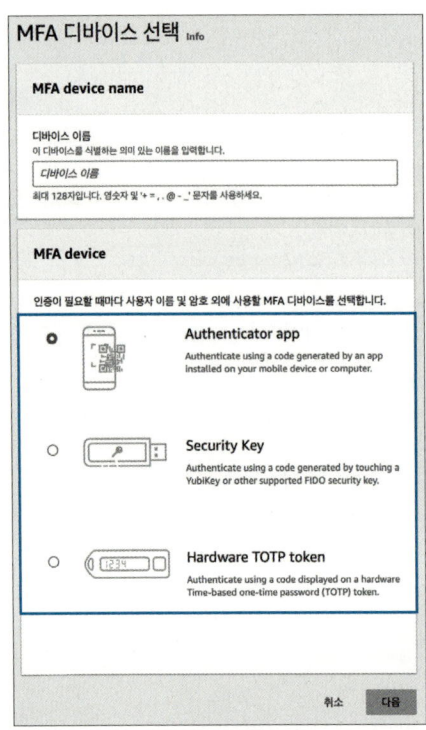

MFA 디바이스는 IAM 사용자 하나당 여덟 개까지 등록할 수 있습니다. 이용자에게는 MFA 디바이스를 분실하거나 가지고 오는 것을 잊었을 때를 대비하여 여분의 디바이스도 함께 등록하도록 안내합시다.

IAM 사용자의 MFA 설정 상태 검사하기

MFA 강제 정책을 사용하면 MFA를 설정할 때까지 허용된 조작을 실행할 수 없지만, 생성한 IAM 사용자에 이용자가 로그인하지 않아서 MFA가 설정되지 않은 상태가 이어지는 것도 바람직하지 않습니다. 이용자가 당장에 AWS에서 작업할 필요가 없더라도 MFA 설정만큼은 반드시 끝내 두도록 관리하는 것이 좋습니다.

각 IAM 사용자에 MFA 설정이 되었는지 확인하려고 **IAM 콘솔**을 주기적으로 확인하는 간단한 방법이 있습니다. IAM 사용자 목록에서 각 IAM 사용자의 MFA 설정 여부를 확인할 수 있습니다.

▼ 그림 4-30 IAM 사용자 목록에서 MFA 설정 상태 검사

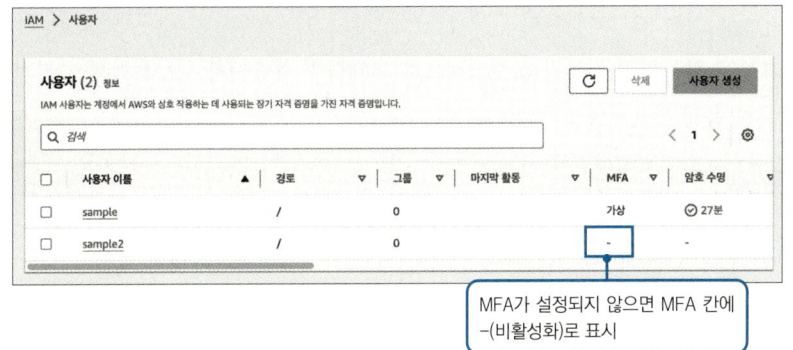

또 MFA 설정 상태는 IAM 콘솔에서 내려받을 수 있는 **자격 증명 보고서**에서도 확인할 수 있습니다. 자격 증명 보고서는 CSV 형식 파일로 **MFA 설정 유무** 이외에도 암호 유효 기간이나 마지막으로 변경된 시간 등 인증 관련 정보를 확인할 수 있습니다.

▼ 그림 4-31 자격 증명 보고서 내려받기

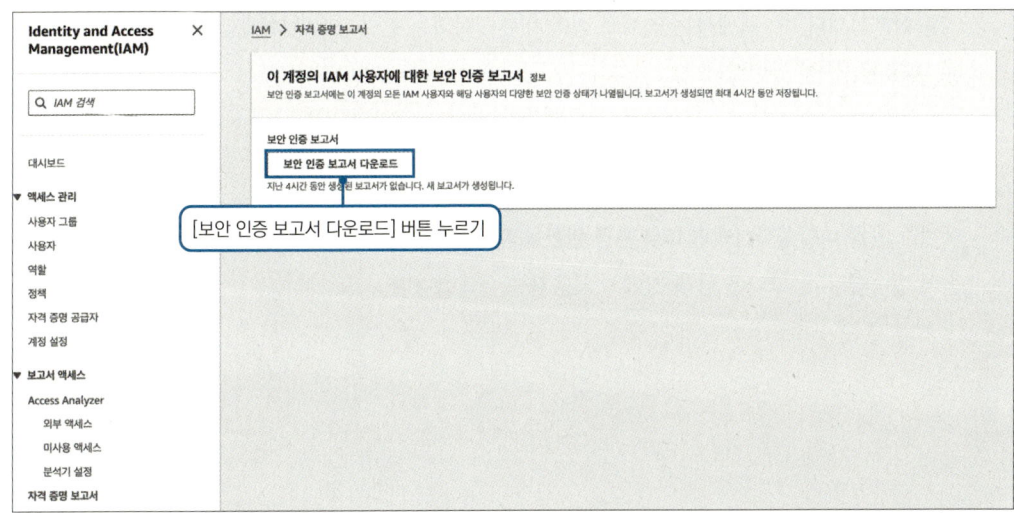

> Note ≡ AWS Config의 Config Rules[11]에는 iam-user-mfa-enabled(개별 IAM 사용자의 MFA 활성화 여부)와 mfa-enabled-for-iam-console-access(모든 IAM 사용자의 MFA 활성화 여부)를 확인하는 규칙이 있습니다. 따라서 이런 규칙을 활용해서 MFA가 설정되지 않은 IAM 사용자를 찾아내는 방법도 있습니다.

---

11 나중에 9장에서 설명합니다.

4.5.4 IAM 사용자 액세스 키의 주기적 교체

액세스 키도 IAM 사용자 암호와 마찬가지로 주기적으로 교체하면 좋습니다. IAM 액세스 키의 주기적인 교체 방법은 다음과 같습니다.

1. 새로운 액세스 키 발급
2. 애플리케이션에서 사용 중이라면 이전 액세스 키를 새로운 액세스 키로 교체
3. 이전 액세스 키 비활성화
4. 이전 액세스 키 삭제

액세스 키를 비활성화할 수는 있지만 한번 삭제하면 되돌릴 수 없습니다. IAM 사용자 한 명당 두 개까지 액세스 키를 생성할 수 있으므로 액세스 키를 교체할 때는 기존 액세스 키를 삭제하는 대신 비활성화하는 것이 좋습니다. 그런 다음에는 새로운 액세스 키를 발급하고 해당 키를 이용해서 AWS CLI나 AWS SDK를 이용하는 애플리케이션이 문제없이 작동하는지 확인한 후 이전 액세스 키를 삭제합니다. 이 책에서는 액세스 키를 비활성화하는 절차까지만 소개합니다. 기타 조작 방법은 AWS 문서[12]를 확인합니다.

액세스 키 비활성화하기

액세스 키를 비활성화하려면 **IAM 변경 권한을 지닌 IAM 사용자**로 관리 콘솔에 로그인하여 IAM 콘솔에 접속합니다. 그다음 탐색 창에서 **사용자**를 클릭합니다.

---

12 자세한 내용은 다음 URL을 참고합니다.
https://docs.aws.amazon.com/ko_kr/IAM/latest/UserGuide/id_credentials_access-keys.html

▼ 그림 4-32 IAM 대시보드 화면

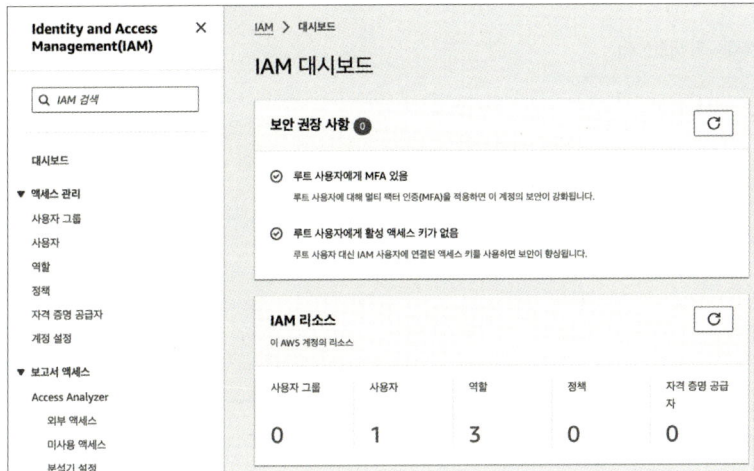

액세스 키를 변경할 IAM 사용자를 선택해서 클릭합니다. 예에서는 'sample'이라는 IAM 사용자를 클릭합니다.

▼ 그림 4-33 액세스 키를 변경할 IAM 사용자 선택

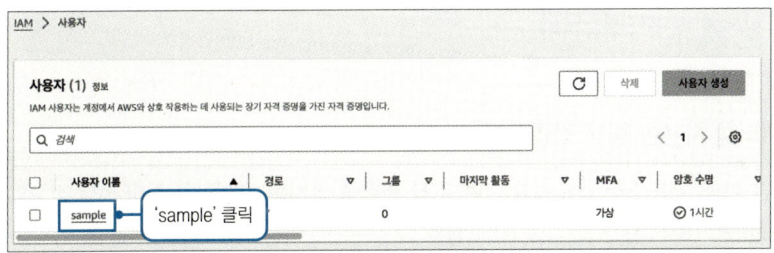

보안 자격 증명 탭을 클릭하고 액세스 키 항목에 있는 풀다운 메뉴에서 작업 > 비활성화를 선택합니다.

▼ 그림 4-34 [보안 자격 증명] 탭에서 액세스 키 비활성화

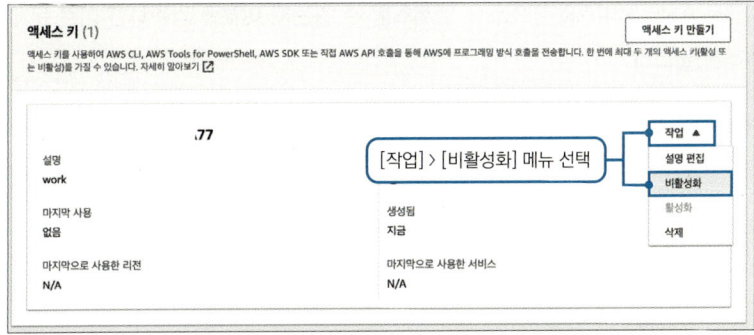

확인 창이 표시되면 **비활성화** 버튼을 누릅니다.

▼ 그림 4-35 확인 창에서 액세스 키 비활성화

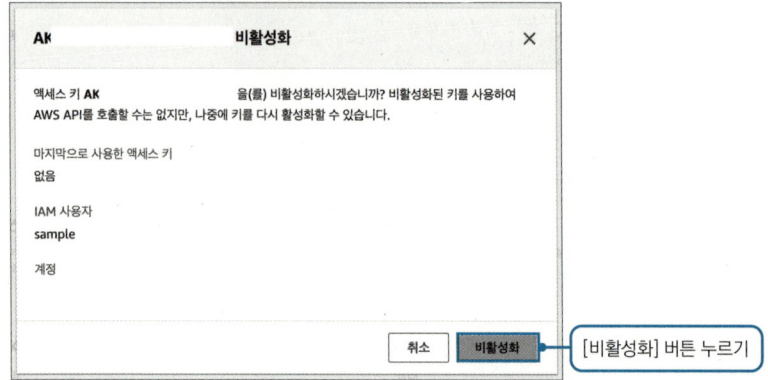

4.5.5 계정 운영과 IAM의 지속적인 작업

계정을 운영하면 AWS 서비스 이용자 관리 외에도 지속적으로 해야 할 작업들이 있습니다. 지금부터 어떤 작업들이 있는지 설명하겠습니다.

IAM 정책 시뮬레이터를 사용한 정책 검증하기

각 IAM 엔티티가 어떤 AWS 서비스나 리소스에 어떤 조작 권한을 가지는지 정의한 것이 IAM 정책입니다. 미리 AWS 관리 정책으로 제공되는 IAM 정책을 이용할 수도 있지만, 정의된 액세스 권한 범위가 커서 조작 실수로 발생한 위험성이나 인증 정보를 유출한 보안 위험성이 높습니다. 따라서 세밀하게 제어하려면 고객 관리형 정책을 생성해야 합니다. 다만 IAM 정책으로 세밀한 권한을 생성하면 생성한 고객 관리형 정책을 부여한 IAM 사용자로 원하는 조작을 할 수 없거나 권한 오류가 발생해서 문제가 생기는 경우가 종종 있습니다. 따라서 IAM 사용자에 연결하기 전에 먼저 생성한 IAM 정책이 의도한 대로 AWS 서비스와 리소스에 액세스할 수 있는지 여부를 검증하면 이런 문제가 발생하는 것을 줄일 수 있습니다.

이때 사용하는 것이 IAM **정책 시뮬레이터**(IAM policy simulator)입니다. IAM 정책 시뮬레이터 자체는 무료입니다.

AWS 관리 콘솔에 로그인한 상태로 IAM 정책 시뮬레이터 콘솔(https://policysim.aws.amazon.com)을 열면 IAM 정책 시뮬레이터에 접속할 수 있습니다. IAM 정책 시뮬레이터에서 부여한 권한을 평가할 대상 IAM 엔티티와 AWS 서비스, 리소스 및 작업을 선택해서 시뮬레이션을 실행하면 평가 대상의 IAM 엔티티가 대상 AWS 서비스, 리소스에 작업할 수 있도록 허용되었는지 검증할 수 있습니다.

▼ 그림 4-36 IAM 정책 시뮬레이터로 고객 관리형 정책 검증

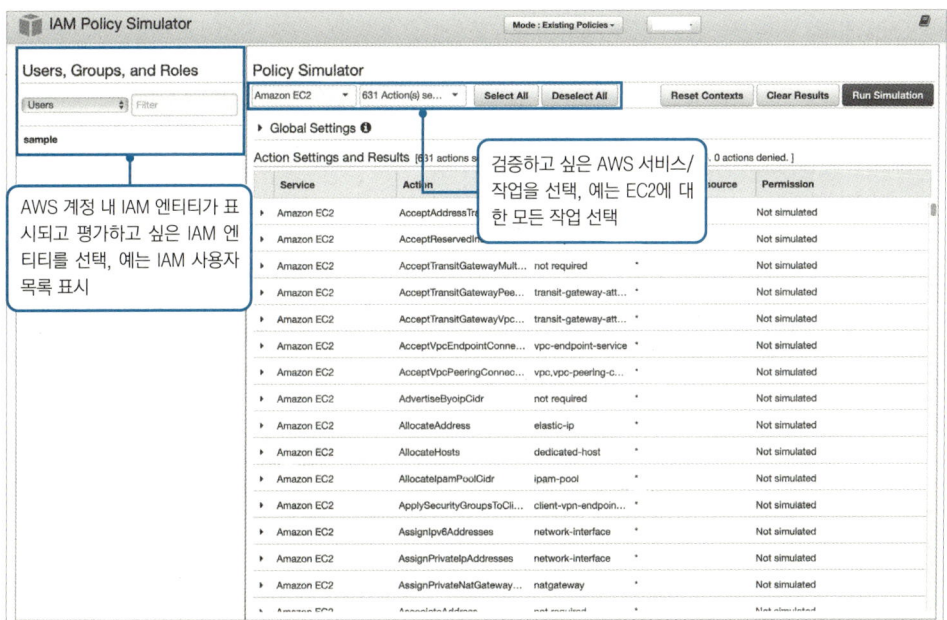

특정 AWS 서비스와 리소스에만 액세스하는 IAM 그룹이나 특정 조작을 명시적으로 거부하는 IAM 그룹을 준비할 때는 IAM 정책 시뮬레이터에서 원하는 조작이 가능한지 또는 거부되는지 확인하면서 IAM 정책을 조정하면 좋습니다.

> Note ≡ IAM 정책 시뮬레이터는 각 IAM 엔티티에 부여된 IAM 정책뿐만 아니라 각 AWS 리소스에 정의된 리소스 정책까지 테스트해서 특정 작업이 허용되있는지 여부를 확인할 수 있습니다.

IAM 엔티티 검토하기

조직이나 프로젝트에서는 멤버 이동과 퇴직 같은 변동이 발생합니다. 이미 프로젝트에서 빠졌거나 퇴사한 멤버의 IAM 사용자가 AWS 계정에 남아 있는 것은 좋지 않습니다. 프로젝트와 관련된 사람이라도 역할이 바뀐 멤버의 IAM 사용자에 이전 IAM 정책이 계속 남아 있으면 현재 역할과 관계없는 AWS 리소스에 액세스하거나 AWS 계정에 역할 전환을 할 수 있으므로 바람직하지 않습니다.

IAM 사용자 인증 정보는 암호 정책이나 AWS Trusted Advisor(9장 참고)로 일괄 관리하지만, 개별 조직이나 프로젝트 내부의 멤버 상황에 따른 IAM 사용자 관리는 관리자에게 맡깁니다. **관리자는 멤버 이동이나 퇴사 등 변동이 있을 때마다 IAM 사용자를 변경, 삭제하는 관리가 이상적입니다. 그렇게 하기 어렵다면 주기적으로 재확인해야 합니다.**

액세스 관리자를 이용한 IAM 정책 검토하기

IAM 사용자나 IAM 역할 재검토뿐만 아니라 IAM 정책도 주기적으로 확인합니다. 프로젝트 멤버가 작업하거나 새로운 AWS 서비스를 이용하려면 추가로 IAM 정책 부여가 필요할 수 있습니다. 이뿐만 아니라 필요 이상으로 권한이 부여된 경우도 있습니다. 예를 들어 시스템을 운영하다가 IAM 정책에 부여한 권한이 필요 없어지거나 IAM 정책 설계 실수로 원래라면 필요하지 않은 권한을 보유한 경우입니다.

각 IAM 엔티티에는 **액세스 관리자**(access advisor) 기능이 있습니다. **액세스 관리자는 각 IAM 엔티티가 액세스할 수 있는 AWS 서비스에 마지막으로 언제 액세스했는지 기록합니다.** IAM 정책을 재검토할 때 이런 기록을 참고할 수 있습니다. 관리자는 기록을 보고 수개월 이상 액세스한 적이 없는 서비스를 찾아서 이용자에게 권한이 필요한지 확인하고 정책에서 불필요한 권한은 삭제할 수 있습니다.

액세스 관리자는 각 IAM 엔티티의 **액세스 관리자 탭**에서 확인할 수 있습니다.

▼ 그림 4-37 액세스 관리자로 AWS 서비스 액세스 상태 검사

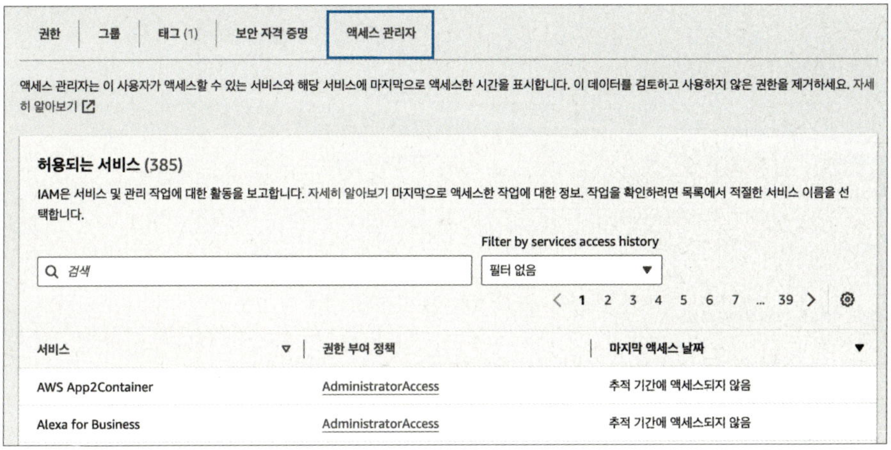

액세스 관리자는 무료입니다.

IAM Access Analyzer로 최소 권한 부여하기

각 IAM 엔티티의 IAM 정책을 필요한 권한으로만 제한하는 방법으로 IAM Access Analyzer가 있습니다. IAM Access Analyzer(액세스 분석기)는 AWS CloudTrail(10장 참고)에 기록된 각 IAM 엔티티 조작 이력을 최대 90일 이전까지 분석해서 이용된 권한만으로 최소 권한의 IAM 정책(고객 관리형 정책)을 생성하는 기능입니다. 생성된 정책은 사용자 지정으로 필요한 권한을 추가해서 부여할 수 있습니다. IAM Access Analyzer 자체는 추가 비용이 발생하지 않습니다.

IAM Access Analyzer로 정책을 생성할 때 우선 IAM 콘솔에서 그림 4-32 왼쪽 메뉴에 있는 사용자나 역할에서 **권한을 검토할 IAM 엔티티 세부 화면**을 엽니다. 'CloudTrail 이벤트를 기반으로 정책 생성'에 있는 **정책 생성** 버튼을 누릅니다. **분석 기간**과 **CloudTrail 추적**과 **대상 리전**을 선택해서 **정책 생성** 버튼을 누르면 IAM Access Analyzer 분석이 시작됩니다. 시작하면 **진행 중** 상태가 됩니다.

▼ 그림 4-38 CloudTrail 이벤트를 기반으로 정책 생성에서 [정책 생성] 버튼 누르기

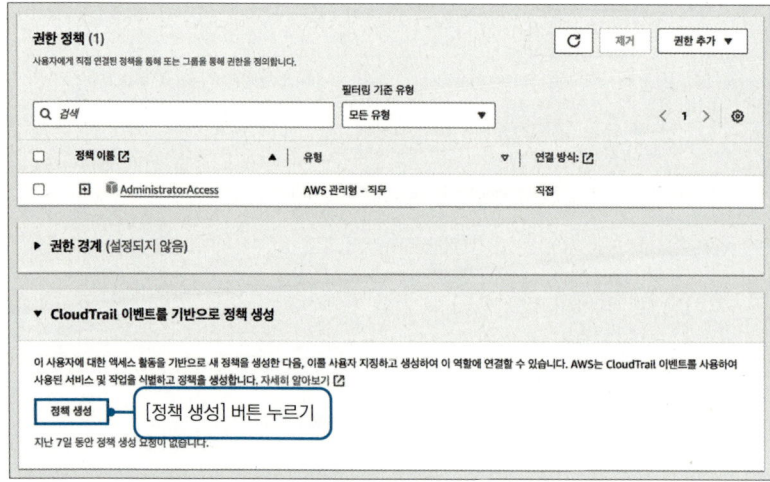

▼ 그림 4-39 분석 기간과 CloudTrail 추적 선택

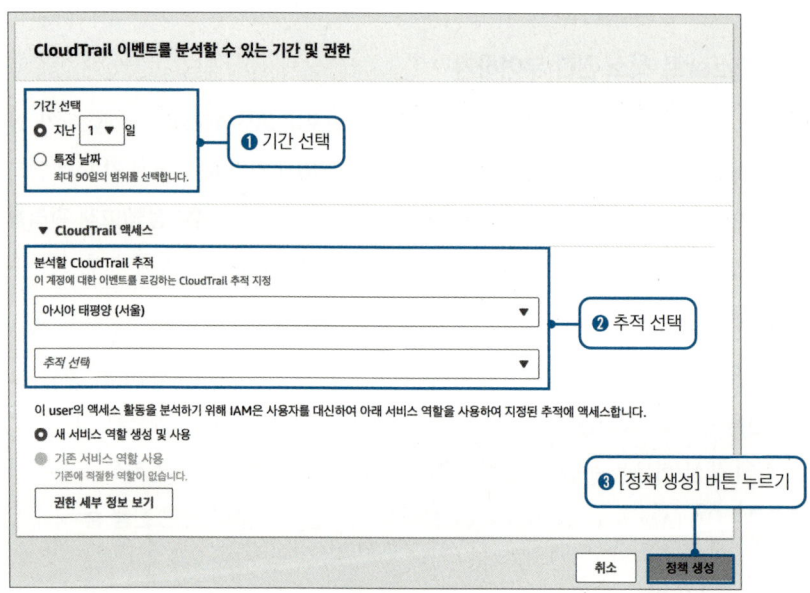

상태가 **성공**이 되면 분석 완료입니다. **생성된 정책 보기** 버튼을 누릅니다.

▼ 그림 4-40 생성된 정책 확인

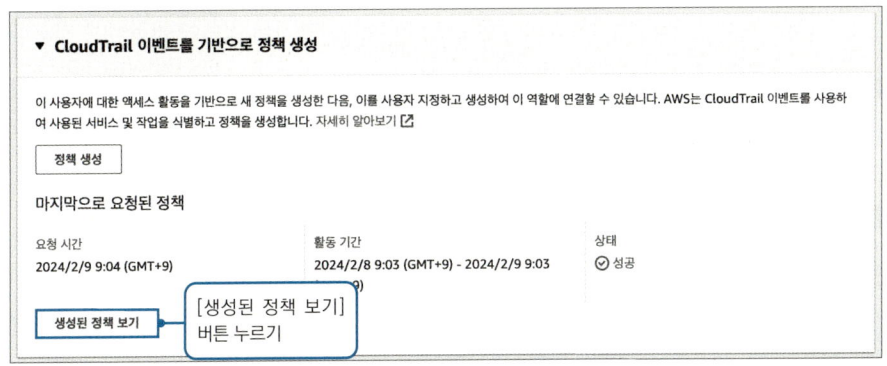

권한 검토 화면 안내에 따라 지정 기간에 해당 IAM 엔티티가 사용한 AWS 서비스와 작업을 확인합니다. IAM Access Analyzer가 생성한 정책에는 이런 작업이 포함됩니다. 사용한 AWS 서비스에는 임의로 작업을 추가할 수 있습니다.

▼ 그림 4-41 각 IAM 엔티티가 사용한 AWS 서비스와 작업을 확인해서 작업 추가

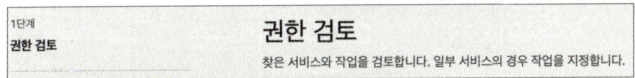

다음 화면에서는 IAM 정책의 **JSON**을 확인합니다. 너무 광범위한 권한의 보안 경고나 JSON 구문 오류를 수정합니다. 오류나 경고가 있는 줄은 빨간색으로 표시됩니다. 임의로 구문을 추가, 삭제도 가능합니다.

▼ 그림 4-42 IAM 정책의 JSON 확인

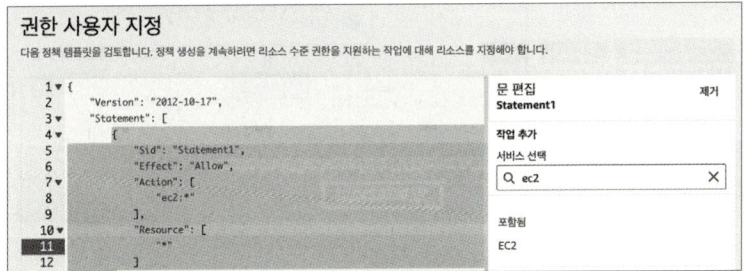

마지막 화면에서 IAM **정책 이름**과 **설명**을 입력합니다. **OO에 정책 연결**을 선택하면 정책 생성 후 자동으로 대상 IAM 엔티티에 연결합니다. 생성한 IAM 정책으로 원하는 작업이 가능한지 검증하려면 연결 선택을 해제해서 생성합니다. 생성된 후 검증용 IAM 사용자 역할을 준비해서 연결해 보고 작동 확인이 끝났으면 대상 IAM 엔티티에 연결합니다.

▼ 그림 4-43 관리형 정책 생성과 연결

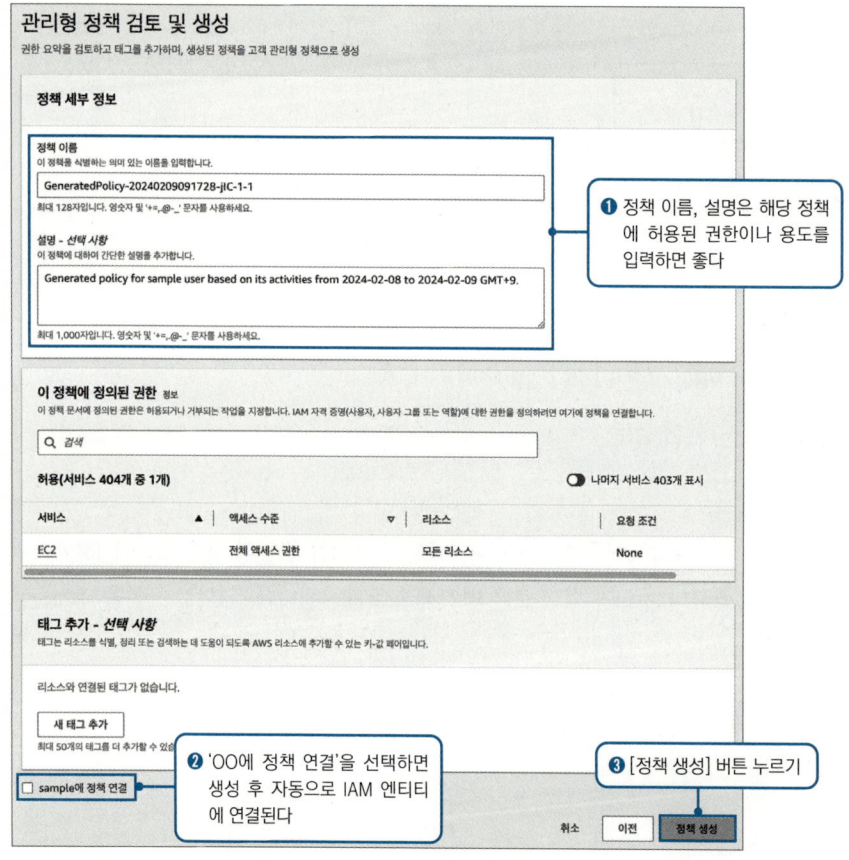

COLUMN | AWS Organizations

이 장에서는 AWS에서 사용자 계정 관리에 활용하는 AWS IAM을 주로 설명했습니다. 이 장에서 살펴본 것처럼 여러 AWS 계정으로 시스템을 운영하는 경우도 있습니다. AWS 계정이 늘어나면 사용자 계정뿐만 아니라 AWS 계정 자체의 관리 부담도 늘어납니다. 여러 AWS 계정을 운영할 때는 **AWS Organizations**를 쓰면 편리합니다.

AWS Organizations는 AWS 계정을 중앙 집중식으로 관리하는 서비스입니다. AWS Organizations를 활성화한 AWS 계정을 **관리 계정**이라고 합니다. 관리 계정의 Organizations에서는 신용 카드 등록이나 인증 정보를 설정하지 않아도 AWS 계정을 생성할 수 있습니다. Organizations에서 생성한 AWS 계정을 **멤버 계정**이라고 합니다. 다른 계정을 멤버 계정으로 초대할 수도 있습니다. **각 멤버 계정의 이용 요금도 관리 계정에서 관리할 수 있습니다.** Organizations를 사용하는 데 따로 비용은 들지 않습니다.

Organizations에서는 멤버 계정을 조직 단위(OU)로 관리합니다. 반드시 실제 조직과 OU를 똑같이 설정하지 않아도 되며, AWS 계정을 분류하는 방식으로 OU를 나누면 됩니다. 예를 들어 AWS 계정이 시스템 환경별로 나뉘었으면 같은 방식으로 OU에서 묶어 관리합니다. Organizations에는 **서비스 제어 정책(SCP)**이라고 하는 IAM 정책과 비슷한 기능이 있습니다. 정책 생성 방법은 IAM 정책과 같습니다. 그러나 IAM 정책이 각 IAM 사용자와 IAM 역할이 할 수 있는 조작을 제어한다면 **SCP는 OU나 멤버 계정에 연결된 OU에 속한 AWS 계정에서 할 수 있는 조작을 제어합니다.** 각 AWS 계정에서 IAM 정책을 설정하지 않아도 관리 계정의 SCP로 제어할 수 있다는 의미입니다.

▼ 그림 4-44 AWS 계정 단위와 OU 단위 관리

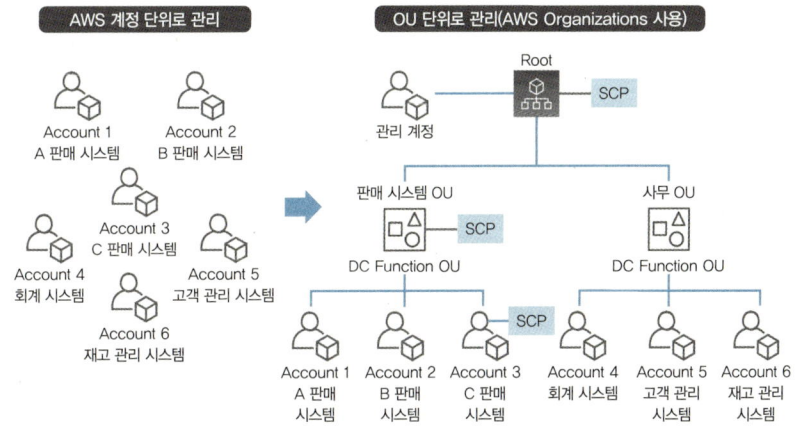

5장

로그 운영

이 장에서는 시스템의 로그 운영 개요를 파악하는 것부터 시작합니다. 개요를 파악한 후에는 AWS에서 로그 운영하는 방법과 전체적인 모습을 소개합니다. 그런 다음 로그 운영 관련 AWS 서비스를 골라서 AWS 서비스 개요 및 이용 방법을 설명합니다. 마지막으로 표본 아키텍처를 바탕으로 실제 로그 운영의 아키텍처를 생각해 봅니다.

키워드

- Amazon CloudWatch Logs
- 통합 CloudWatch 에이전트
- CloudWatch Logs Insights
- Amazon Kinesis Data Firehose
- Amazon Athena

5.1 기초 로그 운영의 이해

AWS의 로그 운영을 알아보기 전에 우선 시스템에서 말하는 로그 운영이란 무엇인지 설명하겠습니다.

5.1.1 로그란

시스템 운영 현장에는 **로그**(log)라는 단어가 자주 등장합니다. 그렇다면 로그란 과연 무엇일까요? 로그는 원래 배의 항해 일지를 뜻하는 말입니다. 나침반처럼 편리한 도구가 없던 시절에 사람들은 통나무를 배의 선미에서 바다로 흘려보낸 후 초시계나 초기의 기계식 시계로 통나무가 배의 후미까지 흘러가는 시간을 측정하여 배가 움직이는 속도를 알아냈습니다. 당시 이런 기록을 로그라고 불러서 로그가 항해 일지를 뜻하게 되었습니다. **즉, 로그란 어떤 것의 '기록'이며, 시스템 운영에서도 무언가를 '기록'한 것이라고 볼 수 있습니다.**

친숙한 로그 예를 몇 가지 소개하겠습니다. 여러분이 마트나 편의점에서 물건을 샀을 때 받는 영수증이 바로 이런 로그의 일종입니다. 영수증을 꼼꼼히 살펴보면 다양한 상품 정보가 담겨 있음을 알 수 있습니다.

▼ 그림 5-1 영수증에서 알 수 있는 정보

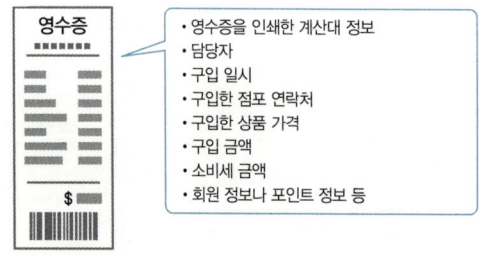

이제 영수증 쓰임새를 생각해 봅시다. 여러분은 영수증 내용을 가계부에 붙여서 자신이 무엇을 구매했으며 얼마를 지출했는지 관리하고 분석하는 데 쓸 수 있습니다. 하지만 가계부에 영수증 내용을 일일이 옮기려면 힘들어서 등장한 것이 바로 스마트폰이나 PC에서 쓰는 가계부 앱입니다. 가계부 앱을 사용하면 영수증 내용을 간단히 정리할 수 있으므로 과거에 무엇을 구입했는지 쉽게 찾아볼 수 있습니다. 시스템 로그도 마찬가지입니다. **정보를 검토하는 용도**로 생각하면 영수증과 매우 비슷합니다. 여러분이 평소에 스마트폰이나 PC에서 시스템이나 앱을 이용할 때도 로그가 기록됩니다. 로그는 영수증처럼 종이에 인쇄되는 것이 아니라서 의식하지 못하겠지만 로그 파일로 기기에 저장되고 있습니다.

5.1.2 로그 종류와 용도

로그에는 언제, 누가, 무엇을 했는지 등 정보가 기록됩니다. 로그 종류는 다양한데 다음 표에 그중 일부를 정리했습니다.

▼ 표 5-1 로그 종류

로그 종류	기록 정보
조작 로그	사용자 조작 이력 기록
인증 로그	언제, 누가, 시스템에 로그인했는지 기록
액세스 로그	PC나 서버 접속 이력 기록
이벤트 로그	시스템 내부에 발생한 현상이나 작동 기록
통신 로그	터미널과 서버 간 통신 내용 기록
설정 변경 로그	시스템 설정 변경 내용 기록
오류 로그	시스템에 오류가 발생했을 때 기록

시스템에서 로그를 이용하는 용도를 생각해 봅시다. 영수증은 가계부를 쓸 때 이용했지만 시스템 로그는 과연 어떤 목적으로 사용할까요? 다음은 로그 이용 용도의 예입니다.

문제가 발생했을 때 원인 조사

로그는 시스템에 장애가 발생했을 때 그 원인을 찾아내는 정보 출처로 무척 유용합니다. 또 시스템에서 어떤 오류가 발생했을 때 원인을 조사하는 데도 좋습니다. 조작 로그나 이벤트 로그 기록을 하나씩 확인하면 장애나 오류 등 문제가 생기기 전후로 시스템에 어떤 일이 있었는지 알 수 있습니다.

외부에서 침입한 부정 액세스 파악

외부에 있는 제3자가 부정하게 액세스하여 시스템이 악용되는 것은 기업 입장에서는 어떻게든 피하고 싶은 일입니다. 부정 액세스는 개인 정보 유출 같은 최악의 피해로 이어질 수 있습니다. 인증 로그나 액세스 로그, 통신 로그를 확인함으로써 외부에서 침입한 흔적이 없는지 파악할 수 있으며 시스템 부정 이용 대책을 세울 수 있습니다.

내부 통제

부정 액세스는 외부뿐만 아니라 내부에서도 일어날 수 있습니다. 예를 들어 사원이 기밀 정보를 USB 메모리에 저장하여 외부에 가지고 나가는 경우입니다. 실제로 부정 액세스나 정보 유출은 외부보다 내부에서 일어나는 경우가 많다는 조사 결과도 있습니다. 조작 로그나 인증 로그, 액세스 로그로 누가, 언제, 어떤 데이터에 액세스했는지 정보를 파악해서 침입 경로를 파악할 수 있습니다. 이런 대책을 준비해 두면 내부 소행으로 발생하는 범죄를 예방하는 효과도 기대할 수 있습니다. 즉, 기업 내부에서는 CCTV와 같은 효과를 내는 것이 로그입니다.

5.1.3 로그 운영 필요성

이렇게 로그는 다양한 용도로 활용되는데 로그 데이터가 사라지거나 무단으로 변경되면 올바른 정보를 확인할 수 없습니다. 여러분도 영수증을 분실하거나 내용이 바뀌면 가계부를 제대로 쓸 수 없어 곤란할 수 있습니다. 즉, **적절하게 로그를 관리, 운영하는 방식이 필요합니다**. 그래서 로그 운영이라는 개념이 등장한 것입니다.

로그 운영 필요성은 이해할 수 있지만 로그를 어떻게 관리, 운영할지 직접 만들려면 엄청나게 힘이 듭니다. 따라서 이런 운영을 돕는 소프트웨어 제품으로 개발, 판매하는 로그 관리 도구나 OSS(오픈 소스 소프트웨어)로 무상으로 공개된 소프트웨어가 있습니다. 이를 잘 활용하면 직접 로그 운영 구조를 만드는 고생을 피할 수 있습니다. 가계부라면 스마트폰 가계부 앱에 해당합니다.

로그 운영에서 가장 먼저 고려해야 하는 네 가지 관점

로그 운영을 검토, 실시하기 전에 명확하게 내용을 파악하기 위해 로그 설정, 로그 전송, 로그 보존, 로그 이용이라는 네 가지 관점으로 정리해 보겠습니다.

▼ 그림 5-2 로그 운영의 네 가지 관점

① 로그 설정	② 로그 전송	③ 로그 보존	④ 로그 이용
• 수집, 관리할 로그 목록 • 로그 출력 설정 • 로그 로테이션	• 로그 전송 대상 검토 • 로그 전송 설정	• 로그 보존 장소 검토 • 로그 보존 기간 검토	• 로그 열람, 로그 분석 • 목적에 맞게 로그 이용

① 로그 설정

로그를 운영할 때 수집, 관리할 로그를 검토하고 목록을 만들어 이런 로그가 서버에 출력 및 저장되도록 설정합니다. 로그도 데이터이므로 쌓이면 쌓일수록 그만큼 서버 저장 공간을 차지합니다. 따라서 일정 기간이 지나면 로그를 삭제하도록 설정(로그 로테이션)하기도 합니다.

② 로그 전송

로그 데이터를 복사해서 2차 활용하길 원한다면 로그 저장소에서 데이터를 전송할 방법을 검토합니다. 서버 간 데이터 전송을 예로 들면, 윈도우 robocopy 명령어나 리눅스 rsync 명령어로 데이터를 전송하는 방법이 있습니다. 서버에서 서드파티 제품의 로그 분석 도구로 로그 데이터를 전송한다면 REST API를 이용해서 직접 로그 데이터를 전송하거나 Logstash, Rsyslog, Fluentd 같은 로그 전송 도구를 써서 로그 데이터를 전송하는 방법이 있습니다.

③ 로그 보존

보관할 로그 용량이나 보관 목적에 따라 적절한 로그 보존 장소를 검토합니다. 예를 들어 많은 로그를 장기간 보관한다면 저장 용량이 충분한 외부 스토리지나 로그 보존 도구를 제공하는 기업이 관리하는 스토리지에 로그를 보관합니다. 스토리지를 선택할 때는 스토리지 용량뿐만 아니라 조달 비용과 유지 비용 같은 부분도 충분히 검토해야 합니다.

④ 로그 이용

스토리지에 보관된 로그는 감사 증거로 쓰거나 시스템을 개선하는 데 분석하거나 시스템에 이상이 없는지 감시하는 등 다양한 용도로 활용됩니다.

5.2 실무 AWS의 로그 운영

시스템에서 로그 운영 개요를 알아보았으니 이번에는 AWS에서 로그 운영을 알아봅니다.

5.2.1 AWS에서 수집할 수 있는 로그 종류

AWS에서 로그 운영을 검토할 때는 앞서 소개한 로그 설정, 로그 전송, 로그 보존, 로그 이용 네 가지 관점으로 나누어 검토하면 효과적입니다. 검토하기에 앞서 AWS에는 어떤 로그가 있고 어떤 AWS 서비스에서 수집할 수 있는지 간단히 정리해 봅시다.

AWS 계정 관련 로그

AWS 계정에서 실행한 조작이나 AWS 계정을 대상으로 실행한 조작 관련 로그는 주로 AWS CloudTrail, AWS Config 두 AWS 서비스를 활성화해서 기록할 수 있습니다.

▼ 표 5-2 AWS 계정 관련 수집 가능한 로그 예

로그 종류	기록 정보	AWS 서비스
조작 로그	AWS 계정의 조작 이력 기록	AWS CloudTrail
인증 로그	언제 어떤 인증 정보(IAM)를 사용하여 AWS 계정에 액세스했는지 기록	AWS CloudTrail
액세스 로그	어떤 인증 인가 정보(IAM)를 사용하여 AWS 서비스에 액세스했는지 기록	AWS CloudTrail
설정 변경 로그	AWS 계정에서 설정 변경한 내용 기록	AWS Config
오류 로그	AWS 계정에서 발생한 API 오류 기록	AWS CloudTrail

AWS 리소스 관련 로그

EC2 인스턴스, RDS DB 인스턴스 등 AWS 리소스 관련 로그는 AWS 리소스마다 로그를 설정하여 기록할 수 있습니다.

▼ 표 5-3 AWS 리소스 관련 수집 가능한 로그 예

로그 종류	기록 정보	AWS 서비스
조작 로그	AWS 리소스 조작 이력 기록	Amazon EC2, Amazon RDS
인증 로그	언제 누가 AWS 리소스에 로그인했는지 기록	Amazon EC2, Amazon RDS
액세스 로그	AWS 리소스 접속 이력 기록	Amazon EC2, Amazon RDS, Amazon ELB, Amazon S3
이벤트 로그	AWS 리소스에 발생한 이벤트 및 작동 기록	Amazon EC2, Amazon RDS, Amazon GuardDuty
통신 로그	터미널과 서버 사이, AWS 리소스 사이의 통신 내용 기록	VPC Flow Logs, AWS WAF
설정 변경 로그	AWS 리소스 설정 변경 내용 기록	Amazon EC2, Amazon RDS
오류 로그	AWS 리소스 오류 발생 기록	Amazon EC2, Amazon RDS

5.2.2 AWS 서비스별 로그 수집 방법

AWS는 이용하는 서비스에 따라 로그 수집 방법이 다릅니다. RDS나 ALB처럼 AWS가 OS와 소프트웨어를 운영 관리하는 서비스(관리형 서비스)라면 관리 콘솔이나 CLI에서 로그 수집을 설정할 수 있습니다. 서비스에 따라서는 로그 수집을 지원하지 않는 서비스도 있으므로 미리 확인해야 합니다.

한편 EC2처럼 OS나 소프트웨어 운영 관리를 이용자가 하는 서비스라면 이용자가 OS에 로그 수집을 설정합니다.

몇 가지 AWS 서비스를 골라서 수집할 수 있는 로그, 로그 수집 방법, 로그 보존 및 전송 대상을 표 5-4에 정리했습니다.

이 장에서는 표 5-4에 있는 모든 AWS 서비스의 로그 수집 방법을 설명하는 대신 자주 쓰고 이용자가 OS에서 로그 수집을 설정하는 **EC2 로그 수집 방법**만 집중적으로 설명합니다(자세한 내용은 5.3.3절 참고).

EC2 이외의 AWS 서비스 로그 수집 방법은 표 5-5에 있는 웹 사이트를 참고합니다.

▼ 표 5-4 AWS 서비스의 로그 수집 방법 예

AWS 서비스	수집 가능 로그	로그 수집 방법	로그 보존, 전송 대상
VPC	VPC Flow Logs(ENI* 간이 패킷 캡처)	관리 콘솔, CLI에서 설정	CloudWatch Logs, S3, Kinesis Data Firehose
EC2	EC2 로그는 기본적으로 수집 가능	통합 CloudWatch 에이전트를 설치, 설정해서 정기적으로 로그 푸시	CloudWatch Logs
RDS MySQL	감사 로그, 오류 로그, 일반 로그, 슬로 쿼리 로그	관리 콘솔, CLI에서 설정	CloudWatch Logs
Aurora, MySQL	감사 로그, 오류 로그, 일반 로그, 슬로 쿼리 로그	관리 콘솔, CLI에서 설정	CloudWatch Logs
ALB	액세스 로그	관리 콘솔, CLI에서 설정	S3
NLB	액세스 로그**	① 관리 콘솔, CLI에서 설정 ② NLB의 ENI를 대상으로 VPC Flow Logs 설정	① S3 ② S3 CloudWatch Logs Kinesis Data Firehose

* 물리 환경의 NIC에 해당
** 리스너가 TLS 통신일 때만 해당

▼ 표 5-5 로그 수집 방법에 관련된 참고 링크

AWS 서비스	URL
VPC	• CloudWatch Logs에 흐름 로그 게시: https://docs.aws.amazon.com/ko_kr/vpc/latest/userguide/flow-logs-cwl.html • Amazon S3에 흐름 로그 게시: https://docs.aws.amazon.com/ko_kr/vpc/latest/userguide/flow-logs-s3.html • Kinesis Data Firehose에 흐름 로그 게시: https://docs.aws.amazon.com/ko_kr/vpc/latest/userguide/flow-logs-firehose.html
RDS MySQL	https://docs.aws.amazon.com/ko_kr/AmazonRDS/latest/UserGuide/USER_LogAccess.MySQLDB.PublishtoCloudWatchLogs.html
Aurora MySQL	https://docs.aws.amazon.com/ko_kr/AmazonRDS/latest/AuroraUserGuide/AuroraMySQL.Integrating.CloudWatch.html
ALB	https://docs.aws.amazon.com/ko_kr/elasticloadbalancing/latest/application/enable-access-logging.html
NLB	https://docs.aws.amazon.com/ko_kr/elasticloadbalancing/latest/network/load-balancer-access-logs.html

로그 보존 관점에서 AWS는 로그를 기록한 AWS 서비스와 다른 장소에 출력해서 보관할 수 있습니다. 구체적으로는 S3나 나중에 설명하는 Amazon CloudWatch Logs가 그 예입니다. AWS가 제공하는 스토리지 서비스에 보관된 로그는 Amazon Athena 등 쿼리 실행 서비스로 분석하면 애플리케이션 개선에 활용할 수 있습니다.

다음 그림에 로그 설정, 로그 전송, 로그 보존, 로그 이용 네 가지 관점에 해당하는 AWS 서비스를 정리했습니다. 모든 AWS 서비스를 정리한 것은 아니지만 이렇게 시각화하면 로그 운영 관계에서 각 AWS 서비스가 어떤 역할을 하고 어떤 관점으로 설계하면 좋은지 이해하기 좋습니다. **AWS에서 로그 운영은 이런 AWS 서비스를 조합하고 활용하는 것이 중요합니다.**

▼ 그림 5-3 로그 운영에서 AWS 서비스 조합 예

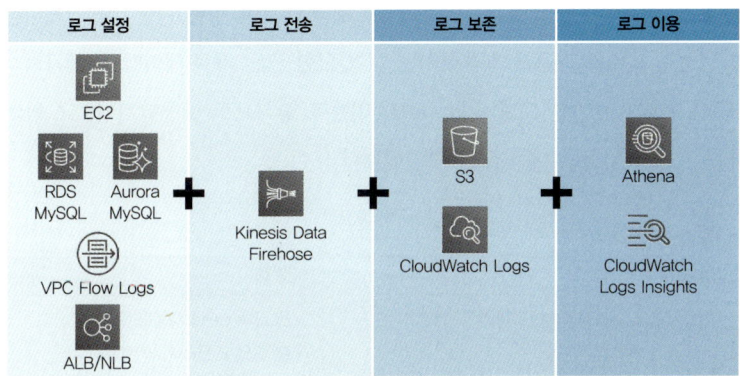

이 절 이후에는 네 가지 로그 운영 관점에서 관련 AWS 서비스를 소개하겠습니다.

▼ 표 5-6 네 가지 관점과 관련된 AWS 서비스

관점	관련된 AWS 서비스
로그 설정	Amazon CloudWatch Logs(통합 CloudWatch 에이전트)
로그 전송	Amazon Kinesis Data Firehose
로그 보존	• Amazon S3는 3장에서 소개했으므로 생략합니다. • Amazon CloudWatch Logs는 로그 설정 관점에서 다루므로 생략합니다.
로그 이용	Amazon CloudWatch Logs Insights, Amazon Athena

5.3 실무 관련 AWS 서비스

로그 운영에 관련된 AWS 서비스는 각 서비스의 세부 기능을 이용하면 편리합니다. 서비스 개요부터 파악해서 실무에 활용할 수 있도록 공부해 봅시다.

5.3.1 Amazon CloudWatch

Amazon CloudWatch는 EC2 인스턴스를 비롯한 AWS 리소스와 AWS에서 실행 중인 애플리케이션을 모니터링하고 시스템 성능과 리소스 사용을 최적화하는 데 필요한 판단 재료(데이터)를 제공합니다. CloudWatch는 이용자가 필요한 데이터를 **로그**, **지표**, **이벤트** 형식으로 제공합니다. 그 외의 CloudWatch가 제공하는 기능과 역할은 다음 표를 확인합니다.

▼ 표 5-7 CloudWatch 주요 기능

명칭	기능 소개	이용 예
CloudWatch Metrics	AWS 리소스 지표*를 수집, 관리	• EC2의 CPU 사용률 수집 • RDS의 스토리지 남은 용량 수집
CloudWatch Logs	AWS 리소스 로그를 수집, 관리(통합 CloudWatch 에이전트 사용)	• EC2의 OS 로그 수집 • RDS의 오류 로그 수집
CloudWatch Logs 구독 필터	CloudWatch Logs에 출력된 로그를 실시간으로 Kinesis Data Firehose 등 AWS 서비스에 연동	로그 그룹에 보관된 로그를 Kinesis Data Firehose 경유로 S3에 전송
CloudWatch Insights	CloudWatch Logs에 수집된 로그에 대해 쿼리를 실행해서 로그 분석 실시	VPC Flow Logs 로그에 대해 쿼리를 실행해서 Reject된 소스 IP 주소 조사
EventBridge (구: CloudWatch Events)	• AWS 리소스 상태(이벤트)를 감시 • 이벤트 변화를 트리거로 처리 실행도 가능	EC2 설정이 변경(이벤트)되면 이메일로 변경 알림

* 지표(metrics)는 정량화한 데이터를 가공해서 평가나 분석에 적합한 형식으로 변환한 것입니다.

▼ 그림 5-4 CloudWatch 기능과 역할

5.3.2 Amazon CloudWatch Logs

CloudWatch는 필요한 데이터를 로그, 지표, 이벤트 형식으로 제공합니다. 그중 로그 형식으로 데이터를 제공하는 기능은 Amazon CloudWatch Logs가 담당합니다.

CloudWatch Logs는 다음 세 가지 요소로 구성됩니다. 실제 로그 출력 대상은 로그 그룹을 지정합니다.

▼ 그림 5-5 CloudWatch Logs의 세 가지 구성 요소

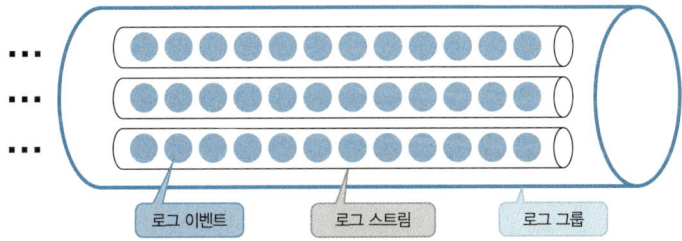

▼ 표 5-8 세 가지 구성 요소와 이용 예

구성 요소	설명	이용 예
로그 이벤트	모니터링하는 애플리케이션 또는 AWS 리소스에 따라 기록되는 활동 로그 데이터	CloudWatch Logs에 실제로 출력된 EC2 인스턴스 로그 열람하기
로그 스트림	모니터링하는 애플리케이션이나 AWS 리소스에서 보낸 순서에 따라 집약된 일련의 로그 이벤트	로그 그룹 내부에서 EC2 인스턴스별로 로그 이벤트 집계하기
로그 그룹	로그 스트림을 그루핑한 것으로 로그 스트림에 대해 로그 이벤트 보존 기간 등을 한곳에서 설정할 수 있음	• CloudWatch Logs에 로그를 출력할 때 로그 출력 대상으로 지정하기 • CloudWatch Logs에 출력한 로그에 보존 기간 설정하기

통합 CloudWatch 에이전트

'5.2.2절 AWS 서비스별 로그 수집 방법'에서 설명한 대로 EC2처럼 OS와 소프트웨어 운영을 이용자가 관리하는 서비스는 이용자가 OS에 로그 수집을 설정합니다. EC2 인스턴스의 로그를 CloudWatch Logs에 출력하려면 **통합 CloudWatch 에이전트**라는 미들웨어를 EC2 인스턴스에 설치한 후 각종 설정을 해야 합니다. 이런 에이전트는 EC2 인스턴스의 자세한 지표 정보를 수집하거나 로그를 CloudWatch Logs에 출력할 수 있는 오픈 소스 미들웨어입니다. 출력된 로그는 CloudWatch의 콘솔 화면에서 로그 그룹별로 확인할 수 있습니다.

5.3.3 통합 CloudWatch 에이전트를 이용한 EC2 로그 수집 설정

통합 CloudWatch 에이전트를 이용한 EC2 인스턴스의 로그 수집 설정을 두 단계로 나누어 설명합니다.

1단계: 통합 CloudWatch 에이전트 설치 준비

통합 CloudWatch 에이전트를 도입할 때 주의할 점은 두 가지입니다. 첫째, **EC2 인스턴스가 인터넷과 통신할 네트워크 경로를 확보하는 것입니다.** 통합 CloudWatch 에이전트는 기본적으로 인터넷을 경유하여 EC2 인스턴스에 설치되므로 인터넷 게이트웨이나 NAT 게이트웨이를 이용해서 EC2 인스턴스가 인터넷과 연결할 수 있는 네트워크 경로 확보가 필요합니다.

둘째, **IAM 역할 설정입니다.** 통합 CloudWatch 에이전트를 이용하는 로그 출력은 EC2 인스턴스가 CloudWatch 및 CloudWatch Logs를 일부 조작할 수 있도록 허용해야 합니다. AWS가 제공하는 AWS 관리 정책에는 **CloudWatchAgentAdminPolicy**라는 통합 CloudWatch 에이전트를 이용할 때 필요한 권한이 정리되어 있습니다. 에이전트 설치 준비 과정으로 이 정책과 연결된 IAM 역할을 EC2 인스턴스에 연결합니다. 이것으로 CloudWatch Logs 로그 출력 권한을 EC2 인스턴스에 부여할 수 있습니다.

▼ 그림 5-6 통합 CloudWatch 에이전트를 도입할 때 주의점

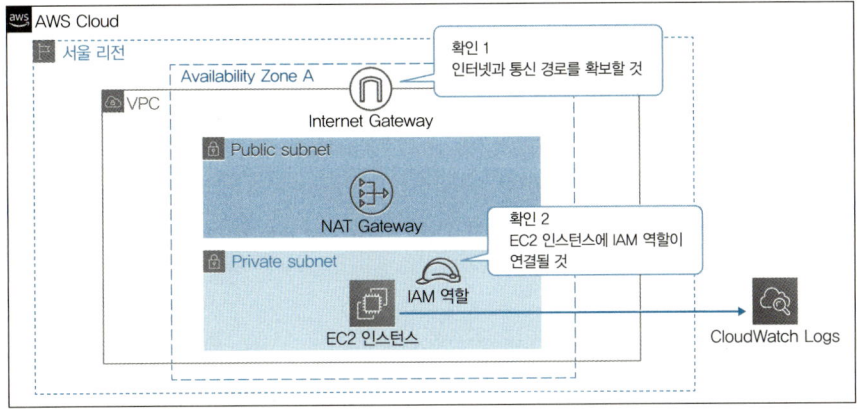

2단계: 통합 CloudWatch 에이전트 설정

통합 CloudWatch 에이전트 설정 방법 중 하나로 **OS에 로그인하여 마법사로 설정**하는 방법이 있습니다. 자세한 설정 방법은 AWS 공식 문서[1]를 확인합니다. 이 방법은 OS에서 간단히 설정할 수 있다는 장점이 있지만, 설정 대상 EC2 인스턴스가 늘어나면 그만큼 설정도 번거롭다는 단점이 있습니다.

EC2 인스턴스가 늘어나더라도 효율적으로 통합 CloudWatch 에이전트를 설정하는 방법은 '5.5절 표본 아키텍처를 운영할 때 주의점'에서 설명합니다.

5.3.4 CloudWatch Logs 이용 요금

CloudWatch Logs에서 수집하는 로그는 세 종류로, 그중 **벤딩 로그**(Vended Logs)만 요금 체계가 다릅니다. 어느 쪽이든 **CloudWatch Logs는 로그 데이터 보관료보다 수집 요금이 비쌉니다**. 자세한 내용은 CloudWatch 요금 페이지[2]에서 확인합니다.

---

1 https://docs.aws.amazon.com/ko_kr/AmazonCloudWatch/latest/monitoring/create-cloudwatch-agent-configuration-file-wizard.html

2 https://aws.amazon.com/ko/cloudwatch/pricing/

▼ 표 5-9 CloudWatch Logs에서 수집하는 로그 세 종류

종류	설명
벤딩 로그	AWS 서비스가 사용자 대신에 기본적으로 게시하는 특정 AWS 서비스 로그입니다. 구체적으로 VPC Flow Logs, Route53 로그에 해당합니다.
AWS 서비스에 따라 공개된 로그	Amazon API Gateway, AWS Lambda, AWS CloudTrail 등 30종류 이상의 서비스가 대상입니다.
사용자 지정 로그	사용자 고유의 애플리케이션이나 온프레미스 리소스에서 수집한 로그입니다.

▼ 표 5-10 무료 이용 범위

무료 이용 범위 대상	무료 이용 범위
로그	5GB까지 무료(수집, 아카이브 스토리지)

※ 2024년 2월 현재 아시아 태평양(서울) 리전 기준

▼ 표 5-11 일반 로그 이용 요금

요금 대상	AWS 사용료
수집(데이터 모으기)	0.76USD/GB
저장(아카이브)	0.0314USD/GB

※ 2024년 2월 현재 아시아 태평양(서울) 리전 기준

▼ 표 5-12 벤딩 로그 이용 요금

수집(데이터 모으기)	CloudWatch Logs로 전송	S3로 전송	Kinesis Data Firehose로 전송
0~10TB	0.76USD/GB	0.38USD/GB	0.38USD/GB
10~30TB	0.38USD/GB	0.228USD/GB	0.228USD/GB
30~50TB	0.152USD/GB	0.114USD/GB	0.114USD/GB
50TB 초과	0.076USD/GB	0.076USD/GB	0.076USD/GB

※ 2024년 2월 현재 아시아 태평양(서울) 리전 기준, 저장(아카이브)은 전송 대상 AWS 서비스 사용료에 따라 다름

CloudWatch Logs 사용료 예

1. EC2 인스턴스 로그를 10GB/월, CloudWatch Logs로 전송하는 경우(일반 로그)

    - 수집(데이터 모으기)

        0~5GB = 0USD

        5~10GB = 0.76USD × 5 = 3.80USD

- 저장(아카이브)

    0~5GB = 0USD

    5~10GB = 0.033USD × 5 = 0.165USD

- 월간 사용료

    3.80USD + 0.165USD = 3.965USD

2. VPC Flow Logs를 20TB/월, S3에 전송하는 경우(Vended Logs)

    - 수집(데이터 모으기)

        0~10TB = 10 × 1024 × 0.38USD = 3,891USD

        10~20TB = 10 × 1024 × 0.228USD = 2,334USD

    - 저장(아카이브) ※ S3 스토리지 요금

        0~20TB = 20 × 1024 × 0.025USD = 512USD

    - 월간 사용료

        3,891USD + 2,334USD + 512USD = 6,737USD

> **COLUMN** ≡ AWS Pricing Calculator(요금 계산기)로 AWS 사용료 예상 비용 계산
>
> AWS 사용료는 AWS 서비스마다 설정된 요금 체계에 따른 종량 요금제입니다. 따라서 AWS 서비스 도입을 검토할 때 AWS 사용료 예상 비용을 계산하려면 해당하는 AWS 서비스 사양을 어느 정도 이해해서 사용자가 요금 체계를 바탕으로 계산해야 합니다. 여러 AWS 서비스 사용료를 계산하기가 꽤 어렵기 때문에 AWS는 사용료 예상 비용을 계산할 수 있는 **AWS Pricing Calculator**[3] 도구를 제공합니다. AWS Pricing Calculator는 생성한 예상 비용을 제3자에게 공유할 수 있는 공개 액세스 가능한 URL을 생성할 수 있으므로 AWS 사용료의 대략적인 예상 비용을 공유하고 싶을 때 무척 편리합니다. 자세한 사용법은 AWS 공식 문서[4]를 확인합니다.

---

3 자세한 내용은 다음 URL을 참고합니다.
    https://calculator.aws/#/

4 https://docs.aws.amazon.com/ko_kr/pricing-calculator/latest/userguide/getting-started.html

▼ 그림 5-7 Pricing Calculator 화면

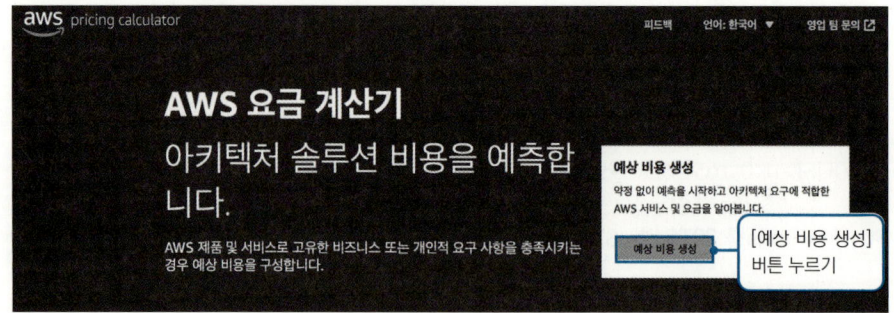

▼ 그림 5-8 계산하고 싶은 AWS 서비스 선택

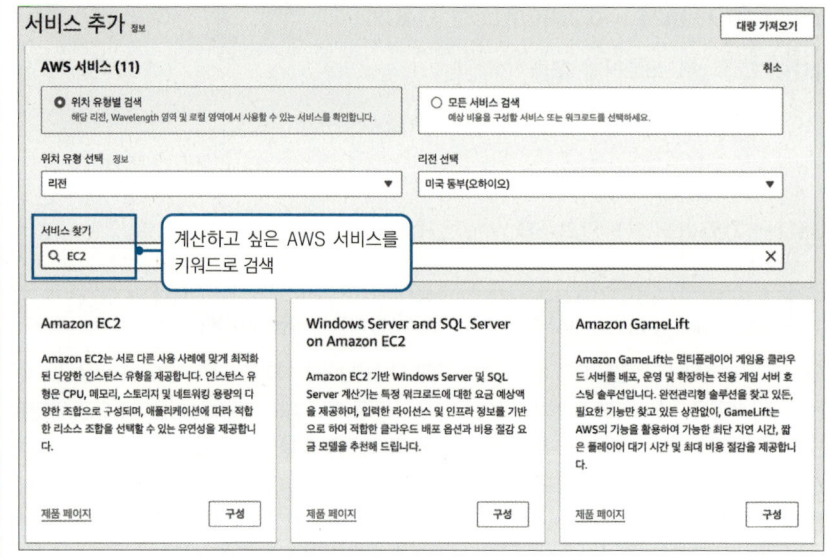

▼ 그림 5-9 AWS 사용료 계산에 필요한 정보 입력

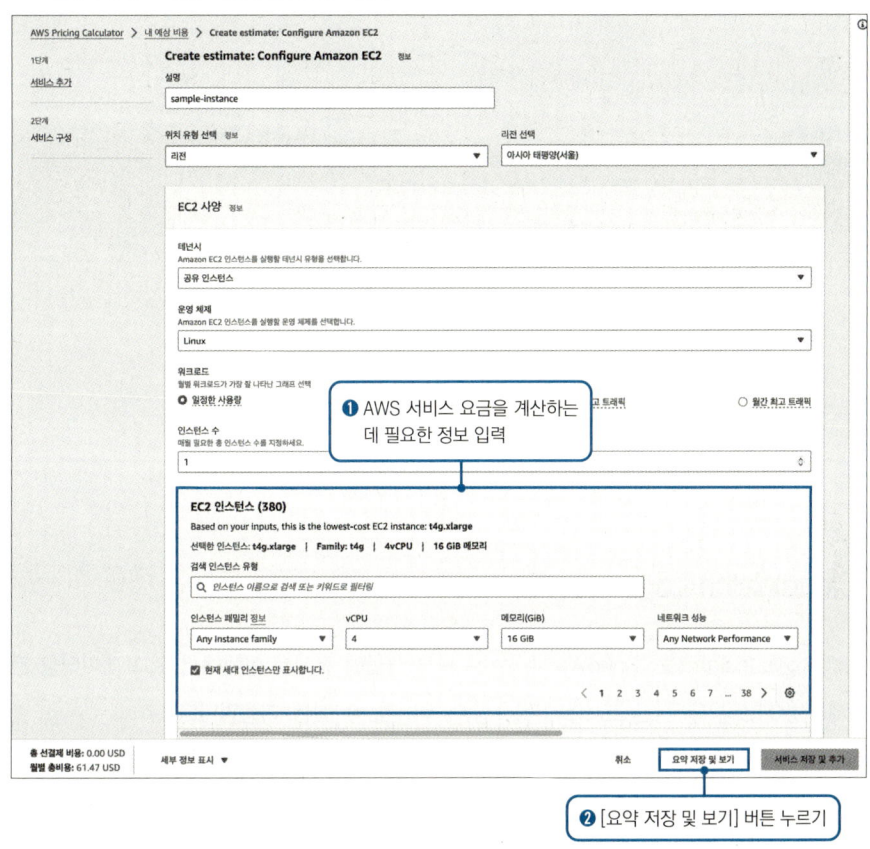

▼ 그림 5-10 AWS 사용료 예상 비용 결과

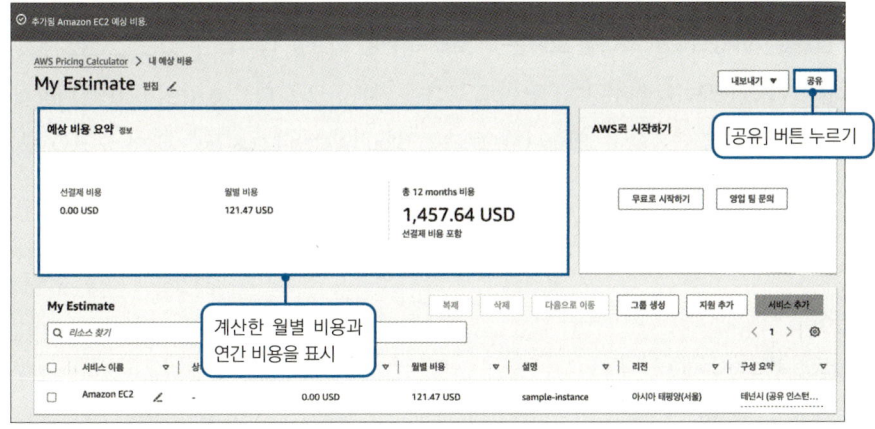

▼ 그림 5-11 [공유] 버튼에서 계산 결과에 액세스할 수 있는 공개 URL 생성

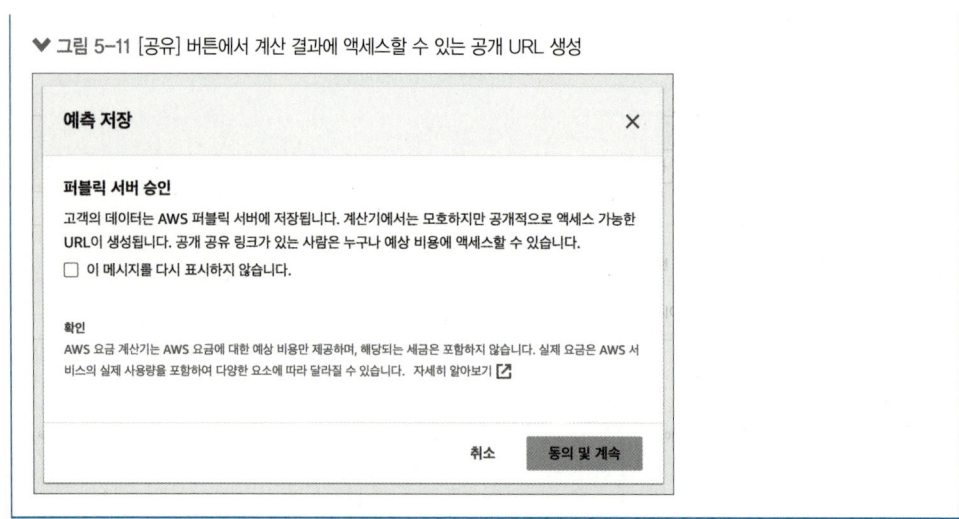

5.3.5 CloudWatch Logs Insights

CloudWatch Logs Insights는 CloudWatch Logs 로그 그룹에 쿼리를 실행해서 로그 데이터를 분석하거나 문제가 발생했을 때 원인 조사(트러블슈팅)에 이용할 수 있는 기능입니다. 쿼리는 전용 쿼리 언어를 사용해서 명령어를 실행하므로 어느 정도 학습이 필요합니다. 지금부터 VPC Flow Logs 로그에 쿼리를 실행하는 상황을 전제로 순서대로 설명하겠습니다.

VPC Flow Logs란

VPC Flow Logs는 VPC의 ENI 사이를 오가는 IP 트래픽 관련 정보를 캡처할 수 있는 간단한 패킷 캡처 기능입니다. VPC Flow Logs는 ENI 단위로 로그를 기록하므로 다음과 같이 ENI를 이용하는 AWS 서비스라면 로그를 기록할 수 있습니다. 로그는 CloudWatch Logs 또는 S3에 보관할 수 있고 나중에 설명하는 Amazon Kinesis Data Firehose에 전송할 수 있습니다.

- Elastic Load Balancing
- Amazon RDS
- Amazon ElastiCache
- Amazon Redshift
- Amazon WorkSpaces

- NAT Gateway
- Transit Gateway
- Amazon Elastic Compute Cloud

다음은 CloudWatch Logs 로그 그룹에 출력된 VPC Flow Logs 로그 예입니다.

예제 5-1 VPC Flow Logs 로그 예

```
2 111111111111 eni-09234fd609f3aa6d2 10.0.20.236 172.16.0.89 49795 3389 6 3 152
1621151386 1621151388
ACCEPT OK
```

숫자 나열이 보기 어려우니, 왼쪽부터 순서대로 로그에 기록된 정보가 어떤 뜻인지 정리한 다음 표를 살펴봅시다.

▼ 표 5-13 VPC Flow Logs 로그 값

값	설명
2	VPC Flow Logs 버전으로, 기본값은 2
111111111111	AWS 계정 ID
eni-09234fd609f3aa6d2	트래픽이 기록되는 Elastic Network Interface(ENI)의 ID
10.0.20.236	트래픽 소스 IP 주소
172.16.0.89	트래픽 대상 IP 주소
49795	트래픽 소스 포트 번호
3389	트래픽 대상 포트 번호
6	IANA로 할당된 프로토콜 번호로, 6은 TCP 프로토콜
3	전송된 패킷 수
152	전송된 바이트 수
1621151386	집계 간격 내에서 첫 패킷이 수신된 시간(유닉스 초)
1621151388	집계 간격 내에서 마지막 패킷이 수신된 시간(유닉스 초)
ACCEPT	트래픽과 연결된 작업 • ACCEPT: 통신 수락 • REJECT: 통신 거부
OK	CloudWatch Logs에 전송된 로그 데이터 상태 • OK: CloudWatch Logs에 정상적으로 기록됨 • NODATA: 통신 트래픽 없음 • SKIPDATA: 내부 오류 등으로 레코드 기록을 건너뜀

CloudWatch Logs Insights에서 검색하는 로그 필드

CloudWatch Logs Insights는 CloudWatch Logs에 출력된 로그 데이터를 데이터 특성에 따라 로그 필드로 자동으로 검색해서 분류합니다. 로그 종류에 따라 검색하는 로그 필드가 다르므로 자세한 내용은 AWS 공식 문서[5]를 확인합니다. 쿼리를 실행할 때 나중에 설명하는 쿼리 명령어에 쿼리를 실행할 로그 필드를 지정합니다.

VPC Flow Logs에서 자동으로 검색하는 로그 필드를 다음 표에 정리했습니다. 로그 필드로 분류 했지만 해당 내용은 기본적으로 VPC Flow Logs 값과 내용이 많이 비슷합니다.

▼ 표 5-14 VPC Flow Logs로 검색된 로그 필드

로그 필드	설명
@ingestionTime	로그 이벤트가 CloudWatch Logs에 수신된 시간(유닉스 초)
@log	AWS 계정 ID와 로그 그룹 이름
@timestamp	로그 이벤트의 timestamp 필드에 포함된 이벤트의 타임스탬프
@logstream	로그 이벤트가 출력되는 대상 로그 스트림 이름
@message	로그 이벤트의 실제 데이터로, CloudWatch Logs에 출력되는 로그 데이터는 이 로그 필드로 분류
accountId	AWS 계정 ID
end	집계 간격 내에서 마지막 패킷이 수신된 시간(유닉스 초)
interfaceId	트래픽이 기록된 Elastic Network Interface(ENI)의 ID
logStatus	CloudWatch Logs에 전송된 로그 데이터 상태
start	집계 간격 내에서 첫 패킷이 수신된 시간(유닉스 초)
version	VPC Flow Logs 버전으로, 기본값은 2
action	트래픽과 연결된 작업 • ACCEPT: 통신 수락 • REJECT: 통신 거부
bytes	전송된 바이트 수
dstAddr	트래픽 대상 IP 주소
dstPort	트래픽 대상 포트 번호
packets	전송된 패킷 수

○ 계속

---

[5] https://docs.aws.amazon.com/ko_kr/AmazonCloudWatch/latest/logs/CWL_AnalyzeLogData-discoverable-fields.html

로그 필드	설명
protocol	IANA로 할당된 프로토콜 번호로, 6은 TCP 프로토콜
srcAddr	트래픽 소스 IP 주소
srcPort	트래픽 소스 포트 번호

CloudWatch Logs Insights가 어떻게 로그 필드를 검색, 분류하는지 관리 콘솔 화면에서 확인할 수 있습니다.

▼ 그림 5-12 CloudWatch Logs Insights에서 검색한 로그 필드

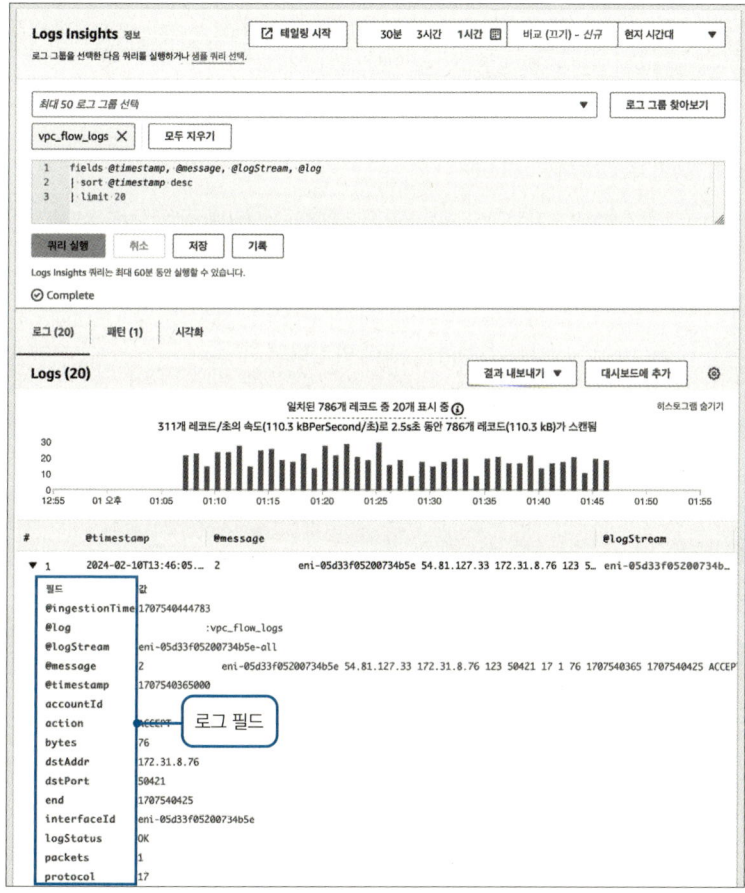

쿼리 실행

VPC Flow Logs에 기록된 로그 값과 CloudWatch Logs Insights가 검색한 로그 필드를 확인했다면 **필요한 데이터를 추출하는 쿼리**를 생성, 실행합니다. 쿼리에서 사용하는 쿼리 명령어[6]는 **유닉스 형식의 파이프 문자(|)**를 사용해서 구분합니다.

▼ 표 5-15 CloudWatch Logs Insights에서 사용하는 쿼리 명령어

쿼리 명령어	설명
display	쿼리 결과를 표시하는 로그 필드를 지정
filter	하나 이상의 조건에 일치하는 쿼리 결과만 반환하도록 필터링
fields	로그 이벤트에서 얻고 싶은 로그 필드를 추출
sort	지정한 로그 필드 값에 따라 쿼리 결과를 오름차순 또는 내림차순으로 정렬
stats	지정한 로그 필드 값을 사용해서 집계 통계를 계산
limit	쿼리 결과 반환 건수를 제한, 기본값은 1,000건
parse	로그 필드에서 데이터를 추출해서 일시적으로 이용 가능한 하나 이상의 필드(임시(ephemeral) 필드)를 생성하고, 글로브(glob) 모드과 정규 표현식을 지원

다음 예제는 CloudWatch Logs Insights에서 실행하는 쿼리 예입니다.

예제 5-2 거부된 요청 개수가 가장 많은 소스 IP 주소의 상위 20건을 표시하는 쿼리

```
filter action="REJECT"
| stats count(*) as numRejections by srcAddr
| sort numRejections desc
| limit 20
```

AWS는 로그 유형에 따라 다양한 예제 쿼리를 제공하므로 예제 쿼리를 활용해서 필요한 데이터를 추출하는 쿼리 구문을 생성해 봅시다. 생성 절차는 다음 그림을 참고합니다.

---

6 역주 자세한 내용은 다음 공식 문서를 참고합니다.
https://docs.aws.amazon.com/ko_kr/AmazonCloudWatch/latest/logs/CWL_QuerySyntax.html

▼ 그림 5-13 예제 쿼리 이용

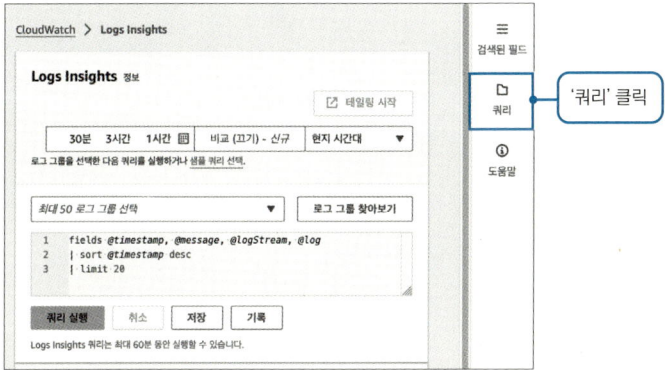

▼ 그림 5-14 예제 쿼리 선택

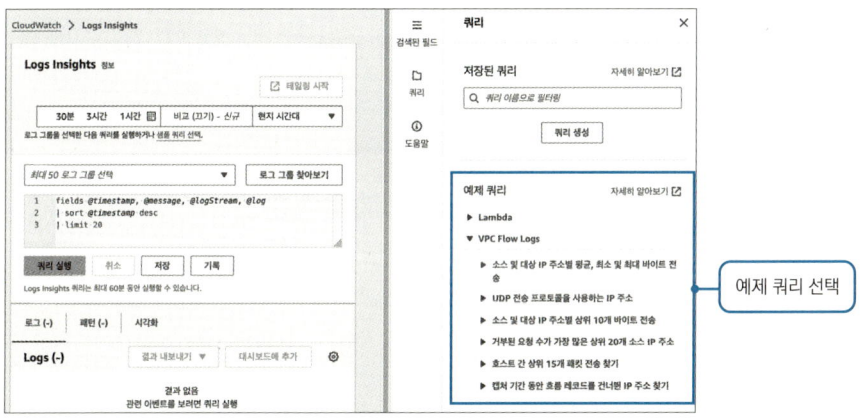

▼ 그림 5-15 예제 쿼리 적용

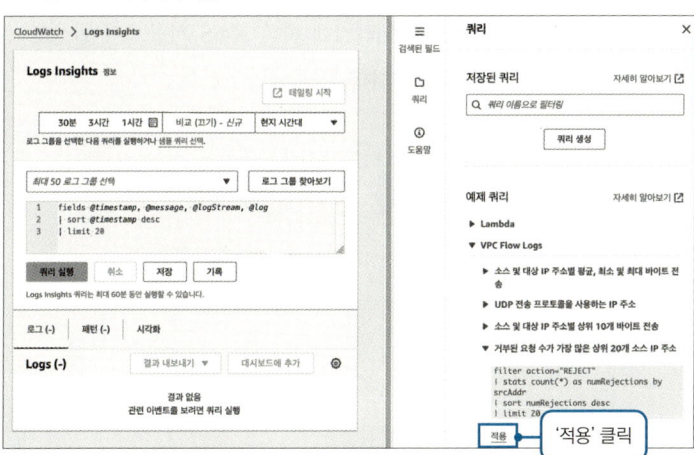

CloudWatch Logs Insights에는 자주 이용하는 쿼리를 저장할 수 있는 기능이 있으므로 예제 쿼리와 함께 활용하기 바랍니다.

▼ 그림 5-16 쿼리 저장 1

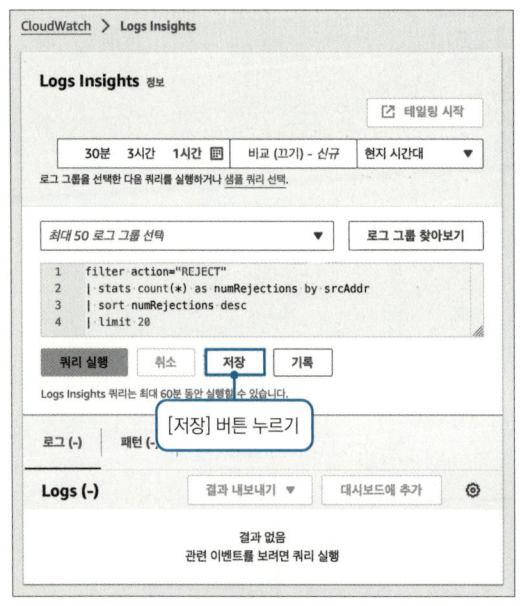

▼ 그림 5-17 쿼리 저장 2

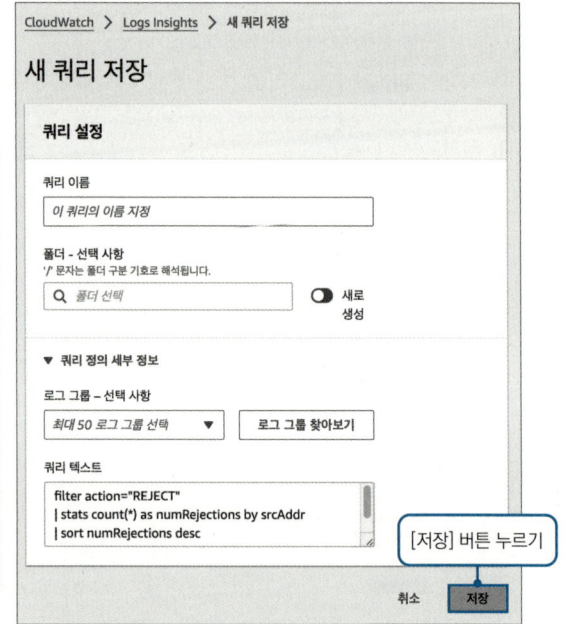

5.3.6 CloudWatch Logs Insights 이용 요금

CloudWatch Logs Insights는 쿼리 실행으로 **스캔한 데이터양**에 따라 AWS 사용료가 발생합니다. 자세한 설명은 CloudWatch 요금 페이지[7]에서 확인합니다.

▼ 표 5-16 무료 범위

무료 사용 대상	무료 사용 범위
로그	5GB까지 무료(쿼리 실행으로 스캔한 데이터)

※ 2024년 2월 현재 아시아 태평양(서울) 리전 기준

---

[7] https://aws.amazon.com/ko/cloudwatch/pricing/

▼ 표 5-17 이용 요금

요금 대상	AWS 사용료
분석(쿼리 실행)	0.0076USD/GB

※ 2024년 2월 현재 아시아 태평양(서울) 리전 기준

CloudWatch Logs Insights 사용료 예

1. 쿼리를 실행해서 CloudWatch Logs에 저장된 데이터를 100GB 스캔한 경우

    - 분석(쿼리 실행)

      0~5GB = 0USD

      5~100GB = 0.0076USD × 95 = 0.722USD

    - 월간 사용료

      0.722USD

5.3.7 Amazon Kinesis

Amazon Kinesis는 대규모 스트리밍 데이터를 실시간으로 수집, 처리하는 서비스입니다. 스트리밍 데이터는 한마디로 말하면 지속적으로 생성되는 데이터입니다. 데이터 종류에 따라서는 24시간 365일 계속해서 생성되는 데이터도 있으므로 데이터양이 엄청납니다. 이런 스트리밍 데이터는 실시간 데이터 분석에 사용하거나 애플리케이션에 쓰는 등 용도가 확대되었으며 활용 범위도 넓어졌습니다.

스트리밍 데이터에서 주목해야 할 세 가지 관점

스트리밍 데이터를 다룰 때 주목해야 할 점이 세 가지 있습니다. 바로 **데이터 순서, 데이터 처리 능력, 확장성**(scalability: 스케일러빌리티)입니다. 주식 거래 데이터를 예로 들어 봅시다. 주식 거래에서는 실시간으로 주식이 매매되므로 매매가 성립한 시간(순서)이 멋대로 섞인다면 혼란이 발생할 것입니다. 주식 거래는 매우 많은 데이터를 다루므로 이런 데이터를 빠르고 정확하게 처리하는 고성능 서버가 필요합니다. 그리고 이런 데이터, 즉 주식 거래 관련 매매가 매일 얼마나 발생할지 예측할 수 없습니다. 데이터양이 급증할 때 유연하게 대응할 수 있을 만큼의 서버 확장성(스케일러빌리티)을 반드시 고려해야 합니다.

이런 세 가지 관점에서 Kinesis는 수집한 스트리밍 데이터에 iterator라고 하는 시퀀스 번호를 할당하여 데이터 순서를 적절하게 관리합니다. 그리고 Kinesis는 높은 확장성을 갖추어서 데이터 처리에 필요한 서버 같은 장비는 AWS가 관리합니다. 종량 요금제이므로 Kinesis를 사용하면 서버를 직접 보유하는 것보다 싸게 스트리밍 데이터를 관리하는 환경을 구축할 수 있습니다. 다음 표는 스트리밍 데이터 처리 내용에 따라 제공하는 Kinesis의 각종 서비스입니다.

▼ 표 5-18 Kinesis가 제공하는 서비스

서비스	설명
Amazon Kinesis Data Streams	스트리밍 데이터를 실시간으로 캡처, 처리, 저장 가능
Amazon Kinesis Data Firehose[8]	스트리밍 데이터를 S3 등 데이터 스토어, 데이터독(Datadog), 스플렁크(Splunk) 같은 서드파티 분석 도구에 전송 가능
Amazon Kinesis Data Analytics	• 스트리밍 데이터에 쿼리를 실행해서 실시간 분석 가능 • 데이터 소스는 Kinesis Data Streams 또는 Kinesis Data Firehose 중에서 선택하고 실행한 쿼리 결과는 Kinesis Data Streams나 Kinesis Data Firehose, S3 등에 출력 가능
Amazon Kinesis Video Streams	AWS가 제공하는 SDK(소프트웨어 개발 킷)를 사용해서 방범 카메라, 스마트폰, 드론, 센서 등 동영상 촬영 기기에서 전송하는 스트리밍 데이터를 캡처, 처리, 저장 가능

이 장에서는 로그 전송에 자주 쓰는 **Amazon Kinesis Data Firehose**를 중심으로 설명합니다. Kinesis Data Firehose가 데이터 전송에 지원하는 **소스(데이터를 보내는 곳)**와 **대상(데이터를 받는 곳)**은 다양합니다. 다음 그림에서는 그 예로 세 가지를 들었는데, 이외에도 다양하므로 AWS 공식 문서[9]를 확인합니다.

---

8 역주 Amazon Kinesis Data Firehose는 2024년 2월 9일에 Amazon Data Firehose로 명칭을 변경했습니다. 다만 이 책에서는 친숙한 기존 명칭을 사용합니다.
 https://aws.amazon.com/ko/about-aws/whats-new/2024/02/amazon-data-firehose-formerly-kinesis-data-firehose/
9 자세한 내용은 다음 URL을 참고합니다.
 https://docs.aws.amazon.com/ko_kr/firehose/latest/dev/create-name.html

▼ 그림 5-18 Kinesis Data Firehose를 이용한 데이터 전송

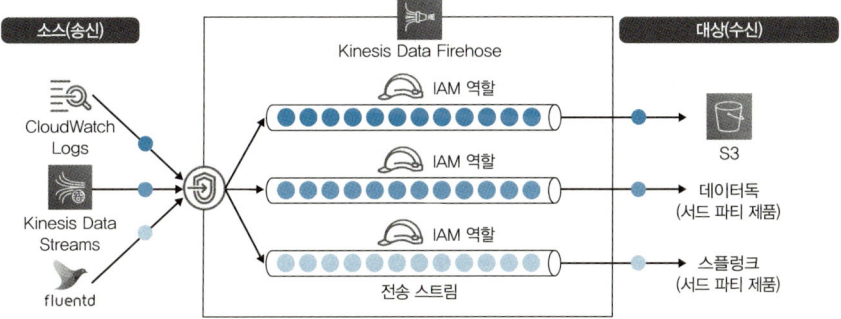

Kinesis Data Firehose는 대상에 따라 **전송 스트림**을 따로 생성합니다. **전송 스트림은 전송할 데이터를 분배하는 급수관 같은 것이라고 생각하면 됩니다.** 전송 스트림은 우선 **소스(송신)**와 **대상(수신)**을 지정합니다. 소스에는 Kinesis Data Streams, Amazon MSK[10], Direct PUT 중 하나를 지정할 수 있는데 **소스가 Kinesis Data Streams가 아니라면 Direct PUT을 지정합니다.**

대상은 지원하는 서비스[11] 중에서 선택합니다. 이외에도 전송 스트림 설정에서는 **AWS Lambda**를 사용해서 소스에서 전송된 데이터를 변형 또는 형식 변환, 전송 스트림의 데이터를 암호화할 수 있습니다. 전송 스트림은 데이터를 자유롭게 전송하는 것이 아니라 IAM 역할을 사용해서 전송 대상을 제어합니다. Kinesis Data Firehose 전송 스트림을 생성하는 구체적인 방법은 AWS 공식 문서[12]를 참고합니다.

Kinesis Data Firehose 사용 사례로 'CloudWatch Logs 로그를 Kinesis Data Firehose를 경유해서 S3에 출력하기'가 있는데, 이 방법 등은 이후 '5.5절 표본 아키텍처를 운영할 때 주의점'에서 구현할 때 설명하겠습니다.

---

10 역주 2023년 9월에 추가된 기능으로 Amazon Managed Streaming for Apache Kafka(Amazon MSK)를 지원합니다. 자세한 내용은 https://aws.amazon.com/ko/blogs/korea/amazon-msk-introduces-managed-data-delivery-from-apache-kafka-to-your-data-lake/를 참고합니다.

11 자세한 내용은 다음 URL을 참고합니다.
https://docs.aws.amazon.com/ko_kr/firehose/latest/dev/create-name.html?icmpid=docs_console_unmapped

12 자세한 내용은 다음 URL을 참고합니다.
https://docs.aws.amazon.com/ko_kr/firehose/latest/dev/basic-create.html

5.3.8 Kinesis Data Firehose 이용 요금

Kinesis Data Firehose는 **수집한 데이터양**에 따라 AWS 사용료가 발생합니다. 자세한 내용은 Kinesis Data Firehose 요금 페이지[13]를 확인합니다.

▼ 표 5-19 데이터 소스가 Vended Logs인 경우

수집 데이터양(월)	AWS 사용료
처음 500TB	0.16USD/GB
500TB~2.0PB	0.14USD/GB
2.0~5.0PB	0.11USD/GB
5.0PB 이상	AWS에 문의(비공개)

※ 2024년 2월 현재 아시아 태평양(서울) 리전 기준

▼ 표 5-20 데이터 소스가 Direct PUT/Kinesis Data Streams/MSK인 경우

- 데이터 소스가 Direct PUT/Kinesis Data Streams인 경우

수집 데이터양(월)	AWS 사용료
처음 500TB	0.036USD/GB
500TB~2.0PB	0.031USD/GB
2.0~5.0PB	0.025USD/GB
5.0PB 이상	AWS에 문의(비공개)

- 데이터 소스가 MSK인 경우

수집 데이터양(월)	AWS 사용료
처음 500TB	0.068USD/GB
500TB~2.0PB	0.058USD/GB
2.0~5.0PB	0.05USD/GB
5.0PB 이상	AWS에 문의(비공개)

※ 2024년 2월 현재 아시아 태평양(서울) 리전 기준. 레코드는 5KB 단위로 수집되므로 레코드 하나당 데이터 크기가 5KB보다 작다면 5KB로 계산

---

[13] https://aws.amazon.com/ko/kinesis/data-firehose/pricing/

Kinesis Data Firehose 사용료 예

1. Vended Logs 데이터 소스인 경우

   - 수집 데이터양

     전송 스트림에 전송된 레코드 크기 = 0.5KB

     전송 스트림에 전송된 레코드양 = 100레코드/초

     수집 데이터양(KB) = (100레코드/초 × 0.5KB) × 30일/월 × 86,400초/일
     $\qquad\qquad\quad$ = 129,600,000KB

   - 월 사용료

     129,600,000KB / 1,048,576[※] × 0.16/USD = 19.77USD

     ※ 1GB = 1,024MB = 1,048,576KB

2. Direct PUT 데이터 소스인 경우

   - 수집 데이터양

     전송 스트림에 전송된 레코드 크기 = 3KB = 5KB(올림)

     전송 스트림에 전송된 레코드양 = 100레코드/초

     수집 데이터양(KB) = (100레코드/초 × 5KB) × 30일/월 × 86,400초/일
     $\qquad\qquad\quad$ = 1,296,000,000KB

   - 월 사용료

     1,296,000,000KB / 1,048,576[※] × 0.036/USD = 44.49USD

     ※ 1GB = 1,024MB = 1,048,576KB

5.3.9 Amazon Athena

Amazon Athena는 표준 SQL을 사용해서 S3 버킷의 데이터 원본에 쿼리를 실행할 수 있는 서비스입니다.

▼ 그림 5-19 Athena 쿼리 실행

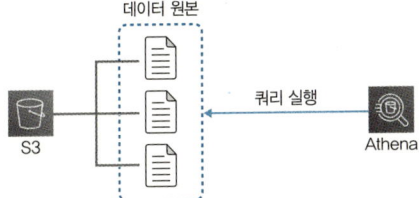

S3는 RDS, Aurora처럼 미리 정의된 테이블에 데이터를 추가하는 데이터베이스가 아니라 **다양한 데이터를 다양한 형식으로 저장할 수 있는 객체 스토리지입니다**. 따라서 구조화되지 않은 비구조화 데이터나 반구조화 데이터가 섞여 있을 때도 많습니다. 이런 특성을 지닌 스토리지인 **S3에 표준 SQL 쿼리를 실행할 수 있는 것이** Athena의 큰 특징입니다.

▼ 그림 5-20 S3에 저장할 수 있는 데이터 분류

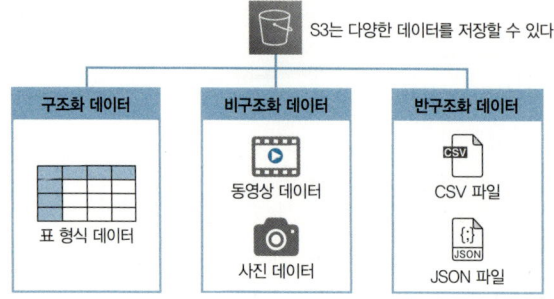

5.3.10 Athena에서 쿼리 실행

Athena에서 쿼리를 실행하는 과정은 다음 그림과 같습니다.

▼ 그림 5-21 Athena로 쿼리를 실행하는 과정

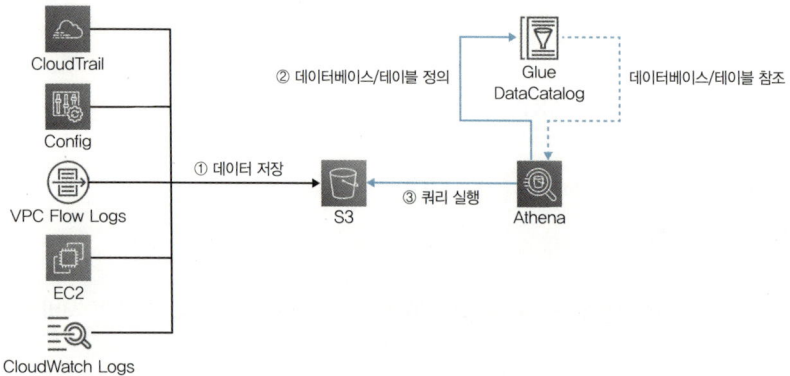

① 데이터를 S3 버킷에 저장하기

Athena는 S3 버킷에 저장된 데이터에서 쿼리를 실행합니다. 따라서 S3 버킷에 데이터를 저장해 두어야 하는데, S3 버킷에 데이터를 보관하는 방법으로는 EC2 인스턴스에 저장된 로그를 S3 버킷에 출력하거나 CloudWatch Logs에 보관 중인 로그를 S3 버킷에 출력하는 방법이 있습니다.

AWS 서비스에 따라서는 S3와 통합한 경우도 있어 AWS 서비스 설정에서 S3 버킷에 로그 출력 설정을 할 수 있습니다. 다음은 S3와 통합된 AWS 서비스 예입니다.

- Elastic Load Balancing(ALB · NLB)
- CloudTrail
- Config
- VPC Flow Logs
- Kinesis Data Streams
- Kinesis Data Firehose
- AWS WAF
- GuardDuty

② 데이터베이스 및 테이블 정의하기

Athena로 쿼리를 실행하려면 테이블 정의가 필요합니다. 테이블 정의는 쿼리를 실행하고 추출하고 싶은 데이터 속성을 정의한 것입니다. 예를 들어 가게에서 판매하는 상품 관련 테이블을 정의한다고 가정해 봅시다. 상품 이름, 가격, 원재료, 제조 회사, 판매 회사, 크기, 무게 등 상품 데이터 속성을 나열하면 셀 수 없이 많습니다. 이때 필요 없는 데이터 속성도 포함되면 데이터를 다루기 힘들므로 테이블을 정의해서 정말로 확인하고 싶은 데이터 속성만 추출해야 합니다. 테이블 정의는 엑셀로 표를 만들 때 열의 항목을 정의하는 것과 비슷합니다.

▼ 그림 5-22 테이블 정의 모습

테이블 정의 정보

상품(문자)	가격(숫자)	판매 수(숫자)	매출 금액(숫자)
A	100	100	10,000
B	200	200	40,000
C	300	300	90,000

테이블을 정의하는 방법에는 여러 가지가 있지만 이 책에서는 **Athena DDL** 방법을 사용해서 테이블을 정의하는 예를 소개합니다.

DDL은 Data Definition Language의 약어로, 보통 **데이터 정의 언어**라고 합니다. **DDL은 데이터베이스에 조작 명령을 실행할 때 이용합니다.** 데이터베이스는 데이터를 넣어 두는 상자 같은 것으로, 데이터가 모여 있는 집합소(데이터군)라고 볼 수 있습니다. DDL은 이런 데이터베이스에 명령을 실행합니다.

Athena DDL을 써서 쿼리를 실행할 때 주의할 점이 두 가지 있습니다. **첫 번째는 Athena가 테이블 생성 및 쿼리 실행을 지원하고 있는 데이터 형식입니다.** 예를 들어 Athena는 직접적으로 JSON 형식의 데이터를 다룰 수 없습니다. 따라서 SerDe(Serialize/Deserialize) 같은 데이터 처리가 필요합니다. 이 처리를 수행함으로써 Athena는 다양한 데이터 형식의 파일에 쿼리를 실행할 수 있습니다. 다음 표는 Athena가 지원하는 데이터 형식과 필요한 SerDe 예입니다. 자세한 설명은 AWS 공식 문서[14]를 확인합니다.

▼ 표 5-21 Athena가 지원하는 데이터 형식 및 필요한 SerDe 예

데이터 형식	SerDe
CSV	LazySimpleSerDe 또는 OpenCSVSerDe
TSV	LazySimpleSerDe
사용자 지정 문자로 분리된 값	LazySimpleSerDe
JSON	HiveJSONSerDe 또는 OpenXJsonSerDe
Apache Avro	AvroSerDe
ORC	ORCSerDe
Apache Parquet	ParquetSerDe
Logstash 로그	Grok SerDe
Apache Webserver 로그	Grok SerDe 또는 RegexSerDe
CloudTrail 로그	CloudTrailSerDe 또는 OpenXJsonSerDe
Amazon Ion	Amazon Ion Hive SerDe

두 번째는 Athena가 읽고 쓰기를 지원하는 파일 압축 형식입니다. Athena는 BZIP2, DEFLATE, GZIP, LZ4, LZO, SNAPPY, ZLIB, ZSTD 압축 형식을 지원[15]합니다. 그 외 Athena 관련 고려 사항 및 제한 사항은 AWS 공식 문서[16]를 참고합니다.

---

14 https://docs.aws.amazon.com/ko_kr/athena/latest/ug/supported-serdes.html
15 자세한 내용은 다음 URL을 참고합니다.
   https://docs.aws.amazon.com/ko_kr/athena/latest/ug/compression-formats.html
16 자세한 내용은 다음 URL을 참고합니다.
   https://docs.aws.amazon.com/ko_kr/athena/latest/ug/creating-tables.html

그러면 실제로 Athena로 데이터베이스 및 테이블을 정의해 봅시다. Athena에서는 이름이 default인 데이터베이스가 미리 생성되어 있지만, 이번에는 **sample_db** 데이터베이스를 새로 생성하고 이 데이터베이스에 **awsconfig** 테이블을 생성하는 DDL(쿼리)을 실행합니다. 다음 예에 나오는 쿼리 구문은 S3 버킷에 저장된 JSON 형식 파일에 쿼리를 실행하는 것을 가정하고 있습니다. 따라서 **ROW FORMAT SERDE** 옵션으로 JSON 형식 파일을 처리하는 **SerDe(HiveJSONSerDe)**를 지정합니다.

예제 5-3 sample_db 데이터베이스, awsconfig 테이블을 정의한 DDL

```
CREATE DATABASE sample_db;

CREATE EXTERNAL TABLE awsconfig (
        fileversion string,
        configSnapshotId string,
        configurationitems ARRAY < STRUCT < configurationItemVersion : STRING,
        configurationItemCaptureTime : STRING,
        configurationStateId : BIGINT,
        configuration: STRUCT < name : STRING >,
        awsAccountId : STRING,
        configurationItemStatus : STRING,
        resourceType : STRING,
        resourceId : STRING,
        resourceName : STRING,
        ARN : STRING,
        awsRegion : STRING,
        availabilityZone : STRING,
        configurationStateMd5Hash : STRING,
        resourceCreationTime : STRING > >
)
ROW FORMAT SERDE 'org.apache.hive.hcatalog.data.JsonSerDe'
LOCATION 's3://버킷명/AWSLogs/계정명/Config/apnortheast-2/2022/';
```

▼ 그림 5-23 DDL 실행

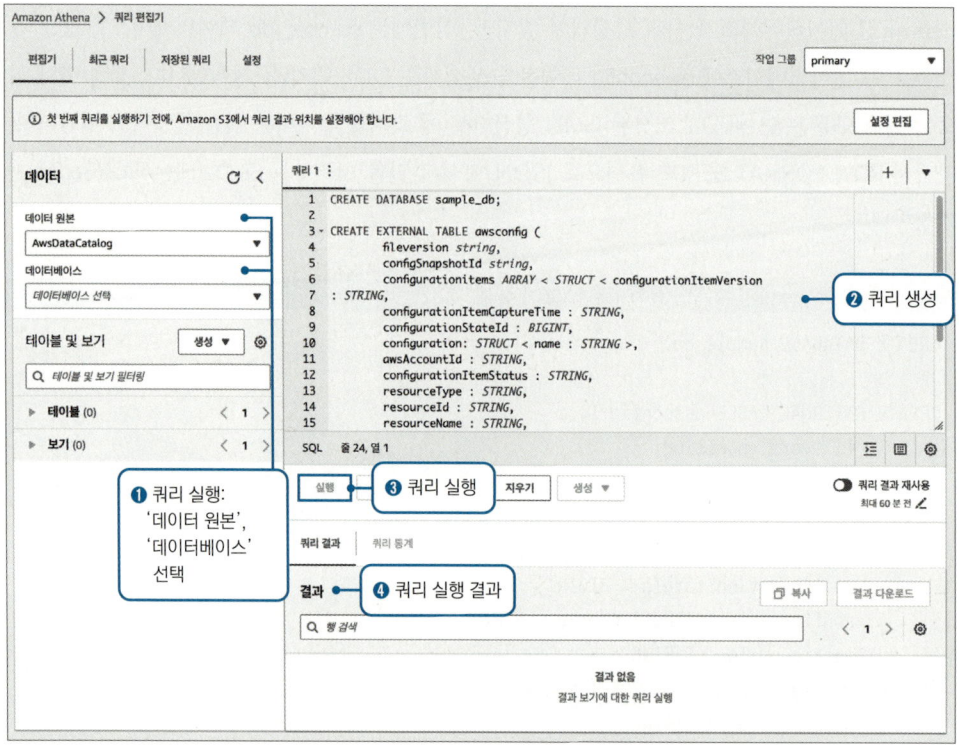

다음 그림은 Athena DDL로 테이블 정의가 실행된 모습입니다.

▼ 그림 5-24 Athena DDL 테이블 정의가 적용된 로그

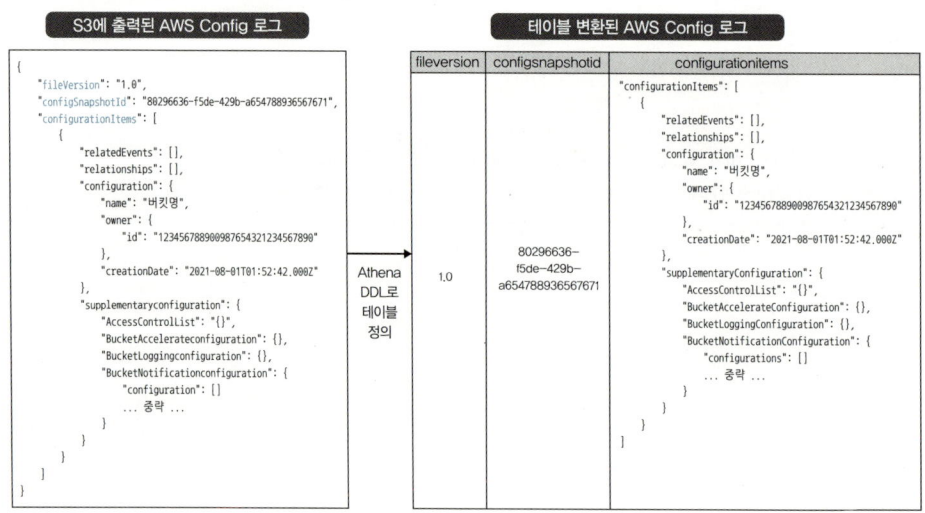

실행한 테이블 정의 정보는 **AWS Glue Data Catalog**라는 메타데이터를 관리하는 장소에 저장됩니다.

AWS Glue Data Catalog와 관련된 자세한 설명은 생략하지만 **Athena와 별도의 장소에 보관된다는 것은 파악하길 바랍니다.**

▼ 그림 5-25 AWS Glue Data Catalog에 저장된 테이블 정의

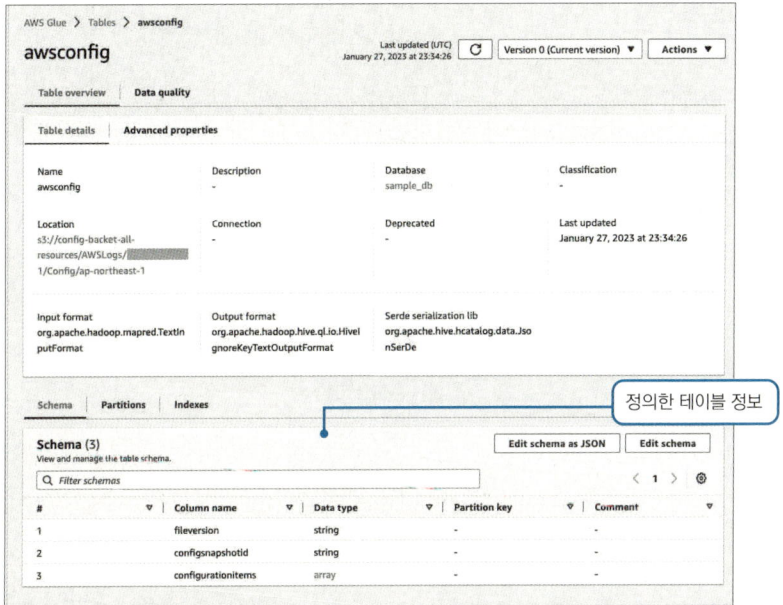

③ 쿼리 실행하기

S3 버킷에 데이터를 저장하고 테이블을 정의했다면 드디어 쿼리를 실행할 차례입니다. Athena는 표준 ANSI SQL을 준수하는 쿼리를 실행할 수 있습니다.[17]

다음 예제는 Config를 대상으로 2022년 6월 1일부터 6월 30일까지 기간에 변경이 있었던 Configuration Item 개수를 세는 쿼리입니다.

예제 5-4 Configuration Item 개수를 세는 쿼리 예

```
SELECT
    configurationItem.resourceType,
    configurationItem.resourceId,
```

---

[17] ANSI는 미국 표준협회라고 하는 규격을 표준화하는 미국 기관입니다. SQL 표준 규격은 이 기관이 몇 년에 한 번씩 개정합니다. 모든 데이터베이스가 표준 SQL을 준수하는 것은 아니지만, 표준 SQL을 준수하면 기본적인 SQL 쿼리 생성 방법에 대응한다고 할 수 있습니다.

```
        COUNT(configurationItem.resourceId) AS NumberOfChanges
FROM
        sample_db.awsconfig CROSS
        JOIN UNNEST(configurationitems) AS t(configurationItem)
WHERE
        "$path" LIKE '%ConfigHistory%'
        AND configurationItem.configurationItemCaptureTime >= '2022-0601T%'
        AND configurationItem.configurationItemCaptureTime <= '2022-0630T%'
GROUP BY
        configurationItem.resourceType,
        configurationItem.resourceId
ORDER BY
        NumberOfChanges DESC
```

▼ 그림 5-26 Athena 쿼리 실행 결과 예

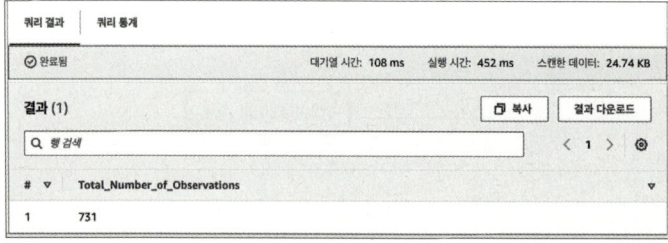

5.3.11 Athena 편리 기능

Athena는 편리한 쿼리 실행 설정과 기능을 제공합니다. 여기에서 그중 몇 가지를 소개합니다.

쿼리 결과의 S3 출력

Athena 쿼리 결과는 관리 콘솔에 표시되는데 **쿼리 결과를 지정한 S3 버킷에 CSV 파일로 출력할 수 있습니다.** 출력 대상 S3 버킷은 필요에 따라 변경할 수 있습니다.

▼ 그림 5-27 쿼리 결과의 S3 출력 설정 1

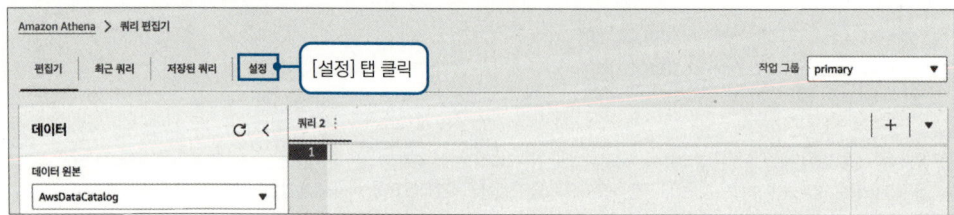

▼ 그림 5-28 쿼리 결과의 S3 출력 설정 2

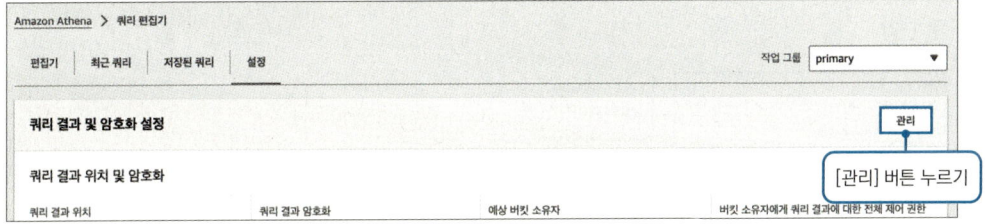

▼ 그림 5-29 쿼리 결과의 S3 출력 설정 3

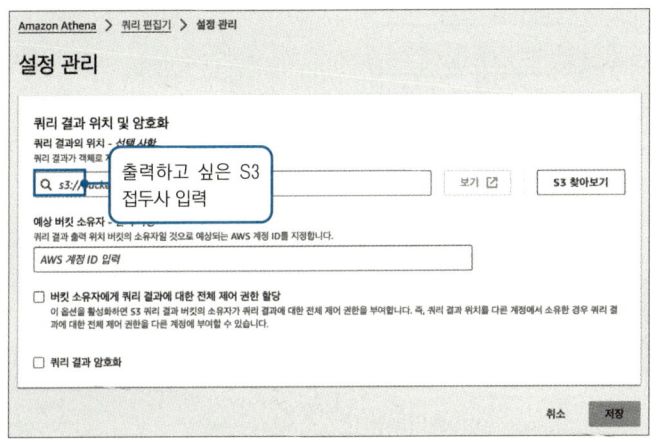

저장된 쿼리

자주 실행하는 쿼리를 미리 저장해 두고 재이용할 수 있는 기능입니다. **이 기능을 이용하여 Athena에서 자주 쓰는 쿼리를 미리 여러 개 만들어서 저장해 두면 쿼리를 작성할 때 부담을 줄일 수 있습니다.** AWS 로그 운영 때문에 Athena를 자주 사용한다면 무척 소중한 기능입니다.

▼ 그림 5-30 저장된 쿼리 사용법 1

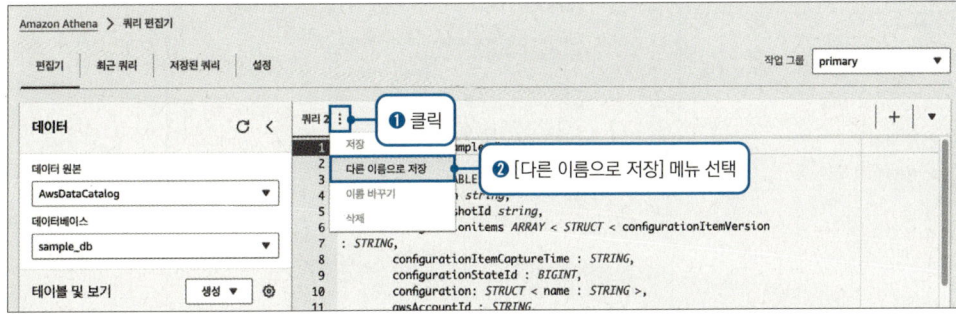

153

▼ 그림 5-31 저장된 쿼리 사용법 2

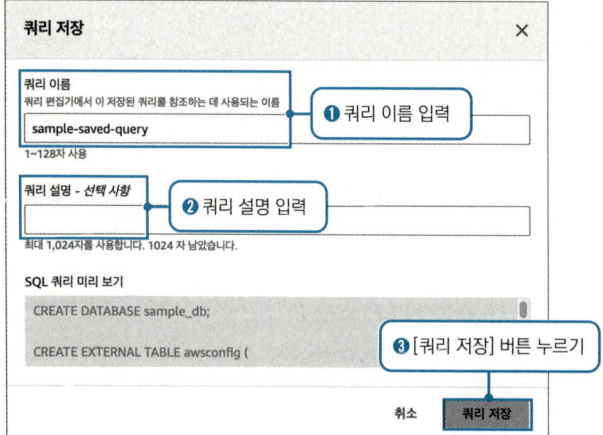

▼ 그림 5-32 저장된 쿼리 사용법 3

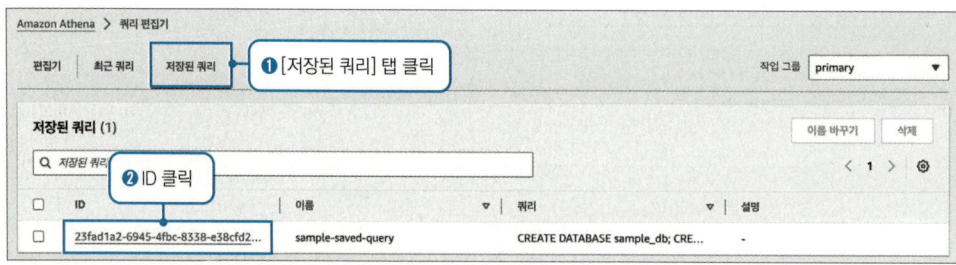

▼ 그림 5-33 저장된 쿼리 사용법 4

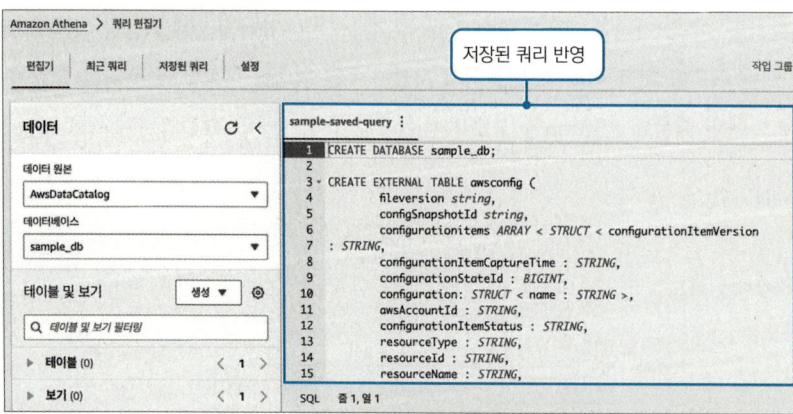

쿼리 결과 재사용

이미 실행한 쿼리 결과를 일정 기간 캐싱하는 기능입니다. 캐싱은 최소 1분부터 최대 7일까지 가능하며, 기본적으로 60분간 캐싱합니다. Athena는 스캔한 데이터양에 따라 AWS 사용료가 발생하지만 **이 기능은 쿼리 결과를 캐싱하는 기능이므로 다시 쿼리 결과를 실행해도 S3 버킷에 대한 데이터 스캔이 발생하지 않습니다.** 예를 들어 Athena를 이용해서 매일 쿼리를 실행하는 운영 업무가 있다고 가정해 봅시다. 캐싱 기간을 7일로 설정한다면 첫 데이터 스캔을 제외하고는 데이터 스캔이 발생하지 않으므로 비용 절감 효과가 있습니다. 다만 이 기능을 이용하려면 Athena 쿼리 엔진의 최신 버전인 Version3이 필요하므로 주의합니다.

▼ 그림 5-34 쿼리 결과 재사용 모습(캐싱 기간 7일)

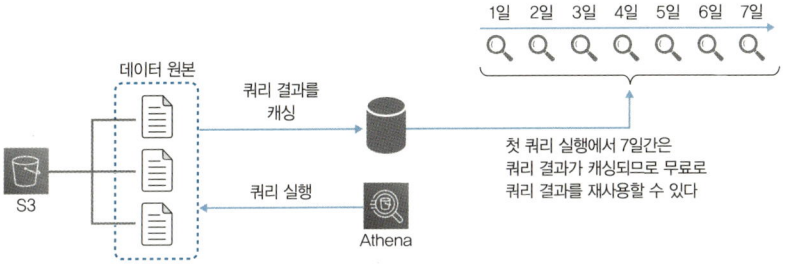

▼ 그림 5-35 쿼리 결과 재사용 실행 예

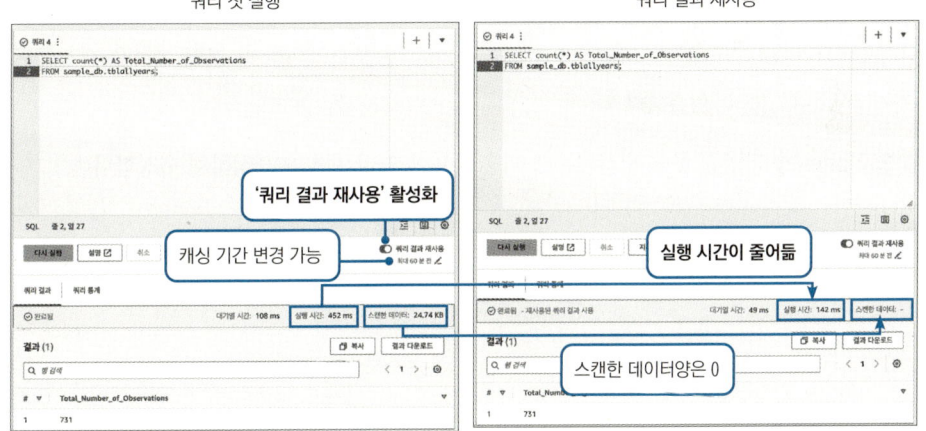

작업 그룹

Athena에서 쿼리 워크로드(쿼리 사용 용도)를 가상적으로 분리할 수 있는 기능이 작업 그룹입니다. 다음 표에 작업 그룹을 이용하는 장점을 정리했습니다.

▼ 표 5-22 작업 그룹의 장점

장점	내용
워크로드 분리 가능	쿼리 결과의 S3 출력 대상, 저장된 쿼리, 쿼리 이력 참조, 쿼리 지표 정보, 쿼리 결과 암호화 설정 등을 워크로드별로 분리할 수 있습니다. 환경 단위나 시스템 단위, 쿼리를 실행하고 싶은 AWS 서비스 단위로 작업 그룹을 분리하면 서로에게 영향이 적은 쿼리 실행 환경을 유지할 수 있습니다.
작업 그룹 단위로 액세스 제어 가능	IAM 정책을 이용해서 작업 그룹별로 액세스 제어를 할 수 있습니다. 예를 들어 특정 작업 그룹에서만 쿼리 실행 및 쿼리 중지를 허용할 수 있습니다. IAM 정책 예는 AWS 공식 문서[18]를 참고합니다.
쿼리 단위로 스캔양 상한 값 설정 가능	Athena는 S3에 대해 스캔한 바이트양에 따라 사용료가 발생합니다. 따라서 지나친 쿼리 실행을 방지하려면 쿼리별로 데이터 스캔 최대량을 설정하고, 이를 초과하면 쿼리를 자동으로 취소하도록 설정할 수 있습니다.
스캔할 데이터양의 임계 값 설정 가능	Athena는 S3에 대해 스캔한 바이트양에 따라 사용료가 발생합니다. 따라서 지나친 쿼리 실행을 방지하려면 작업 그룹 단위로 데이터 스캔 임계 값을 설정하고, 이를 초과하면 관리자에게 알리도록 설정할 수 있습니다. 쿼리를 자동으로 취소하는 기능은 없습니다.

작업 그룹 기능은 분리한 작업 그룹별로 **저장된 쿼리**와 **쿼리 결과의 S3 출력**을 설정할 수 있는 기능입니다. ALB, CloudTrail, Config, VPC Flow Logs 등 분석 대상마다 작업 그룹을 생성하면 이를 각각 따로 관리할 수 있습니다.

기본값으로 primary 작업 그룹이 생성되는데 이용 용도에 따라 새롭게 생성하길 권장합니다.

---

[18] 자세한 내용은 다음 URL을 참고합니다.
https://docs.aws.amazon.com/ko_kr/athena/latest/ug/workgroups-iam-policy.html

▼ 그림 5-36 작업 그룹을 활용하는 모습

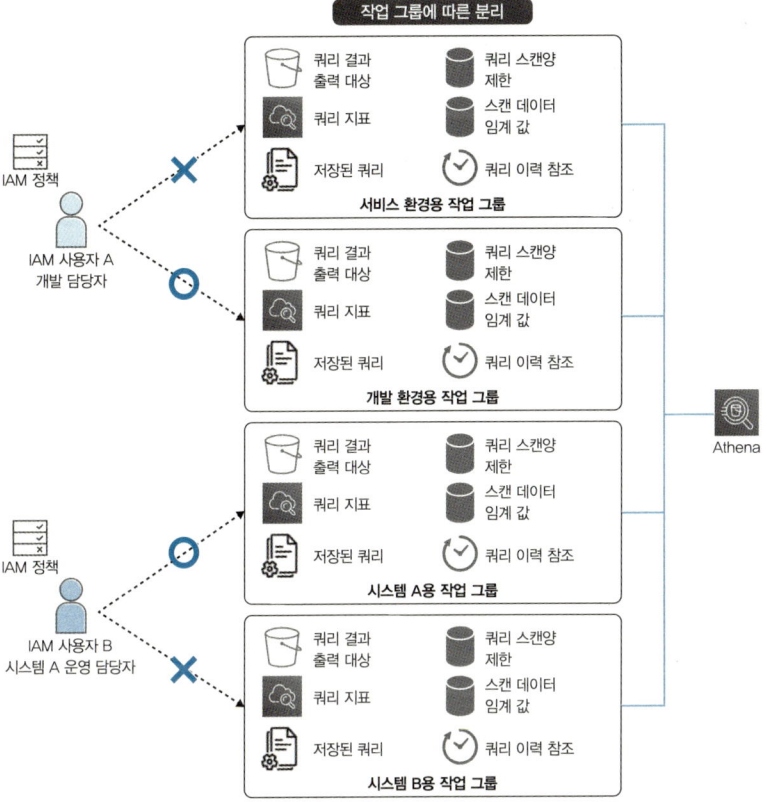

파라미터 쿼리

파라미터 쿼리는 쿼리 안에 변수를 포함해서 쿼리를 실행할 때 해당 변수에 대입할 추출 조건을 지정하도록 사용자에게 요청하는 쿼리 실행 방법입니다. 파라미터 쿼리를 실행하면 **파라미터 입력 대화창**이 표시되고 텍스트 상자에 추출 조건을 입력하여 실행합니다. **파라미터 쿼리를 활용하면 추출 조건이 변할 때 쿼리 자체를 편집하지 않아도 되므로 관리하기가 편합니다.** 추출 조건을 입력할 변수에 ?를 사용하면 파라미터 쿼리를 실행할 수 있습니다.

예제 5-5 파라미터 쿼리 예

```
SELECT * FROM "default"."awsconfig" WHERE fileversion = ? limit 10
```

▼ 그림 5-37 파라미터 쿼리 실행

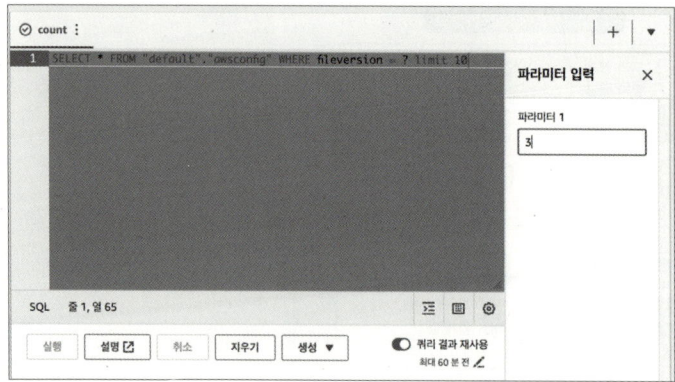

5.3.12 Athena 이용 요금

Athena는 쿼리 실행으로 스캔한 데이터양에 따라 AWS 사용료가 발생합니다. 자세한 설명은 Athena 요금 페이지[19]를 참고합니다.

▼ 표 5-23 이용 요금

요금 대상	AWS 사용료
분석(쿼리 실행)	5.00USD/TB ※ 0.0048USD/GB

※ 2024년 2월 현재 아시아 태평양(서울) 리전 기준

Athena 사용료 예

1. S3에 보관한 100GB 로그를 스캔한 경우

    - 분석(쿼리 실행)

        100GB = 0.1TB

    - 월간 사용료

        5.00USD × 0.1TB = 0.5USD

---

[19] https://aws.amazon.com/ko/athena/pricing/

COLUMN ≡ CloudWatch Logs Insights와 Athena 활용법

지금까지는 로그 이용 관점에서 CloudWatch Logs Insights와 Athena를 소개했습니다. 여기에서는 CloudWatch Logs Insights와 Athena를 어떻게 구분하여 사용하는지 설명하겠습니다. 우선 AWS 사용료 측면에서 비교해 봅시다.

▼ 표 5-24 CloudWatch Logs Insights와 Athena 요금 비교

비교 관점	CloudWatch Logs Insights	Athena
쿼리 대상 데이터 원본	CloudWatch Logs	S3
데이터 수집 관련 사용료	0.76USD/GB	없음
로그 저장 관련 사용료	0.033USD/GB	0.025USD/GB
쿼리 실행 관련 사용료 ※스캔한 데이터양에 요금 발생	0.0076USD/GB	0.0048USD/GB ※ 5.00USD/TB

※ 2024년 2월 현재 아시아 태평양(서울) 리전 기준

CloudWatch Logs Insights는 데이터 원본인 CloudWatch Logs 데이터 수집에 사용료가 발생하므로 데이터 원본으로 S3를 사용하는 Athena보다 비쌉니다. 로그 보존에 드는 AWS 사용료는 큰 차이가 없습니다. 다음 표는 조작성과 기능 측면에서 비교한 것입니다.

▼ 표 5-25 CloudWatch Logs Insights와 Athena 기능 비교

비교 관점	CloudWatch Logs Insights	Athena
쿼리 실행	• 전용 쿼리 언어를 이용하므로 학습 비용이 발생 • 실행한 쿼리를 저장, 재사용 가능	• 표준 SQL 사용 가능 • 실행한 쿼리를 저장, 재사용 가능 • 쿼리 실행 결과를 재사용 가능
쿼리 실행 결과 가시성	쿼리 실행 결과를 레코드(행)로 표시하는 것뿐만 아니라 그래프로 시각화 가능	• 쿼리 실행 결과를 레코드(행)로만 표시 가능 • 그래프로 시각화하려면 다른 AWS 서비스와 연계 필요
지원하는 로그	VPC Flow Logs, Route53 로그, Lambda 로그, CloudTrail 로그, 기타 JSON 형식 로그	CSV, TSV, 사용자 지정 구분자, JSON, Apache Avro, ORC, Apache Parquet, Logstash 로그, Apache WebServer 로그, CloudTrail 로그, Amazon Ion

CloudWatch Logs Insights는 전용 쿼리 언어를 배워야 하고 로그 종류도 적은 편입니다. 지원하는 로그 종류 면에서 본다면 Athena의 가치가 높습니다. 하지만 Athena는 쿼리 실행 결과를 그래프로 표시하는 기능이 없으므로 가시성 측면에서는 CloudWatch Logs Insights가 더 우수합니다. 이런 두 가지 관점에 따라 CloudWatch Logs Insights와 Athena를 어떻게 구분해서 사용하면 좋을지 표 5-26에 사용 용도별로 정리했습니다.

▼ 표 5-26 CloudWatch Logs Insights와 Athena 사용 용도별 구분

CloudWatch Logs Insights	Athena
• CloudWatch Logs에 보관 중인 소량의 데이터에 쿼리를 실행하고 싶은 경우 • CloudWatch Logs에만 로그 출력을 지원하는 AWS 서비스(RDS 등)에 쿼리를 실행하고 싶은 경우: CloudWatch Logs에서 S3로 로그를 전송하면 AWS 사용료가 발생하기 때문	• S3에 보관 중인 대량의 데이터에 표준 SQL로 쿼리를 실행하고 싶은 경우: CloudWatch Logs에서 대량의 데이터를 수집하면 높은 AWS 사용료가 발생하기 때문 • CloudWatch Logs Insights가 지원하지 않는 로그 형식 파일에 쿼리를 실행하고 싶은 경우 • 동일한 쿼리를 매일 실행하고 싶은 경우: 쿼리 결과를 재사용할 수 있기 때문

5.4 실무 표본 아키텍처 소개

HOW TO OPERATE AWS

앞서 설명한 로그 운영을 반영한 표본 아키텍처를 소개합니다.

▼ 그림 5-38 로그 운영의 표본 아키텍처

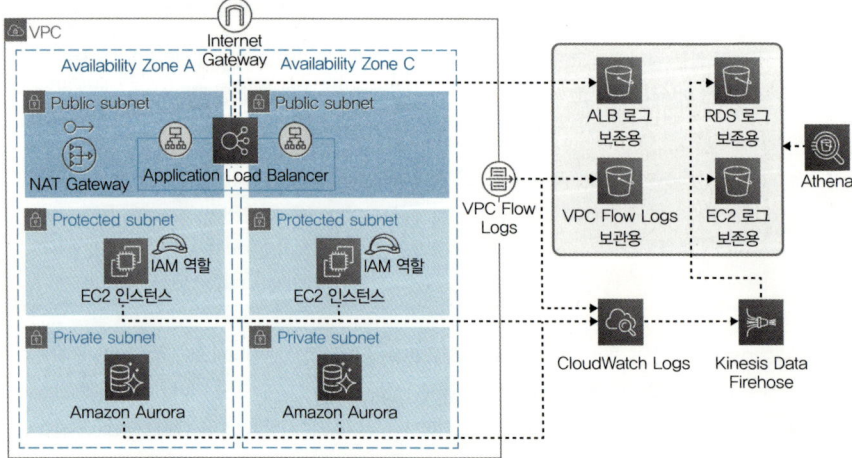

5.4.1 아키텍처 개요

해당 아키텍처는 인터넷에 공개할 웹 애플리케이션을 배포하는 환경을 **3계층 구조 아키텍처**(3 tier architecture)로 구축한다고 전제합니다. ALB를 구축해서 가용 영역 A 및 가용 영역 C의 EC2 인스턴스에 요청을 부하 분산시켜 가용성을 확보합니다. 또 애플리케이션 계층과 데이터베이스 계층을 분리하도록 Amazon Aurora를 이용하고 EC2 인스턴스에서 요청을 가용 영역 A와 가용 영역 C의 Aurora DB 인스턴스에 부하 분산해서 가용성을 확보합니다. EC2 인스턴스는 **Protected Subnet**[20]으로 구축하고, Aurora DB 인스턴스는 **Private Subnet**으로 구축합니다. 보안 그룹에서 액세스 소스 IP 주소를 제어하여 아무나 액세스할 수 없도록 기본적인 보안 대책을 실시합니다.

로그 운영의 설계 포인트

각 AWS 서비스에서 출력된 로그는 나중에 이용할 것을 고려하여 가성비가 좋은 S3에 장기 보관하도록 설계합니다. EC2와 Amazon Aurora는 S3와 통합되지 않아서 직접 S3 버킷에 로그를 출력할 수 없으므로 **Kinesis Data Firehose**를 경유하여 CloudWatch Logs에서 S3 버킷에 로그를 전송합니다. ALB는 로그를 직접 S3에 출력하는 방법만 지원하므로 로그를 저장할 곳은 S3 버킷이 됩니다. 네트워크 관련 로그 분석이나 트러블슈팅 목적으로 **VPC Flow Logs**를 활성화합니다. VPC Flow Logs는 최근 출력된 소량의 로그 이용 및 로그 장기 보관 관점에서 CloudWatch Logs와 S3 양쪽에 로그를 출력하도록 설계합니다.

AWS 사용료를 생각했을 때 S3에 무기한으로 로그를 저장하면 불필요한 AWS 사용료가 발생합니다. S3 수명 주기 규칙을 설정해서 필요에 따라 **S3 Glacier Flexible Retrieval**을 비롯한 스토리지 클래스에 아카이빙하거나 일정 기간 보관한 후 객체를 삭제하도록 합니다.

아키텍처에서 수집하는 로그 수집 요건을 표 5-27에 정리했습니다.

---

[20] NAT Gateway를 경유해서 인터넷과 접속 가능한 네트워크(DMZ)를 의미합니다.

▼ 표 5-27 3계층 구조 아키텍처 로그 수집 요건

로그 수집 대상	수집 용도	로그 보존 장소	로그 이용 방법
ALB	액세스 로그	S3	Athena
EC2	• OS 로그 수집 • 애플리케이션 로그	• CloudWatch Logs • S3(장기 보관용)	• CloudWatch Logs • CloudWatch Logs Insights • Athena
Amazon Aurora	DB 로그	• CloudWatch Logs • S3(장기 보관용)	• CloudWatch Logs • CloudWatch Logs Insights • Athena
VPC Flow Logs	통신 로그	• CloudWatch Logs • S3(장기 보관용)	• CloudWatch Logs • CloudWatch Logs Insights • Athena

5.5 실무 표본 아키텍처를 운영할 때 주의점

HOW TO OPERATE AWS

여기에서는 그림 5-38의 표본 아키텍처를 구현하면서 EC2 인스턴스 대수가 많을 때 편리한 EC2 로그 수집 설정 절차와 CloudWatch Logs 로그를 Kinesis Data Firehose를 경유해서 S3에 출력할 때 주의할 점을 자세히 설명합니다.

5.5.1 EC2 인스턴스가 많을 때 EC2 로그 수집 설정

'5.3.3절 통합 CloudWatch 에이전트를 이용한 EC2 로그 수집 설정'에서는 OS에 로그인한 후 마법사를 이용해서 설정하는 방법을 소개했습니다. 하지만 이 방법은 설정 대상 EC2 인스턴스가 늘어나면 설정도 번거로워지는 것이 단점입니다.

따라서 이런 운영 부담을 줄일 수 있는 AWS Systems Manager Parameter Store와 AWS Systems Manager Run Command를 이용하는 방법을 소개합니다.

구체적인 CloudWatch 에이전트 설정 방법을 알아보기 전에 AWS Systems Manager Parameter Store와 AWS Systems Manager Run Command가 어떤 서비스인지 설명합니다.

5.5.2 AWS Systems Manager Parameter Store

AWS 운영을 지원하는 기능 모음으로는 AWS Systems Manager(SSM) 서비스가 있습니다. AWS Systems Manager Parameter Store(Parameter Store: 파라미터 스토어)는 SSM이 제공하는 기능 중 하나로 설정 데이터 및 기밀 데이터를 파라미터(값)로 안전하게 관리하는 스토리지를 제공합니다. 파라미터는 일반 텍스트 또는 암호화된 데이터로 저장할 수 있습니다. 통합 CloudWatch 에이전트에 적용하는 구성 파일은 파라미터로 Parameter Store에 보관할 수 있습니다. 구성 파일은 agent, metrics, logs 세 가지 섹션이 있는 JSON 데이터입니다. 다음 표는 각 섹션 개요와 JSON 데이터 예제입니다. 자세한 설정 내용은 AWS 공식 문서[21]를 참고합니다.

▼ 표 5-28 통합 CloudWatch 에이전트에 적용하는 구성 파일 섹션

섹션	설명
agent	통합 CloudWatch 에이전트 관련 전반적인 설정 정의
metrics	CloudWatch Metrics에 출력할 지표 정보 정의
logs	CloudWatch Logs에 출력할 로그 정보 정의

예제 5-6 통합 CloudWatch 에이전트에 적용할 구성 파일 예

```
{
    "agent": {
        "metrics_collection_interval": 10,
        "logfile": "/opt/aws/amazon-cloudwatch-agent/logs/amazoncloudwatch-agent.log"
    },
    "metrics": {
        "namespace": "MyCustomNamespace",
        "metrics_collected": {
            "mem": {
                "measurement": [
                    "mem_used"
                ],
                "metrics_collection_interval": 1
            },
            "logs": {
                "logs_collected": {
                    "files": {
                        "collect_list": [
```

---

21 https://docs.aws.amazon.com/ko_kr/AmazonCloudWatch/latest/monitoring/create-cloudwatch-agent-configuration-file.html

```
                    {
                        "file_path": "/opt/aws/amazoncloudwatch-agent/logs/
                                      test.log",
                        "log_group_name": "test",
                        "log_stream_name": "test",
                        "timezone": "Local"
                    }
                ]
            }
        },
        "log_stream_name": "my_log_stream_name",
        "force_flush_interval": 15
    }
  }
}
```

> **Note** Parameter Store를 이용할 때 장점은 이렇습니다.
> - 파라미터 버전 관리 가능
> - 프로그램 코드와 설정 데이터를 분리해서 관리 가능(보안 향상)
> - IAM을 이용해서 파라미터 액세스 제어 가능

> **Note** AWS Systems Manager를 SSM이라고 칭하는 것은 현재 서비스 전신인 다음 두 서비스 약칭에서 유래했습니다.
> - Amazon Simple Systems Manager(SSM)
> - Amazon EC2 Systems Manager(SSM)

5.5.3 AWS Systems Manager Run Command

AWS Systems Manager Run Command(명령 실행)는 Parameter Store처럼 SSM이 제공하는 기능 중 하나입니다. 이 기능을 이용하면 EC2 인스턴스의 OS에 로그인하지 않아도 명령어나 스크립트를 원격으로 실행할 수 있습니다. 실행할 처리 내용은 **Command 문서**(Command document) 파일로 관리하는데, AWS가 미리 제공하는 것도 있지만 사용자가 직접 생성하기도 합니다. 다음은 AWS가 제공하는 Command 문서 중에서 통합 CloudWatch 에이전트 구성을 적용할 때 사용하는 것입니다.

- AWS-ConfigureAWSPackage

  통합 CloudWatch 에이전트를 비롯한 패키지 설치 및 제거를 실행하는 Command 문서

- AmazonCloudWatch-ManageAgent

  Amazon CloudWatch Agent에 명령어를 전송(설정 반영)하는 Command 문서

▼ 그림 5-39 Command 문서 목록의 콘솔 화면

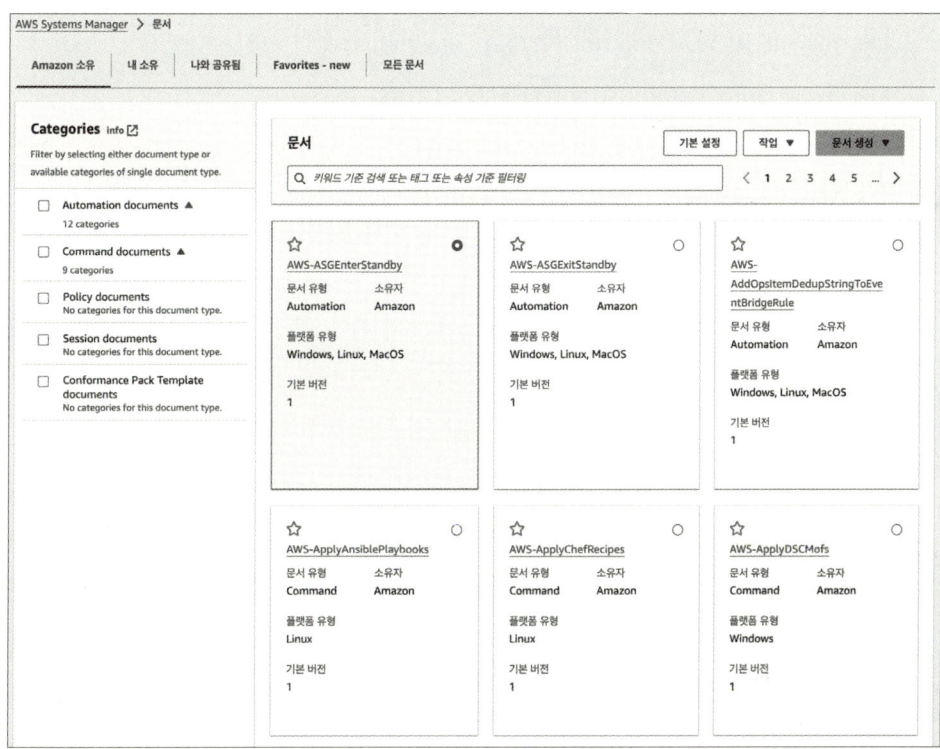

5.5.4 SSM 에이전트

지금까지 Parameter Store와 Run Command를 소개했는데, 통합 CloudWatch 에이전트 설정을 EC2 인스턴스에 적용하려면 조건이 있습니다. 바로 **설정 대상 EC2 인스턴스가 SSM 관리 대상(관리형 노드)이어야 합니다**. Run Command가 EC2 인스턴스에 명령어를 원격으로 실행하려면 SSM과 EC2 인스턴스 사이에 명령어를 송수신하는 통신 경로 확보가 필요합니다.

이런 역할을 담당하는 것이 AWS가 제공하는 **SSM 에이전트** 미들웨어입니다. SSM 에이전트는 EC2 인스턴스, 엣지 디바이스, 온프레미스 서버 및 가상 머신(VM)에서 작동하는 미들웨어로 SSM

을 이용한 서버 갱신, 관리를 실행합니다. SSM 에이전트에는 AWS가 제공하는 다음과 같은 OS용 AMI라면 이미 설치[22]되어 있습니다.

- Amazon Linux Base AMIs dated 2017.09 and later
- Amazon Linux 2
- Amazon Linux 2 ECS-Optimized Base AMIs
- macOS 10.14.x(Mojave), 10.15.x(Catalina), and 11.x(Big Sur)
- SUSE Linux Enterprise Server(SLES) 12 and 15
- Ubuntu Server 16.04, 18.04, and 20.04
- Windows Server 2008-2012 R2 AMIs published in November 2016 or later
- Windows Server 2016, 2019, and 2022

기타 AMI를 이용하여 구축한 EC2 인스턴스에 SSM 에이전트를 설치하려면 AWS 공식 문서[23]에서 소개하는 설치 방법을 참고합니다.

SSM 에이전트 역할과 필요한 설정

EC2 인스턴스에 설치된 SSM 에이전트는 AWS 리전별로 존재하는 SSM 리전 엔드포인트(그림 5-40에서 Systems Manager API)에 폴링(주기적으로 확인)을 실행합니다. 폴링을 통해 SSM 에이전트는 SSM에서 명령어 실행 등 지시를 받을 수 있습니다. **폴링 대상이 되는 SSM 리전 엔드포인트는 인터넷을 이용하므로 EC2 인스턴스에 인터넷 게이트웨이를 경유한 아웃바운드 통신을 허용하도록 설정해야 합니다.**

또 IAM 역할 설정도 필요합니다. AWS가 제공하는 AWS 관리 정책 중에는 SSM 핵심 기능을 EC2 인스턴스가 이용할 수 있도록 하는 **AmazonSSMManagedInstanceCore** 정책이 있으므로 이런 IAM 역할을 EC2 인스턴스에 연결해 둡니다.

1. EC2 인스턴스에 SSM 에이전트를 설치합니다.
2. SSM 리전 엔드포인트와 통신 경로를 확보합니다.
3. IAM 역할을 이용해서 EC2 인스턴스가 SSM과 통신하는 데 필요한 권한을 부여합니다.

---

[22] 자세한 내용은 다음 URL을 참고합니다.
https://docs.aws.amazon.com/ko_kr/systems-manager/latest/userguide/ami-preinstalled-agent.html
[23] 자세한 내용은 다음 URL을 참고합니다.
https://docs.aws.amazon.com/ko_kr/systems-manager/latest/userguide/ssm-agent.html

이런 세 가지 작업을 실시하면 EC2 인스턴스가 관리형 노드로 SSM 관리 아래에 들어갑니다.

▼ 그림 5-40 SSM 에이전트를 설정할 때 주의점

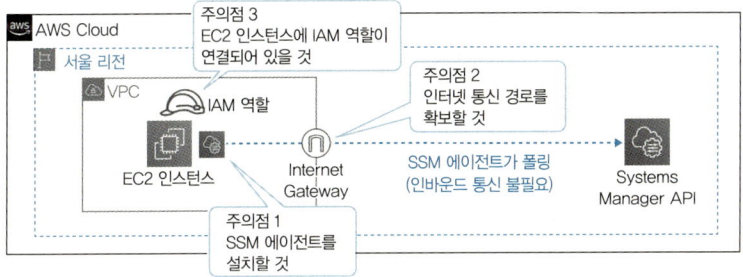

SSM 관리 아래에 있는 관리형 노드는 SSM Fleet Manager(플릿 관리자)에서 확인할 수 있습니다.

▼ 그림 5-41 Fleet Manager로 SSM에서 관리하는 관리형 노드 확인

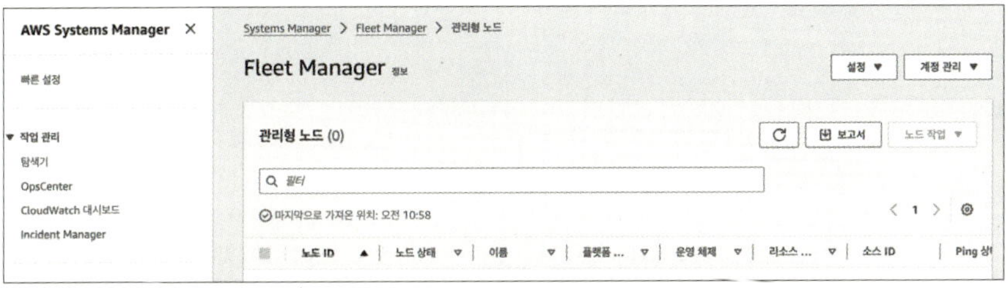

5.5.5 통합 CloudWatch 에이전트 설정 적용

그림 5-40에서 주의점을 확인했다면 드디어 Parameter Store와 Run Command를 이용해서 통합 CloudWatch 에이전트 설정을 적용할 차례입니다. 작업은 다음과 같이 세 단계를 거칩니다.

- **1단계**: Parameter Store에 통합 CloudWatch 에이전트 구성 파일을 생성합니다.
- **2단계**: Run Command로 AWS-ConfigureAWSPackage를 실행해서 통합 CloudWatch 에이전트를 설치합니다.
- **3단계**: Run Command로 AmazonCloudWatch-ManageAgent를 실행해서 ParameterStore에 저장한 구성 파일을 적용합니다.

1단계: Parameter Store에 통합 CloudWatch 에이전트 구성 파일 생성하기

우선 Parameter Store에 통합 CloudWatch 에이전트 구성 파일을 생성합니다. EC2 인스턴스에서 CloudWatch Logs에 출력할 로그를 미리 정해 둡니다.

▼ 그림 5-42 Parameter Store 콘솔 화면

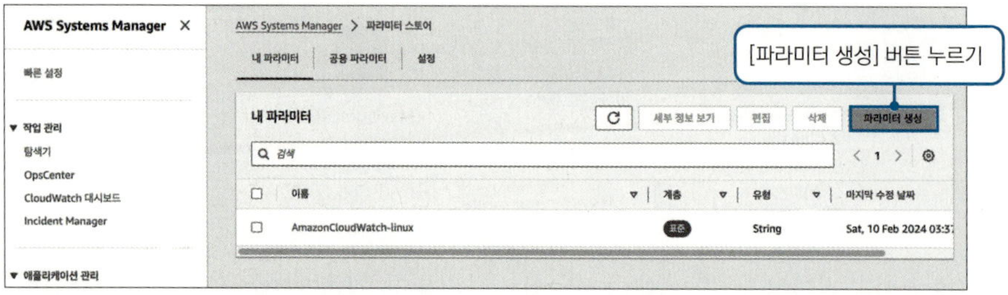

▼ 그림 5-43 Parameter Store 생성 화면

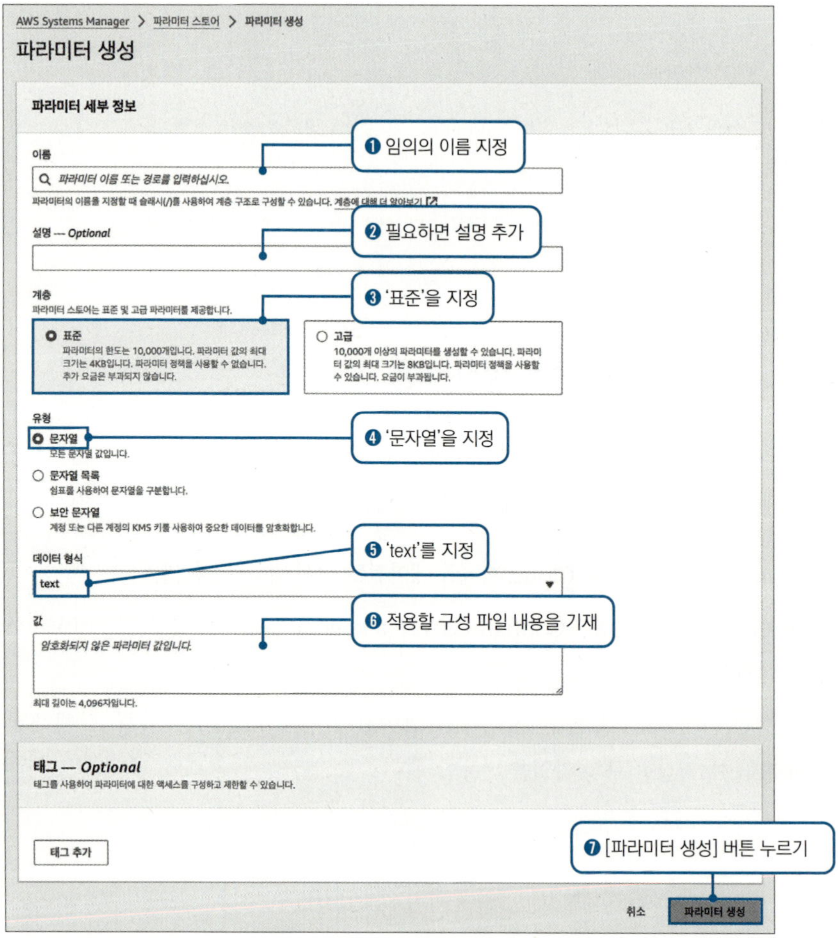

2단계: Run Command로 AWS-ConfigureAWSPackage를 실행해서 통합 Cloud Watch 에이전트 설치하기

그다음 Run Command에서 AWS-ConfigureAWSPackage를 Command 문서로 선택하여 대상 EC2에 통합 CloudWatch 에이전트를 설치합니다.

▼ 그림 5-44 Run Command 콘솔 화면

▼ 그림 5-45 Run Command에서 AWS-ConfigureAWSPackage 실행

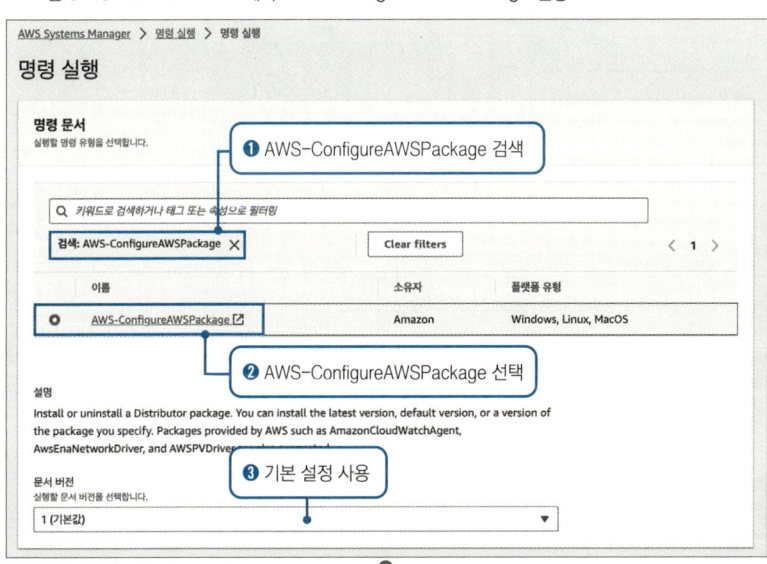

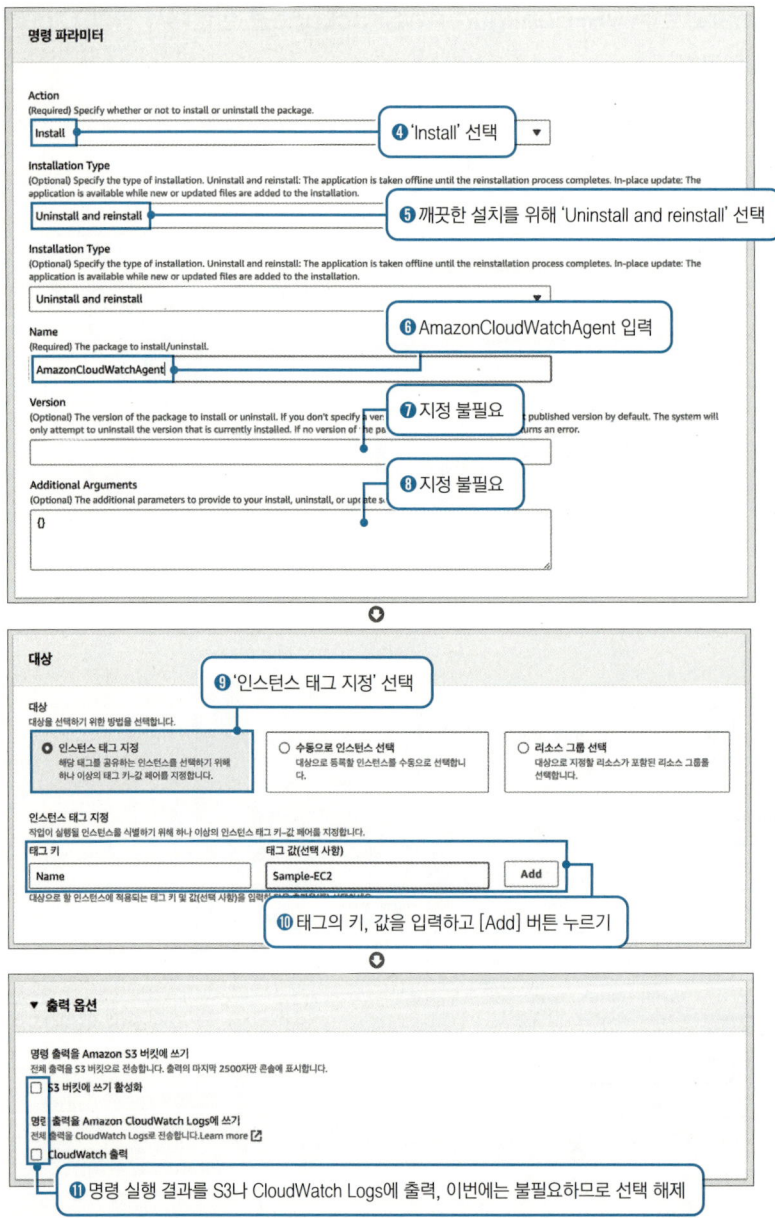

3단계: Run Command로 AmazonCloudWatch-ManageAgent를 실행해서 ParameterStore에 저장한 구성 파일 적용하기

마지막은 Run Command에서 AmazonCloudWatch-ManageAgent를 Command 문서로 선택하고, 대상 EC2 인스턴스에 적용하고 싶은 통합 CloudWatch 에이전트 구성 내용을 Parameter Store에서 선택하여 명령을 실행합니다.

▼ 그림 5-46 Run Command에서 AmazonCloudWatch-ManageAgent 실행

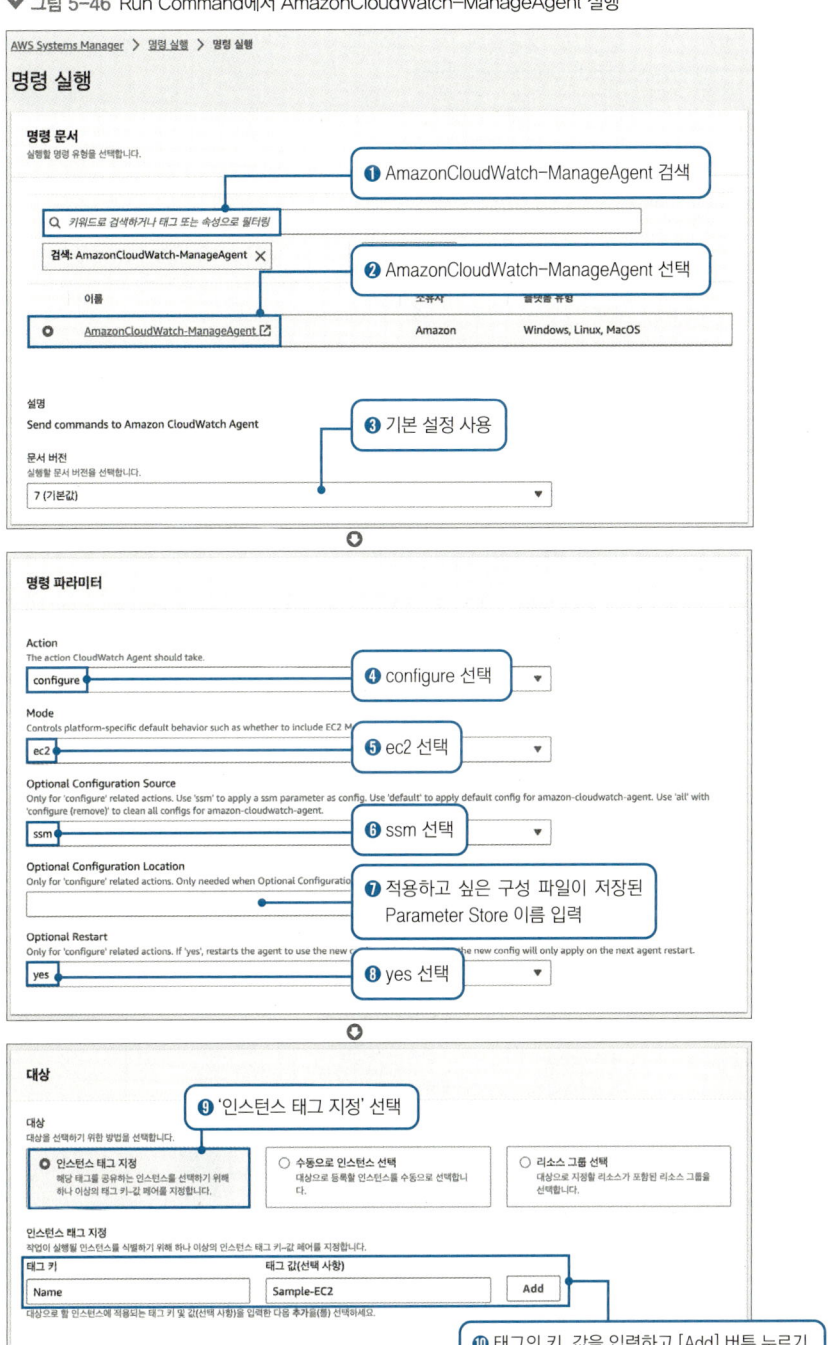

로그 운영에 있어 통합 CloudWatch 에이전트를 이용한 EC2 인스턴스 로그 출력은 활용도가 높으므로 꼭 이용하길 바랍니다.

> **Note** 통합 CloudWatch 에이전트 설정을 변경하려면 1단계에서 생성한 파라미터를 편집한 후 3단계에서 구성 파일 적용하기 명령을 실행합니다.

COLUMN ≡ VPC 엔드포인트를 활용한 사설 환경 구축

AWS 계정에서 시스템을 구축할 때 인터넷과 연결되지 않는 사설 환경 시스템을 구축하는 경우가 있습니다. 이런 사설 환경을 구축할 때 활용할 수 있는 기능으로는 **VPC 엔드포인트**가 있습니다. **VPC 엔드포인트를 쓰면 VPC 내부의 AWS 리소스와 VPC 외부의 리소스끼리 인터넷을 경유하지 않고도 접속할 수 있습니다.**

VPC 엔드포인트에는 인터페이스 엔드포인트, Gateway Load Balancer 엔드포인트, 게이트웨이 엔드포인트 세 종류[24]가 있는데, 그중 인터페이스 엔드포인트를 가장 많이 사용합니다. 인터페이스 엔드포인트는 VPC 내부에 생성된 서브넷에서 VPC 외부의 리소스와 통신하는 인터페이스로, 프라이빗 IP 주소를 가진 Elastic Network Interface(ENI)를 생성합니다. '5.5.4절 SSM 에이전트'에서 EC2 인스턴스를 SSM 관리형 노드로 만들려면 인터넷과 통신이 가능해야 한다고 설명했는데, VPC 엔드포인트(인터페이스 엔드포인트)를 활용하면 VPC 엔드포인트를 경유해서 SSM 리전 엔드포인트와 통신할 수 있습니다.[25]

▼ 그림 5-47 VPC 엔드포인트를 경유한 SSM 리전 엔드포인트와 통신

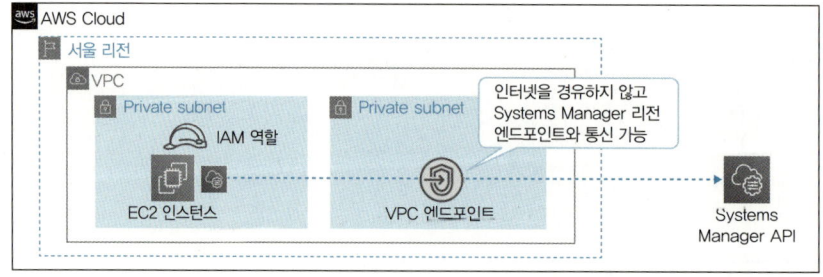

---

[24] 자세한 내용은 다음 URL을 참고합니다.
https://docs.aws.amazon.com/ko_kr/vpc/latest/privatelink/concepts.html

[25] 자세한 내용은 다음 URL을 참고합니다.
https://repost.aws/ko/knowledge-center/ec2-systems-manager-vpc-endpoints

> SSM을 예로 들었지만, VPC 엔드포인트를 이용하면 S3나 기타 AWS 서비스와 비공개로 연결할 수 있습니다. 따라서 인터넷 통신을 허용하지 않는 사설 환경에서도 AWS 서비스를 이용할 수 있습니다. VPC 엔드포인트가 지원하는 AWS 서비스는 AWS 공식 문서[26]를 참고합니다. 또 VPC 엔드포인트 한 개당 0.013USD/시간의 AWS 요금[27]이 발생하므로 주의합니다.

5.5.6 CloudWatch Logs 로그를 Kinesis Data Firehose를 경유해서 S3에 출력

Kinesis Data Firehose로 CloudWatch Logs 로그를 S3에 출력하려면 크게 다음 세 단계 작업이 필요합니다.

1단계: S3 버킷 신규 생성

2단계: Kinesis Data Firehose에서 전송 스트림 생성

3단계: CloudWatch Logs 구독 필터 생성

S3 버킷, Kinesis Data Firehose 전송 스트림, CloudWatch Logs 구독 필터 생성 절차는 다음 표에 있는 URL을 참고합니다.

▼ 표 5-29 생성 절차 관련 참고 자료

AWS 서비스	URL
S3 버킷	https://docs.aws.amazon.com/ko_kr/AmazonS3/latest/userguide/create-bucket-overview.html
Kinesis Data Firehose 전송 스트림	https://docs.aws.amazon.com/ko_kr/firehose/latest/dev/basic-create.html
CloudWatch Logs 구독 필터	https://docs.aws.amazon.com/ko_kr/AmazonCloudWatch/latest/logs/SubscriptionFilters.html

---

[26] 자세한 내용은 다음 URL을 참고합니다.
https://docs.aws.amazon.com/ko_kr/vpc/latest/privatelink/aws-services-privatelink-support.html

[27] 자세한 내용은 다음 URL을 참고합니다.
https://aws.amazon.com/ko/privatelink/pricing/

5.5.7 주의해야 할 액세스 정책 설계

이번에는 각 단계에서 고려해야 할 **액세스 정책 설계**를 집중적으로 설명하겠습니다. 액세스 정책 설계를 설명하는 이유는 구축할 AWS 리소스 설계 자체와 주목하는 관점이 달라서 초보자라면 설계할 때 혼란스럽기 때문입니다. 다음 그림은 Kinesis Data Firehose를 예로 든 것입니다. 관점에 어떤 차이가 있는지 살펴봅시다.

▼ 그림 5-48 Kinesis Data Firehose 설계에서 주목할 관점 차이

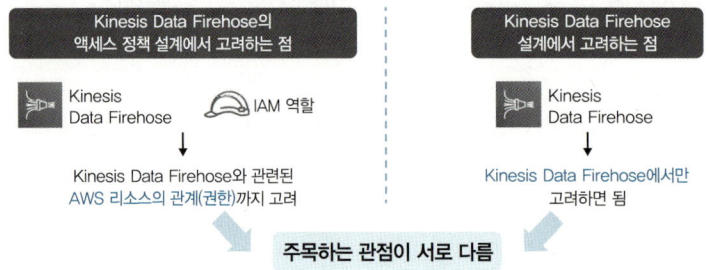

S3 버킷 정책

S3 버킷에는 리소스 기반 정책으로 **버킷 정책**을 설계할 수 있습니다. Kinesis Data Firehose 전송 스트림에서 출력된 로그 데이터를 S3 버킷에 기록하려면 **Kinesis Data Firehose에서 로그 쓰기(PutObject)를** 명시적으로 허용하는 버킷 정책을 정의합니다.

예제 5-7 Kinesis Data Firehose에서 로그 쓰기(PutObject)를 허용하는 버킷 정책

```
{
    "Version": "2012-10-17",
    "Statement": [
        {
            "Sid": "AllowWritingFromKinesisDataFirehose",
            "Effect": "Allow",
            "Principal": {
                "Service": "firehose.amazonaws.com"
            },
            "Action": "s3:PutObject",
            "Resource": [
                "arn:aws:s3:::버킷명",
                "arn:aws:s3:::버킷명/*"
            ]
        }
```

        ]
    }

Kinesis Data Firehose에 연결된 IAM 역할

Kinesis Data Firehose 전송 스트림을 생성할 때 **IAM 역할**을 연결합니다. 이것은 Kinesis Data Firehose가 목적지 리소스에 대해 쓰기 등 조작을 허용하는 데 필요합니다.

전송 스트림에는 전송 데이터 암호화 설정이나 CloudWatch Logs에 오류 로그 출력 같은 옵션 설정을 할 수 있습니다. 이번에는 단순한 정책이 되도록 옵션 설정은 하지 않고 대상 S3 버킷 관련 조작만 허용하도록 권한을 부여합니다. 옵션 설정 관련 정책은 AWS 공식 문서[28]를 참고합니다.

IAM 역할에 연결할 IAM **정책**을 생성합니다. 알아보기 쉽도록 **PolicyForFirehose**라고 이름을 붙입니다.

예제 5-8 Kinesis Data Firehose 전송 스트림용 IAM 정책 PolicyForFirehose

```
{
    "Version": "2012-10-17",
    "Statement":
    [
        {
            "Effect": "Allow",
            "Action": [
                "s3:AbortMultipartUpload",   ----- 멀티 파트 업로드 중지하기
                "s3:GetBucketLocation",   ----- S3 버킷이 존재하는 리전 정보 취득하기
                "s3:GetObject",   ----- S3에서 객체 취득하기
                "s3:ListBucket",   ----- S3 버킷 내부의 일부 또는 전체 객체를 나열하기
                "s3:ListBucketMultipartUploads",   ----- S3 버킷에 객체를 추가하기
                "s3:PutObject"   ----- 업로드 중인 멀티 파트 업로드 목록 표시 권한을 부여하기
            ],
            "Resource": [
                "arn:aws:s3:::버킷명",
                "arn:aws:s3:::버킷명/*"
            ]
        }
    ]
}
```

---

[28] 자세한 내용은 다음 URL을 참고합니다.
https://docs.aws.amazon.com/ko_kr/firehose/latest/dev/controlling-access.html#using-iam-s3

다음은 IAM 역할을 생성합니다. IAM 역할은 IAM 정책을 연결해서 권한을 설정하는데 그와는 별도로 **신뢰 정책이라는 리소스 기반의 정책**을 정의해야 합니다. 신뢰 정책을 정의하면 지정한 Principal에 IAM 역할이 지닌 권한을 사용해서 위임할 수 있습니다. 신뢰 정책에서 Principal은 Action에서 정의한 작업(sts:AssumeRole)을 실행할 수 있는 사용자, 애플리케이션, AWS 계정을 정의합니다.

예제 5-9 Kinesis Data Firehose 전송 스트림용 신뢰 정책

```
{
    "Version": "2012-10-17",
    "Statement": [
        {
            "Effect": "Allow",
            "Principal": {
                "Service": "firehose.amazonaws.com"
            },
            "Action": "sts:AssumeRole"
        }
    ]
}
```

신뢰 정책을 좀 더 자세히 설명하겠습니다. 여기에서 주목할 점은 **Principal**과 **Action**입니다. 이 정책은 Principal에 firehose.amazonaws.com, 즉 Kinesis Data Firehose를 지정합니다. 또 Action에는 **sts:AssumeRole**을 허용합니다. **sts는 AWS Security Token Service(STS)를 뜻하는데,** 이는 각종 AWS 리소스의 액세스를 제어하는 일시적인 인증 정보를 발급하는 서비스입니다.

AssumeRole은 AssumeRole API Request를 뜻하며 STS에 일시적인 인증 정보 제공을 요청하는 작업입니다. 일시적인 인증 정보에는 IAM 역할에 연결된 IAM 정책, 여기에서는 **PolicyForFirehose**에 정의된 권한을 기반으로 한 인증 정보가 포함됩니다.

지금까지 내용을 정리하면 예제 5-9의 신뢰 정책은 **Kinesis Data Firehose가 STS에 일시적인 인증 정보를 취득하기 위해 AssumeRole API Request를 허용하는 신뢰 정책**이 됩니다. 다음 그림은 AssumeRole API Request 모습입니다.

▼ 그림 5-49 Kinesis Data Firehose가 실행하는 AssumeRole API Request

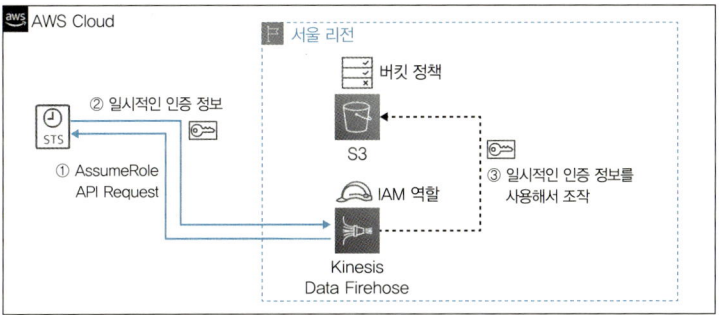

CloudWatch Logs 구독 필터에 연결된 IAM 역할

CloudWatch Logs 구독 필터는 CloudWatch Logs에 출력된 로그를 실시간으로 Kinesis Data Firehose 같은 AWS 서비스와 연동할 수 있는 기능입니다. 예를 들어 EC2 인스턴스나 RDS DB 인스턴스에서 CloudWatch Logs로 로그가 출력된 것을 감지하고 Kinesis Data Firehose의 전송 스트림과 연계해서 전송 스트림이 S3 버킷에 로그를 출력, 보관할 수 있습니다.

CloudWatch Logs 구독 필터를 생성할 때도 Kinesis Data Firehose의 전송 스트림을 생성할 때처럼 IAM 역할을 연결합니다. 먼저 CloudWatch Logs가 Kinesis Data Firehose 전송 스트림을 조작할 수 있도록 허용하는 IAM 정책을 다음 예제처럼 생성합니다.

예제 5-10 CloudWatch Logs에 허용할 조작을 정의한 IAM 정책

```
{
    "Version": "2012-10-17",
    "Statement": [
        {
            "Effect": "Allow",
            "Action": [
                "firehose:*PutRecord"  ----- 전송 스트림에 하나의 데이터 레코드 쓰기
            ],
            "Resource": [
                "arn:aws:firehose:ap-northeast-2:계정ID:deliverystream/전송 스트림명"
            ]
        }
    ]
}
```

이제 CloudWatch Logs에 **AssumeRole API Request**를 허용하는 신뢰 정책을 정의합니다.

예제 5-11 CloudWatch Logs에 AssumeRole API Request를 허용하는 신뢰 정책

```
{
    "Version": "2012-10-17",
    "Statement": {
        "Effect": "Allow",
        "Principal": {
            "Service": "logs.ap-northeast-2.amazonaws.com"
        },
        "Action": "sts:AssumeRole",
        "Condition": {
            "StringLike": {
                "aws:SourceArn": "arn:aws:logs:ap-northeast-2:계정 ID:*"
            }
        }
    }
}
```

Kinesis Data Firehose에서 정의한 신뢰 정책과 다른 점은 두 가지입니다. 첫 번째는 Principle로 지정한 Service 도메인에 리전이 포함된다는 것입니다. Kinesis Data Firehose는 firehose.amazonaws.com과 리전 내용이 없었지만 CloudWatch Logs는 logs.ap-northeast-2.amazonaws.com처럼 리전 정보가 포함되므로 logs.amazonaws.com이라고 잘못 쓰지 않도록 주의합니다.

두 번째는 Condition 구문에서 AssumeRole API Request를 허용할 Principle을 같은 계정과 같은 리전에 있는 CloudWatch Logs로 한정하는 것입니다.

▼ 그림 5-50 Condition 구문에서 조작 조건 평가 모습

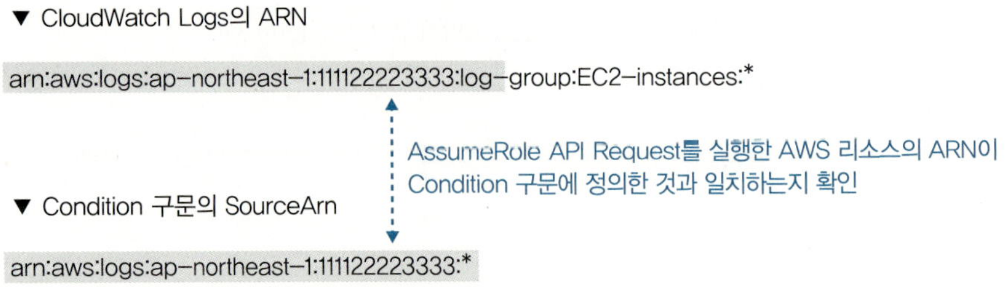

▼ CloudWatch Logs의 ARN

arn:aws:logs:ap-northeast-1:111122223333:log-group:EC2-instances:*

AssumeRole API Request를 실행한 AWS 리소스의 ARN이
Condition 구문에 정의한 것과 일치하는지 확인

▼ Condition 구문의 SourceArn

arn:aws:logs:ap-northeast-1:111122223333:*

▼ 그림 5-51 CloudWatch Logs의 IAM 역할이 수행하는 역할

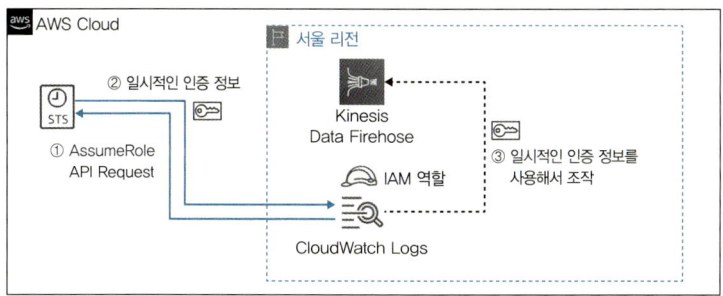

> **Note** ≡ Condition 구문으로 제어하는 이유는 '혼동된 대리자 문제'를 피하려는 목적 때문입니다. '혼동된 대리자 문제'란 AWS 서비스 사이에 발생할 수 있는 위장을 통한 부정 액세스와 관련된 문제입니다. 이런 문제는 이 장 주제에서 벗어나므로 자세한 내용은 AWS 공식 문서[29]를 확인합니다.

이렇듯 Kinesis Data Firehose를 사용한 로그 출력은 액세스 정책 설계가 필요하므로 IAM 역할이나 버킷 정책이 어떻게 액세스 제어를 하는지 파악하는 것이 중요합니다. 마지막으로 이번에 설명한 액세스 정책의 전체 모습을 정리해 봅시다.

▼ 그림 5-52 CloudWatch Logs 로그를 Kinesis Data Firehose를 경유해서 S3 버킷에 출력하는 액세스 정책

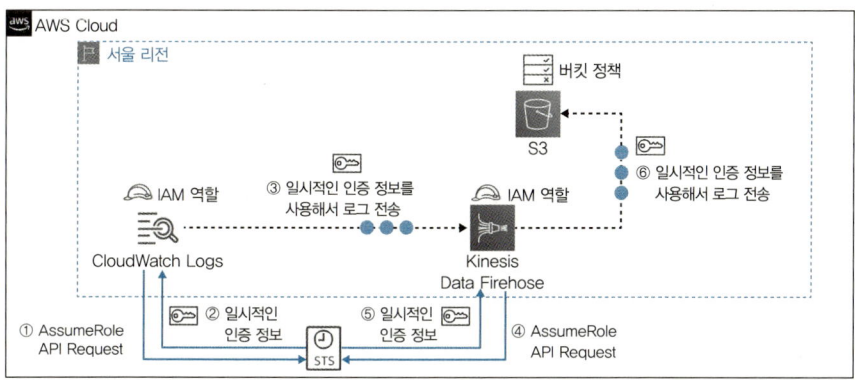

---

[29] https://docs.aws.amazon.com/ko_kr/IAM/latest/UserGuide/confused-deputy.html

5.6 실무 자주 하는 질문

Q1. Amazon Athena 요금이 걱정입니다. 비용을 줄일 방법이 있을까요?

A1. Amazon Athena가 스캔할 데이터양을 조절하면 가능합니다.

Athena는 S3를 **스캔한 데이터양**에 따라 요금이 발생합니다. 따라서 스캔할 데이터양을 조절하면 비용을 줄일 수 있습니다. 다음 두 가지 방식이 있습니다.

1. 스캔할 데이터양에 제한 설정하기

Athena는 작업 그룹별로 스캔할 데이터양을 제한할 수 있습니다.

▼ 그림 5-53 Athena 관리 콘솔 화면에서 해당하는 작업 그룹 편집하기

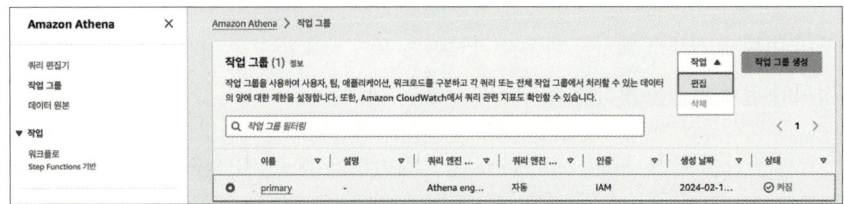

▼ 그림 5-54 스캔할 데이터양 제한하기

2. SQL 쿼리 튜닝하기

Athena에서 실행할 쿼리를 튜닝하면 데이터 스캔양을 줄일 수 있어 비용을 절감할 수 있습니다. 구체적인 튜닝 방법은 AWS 공식 사이트의 Amazon Web Services 블로그[30]에 정리된 내용을 참고합니다.

---

30 자세한 내용은 다음 URL을 참고합니다.
https://aws.amazon.com/ko/blogs/korea/top-10-performance-tuning-tips-for-amazon-athena/

Q2. 작업 그룹에서 쿼리 결과의 S3 출력 대상을 설정했지만 지정한 S3에 쿼리 결과가 출력되지 않습니다. 어떻게 해야 할까요?

A2. 작업 그룹의 설정 우선순위에 문제가 없는지 확인합니다.

Athena에서 쿼리 결과를 출력하는 방법은 두 가지입니다. 하나는 **쿼리 편집기 설정 탭에서 출력을 설정하는 방법**, 다른 하나는 **작업 그룹에서 출력을 설정하는 방법**입니다. 해당 방법은 각각 설정 가능하므로 출력 설정이 서로 다르면 Athena는 쿼리 편집기 출력 설정을 우선합니다. 따라서 **작업 그룹에서 쿼리 결과 출력 설정을 하더라도 지정한 S3 버킷에 쿼리 결과가 출력되지 않습니다.**

▼ 그림 5-55 쿼리 편집기의 [설정] 탭에서 출력 설정 확인

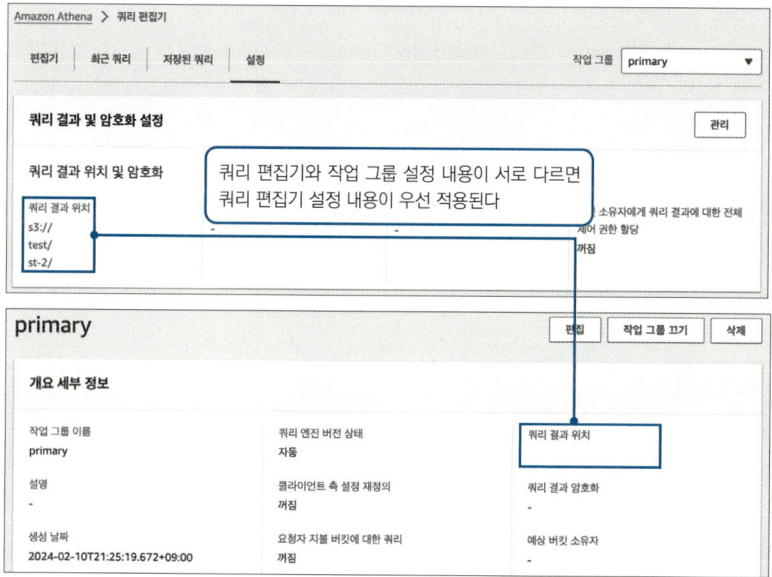

Athena 작업 그룹 설정에는 **덮어쓰기**가 있습니다. 해당 설정을 활성화하면 **작업 그룹에서 설정한 내용이 반영되기 때문에 작업 그룹 설정에서 지정한 S3 버킷에도 출력할 수 있습니다.** 절차는 다음 그림과 같습니다.

▼ 그림 5-56 Athena 관리 콘솔 화면에서 해당하는 작업 그룹 편집

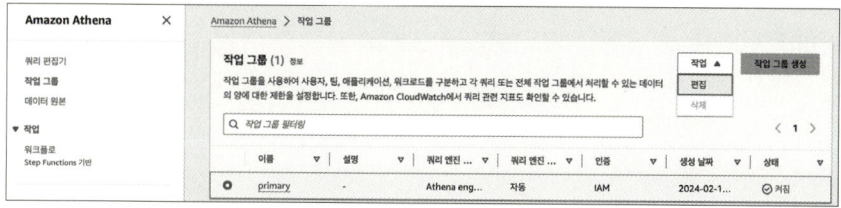

▼ 그림 5-57 클라이언트 측 설정 재정의 선택

▼ 설정 - 선택 사항

☐ AWS CloudWatch에 쿼리 지표 게시
지표 탭에서는 쿼리 성공 여부, 런타임, 스캔된 데이터의 양에 대한 지표를 볼 수 있습니다. 또한 Athena는 이러한 지표를 CloudWatch로 보냅니다.

☑ 클라이언트 측 설정 재정의 정보
이 확인란을 선택하면 작업 그룹의 모든 쿼리에 작업 그룹 설정이 적용됩니다.

☐ Amazon S3에서 요청자 지불 버킷에 대한 쿼리 켜기 정보
이 기능을 활성화하면 작업 그룹 사용자가 요청자 지불 버킷을 쿼리할 수 있으며, 사용자 계정에서 데이터 요청 및 전송에 대한 비용을 지불합니다. 꺼면 작업 그룹 사용자에 대한 요청자 지불 버킷에 대한 쿼리에 실패합니다.

COLUMN ≡ | AWS Systems Manager Session Manager를 이용한 원격 액세스

5장에서는 통합 CloudWatch 에이전트 설정 방법으로 Parameter Store와 Run Command를 활용한 설정 방법을 소개했으며, 그 전제 조건은 EC2 인스턴스가 SSM 관리 아래에 있어야(관리형 노드) 한다고 설명했습니다. EC2 인스턴스가 SSM 관리형 노드라면 AWS Systems Manager Session Manager라는 편리한 서비스도 있습니다.

Session Manager를 쓰면 관리 콘솔에서 EC2 인스턴스에 원격 액세스(SSH/RDP)할 수 있습니다. 일반적으로 EC2 인스턴스를 생성할 때는 지정한 키의 쌍을 이용해서 인증하고 원격 액세스하지만, Session Manager는 그런 과정이 필요하지 않습니다(윈도우 OS의 RDP 접속에는 필요).

이외에도 이런 장점이 있습니다.

- 키 쌍 생성, 관리가 필요하지 않습니다

    이용 용도나 시스템마다 키 쌍을 생성할 필요가 없으므로 키 교체 등을 고려하지 않아도 됩니다.

- 점프 서버(EC2 인스턴스)가 필요하지 않습니다

    기존에는 프라이빗 서브넷에 배치한 EC2 인스턴스에 액세스하려면 점프 서버(jump server 또는 bastion server)로 EC2 인스턴스가 필요했지만, Session Manager는 그런 서버가 필요하지 않습니다. 따라서 EC2 인스턴스 관리 부담이 줄어들고 비용도 절감할 수 있습니다.

- EC2 인스턴스에 SSH나 RDP를 허용하는 보안 그룹의 인바운드 규칙이 필요하지 않습니다

    앞서 이야기했듯이, 관리형 노드는 EC2 인스턴스에 설치한 SSM 에이전트가 SSM을 폴링해서 작동하는데, 이때 HTTPS 통신을 사용합니다. 따라서 보안 그룹에서는 SSH나 RDP를 허용하는 인바운드 규칙을 설정할 필요 없습니다.

▼ 그림 5-58 점프 서버와 Session Manager 비교

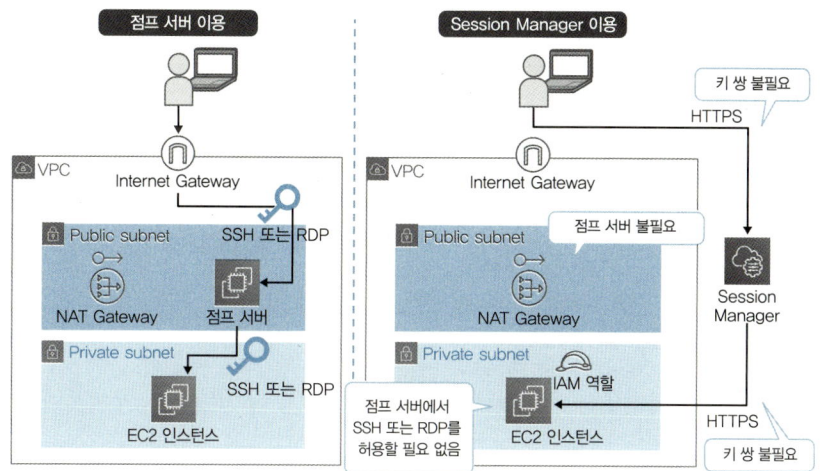

▼ 그림 5-59 관리 콘솔에서 EC2 인스턴스에 Session Manager로 SSH 접속

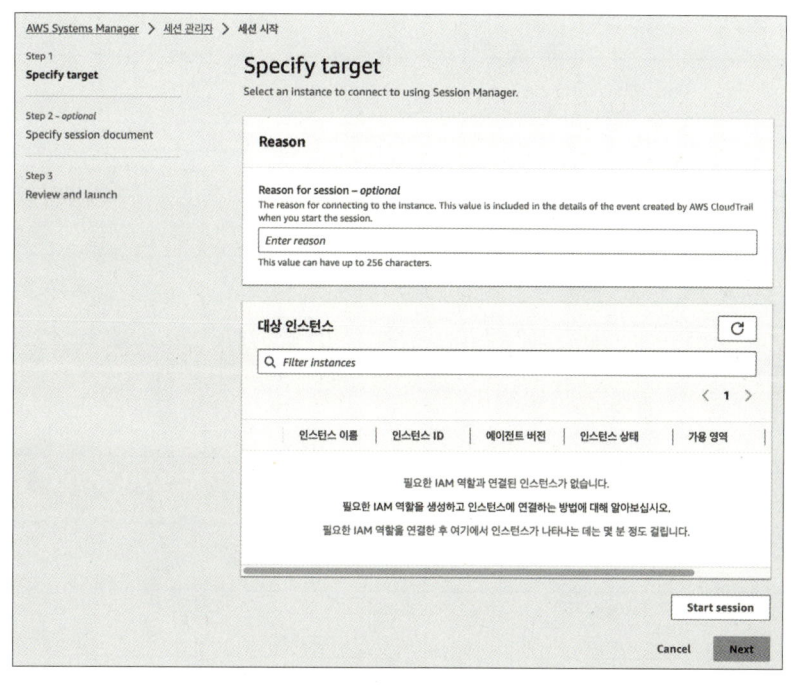

▼ 그림 5-60 관리 콘솔에서 EC2 인스턴스에 Session Manager로 SSH 접속(접속 중)

6장
모니터링

이 장에서는 일반적인 모니터링 개요를 설명한 후 CloudWatch와 Amazon SNS를 이용한 모니터링 방법을 설명합니다.

실제 운영에서는 AWS 서비스가 아니라 데이터독(Datadog)이나 뉴렐릭(New Relic) 같은 서드파티 제품과 서비스를 이용해서 고성능 모니터링 및 알림을 쓸 수 있습니다. 하지만 CloudWatch에 수집된 지표를 이런 제품이나 서비스와 연동할 때도 있으므로 서드파티 제품과 서비스를 이용할 때도 CloudWatch 기본 내용을 파악하는 것이 중요합니다.

키워드

- Amazon CloudWatch Metrics
- Amazon CloudWatch Alarm
- Amazon SNS
- Amazon CloudWatch 대시보드
- Amazon CloudWatch Logs
- AWS Health

6.1 기초 모니터링 기초 지식

모니터링이란 과연 어떤 일을 할까요? 먼저 모니터링 기초 지식을 배워 봅시다.

6.1.1 모니터링이란

어떤 시스템이든 서버나 애플리케이션은 물론 네트워크 장비, 데이터베이스 같은 다양한 컴포넌트가 정상적으로 작동해야 문제없이 가동할 수 있습니다. 시스템 운영에서 관리자나 운영 담당자는 문제가 발생하지 않도록 매일 각종 컴포넌트에서 정보를 수집하여 가동 상태를 파악합니다. 또 현재 부하 상황에 따라 설정을 변경하거나 예측된 고부하 상황에 대응합니다. 그리고 시스템 다운이 발생할 가능성이 있거나 문제가 생길 때 시스템 관리자나 운영 담당자는 재빨리 대응해야 합니다. **각종 컴포넌트에서 정보를 측정하고 수집하여 문제가 생길 때 재빨리 파악하는 것이 모니터링**입니다.

6.1.2 모니터링에서 해야 할 일

시스템 모니터링에서 해야 할 일은 크게 모니터링 도구 도입, 지표 모니터링, 경보 내용 확인 및 검토 세 가지입니다. 각 내용을 차례대로 확인해 봅시다.

모니터링 도구 도입

모니터링을 구현할 때는 로그나 지표를 수집하는 **모니터링 도구**를 활용합니다. 이런 모니터링 도구는 보통 처음부터 직접 만들지 않고, 전용 모니터링 제품을 구매합니다. 서버를 만들고 설치해서 이용하는 제품도 있지만, 모니터링 도구용 서버 운영 부담 때문에 최근에는 SaaS형으로 제공하는 모니터링 도구를 자주 사용합니다. AWS는 **CloudWatch**라는 모니터링 도구를 제공합니다. '5.2.1절 AWS에서 수집할 수 있는 로그 종류'에서 소개한 로그나 앞으로 소개할 **지표**도 모니터링 대상이 됩니다.

지표 모니터링

로그가 언제, 누가, 어떤 조작을 했는지 등 정보라면 **지표는 언제, 무엇이, 어떤 상태 또는 값이었는지 등 정보**입니다. 5.1.1절에서 슈퍼나 편의점의 영수증을 로그에 비유했는데, 지표는 어떤 시점의 고객 수나 상품 재고 수에 해당합니다.

시스템 운영에서 '무엇'에 해당하는 것은 서비스 이름 등 기능입니다. 구체적으로는 **서버의 CPU 사용률이나 메모리 사용률, 네트워크 성능 등을 지표로 모니터링합니다**. 이렇게 지표를 모니터링하면 서버 부하를 파악하여 문제가 생기기 전에 적절한 사양의 서버로 변경하거나 서버를 늘릴 수 있습니다. 또 문제 발생 전에 시스템 상태를 확인하고 조사할 수 있습니다.

수집하는 지표는 서버 용도에 따라서 달라질 수 있습니다. 예를 들어 **CPU 사용률이나 메모리 사용률**은 물론이고 외부에 공개된 웹 애플리케이션이라면 **각 HTTP 상태 코드의 응답 수**도 모니터링 대상에 포함됩니다. 한편 데이터베이스라면 **쿼리 횟수**나 **데이터베이스 읽고 쓰기 작업의 디스크 IO** 등도 모니터링 대상이 됩니다.

지표는 모니터링 도구로 수집합니다. 모니터링 도구는 수집뿐만 아니라 지표 시각화 기능이 있는 도구도 많습니다. AWS에서는 **CloudWatch Metrics**로 지표를 수집하고 시각화할 수 있습니다.

경보 알림

모니터링은 로그나 지표를 수집할 뿐만 아니라 관리자나 운영 담당자에게 알림을 보내는 경우도 있습니다. 이것을 **경보**(alert)라고 합니다. 예를 들어 로그 모니터링은 오류나 특정 문자열이 있으면 경보를 보냅니다. 지표 모니터링은 **임계 값**을 설정해서 그 값 범위를 벗어나면 경보를 보냅니다. 시스템 운영자에게 경보를 보내서 민첩한 대응과 사태 파악을 하도록 돕는 것이 목적입니다.

예를 들어 업무 핵심 시스템과 ping에 실패했다는 경보는 서비스 중지를 의미합니다. 따라서 곧바로 운영 담당자에게 연락해서 복구 대응을 하도록 해야 합니다. 한편 단순히 CPU 사용률이 임계 값을 넘겼다는 경보는 나중에 무슨 일이 있었는지 상황 파악을 하는 데 도움을 주려고 경보를 보낼 수도 있습니다. 물론 일시적인 현상이라면 부하가 높은 프로세스나 서버 자체를 재가동하는 것 같은 긴급 대응은 하지 않겠지만요. 이처럼 경보는 **평상시 시스템 부하를 파악하여 서버 대수를 늘리거나 서버 사양을 변경하는 등 시스템 구성 개선을 검토할 기본 자료**가 됩니다.

경보를 보내는 방법은 여러 가지가 있습니다. 시스템 특성이나 모니터링 항목에 따라 달라지지만 이메일이나 채팅 도구에 메시지를 보내는 방법도 자주 씁니다. 심각한 경보라면 이메일, 메시지뿐만 아니라 담당자, 관계자에게 전화로 연락하기도 합니다. 심각도가 낮다면 경보 자체를 로그로 남기는 방법도 있습니다. 앞서 이야기했듯이, 시스템 구성 개선을 검토하는 자료가 되므로 부하 상황과 경보 발생 관련 정보는 중요합니다.

▼ 그림 6-1 모니터링의 경보 알림

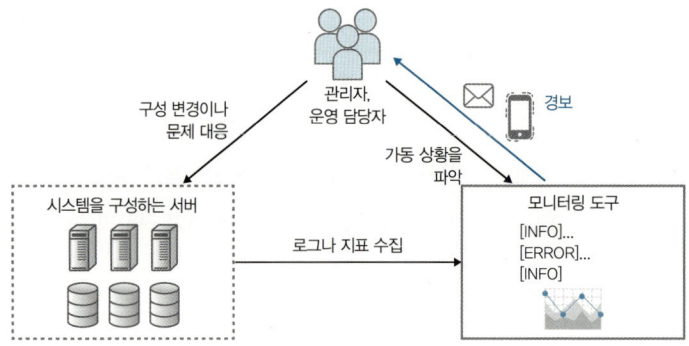

경보 임계 값 변경

경보의 임계 값은 나중에 변경할 수 있습니다. 예를 들어 시스템 출시 전에 결정한 임계 값이 실제로는 최적 값이 아닌 경우가 있습니다. 경보가 자주 발생하지만 시스템 가동에 문제없다면 임계 값을 높이기도 합니다. 경보가 필요 없다면 경보 자체를 제거할 수도 있습니다. 반대로 더 빨리 알고 싶어서 임계 값을 낮추기도 합니다.

▼ 그림 6-2 임계 값 모습

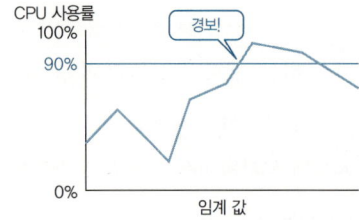

6.2 실무 AWS의 모니터링

AWS 리소스나 AWS에서 가동 중인 애플리케이션을 모니터링할 때 AWS 리소스 가동 상태를 나타내는 지표나 OS, 애플리케이션 로그 등이 모니터링 대상이 됩니다. 모니터링의 전제 조건으로 지표나 로그 저장이 필요합니다.[1]

6.2.1 모니터링 전체 모습

모니터링은 지표와 로그를 수집, 저장하여 비정상 또는 오류를 시스템 관리자와 운영 담당자에게 알려 문제에 대응합니다. 간단한 알림은 CloudWatch Alarm이나 Amazon SNS(Simple Notification Service)로 할 수 있습니다. 또 시스템 이용과 가동 상황에 따라 모니터링 설정은 주기적으로 재검토하기 때문에 한눈에 가동 상태를 확인할 수 있는 대시보드(dashboard)가 필요합니다. CloudWatch에서는 대시보드도 간단히 생성할 수 있습니다. 클라우드 서비스 특성 때문에 각 AWS 리소스나 애플리케이션뿐만 아니라 AWS가 관리하는 인프라도 장애나 유지 보수가 발생합니다. 이런 내용은 AWS Health 알림에서 확인할 수 있습니다.

▼ 그림 6-3 AWS 모니터링에서 이용하는 주요 서비스

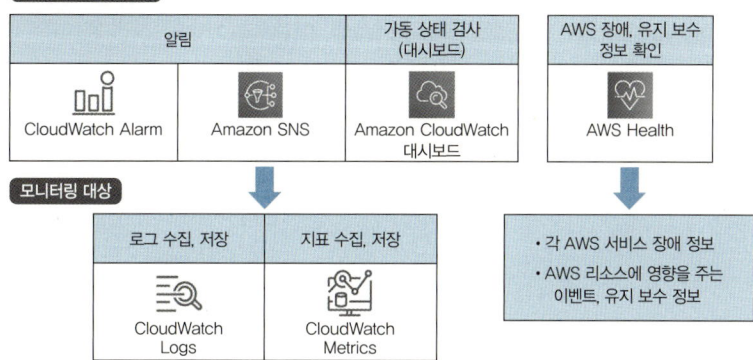

---

[1] 로그는 '5장 로그 운영'에서 설명한 것처럼 CloudWatch Logs에서 수집 및 저장할 수 있습니다. 또 지표는 CloudWatch Metrics에서 수집 및 저장할 수 있습니다.

6.3 실무 관련 AWS 서비스

실무에서 모니터링에 이용하는 대표적인 AWS 서비스와 개요를 설명합니다. 이미 AWS에서 시스템을 운영 중인 독자라면 이 책을 읽은 후에 실제 화면을 보면 더욱 쉽게 이해할 수 있을 것입니다.

6.3.1 Amazon CloudWatch Metrics

Amazon CloudWatch Metrics는 AWS 리소스의 성능 관련 데이터를 확인할 수 있는 AWS 서비스입니다. 지표(메트릭)는 무료로 제공되고 대부분의 AWS 서비스가 CloudWatch Metrics에 대응합니다. 자세한 요금은 웹 페이지를 참고합니다.[2]

실무에서 CloudWatch Metrics 콘솔을 이용하면 **현재와 과거의 AWS 리소스 가동 상황을 시각화해서 파악할 수 있습니다.**[3]

다음으로 CloudWatch Metrics 화면에서 지표를 그래프로 확인하는 절차를 소개합니다. 우선 **시각화할 지표**를 콘솔에서 선택합니다. 예를 들어 다음 그림은 SystemA-web이라는 EC2 인스턴스의 CPU 사용률(CPU Utilization)을 선택했습니다.

▼ 그림 6-4 CloudWatch Metrics 화면에서 지표를 선택해서 그래프 그리기

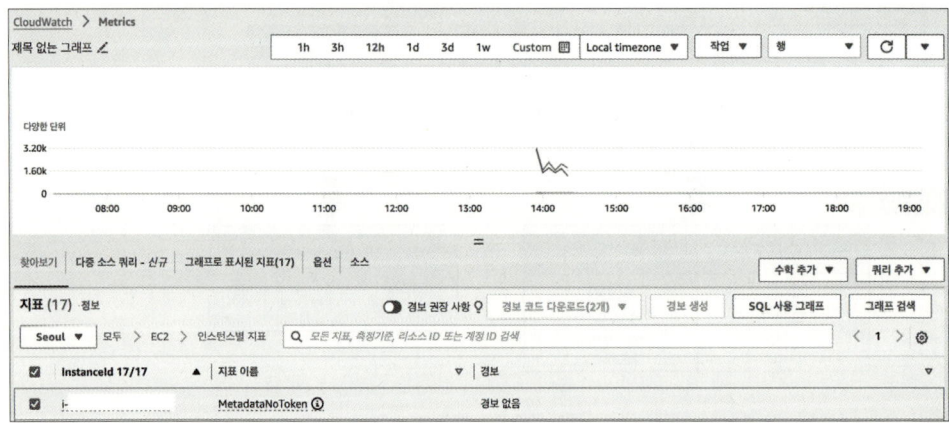

---

2 https://aws.amazon.com/ko/cloudwatch/pricing/
3 지표에 따라서는 각 AWS 서비스나 리소스의 상세 화면에서 확인할 수 있는 것도 있습니다.

그래프화 지표는 기본값이 **평균값**이고, 기간은 **5분 간격**으로 표시합니다. 필요에 따라 **그래프로 표시된 지표**(graphed metrics) **탭**에서 변경합니다.

▼ 그림 6-5 그래프로 표시할 값과 기간 변경

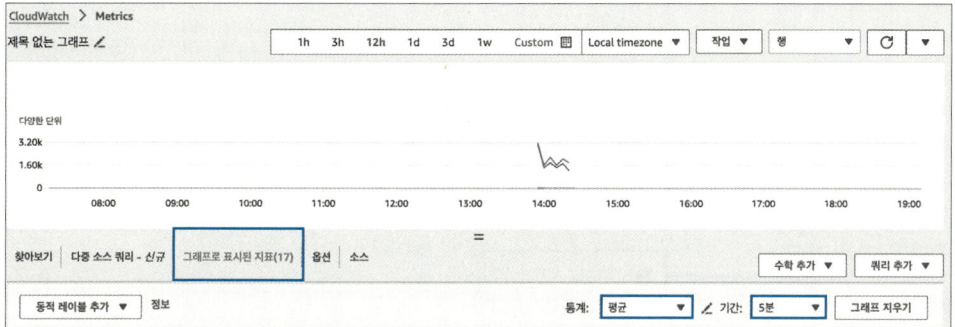

CloudWatch Metrics Insight

CloudWatch Metrics는 CloudWatch Metrics Insight 기능의 쿼리로, 해당하는 지표를 한꺼번에 **시각화할 수 있습니다**. 이 기능을 사용하면 그래프로 만들 지표를 하나씩 선택하지 않아도 됩니다. 그림 6-6 예는 어떤 EC2 인스턴스의 **CPU 사용률 최댓값**을 시각화한 것입니다. 그림에서 선택한 **네임스페이스는 각 지표를 하나로 묶어서 그룹화한 것입니다.** 그림에서는 AWS/EC2, 인스턴스별 지표가 네임스페이스에 해당하며, 각 AWS 서비스에서 수집한 지표는 각 AWS 서비스별, 리소스 종류별로 네임스페이스가 미리 설정되어 있습니다.

▼ 그림 6-6 Metrics Insight에서 그래프를 만들 지표 조건 지정

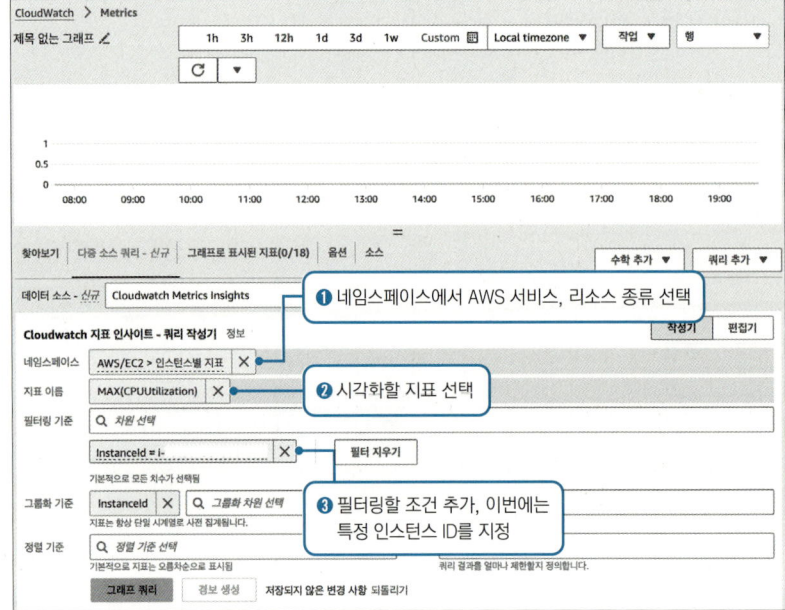

Metrics Insight에서는 **하나의 그래프에 여러 지표를 시각화할 수 있습니다.** 동일한 리소스의 서로 다른 지표를 표시하거나 서로 다른 리소스의 동일한 지표를 표시하여 리소스 가동 상태를 파악할 수 있습니다.

▼ 그림 6-7 여러 지표를 그래프로 표시(CPU 사용률과 네트워크 전송량을 시각화한 예)

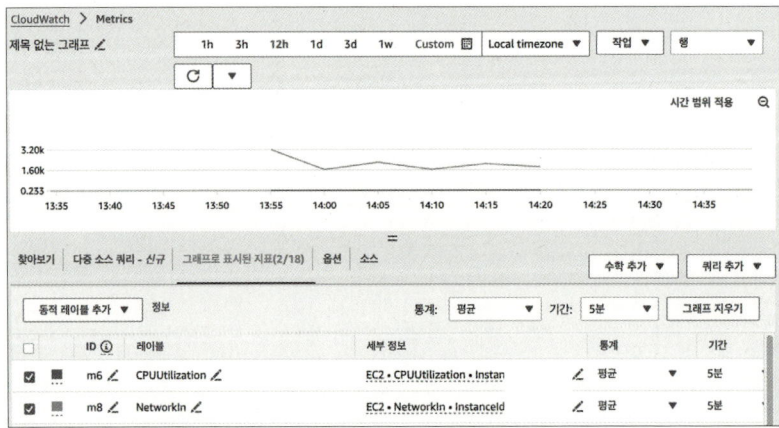

통합 CloudWatch 에이전트

지표 관련 서비스로 **통합 CloudWatch 에이전트**가 있습니다(5장 참고). 통합 CloudWatch 에이전트를 EC2 인스턴스에 설치하면 EC2에서 기본적으로 수집하는 지표뿐만 아니라 메모리 사용률이나 디스크 사용률 등 OS 계층에서 수집하는 지표도 수집할 수 있습니다.

6.3.2 Amazon CloudWatch Alarm

Amazon CloudWatch Alarm은 모니터링 대상에서 이상을 발견하면 경보(알림)를 보내는 기능입니다. CloudWatch Alarm은 CloudWatch Metrics에 경보를 발생할 **임계 값**이나 **수식**을 정의합니다. 또 해당 경보 상태가 변경되었을 때 실행할 작업도 설정할 수 있습니다. 자세한 요금은 웹 페이지를 참고합니다.[4]

경보 종류와 상태

다양한 경보 종류를 다음 표에 정리했습니다. 이런 경보 중에서 어떤 하나가 정의한 임계 값을 넘겼을 때 또는 임계 값 범위 안으로 돌아왔을 때 경보 상태가 변화합니다.

▼ 표 6-1 경보 종류

종류	설명
정적 임계 값을 기반으로 한 경보	하나의 지표에 대한 정적 임계 값에 따른 경보
이상 탐지를 기반으로 한 경보	과거의 지표 분석을 기반으로 자동으로 이상을 탐지하는 경보
수식을 기반으로 한 경보	하나 이상의 지표를 수식에 적용한 임계 값에 따른 경보
복합 경보	다른 여러 경보 상태를 모니터링하는 경보

경보는 OK, ALARM, INSUFFICIENT_DATA 세 가지 상태로 변화합니다. 이런 상태는 콘솔의 경보 목록에서도 확인할 수 있습니다.

---

4 https://aws.amazon.com/ko/cloudwatch/pricing/

▼ 표 6-2 경보 상태

경보 상태	설명
OK(정상)	임계 값 범위 내
ALARM(경보 상태)	임계 값 범위 밖
INSUFFICIENT_DATA(데이터 부족)	데이터 부족으로 경보 상태를 판단할 수 없는 상태(경보 운영 시작 직후, 지표 누락 등)

▼ 그림 6-8 경보 목록

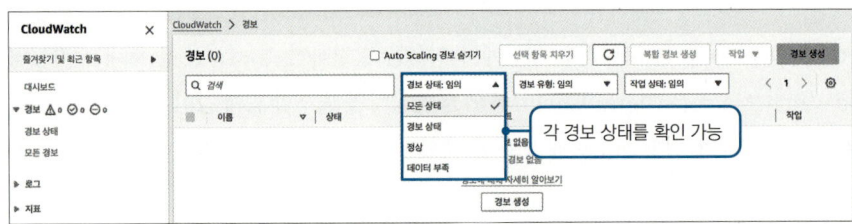

콘솔의 경보 상태에서 ALARM 상태의 경보만 나열하여 확인할 수도 있습니다.

▼ 그림 6-9 경보 상태 경보 목록

경보 평가 기간

CloudWatch Alarm은 임계 값뿐만 아니라 경보 상태를 적절하게 변경할 수 있도록 **지표를 평가하는 기간과 타이밍**을 설정할 수 있습니다.

▼ 표 6-3 CloudWatch Alarm이 경보 상태를 평가하는 요소

요소	설명
기간	경보의 임계 값 범위인지 아닌지 평가하는 간격으로, 평가한 시점을 데이터 포인트라고 합니다.
평가 기간	경보 평가 대상이 되는 가장 최근의 데이터 포인트 개수를 의미합니다.
경보에 대한 데이터 포인트	평가 기간 중에서 경보 상태를 결정하는 데 필요한 데이터 포인트 개수를 의미합니다.

임계 값 범위 여부는 기간에서 설정한 간격으로 평가합니다. 경보 평가 대상 기간은 **평가 기간**(evaluation period)에서 설정한 **데이터 포인트 개수**를 이용해서 계산합니다. 예를 들어 기간이 3분이고 평가 기간이 10이라면 평가 대상 기간은 직전의 3분 곱하기 10으로 총 30분이 됩니다.

경보에 대한 데이터 포인트(datapoints to alarm)**는 평가 기간 중 경보 상태를 결정하는 데 필요한 데이터 포인트 개수입니다.** 앞선 예에서 경보에 대한 데이터 포인트를 8로 설정하면 3분마다 지표를 평가하여 최근 30분의 평가 대상 기간 중 8회 이상 임계 값 범위를 벗어나면 경보 상태가 변경됩니다. 중요 시스템이라면 이상이 발생한 즉시 경보 상태로 변경하는 것이 중요하므로 보다 짧은 기간과 타이밍, 예를 들어 기간이 1분, 평가 기간이 5, 경보에 대한 데이터 포인트를 3으로 설정하여 5분 사이에 3회 임계 값을 넘기면 경보 상태로 설정하는 방법을 사용합니다.

경보 작업

경보 상태가 변경되었을 때 동작을 설정하는 것이 바로 **경보 작업**입니다. 이 작업은 OK, ALARM, INSUFFICENT_DATA 사이에 상태가 변했을 때 설정할 수 있습니다. 경보 작업을 통해 운영 담당자에게 알림을 보내는 것이 일반적인 사용법입니다. 이런 알림에 이용할 수 있는 AWS 서비스가 바로 지금부터 소개할 Amazon SNS입니다.

6.3.3 Amazon SNS

Amazon SNS(Simple Notification Service)는 메시지 송수신을 중개하는 관리형 서비스입니다. 자세한 내용은 '9장 보안 통제'에서 설명하겠습니다. 자세한 요금은 웹 페이지를 참고합니다.[5]

Amazon SNS에서는 다양한 AWS 서비스나 기능을 **메시지 구독자**(subscriber)로 지정할 수 있습니다. **SNS의 가장 단순한 사용법은 이메일이나 문자 메시지를 구독자로 지정하여 운영 담당자에게 알림을 보내는 것입니다.** 이외에도 AWS Chatbot이나 AWS Lambda를 조합해서 사내 커뮤니케이션 도구에 알림을 보내거나 Amazon Kinesis나 Amazon SQS를 경유하여 다른 애플리케이션에 메시지를 연동할 수도 있습니다. CloudWatch Alarm을 이용한 모니터링이라면 SNS를 조합하여 간단한 알림 기능을 구현할 수 있습니다.

---

5   https://aws.amazon.com/ko/sns/pricing/

▼ 그림 6-10 SNS가 메시지 송수신을 중개하는 모습

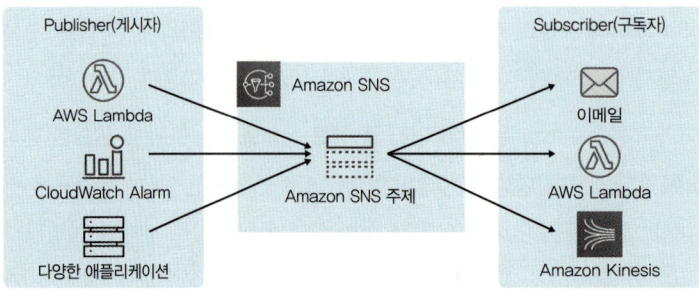

Amazon SNS를 이용한 CloudWatch Alarm 알림 설정하기

Amazon SNS를 이용하여 CloudWatch Alarm 알림 설정을 하는 방법은 다음과 같습니다. 예에서는 어떤 EC2 인스턴스 한 대의 **CPU 사용률이 90% 이상**이 되었을 때 알리는 **경보**를 생성합니다. 우선 CloudWatch Alarm에서 **경보 생성** 버튼을 누르고 이어서 **지표 선택** 버튼을 누릅니다.

▼ 그림 6-11 CloudWatch Alarm에서 경보 생성

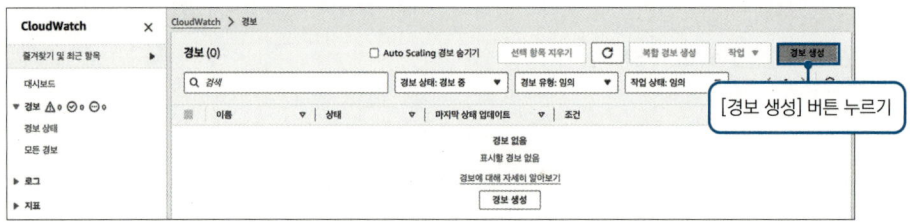

▼ 그림 6-12 지표 선택

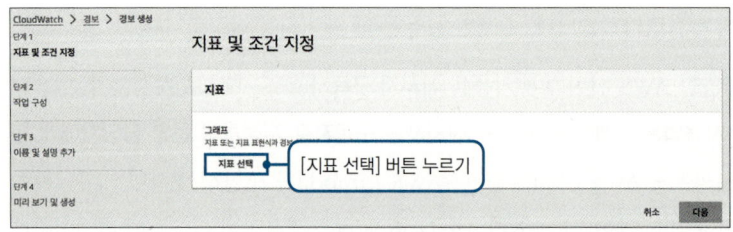

CloudWatch Metrics에서 시각화할 때처럼 **경보를 설정할 지표**를 선택합니다.

▼ 그림 6-13 경보를 설정할 지표 선택

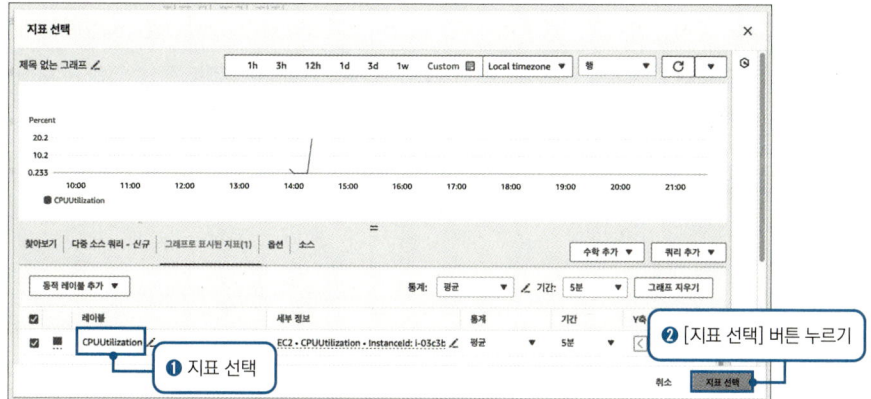

이어서 CloudWatch Alarm 기간을 지정합니다. 예에서는 1분입니다.

▼ 그림 6-14 CloudWatch Alarm 기간 지정

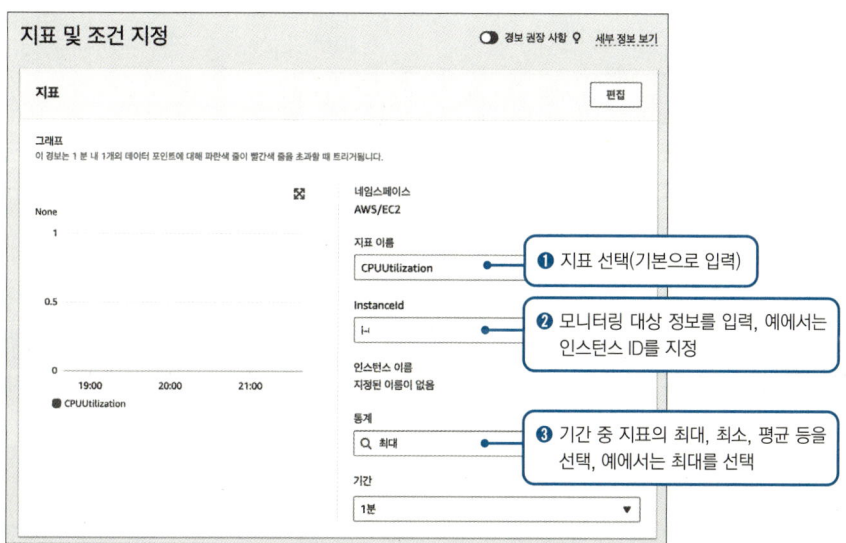

Note ≡ 그림 6-14의 기간은 1초부터 지정할 수 있지만 각 AWS 리소스에서 자동으로 수집되는 지표는 최소 1분 간격으로 저장됩니다. 대상 AWS 서비스나 지표에 따라 지표와 조건 지정 화면 설정 항목은 달라지므로 주의하기 바랍니다.

다음 그림의 조건에는 **정적 임계 값을 90 이상**으로 지정하고, 그림 6-5에서 설명한 **평가 기간과 경보에 대한 데이터 포인트**도 지정합니다. '경보에 대한 데이터 포인트/평가 기간'처럼 지정하는데, 여기에서는 3/5로 지정합니다. 기간은 1분이므로 이 경보는 **1분 간격으로 데이터를 수집하고, 지난 5회(평가 대상 기간 5분) 중에서 3회가 90% 이상이라면 ALARM 상태인 경보**가 됩니다.

▼ 그림 6-15 조건 입력

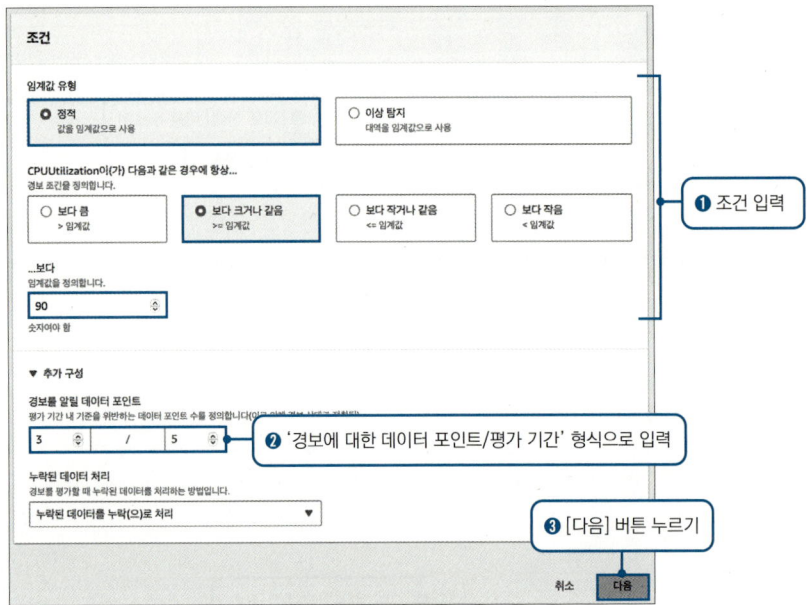

임계 값을 설정한 후에는 알림 대상을 설정합니다. 여기에서는 Amazon SNS를 경유하여 이메일로 알립니다. 미리 준비한 SNS 주제(메시지를 받을 장소)를 지정할 수도 있지만, **알림 추가와 동시에 SNS 주제를 생성할 수도 있습니다.**

▼ 그림 6-16 알림 대상 추가

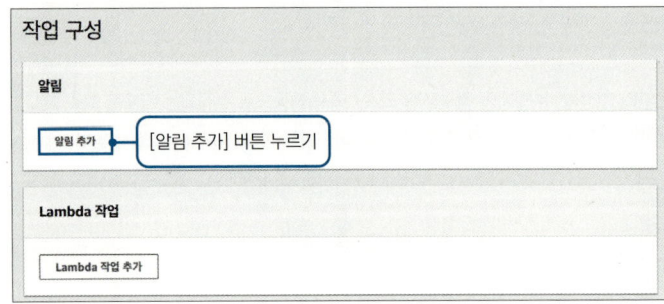

198

▼ 그림 6-17 알림 내용 설정과 주제 생성

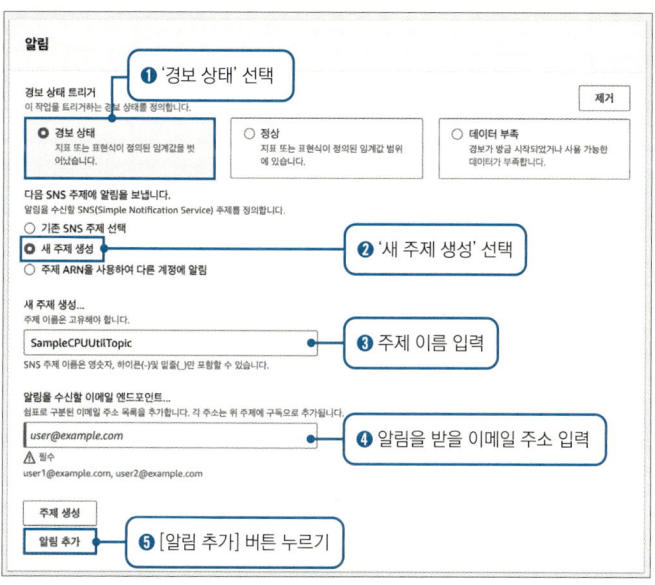

ALARM 상태로 변했을 때 알림뿐만 아니라 OK 상태가 되었을 때(ALARM 상태 해제) 알림 역시 **알림 추가**를 클릭하여 생성할 수 있습니다. 이 알림을 통해 지표가 정상으로 돌아온 것을 알 수 있습니다. 필요하다면 INSUFFICIENT_DATA 상태(데이터 부족 상태) 알림도 생성할 수 있습니다. 예에서는 ALARM 상태, OK 상태 모두 알림 전송 대상으로 같은 SNS 주제를 지정했습니다(그림 6-18). **동일한 지표를 모니터링하는 것이라면 SNS 주제를 나눌 필요가 없으므로 같은 알림 대상에 알림을 보내도록 합니다.**

▼ 그림 6-18 OK 상태 알림도 생성

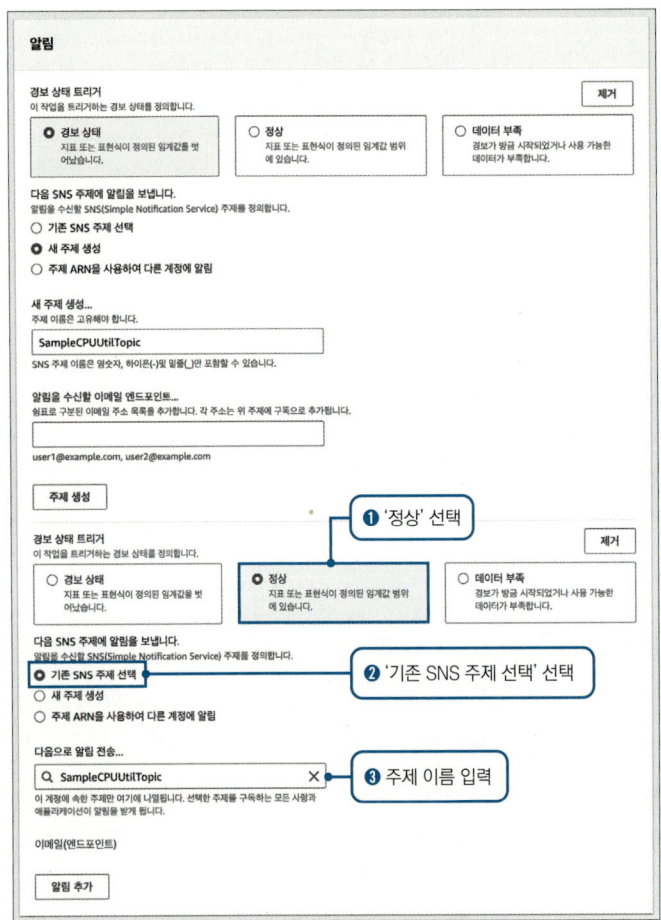

마지막으로 경보 이름을 설정하고 **다음** 버튼을 눌러 미리보기 및 생성 화면이 표시되면 **경보 생성** 버튼을 누릅니다. **경보 이름은 대상 시스템이나 리소스 또는 모니터링하는 지표 등을 포함하면 경보가 늘어났을 때 관리하기가 쉽습니다.** 앞서 설명했듯이, 생성 초기에는 데이터 부족으로 INSUFFICIENT_DATA 상태가 됩니다.

▼ 그림 6-19 경보 이름 설정

▼ 그림 6-20 경보 설정 완료 화면

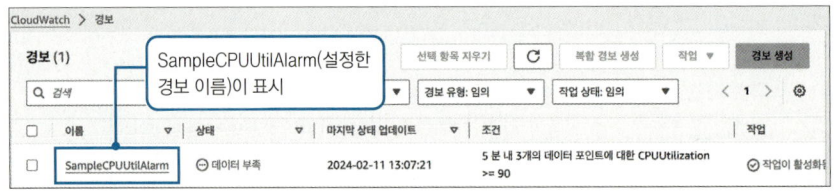

SNS 주제를 생성하고 이메일 주소를 지정(구독 생성)했습니다. 구독이 **이메일이라면 알림 대상의 이메일 주소로 알림 허용을 요청하는 이메일이 도착합니다.** 이메일에 있는 Confirm subscription 주소에 접속하지 않으면 구독은 검증 중 상태가 되므로 알림이 전송되지 않습니다. **설정한 후에는 반드시 확인 링크에 접속해서 검증 완료 상태로 만들어야 합니다**(자세한 내용은 9.6.12절 참고).

▼ 그림 6-21 경보 수신 허용

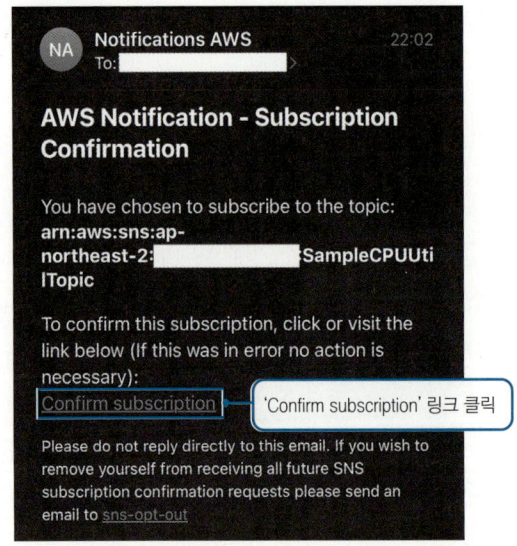

SNS 콘솔에서도 생성한 SNS 주제와 구독을 확인할 수 있습니다. 경보 생성 후 알림 대상은 콘솔에서 추가할 수 있습니다. 이 절 앞쪽에서 설명했듯이, 이메일 이외에도 다양한 구독 방식을 선택할 수 있습니다.

▼ 그림 6-22 SNS에서 주제와 구독을 확인하고 알림 대상 추가

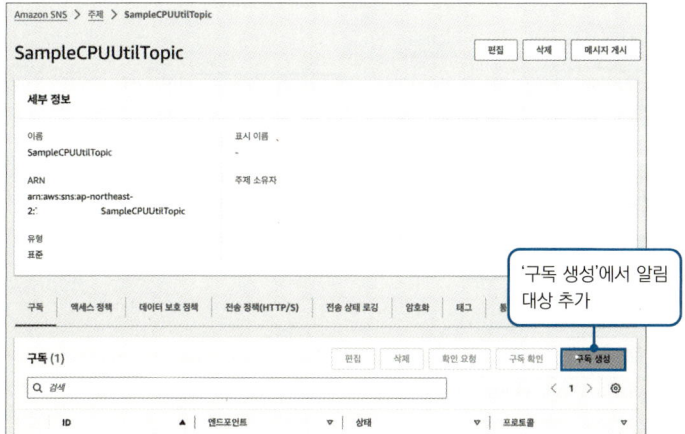

▼ 그림 6-23 SNS에서 알림 대상 추가

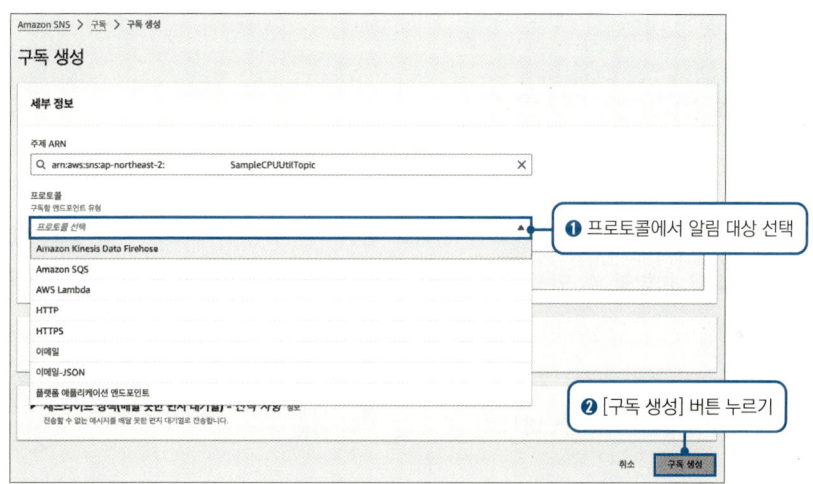

Amazon SNS를 사용한 경보 메일

경보 메일은 그림 6-24와 같은 형태로 발송됩니다. 이메일에는 **경보 링크**가 포함되어 있으므로 곧바로 콘솔을 열어 확인할 수 있습니다. 또 **경보 이름**(name)**이나 상태**(state change), **모니터링 대상 지표**(monitored metric)**가 기재되어 있으므로 이메일 본문에서 어떤 경보고 상태(경보 상태, 정상 등)인지 알 수 있습니다.

▼ 그림 6-24 경보 메일 예

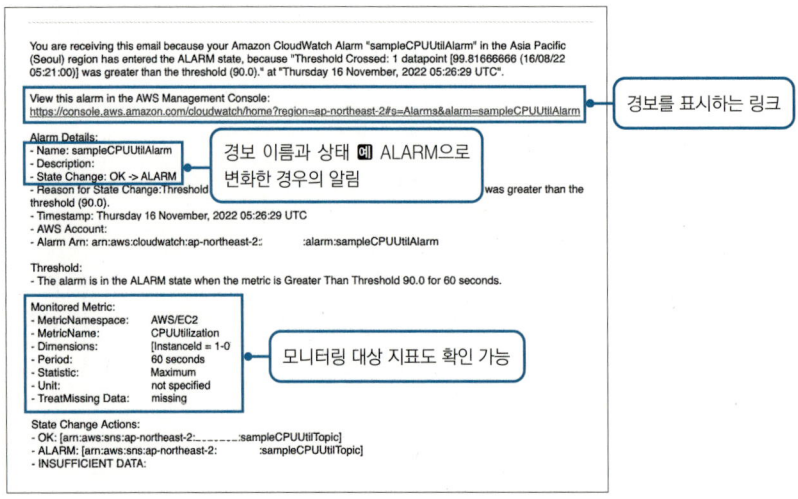

6.3.4 Amazon CloudWatch 대시보드

CloudWatch는 지표를 한 화면에 표시하는 **대시보드**를 생성할 수 있습니다. 자세한 요금은 웹 페이지를 참고합니다.[6] 대시보드는 **표시할 지표를 임의로 설정하여 매번 그래프를 만들 필요 없이 AWS 리소스 가동 상황을 파악할 수 있습니다.** 하나의 대시보드를 여러 IAM 사용자가 볼 수 있으므로 다수의 관리자와 운영 담당자가 공유할 수 있습니다. 또 CloudWatch 대시보드는 CloudWatch Metrics만큼이나 위젯(시각화 종류)이 풍부합니다. **리소스 가동 상황을 계속해서 확인해야 한다면 미리 생성해 둔 CloudWatch 대시보드를 쓰는 것이 좋습니다.**

CloudWatch 대시보드 생성하기

CloudWatch 대시보드를 생성하려면 **대시보드 생성** 버튼을 눌러 **위젯**(표시 형식)을 선택합니다.

▼ 그림 6-25 CloudWatch 대시보드 생성

---

6 https://aws.amazon.com/ko/cloudwatch/pricing/

▼ 그림 6-26 CloudWatch 대시보드 위젯 선택

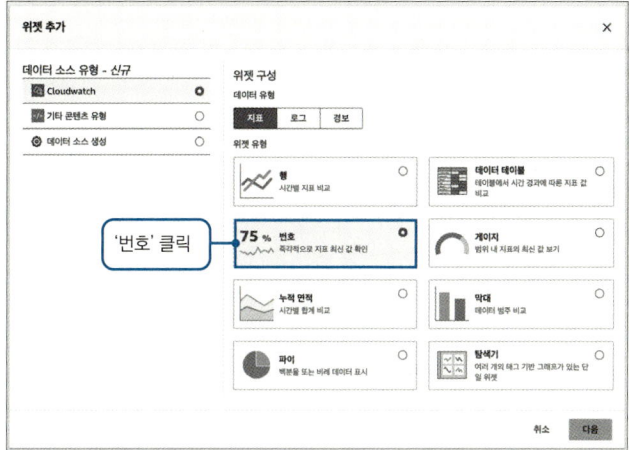

여기에서는 **번호** 위젯을 선택해서 CPU 사용률을 시각화합니다. 시각화할 지표 선택은 CloudWatch Metrics와 동일합니다. 또 기본적으로 그래프 이름은 **제목 없는 그래프**이므로 그래프 이름을 변경해 봅시다. **제목에 모니터링 대상 시스템이나 리소스, 지표 등을 포함하면 무엇을 시각화한 그래프인지 알아차리기 쉽습니다.**

▼ 그림 6-27 시각화할 지표를 선택해서 이름 붙이기

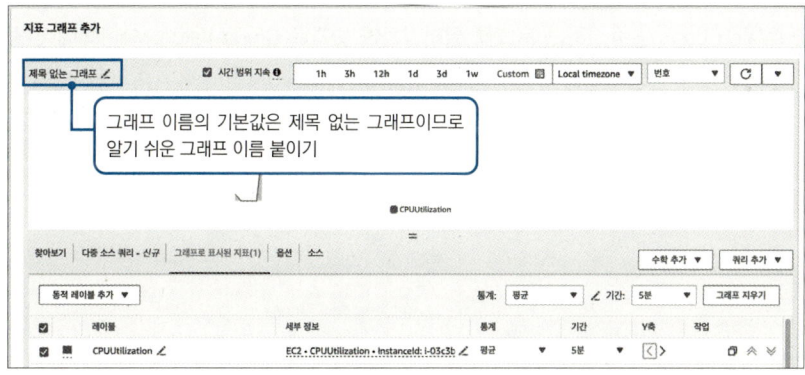

위젯을 추가했으면 **저장** 버튼을 누릅니다.

▼ 그림 6-28 대시보드 저장

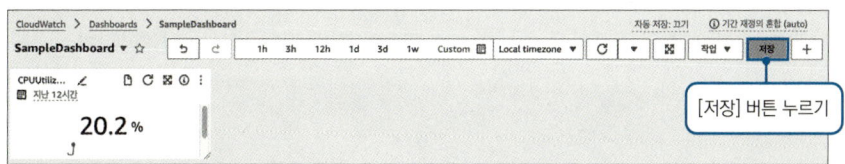

위젯은 여러 개 나열할 수 있습니다. 하나의 시스템 지표를 여러 위젯으로 시각화하면 한눈에 가동 상태를 확인할 수 있습니다.

▼ 그림 6-29 대시보드에 여러 위젯을 추가해서 시각화

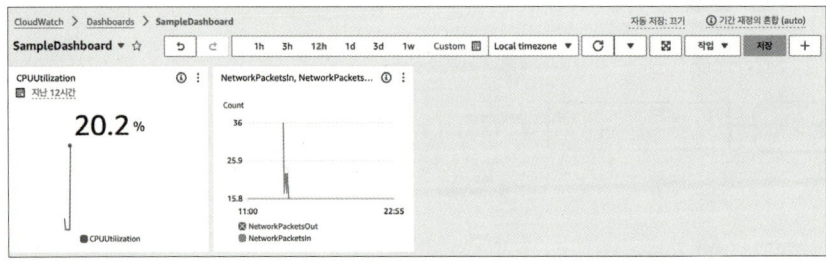

6.3.5 Amazon CloudWatch Logs

CloudWatch Logs는 '5장 로그 운영'에서 설명했습니다. 하지만 로그 모니터링에서 이용할 수 있는 기능도 있습니다.

Amazon CloudWatch Logs 지표 필터

지표 필터는 CloudWatch Logs가 수신하는 로그를 필터링하여 숫자로 CloudWatch Metrics에 전송하는 기능입니다. 지표 필터 기능을 쓰면 CloudWatch Metrics에서 AWS 리소스 성능 데이터뿐만 아니라 **애플리케이션 로그의 오류**나 **문자열**을 카운트하여 시각화 및 경보 설정을 할 수 있습니다.

▼ 그림 6-30 지표 필터 모습

예를 들어 ERROR 문자열을 감지하는 지표 필터를 설정한다면 다음 그림과 같습니다. 먼저 CloudWatch Logs의 로그 그룹에서 위쪽 풀다운 메뉴를 열어 **작업 > 지표 필터 생성**을 선택합니다.

▼ 그림 6-31 CloudWatch Logs 로그 그룹에서 지표 필터 생성

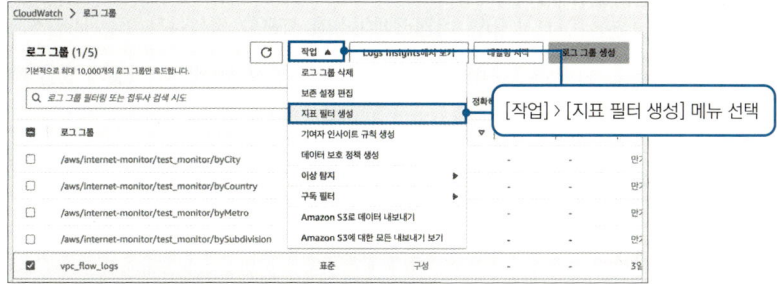

이제 필터 패턴에 **ERROR**를 입력합니다.

▼ 그림 6-32 필터 패턴 설정

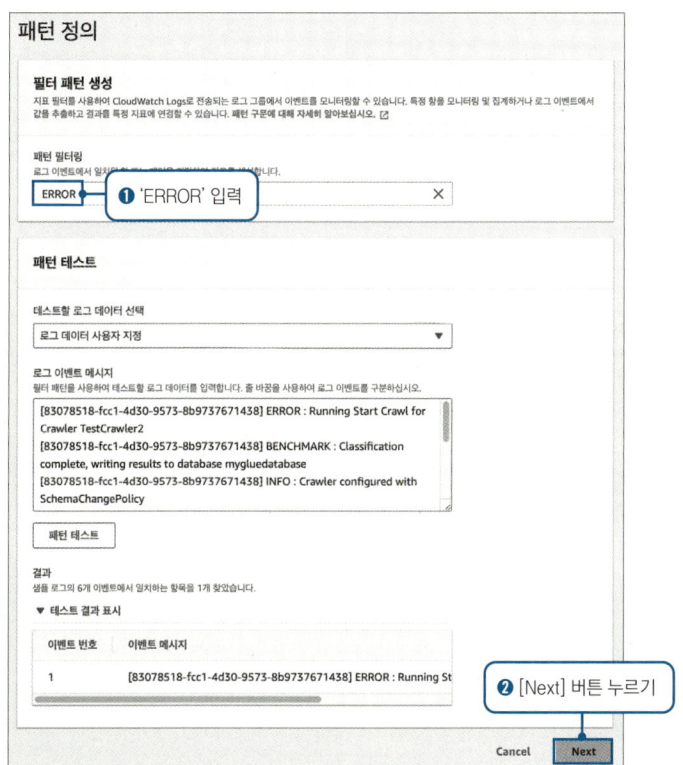

필터 이름과 **지표 세부 정보**를 설정합니다. 필터 이름은 무엇을 필터하고 있는지 알기 쉬운 이름으로 입력합니다.

다음 그림의 **지표 세부 정보는 CloudWatch Metrics에서 표시할 때 쓰는 설정입니다.** 지표 필터는 사용자가 지표를 새롭게 생성하는 방식이므로 **어떤 네임스페이스에 지표를 생성할지** 또는 네임스페이스도 새로 생성할지를 지정합니다. 필터와 일치하면 **지표에 전송할 값**(지표 값)과 **그렇지 않을 때 전송할 값**(기본값), **값의 단위**(Unit)도 설정할 수 있습니다.

예에서는 지표 값을 1로 설정하며, 기본값과 Unit은 설정하지 않습니다.

▼ 그림 6-33 필터 이름과 지표 세부 정보 설정

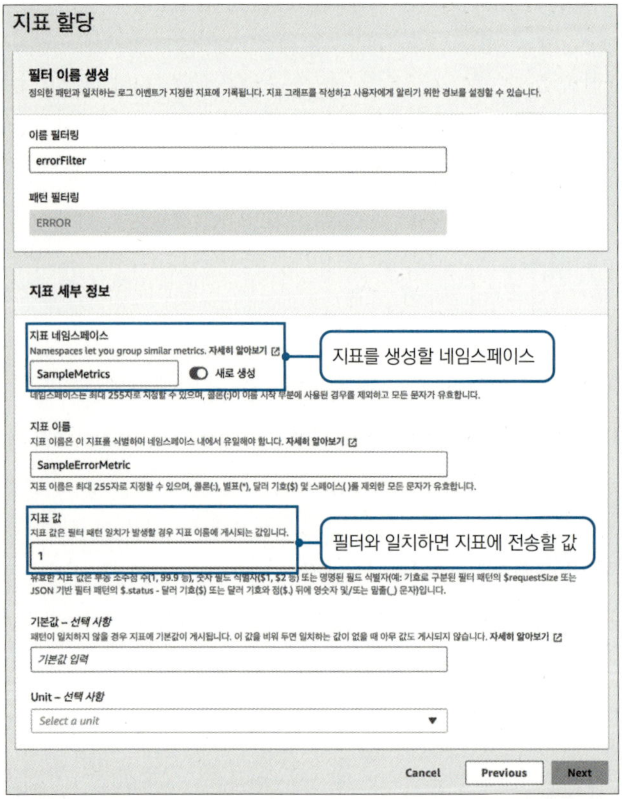

다음 그림에서 내용을 확인하고 **지표 필터 생성** 버튼을 누릅니다.

▼ 그림 6-34 지표 필터 생성

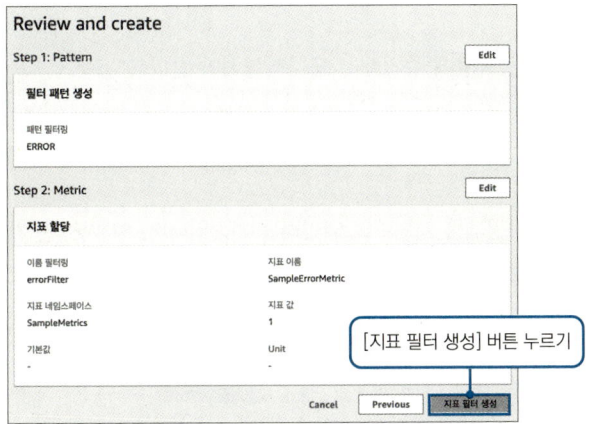

> **Note** 그림 6-32의 필터 패턴은 로그에서 특정 문자열을 추출하는 구문을 생성하는 구역입니다. 자세한 생성 방법은 AWS 문서[7]를 참고합니다. 또 그림 6-32의 패턴 테스트를 누르면 필터 패턴에 지정한 구문을 테스트해서 원하는 로그를 추출할 수 있는지 확인할 수 있습니다.

CloudWatch Logs 구독 필터

구독 필터는 지표 필터처럼 CloudWatch Logs가 수신한 로그를 필터링하는 기능이지만, 필터링한 로그를 CloudWatch Metrics가 아니라 AWS Lambda나 Amazon Kinesis에 전송하는 기능입니다. '5장 로그 운영'에서는 구독 필터를 써서 Amazon Kinesis 경유로 S3 버킷에 로그를 출력하는 방법을 소개했습니다. 모니터링 용도로는 로그를 **문자열** 등으로 필터링하여 **AWS Lambda를 통해 Amazon SNS로 알림을 보낼 수도 있습니다.**

▼ 그림 6-35 구독 필터 모습

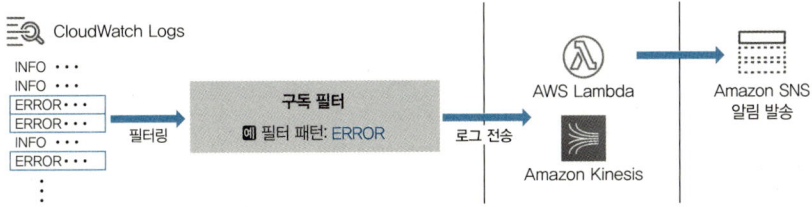

---

[7] https://docs.aws.amazon.com/ko_kr/AmazonCloudWatch/latest/logs/FilterAndPatternSyntax.html

6.3.6 EC2 상태 검사와 자동 복구

EC2 인스턴스를 운영할 때는 **상태 검사**와 **자동 복구**에 주의해서 모니터링해야 합니다.

상태 검사

상태 검사는 EC2 인스턴스 가동에 영향을 주는 문제를 자동으로 확인하는 기능입니다. 이 기능은 기본값으로 활성화되며, 콘솔의 EC2 인스턴스 목록에서 확인할 수 있습니다.

▼ 그림 6-36 EC2 상태 검사

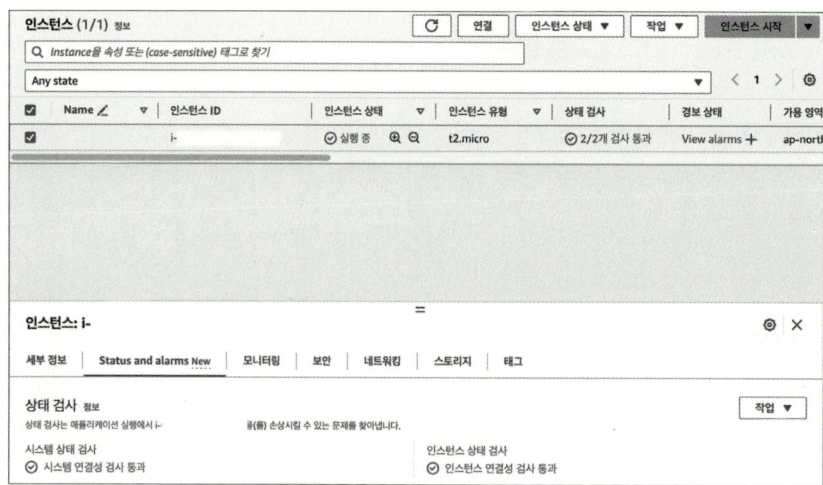

상태 검사에는 **인스턴스 상태 검사**와 **시스템 상태 검사** 두 종류가 있으며, 각각 확인하는 내용이 다릅니다. 둘 중 어느 쪽이라도 상태 검사에 실패했다면 EC2 인스턴스가 응답할 수 없는 상태이므로 심각한 문제로 발전할 위험성이 있습니다.

▼ 표 6-4 두 종류의 EC2 상태 검사

EC2 상태 검사	설명
인스턴스 상태 검사	• 각각의 인스턴스 네트워크와 리소스를 확인합니다. NIC*에 ARP 요청을 보내서 확인합니다. • 검사 실패 예 CPU나 메모리 부족, 네트워크 설정 실수
시스템 상태 검사	• 인스턴스가 가동 중인 AWS 인프라를 확인합니다. • 검사 실패 예 AWS 인프라 장애

* ENI(Elastic Network Interface)를 뜻합니다. NIC는 Network Interface Card/Controller 약어입니다.

상태 검사는 각각 CloudWatch Metrics에 기록되므로 개별적으로 경보를 설정할 수 있습니다.

자동 복구

자동 복구는 경보가 발생할 때 자동으로 EC2 인스턴스를 중지, 시작, 복구하는 기능입니다. CloudWatch Alarm에서는 EC2 지표에 관련된 경보 작업으로 EC2 인스턴스의 중지, 종료, 재부팅, 복구를 지정할 수 있습니다. 자동 복구는 앞서 설명한 상태 검사의 지표를 경보로 설정하여 EC2 복구를 실행하는 방식입니다.

시스템 상태 검사에서 AWS 인프라에 문제가 발견되면 기본적으로 **자동 복구 기능을 활성화**하는 인스턴스 종류도 있습니다. 하지만 인스턴스 상태 검사는 그렇지 않으므로 따로 자동 복구를 설정하는 것이 좋습니다. 자동 복구가 기본적으로 활성화되어 있는 인스턴스의 종류와 활성화, 비활성화에 대한 자세한 내용은 AWS 문서를 확인합니다.[8]

또 자동 복구와 함께 SNS 주제 알림을 설정하면 문제 해결 작업이 실행될 때 곧바로 파악할 수 있습니다.

자동 복구를 할 때 SNS 주제를 활용하여 운영 담당자에게 알리기

자동 복구를 할 때 SNS 주제를 활용해서 알림을 보내는 설정(상태 검사 경보)은 다음 그림과 같이 간단히 할 수 있습니다. 먼저 대상 EC2 인스턴스의 상태 검사 탭에서 **상태 검사 경보 생성** 버튼을 누릅니다.

▼ 그림 6-37 EC2 인스턴스의 상태 검사 경보 생성

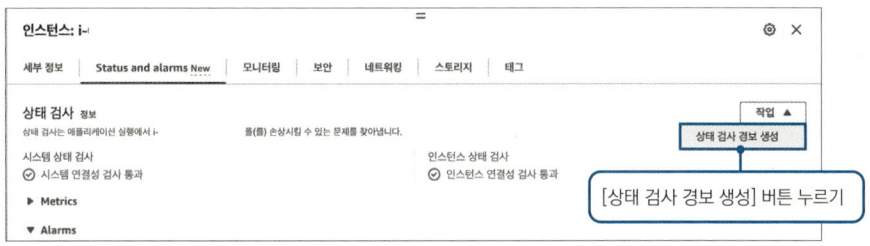

경보 알림 주제와 경보 작업의 복구를 선택합니다. 경보 임계 값에는 기본 설정된 값이 들어갑니다.

---

[8] https://docs.aws.amazon.com/ko_kr/AWSEC2/latest/UserGuide/ec2-instance-recover.html

▼ 그림 6-38 상태 검사 경보 설정

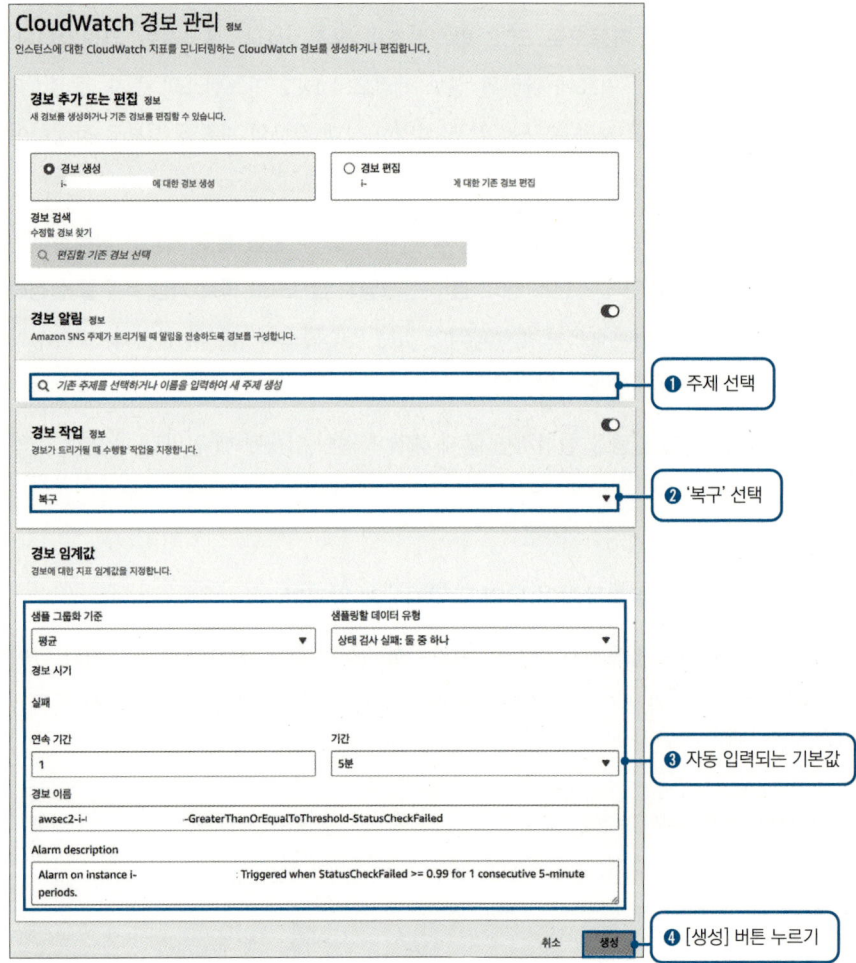

생성을 완료하면 EC2 인스턴스 목록 화면으로 돌아가고 생성된 CloudWatch 경보가 표시됩니다.

▼ 그림 6-39 상태 검사 경보 생성 완료

6.3.7 AWS Health

AWS에서는 클라우드 서비스를 제공하는 AWS 인프라 측의 유지 보수나 장애 발생으로 이용 중인 AWS 계정의 리소스에 영향을 미치는 이벤트가 발생할 수 있습니다. 이런 이벤트를 확인하는 방법이 바로 AWS Health입니다. AWS Health에서는 AWS 서비스 장애 정보 및 개별적으로 AWS 리소스에 영향을 주는 이벤트를 확인할 수 있습니다. AWS Health는 크게 **서비스 상태**와 **내 계정 상태** 두 가지 기능으로 나눌 수 있습니다.

서비스 상태

서비스 상태(Service health)에서는 각 AWS 서비스의 리전 범위에 발생한 장애 정보를 확인할 수 있습니다. 일반적으로 **상태 페이지**라고 하는데, 이는 AWS 계정에 로그인하지 않고도 확인할 수 있습니다.

▼ 그림 6-40 서비스 상태에서 AWS 서비스의 리전 범위 장애 정보 확인

내 계정 상태

내 계정 상태(Your account health)에서는 이용하는 리소스 중에서 **이벤트 세부 내용, 영향을 받는 AWS 리소스, 이벤트 대응 권장 사항**이 있는 경우 이를 확인할 수 있습니다. AWS에서 서비스 유지 보수 등 예정된 이벤트가 있을 때도 내 계정 상태의 **예정된 변경 사항**(Scheduled changes)에서 확인할 수 있으므로, 이에 대한 대응 계획을 세울 수 있습니다. 또 AWS에 장애가 발생했을 때 영향을 받는 AWS 리소스가 있다면 내 계정 상태에 **미해결 문제 및 최근 문제**(Open and recent issues)로 알려 주기 때문에 영향이 미치는 범위를 파악하고 그 대응법을 확인할 수 있습니다.

▼ 그림 6-41 내 계정 상태에서 리소스에 영향을 주는 이벤트 확인

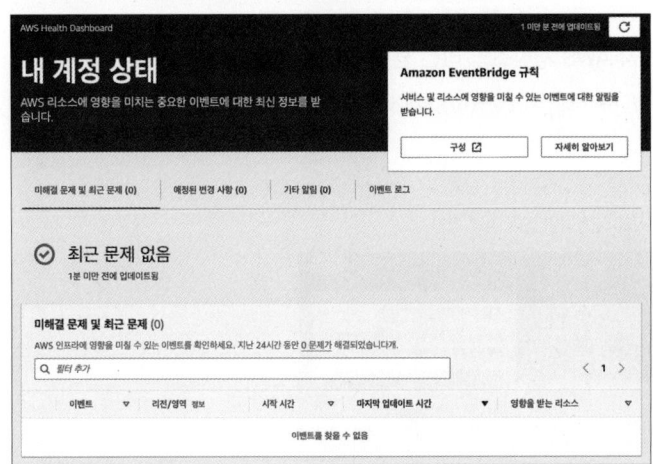

이벤트 로그(Event Logs)에서는 과거에 발생한 이벤트도 확인할 수 있습니다. 알림을 놓쳐 시스템에 영향을 미쳤다면 여기에서 그 원인을 확인할 수 있습니다.

▼ 그림 6-42 내 계정 상태의 이벤트 로그에서 과거 이벤트 확인

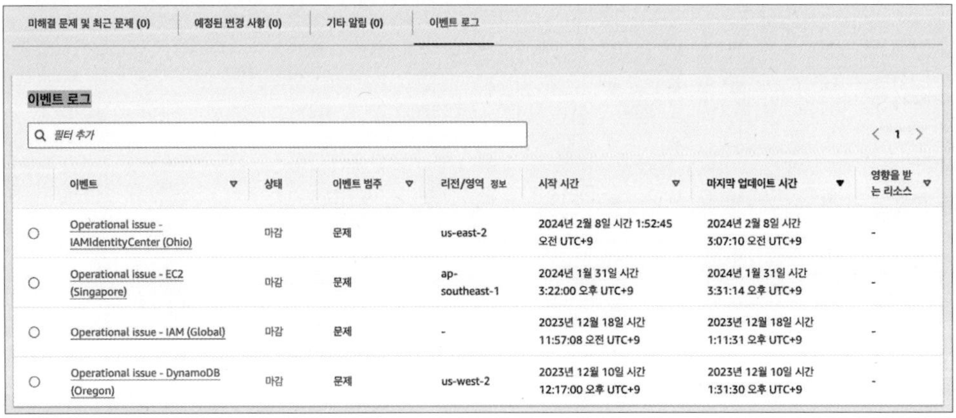

6.3.8 내 계정 상태의 두 가지 알림

이 절에서는 AWS Health의 내 계정 상태를 실제로 활용할 때 운영자가 설정하는 알림과 특히 주의해야 할 알림을 설명합니다.

Amazon EventBridge를 사용한 AWS Health 이벤트 알림

AWS Health의 내 계정 상태에 표시되는 내용은 이후 '9장 보안 통제'에서 설명할 Amazon EventBridge와 Amazon SNS를 써서 알림을 보낼 수 있습니다. Amazon SNS를 사용하므로 통지 대상으로 이메일 등을 설정할 수 있지만, **리전별로 설정해야 합니다**. 알림 설정은 내 계정 상태 오른쪽 위에 있는 **구성**(Configure) 버튼을 눌러 시작할 수 있습니다.

▼ 그림 6-43 내 계정 상태에서 [구성] 버튼 누르기

▼ 그림 6-44 EventBridge 규칙 설정

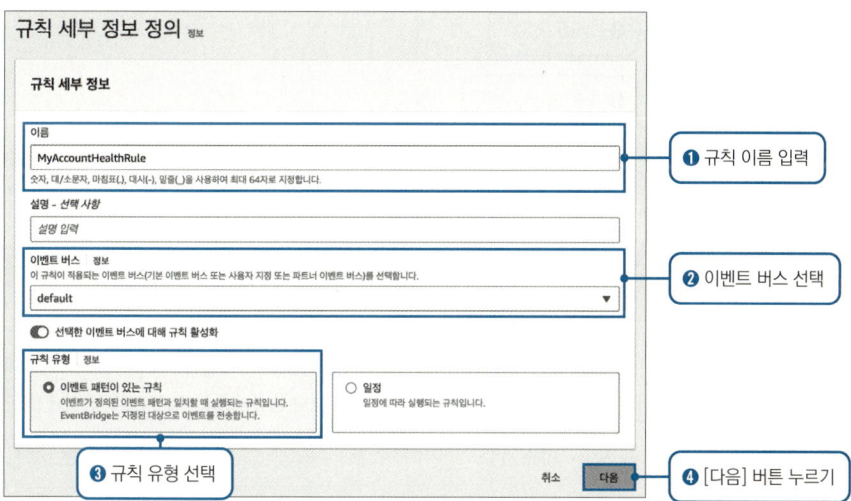

다음으로 이벤트 패턴에서 AWS 서비스는 Health로, 이벤트 유형은 **모든 이벤트**로 선택합니다. 이렇게 하면 AWS Health에 표시되는 모든 이벤트를 EventBridge로 알림을 보낼 수 있습니다. 또 이벤트 소스 등 설정은 기본적으로 선택됩니다.

▼ 그림 6-45 알림을 보낼 이벤트 패턴 설정

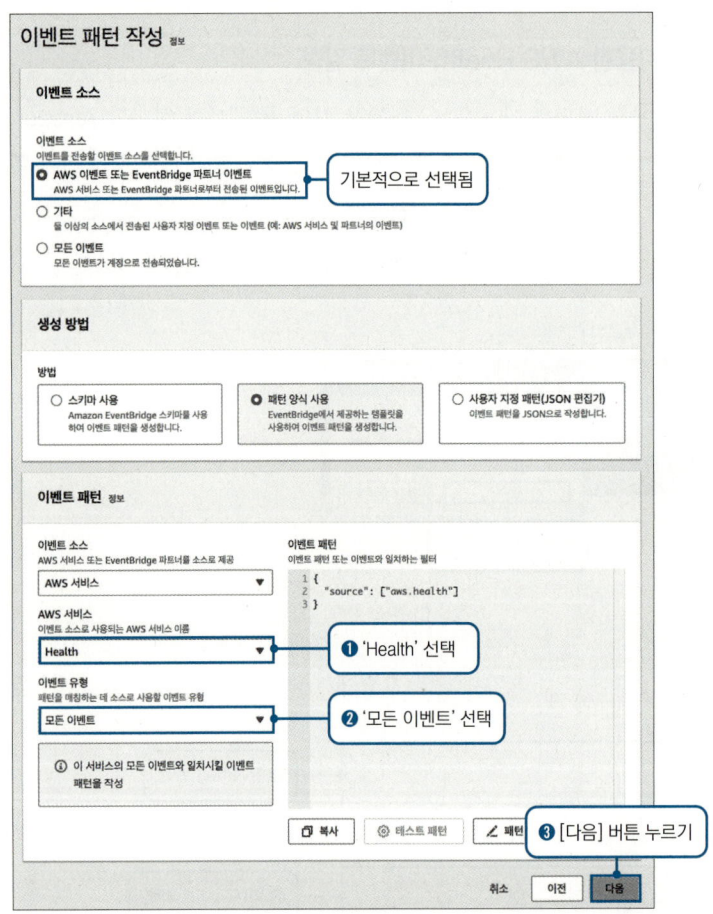

이벤트 유형에서 **특정 서비스**를 클릭하여 특정 AWS 서비스 또는 리소스로 제한하는 방법도 있습니다. 다음 그림은 모든 EC2 인스턴스의 scheduledChange 이벤트(예약된 변경)를 알립니다. 예에서는 **모든 이벤트 유형 범주**와 **모든 리소스**를 클릭하여 모든 EC2 인스턴스를 대상으로 모든 유형의 scheduledChange 이벤트를 알리도록 설정했습니다. 오른쪽 위에 있는 JSON 내용은 실제로 설정되는 이벤트 패턴입니다. 왼쪽의 각 항목을 입력하면 자동 입력됩니다.

▼ 그림 6-46 특정 상태 이벤트로 특정한 AWS 서비스나 리소스에 한정된 설정도 가능

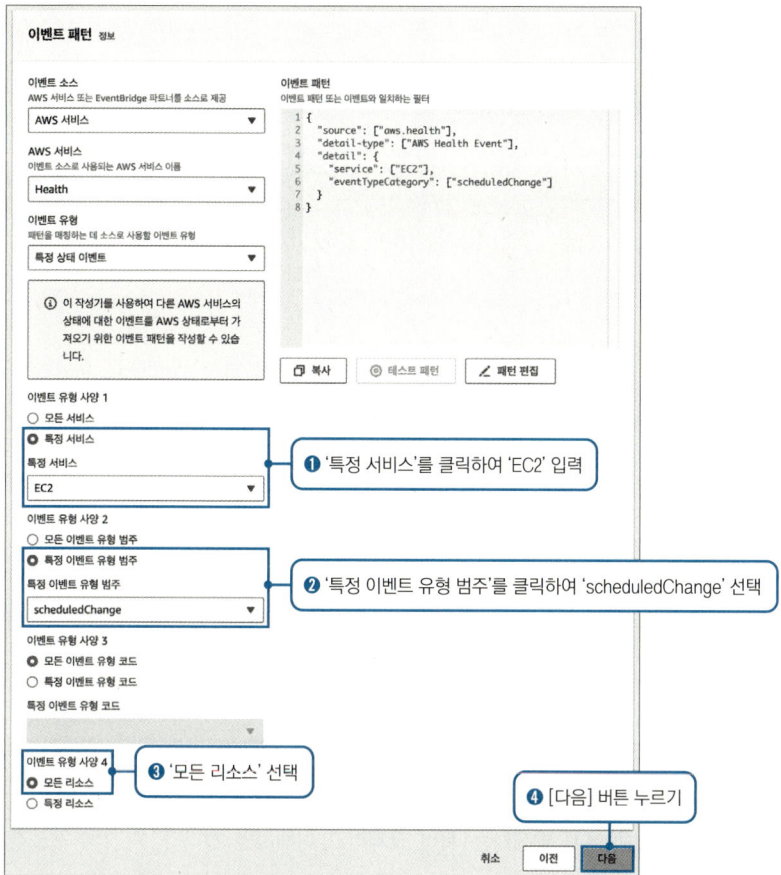

이어서 알림 대상으로 **SNS 주제**를 지정합니다.

▼ 그림 6-47 알림 대상을 SNS 주제로 설정

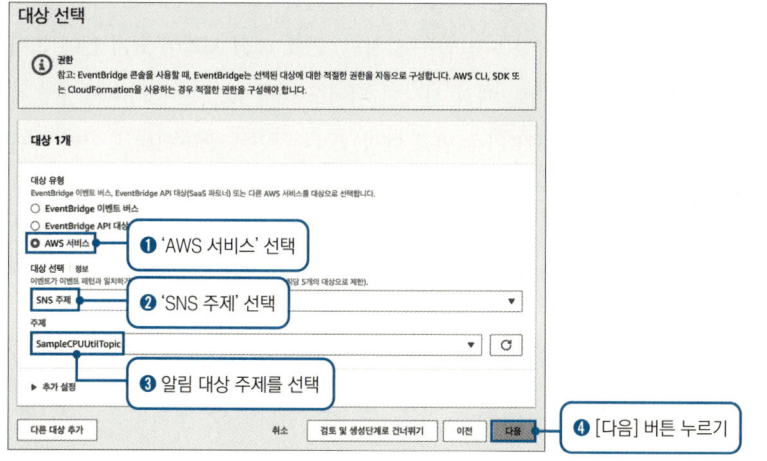

태그 설정과 검토 화면을 거쳐 규칙 설정이 완료됩니다. 자세한 내용은 생략합니다.

▼ 그림 6-48 규칙 설정 완료

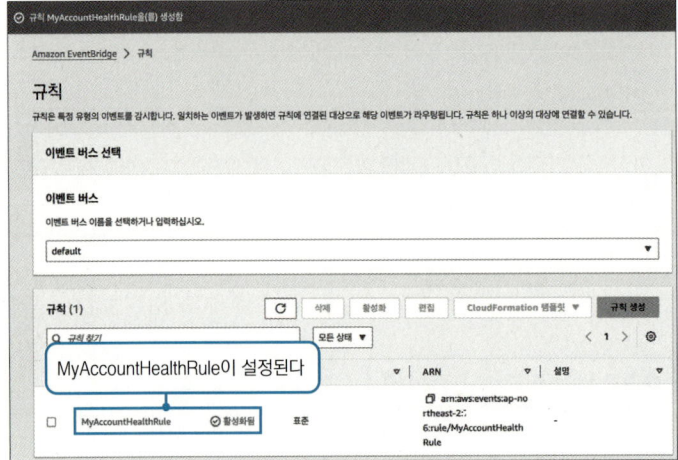

EC2 만료 알림

내 계정 상태에서 자주 등장하는 이벤트 중 하나가 **EC2의 만료**(retirement)입니다. EC2 같은 인프라 서버를 제공하는 IaaS(Infrastructure as a Service)의 경우 EC2 인스턴스가 가동 중인 AWS 인프라 유지 보수[9] 때문에 어쩔 수 없이 서버를 중지해야 하는 순간이 생깁니다. 이것을 **만료**라고 하는데, **EC2 인스턴스가 가동 중인 AWS에서 발생하는 서버 교체라고 이해하면 됩니다**. EC2의 구조상 EC2 인스턴스가 중단되면 다음에 시작할 때는 이전과 다른 인프라의 서버에서 실행됩니다. 따라서 만료 알림이 왔을 때 사용자가 일단 EC2를 중지시키고 다시 시작한다면 만료된 서버가 아니라 이전과 다른 서버에서 EC2를 이용할 수 있습니다.

만료 알림 대상이 되면 만료 알림에 명시된 AWS가 예정한 일정에 따라 EC2 인스턴스는 강제적으로 중지됩니다. 이런 중지를 사용자가 막을 수 있는 방법은 없지만, **만료 예정 시각이 되기 전에 미리 임의의 날짜에 중지 및 재시작을 수행**하면 만료 예정 시각이 되어도 해당 EC2는 중지되지 않습니다. 미리 중지 및 재시작하여 EC2 인스턴스가 기존(만료 예정)과 다른 인프라의 서버로 이미 바뀌었기 때문입니다. 만료 예정이지만 상시 가동 중인 인스턴스라면 업무 영향이 적은 시간대를 골라서 중지 및 재시작 수행 일정을 잡아야 합니다.

---

[9] AWS가 관리하는 물리 서버의 유지 보수 또는 기기 교체 등에 해당합니다.

6.4 실무 표본 아키텍처 소개

지금까지 설명한 서비스와 기능을 활용하는 모니터링 표본 아키텍처와 모니터링 요건을 알아보겠습니다.

▼ 그림 6-49 AWS 모니터링

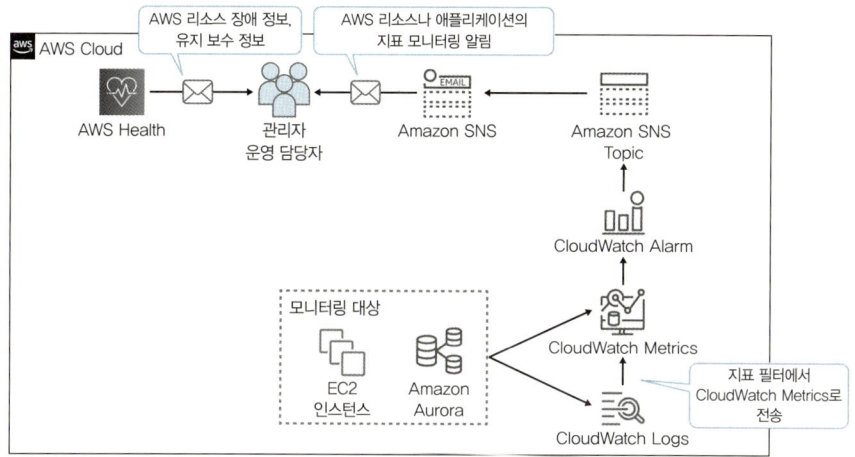

6.4.1 아키텍처 개요

표본 아키텍처는 EC2와 Aurora를 모니터링합니다. '5장 로그 운영'과 마찬가지로 EC2의 OS 로그나 애플리케이션 로그는 CloudWatch 에이전트로 CloudWatch Logs에 출력됩니다. AWS 리소스 가동 상태를 나타내는 다양한 지표는 기본적으로 CloudWatch Metrics에 저장됩니다. CloudWatch Logs에 보관되는 로그도 일부는 **지표 필터**를 이용해서 CloudWatch Metrics로 보냅니다. 경보 발생은 **CloudWatch Alarm**과 **Amazon SNS**를 이용해서 이메일로 각 담당자에게 알립니다. AWS 리소스 유지 보수 정보, 장애 정보 알림과 확인은 **AWS Health**를 이용합니다.

6.4.2 모니터링 요건

모니터링 요건은 다음 세 가지로 가정합니다.

1. **지표 모니터링**

   AWS 리소스 가동 상태를 모니터링하고 문제가 발생하면 알립니다.

2. **로그 모니터링**

   OS나 애플리케이션 로그를 모니터링하여 오류를 알립니다.

3. **AWS 유지 보수, 장애 정보**

   이용하는 AWS 리소스에 영향을 주는 AWS 인프라 유지 보수 정보, 장애 정보를 알립니다.

이런 표본 아키텍처는 각각 다음 표와 같은 AWS 서비스를 활용하여 설계합니다.

▼ 표 6-5 표본 아키텍처에서 이용하는 서비스

서비스	설명
지표 모니터링	CloudWatch Metrics, CloudWatch Alarm, Amazon SNS
로그 모니터링	CloudWatch Logs 지표 필터, CloudWatch Metrics, CloudWatch Alarm, Amazon SNS
AWS 유지 보수, 장애 정보	AWS Health

6.5 실무 표본 아키텍처를 운영할 때 주의점

운영 담당자가 모니터링을 설정한 후에도 지속적으로 다음 작업을 수행해야 합니다.

6.5.1 경보 임계 값 재검토

시스템을 운영하다 보면 설계 당시의 모니터링 요건과 실제 운영 업무 간에 차이가 발생할 수 있습니다. 예를 들어 경보가 너무 많거나 너무 민감하게 반응하는 모니터링 설정 때문에 경보는 발생하지만 시스템이나 업무에는 실제로 영향이 없는 경우가 이에 해당합니다. 업무에 영향이 없는 경보는 주기적으로 임계 값 범위를 넘는 높은 부하가 발생하지만, 시스템 자체에는 큰 영향이 가지 않는 경우를 의미합니다.

실제로 경보가 자주 발생하여 시스템에 과도한 부하가 걸려 업무에도 영향이 생긴다면, **리소스를 스케일 아웃 또는 스케일 업**하는 것을 고려해야 합니다. 한편 업무에 영향을 주지 않는다면 경보는 단순한 방해에 불과하며, 시스템에 영향을 주는 경보가 발생하여 이를 조사할 때 원인을 파악하기가 어렵습니다. **따라서 운영자는 CloudWatch 대시보드나 CloudWatch Alarm 기록을 주기적으로 확인하여 현재 모니터링 임계 값이 적절한지 검토해야 합니다.** CloudWatch Alarm 모니터링 기록은 콘솔에서 확인할 수 있습니다.

▼ 그림 6-50 CloudWatch Alarm 모니터링 기록 확인

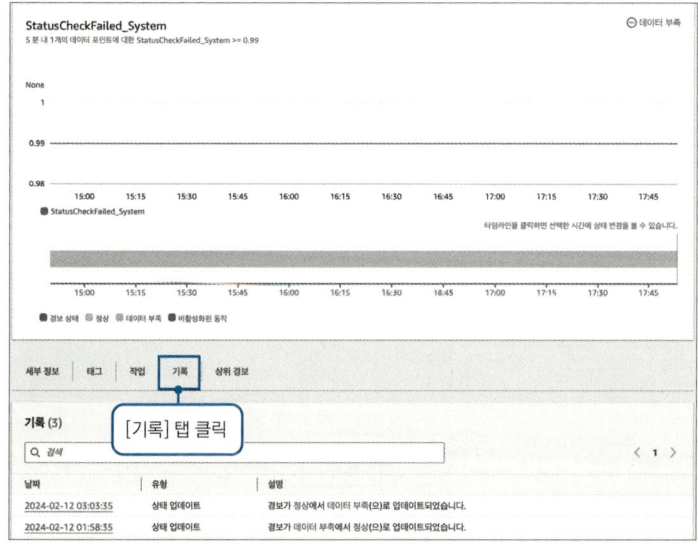

6.5.2 알림 대상 재검토

알림 대상은 관리자나 운영 담당자가 변경될 때마다 수정해야 합니다. 표본 아키텍처에서는 Amazon SNS로 이메일을 써서 각 담당자에게 알림을 보내고 있습니다. '6.3.3절 Amazon SNS'에서 설명한 것처럼 이메일 주소를 알림 대상으로 설정합니다. 모든 담당자의 이메일 주소를 각각 설정하면 Amazon SNS를 관리하기가 번거롭기 때문에 메일링 리스트를 생성하여 해당 메일링 리스트에서 이메일을 보내도록 설정하면 좋습니다. 또는 슬랙(slack) 등 메시지 도구를 사용한다면 해당 도구로 채널에 알림을 보내면 편리합니다.

Amazon SNS 자체에서도 다음 표와 같은 지표를 발행하고 있습니다. 따라서 이 내용을 확인하면 **어떤 주제에 전송된 경보 횟수**나 **주제별 알림 전송에 실패한 횟수** 등을 알 수 있습니다.

▼ 표 6-6 Amazon SNS가 생성하는 지표

지표	내용
NumberOfMessagesPublished	주제에 대해 발행된 메시지 개수
NumberOfNotificationsDelivered	주제에서 정상적으로 전송된 메시지 개수
NumberOfNotificationsFailed	주제에서 전송에 실패한 메시지 개수

6.5.3 경보 알림 제어

CloudWatch Alarm은 알림 작업을 삭제하지 않더라도 설정에서 **활성화/비활성화**를 선택하여 알림을 켜고 끌 수 있습니다. 경보 작업을 삭제하기 전에 **비활성화로 운영하여 문제가 없는지 확인한 후 삭제하면 좋습니다.**

▼ 그림 6-51 CloudWatch Alarm에서 경보 작업 비활성화

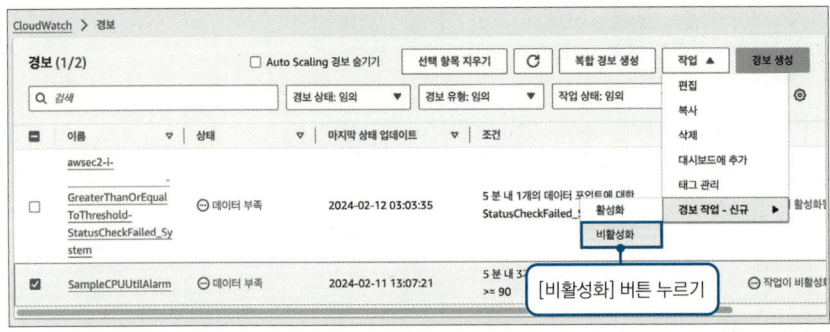

다만 CloudWatch에서는 활성화/비활성화 일정을 미리 지정할 수 없습니다(활성화/비활성화하고 싶은 순간에 CloudWatch 설정을 직접 변경해야 합니다). 따라서 정기적인 유지 보수처럼 경보를 멈추고 싶은 시간대가 이미 정해져 있다면 AWS Lambda 등을 이용해서 해당하는 시각에 활성화/비활성화를 변경하도록 만들어야 합니다.

7장

패치 적용

OS 또는 OS에서 가동 중인 미들웨어, 애플리케이션을 부분적으로 수정 및 변경하는 프로그램 데이터를 패치라고 합니다. 시스템을 운영하다 보면 버그 수정이나 보안 문제에 대응하기 위해 패치를 적용해야 할 때가 있습니다. 이 장에서는 패치 적용 작업의 개요와 AWS Systems Manager Patch Manager를 활용하여 패치를 적용하는 방법을 설명합니다.

키워드
AWS Systems Manager Patch Manager

7.1 기초 패치 적용의 기본 지식

시스템 운영에는 OS나 소프트웨어를 유지 보수하는 작업이 필요합니다.

7.1.1 패치와 패치 적용

OS나 소프트웨어 개발자는 출시 전에 정상적으로 작동하는지 여부를 테스트하지만, 미처 발견하지 못한 결함을 출시 후에 알게 될 때도 있습니다. 사용자는 이런 결함 때문에 악의적인 제3자 공격을 받거나 부정 액세스 등 피해를 입을지도 모릅니다. 따라서 OS와 소프트웨어 개발자는 이런 문제를 해결하려고 프로그램을 수정해서 다시 출시합니다.

패치(patch)는 OS나 소프트웨어를 부분적으로 수정, 갱신하는 추가 내용이 담긴 프로그램입니다. OS나 소프트웨어 일부에 문제가 생겼다고 전체 파일을 다시 내려받거나 설치하면 효율성이 떨어지기 때문에 **패치 방식을 이용하여 필요한 부분만 내려받아 적용**합니다. 이런 방법을 **패치 적용**이라고 합니다.

여러분이 사용하는 PC도 패치를 적용합니다. 예를 들어 윈도우 PC를 사용하고 있다면 아마도 월 1회 윈도우 업데이트를 하고 있을 텐데, 이런 작업이 바로 패치 적용입니다.

컴퓨터를 집에 비유해서 설명하자면, 패치를 적용하지 않은 상태는 집의 벽에 구멍이 뚫린 상태와 같습니다. 벽에 난 구멍을 내버려 두면 도둑이 들어서 소중한 물건을 훔쳐 갈지도 모릅니다. 패치 적용이란 이런 구멍을 막아 악의적인 사람의 침입을 방지하는 것입니다.

▼ 그림 7-1 패치 적용 모습

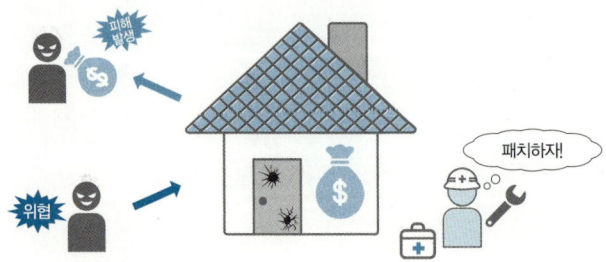

패치를 적용하지 않고 컴퓨터를 계속 사용하는 사람 중에는 '내 컴퓨터에는 별로 중요한 데이터가 들어 있지 않으니까 부정 침입해도 별 문제가 없겠지?'라고 생각하는 사람이 있을지도 모릅니다. 하지만 정말 피해가 발생하지 않을까요? 유출되면 곤란한 데이터는 들어 있지 않더라도, 자신도 모르는 사이에 경유지(다른 컴퓨터에 부정 액세스하는 데 사용되는 컴퓨터)로 쓰여 누군가에게 피해를 주고 있을지도 모릅니다.

이런 사태는 패치가 출시되면 가능한 빨리 적용하여 수습하는 것이 좋습니다. 특히 기업에서는 최신 패치 정보를 가급적 빨리 확인하여 곧바로 반영하도록 해야 합니다.

7.1.2 패치 적용 작업 내용

기업에서 관리하는 서버는 수십 대에서 수백 대 이상이기 때문에 **계획적인 패치 적용 작업**이 필요합니다. 수동으로 패치 적용을 한다면 다음과 같은 작업을 해야 합니다. 특히 작업 당일에 모든 서버에 패치를 적용하려면 상당한 노력이 필요합니다.

사전 준비

- 검증 환경에서 패치 적용 후 작동 확인
- 관계 부서에 패치 적용 작업 실시를 연락하고 작업 일정 조정
- 작업 절차서 작성

작업 당일

- 서버에 로그인
- 패치 내려받기
- 패치 적용 작업
- 필요에 따라 서버 재시작
- 패치 적용 후 작동 확인
- 관계 부서에 패치 적용 작업 완료 연락

서버 재시작이 필요하다면 서버를 이용하는 부서와 작업 일정을 조율해야 합니다. 매번 이런 조율을 하려면 꽤 번거롭기 때문에 미리 **유지 보수 기간**을 마련하여 **재시작이 필요한 작업을 해도 되는 시간을 정해 둔다면** 일정 조율에 걸리는 시간을 줄일 수 있습니다.

7.2 실무 AWS의 패치 적용

AWS의 관리형 서비스 대부분은 OS와 미들웨어 관리를 AWS가 하기 때문에 온프레미스에 비해 운영 부담이 적습니다. 하지만 AWS 공동 책임 모델에 정의된 것처럼 IaaS[1]로 분류되는 AWS 서비스라면 OS 이상은 사용자가 관리해야 하므로 **OS, 미들웨어, 애플리케이션의 패치 적용은 사용자 책임이 됩니다.**

7.2.1 AWS에서 패치 적용이 필요한 서비스

AWS 사용자가 스스로 패치를 적용해야 하는 서비스로 EC2가 있습니다. 또 Amazon ECS나 AWS Fargate 등에서 실행되는 도커(Docker) 컨테이너도 사용자 측 책임이 있지만, 초보자인 여러분은 일단 EC2만 생각하면 됩니다.

> **Note** 도커는 컨테이너로 가상 환경을 실행하는 플랫폼(소프트웨어)입니다. 도커를 활용하면 컨테이너로 애플리케이션을 빠르고 간단하게 개발, 배포, 실행할 수 있습니다. Amazon ECS나 AWS Fargate는 도커 컨테이너를 AWS에서 실행하는 AWS 서비스입니다.

7.3 실무 관련 AWS 서비스

이 절에서는 EC2 패치 적용에 쓰는 **AWS Systems Manager Patch Manager**를 중심으로 설명합니다.

---

[1] 하드웨어나 인프라를 제공하는 클라우드 서비스 형태를 의미합니다.

7.3.1 AWS Systems Manager Patch Manager

AWS Systems Manager Patch Manager(패치 관리자)는 OS나 애플리케이션 패치 적용을 자동화하는 도구입니다. 단순히 패치 적용을 스케줄링하여 자동화하는 것이 아니라, 패치 적용을 승인 및 거부하고 취약성이 어떤 패치로 해결되는지 등을 확인할 수 있습니다. 대시보드가 있으므로 한눈에 운영 중인 서버의 패치 적용 상태를 확인할 수도 있습니다. Patch Manager에는 크게 다음 두 가지 구성 요소가 있습니다.

- 패치 기준
- 패치 정책

▼ 그림 7-2 패치 적용 전체 모습

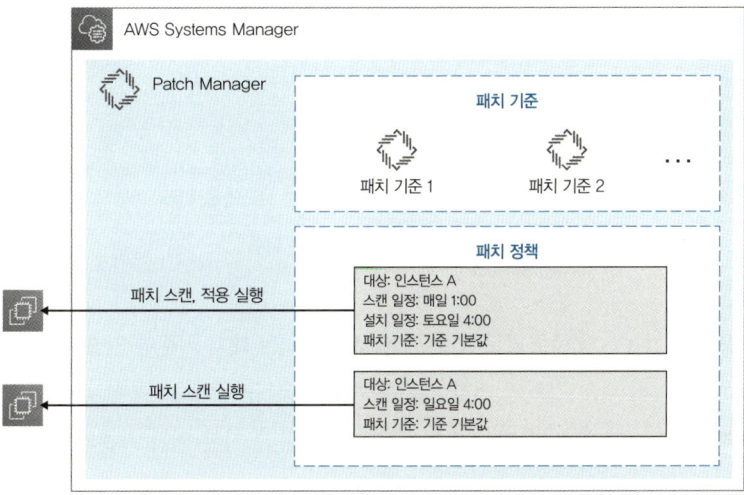

AWS Systems Manager Patch Manager 요금

Patch Manager는 추가 요금 없이 이용할 수 있습니다. 하지만 일부 옵션은 AWS Systems Manager를 기반으로 작동하므로 해당 기능을 사용하면 요금이 발생합니다. 자세한 요금은 웹 페이지[2]를 참고합니다.

---

2 https://aws.amazon.com/ko/systems-manager/pricing/

7.3.2 패치 기준

패치 기준(patch baselines)이란 관리형 인스턴스에 어떤 패치 적용을 승인, 거부할지 정하는 규칙입니다. 패치 기준에 해당하는 패치는 자동으로 승인, 거부됩니다(승인된 패치는 7.3.3절에서 설명할 패치 정책에서 설정한 대로 자동으로 적용됩니다). **승인 규칙**은 다음 표의 항목으로, 어떤 패치가 며칠 후에 패치 적용을 승인할지 정의합니다. 이런 패치 기준 안에는 여러 승인 규칙이 있습니다. 설정 항목의 **규정 준수 보고**는 Patch Manager의 기능 중 하나로, 미적용 패치 중에서 특정 심각도 이상의 패치 목록을 확인할 수 있는 기능입니다. 자세한 내용은 다음 표에서 설명합니다.

▼ 표 7-1 패치 기준의 승인 규칙 설정 항목

설정 항목	설명
제품	대상이 되는 OS로 Amazon Linux 2, RHEL 8.5, RHEL 7.9, Windows Server 2022, Windows Server 2019 등 버전이나 릴리스 번호 단위로 선택
분류	SecurityUpdates, Updates 등 패치 분류
심각도	Critical, Important 등 패치 심각도
자동 승인	자동 승인하는 지정 기간 또는 날짜
규정 준수 보고	어떤 심각도(심각, 높음, 낮음 등) 이상의 패치를 규정 준수 보고에 출력할지 여부
보안 외 업데이트 포함	승인 규칙에 해당하는 보안 패치 이외의 패치도 설치할지 여부

Patch Manager는 대응하는 각 OS의 종류별로 AWS에서 **미리 정의된 패치 기준**이 있습니다. 패치 기준을 직접 생성할 필요 없이 미리 정의된 패치 기준을 패치 적용 규칙으로 이용할 수 있습니다. 미리 정의된 패치 기준은 각 OS의 **기본 패치 기준**으로 지정됩니다. 기본 패치 기준의 자세한 내용은 '7.5.1절 기본 패치 기준 변경'에서 설명하겠습니다.

윈도우용으로 미리 준비된 패치 기준은 여러 가지가 있지만 딱 하나만 윈도우용 기본 기준으로 지정됩니다. 기본 패치 기준은 각 OS별로 하나밖에 지정할 수 없기 때문입니다. 미리 정의된 패치 기준 목록과 자세한 내용은 AWS 문서[3]를 참고합니다.

---

[3] https://docs.aws.amazon.com/ko_kr/systems-manager/latest/userguide/patch-manager-predefined-and-custom-patch-baselines.html#patch-manager-baselines-pre-defined

▼ 그림 7-3 콘솔에서 미리 정의된 패치 기준 정보 확인

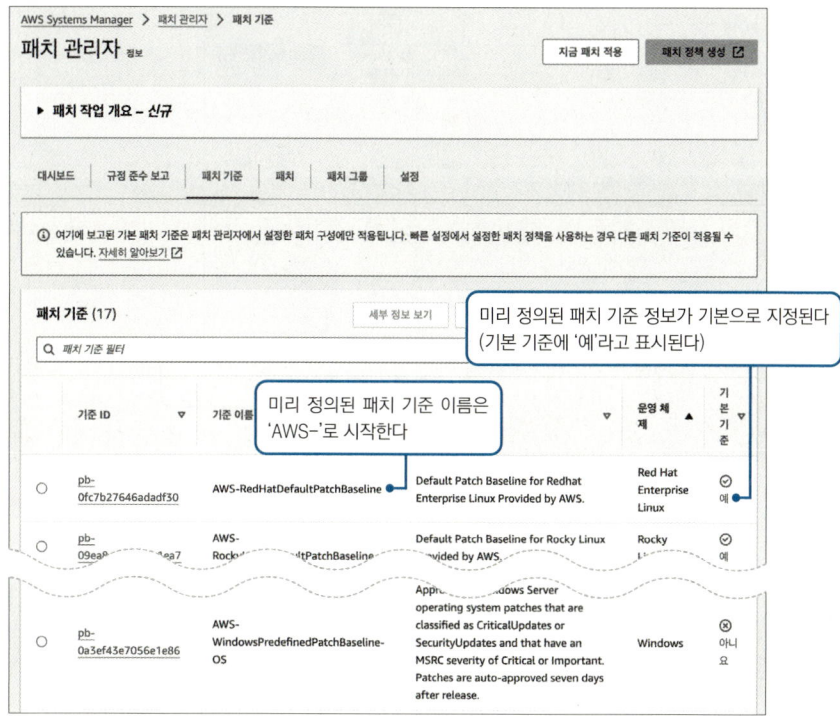

미리 정의된 패치 기준의 설정 내용은 편집할 수 없습니다. 따라서 필요하다면 조직이나 프로젝트 정책에 따라 패치 기준을 생성해야 합니다. 직접 생성한 패치 기준을 **사용자 지정 패치 기준**이라고 합니다.

패치 기준(사용자 지정 패치 기준) 생성하기

패치 기준을 생성할 때는 대상 **패치 기준 이름**과 **OS 종류**를 지정합니다. 패치 기준 이름에 대상 OS 이름이나 시스템 이름을 포함하면 구분하기 쉽습니다. 특히 패치 기준에 **설정 값(분류, 심각도)** 도 포함하면 더욱 한눈에 파악하기 쉽습니다.

▼ 그림 7-4 패치 기준 생성

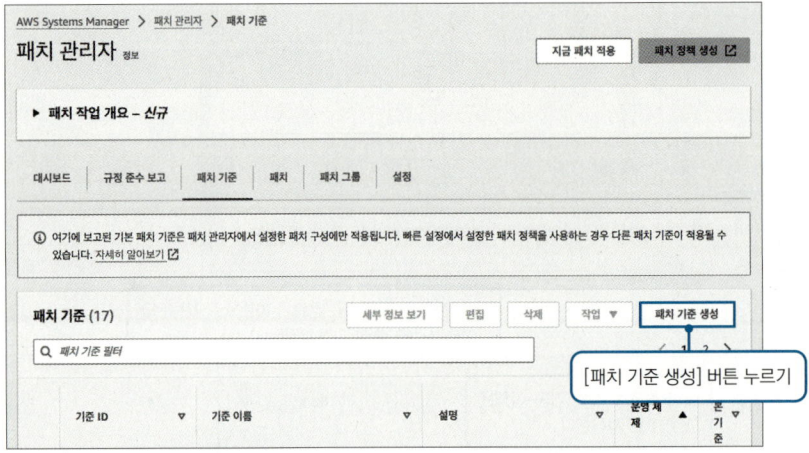

▼ 그림 7-5 패치 기준의 세부 정보 설정

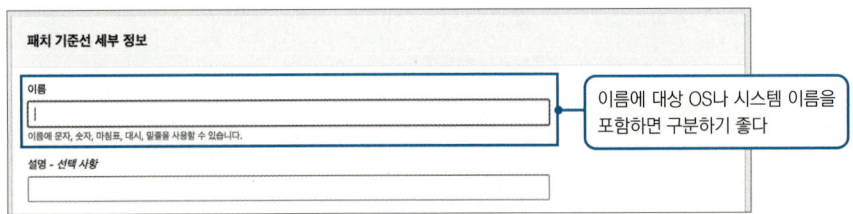

이어서 **승인 규칙**을 추가합니다. 승인 규칙은 하나의 패치 기준에 여러 개 추가할 수 있습니다. 따라서 **승인 규칙을 나누어 패치 분류나 심각도마다 자동 승인 기간을 다르게 설정할 수 있습니다.**

▼ 그림 7-6 승인 규칙 설정

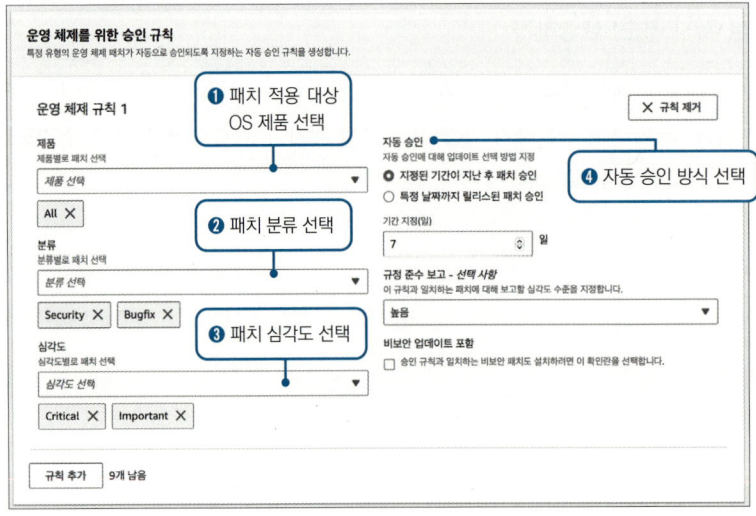

패치 예외 설정하기

이렇게 자동 승인의 승인 규칙을 설정할 수 있지만, 다음 그림의 패치 기준 생성 화면의 **패치 예외**에서 **승인 규칙을 적용하지 않을(예외) 패치를 명시적으로 지정할 수도 있습니다**. 해당 항목은 패치 기준 생성 후에도 추가로 설정할 수 있습니다. 예를 들어 특정 패치의 자동 승인을 기다리지 않고 바로 적용해서 작동을 확인하려면 **승인된 패치**로, 반대로 애플리케이션에 문제를 일으킨 패치를 적용하고 싶지 않다면 **거부된 패치**로 지정합니다. 대상 패치는 각 **패키지 이름**으로 지정합니다.

▼ 그림 7-7 패치 예외 설정

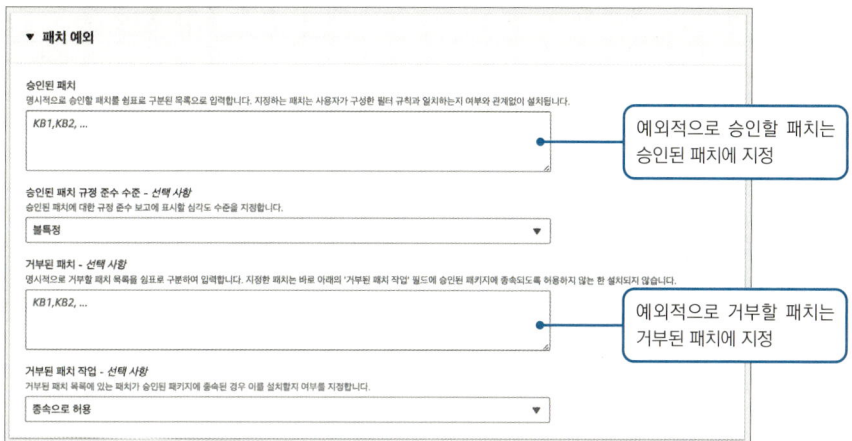

규정 준수 보고하기

규정 준수 보고(patch compliance reports)는 특정한 심각도 이상의 패치 중에서 미적용 패치를 목록으로 확인할 수 있는 기능입니다. 승인 규칙의 **규정 준수 보고** 항목에 설정한 심각도와 같거나 높은데 아직 패치가 적용되지 않은 미들웨어나 애플리케이션이 있으면 **미준수**로 분류됩니다. 또 스캔[4] 후 **Patch Manager 콘솔**에서 개수와 목록을 확인할 수 있습니다.

구체적으로는 콘솔에서 인스턴스별로 **미준수 미들웨어, 애플리케이션 횟수**가 표시되어 확인할 수 있습니다. **미준수 횟수**를 클릭하면 해당 목록 화면으로 이동합니다.

---

4 어떤 패치를 적용할 필요가 있는지 확인하는 작업으로 패치는 설치하지 않습니다. 메뉴에 따라서 '검사'로 표시되기도 합니다.

▼ 그림 7-8 규정 준수 보고 화면에서 미준수 횟수 확인

▼ 그림 7-9 규정 준수 보고 화면에서 미준수 세부 내용 확인

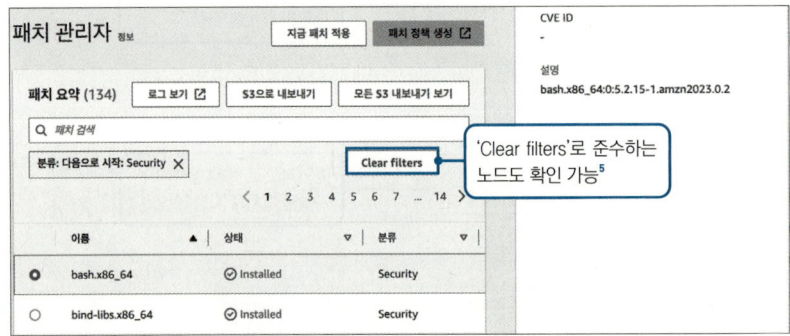

그림 7-9의 목록은 **미준수 미들웨어와 애플리케이션**을 표시하도록 미리 필터링한 모습입니다. 여기에서 Clear filters를 클릭해서 필터링을 제거하면 준수하는 것도 포함하여 확인할 수 있습니다. **미준수 상태는 빨간색으로 표시됩니다.** 상태 종류는 다음 표와 같습니다.

▼ 표 7-2 상태 종류

상태	설명	준수, 미준수 여부
Installed	설치됨	준수
Installed Other	패치 기준에 포함되지 않거나 승인되지 않은 패치가 설치됨	준수
Installed Rejected	설치가 거부된 상태	미준수
Missing	설치되지 않은 상태	미준수
Failed	설치에 실패한 상태	미준수

5　CVE-ID도 확인 가능(CVE 칼럼 참고)합니다.

▼ 그림 7-10 준수하는 미들웨어와 애플리케이션을 포함한 목록

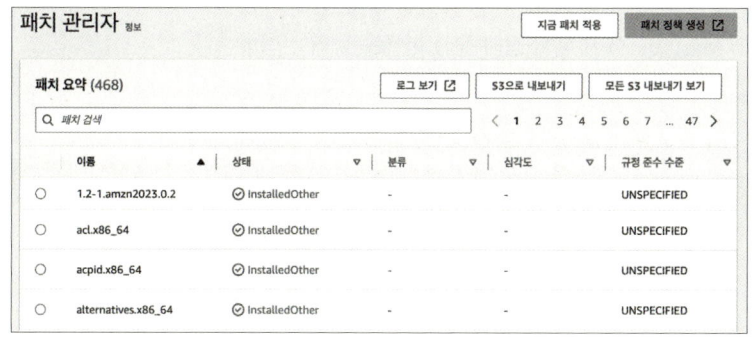

7.3.3 패치 정책

Patch Manager에서 패치 기준만으로는 패치 적용이 자동화되지 않습니다. 패치 적용을 자동화하려면 **패치 정책**을 생성해야 합니다. **패치 정책을 생성하면 설정한 대로 대상 인스턴스에 패치가 스캔 또는 적용됩니다.** 패치 정책에 설정할 항목은 다음 표와 같습니다.

▼ 표 7-3 패치 정책 설정 항목

설정	설명
구성 이름	패치 정책 이름
검사 및 설치	• 검사(스캔)만 실행 또는 검사와 패치 적용 실행 • 검사 또는 검사와 패치 적용 일정
패치 기준	기본값 기준 또는 사용자 지정 기준
대상	대상 인스턴스
비율 제어	• 패치 적용 동시 실행 횟수 또는 비율 • 패치 정책에 따른 패치 적용에 실패한 인스턴스 대수 또는 비율

패치 정책은 AWS Systems Manager의 Quick Setup(빠른 설정)에서 쓸 수 있는 기능입니다. Quick Setup은 AWS Systems Manager의 다양한 기능을 간단히 설정하는 도구입니다. 패치 정책을 포함한 Quick Setup은 4장 칼럼에서 소개한 AWS Organizations를 쓰는 사용 사례처럼 여러 AWS 계정에서도 사용할 수 있습니다. Quick Setup의 자세한 내용은 AWS 공식 문서[6]를 참고합니다. 이 책에서는 하나의 AWS 계정에서 패치 정책을 이용한다고 전제합니다.

---

6 https://docs.aws.amazon.com/ko_kr/systems-manager/latest/userguide/systems-manager-quick-setup.html

패치 정책 생성하기

패치 정책 생성은 Patch Manager에서 **패치 정책 생성** 버튼을 눌러 시작합니다.

▼ 그림 7-11 패치 정책 생성

각 설정 항목을 입력합니다. **패치 정책 구성 이름**은 대상의 리소스 이름이나 시스템 이름을 포함하면 알아보기 쉽습니다. **검사 및 설치**에는 패치 검사만 실행할지, 패치 검사 및 설치(패치 적용)를 모두 실행할지 선택하고 검사 일정을 설정합니다. 다음 그림에서는 검사를 선택했습니다. **검사 일정**은 권장 기본값 사용을 선택하거나 사용자 지정 검사 일정으로 원하는 시간을 설정합니다. 그 후 **첫 CRON 간격까지 대상 검사를 기다립니다.**를 클릭합니다. 이 항목을 클릭하지 않으면 EC2 인스턴스가 패치 정책 대상에 포함되자마자 검사가 실행됩니다.

▼ 그림 7-12 구성 이름, 검사 및 설치 설정

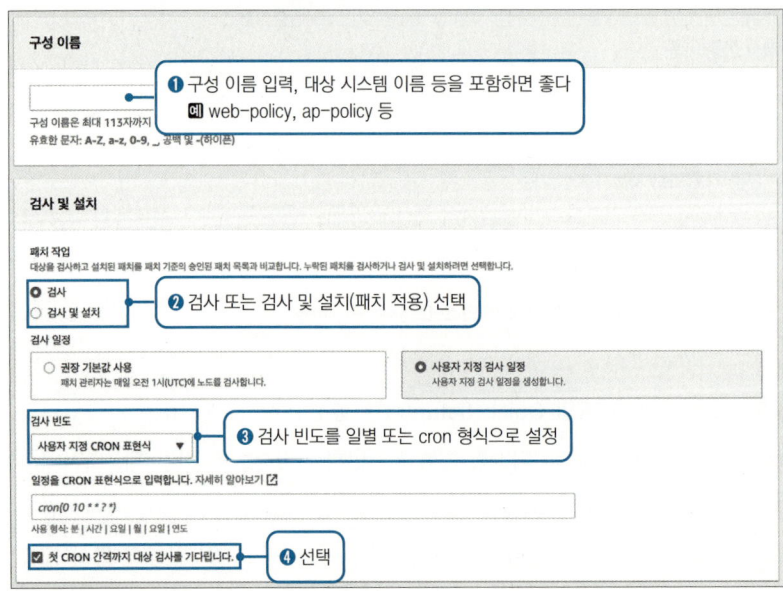

▼ 표 7-4 검사 일정

검사 일정	설명
권장 기본값 사용	패치 정책 일정의 기본값으로, 매일 오전 1시에 실행
사용자 지정 검사 일정	• 임의의 실행 시간 설정 • 일별로 시각을 설정하거나 cron 형식으로 설정

검사 및 설치를 선택하면 검사 일정과는 별도로 **설치 일정**도 설정합니다. 이 항목도 마찬가지로 권장 기본값 사용을 선택하거나 사용자 지정 설치 일정으로 원하는 시간을 설정합니다. **첫 CRON 간격까지 업데이트 설치를 기다립니다.**를 선택하지 않으면 EC2 인스턴스가 패치 정책 대상에 포함되자마자 패치 적용(설치)이 실행됩니다. 설치 설정은 **필요한 경우 재부팅**도 선택할 수 있습니다. 해당 항목을 선택하면 패치 적용 후 EC2 인스턴스가 재가동됩니다. **패치에 따라서는 OS 재시작이 필요한 것도 있으므로 해당 항목을 선택하여 EC2 인스턴스를 재시작하길 추천하지만, 재시작하는 동안에는 EC2 인스턴스를 이용할 수 없으므로 주의합니다.**

▼ 그림 7-13 검사 및 설치를 선택한 경우

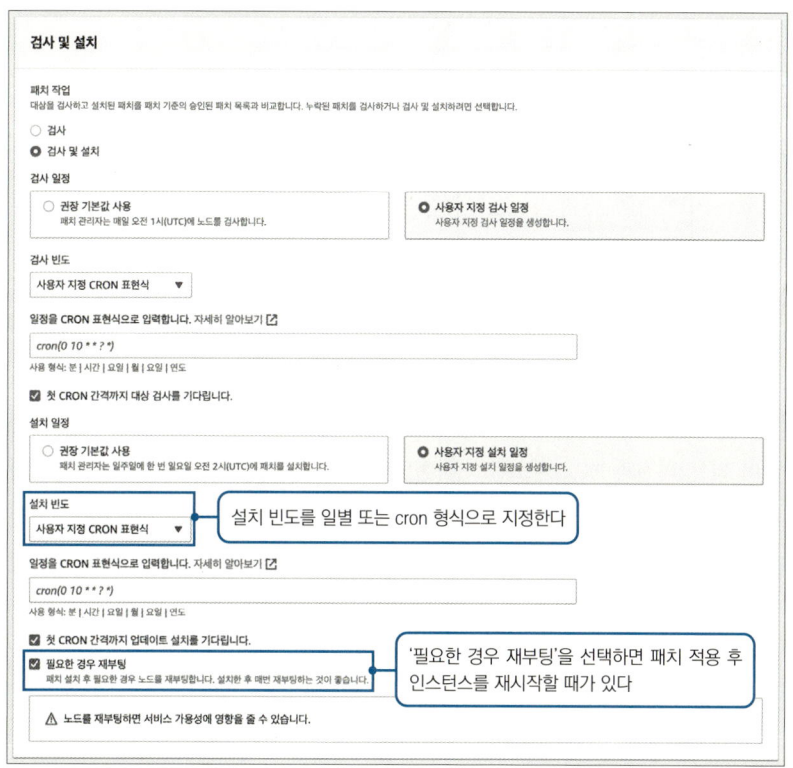

▼ 표 7-5 설치 일정

설치 일정	설명
권장 기본값 사용	패치 정책 일정의 기본값으로, 매주 일요일 오전 2시에 실행
사용자 지정 설치 일정	• 임의의 실행 시간 설정 • 일별로 시각을 설정하거나 cron 형식으로 설정

다음 설정으로 넘어가 봅시다. 이번에는 패치 정책에서 이용할 **패치 기준**을 선택합니다. 권장 기본값 사용을 선택하면 패치 기준 기본값이 적용됩니다. 사용자 지정 패치 기준을 선택하면 OS마다 사용할 패치 기준을 선택할 수 있으므로 필요에 따라 선택합니다.

▼ 그림 7-14 패치 기준 설정

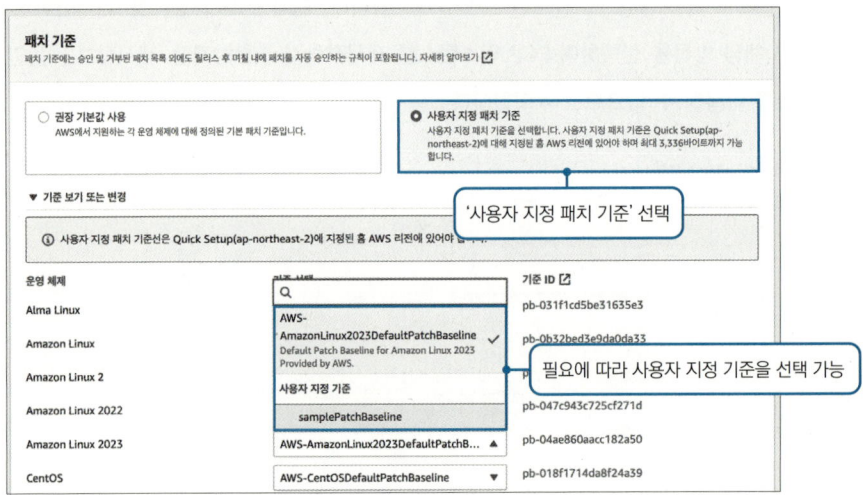

다음 설정으로 넘어갑니다. **패치 적용 로그 저장**의 **S3 버킷에 출력 쓰기**를 선택하면 패치 적용 실행 로그를 S3 버킷에 보관할 수 있습니다. **S3 URI**는 보관 대상 S3 버킷을 입력합니다. **대상** 설정에는 패치 정책 대상이 되는 리전과 EC2 인스턴스를 선택합니다. **리전**은 '현재 리전'으로 패치 정책을 생성 중인 리전을 선택하거나 '리전 선택'에서 직접 리전을 선택합니다. EC2 인스턴스 선택 방법은 표 7-6과 같습니다. 다음 그림에서는 리전에 '현재 리전'과 '노드 태그 지정'으로 인스턴스를 지정했습니다.

▼ 그림 7-15 로그 저장과 대상 설정

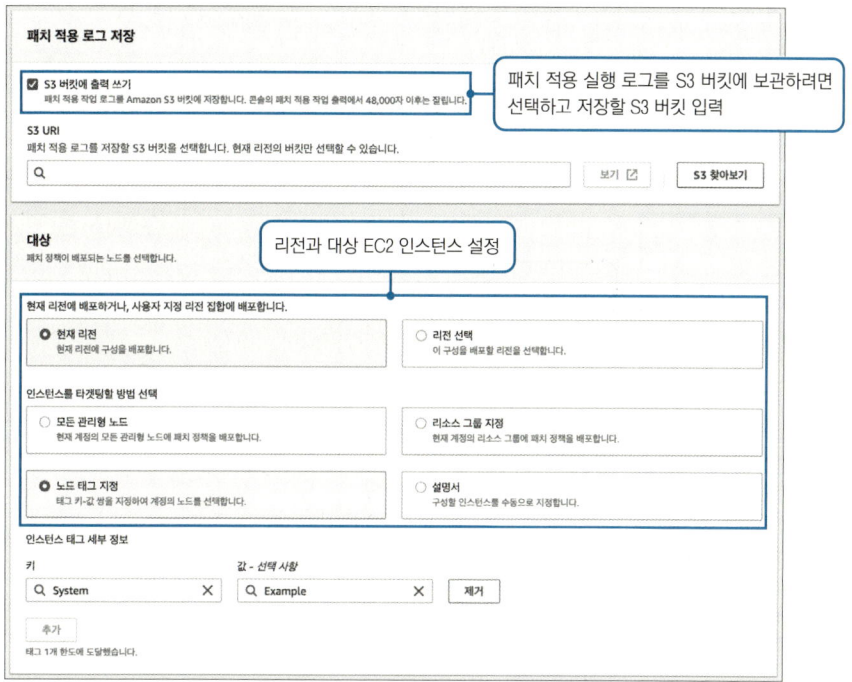

▼ 표 7-6 대상 EC2 인스턴스 선택 방법

항목	설명
모든 관리형 노드 (all managed nodes)	AWS Systems Manager의 관리형 노드인 EC2 인스턴스 전체가 대상
리소스 그룹 지정 (specify the resource group)	• 리소스 그룹을 지정하고 해당 리소스 그룹에 포함되는 EC2 인스턴스가 대상 • 리소스 그룹은 다수의 AWS 서비스 리소스를 그룹화한 것으로 자세한 내용은 AWS 문서[7] 참고
노드 태그 지정	EC2 인스턴스에 부여한 태그를 지정하여 대상 선택
수동	수동으로 관리형 노드 목록에서 EC2 인스턴스 선택

이제 **비율 제어**를 지정합니다. **비율 제어**는 패치 정책의 동시성(동시 실행 횟수)과 오류 임계 값을 지정합니다. 각각 '노드 수'에 인스턴스 대수를 지정하고 '노드 백분율'에는 대상 인스턴스 비율(%)을 지정합니다. 그림 7-16에서는 **노드 수**로 지정합니다. **동시성**은 패치 정책에서 검사 또는 검사 및 설치를 동시에 실행할 인스턴스 대수(또는 비율)입니다. **오류 임계 값**은 패치 정책 실행을 오류(실패)로 볼 임계 값입니다. 패치 검사 또는 검사 및 설치에 실패한 EC2 인스턴스 대수가 지정한 값

---

[7] https://docs.aws.amazon.com/ko_kr/ARG/latest/userguide/resource-groups.html

이나 비율을 넘으면 패치 정책도 **실패**합니다. **인스턴스 프로파일 옵션**을 선택하면 대상 관리형 노드 (EC2 인스턴스)에 필요한 IAM 정책을 자동으로 추가할 수 있습니다.

▼ 그림 7-16 비율 제어와 인스턴스 프로파일 옵션

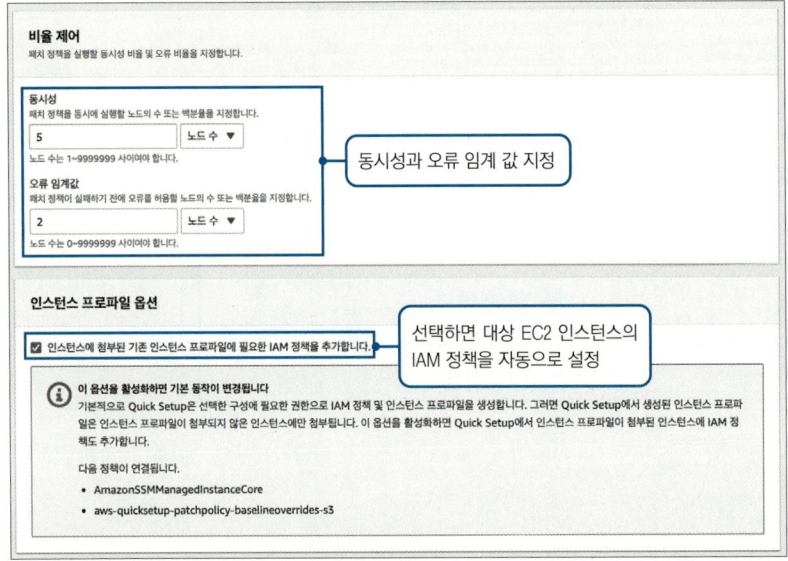

스크롤하여 설정 내용을 확인했다면 **생성** 버튼을 누릅니다.

▼ 그림 7-17 패치 정책 설정 확인 및 생성

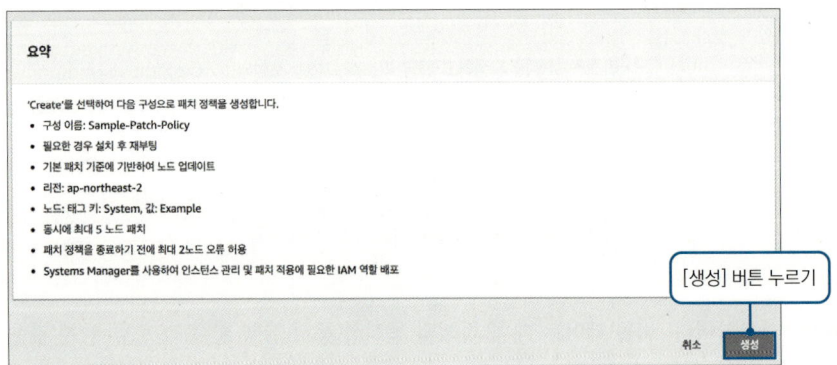

다음 그림과 같은 화면으로 바뀌고 패치 정책 설정 배포가 실행됩니다.

▼ 그림 7-18 패치 정책 설정 배포

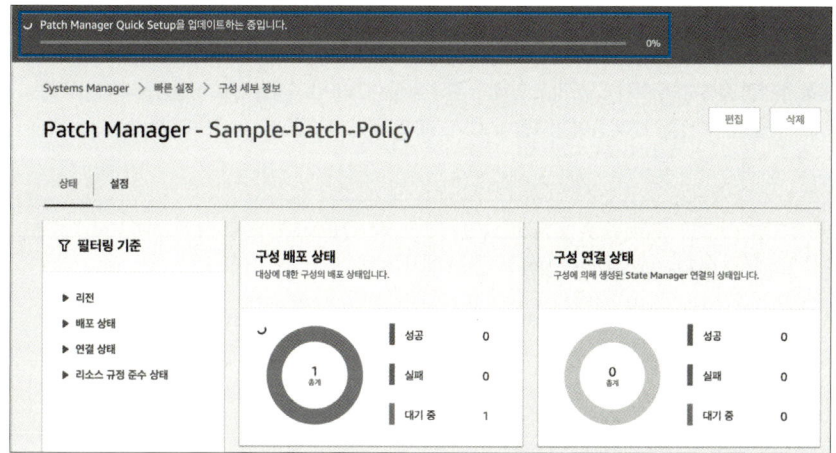

배포에 성공하면 **구성 배포 상태**의 원 그래프에 성공 개수가 표시됩니다. 또 **구성 세부 내용**에 각 AWS 계정과 리전의 **구성 배포 상태**도 확인할 수 있습니다. 다음 그림은 어떤 AWS 계정의 리전 하나에 패치 정책을 설정한 예입니다.

▼ 그림 7-19 구성 배포 상태가 성공인 예

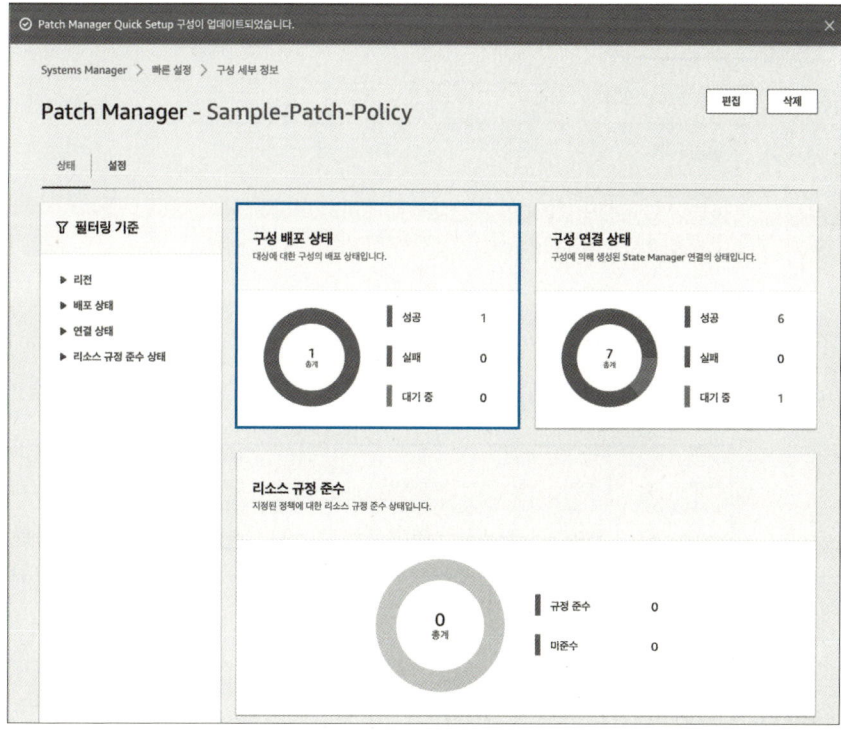

COLUMN ≡ | 공통 취약점 식별자(CVE)

미들웨어나 애플리케이션 취약점이 보고되면 식별자를 할당하는데 이런 식별자를 Common Vulnerabilities and Exposures(공통 취약점 식별자) 줄여서 CVE라고 합니다. 취약점에는 CVE-ID 식별 번호가 할당됩니다. CVE는 인터넷에 공개되고[8] 제품의 취약점을 벤더 등이 공표할 때 CVE-ID도 함께 공표합니다. CVE-ID라는 용어는 AWS 패치 적용에도 등장하므로 기억해 둡니다.

COLUMN ≡ | 특정 인스턴스에 관련된 패치 확인

특정 EC2 인스턴스에 관련된 패치는 AWS Systems Manager의 **Fleet Manager(플릿 관리자)**에서 확인할 수 있습니다. Fleet Manager에는 인스턴스가 **관리형 노드**로 목록이 표시됩니다. 확인하고 싶은 EC2 **인스턴스 ID**(노드 ID)를 클릭하면 패치 정보와 적용 상태를 확인할 수 있습니다.

▼ 그림 7-20 Fleet Manager에서 확인하고 싶은 인스턴스 ID 선택

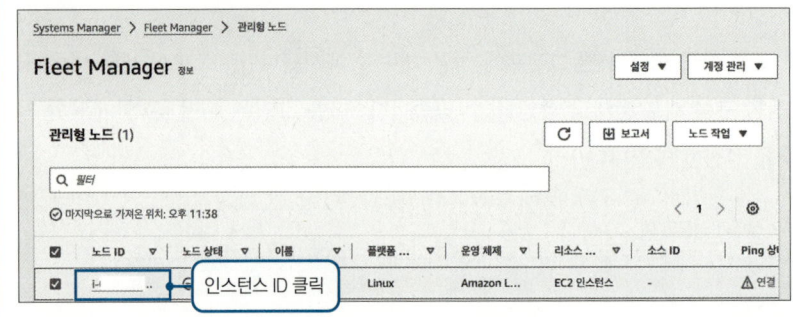

▼ 그림 7-21 확인하고 싶은 인스턴스 관련 패치가 표시

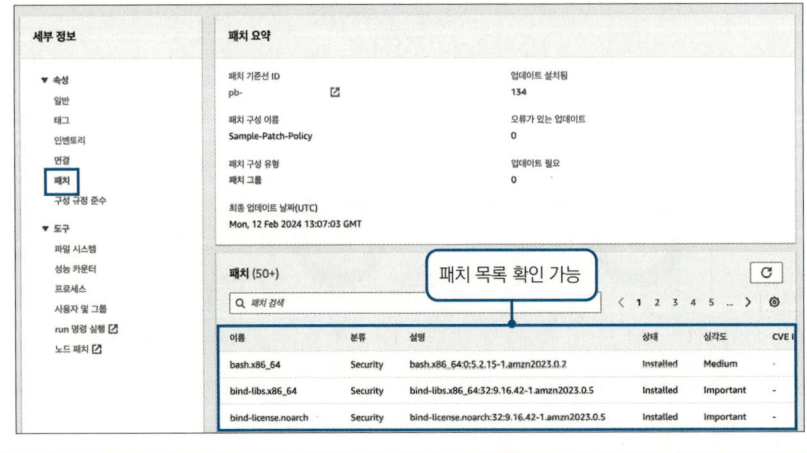

---

8 자세한 내용은 다음 URL을 참고합니다.
   https://cve.mitre.org

7.4 실무 표본 아키텍처 소개

EC2로 운영 중인 애플리케이션이 몇 종류 있다고 합시다. 다양한 OS를 사용해서 리눅스도 있고, Windows Server도 있습니다. 모든 EC2 인스턴스에 SSM 에이전트가 설치되었고(5.5.4절 참고) Amazon Systems Manager를 써서 **관리형 노드**로 관리합니다. Amazon Systems Manager에는 운영에 도움이 되는 다양한 기능이 있는데, 이 장에서 소개한 Patch Manager도 그중 하나입니다.

▼ 그림 7-22 패치 적용 표본 아키텍처

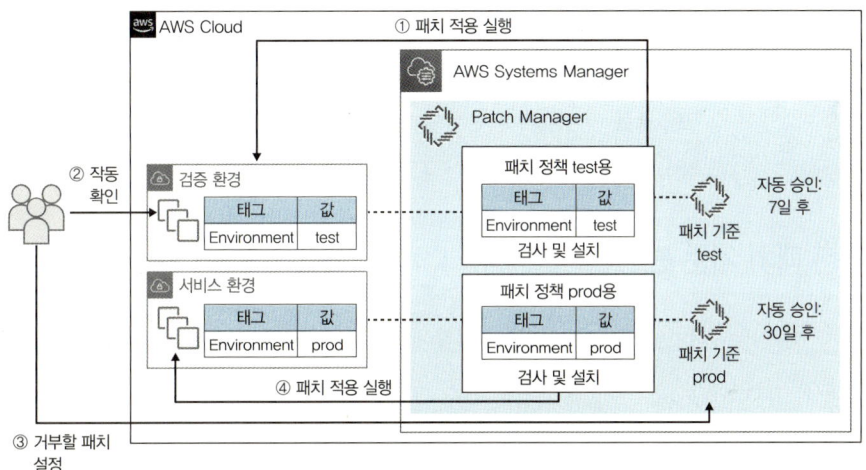

7.4.1 아키텍처 개요

표본 아키텍처에서 검증 환경과 서비스 환경의 EC2 인스턴스는 각각 Systems Manager의 관리형 인스턴스입니다. 패치 적용은 **Patch Manager**로 자동화합니다. Environment 태그는 검증 환경의 EC2 인스턴스에는 **test** 값을, 서비스 환경의 EC2 인스턴스에는 **prod** 값을 설정합니다. 표본 아키텍처에서는 패치 정책 대상을 **Environment 태그 값**으로 지정합니다. 각 Environment 태그에 리소스 그룹이 있다면 해당 값을 지정하는 방법도 있습니다. 패치 정책 test와 prod는 서로 다른 패치 기준을 설정하고 자동 승인될 때까지 기간은 서비스 환경 쪽을 더 길게 설정합니다. 패치 자동 승인이 될 때까지 흐름은 다음과 같습니다.

1. 검증 환경에 자동으로 패치를 적용합니다.
2. 서비스 환경에 적용하기 전에 검증 환경에서 작동을 확인합니다.
3. 문제 발생을 확인한 패치는 서비스 환경의 패치 기준에서 패치 예외 항목의 **거부할 패치**에 설정합니다.
4. 필요한 패치만 서비스 환경에 적용합니다.

7.5 실무 표본 아키텍처를 운영할 때 주의점

여기에서는 7.4절에서 소개한 표본 아키텍처를 운영할 때 주의점을 설명합니다.

7.5.1 기본 패치 기준 변경

'7.3.3절 패치 정책'에서 설명했듯이, 패치 정책 설정에서 패치 기준에 '권장 기본값 사용'을 선택하면 기본 패치 기준이 적용됩니다. 기본 패치 기준은 AWS가 미리 정의한 패치 기준이 적용되어 있습니다. 각 OS마다 기본 패치 기준은 하나만 지정할 수 있습니다. **기본 패치 기준을 변경하려면 사용자 지정 패치 기준을 작성하여 기본 패치 기준으로 지정해야 합니다. 운영할 때는 시스템과 환경별로 패치 정책을 생성하는 것을 추천합니다.** 특히 패치 운영 요건이 정해져 있지 않은 서버라면 **미리 정의된 패치 기준** 또는 **조직 정책에 따른 사용자 지정 패치 기준**을 생성하고, 이를 기본 패치 기준으로 설정하여 패치 적용이나 검사에 사용하면 좋습니다.

사용자 지정 패치 기준을 **기본 패치 기준**으로 사용하는 경우 사용자 지정 패치 기준을 생성하면서 또는 패치 기준 목록에서 지정하고 싶은 사용자 지정 패치 기준을 선택하여 기본 패치 기준으로 설정합니다.

▼ 그림 7-23 사용자 지정 패치 기준을 생성할 때 기본 패치 기준으로 설정

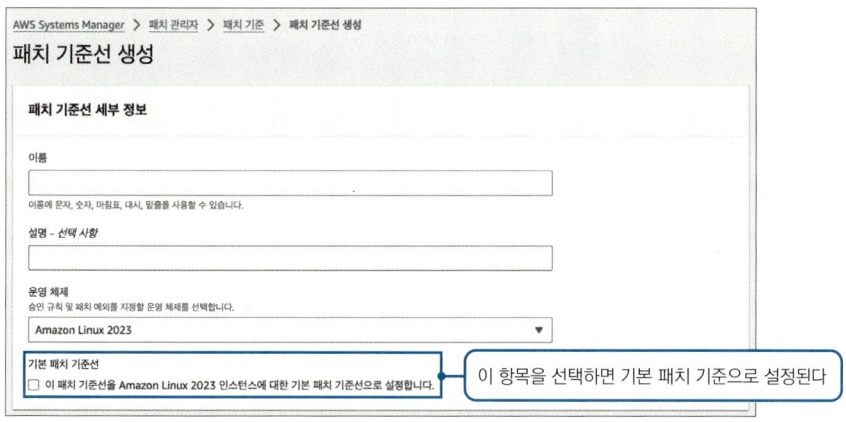

▼ 그림 7-24 패치 관리자의 패치 기준 목록에서 기본 패치 기준 설정

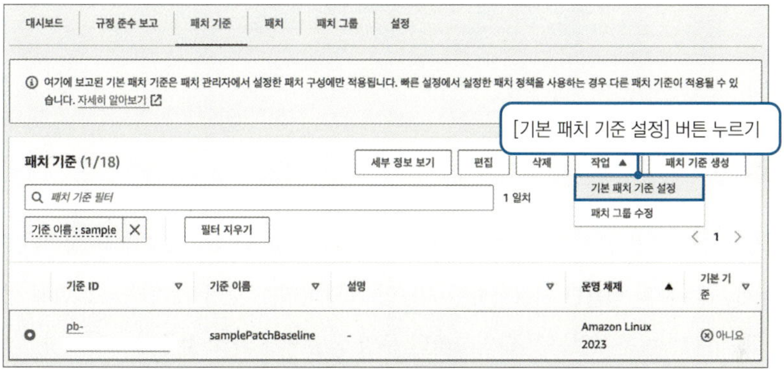

7.5.2 패치 정책에서 지정하는 패치 기준 제약 조건

패치 정책은 AWS Systems Manager가 지원하는 OS에 대해 하나의 패치 기준을 설정합니다. 여러 OS가 혼재된 시스템이라고 하더라도 하나의 패치 정책에서 동시에 여러 OS의 패치 기준을 설정할 수 있지만, **동일한 OS 종류에 서로 다른 패치 기준을 지정하고 싶다면 패치 정책을 나누어야 합니다.**

▼ 그림 7-25 여러 OS가 있는 시스템의 패치 정책 모습

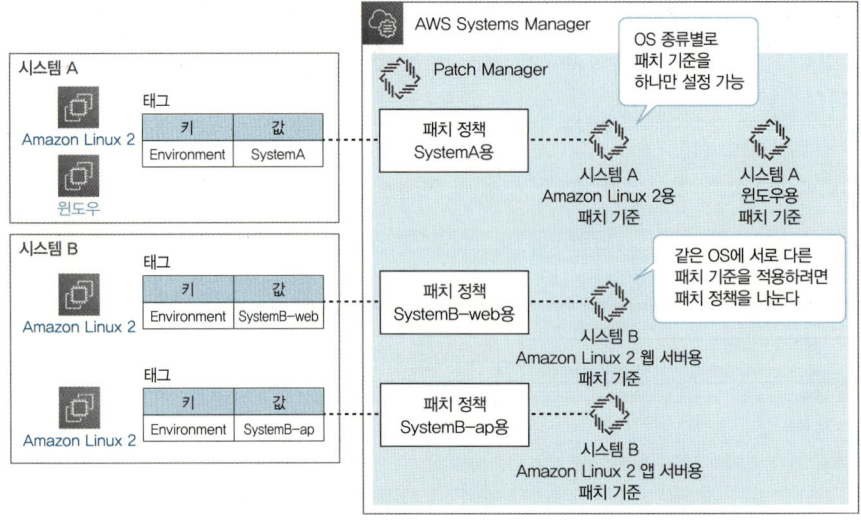

7.5.3 패치 검증

Patch Manager는 각각의 관리형 인스턴스나 패치 정책에서 **패치 적용 후 시스템 작동을 확인하지 않습니다. Patch Manager는 패치 적용만 자동화하는 기능입니다.** 따라서 해당 패치가 시스템에 어떤 영향을 주며 시스템 작동에는 문제없는지 확인하려면 운영 담당자가 따로 검증해야 합니다.

일반적으로 시스템에서 검증 환경이 준비되어 있을 때 패치 적용에 대해서도 검증 환경에 적용하여 작동을 확인하고 문제가 없으면 서비스 환경에 적용합니다. Patch Manager로 관리하는 패치도 같은 순서로 적용하는 것이 좋습니다. Patch Manager에서 **패치 기준을 검증 환경과 서비스 환경으로 구분하고, 패치 정책도 마찬가지로 환경별로 구분하여 패치 기준을 설정하면 좋습니다.**

패치 적용을 자동으로 실시하고 싶다면 표본 아키텍처처럼 검증 환경 쪽에서 더 빠르게 패치가 자동 승인되고, 충분한 기간을 두고 서비스 환경에서도 패치가 자동 승인되도록 패치 기준을 설정합니다. 검증 환경에 패치가 자동으로 승인 및 적용되면, 서비스 환경에 자동 승인되기 전까지 검증 환경에서 패치 적용 후 작동을 검증합니다. 시스템에 문제가 발생하는 것으로 확인되었다면 서비스 환경의 패치 기준에서 해당하는 패치를 예외 항목에서 거부된 패치로 등록하여 자동 설치되지 않도록 막아야 합니다.

7.5.4 온디맨드 패치 적용

Patch Manager를 사용하면 패치 적용 예정을 등록해서 자동화할 수 있다는 것이 장점입니다. 이에 덧붙여 운영자가 작업하고 싶은 시점에 패치를 검사하거나 설치할 수 있습니다. 예를 들어 제로데이 취약점[9]에 대응하는 패치를 급하게 적용하는 경우 등에 유용할 수 있습니다.

▼ 그림 7-26 온디맨드 패치 적용

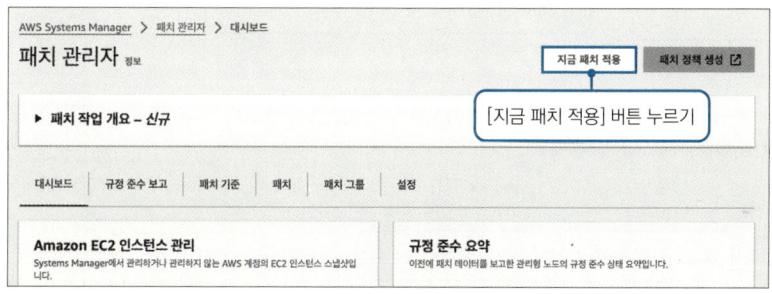

온디맨드로 적용할 때는 패치 정책 설정을 생성할 때와 설정 항목 일부가 다릅니다. 패치 적용 작업은 **스캔** 또는 **스캔 및 설치**로 실행할 수 있습니다. 패치를 적용할 인스턴스 선택은 **모든 인스턴스** 또는 **인스턴스 태그**, **수동**, **리소스 그룹** 중에서 하나를 지정합니다. 로그 스토리지에 패치 적용 항목에는 로그 저장 대상 S3 버킷을 선택합니다. '로그를 저장하지 않음'을 선택하면 로그를 저장하지 않습니다.

---

9 역주 보안 취약점이 밝혀졌지만 아직 해당 패치가 나오지 않은 상태의 보안 취약점을 의미합니다. 발견된 날로부터 0일(제로데이)이라 해킹 공격을 방어할 수단이 제한적이므로 상당히 위험할 수 있습니다.

▼ 그림 7-27 온디맨드로 패치 적용 조건 설정

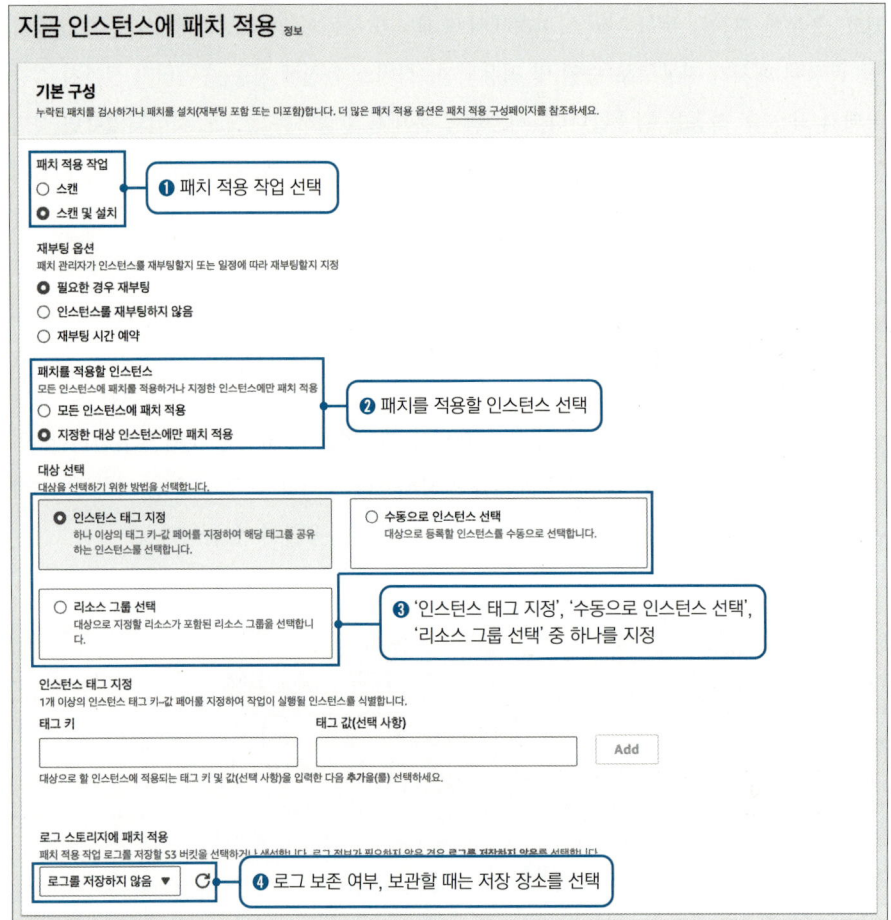

8장

백업 및 복원 운영

이 장에서는 일반적인 시스템 운영에서 다루는 백업을 설명합니다. 그리고 AWS Backup을 활용한 백업과 복원 운영을 알아보고 운영할 때 작업 및 주의점을 설명합니다.

키워드

- EC2 백업
- RDS와 Aurora 자동 백업과 스냅샷
- AWS Backup

8.1 기초 백업이란

먼저 백업이 무엇인지 기초 지식부터 설명하겠습니다.

8.1.1 일반적인 백업

여러분은 스마트폰으로 촬영하여 저장한 사진이나 동영상을 실수로 삭제한 경험이 있나요? 중요한 데이터는 아이클라우드(iCloud) 같은 **클라우드 스토리지**에 데이터를 복사하여 저장해 두면 데이터가 완전히 사라지는 것을 막을 수 있습니다. 이렇게 **데이터 손실이나 파손에 대비하여 미리 데이터를 다른 보관 장소에 저장하는 것을 백업**(backup)**이라 하고, 백업에서 복구하는 것을 복원**(restore)**이라고 합니다.**

8.1.2 시스템 운영에서 빠질 수 없는 백업

시스템 운영 현장에서도 **데이터베이스 데이터나 시스템 로그 백업**은 무척 중요한 업무입니다. 실수로 삭제한 데이터가 고객 정보나 개인 정보라면 회사의 신뢰도에 큰 피해를 끼칠 수 있기 때문입니다. 데이터 손실이나 파손은 사람의 실수뿐만 아니라 기기 고장이나 시스템 버그, 바이러스 감염 등 다양한 원인으로 발생할 수 있습니다. 원인이 어떻든 **데이터를 복구하여 시스템을 계속해서 가동하려면 백업과 복원은 무척 중요한 작업입니다.**

백업을 수행할 때 자주 검토하는 내용 중에서 AWS에서도 검토가 필요한 내용을 다음과 같이 소개하겠습니다.

- 백업 취득 방법
- 백업 취득 단위
- 백업 세대 관리

8.1.3 백업 취득 방법

백업 취득 방법에는 크게 오프라인 백업과 온라인 백업 두 종류가 있습니다.

오프라인 백업

오프라인 백업(offline backup)은 **시스템을 중지한 상태에서 백업하는 방법입니다.** 데이터 업데이트 빈도가 낮고 잦은 백업이 필요하지 않은 시스템에 적합합니다. 주 1회나 월 1회 정도 주기면 충분합니다. 주의할 점은 **시스템 중지가 가능한 시간대(백업 기간)와 백업 완료에 걸리는 시간**을 파악하는 것입니다.

▼ 그림 8-1 오프라인 백업

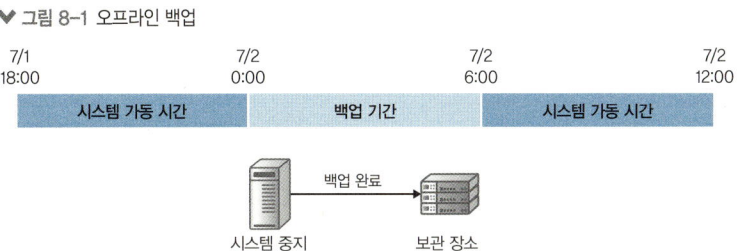

온라인 백업

온라인 백업(online backup)은 **시스템을 가동한 상태에서 백업하는 방법입니다.** 이는 데이터 업데이트 빈도가 높은 시스템에 적합합니다. 하지만 시스템을 가동하면서 백업을 취득하므로 시스템에 부하가 발생하거나 스토리지에 쓰기(저장) 작업이 많은 시스템이라면 데이터 불일치가 발생할 가능성이 있습니다. 따라서 **업무 시간을 피해 데이터를 갱신하거나 이용자가 적은 시간대에 백업**하는 등 백업 실행 시기에 주의해야 합니다.

▼ 그림 8-2 온라인 백업

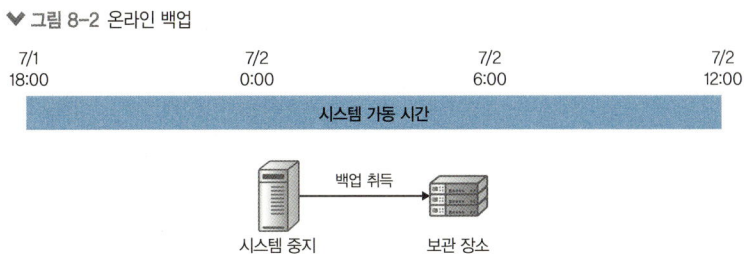

8.1.4 백업 취득 단위

운영하는 시스템의 백업 데이터를 취득하는 단위를 설명합니다.

파일 단위 백업

시스템을 **파일 단위**로 백업하는 방법입니다. 이는 USB 메모리에 파일을 복사해서 백업하는 것과 비슷합니다. 변경 중인 파일을 복사하면 변경된 내용이 제대로 백업되지 않을 수 있으므로 **오프라인 백업**을 권장합니다.

파일 단위로 취득한 백업은 **시스템에 저장된 데이터**만 보관합니다. 따라서 시스템에 저장된 데이터가 어떤 이유로 손상되었다면 데이터 복원으로 복구할 수 있지만, **시스템 자체가 파손되었다면 복원으로 복구할 수 없습니다**. 시스템을 안정적으로 유지하는 것이 인프라 운영 목표이므로 AWS에서 파일 단위 백업을 사용하는 경우는 많지 않습니다.

❤ 그림 8-3 파일 단위 백업

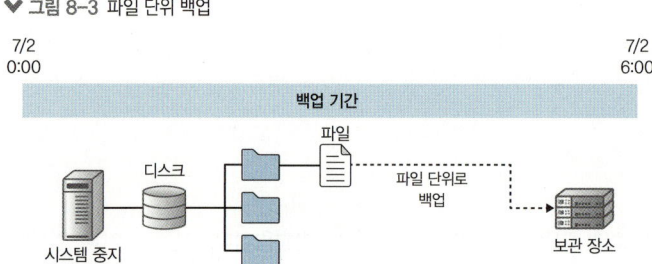

이미지 단위 백업

시스템을 **이미지 단위**로 백업하는 방법입니다. **이미지**(image)는 파일과 폴더 구조를 유지한 채로 복제해서 저장한 데이터입니다. 이미지 파일을 백업하면 시스템에 저장된 데이터뿐만 아니라 **시스템 자체의 구성 정보(메타데이터)**도 포함해서 백업할 수 있습니다. 따라서 데이터가 저장된 시스템 자체가 어떤 이유로 파손되더라도 시스템 구성 데이터와 시스템에 저장된 데이터 양쪽을 모두 복원하여 **시스템을 복구할 수 있습니다**. 각 AWS 서비스에는 백업 기능이 포함되어 있으며, AWS 백업은 이미지 단위(개별 AWS 리소스 단위)를 사용하는 경우가 많습니다.

▼ 그림 8-4 이미지 단위 백업

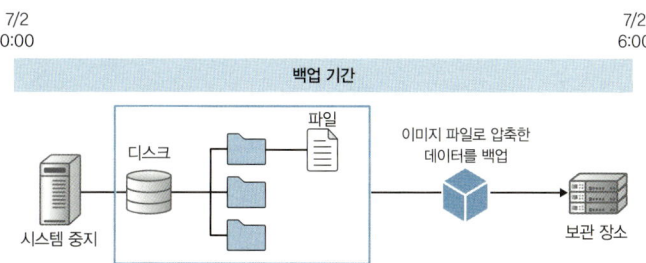

8.1.5 백업 세대 관리

백업 세대(generation) 관리는 최신 백업뿐만 아니라 그 이전 백업도 계속 보관하고 관리하는 것을 의미합니다. 이렇게 백업으로 계속 저장하는 개수를 **세대**라고 합니다. 예를 들어 하루에 한 번 백업을 수행하고 과거 7일분의 백업을 저장하고 있다면 '7세대 분량'의 백업을 관리한다고 말합니다.

백업 세대 관리는 '1세대 이전 백업'과 '새롭게 취득한 백업' 사이에 어떤 차이가 있는지 관리합니다. 예를 들어 만약의 경우를 대비하여 매일 백업하고 1년(365세대) 동안 백업을 관리한다고 가정해 봅시다. 백업도 데이터이므로 365세대를 유지하려면 데이터양이 늘어나고 스토리지 비용도 많이 발생할 것입니다. 따라서 어떻게 하면 백업을 유지하면서 차지하는 용량을 줄일 수 있을지 고민해야 합니다.

세대 관리는 **전체 백업**, **증분 백업**, **차등 백업** 세 가지 관점에서 백업 세대 간 차이(변경된 데이터)를 다룹니다. 각 AWS 서비스에는 백업 기능이 포함되어 있으며, 대부분의 AWS 서비스는 증분 백업 방식으로 백업합니다.

전체 백업

전체 백업(full backup)은 말 그대로 모든 데이터를 백업합니다. 하지만 백업할 데이터양이 많을수록 시간도 오래 걸립니다.

▼ 그림 8-5 전체 백업

차등 백업

차등 백업(differential backup)은 마지막 전체 백업 이후로 추가되고 변경된 데이터만 백업합니다. 따라서 전체 백업보다 저장할 데이터양이 적습니다. 복원할 때는 마지막 전체 백업에서 최신 차등 백업 내용을 반영하여 복원합니다.

▼ 그림 8-6 차등 백업

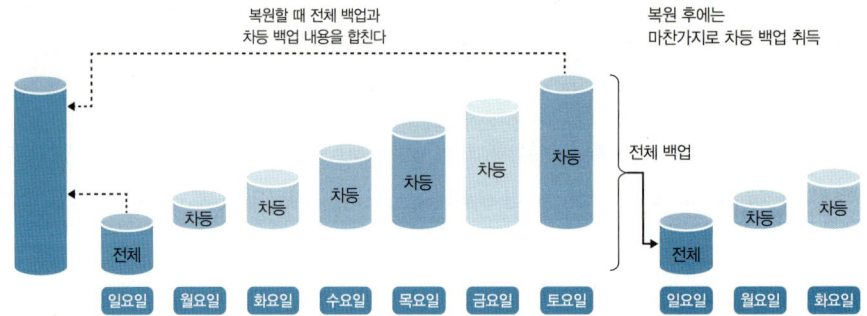

증분 백업

증분 백업(incremental backup)은 직전의 백업 이후로 수정된 데이터를 백업합니다. 따라서 전체 백업과 차등 백업보다 한 번에 백업하는 데이터양이 적습니다. 하지만 복원할 때는 증분 백업을 순서대로 하나씩 복원해야 하므로 복원에 많은 시간이 걸립니다.

▼ 그림 8-7 증분 백업

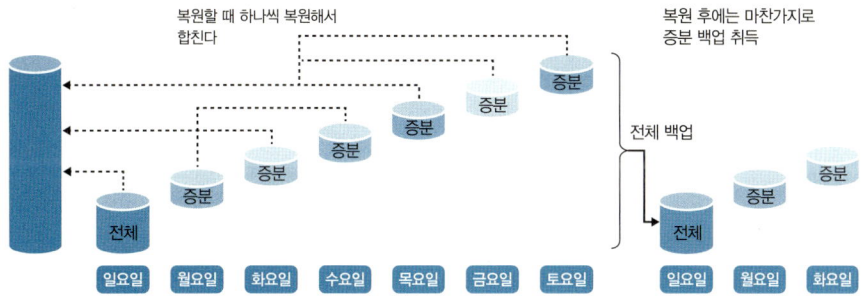

COLUMN ≡ 복원의 RTO와 RPO

백업을 복원해서 시스템을 복구하려면 상당한 시간이 필요합니다. 복원할 데이터양이 많으면 많을수록 복구에도 오랜 시간이 걸립니다. 시스템을 복구한다는 것은 복구가 완료될 때까지 해당 시스템 및 서비스를 이용할 수 없다는 의미입니다. 시스템 복구는 무척 중요한 작업이지만 문제 해결 작업 때문에 서비스를 1개월 정도 이용할 수 없다면 서비스 사용자의 업무나 사업에 무척 큰 영향을 끼치게 됩니다. **따라서 시스템을 복구할 때는 업무, 사업 영향을 고려한 목표 복구 시간이 필요합니다.** 이런 개념을 Recovery Time Objective(RTO)라고 합니다.

복원으로 데이터를 복구하더라도 업무에 필요한 데이터가 복구되지 않으면 문제가 생길 수 있습니다. **따라서 백업한 데이터를 복원으로 복구할 때는 어떤 시점까지 데이터를 복구할지 고려해야 합니다.** 이런 개념을 Recovery Point Objective(RPO)라고 합니다. RPO가 짧으면(복구할 수 없는 손실 시간이 적으면) 사용자에게 주는 영향이 적어지므로 좋은 일이지만, 그 대신 자주 백업해야 하므로 비용이 발생합니다. 그러므로 해당 시스템의 데이터 업데이트가 얼마나 자주 있는지와 프로젝트 비용이 얼마인지 등을 고려해서 결정합니다.

HOW TO OPERATE AWS

8.2 실무 AWS의 백업 및 복원 운영

AWS에는 다양한 관리형 서비스가 있지만 EBS 같은 스토리지 서비스나 RDS, Aurora 같은 데이터베이스 서비스 중 대다수는 백업 취득, 관리, 복원을 사용자가 해야 합니다. 또 하나의 시스템에서 여러 데이터베이스 서비스나 스토리지 서비스를 같이 쓸 때도 적지 않습니다. AWS 서비스마다 백업과 복원 사양이 서로 다르기 때문에 **운영을 하려면 얼마나 중앙 집중화 관리를 하고 자동화할 수 있는지가 중요합니다.**

8.2.1 AWS로 구현하는 효율적인 백업 및 복원 운영

AWS에서는 AWS Backup을 이용하여 간단하게 AWS 리소스의 백업 및 복원 운영을 할 수 있습니다. 다음 그림은 AWS Backup으로 관리할 수 있는 대표적인 AWS 서비스입니다.

▼ 그림 8-8 AWS Backup으로 관리할 수 있는 백업 데이터

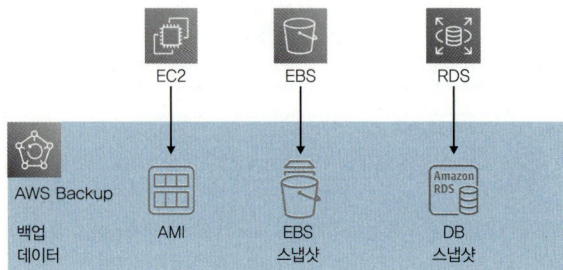

다음으로 8.4절에서 소개하는 표본 아키텍처에도 나오는 EC2와 RDS, Aurora 백업 및 복원 방법과 기능을 소개합니다.

8.2.2 EC2 백업

EC2 백업 방식은 두 가지로, **EBS 스냅샷**을 쓰거나 **Amazon AMI(머신 이미지)**를 사용합니다.

EBS 스냅샷은 EBS 볼륨(EBS에서 생성한 스토리지)에서 백업합니다. EC2에 연결된 특정 EBS 볼륨만 백업한다면 EBS 스냅샷이 편리합니다.

한편 AMI는 OS 정보와 어떤 EBS를 인스턴스에 연결했는지 등 EC2 가동에 필요한 정보를 전부 하나로 묶어 템플릿화한 것입니다. AMI에는 EBS 스냅샷도 포함되므로 EC2에서 AMI를 백업하면 해당 EC2에 연결된 모든 EBS 볼륨에서 EBS 스냅샷을 백업합니다. EC2 인스턴스를 복원할 수 있으므로 많은 경우 **백업 용도로는 AMI를 사용하지만 EC2에 연결된 특정 EBS 볼륨의 데이터만 백업할 때는 EBS 스냅샷을 백업합니다.**

▼ 그림 8-9 EC2에서 사용하는 두 종류 백업 데이터

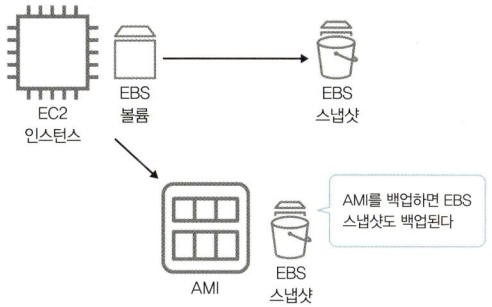

EBS 스냅샷과 AMI 요금

EBS 스냅샷을 보관할 때는 **1GB 단위**로 요금이 발생합니다. EBS 스냅샷은 증분 백업으로 처음 스냅샷을 백업한 이후에 백업된 다음 세대는 변경된 내용만큼만 요금이 추가됩니다.

AMI 자체는 무료로 생성, 보관할 수 있습니다. **하지만 AMI와 동시에 생성되는 EBS 스냅샷은 EBS 스냅샷을 단독으로 이용할 때와 마찬가지로 요금이 발생합니다.** 자세한 EBS 요금은 웹 페이지[1]를 확인합니다.

8.2.3 RDS와 Aurora 자동 백업과 스냅샷

데이터베이스 서비스 RDS와 Aurora에는 두 가지 백업 기능이 있습니다. 첫 번째는 **자동 매일 백업 기능**입니다. 자동 백업은 백업 기간과 백업 보존 기간을 임의로 지정할 수 있습니다. 백업 보존 기간은 1일부터 35일까지입니다.

두 번째는 **스냅샷 기능**입니다. 스냅샷은 자동 백업과 다르게 보존 기간이 정해져 있지 않습니다. 즉, 운영자가 삭제하기 전까지 계속해서 데이터를 보관할 수 있습니다. 평소에는 자동 백업을 이용하고 RDS나 Aurora DB 클러스터[2]에 어떤 변경 작업을 할 때면 그 전에 수동으로 스냅샷을 백업하는 방식으로 구분해서 이용합니다.

---

1 https://aws.amazon.com/ko/ebs/pricing/
2 다수의 서버를 하나의 가상적인 서버로 다루는 것을 의미합니다. Aurora는 하나 이상의 DB 인스턴스로 DB 클러스터를 구성합니다.

자동 백업과 스냅샷은 S3 버킷으로 내보내기(export)를 할 수 있습니다. **저비용으로 장기간 데이터를 보관하고 싶거나 DB에 부하를 주지 않고 분석 용도로 데이터를 이용하고 싶을 때는 S3 버킷으로 내보내기를 이용합니다.**

백업한 자동 백업과 스냅샷은 각 용량에 따라 요금이 발생합니다. 요금은 이용하는 RDS와 Aurora에 따라 달라집니다. 자세한 요금은 웹 페이지[3]를 참고합니다.

8.2.4 Aurora 복원 기능 백트랙과 특정 시점으로 복구

RDS에는 없고 Aurora에만 있는 두 종류 복원 기능을 설명하겠습니다. 첫 번째는 **특정 시점으로 복구**(point in time recovery) 기능으로 **특정 시점의 DB 클러스터를 복원하는 기능**입니다. 백업 보존 기간 이내의 원하는 시점으로 복원할 수 있으며, 새로운 DB 클러스터가 생성됩니다. 특정 시점으로 복구하는 복구 기능이므로 요금이 발생하지 않습니다.

두 번째는 **백트랙**(Backtrack)**(역추적)** 복원 기능으로 Amazon Aurora의 MySQL 호환 버전에서만 사용할 수 있습니다. 자동 백업이나 스냅샷에서 복원하려면 새로운 클러스터를 시작하므로 시간이 걸립니다.

하지만 백트랙은 새로운 클러스터를 시작하는 대신에 **기존 클러스터를 어떤 특정 시점의 상태로 되돌리는 기능**입니다. 예를 들어 DB 테이블을 조작하다가 실수했을 때 작업 이전 상태로 되돌려서 비교적 빠르게 복구할 수 있습니다. 백트랙은 **되돌리기 최대 기간(최대 24시간)**을 설정하는데 Aurora 데이터베이스에서 변경된 레코드는 이 기간 동안 유지됩니다. 이런 변경된 레코드 100만 건마다 시간당 요금이 발생합니다. 요금은 리전에 따라 달라지므로 자세한 요금은 웹 페이지[4]를 확인합니다.

> Note ≡ Aurora에는 PostgreSQL 호환과 MySQL 호환이 있습니다. 백트랙은 MySQL 호환에서만 대응하므로 주의합니다.

---

[3] https://aws.amazon.com/ko/rds/pricing/
[4] https://aws.amazon.com/ko/rds/aurora/pricing/

8.3 실무 관련 AWS 서비스

AWS에서 백업 및 복원 운영을 하려면 AWS Backup을 빼놓을 수 없습니다. AWS Backup을 잘 활용하면 효율적으로 관리할 수 있습니다.

8.3.1 AWS Backup

AWS Backup은 다양한 AWS 서비스 백업을 중앙 집중화 관리, 자동화하는 기능입니다. AWS Backup을 구성하는 주요 요소는 다음 표와 같습니다.

▼ 표 8-1 AWS Backup을 구성하는 요소

구성 요소	설명
백업 계획(backup plan)	백업할 시기와 방법을 정의하는 정책
복구 시점(recovery point)	각 백업에 할당된 논리 ID
백업 볼트(backup vault)	복구 시점을 관리하는 단위

> Note ≡ 이 책에서 주로 다루는 RDS, Aurora, EBS 이외에도 AWS에는 다양한 데이터베이스 서비스와 스토리지 서비스가 있습니다. AWS Backup 등장 이전에는 각 서비스마다 따로 백업 설정을 해서 백업했고 자동 백업이나 세대 관리 같은 표준 기능도 없었습니다. 따라서 서드파티 서비스로 관리하거나 Lambda 등을 직접 만들어야 했습니다. AWS Backup이 등장하면서 다수의 AWS 리소스를 간단히 백업, 관리할 수 있게 되었습니다.

8.3.2 백업 계획

AWS Backup은 요건에 맞도록 정책을 생성해서 설정합니다. 이런 정책을 **백업 계획**이라고 합니다.

▼ 그림 8-10 백업 계획과 관련 시스템 관계

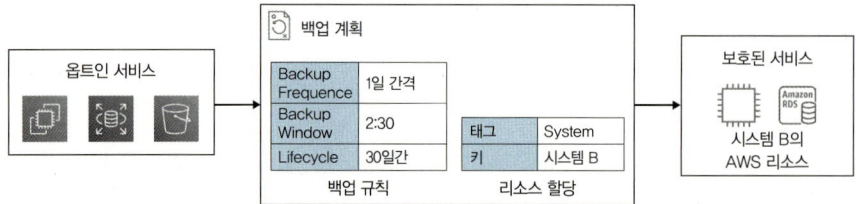

백업 계획 생성

백업 계획 생성은 AWS Backup 콘솔에서 수행합니다.

▼ 그림 8-11 AWS Backup에서 백업 계획 생성

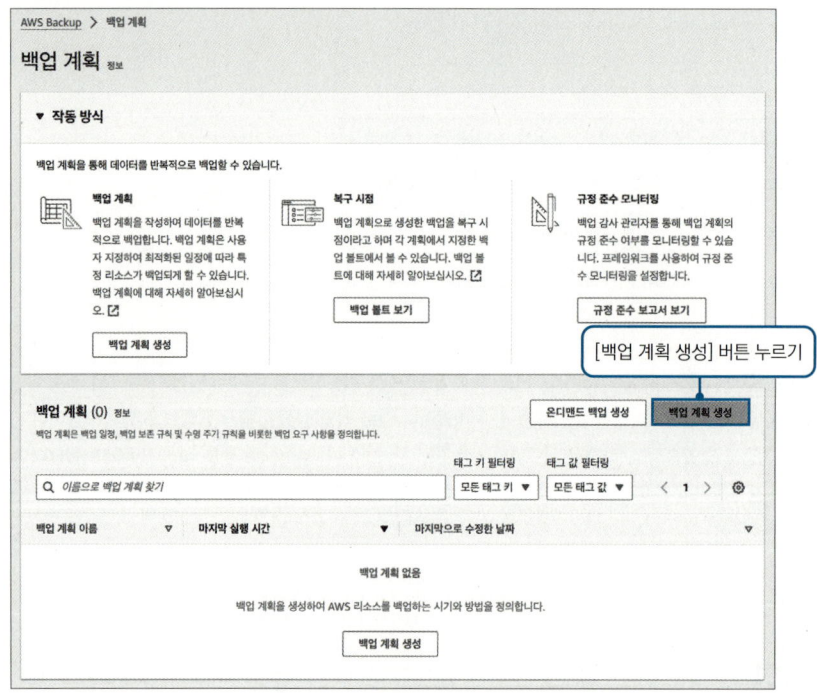

백업 계획을 생성할 때는 백업 규칙의 다음 항목에서 세부 내용을 설정합니다.

- **백업 볼트**: 복구 시점(백업) 보관 장소
- **백업 빈도**: 백업 주기로, cron 형식도 지정 가능, 최소 1시간 간격
- **특정 시점으로 복구**(PITR) **유효화**

- **백업 기간**: 백업이 시작되는 기간으로 기본값은 5시, 8시간 이내, 사용자 지정 가능
- **콜드 스토리지 전환**: 일부 AWS 서비스는 백업을 콜드 스토리지로 전환할 수 있음, 이런 리소스의 콜드 스토리지 전환 유무와 해당 기간
- **보존 기간**: 백업을 유지할 기간 지정
- **대상으로 복사**: 다른 리전에 복사할 때 사본을 저장할 대상 리전

하나의 백업 계획에 여러 백업 규칙을 생성할 수도 있습니다. 예를 들어 어떤 리소스의 백업 일정 요건이 다양(일별, 주별로 백업 보존 기간도 서로 다름)하거나 백업 일정과 다른 리전에 복사하는 일정이 서로 다른 경우처럼 각 요건에 맞는 백업 규칙을 같은 백업 계획에 생성할 수 있습니다.

예를 들어 다음 그림과 같은 백업 규칙을 설정한다고 합시다.

▼ 그림 8-12 백업 규칙 설정 예

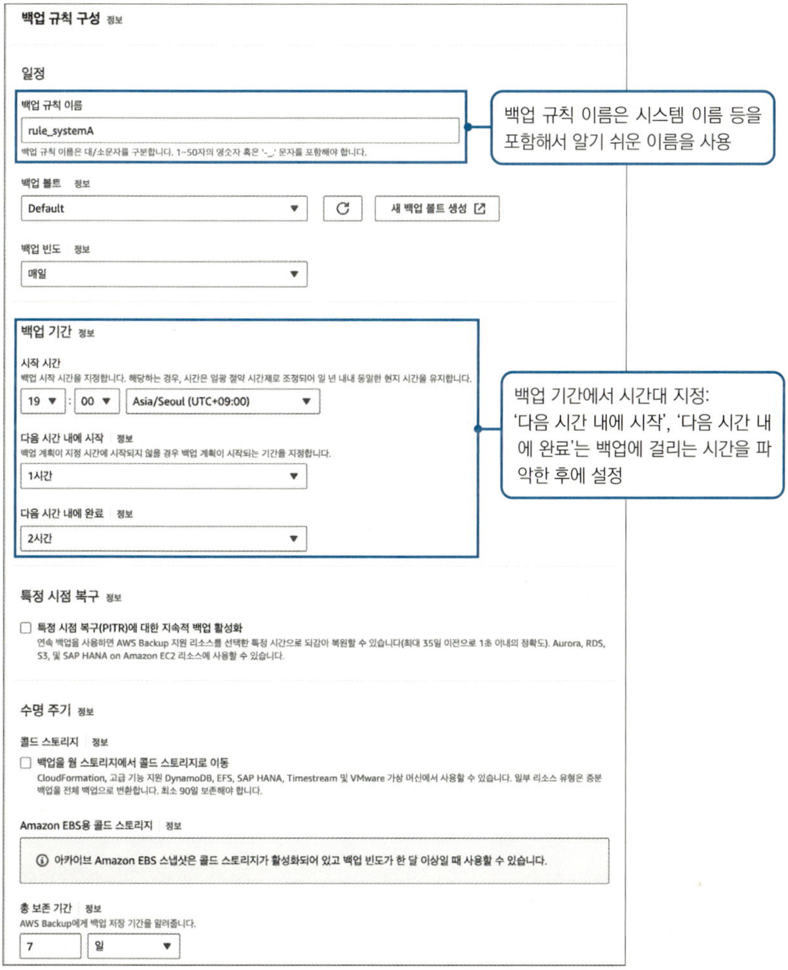

![백업 규칙 구성 화면]

- 백업 규칙 이름은 시스템 이름 등을 포함해서 알기 쉬운 이름을 사용
- 백업 기간에서 시간대 지정: '다음 시간 내에 시작', '다음 시간 내에 완료'는 백업에 걸리는 시간을 파악한 후에 설정

주의해야 할 점은 **백업 기간**입니다. 시간대를 선택하기 때문에 서버 설정 등을 고려해서 설정합니다. 백업 기간에 설정한 시각은 예정된 **백업이 실행될 기간**입니다. 시작 시간에 딱 맞추어 백업을 시작하는 것이 아니라 백업 기간 시작 시간부터 '다음 시간 내에 시작'에 설정한 시간 내에 백업이 시작됩니다. 그리고 백업 기간 시작 시간에서 '다음 시간 내에 완료'까지 시간 내에 백업 데이터 전송이 끝나지 않으면 **백업이 만료**(expired) **상태가** 되므로 백업에 실패합니다.

AWS Backup에 대응하는 AWS 서비스는 일부를 제외하면 모두 **증분 백업**이므로 마지막 백업 이후로 너무 많은 데이터가 변경되지 않았다면 '다음 시간 내에 완료'는 1~2시간 정도면 충분합니다. 증분 백업을 지원하지 않는 AWS 서비스에서 대규모 데이터를 보관하려면 백업하는 데 시간이 걸립니다. AWS Backup으로 실제 운영을 하기 전에 먼저 '8.3.4절 AWS Backup에서 백업 다루기'에서 설명할 온디맨드 백업이나 각 AWS 서비스 백업 기능을 미리 검증하여 대략적인 백업 시간을 파악합니다. 그런 다음 '다음 시간 내에 완료'에는 여유를 둔 시간을 설정하는 것이 좋습니다.

▼ 표 8-2 다음 시간 내에 시작과 다음 시간 내에 완료할 때 주의점

백업 기간	설명
다음 시간 내에 시작	백업 기간 시작 시간부터 이 시간 내에 백업이 시작됩니다.
다음 시간 내에 완료	백업 기간 시작 시간부터 이 시간 내에 백업 데이터 전송이 완료되지 않으면 만료됩니다.

8.3.3 백업 리소스 할당과 서비스 옵트인

백업 규칙만으로는 백업할 수 없으며, **해당 백업 계획에서 관리하는 AWS 리소스를 지정해야 합니다**. 이런 지정을 **리소스 할당**이라고 합니다. 리소스 할당을 할 수 있는 AWS 서비스는 AWS Backup의 **서비스 옵트인** 설정을 활성화한 AWS 서비스뿐입니다. 서비스 옵트인은 계정과 리전 내부에 있는 AWS 서비스와 리소스를 AWS Backup에 설정하는 기능입니다.

▼ 그림 8-13 서비스 옵트인

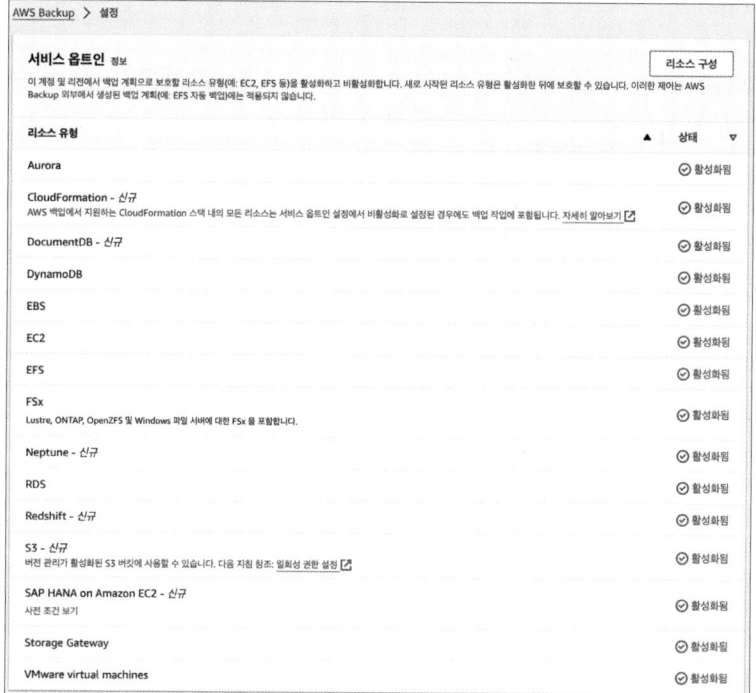

리소스 할당은 서비스 옵트인으로 활성화한 모든 AWS 서비스를 관리 대상으로 삼을 수 있습니다. 하지만 실제로는 **다수의 시스템을 운영할 때가 많아서 시스템별로 관리하기 어려우므로 백업 계획 대상이 되는 특정 AWS 서비스 또는 특정 리소스 태그를 지정하여 리소스를 할당하도록 설정합니다**. 태그(tag)는 AWS 리소스에 부여할 수 있는 이름표 같은 것으로, **키**와 **값**으로 구성됩니다. 리소스에 태그를 부여하여 용도나 소유자를 알기 쉽게 관리할 수 있습니다.

리소스 할당도 백업 규칙과 마찬가지로 하나의 백업 계획에 여러 리소스 할당을 생성할 수 있습니다. 같은 시스템의 AWS 리소스라도 명명 규칙이나 태그 규칙을 서로 다르게 운영하기도 합니다. 이때는 **백업 계획에 동일한 시스템에서 이용하고 있는 리소스를 하나로 묶어서 일괄 할당하면 시스템 단위로 백업을 관리할 수 있습니다**.

▼ 그림 8-14 백업 계획에 태그 지정 규칙이 다른 여러 리소스를 할당하는 모습

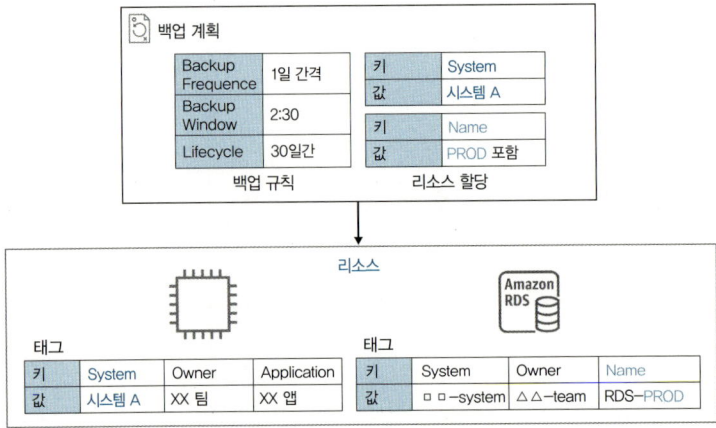

> **Note** ≡ 백업 계획의 리소스 할당은 AWS 리소스 ID[5]를 이용합니다. 하지만 ID는 복원할 때 변경되므로 태그로 지정하는 편이 편리합니다.

백업 계획에 리소스 할당하기

특정 태그가 붙은 EC2 인스턴스의 AMI를 백업할 때 리소스 할당은 다음 그림과 같이 설정합니다.

▼ 그림 8-15 백업 계획에 리소스 할당 1

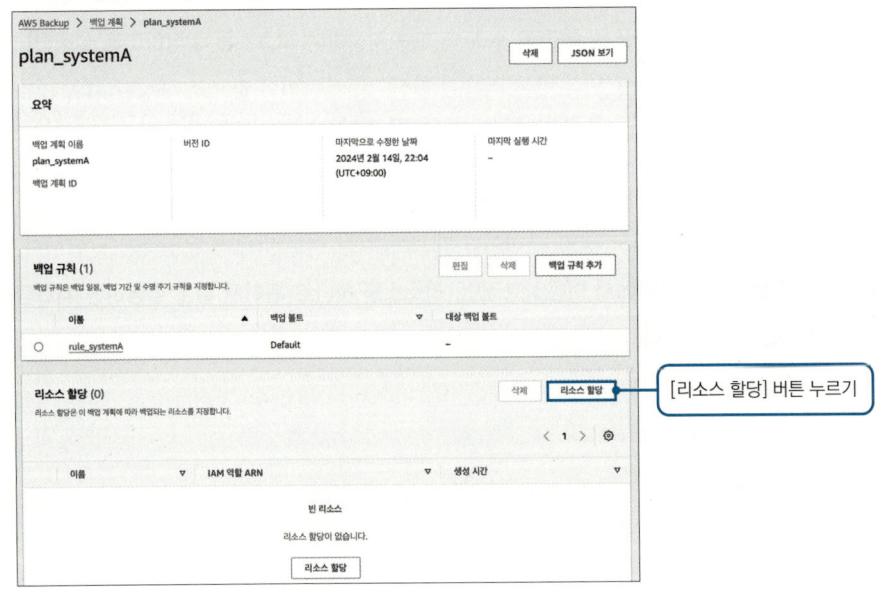

---

5 AWS 각 서비스를 이용하기 시작할 때 자동으로 할당된 식별자입니다.

▼ 그림 8-16 백업 계획에 리소스 할당 2

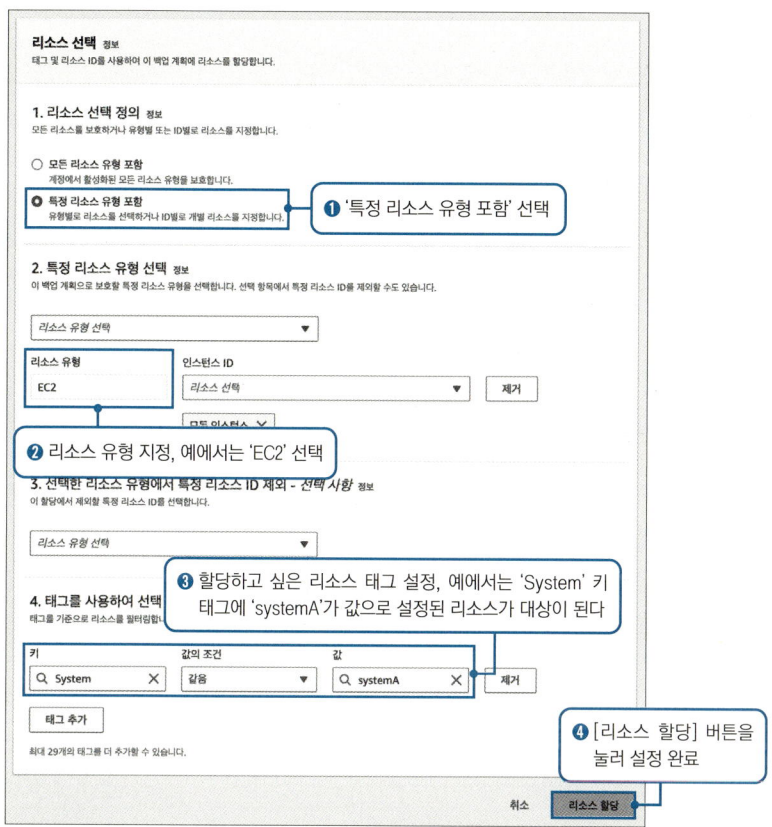

백업 계획에서 관리하는 대상 리소스를 AWS Backup에서는 **보호된 리소스**라고 합니다. AWS Backup으로 한 번이라도 백업한 리소스는 **보호된 리소스로 AWS Backup에서 확인할 수 있습니다.**

▼ 그림 8-17 AWS Backup으로 보호된 리소스 확인

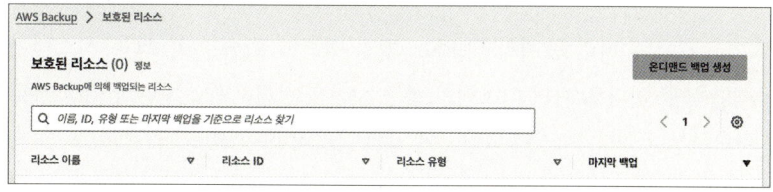

8.3.4 AWS Backup에서 백업 다루기

이제부터 AWS Backup으로 만든 백업을 다루는 방법을 설명합니다.

복구 시점과 백업 볼트

백업 규칙에서 **백업 볼트**를 지정했는데, 백업 볼트는 간단히 말하면 백업 저장소입니다. AWS Backup은 백업 볼트로 저장소를 나누어서 백업을 관리합니다. 백업을 관리하는 순서는 다음과 같습니다.

우선 백업 계획 정책에 따라 AWS Backup이 각 AWS 리소스를 대상으로 백업을 실행합니다. 이런 작업 정보는 AWS Backup의 백업 작업으로 실행 및 관리합니다. 이 백업 작업을 실행함과 동시에 복구 시점이 생성됩니다. **복구 시점**은 백업 볼트가 일괄적으로 관리합니다. **복구 시점은 각 AWS 리소스에서 생성한 백업에 할당된 논리 ID입니다.** 실제 백업은 각 AWS 서비스의 자체 기능을 이용하여 백업을 생성하지만, AWS Backup 내부에서는 복구 시점을 기준으로 관리합니다. 어떤 백업 볼트에 복구 시점을 보관할지는 백업 규칙으로 정합니다. 여러 시스템이 있다면 백업 볼트를 나누는 편이 복구 시점을 관리하는 데 더 좋습니다.

▼ 그림 8-18 복구 시점과 백업 볼트

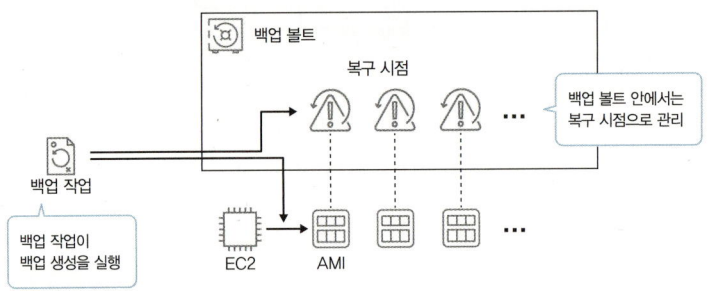

백업 볼트에는 AWS Backup이 미리 준비한 Default 백업 볼트가 있습니다. 모든 시스템이 Default를 사용하면 백업 볼트 하나로 여러 시스템의 복구 시점을 관리하므로 하나의 백업 볼트가 관리하는 복구 시점이 너무 많거나, 시스템 담당자가 자기 담당이 아닌 다른 시스템의 복구 시점을 잘못해서 복원하는 불상사가 발생할 수 있습니다. **따라서 백업 볼트는 시스템 또는 리소스별로 분리하면 좋습니다.**

백업 볼트 생성하기

백업 볼트는 백업 규칙을 생성할 때 만들 수 있지만 그 전에 미리 생성할 수도 있습니다.

▼ 그림 8-19 AWS Backup에서 백업 볼트 생성 1

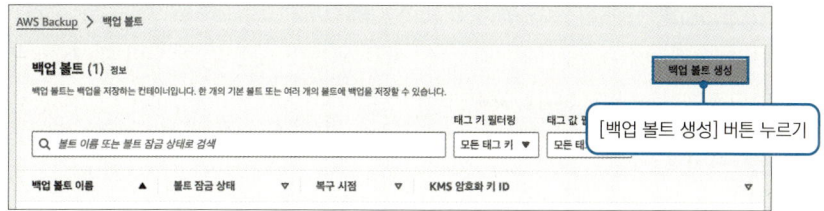

▼ 그림 8-20 AWS Backup에서 백업 볼트 생성 2

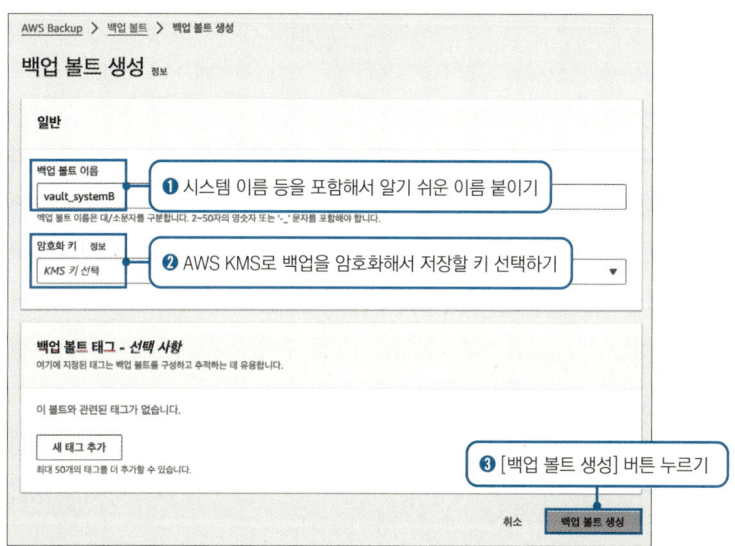

AWS KMS은 나중에 '9장 보안 통제'에서 설명하겠습니다.

다른 리전에 백업 복사하기

AWS Backup은 단순한 AWS 서비스의 백업 자동화뿐만 아니라 **다른 리전으로 복사**도 자동화할 수 있습니다. '8.3.2절 백업 계획'의 백업 규칙 설정 항목에서 이야기했듯이, 백업 규칙에 **복사 대상 리전**을 설정할 수 있습니다. 이때 복사 대상의 **백업 볼트, 콜드 스토리지 전환, 보존 기간**을 지정합니다. 이런 설정이 끝나고 백업 계획에 따라 백업 작업이 실행되면 자동으로 대상 AWS 리소스를 백업하여 다른 리전의 백업 볼트에 복사합니다.

▼ 그림 8-21 백업 규칙 설정 화면의 대상으로 복사 항목에서 복사 대상 리전 선택 가능

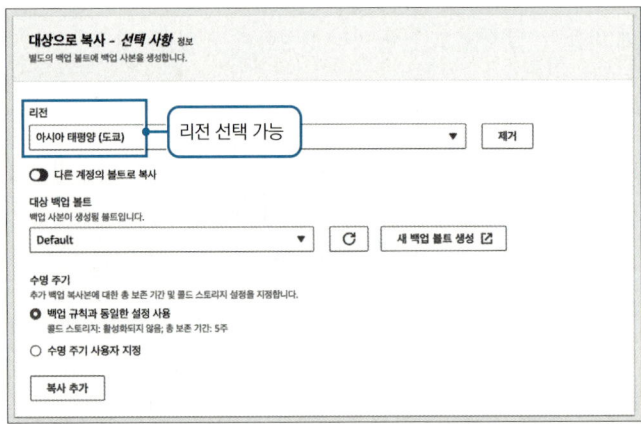

온디맨드 백업

AWS 리소스를 운영하다 보면 백업 규칙을 사용한 규칙적인 백업 외에도 **설정 변경 작업 등에 따른 백업**이 필요하기도 합니다. 이때도 AWS Backup에서 백업할 수 있습니다. AWS Backup에는 **온디맨드 백업** 기능이 있어 **보호하는 리소스를 임의의 타이밍에 백업할 수 있습니다.** 온디맨드 백업은 백업 규칙과 마찬가지로 백업 기간을 지정하는데, 온디맨드 백업을 실행할 시간을 업무 시간이 아닌 시간으로 지정해 둘 수 있습니다. 백업 보존 기간을 지정할 수 있으므로 삭제하는 것을 깜빡하는 일도 방지할 수 있습니다.

온디맨드 백업은 다음 그림과 같이 보호된 리소스 세부 화면에서 **온디맨드 백업 생성** 버튼을 눌러 각 항목을 설정하여 백업합니다.

▼ 그림 8-22 AWS Backup에서 보호된 리소스 세부 화면으로 이동

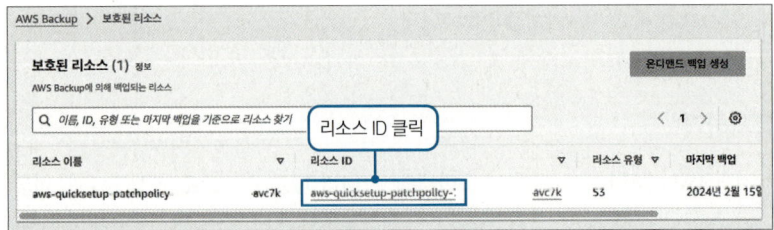

▼ 그림 8-23 AWS Backup에서 온디맨드 백업 1

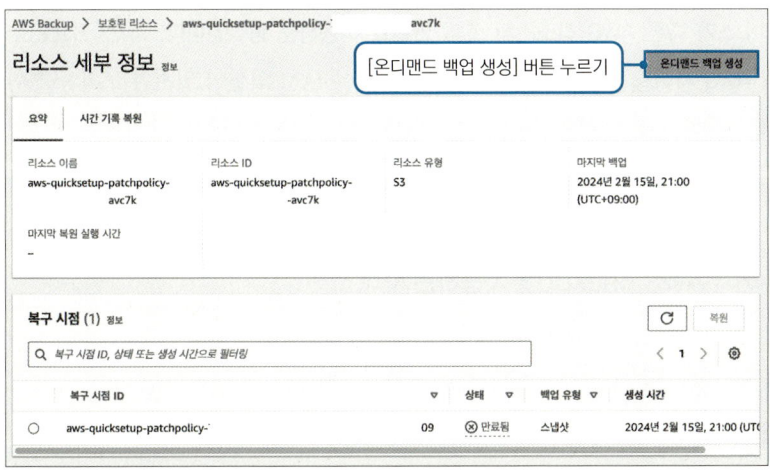

▼ 그림 8-24 AWS Backup에서 온디맨드 백업 2

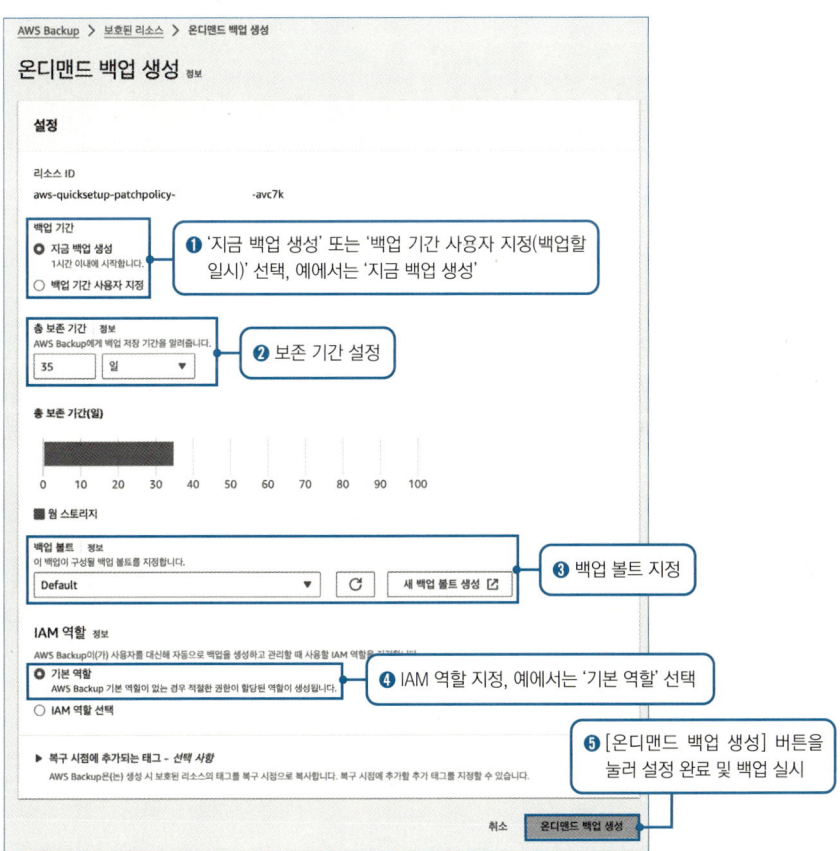

그림 8-24에 IAM 역할 설정이 있습니다. 앞서 '4장 계정 운영'에서도 설명했지만, IAM 역할은 AWS 계정의 각종 AWS 리소스가 다른 AWS 리소스의 조작 권한을 허용하는 방식입니다. AWS Backup도 IAM 역할에서 각 AWS 서비스 백업 권한을 부여합니다. 기본 IAM 역할이 있지만 조직 규칙이나 요건에 따라 필요 이상의 권한을 부여하고 싶지 않다면 별도로 IAM 역할을 생성하여 지정할 수 있습니다.

Amazon Aurora에서 AWS Backup을 사용하는 사례

'8.2.3절 RDS와 Aurora 자동 백업과 스냅샷'에서 설명했듯이, Amazon Aurora에는 자동 백업 기능이 있는데 AWS Backup이 아니라 표준의 자동 백업을 사용하는 방법도 있습니다. 하지만 Aurora 스냅샷을 다른 리전에 복사해서 보관한다면 AWS Backup을 이용하는 편이 편리합니다. Aurora에 자동 백업 기능은 있지만 다른 리전에 복사하는 기능은 없습니다.

AWS Backup 요금

AWS Backup은 백업 데이터 용량과 다른 리전에 복사한 데이터 용량에 따라 요금이 발생합니다. AWS Backup에서 관리하는 일부 AWS 서비스는 복구 시점에서 복원할 때도 요금이 발생합니다. 요금은 AWS 서비스에 따라 다릅니다. 자세한 내용은 웹 사이트[6]에서 확인합니다.

8.3.5 Amazon Data Lifecycle Manager

Amazon Data Lifecycle Manager는 AMI와 EBS 스냅샷의 백업, 보관, 삭제를 자동화하는 기능입니다. 대상 AWS 서비스는 EC2와 EBS에 한정되지만 AWS Backup처럼 관리할 대상 리소스를 태그로 지정하여 백업 시간 일정, 보존 기간을 설정할 수 있습니다. 운영 대상 AWS 리소스가 EC2 인스턴스뿐이라면 AWS Backup이 아니라 Data Lifecycle Manager를 운영 관리 도구로 사용할 수 있습니다. Data Lifecycle Manager 자체는 무료로 이용할 수 있지만 백업된 EBS 스냅샷에 요금이 부과됩니다.

---

6 https://aws.amazon.com/ko/backup/pricing/

8.4 실무 표본 아키텍처 소개

AWS 계정 개수와 관계없이 다수의 시스템을 AWS에서 가동할 때가 많습니다. 시스템마다 백업이나 복원 요건이 서로 다르기도 합니다. 업무와 관련된 중요한 시스템이라면 보다 엄격한 요건이 필요합니다. 이번에는 세 종류의 시스템을 백업 및 복원하는 운영을 가정하여 설명합니다.

▼ 그림 8-25 AWS Backup을 이용한 백업 관리

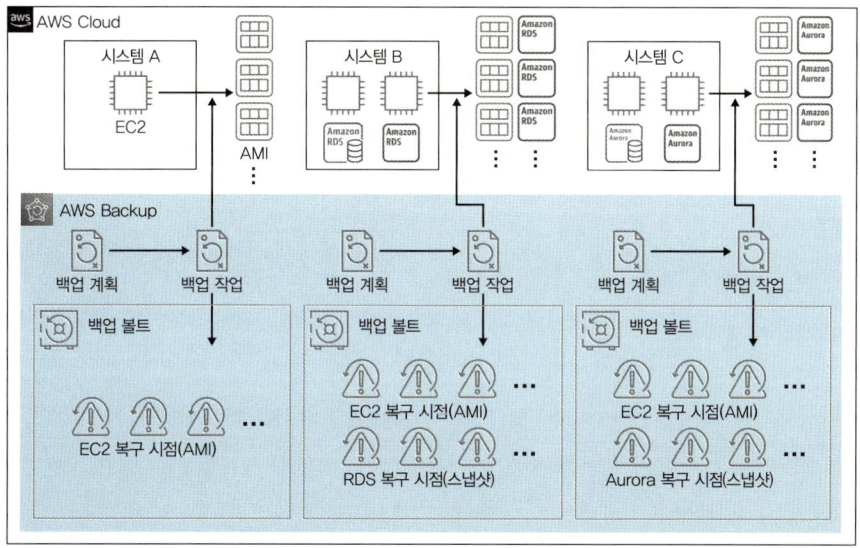

8.4.1 아키텍처 개요

표본 아키텍처는 하나의 AWS 계정에서 시스템 A · B · C의 AWS 리소스를 가동하고 있습니다. 각각의 시스템에서는 EC2, RDS, Aurora를 사용합니다. 그림 8-25에는 시스템마다 EC2가 한 대 또는 두 대 정도 있다고 표기하고 있지만, 실제로는 더 많은 EC2를 사용할 수도 있습니다. 이런 아키텍처에서 고려할 내용은 크게 두 가지입니다.

- 각 시스템의 백업 및 복원 요건이 다르므로 **시스템별로 리소스를 통합 관리해야 합니다**.
- EC2와 Aurora는 **백업 및 복원 기능 사양이 서로 다릅니다**.

이런 다수의 시스템과 다수의 AWS 서비스를 백업 및 복원하는 운영에서는 AWS Backup이 유용합니다. 여기에서는 각 시스템의 백업 관리 및 복원을 **시스템별로 백업 계획을 생성해서 실시합니다.**

8.4.2 백업 요건

표본 아키텍처에서 백업할 대상은 각 시스템에서 이용하는 EC2와 RDS, Aurora입니다. 각각의 시스템 백업 요건은 다음과 같습니다. 실제 시스템을 운영할 때는 더욱 세밀한 요건도 있지만, 여기에서는 간단한 조건의 예로 설명합니다.

- 시스템 A
    - EC2 백업은 매일 1:00~2:00에 실시
    - 백업은 7일간 보관
- 시스템 B
    - EC2, RDS 백업은 매일 2:00~3:00에 실시
    - 백업은 30일간 보관
- 시스템 C
    - EC2, Aurora 백업은 매일 4:00~5:00에 실시
    - 백업은 30일간 보관
    - 백업은 다른 리전에 복사

이렇게 시스템마다 백업 요건이 다를 때도 AWS Backup에서 **백업 계획**과 **백업 볼트**를 분리해서 관리할 수 있습니다.

8.5 실무 표본 아키텍처를 운영할 때 주의점

표본 아키텍처에서 주의할 점을 설명합니다.

8.5.1 AWS Backup 백업 계획의 태그 설계

AWS Backup으로 백업 및 복원 운영을 시작하기 전에 먼저 대상 리소스에 **태그를 붙여야 합니다**. '8.3.3절 백업 리소스 할당과 서비스 옵트인'에서 설명했듯이, AWS Backup 백업 계획은 태그를 지정해서 백업 계획의 대상 리소스를 정합니다. 여러 시스템의 백업을 AWS Backup으로 관리한다면 백업 요건이 시스템마다 다를 수 있으므로 **시스템과 요건에 따라 AWS 리소스에 태그를 붙이고 백업 계획도 이런 태그별로 생성하여 백업을 관리합니다**.

태그 패턴은 몇 종류가 있지만 일반적으로 **시스템과 서브 시스템별로 태그를 추가하는 방법**을 사용합니다. 이런 태그 패턴은 단순히 AWS Backup에서만 쓰는 것이 아니라, 11장에서 설명할 비용 관리 면에서도 유용합니다. 표본 아키텍처에는 시스템이 세 개 있고 각각 백업 요건이 다릅니다. 따라서 시스템별로 AWS 리소스에 태그를 붙입니다.

▼ 그림 8-26 시스템 A · B · C의 태그 지정 예

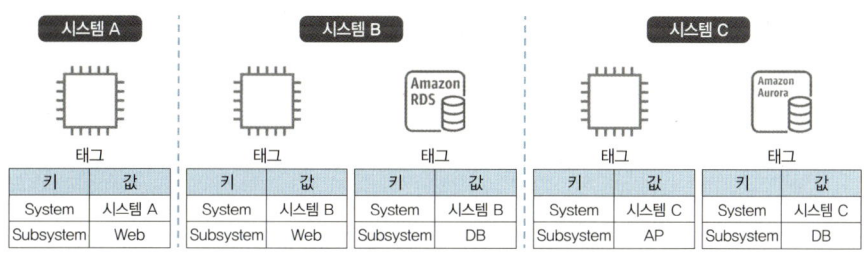

8.5.2 AWS Backup 복구 시점에서 복원

AWS Backup은 간단히 백업을 자동화하고 관리하는 서비스이지만 **복원은 자동으로 실행되지 않습니다.** 따라서 수동으로 복원하거나 자동화할 수 있는 방법이 필요합니다. AWS Backup으로 백업을 관리한다면 각 리소스 백업은 **복구 시점**으로 관리됩니다. 복구 시점은 콘솔에서 확인할 수 있습니다.

구체적인 복원 절차는 다음 그림과 같이 AWS Backup 백업 볼트에서 대상 **AWS 리소스의 복구 시점**을 선택해서 복원합니다. 그림에서는 EC2를 예로 들었지만, 실제 설정 항목은 AWS 리소스에 따라 다릅니다. EC2는 프라이빗 IP 주소 등 세부 설정을 AWS Backup 화면에서 지정할 수 없으므로, 필요에 따라 백업 복원 화면의 **인스턴스 시작 마법사**를 클릭하여 복구용 인스턴스를 따로 생성합니다.

▼ 그림 8-27 백업 볼트에서 EC2 복원 1

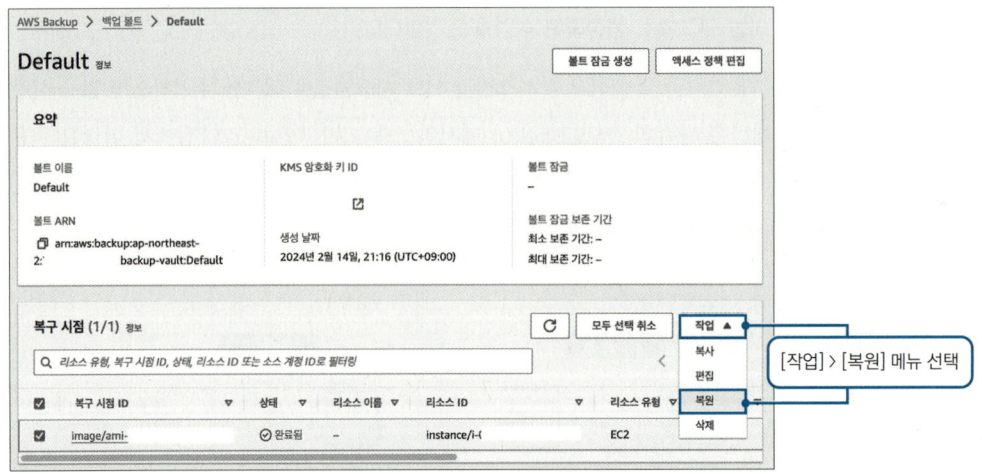

▼ 그림 8-28 백업 볼트에서 EC2 복원 2

```
AWS Backup  >  백업 볼트  >  Default  >  백업 복원
```

백업 복원

예약된 백업, 수명 주기 관리 및 빠른 복원과 같은 주요 특성을 사용하면서 다른 리소스의 백업을 중앙에서 관리할 수 있도록 EC2 인스턴스를 복원합니다. 전체 인스턴스 복원 기능에 액세스하려면 다음을 참조하세요. 인스턴스 시작 마법사 ↗

네트워크 설정

> 프라이빗 IP나 기타 세부 설정을 하려면 '인스턴스 시작 마법사'를 사용해서 복구

인스턴스 유형 정보
인스턴스의 컴퓨팅 및 메모리 용량을 정의합니다.

[t2.micro - 1 vCPU, 1 GiB RAM ▼]

Virtual Private Cloud(VPC)
VPC를 선택하여 가상 네트워킹 환경을 정의합니다.

[기본 VPC(vpc-   ) ▼] [⟳]

서브넷 정보
서로 다른 EC2 리소스를 서로 간에 또는 인터넷으로부터 격리하는 데 사용할 수 있는 VPC의 IP 주소 범위를 지정합니다. 각 서브넷은 하나의 가용 영역에 상주합니다.

[subnet- | ap-northeast-2a ▼] [⟳]

보안 그룹 정보
보안 그룹을 지정하여 인스턴스의 트래픽을 제어하는 방화벽 규칙 세트를 결정합니다.

[보안 그룹 추가 ▼] [⟳]

[launch-wizard-1 ✕]

인스턴스 IAM 역할 정보
EC2 인스턴스에 AWS 보안 인증 정보를 자동으로 배포할 IAM 역할을 지정합니다.

[원래 IAM 역할로 복원 ▼]

역할 복원 정보
백업을 복원할 때 AWS Backup에서 수임할 IAM 역할을 지정합니다.

● 기본 역할
  AWS Backup 기본 역할이 없는 경우 적절한 권한이 할당된 역할이 생성됩니다.
○ IAM 역할 선택

보호된 리소스 태그 정보

☑ 보호된 리소스에서 복원된 리소스로 태그 복사

▶ **고급 설정**
종료 및 최대 절전 모드 동작, 종료 방지 기능, 배치 그룹, 테넌시 및 기타 고급 설정을 사용자 지정합니다.

[취소] [**백업 복원**]

백업 복원에서 네트워크 설정은 EC2 인스턴스를 새롭게 생성하므로 인스턴스 종류나 VPC를 설정합니다. **이런 설정 항목은 복구 대상의 EC2 인스턴스 설정이 자동으로 선택됩니다. 다른 인스턴스 종류나 VPC, 서브넷으로 복원하려면 적절하게 변경하면 됩니다.**

> **Note** 복원하면 과거 리소스는 삭제되지 않고 기존과 다른 IP나 이름으로 복구됩니다. 복구 대상 리소스를 다른 시스템이나 애플리케이션에서 액세스하는 데 사용하는 쪽이 액세스 대상을 변경하는 데 어려움을 겪습니다. 이때는 EC2 인스턴스를 동일한 IP나 이름으로 복구해야 하므로 그 전에 미리 복구 대상 리소스를 삭제하고 복구합니다.

8.5.3 EC2에서 주의해야 하는 EBS 초기 성능 저하

AWS 리소스를 복원한 후 주의할 점은 **초기 성능 저하**(first touch penalty, first touch latency) 현상입니다. 이는 복원한 후 처음으로 EBS 볼륨이나 RDS에 액세스하면 응답 속도가 떨어지는 현상입니다. AWS 구조상 AMI나 EBS 스냅샷, RDS 자동 백업, 스냅샷은 **AWS가 관리하는 S3 버킷**에 보관하도록 구현됩니다. 따라서 복원한 시점에는 S3 버킷에서 볼륨으로 데이터가 복사되지 않고, 각 블록에 처음으로 액세스할 때가 되면 그제야 볼륨에 복사되는 상황이 발생합니다. 초기 성능 저하는 입출력이 높은 상황에서는 심각한 문제가 될 수 있습니다.

▼ 그림 8-29 EBS 초기 성능 저하가 일어나는 이유

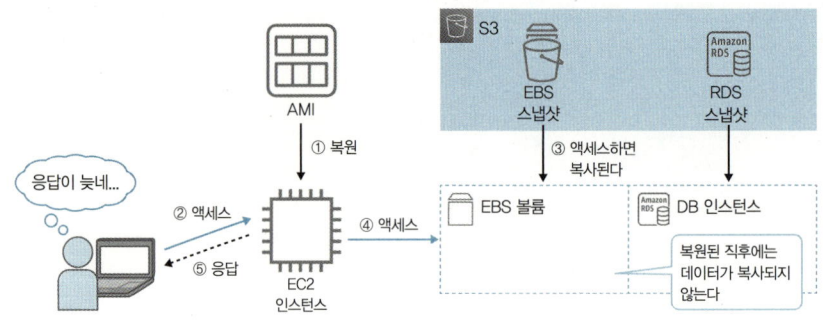

EC2에서 초기 성능 저하 피하기

EC2에서 초기 성능 저하를 피하려면 EBS 볼륨에 **초기화**라는 작업을 수행해야 합니다. **초기화는 복원 후 EBS 볼륨을 전부 한 번 읽는 작업입니다.** 구체적으로 설명하면, 초기화할 수 있도록 디스크나 데이터를 읽는 명령어를 미리 준비합니다. 그리고 복원할 때 EC2 인스턴스 OS에서 해당 명령어를 실행하여 **모든 블록에서 읽기를 수행함으로써** 스냅샷에서 EBS 볼륨으로 데이터가 복사되어 원래 성능으로 사용할 수 있도록 합니다. RDS도 마찬가지입니다. 자동 백업이나 스냅샷에서 복원했다면 RDS에 액세스하여 미리 준비한 명령어를 실행해서 데이터를 읽어 초기화하면 초기 성능 저하를 피할 수 있습니다.

EBS에는 스냅샷마다 **고속 스냅샷 복원**[7]을 활성화하는 기능이 있습니다. 이 기능을 활성화한 EBS 볼륨은 초기화하지 않아도 원래 성능으로 이용할 수 있습니다. EC2에서 AWS Backup이 아니라 **Data Lifecycle Manager**로 EBS 스냅샷을 관리하고 있다면 고속 스냅샷 복원을 활성화한 EBS 스냅샷을 생성할 수 있습니다.

8.5.4 RDS, Aurora 복원

콘솔에서 AWS Backup으로 RDS, Aurora를 복구 시점에서 복원한다면 RDS는 DB 인스턴스, Aurora는 DB 클러스터가 새롭게 생성됩니다. **RDS의 DB 인스턴스 식별자**[8]**나 Aurora 클러스터 식별자가 리전에서 유일한 값이기 때문입니다.**

이런 사양 때문에 RDS, Aurora를 자동 백업 또는 스냅샷에서 복원할 때 대상 DB 인스턴스나 Aurora 클러스터가 남아 있으면 동일한 식별자로는 복원할 수 없습니다. 다른 식별자로 복원하면 데이터베이스와 접속하는 엔드포인트도 바뀌기 때문에 **기존 데이터베이스에 접속하던 애플리케이션이 접속 대상 엔드포인트를 변경해야 합니다**(그림 8-30 참고). 엔드포인트를 바꾸지 않고 접속하려면 복원 전에 DB 인스턴스 식별자나 Aurora 클러스터 식별자를 미리 변경하는 작업 등이 필요합니다(그림 8-31 참고).

▼ 그림 8-30 복원 전 상태

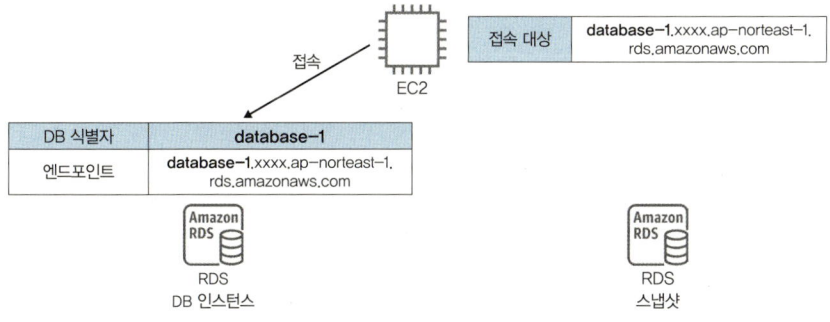

---

[7] 고속 스냅샷 복원을 활성화한 EBS 스냅샷에는 추가 요금이 발생합니다. 자세한 요금은 웹 페이지를 참고합니다.
https://aws.amazon.com/ko/ebs/pricing/

[8] RDS, Aurora에서 인스턴스나 클러스터에 붙는 고유한 이름으로 이런 식별자는 엔드포인트 일부로 사용됩니다.

▼ 그림 8-31 DB 복원 후 접속하는 애플리케이션에서 엔드포인트를 변경하는 패턴

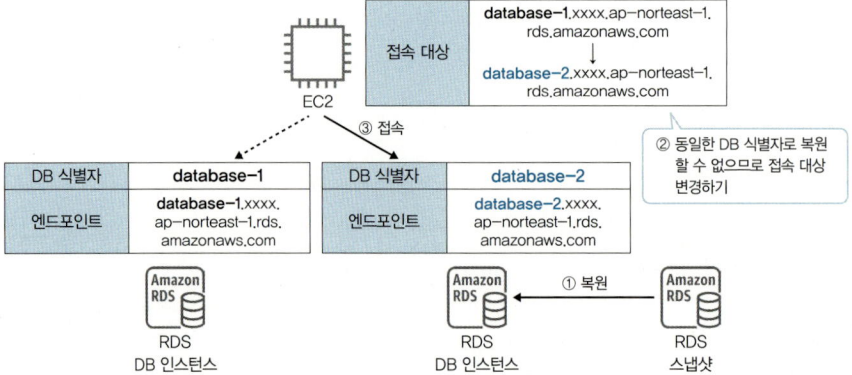

▼ 그림 8-32 복원 전에 기존 식별자를 변경하는 패턴

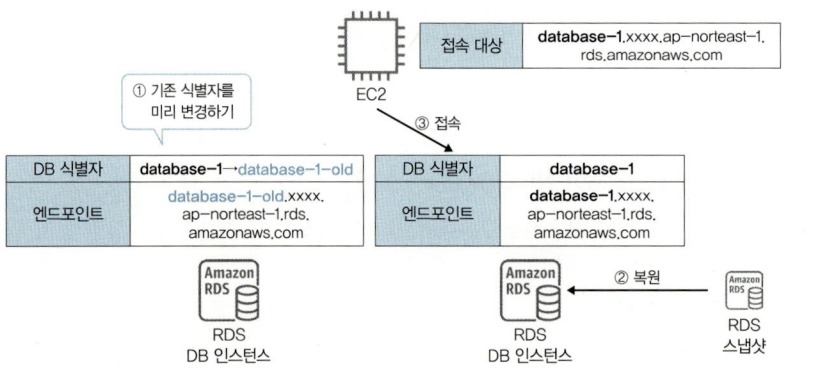

9장

보안 통제

보안 통제는 기업이 정한 보안 정책이나 규칙을 기반으로 적절한 보안 대책을 세우는 것입니다. 이 장에서는 우선 보안 기초 지식을 배웁니다. 그 후 AWS의 보안 기본 개념인 공동 책임 모델, Well-Architected 프레임워크(보안 원칙)를 설명합니다. 그리고 적절한 보안 대책을 세울 때 실제로 이용하는 보안 관련 AWS 서비스를 몇 가지 골라서 개요와 이용 방법도 설명합니다. 마지막으로 표본 아키텍처를 바탕으로 실제 보안 통제의 아키텍처를 생각해 봅니다.

키워드

- AWS Certificate Manager
- AWS WAF
- AWS Config Rules
- Amazon GuardDuty
- Amazon EventBridge
- 보안 그룹
- Amazon KMS
- AWS Security Hub
- Amazon SNS
- Amazon Trusted Advisor

9.1 기초 보안이란

보안(security)의 어원은 '걱정이 없다'는 뜻인 라틴어 sēcūra로, 이 단어가 변해서 '안전'이라는 뜻이 되었습니다. 안전은 위험이 생기거나 사고가 날 염려가 없다는 의미입니다. 지금부터 시스템에서 보안이란 무엇인지 알아봅시다.

9.1.1 보안 기본 지식

시스템에서 보안이란 **불특정 다수인 제3자에게서 정보 자산을 보호하고 안전한 상태를 유지하는 일입니다**. 정보 자산을 보호한다는 점에서 시스템 보안을 **정보 보안**이라고도 합니다.

정보 자산이란

기업 경영에는 사람, 물건, 돈, 정보 등 네 가지 경영 자원이 필요합니다. 정보 자산은 이 중에서 **정보**에 해당하는 자원입니다. 정보 자산에는 정보 그 자체와 정보를 수집, 처리, 보관하는 장치가 포함됩니다. 기업에는 많은 정보 자산이 있으며 고객 정보, 서버, 지식이나 경험 등 형태가 다양합니다.

▼ 그림 9-1 정보 자산 예

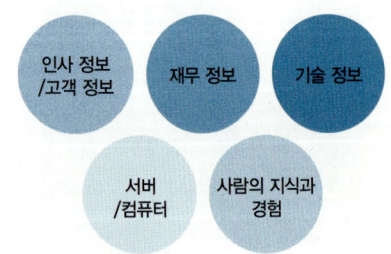

9.1.2 보안의 3요소

컴퓨터 시스템과 인터넷은 이제 필수 불가결한 생활 기반으로 자리 잡았습니다. 그런 한편으로 **부정 액세스** 같은 공격으로 입은 피해도 늘어나고 있습니다. 따라서 조직에는 정보 자산 보안을 유지, 관리, 개선하는 **정보 보안 관리 시스템**(ISMS)이 있습니다.

ISMS의 정보 보안 3요소로 **기밀성, 무결성, 가용성**이 있으며 각각 다음과 같이 정의합니다.

기밀성

기밀성(confidentiality)은 허용된 개인이나 컴퓨터만 시스템과 데이터를 이용할 수 있는 상태를 의미합니다.

기업은 개인 정보를 비롯한 여러 기밀 정보를 많이 보유하고 있으므로, 이런 정보에 누구나 접근 가능한 상태라면 정보 유출 위험성이 커질 것입니다. 따라서 기업이 보유한 정보를 중요도에 따라 분류하고 이용할 수 있는 개인이나 컴퓨터를 정해야 합니다. 기밀성 관점에서 볼 때 AWS에서는 **IAM을 비롯한 액세스 정책을 활용하는 권한 관리**로 기밀성을 높일 수 있습니다.

무결성

무결성(integrity)은 데이터에 변조나 파손이 발생하지 않고 정보의 정확성이 보장된 상태를 의미합니다.

무결성이 보장되지 않는다면 외부의 제3자가 인터넷을 경유해서 시스템을 공격하고 데이터를 마음대로 바꾸거나 훔쳐 갈지도 모릅니다. 또 회사 내부에서도 중요한 기밀 데이터를 실수로 덮어쓰기 하는 등 정보 관리 실수가 발생할 수 있습니다. 즉, 무결성이 보장되지 않은 상태는 기업이 가진 정보를 신용할 수 없는 상태를 의미합니다.

이렇듯 무결성은 기업 신용 문제로 이어집니다. 무결성 관점에서 AWS에서는 **AWS KMS를 이용한 데이터 암호화, AWS WAF를 이용한 외부 인터넷 공격 완화, AWS Backup을 이용한 데이터 백업 자동화** 등으로 무결성을 높일 수 있습니다.

가용성

가용성(availability)은 장애(기기 고장이나 재해 등)가 발생하더라도 그 영향을 최소화하고 시스템을 계속 운영할 수 있는 상태를 의미합니다.

기밀성과 무결성이 보장되더라도 시스템 자체를 사용할 수 없다면 의미가 없을 것입니다. 기기 고장은 물론 태풍이나 화재 같은 자연재해가 발생하더라도 문제없도록 가용성을 확보하는 것은 시스템을 안정적으로 운영하는 데 중요한 요소입니다. 가용성 관점에서 보면, AWS에서는 다수의 **AWS 리전과 가용 영역에 걸친 Active/Active, Active/Standby 같은 이중화 구성, 장애에 대비한 AWS Backup을 이용한 데이터 백업 자동화**로 가용성을 높일 수 있습니다.

9.1.3 보안 대책의 딜레마

지금까지 정보 보안의 3요소를 간단히 설명했습니다. 아무리 보안 요소를 강화하는 대책을 세우더라도 위험성을 완전히 없애는 일, 즉 완벽한 보안 대책으로 모든 위협을 미리 방지하는 일은 현실적으로 불가능합니다. 그 이유는 크게 세 가지입니다.

1. 비용 문제

보안 대책은 **비용과 상충 관계**(trade off)에 있습니다. 보안 대책을 실시할수록 정보 보안은 강하지만 보안 대책에 필요한 비용은 늘어납니다. 또 보안 대책을 유지하려면 적절한 인력 배치 및 교육이 필요하여 유지 비용도 발생합니다. 이런 대책을 지속적으로 실시하려면 계속해서 예산을 투입할 수 있는 재정적 뒷받침이 필요합니다.

2. 주변의 이해 필요

일반적으로 보안 대책으로 **얻는 결과는 눈에 띄지 않는 경우**가 대부분입니다. 예를 들어 정보 보안의 무결성을 높이려고 비용을 수천만 원 들여 서버에 백신 소프트웨어를 도입했는데 백신 소프트웨어가 공격을 차단하여 아무런 일도 일어나지 않는다면 그 효과를 실감하기가 어렵습니다. 보안 대책은 어떤 위협에서 기업을 지킬 수는 있지만, 직접적으로 기업에 매출 같은 이익을 가져다 주는 것은 아닙니다. 보안 대책을 실시하는 것이 좋다고 이해는 하더라도 그 효과가 곧바로 눈에 보이지 않는 점과 기업에 직접적인 이익을 가져다 주지 않는 점 때문에 보안 대책에 예산을 투입하려면 주변의 이해가 필요합니다.

3. 바이러스의 공격 기법 진화

시스템을 위협하는 외부 공격(바이러스 등)은 계속 진화하므로 시간이 지날수록 신종 바이러스나 보안 위협이 계속 등장합니다. 언제, 어떤 형태로 나타날지 예측할 수 없기 때문에 아무리 많이 투자해서 보안 대책을 세우더라도 **새로운 위협**이 등장해서 보안이 뚫릴 가능성도 적지 않습니다.

이런 세 가지 이유 때문에 완벽한 보안 대책을 세워서 모든 위협을 미리 막겠다는 계획은 현실적으로 불가능합니다. 그러면 보안 대책은 과연 어느 수준까지 검토하고 실시해야 할까요? **이런 보안을 다루는 생각과 방침을 가능한 구체적이고 포괄적으로 규정한 문서가 보안 표준입니다**. 기업이나 업계에 따라 보안 표준을 지침으로 삼고 보안 대책을 검토 및 실시하는 곳도 있습니다. 다음 표에 정리한 참고 자료를 확인해 봅니다.

▼ 표 9-1 보안 표준 예

관련 단체, 기관	보안 표준
미국 국립표준기술연구소(NIST)	Cybersecurity Framework
FISC(The Center for Financial Industry Information Systems) 금융정보시스템센터	FISC 안전 대책 기준(금융 기관 등 컴퓨터 시스템 안전 대책 기준, 해설서)
Payment Card Industry Security Standars Council	PCI 데이터 시큐리티 스탠더드(PCI DSS)

보안 표준에 따라 보안 대책을 실시하더라도 문제는 생기기 마련입니다. 따라서 미리 예방하지 못한 위험이나 위협이 발생하면 **빠르게 발견하여 신속하게 대응하겠다는 관점이 중요**합니다. 이것이 **적발 통제**(detective control)입니다. 한편 **위험이나 위협이 발생하는 것을 미리 방지하는 관점을 예방 통제**(preventive control)라고 합니다. AWS에서 보안 통제 역시 적발 통제 및 예방 통제 두 가지 관점에서 보안 대책을 실시하는 것이 중요합니다.

> COLUMN ≡ 누구에게서 정보 자산을 보호할 것인가?
>
> 정보 자산 안전을 위협하는 불특정 다수가 제3자라고 하면 기업 외부에서 들어오는 부정 액세스나 바이러스 감염이 원인이라고 생각하기 쉽지만 실제로는 다릅니다. 도쿄상공리서치가 조사[1]한 결과에 따르면 2021년 정보 유출 및 분실 사고가 발생한 기업 수와 사건 발생 수 둘 다 역대 최대치였습니다. 그 원인을 살펴보았더니 작업 실수, 발송 실수, 분실 및 폐기 실수가 전체 42.9%에 달했습니다. 즉, 정보 자산 안전을 위협하는 불특정 다수의 제3자는 회사 외부 사람이 아니라 회사 내부에 있는 사람도 포함되므로 양쪽 모두에게서 정보 자산을 보호해야 한다는 의미입니다.

---

1 자세한 내용은 다음 URL을 참고합니다.
   https://www.imagazine.co.jp/tsr-research2022/

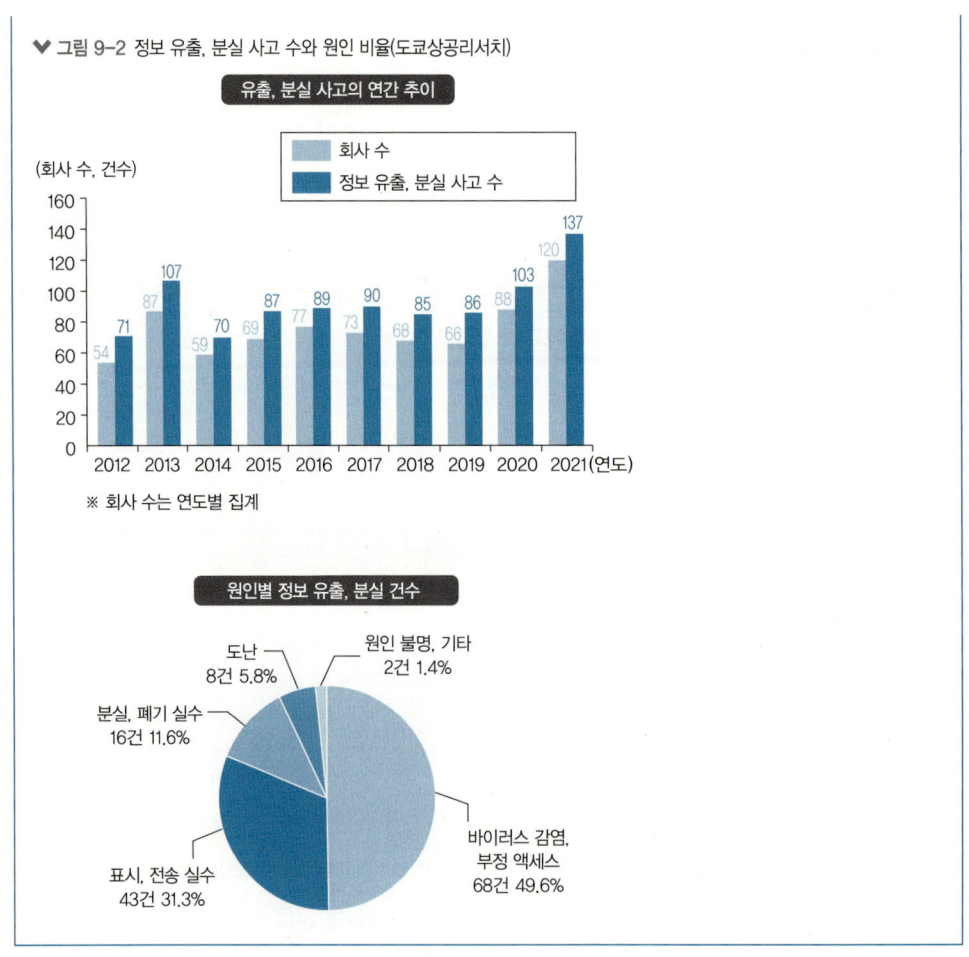

▼ 그림 9-2 정보 유출, 분실 사고 수와 원인 비율(도쿄상공리서치)

9.2 실무 AWS 보안

HOW TO OPERATE AWS

구체적인 보안 대책을 이야기하기 전에 AWS가 제시하는 **공동 책임 모델**, AWS가 공개하는 Well-Architected 프레임워크 중 하나인 보안 원칙의 두 가지 관점에서 AWS 보안의 전체적인 모습을 살펴봅시다.

9.2.1 AWS 보안의 전체 모습

AWS에서 보안을 이야기할 때 반드시 등장하는 개념이 **공동 책임 모델**[2]입니다. **고객(AWS 사용자) 과 AWS(서비스 제공 사업자) 각각의 담당 범위를 명확히 하여 운영 책임을 공유하는 개념입니다.** 다음 그림은 고객 쪽 책임 범위를 ① 애플리케이션 설계 및 운영, ② AWS 서비스 설계 및 운영 두 가지로 분류했습니다. ①은 고객 쪽에서 코딩하여 애플리케이션을 개발, 운영할 때 필요한 보안 관련 책임이고, 구체적으로 보안 코딩이나 OS, 미들웨어 업데이트 등에 해당합니다. ②는 고객이 AWS에서 제공하는 보안 관련 서비스를 적절하게 조합하여 이용함으로써 견고한 보안을 구현하고 유지할 책임입니다.

▼ 그림 9-3 공동 책임 모델(필자가 일부 수정)

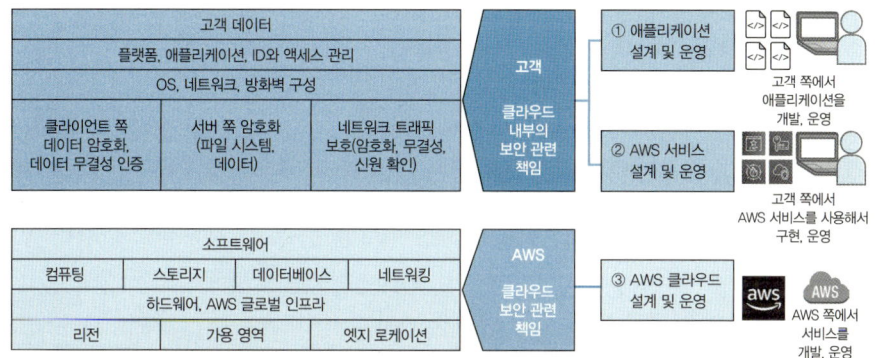

이 장에서는 AWS 사용자가 담당하는 책임 범위인 ② AWS 서비스 설계 및 운영 중에서 다음 세 가지 항목을 다룹니다.

- 네트워크 트래픽 보호(암호화, 무결성, 신원 확인)
- 네트워크, 방화벽 구성(OS는 '7장 패치 적용'에서 다루었으므로 제외)
- 서버 쪽 암호화(파일 시스템 및 데이터)

AWS 보안을 자세히 검토하고 싶다면 AWS가 공개하는 Well-Architected 프레임워크 중 하나인 **보안 원칙**에 일곱 가지 설계 원칙[3]이 있으므로 이를 확인하길 추천합니다.

---

[2] 자세한 내용은 다음 URL을 참고합니다.
https://aws.amazon.com/ko/compliance/shared-responsibility-model/

[3] 자세한 내용은 다음 URL을 참고합니다.
https://docs.aws.amazon.com/ko_kr/wellarchitected/latest/security-pillar/security.html

▼ 표 9-2 보안 원칙의 일곱 가지 설계 원칙

설계 원칙	내용
강력한 자격 증명 기반 구현 → 주로 IAM 관련 내용	• 최소 권한 원칙[4]을 바탕으로 정책 설계 • 정책은 무분별하게 돌려쓰는 대신 역할별로 분할하고 각각 필요한 정책을 설계 • ID 관리는 일원화해서 인증 정보는 주기적으로 순환할 것
추적성 유지	• 환경(AWS 계정, 리소스 등)에 대한 작업 및 변경을 실시간으로 감시, 경고, 감사할 것 • 로그, 지표 수집을 시스템에 통합하고 자동으로 조사 및 조치를 취할 것
모든 계층에 보안 적용	엣지 로케이션, VPC, ELB, EC2, OS, 애플리케이션, 코드 등 여러 계층에서 보안 대책을 적용하고 심층 방어 방식을 적용할 것
보안 모범 사례의 자동 적용	• 자동화된 보안 소프트웨어를 이용해서 신속하고 비용 효율적으로 안전하게 시스템을 스케일할 것 • Infrastructure as Code[5]를 이용해서 안전한 아키텍처를 채용한 구성 정보를 템플릿으로 버전 관리하고 사용할 것
전송 및 보관 중인 데이터 보호	데이터를 기밀성 수준에 따라 분류하고 필요에 따라 암호화, 토큰화, 액세스 제어 등 메커니즘을 사용할 것
사람들이 데이터에 쉽게 액세스할 수 없도록 유지	기밀 데이터를 다룰 때 오작동이나 변조 위험성, 인적 오류 위험을 줄이도록 도구를 사용해서 데이터에 직접 액세스하거나 수작업 필요성을 줄이거나 없앨 것
보안 이벤트 대비	• 조직 요건에 맞는 인시던트(incident) 관리 및 조사 정책 및 프로세스를 도입해서 인시던트에 대비할 것 • 인시던트에 대비한 시뮬레이션(예행 연습)을 실행하고 자동화된 도구를 사용해서 탐지, 조사, 복구 속도를 향상시킬 것

Note ≡ 표 9-2에서 소개한 일곱 가지 설계 원칙 외에도 보안 기초, 자격 증명 및 액세스 관리, 탐지, 인프라 보호, 데이터 보호, 사고 대응, 애플리케이션 보안의 일곱 가지 관점에서 AWS 보안도 다루고 있으니 함께 확인해 봅니다.

이 장에서는 공동 책임 모델에서 고른 세 가지 관점 외에도 일곱 가지 설계 원칙 중 다음 항목을 다룹니다.

- 보안 이벤트 대비

다음 그림은 공동 책임 모델 및 Well-Architected 프레임워크(보안 원칙)의 일곱 가지 설계 원칙 중에서 이 장에서 다룰 내용을 정리했습니다.

---

[4] 자세한 내용은 다음 URL을 참고합니다.
https://docs.aws.amazon.com/ko_kr/IAM/latest/UserGuide/best-practices.html#grant-least-privilege
[5] 코드나 스크립트를 이용해서 인프라 프로비저닝과 설계를 자동화하는 방법입니다.

▼ 그림 9-4 9장에서 설명하는 보안 관련 내용

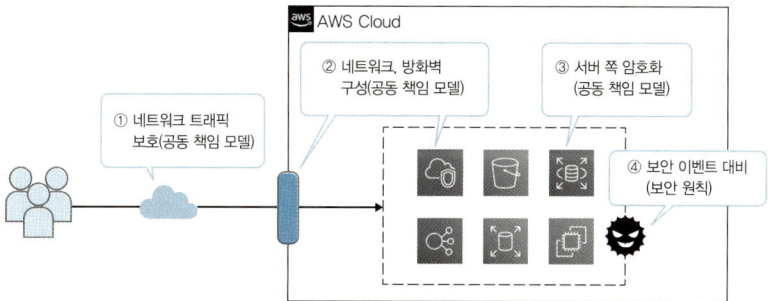

이런 네 가지 내용을 중심으로 AWS 서비스를 소개합니다. 보안의 두 가지 관점(예방 통제, 적발 통제)에서 이 장에서 다루는 내용을 분류하여 관련된 AWS 서비스를 다음 표에 정리했습니다.

▼ 표 9-3 보안의 두 가지 관점과 이 장에서 다루는 내용

관점	내용	관련 AWS 서비스
예방 통제	네트워크 트래픽 보호	Amazon Certificate Manager
	네트워크, 방화벽 구성	보안 그룹, AWS WAF
	서버 쪽 암호화	AWS KMS
적발 통제	보안 이벤트 대비	AWS Config Rules, AWS Security Hub, Amazon GuardDuty, Amazon SNS, Amazon EventBridge, AWS Trusted Advisor

▼ 그림 9-5 소개하는 보안 통제 전체 모습

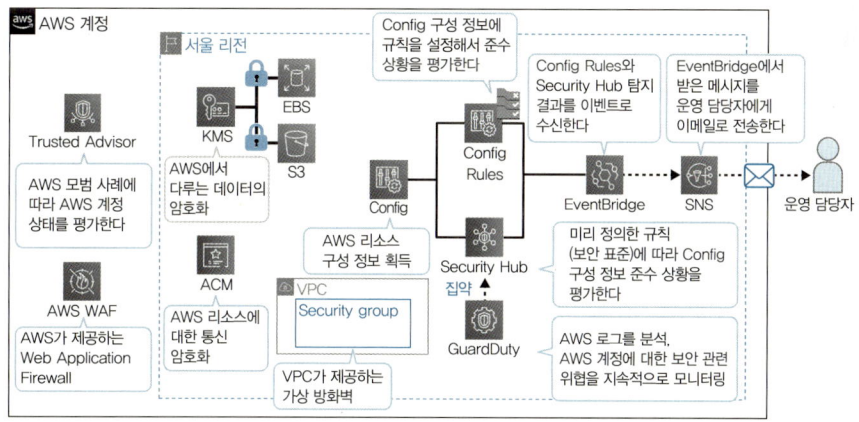

> **COLUMN** | Well-Architected 프레임워크의 여섯 번째 원칙, 지속 가능성
>
> 2021년 12월에 Well-Architected 프레임워크의 여섯 번째 원칙인 **지속 가능성**(sustainability)이 추가되었습니다. **지속 가능성은 환경에 미치는 영향, 특히 에너지 소비와 효율에 초점을 맞추어서 자원을 과도하게 이용하지 않는 아키텍처 설계를 다룹니다.** 이번 칼럼에서는 지속 가능성이 채택된 의의를 필자 나름대로 살펴보려고 합니다.
>
> 기업을 경영하다 보면 자금을 금융 기관 등 제3자에게서 조달하게 됩니다. 그중에는 투자자라는 사람이 있습니다. 상장 기업을 생각하면 주주에 해당하는 사람입니다. 투자자는 당연히 해당 기업의 성장률이나 이익 등을 보고 장래성이 있는 기업에 투자합니다. 중·장기적으로 투자한 돈을 제대로 운영해 줄 것으로 기대하기 때문입니다.
>
> 그러나 10여 년 전, UN에서는 기업에 투자할 때 이익 등 재무 정보뿐만 아니라 **환경이나 사회적 책임을 지고 있는지** 여부도 중요시해야 한다고 주장했습니다. 세계 최대 규모급 기관 투자자인 GPIF가 이런 제안에 동의한 것을 계기로 **기업들은 기관 투자자에서 오염 물질 배출 상황이나 상품 안전성 등 지금까지 재무 정보와 관계없는 환경과 사회적 책임을 어떻게 수행하고 있는지 관련된 정보를 제시하도록 요구받게 됩니다.** 투자자는 이런 정보도 하나의 판단 기준으로 삼아 기업에 투자를 하게 되었는데, 이것을 **ESG 투자**라고 합니다.
>
> 즉, 기존의 '기업 가치 = 고수익' 사고방식에서 '기업 가치 = 고수익 + 사회 공헌도'라는 가치관으로 패러다임이 전환하고 있습니다. 이런 생각은 전 세계적으로 **SDGs** 목표(지속 가능 발전 목표)로 제시됩니다.
>
> ▼ 그림 9-6 SDGs 개요[6]
>
>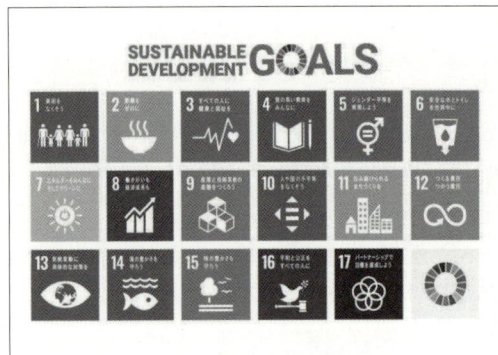
>
> - **보편성**: 선진국을 포함한 모든 국가가 행동합니다.
> - **포괄성**: 누구도 소외되지 않는다는 인간 안전 보장 이념을 반영합니다.
> - **참여형**: 모든 이해 관계자가 역할을 맡습니다.
> - **통합성**: 사회, 경제, 환경에 대해 통합적으로 접근합니다.
> - **투명성**: 정기적으로 후속 조치를 취합니다.

---

6 그림의 출처는 다음과 같습니다.
https://www.un.org/sustainabledevelopment/

이런 사회적 분위기 속에서 AWS는 전력을 2025년까지 100% 재생 가능한 에너지(클린 에너지)를 사용하는 것을 목표로 CO_2 배출량을 대폭 감축하고 있습니다.[7] SDGs의 '(7) 모두를 위한 깨끗한 에너지'에 해당하는 움직임입니다. AWS가 발행한 보고서인 〈The Carbon Reduction Opportunity of Moving to the Cloud for APAC〉에 따르면, 아시아 태평양 기업이나 공공 기관이 온프레미스(자사 소유) 데이터 센터에서 클라우드로 워크로드(IT 관련 업무)를 전환함으로써 에너지 소비량과 이에 따른 이산화탄소 배출량을 77% 가량 줄일 수 있다고 밝혔습니다. 즉, **온프레미스가 아니라 AWS를 비롯한 클라우드를 이용하면 기업은 간접적으로 클린 에너지 이용 및 이산화탄소 배출량 감소에도 기여할 수 있습니다.**

물론 클라우드를 이용하는 것만으로는 부족하지만, AWS로 환경과 사회에 기여하는 아키텍처 설계를 실현하는 방법으로 Well-Architected 프레임워크의 새로운 원칙에 지속 가능성을 채택한 것이 아닐까 생각합니다.

참고로 AWS에서는 사용자가 온프레미스(자사 소유) 데이터 센터에서 AWS로 이전함으로써 줄일 수 있는 이산화탄소 배출량 추정과 현재 AWS 사용 상황에 따른 이산화탄소 예측 배출량을 결제 및 비용 관리의 **고객 탄소 배출량 도구**(Customer Carbon Footprint Tool) 서비스에서 시각화할 수 있습니다.

▼ 그림 9-7 검색 창에서 비용 및 사용 보고서 검색

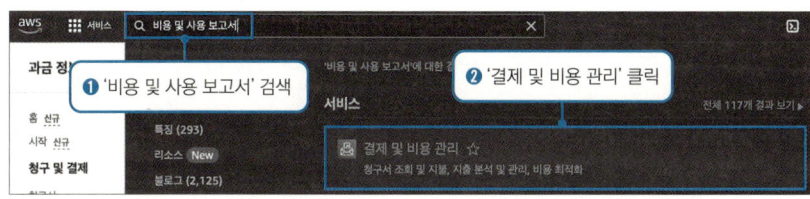

▼ 그림 9-8 고객 탄소 발자국 도구 안내 화면

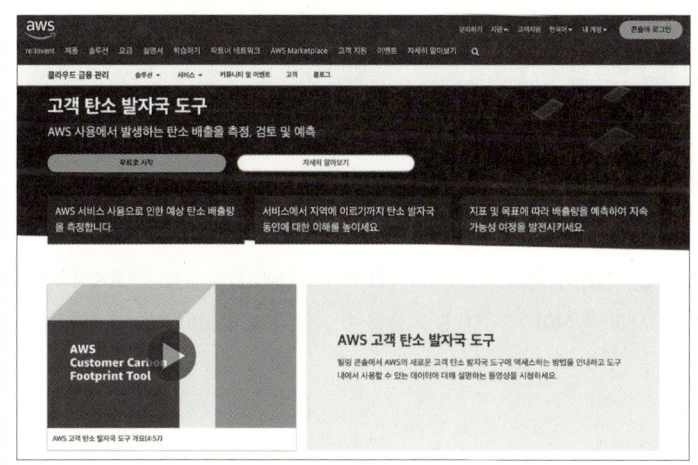

---

[7] 자세한 내용은 다음 URL을 참고합니다.
https://aws.amazon.com/ko/industrial/sustainability/

9.3 실무 관련 AWS 서비스 (네트워크 트래픽 보호)

HOW TO OPERATE AWS

이 절에서는 AWS 환경과 외부 네트워크 사이의 통신 보안을 향상시키는 AWS 서비스를 설명합니다.

9.3.1 AWS Certificate Manager

AWS Certificate Manager(ACM)는 SSL/TLS(Secure Sockets Layer/Transport Layer Security) 인증서 프로비저닝(준비), 관리, 배포를 중앙 집중식으로 관리하는 관리형 서비스입니다. 우선 ACM을 이해하는 데 중요한 SSL/TLS 인증서를 설명하겠습니다.

SSL/TLS 인증서 기본 지식

SSL(Secure Sockets Layer)은 인터넷을 경유한 통신에서 두 시스템 사이에 송수신된 정보를 보호하여 악의적인 제3자가 정보를 읽거나 변조할 수 없도록 막는 기술입니다. TLS(Transport Layer Security)는 SSL 보안을 더욱 강화한 기술입니다.

여러분이 크롬 브라우저 같은 웹 브라우저를 이용하여 웹 사이트에 접속할 때 URL을 확인해 보면 https://aws.amazon.com/ko/처럼 https로 시작하는 경우가 대부분일 것입니다. 이것은 HTTPS 프로토콜이 사용된다는 것을 의미합니다. HTTPS는 HyperText Transfer Protocol Secure의 약어로, 클라이언트와 서버 사이 통신이 SSL/TLS 기술을 이용해서 암호화되었다는 의미입니다. 이때 SSL/TLS 인증서가 사용됩니다.

▼ 그림 9-9 HTTPS를 이용한 통신 보호

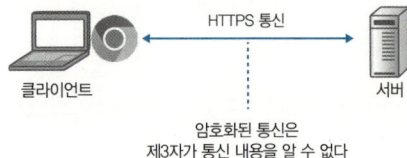

SSL/TLS 인증서를 사용하여 HTTPS 통신을 암호화할 수 있지만, **통신하는 서버가 의도한 통신 대상과 전혀 다른 서버라면 암호화하는 의미가 없습니다.** 예를 들어 현실 세계의 눈앞에서 대화하고 있는 상대방이 "나는 홍길동입니다."라고 말하더라도 정말로 홍길동인지 바로 알 수 없습니다.

따라서 SSL/TLS 인증서에는 암호화 기능뿐만 아니라 대화하는 상대가 본인이 맞는지, 즉 **통신 대상 서버가 진짜인지 확인하는 기능**도 있습니다. 가게에서 신분증으로 본인 확인을 하는 것과 비슷하다고 볼 수 있습니다.

SSL/TLS 인증서 발급자

그러면 누가 이런 신분증(SSL/TLS 인증서)을 발급할까요? SSL/TLS 인증서 발급 주체는 **인증 기관**이라고 하며, 개인과 법인 모두 발급 주체가 될 수 있습니다. 신분증은 국가 기관에서 발급하기 때문에 신뢰성이 보장됩니다. SSL/TLS 인증서도 마찬가지로 어떤 인증 기관이 발급했는지, 인증서 종류에 따라 신뢰할 수 있는 인증서인지 판단할 수 있습니다.

▼ 표 9-4 SSL/TLS 인증서 종류[8]

종류	신뢰성	설명
도메인 인증형 SSL 서버 인증서 (DV 인증서)	낮음	• 도메인 사용권 유무만 인증하는 인증서 • 암호화 기능 있음 • 웹 사이트 운영 단체가 실제로 존재하는지 인증 및 증명 불가능
기업 인증형 SSL 서버 인증서 (OV 인증서)	중간	• 도메인 사용권 유무 및 웹 사이트 운영 단체가 실제로 존재하는지 인증, 증명 가능 • 암호화 기능 있음
EV SSL 인증서(EV 인증서)	높음	• 도메인 사용권 유무 및 웹 사이트 운영 단체가 실제로 존재하는지 가장 엄격하게 인증, 증명 가능 • 암호화 기능 있음

---

8 표의 출처는 다음과 같습니다.
https://www.digicert.com/kr/difference-between-dv-ov-and-ev-ssl-certificates

9.3.2 ACM의 네 가지 특징

ACM은 다음 네 가지 특징이 있습니다.

1. 무료로 SSL/TLS 인증서를 발급할 수 있다

인증서를 발급하는 인증 기관에는 시만텍(Symantec)[9]이나 글로벌사인(GlobalSign), 디지서트(DigiCert) 같은 유명한 기업이 있습니다. 이렇게 공인된 기업이 발급한 SSL/TLS 인증서를 **공식 인증서**(public certificate)라고 하며, 개인이나 법인이 발급하는 인증서를 **사설 인증서**(private certificate)라고 합니다.

공식 SSL/TLS 인증서를 발급받으려면 보통 비용이 발생하지만, ACM은 무료로 콘솔 화면에서 간단히 SSL/TLS 인증서(공식 인증서)를 발급할 수 있습니다. ACM에서 발급하는 SSL/TLS 인증서는 아마존이 관리하는 인증 기관(CA)인 Amazon Trust Services가 발급합니다.

하지만 ACM에서 발급할 수 있는 SSL/TLS 인증서는 도메인 인증형 SSL 서버 인증서(DV 인증서)입니다. 따라서 웹 사이트 운영 단체가 실제로 존재하는지 인증 및 증명해야 하는 고수준 보안을 요구하는 웹 사이트에는 적합하지 않습니다. 이때는 시만텍이나 글로벌사인, 디지서트 같은 기업이 발급하는 OV 인증서 또는 EV 인증서를 구입해서 ACM에 임포트하여 이용합니다. ACM에 임포트하는 방법은 나중에 설명하겠습니다. 또 ACM을 이용한 인증서 발급 방법은 AWS 공식 문서[10]를 확인합니다.

2. AWS 서비스와 통합된다

SSL/TLS 인증서는 이른바 신분증 역할을 담당하므로 서버는 SSL/TLS 인증서를 보유하지 않으면 자신의 신분을 증명할 수 없습니다. 즉, SSL/TLS 인증서를 이용하려면 미리 서버에 로그인하여 SSL/TLS 인증서를 배치해야 합니다.

ACM은 ELB, Amazon CloudFront, Amazon API Gateway, AWS Elastic Beanstalk 등 AWS 서비스와 ACM이 통합되어 있어 서버에 액세스하지 않아도 콘솔 화면에서 SSL/TLS 인증서를 배치할 수 있습니다. ACM과 통합된 AWS 서비스에 대한 자세한 내용은 공식 문서[11]를 확인합니다.

---

9 역주 현재는 노턴라이프록(NortonLifeLock)으로 사명이 변경되었습니다.

10 자세한 내용은 다음 URL을 참고합니다.
https://docs.aws.amazon.com/ko_kr/acm/latest/userguide/gs-acm-request-public.html

11 https://docs.aws.amazon.com/ko_kr/acm/latest/userguide/acm-services.html

3. SSL/TLS 인증서는 자동 갱신된다

ACM이 발급한 SSL/TLS 인증서의 유효 기간은 **13개월(395일)**입니다. 보통은 이 유효 기간 안에 갱신 작업을 해야 하며, 이 기간을 넘기면 웹 사이트가 표시되지 않는 등 업무에 큰 영향이 발생할 수 있습니다.

ACM에서는 인증서에 대한 인증 방식으로 **이메일 인증**과 **도메인 인증** 중에서 하나를 선택할 수 있습니다. 도메인 인증을 선택하면 **인증서를 사용하고 있을 것**(ELB 등에 배치), **DNS에 등록한 CNAME 레코드가 이름 확인 가능할 것** 이 두 조건을 만족하면 SSL/TLS 인증서가 자동 갱신되므로 관리가 매우 쉽습니다.

CNAME 레코드도 간단히 설명하겠습니다. ACM에서는 도메인 인증을 선택하여 인증서를 발급하면 CNAME 레코드가 발급됩니다. **CNAME 레코드란 DNS에서 정의된 도메인 정보 중 하나로, 특정 도메인 이름의 별명을 정의한 것입니다**. 예를 들어 www.example.com 도메인이 있을 때 여기에 sample.example.com이라는 CNAME 레코드를 정의하면 이 둘은 서로 같은 www.example.com을 나타냅니다. 이메일 인증 역시 조건만 만족하면 자동 갱신되지만 **도메인 인증과 조건이 달라 조금 번거롭기 때문에 도메인 인증을 이용한 인증 방식을 선택하길 추천합니다.**

4. ACM에서 발급하지 않은 SSL/TLS 인증서도 관리할 수 있다

ACM에서는 **ACM이 발급하지 않은 SSL/TLS 인증서라고 해도 퍼블릭 인증서, 프라이빗 인증서를 가리지 않고 중앙 집중형 관리를 할 수 있습니다.** 구체적으로는 시만텍이나 글로벌사인, 디지서트 같은 기업이 발급한 SSL/TLS 인증서, 개인이나 법인이 독자적으로 발급한 인증서를 ACM에 임포트하여 한곳에 모아 관리할 수 있습니다. 인증서를 임포트하는 방법은 AWS 공식 문서[12]를 참고합니다.

참고로 SSL/TLS 인증서 발급 주체는 웹 브라우저에서 확인할 수 있습니다.

---

[12] 자세한 내용은 다음 URL을 참고합니다.
https://docs.aws.amazon.com/ko_kr/acm/latest/userguide/acm-overview.html

▼ 그림 9-10 SSL/TLS 인증서 발급 주체 확인 1

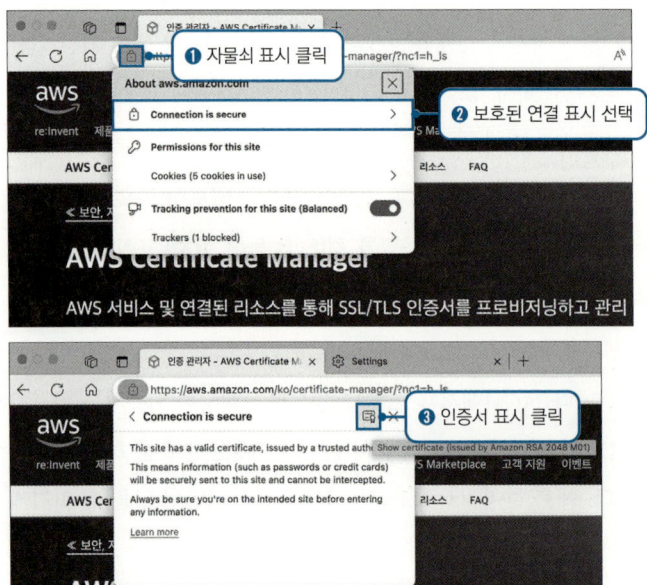

▼ 그림 9-11 SSL/TLS 인증서 발급 주체 확인 2

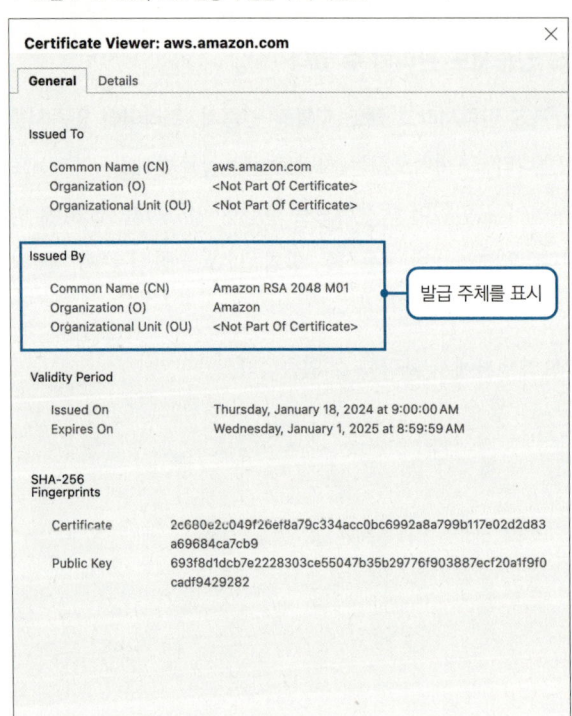

9.3.3 ACM 이용 요금

ACM으로 프로비저닝한 SSL/TLS 인증서는 무료로 이용할 수 있습니다. 하지만 ACM을 이용하는 애플리케이션을 실행하려고 생성한 AWS 리소스는 별도의 AWS 이용 요금이 발생합니다. 자세한 요금은 ACM 요금 웹 페이지[13]를 확인합니다.

9.4 실무 관련 AWS 서비스 (네트워크, 방화벽 구성)

3장에서 네트워크 관련 서비스로 **보안 그룹**을 소개했는데, 이 절에서는 좀 더 깊이 들어가 봅시다. 또 외부 공개 사이트의 보안 대책으로 널리 사용되는 **AWS WAF**도 다룹니다.

9.4.1 보안 그룹

보안 그룹은 VPC가 제공하는 기능 중 하나로 **가상 방화벽** 기능을 제공합니다. **방화벽**(firewall)이란 **IP 주소나 프로토콜, 포트 번호를 사용하여 통신 송수신을 제어하는 하드웨어 장비입니다.** 방화벽은 허용하는 통신, 거부하는 통신을 규칙으로 정의하여 네트워크를 통한 위협에서 시스템을 보호하는 역할을 합니다.

AWS에서는 하드웨어 장비를 AWS가 관리하므로 방화벽에 해당하는 기능을 **보안 그룹**에서 제공합니다. 보안 그룹은 VPC 네트워크 내부에 배치된 ALB나 EC2 인스턴스, RDS DB 인스턴스와 연결하여 간단히 통신 규칙을 적용할 수 있습니다. 그림 9-12에서 오른쪽에 있는 보안 그룹은 인스턴스 A에서 인스턴스 B로 보내는 통신을 허용하는 것으로 정의하고 있습니다.

---

[13] https://aws.amazon.com/ko/certificate-manager/pricing/

▼ 그림 9-12 방화벽과 보안 그룹

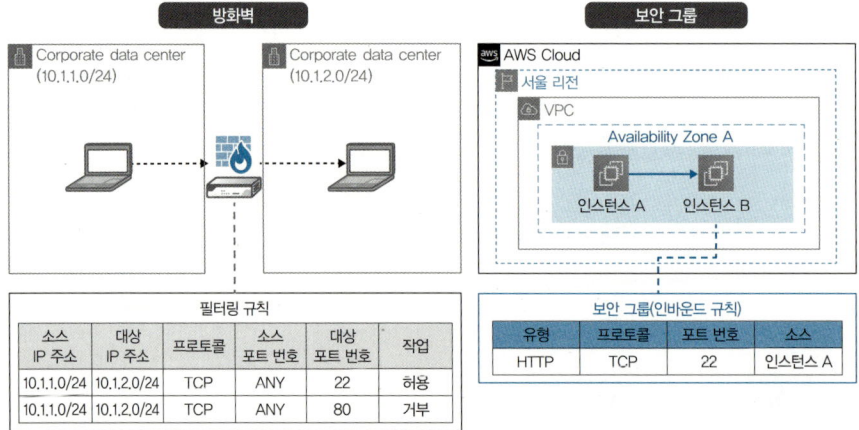

9.4.2 보안 그룹 이용 요금

보안 그룹은 무료로 이용할 수 있습니다. 하지만 보안 그룹을 이용하는 애플리케이션을 실행하려고 생성한 AWS 리소스에 대한 요금은 별도의 AWS 사용료가 발생합니다.

9.4.3 보안 그룹의 네 가지 특징

보안 그룹에는 알아야 할 네 가지 특징이 있습니다.

1. 스테이트풀이다

보안 그룹은 **스테이트풀**(stateful)이라는 특성이 있습니다. 스테이트풀은 **일단 한번 요청을 보내거나 받으면 해당 요청에 대한 응답 통신에서는 통신을 허용하는 규칙을 설정하지 않더라도 통신이 허용됩니다**.

2. 허용하는 통신만 정의 가능하다

보안 그룹은 방화벽과 다르게 **허용하는 통신 규칙만** 정의합니다. 즉, 보안 그룹 규칙으로 허용되지 않은 통신은 모두 거부됩니다. 허용하는 통신으로 정의하는 규칙에는 두 종류가 있습니다. 요청된 통신 규칙을 정의하는 **인바운드 규칙**과 전송하는 통신 규칙을 정의하는 **아웃바운드 규칙**입니다.

3. 특정 VPC 네트워크 내부에서만 이용 가능하다

보안 그룹을 생성할 때는 **생성 대상 VPC**를 지정해야 합니다. 보안 그룹과 VPC는 일대일 대응 관계이므로 하나의 보안 그룹에서 다수의 VPC를 이용할 수 없습니다.

4. 소스에는 보안 그룹 ID를 지정할 수 있다

보안 그룹은 제어하고 싶은 통신의 네트워크 주소를 **소스** 항목에 설정합니다. 일반적인 방화벽은 CIDR 블록을 지정하지만 **보안 그룹은 이미 생성된 보안 그룹에 부여할 보안 그룹 ID를 지정할 수 있습니다**(그림 9-13 소스 항목에 있는 sg로 시작하는 ID).

▼ 그림 9-13 보안 그룹의 소스 설정

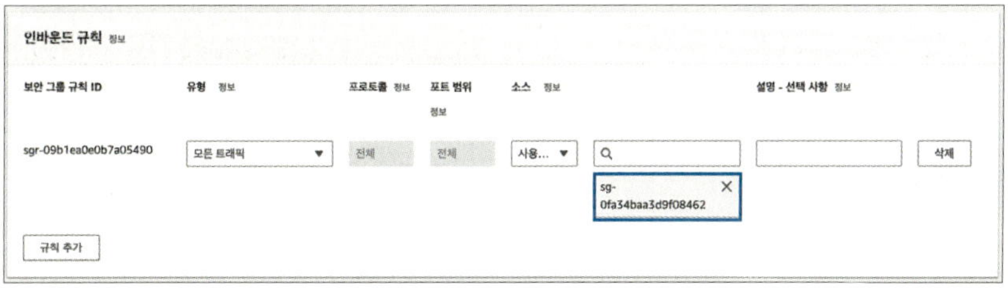

예를 들어 보안 그룹 B의 인바운드 규칙에서 소스에 **보안 그룹 A의 보안 그룹 ID**를 지정하면 **보안 그룹 B는 보안 그룹 A가 적용된 AWS 리소스에서 오는 통신을 허용합니다**.

▼ 그림 9-14 보안 그룹 관계성

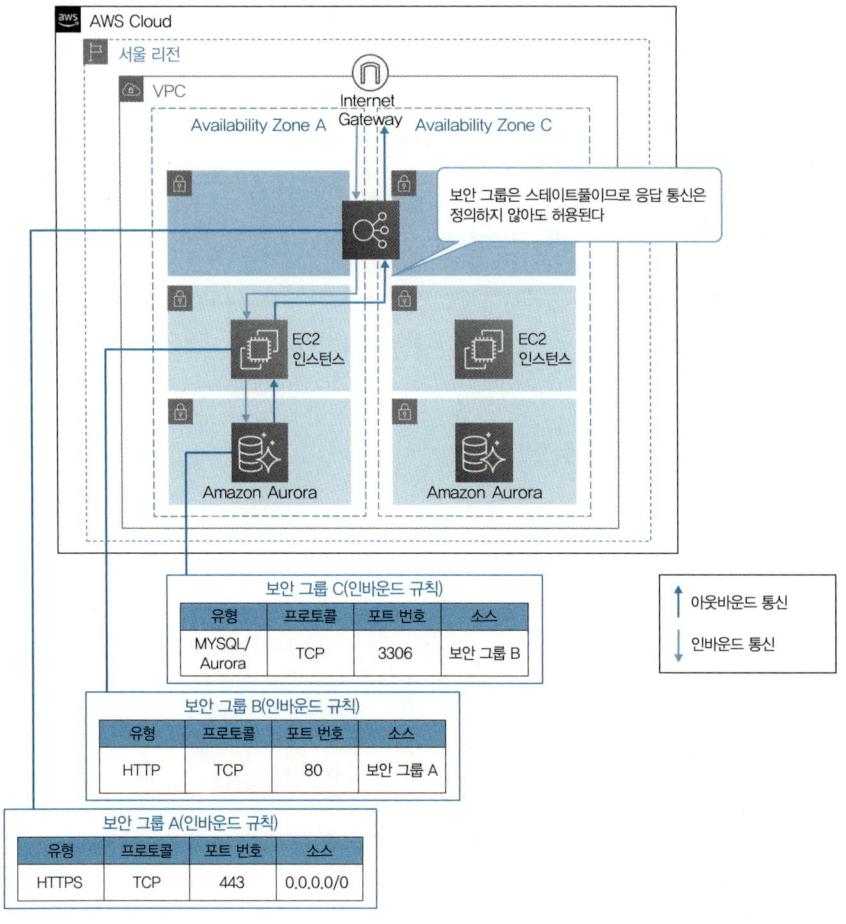

9.4.4 VPC 관리형 접두사 목록

VPC에는 보안 그룹의 소스로 지정할 수 있는 **관리형 접두사 목록**(managed prefix list) 기능이 있습니다. 이 기능은 **소스로 지정하는 CIDR 블록을 그룹화하여 하나의 AWS 리소스처럼 사용할 수 있습니다**. 예를 들어 CIDR 블록 다섯 개를 관리형 접두사 목록으로 미리 생성했다고 합시다. 그러면 보안 그룹에서 소스를 지정할 때 pl-로 시작하는 관리형 접두사 목록의 ID 하나만 지정해도 CIDR 블록 다섯 개를 지정한 것과 효과가 같습니다. 관리형 접두사는 보안 그룹뿐만 아니라 라우팅 테이블의 전송 대상을 지정할 때도 이용할 수 있습니다.

▼ 그림 9-15 관리형 접두사 목록 생성 화면

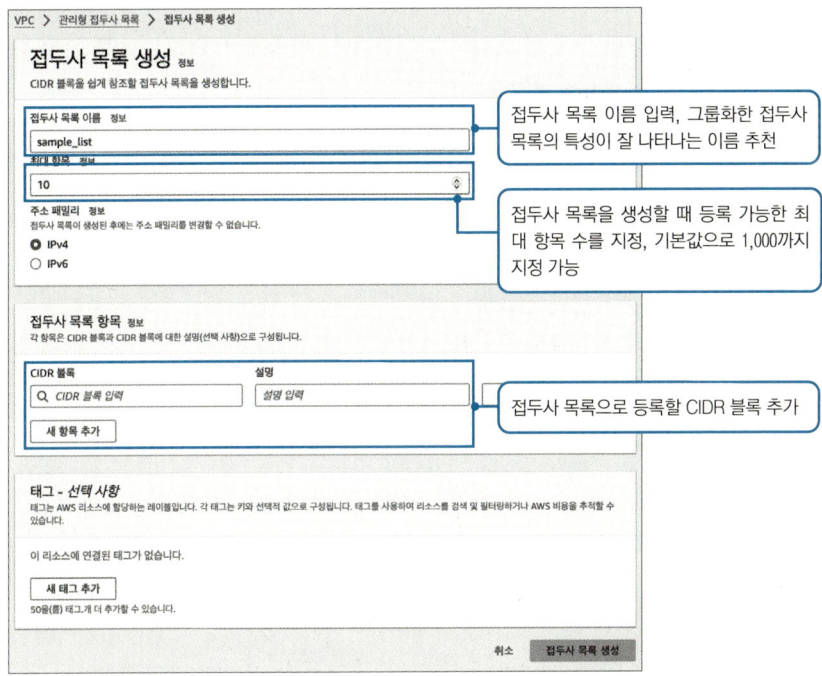

▼ 그림 9-16 보안 그룹에서 관리형 접두사 목록 이용

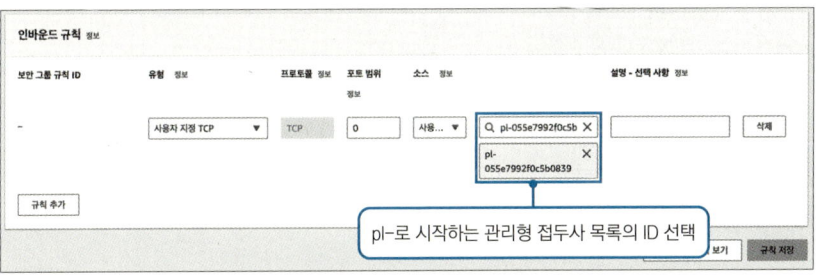

▼ 그림 9-17 라우팅 테이블에서 관리형 접두사 목록 이용

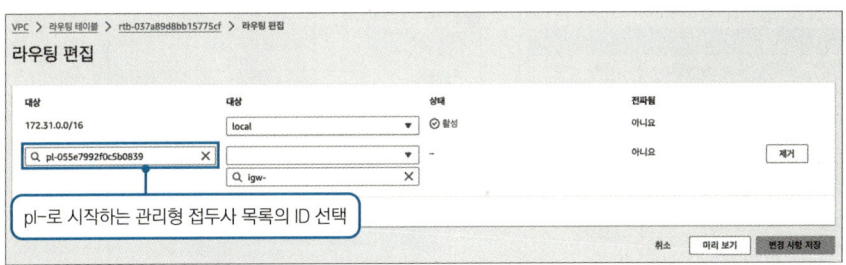

관리형 접두사 목록의 장점

보안 그룹에는 **소스 추가, 변경, 삭제** 등 운영 작업이 발생합니다. 예를 들어 EC2 인스턴스 열 대를 가동 중인 AWS 환경이 있다고 생각해 봅시다.

EC2 인스턴스 열 대에 각각 다른 보안 그룹이 연결되어 있습니다. 각 보안 그룹은 EC2 인스턴스 고유의 인바운드 규칙과 다른 모든 보안 그룹에 공통으로 설정된 인바운드 규칙 두 가지가 있습니다. 이런 AWS 환경에서 **공통으로 설정한 인바운드 규칙에 새로운 규칙을 추가**하는 구성 변경 운영 작업이 발생했다고 가정합시다. 이때 EC2 인스턴스 열 대에는 각각 서로 다른 보안 그룹이 연결되어 있으므로 각각의 보안 그룹에 인바운드 규칙을 추가해야 합니다. EC2 인스턴스가 열 대 정도라면 어떻게든 대응할 수 있겠지만 100대, 1,000대 이상을 사용하는 규모라면 이런 개별 대응 방식으로는 처리가 불가능할 것입니다.

따라서 이런 운영 작업을 예상하고 관리형 접두사 목록을 생성한다면, 각각의 보안 그룹에 규칙을 추가하는 대신 **관리형 접두사 목록만 변경해도 EC2 인스턴스 열 대에 연결된 모든 보안 그룹에 변경을 적용할 수 있어 운영 부담이 줄어듭니다.**

▼ 그림 9-18 관리형 접두사 목록을 이용하지 않을 때

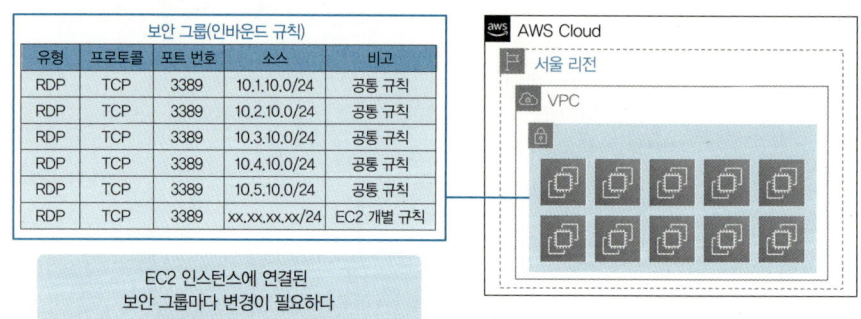

▼ 그림 9-19 관리형 접두사 목록을 이용할 때

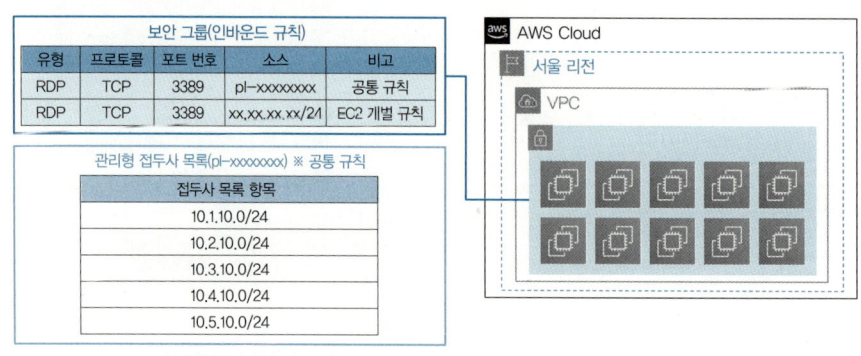

관리형 접두사 목록의 주의점

이렇게 운영상 편리한 관리형 접두사 목록이지만 주의점도 있습니다. 바로 **관리형 접두사를 이용한 라우팅 테이블 및 보안 그룹에 적용되는 항목 개수 규칙입니다**. 등록 가능한 항목 최대 개수[14]는 다음 표를 확인합니다.

▼ 표 9-5 등록 가능한 항목 개수

AWS 리소스	등록 가능한 항목 최대 개수(할당량 조정 가능)
라우팅 테이블	50개
보안 그룹	60개
관리형 접두사 목록	1,000개

실제 예를 들어서 설명하겠습니다. 관리형 접두사 목록을 생성할 때 **최대 항목에 1000**을 지정하고 항목을 열 개 등록했다고 합시다. 이런 관리형 접두사 목록을 보안 그룹에 적용하면 항목 개수는 10이 아니라 **1000**으로 셉니다. 즉, **관리형 접두사 목록에 설정한 최대 항목 개수로 셈하는 규칙**이 있는 것입니다. 따라서 이런 관리형 접두사 목록을 지정하여 보안 그룹을 생성하면 등록 가능한 항목 개수가 최댓값을 넘어 오류가 발생합니다. 관리형 접두사 목록을 이용할 때는 이런 규칙에 주의해야 합니다.

9.4.5 AWS WAF

WAF(Web Application Firewall)는 웹 애플리케이션에 대한 통신 내용(HTTP/HTTPS 통신)을 검사하여 웹 애플리케이션 취약점을 악용한 공격 등 부정 액세스에서 웹 애플리케이션을 보호하는 보안 대책 기능입니다.

WAF는 하드웨어나 소프트웨어, 클라우드 서비스로 제공됩니다. 보통 WAF는 웹 애플리케이션이 가동 중인 웹 서버보다 앞선 단계의 통신에 배치됩니다. 이것으로 방화벽이나 IDS/IPS(침입 탐지/침입 방어)에서는 탐지하기 어려운 SQL 인젝션이나 크로스 사이트 스크립팅 같은 애플리케이션 계층(L7) 공격을 방지하여 웹 애플리케이션을 보호합니다.

---

14 자세한 내용은 다음 URL을 참고합니다.
https://docs.aws.amazon.com/ko_kr/vpc/latest/userguide/amazon-vpc-limits.html

앞서 설명한 보안 그룹은 **허용하는 통신**을 규칙으로 정의하여 전송 계층(L4) 위협에서 시스템을 보호하는 역할을 담당합니다. 하지만 **보안 그룹은 통신 내용(패킷)까지 확인할 수 없습니다**. 비유하자면 방문자가 카메라가 달린 인터폰으로 택배 기사가 왔다는 것은 확인할 수 있어도 택배 안에 든 내용물이 무엇인지는 알 수 없는 것과 같습니다. WAF는 이런 패킷 내용까지 확인함으로써 웹 애플리케이션 취약점을 악용한 공격이 포함되는지 여부를 확인하고 공격이라고 판단되면 패킷을 파기합니다. 이런 WAF 기능을 AWS 서비스로 제공하는 것이 바로 AWS WAF입니다.

▼ 그림 9-20 AWS WAF와 보안 그룹을 이용한 다단계 방어

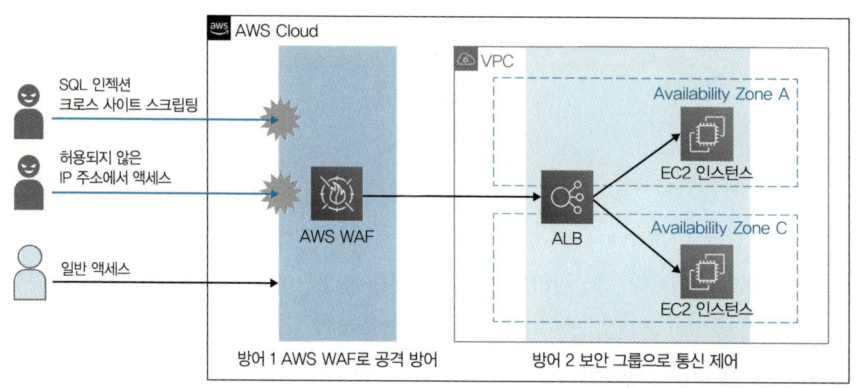

AWS WAF에서 정의하는 Web Access Control List

AWS WAF는 Amazon CloudFront, ALB, Amazon API Gateway, AWS AppSync에 Web Access Control List(Web ACL)를 연결하여 작동합니다. Web ACL은 AWS WAF가 통신 내용을 검사할 때 **적용하는 규칙입니다**. 하나의 Web ACL에 다수의 검사 규칙을 정의할 수 있지만 **하나의 AWS 리소스에는 하나의 Web ACL만 연관시킬 수 있다는 점에 주의합니다**. 이런 Web ACL에 정의한 규칙은 JSON 형식의 Statement로 작성되어 있으며, Statement에 기록된 규칙에 맞는지 여부에 따라 검사한 통신을 어떻게 처리하는지(통신 허용, 거부 등) Action에 정의합니다. 규칙에서 정의하는 조건에는 IP 주소, HTTP 헤더, HTTP 본문, URI 문자열, SQL 인젝션 및 크로스 사이트 스크립팅 등이 포함됩니다.

▼ 그림 9-21 Web ACL 검사 규칙

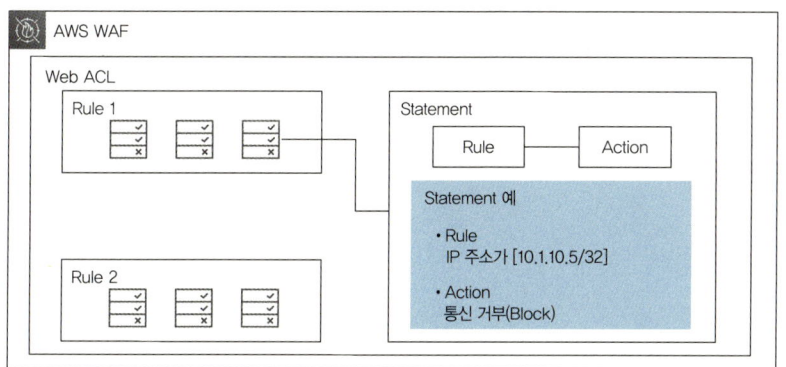

Web ACL에서 정의할 수 있는 규칙에는 **AWS가 제공하는 관리형 규칙**(AWS managed rules for AWS WAF)[15]과 **사용자가 직접 생성한 사용자 정의형 규칙**이 있습니다. 관리형 규칙은 다양한 위협이나 리스크가 높은 취약점을 노리는 공격 수단에 폭넓게 대응하고 AWS 위협 연구 팀이 생성하고 관리하기 때문에 사용자가 유지 보수에 신경 쓰지 않아도 됩니다.

관리형 규칙은 AWS가 제공하는 규칙과 F5나 Imperva처럼 서드파티 제품을 제공하는 기업이 AWS 마켓플레이스로 제공하는 규칙 두 종류로, 용도에 따라 구분해서 사용할 수 있습니다.

AWS WAF Web ACL capacity units

AWS WAF에서 정의할 수 있는 규칙은 여러 종류가 있지만, 실제로 적용 가능한 규칙 개수는 AWS WAF Web ACL Capacity Units(WCU)에 따라 제어됩니다.

WCU는 AWS WAF가 Web ACL에 정의된 규칙에 따라 통신 내용을 검사할 때 필요한 처리 비용으로 1,500WCUs가 최대입니다. 예를 들어 어떤 국가에서 들어오는 요청을 검사하는 규칙을 정의한다면 1WCU를 소비하고 남은 1,499WCUs 분량의 규칙을 정의할 수 있습니다.

Web ACL에 등록한 관리형 규칙과 사용자 정의형 규칙은 각각 WCU를 소비하므로 1,500WCUs 범위를 넘지 않도록 규칙을 조합하는 방법이 중요합니다. WCU 소비량의 자세한 내용은 AWS 공식 문서[16]를 참고합니다.

---

15 자세한 내용은 다음 URL을 참고합니다.
 https://docs.aws.amazon.com/ko_kr/waf/latest/developerguide/aws-managed-rule-groups-list.html
16 https://docs.aws.amazon.com/ko_kr/waf/latest/developerguide/waf-rule-statements.html

▼ 그림 9-22 WCU 소비량 계산

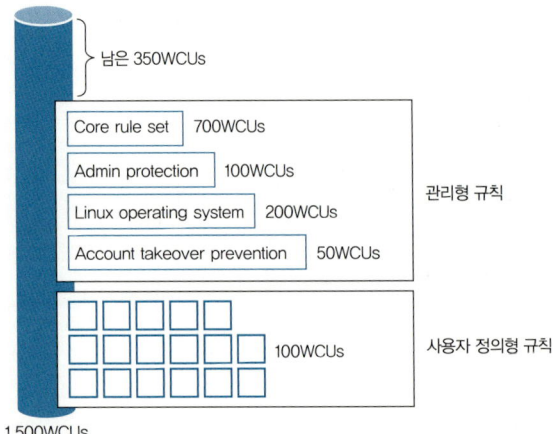

이처럼 AWS WAF는 Web ACL에 적용할 규칙을 WCU 제한 내에서 사용자화하여 쓸 수 있지만, 웹 사이트 공격 방법은 계속 진화하므로 AWS WAF의 지속적인 관리(운영 규칙의 주기적인 검토)가 반드시 필요합니다. 하지만 이런 운영은 보안 관련 전문 지식이 필요하기 때문에 실제 운영은 무척이나 어렵습니다. 따라서 **실제 운영을 한다면 AWS WAF 운영 지원을 제공하는 서드파티 제품을 활용하여 운영 부담을 줄이는 방법을 추천합니다.**

9.4.6 AWS WAF 이용 요금

AWS WAF는 Web ACL 개수, Web ACL별 추가한 규칙 개수, AWS WAF가 수신한 요청 개수에 따라 요금이 발생합니다. 자세한 요금은 AWS WAF 요금 페이지[17]를 확인합니다.

▼ 표 9-6 AWS WAF 이용 요금

리소스 종류	AWS 사용료
Web ACL	1개당 5.00USD/월(시간당)
규칙	1개당 1.00USD(시간당) ※ 추가 요금이 발생하는 AWS 관리형 규칙 그룹도 있습니다.
요청	100만 건당 0.60USD

※ 2024년 2월 현재 아시아 태평양(서울) 리전 기준

---

[17] https://aws.amazon.com/ko/waf/pricing/

AWS WAF 사용료 예

Web ACL 한 개와 무료의 AWS 관리형 규칙 세 개, 사용자 정의형 규칙 17개, 요청 1,000만/월일 때 사용료는 다음과 같다.

- 리소스 종류별 요금

    Web ACL = 1 × 5.00USD = 5.00USD

    규칙 = (3 + 17) × 1.00USD = 20.00USD

    요청 = 1,000 / 100 × 0.60USD = 6.00USD

- AWS 사용료

    5.00USD + 20.00USD + 6.00USD = 31.00USD

9.5 실무 관련 AWS 서비스(서버 쪽 암호화)

HOW TO OPERATE AWS

이 절에서는 암호화 기초 지식과 AWS 데이터 암호화에서 자주 사용하는 Amazon KMS를 설명합니다.

9.5.1 암호화 기초 지식

암호화(encrypt)는 어떤 규칙(알고리즘)에 따라 원래 정보를 다른 사람이 알 수 없도록 변환하는 것을 의미합니다. 변환된 정보를 원래 상태로 되돌리는 것은 **복호화**(decrypt)라고 합니다. 암호화는 암호화되지 않은 정보를 **평문**, 암호화된 정보를 **암호문**으로 구분합니다. 대표적인 암호화로 시저 암호가 있는데, 평문에 사용하는 알파벳을 사전 순서대로 세 글자씩 어긋나게 하여 암호문을 생성합니다. 그림 9-23은 시저 암호의 예입니다.

▼ 그림 9-23 AWS라는 단어를 시저 암호화로 암호문 만들기

이때 평문에 사용하는 알파벳을 사전 순서대로 어긋나게 하는 변환 방법을 **알고리즘**(algorithm)이라고 하며, 세 글자라는 변환 규칙을 **키**(key)라고 합니다. 앞의 예에서 시저 암호는 규칙만 알면 쉽게 복호화할 수 있지만, 전자 데이터에서 사용하는 암호화는 훨씬 복잡한 알고리즘과 키를 사용하므로 간단히 풀어낼 수 없습니다. 전자 데이터에서 쓰는 암호화는 **통신 암호화**와 **보관 데이터 암호화**로 크게 나눌 수 있습니다.

▼ 그림 9-24 전자 데이터에서 쓰는 두 종류 암호화

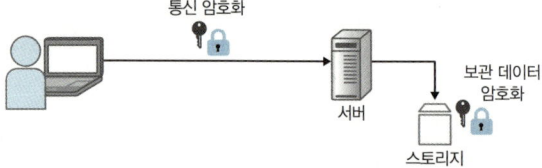

알고리즘 구조의 자세한 내용은 생략합니다. 주목해야 할 점은 **현재 널리 쓰는 알고리즘 방식은 모두 공개**되어 있다는 것입니다. 공개함으로써 외부 전문가가 알고리즘 취약점을 지적할 수 있으므로 알고리즘 개선에 도움이 되고, 더욱 강한 알고리즘을 만들 수 있습니다. 따라서 **암호화에서는 공개되지 않은 데이터 변환 규칙, 즉 키를 다루는 방법이 보안에서 무척 중요한 역할을 합니다.**

9.5.2 AWS KMS

AWS KMS(Key Management Service)**는 데이터 보호에 사용되는 암호 키 생성, 관리, 운영 인프라를 제공하는 서비스입니다.** KMS를 지원하는 AWS 서비스 목록은 AWS 제품 페이지[18]를 확인합니다. KMS는 보관 데이터를 암호화할 뿐만 아니라 암호화에 사용한 키 자체도 암호화하여 보안을 강화합니다. 보관 데이터를 암호화하는 암호 키를 **Customer Data Key**(CDK), CDK를 암호화하는 암호 키를 **Customer Master Key**(CMK)라고 합니다. 보관 데이터를 암호화할 때 KMS는 CDK를 매번 생성하기 때문에 사용자는 CDK를 관리할 수 없습니다. 따라서 **사용자는 KMS로 CMK를 생성하고 관리하고 운영합니다.**

---

[18] https://aws.amazon.com/ko/kms/features/#AWS_service_integration

▼ 그림 9-25 KMS의 키와 데이터 관계

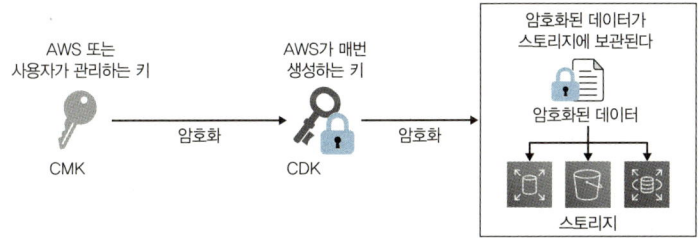

> Note ≡ 사용자는 확인할 수 없지만 CMK 자체도 AWS가 제공하는 고가용성 스토리지에 암호화된 상태로 보관되어 있으며, 이용할 때만 복호화하여 사용함으로써 보안을 강화합니다.

이런 CMK는 다시 AWS Managed CMK(AWS 관리형 키)와 Customer Managed CMK(고객 관리형 키)로 나뉩니다. AWS Managed CMK는 AWS가 관리, 제공하는 CMK고 Customer Managed CMK는 사용자 자신이 생성한 CMK입니다. 각각의 차이를 다음 표에 정리했습니다.

▼ 표 9-7 AWS Managed CMK와 Customer Managed CMK 비교

구분	AWS Managed CMK	Customer Managed CMK
생성자	AWS	사용자
키 정책	AWS 관리(변경 불가)	사용자 관리
이용 가능 범위	특정 AWS 서비스만 가능	KMS IAM 정책으로 정의
사용자 액세스 관리	IAM 정책	IAM 정책
키 로테이션	1년에 1회(자동)	1년에 1회(자동)
감사 로그	CloudTrail로 KMS API 호출 기록	CloudTrail로 KMS API 호출 기록
삭제 가능 여부	불가능	가능

지금까지 KMS에는 보관 데이터를 암호화하는 CDK와 CDK를 암호화하는 CMK 두 가지 암호 키가 있었고, CMK에는 AWS Managed CMK와 Customer Managed CMK 두 종류가 있다고 설명했습니다. 이제 생성된 CMK 운영 및 관리를 **수명 주기 관리, 액세스 관리** 관점에서 설명하겠습니다.

수명 주기 관리

KMS 수명 주기 관리에서 꼭 알아야 할 내용으로 **키 로테이션, 삭제 일정**이 있습니다. CMK는 1년에 한 번씩 자동으로 키가 로테이션되며, 키 로테이션 전후로 생성된 CMK는 **세대 관리**됩니다.

▼ 그림 9-26 키 로테이션 구조

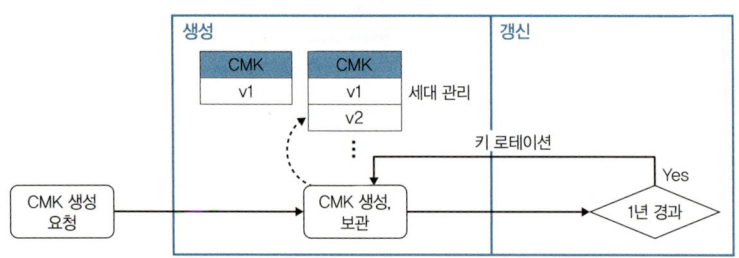

이런 세대 관리 구조를 활용하여 키 로테이션 전후에 암호화된 데이터를 복호화하고 있으므로 CMK를 삭제할 때는 주의해야 합니다. **CMK를 삭제하면 세대 관리하던 모든 CMK가 삭제되므로 과거에 생성된 CDK로 암호화한 데이터를 복호화할 수 없게 됩니다.**

▼ 그림 9-27 CMK 삭제의 영향

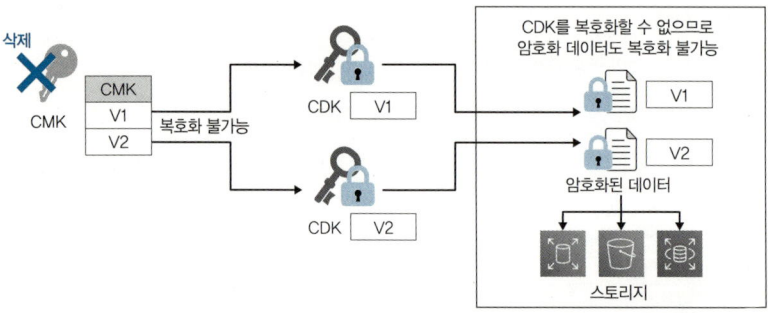

또 **CMK는 한번 삭제하면 복원할 수 없으므로 신중하게 삭제해야 합니다.** 따라서 CMK에서는 삭제에 따른 영향을 최소화하는 **삭제 일정** 방법을 사용합니다.

삭제 일정이란 CMK 삭제까지 대기 기간(7~30일)을 두고 해당 기간 동안 CMK를 비활성화 상태로 만듭니다. 대기 기간 동안 CMK를 사용한 암호화 및 복호화가 불가능하므로 CMK 삭제에 따른 영향 조사를 실시할 수 있습니다.

CMK 삭제를 고려하고 있다는 것은 과거에 암호화된 데이터를 복호화할 필요가 없다는 것을 의미합니다. 삭제 일정을 설정한 후 운영 중인 시스템(애플리케이션)에서 데이터 복호화가 불가능한 문제가 생기면 삭제 일정이 등록된 CMK를 이용하는 작업이 아직 존재한다는 의미이므로 애플리케이션 수정이 필요하다는 것을 알 수 있습니다. 이런 사실이 확인되면 삭제 일정을 취소할 수 있습니다. **삭제 일정을 취소하면 CMK는 비활성화 상태이므로 이용을 재개하려면 '활성화 상태'로 변경해야 합니다.**

▼ 그림 9-28 CMK 삭제 일정 동작 방식

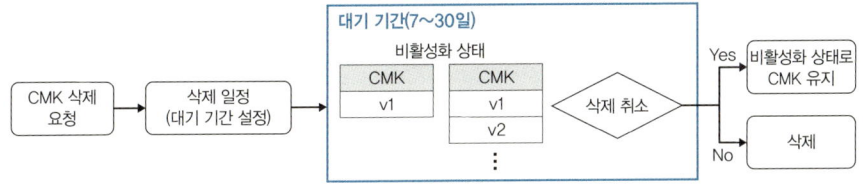

액세스 관리하기

KMS는 누가, 어떤 권한으로 CMK를 이용할 수 있는지 **키 정책**으로 정의합니다. 키 정책은 AWS 액세스 정책 중에서 AWS 리소스(여기에서는 KMS)에 대해 직접 정책을 정의하는 **리소스 기반 정책**으로 분류됩니다. 리소스 기반 정책은 IAM 정책보다 우선되는 정책이므로 KMS를 이용하는 IAM 사용자에 AdministratorAccess(관리자) 권한을 부여하더라도 키 정책 정의로 조작을 제한할 수 있습니다. 정책 평가에 관련된 자세한 내용은 AWS 공식 문서[19]를 참고합니다.

이렇듯 KMS 이용이 허용된 사용자가 **허용된 권한 범위 내에서 KMS를 이용**하도록 액세스를 관리함으로써 키의 부정 사용을 방지할 수 있습니다. 이런 키 정책을 사용자가 자유롭게 설정할 수 있는 CMK가 바로 Customer Managed CMK입니다.

▼ 그림 9-29 키 정책으로 액세스 제한

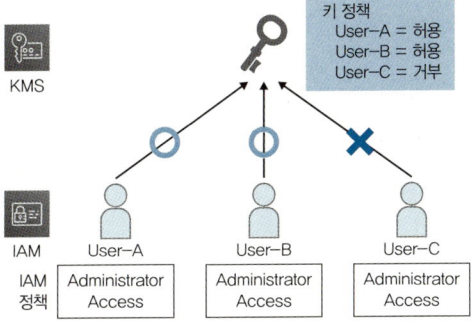

---

[19] https://docs.aws.amazon.com/ko_kr/IAM/latest/UserGuide/reference_policies_evaluation-logic.html

9.5.3 키 정책 생성 예

지금부터 Customer Managed CMK를 생성할 때 생성되는 키 정책을 예로 들어 키 정책 내용을 하나씩 간단히 소개하겠습니다.

예제 9-1의 정책 내용은 ❶ AWS 계정(111111111111)의 IAM User에 대해 ❷ KMS 모든 조작을 허용합니다.

예제 9-1 AWS 계정(111111111111)의 IAM User에 KMS 모든 조작 허용하기

```
{
    "Id": "key-consolepolicy-3",
    "Version": "2012-10-17",
    "Statement": [
        {
            "Sid": "Enable IAM User Permissions",
            "Effect": "Allow",
            "Principal": {
                "AWS": "arn:aws:iam::111111111111:root"         ❶
            },
            "Action": "kms:*",                                   ❷
            "Resource": "*"
        },
```

예제 9-2의 정책 내용은 KMS 관리자에 부여하는 권한을 정의하는데, ❸ AWS 계정(111111111111)의 IAM User(administrator)에 대해 ❹ KMS 관리와 관련된 조작을 허용합니다.

예제 9-2 KMS 관리자에 대한 권한 부여하기

```
        {
            "Sid": "Allow access for Key Administrators",
            "Effect": "Allow",
            "Principal": {
                "AWS": "arn:aws:iam::111111111111:user/administrator"   ❸
            },
            "Action": [
                "kms:Create*",
                "kms:Describe*",
                "kms:Enable*",
                "kms:List*",
                "kms:Put*",
                "kms:Update*",                                           ❹
```

```
                "kms:Revoke*",
                "kms:Disable*",
                "kms:Get*",
                "kms:Delete*",
                "kms:TagResource",
                "kms:UntagResource",
                "kms:ScheduleKeyDeletion",
                "kms:CancelKeyDeletion"
            ],
            "Resource": "*"
        },
```

예제 9-3의 정책 내용은 KMS 사용자에 부여하는 권한을 정의하는데, ❺ AWS 계정(111111111111)의 IAM User(SampleIAMUser) 및 IAM Role(SampleIAMRole)에 대해 ❻ CDK 생성 요청이나 암호화, 복호화를 허용하는 조작을 허용합니다. 관리자와 다르게 CMK 변경, 삭제, 무효화 같은 조작은 허용하지 않습니다. 이렇게 하면 관리자가 아닌 사용자의 잘못된 조작을 막을 수 있습니다.

예제 9-3 KMS 사용자에 대한 권한 부여하기

```
        {
            "Sid": "Allow use of the key",
            "Effect": "Allow",
            "Principal": {
               "AWS": [
                    "arn:aws:iam::111111111111:role/SampleIAMRole",
                    "arn:aws:iam::111111111111:user/SampleIAMUser"
                ]
            },
            "Action":
                [
                    "kms:Encrypt",
                    "kms:Decrypt",
                    "kms:ReEncrypt*",
                    "kms:GenerateDataKey*",
                    "kms:DescribeKey"
                ],
            "Resource": "*"
        },
```

예제 9-4의 정책 내용은 ❼ AWS 계정(111111111111)의 IAM User(SampleIAMUser) 또는 IAM Role(SampleIAMRole)을 이용하여 Assume Role API Request를 실행하는 Principal에 대해 ❽ CDK 이용을 허용합니다. 이것은 KMS와 통합된 AWS 서비스(EBS 등)에 KMS 이용을 위임할 때 필요한 작업입니다. ❾ Condition 구문에서 KMS와 통합된 AWS 서비스가 사용자 대신 조작을 실행할 때만 허용된 작업을 실행할 수 있도록 제한합니다. Bool은 참과 거짓 값을 판정하는 조건 연산자입니다.

예제 9-4 KMS와 통합된 AWS 서비스(EBS 등)에 권한 부여하기

```
{
    "Sid": "Allow attachment of persistent resources",
    "Effect": "Allow",
    "Principal": {
        "AWS": [
            "arn:aws:iam::111111111111:role/SampleIAMRole ",       ─❼
            "arn:aws:iam::111111111111:user/SampleIAMUser"
        ]
    },
    "Action": [
        "kms:CreateGrant",
        "kms:ListGrants",                                          ❽
        "kms:RevokeGrant"
    ],
    "Resource": "*",
    "Condition": {
        "Bool": {
            "kms:GrantIsForAWSResource": "true"                    ❾
        }
    }
}
]
}
```

▼ 그림 9-30 KMS를 사용한 조작 위임

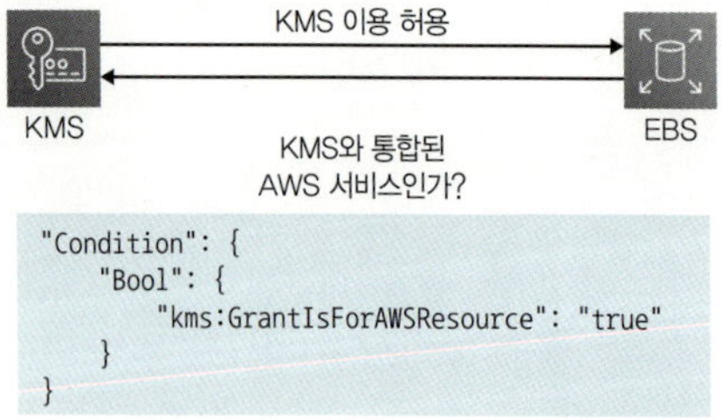

```
"Condition": {
    "Bool": {
        "kms:GrantIsForAWSResource": "true"
    }
}
```

9.5.4 KMS 이용 요금

KMS는 생성한 Customer Managed CMK 개수, KMS에 대한 API 요청 개수에 따라 요금이 발생합니다. 자세한 요금은 KMS 요금 웹 페이지[20]를 확인합니다.

▼ 표 9-8 무료 이용 범위

무료 이용 범위 대상	무료 이용
KMS에 대한 API 요청 개수	20,000건/월 무료

※ 2024년 2월 현재 아시아 태평양(서울) 리전 기준

▼ 표 9-9 생성한 Customer Managed CMK 이용 요금

키 종류	AWS 사용료
Customer Managed CMK	1건당 1.00USD(시간당) ※ 키 로테이션으로 세대가 하나 늘어날 때마다 1.00USD 추가 요금 발생

※ 2024년 2월 현재 아시아 태평양(서울) 리전 기준

▼ 표 9-10 KMS에 대한 API 요청 이용 요금

요금 대상	AWS 사용료
KMS에 대한 API 요청	요청 10,000건당 0.03USD/월

※ 2024년 2월 현재 아시아 태평양(서울) 리전 기준

KMS 사용료 예

S3에 대해 하나의 Customer Managed CMK를 이용해서 객체 10만 개를 서버 쪽 암호화한 경우 요금은 다음과 같습니다.

- 요금 대상별 AWS 이용 요금

    Customer Managed CMK = 1 × 1.00USD = 1.00USD

    KMS에 대한 API 요청 개수 = (100,000 - 무료 이용 범위 20,000) / 10,000 × 0.03USD
    = 0.24USD

- AWS 사용료

    1.00USD + 0.24USD = 1.24USD

---

[20] https://aws.amazon.com/ko/kms/pricing/

9.6 실무 관련 AWS 서비스(보안 이벤트 대비)

여기에서는 AWS에서 **설정 실수 방지** 및 **AWS 계정 상태 검사**에 이용하는 AWS Config Rules, AWS Security Hub, AWS Trusted Advisor를 설명합니다.

또 위협 감지에 이용하는 Amazon GuardDuty와 알림 설정에 이용하는 Amazon SNS와 Amazon EventBridge도 설명하겠습니다.

9.6.1 AWS Config Rules

AWS Config는 AWS 계정에서 구축한 리소스의 구성 정보, 변경 이력을 기록하고 관리하는 AWS 서비스입니다. AWS Config는 나중에 '10장 감사 준비'에서 다시 설명합니다.

AWS Config Rules는 AWS Config로 기록, 관리하는 구성 정보에 규칙을 세우고 해당 규칙을 준수하는 구성인지 확인하는 기능입니다. 최근 클라우드 서비스를 이용하는 사용자의 **설정 실수로 고객의 개인 정보가 누출**되는 사건이 늘어나고 있습니다. 일본 독립행정법인 정보처리추진위원회(IPA)의 컴퓨터 바이러스 부정 액세스 신고 현황을 조사한 2021년도 정보에 따르면, 부정 액세스 원인별 비율은 설정 실수가 전체 약 17.7%에 달해 사회적으로 문제가 되었습니다.

이런 배경에 따라 2022년 10월 31일 일본 총무성이 **클라우드 서비스 이용 및 제공에 따른 적절한 설정을 위한 가이드라인**[21]을 공개했습니다.[22] 운영 현장에서 Config Rules는 **AWS 설정 실수**를 감지할 때 활용할 수 있는 서비스입니다. 예를 들어 Config Rules는 다음 사항을 확인합니다.

- S3 버킷의 서버 쪽 암호화 설정이 활성화되었는지 여부
- VPC Flow Logs가 활성화되었는지 여부
- 보안 그룹이 의도하지 않은 통신을 허용하고 있는지 여부

---

[21] 자세한 내용은 다음 URL을 참고합니다.
https://www.soumu.go.jp/main_content/000843318.pdf

[22] 역주 한국 사례로는 금융보안원에서 조사한 〈금융분야 클라우드컴퓨팅서비스 이용 가이드〉(2023년도 개정) 등이 있습니다.
https://www.fsec.or.kr/bbs/detail?menuNo=222&bbsNo=11152

Config Rules에서 설정할 수 있는 규칙에는 AWS가 미리 준비한 **AWS 관리형 규칙**과 사용자 자신이 생성한 **사용자 지정 규칙** 두 종류가 있습니다. 사용자 지정 규칙은 AWS Lambda를 이용하여 파이썬이나 자바 등 프로그래밍 언어를 사용하여 처리를 정의하므로 구현 난이도가 높습니다.

▼ 그림 9-31 AWS 관리형 규칙과 사용자 지정 규칙

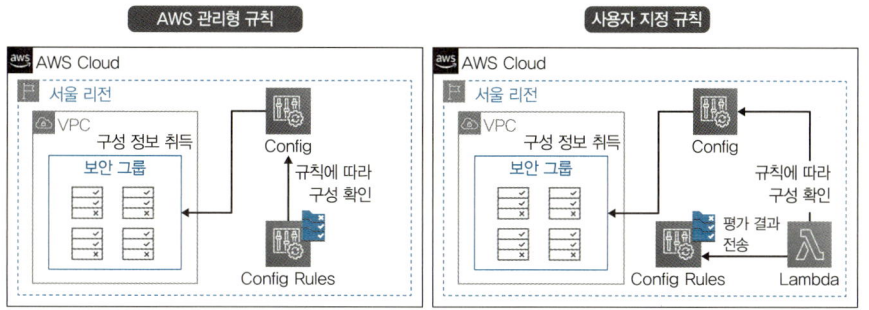

그림 9-31은 S3 버킷의 서버 쪽 암호화 설정 활성화 여부를 확인하는 AWS 관리형 규칙을 지정하는 콘솔 화면입니다. AWS 관리형 규칙만 해도 150여 개가 넘는 규칙이 있고 다양한 요건에 대응할 수 있으므로 **처음 쓰는 사용자라면 먼저 AWS 관리형 규칙을 이용하길 추천합니다.** 표 9-11에서 관리형 규칙을 몇 가지 소개하고 있습니다. 이외에도 지정할 수 있는 AWS 관리형 규칙 목록은 AWS 공식 문서를 확인합니다.

> Note ≡ AWS 공식 문서[23]에서 AWS 관리형 규칙을 검색할 때 AWS 관리형 규칙 이름에는 접두사 ec2, s3 같은 AWS 서비스 이름이 붙어 있어 규칙을 적용하고 싶은 AWS 서비스 이름으로 문서를 검색하면 효율적으로 찾을 수 있습니다.

▼ 그림 9-32 Config Rules 규칙 설정 화면

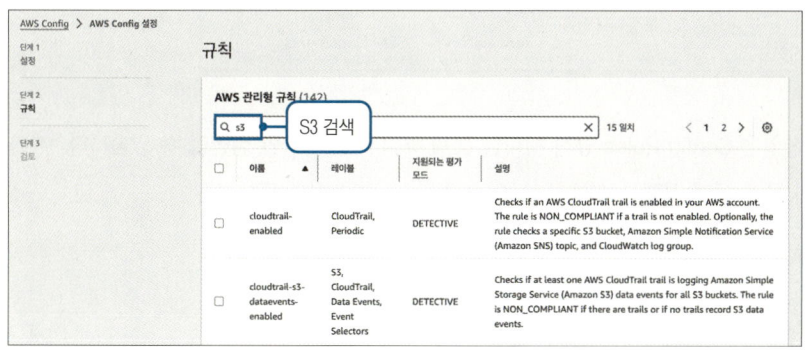

---

[23] https://docs.aws.amazon.com/ko_kr/config/latest/developerguide/managed-rules-by-aws-config.html

▼ 표 9-11 AWS 관리형 규칙 예

AWS 서비스	규칙 이름	내용
EBS	encrypted-volumes	연결 상태의 EBS 볼륨이 암호화되었는지 여부 확인하기
IAM	iam-user-mfa-enabled	사용자의 다단계 인증(MFA) 활성화 여부 확인하기
RDS	rds-storage-encrypted	RDS DB 인스턴스에 대해 스토리지 암호화 활성화 여부 확인하기
VPC	vpc-flow-logs-enabled	흐름 로그가 존재하는지 및 Amazon VPC에 대해 활성화 여부 확인하기
보안 그룹	vpc-sg-open-only-to-authorized-ports	0.0.0.0/0을 수신하는 보안 그룹이 TCP 또는 UDP 포트에 액세스 가능 여부 확인하기
S3	s3-bucket-server-side-encryption-enabled	S3 기본 암호화 활성화 여부 확인하기

Config Rules 문제 해결 작업

Config Rules는 설정한 규칙을 미준수하는 AWS 리소스를 대상으로 미리 정의된 **문제 해결 작업**을 실행할 수 있습니다. 문제 해결 작업은 SSM이 제공하는 기능 중에서 **SSM Automation(자동화)** 과 **SSM Documents(문서)** 기능을 이용하여 정의 및 실행합니다.

▼ 그림 9-33 Config Rules와 문제 해결 작업

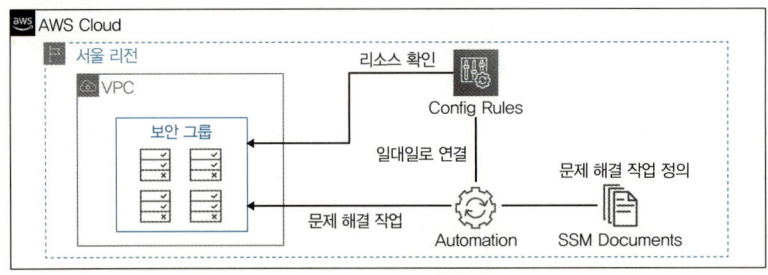

이런 문제 해결 작업은 **Config Rules 규칙 하나당 문제 해결 작업 하나만 설정할 수 있습니다**. 예를 들어 다음과 같이 문제 해결 작업을 실행할 수 있습니다.

- S3 버킷 서버 쪽 암호화 설정을 활성화합니다.
- VPC Flow Logs를 활성화합니다.
- 사용하지 않는 보안 그룹을 삭제합니다.

그림 9-33과 그림 9-34는 S3 버킷의 계정 수준 공개 액세스를 차단하는 문제 해결 작업을 지정하는 콘솔 화면입니다.

▼ 그림 9-34 Config Rules로 문제 해결 작업 지정 1

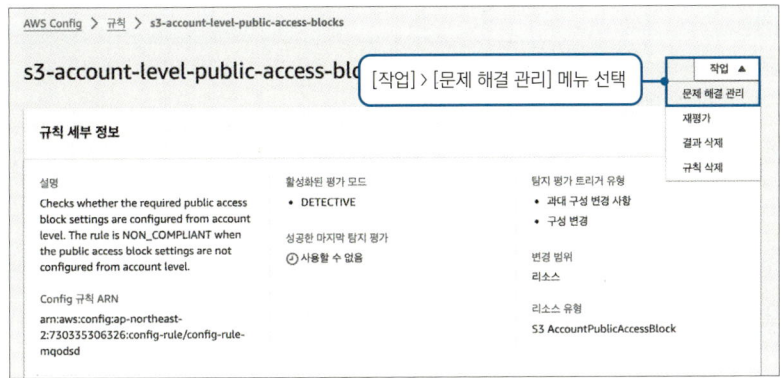

▼ 그림 9-35 Config Rules로 문제 해결 작업 지정 2

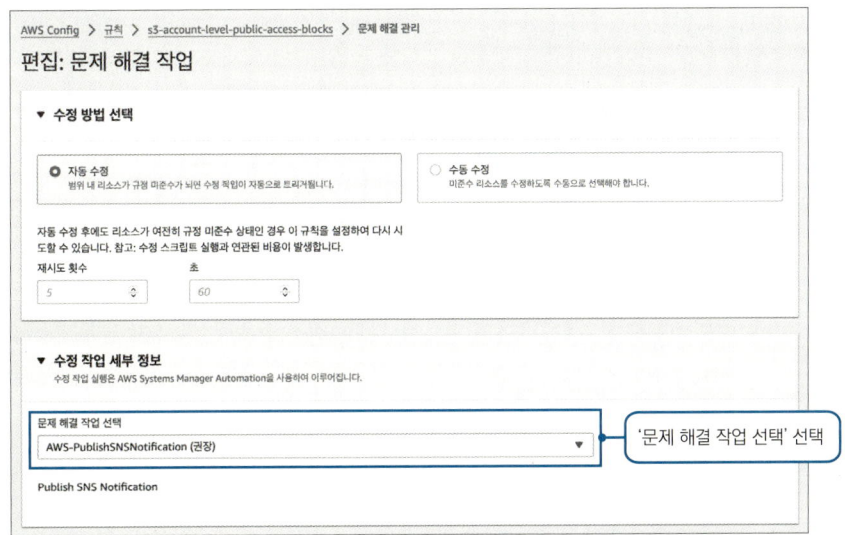

문제 해결 작업은 AWS가 미리 준비해 둔 AWS 관리형 작업과 사용자가 만드는 **사용자 지정 문제 해결 작업** 두 종류가 있습니다.

사용자 지정 문제 해결 작업은 SSM Documents에 YAML 방식 또는 JSON 방식으로 실행할 처리를 생성해야 하므로 구현 난이도가 높습니다. AWS 관리형 작업만 해도 100여 개가 넘는 작업이 있기 때문에 다양한 요건에 대응할 수 있습니다. 따라서 처음 사용한다면 우선 AWS 관리형 작업을 쓰는 편이 좋습니다.

다음 표에서는 몇 가지 관리형 작업을 소개합니다. 그 외 지정할 수 있는 AWS 관리형 작업 목록은 AWS 공식 문서[24]를 확인합니다.

▼ 표 9-12 AWS 관리형 작업 예(문제 해결 작업)

AWS 서비스	작업 이름	내용
EBS	AWSConfigRemediation-EnableEbsEncryptionByDefault	현재 리전의 AWS 계정에서 EBS 기본 암호화를 활성화합니다.
IAM	AWSConfigRemediation-RevokeUnusedIAMUserCredentials	미사용 IAM 암호와 활성 액세스 키를 비활성화합니다. 만료된 액세스 키를 비활성화하고 만료된 로그인 프로파일을 삭제합니다.
VPC	AWSSupport-EnableVPCFlowLogs	VPC Flow Logs를 생성합니다.
보안 그룹	AWS-DisablePublicAccessForSecurityGroup	모든 IP 주소(0.0.0.0/0)에 대해 열려 있는 SSH와 RDP 포트가 있으면 해당하는 규칙을 삭제합니다.
S3	AWSConfigRemediation-ConfigureS3PublicAccessBlock	AWS 계정 수준에서 S3 공개 액세스 차단 설정을 활성화합니다.
S3	AWS-EnableS3BucketEncryption	S3 버킷 서버 쪽 암호화(AES-256)를 활성화합니다.

▼ 그림 9-36 SSM의 Documents에서 사용자 지정 문제 해결 작업 생성

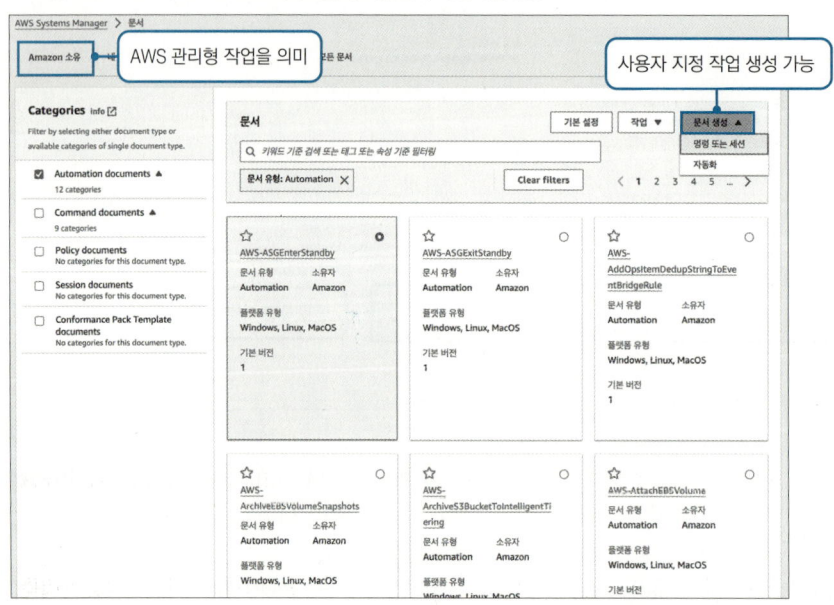

[24] 자세한 내용은 다음 URL을 참고합니다.
https://docs.aws.amazon.com/ko_kr/systems-manager-automation-runbooks/latest/userguide/automation-runbook-reference.html

Config Rules와 문제 해결 작업을 활용하면 보안 사고로 이어질 수 있는 설정 변경을 사용자가 했을 때 이를 감지해서 자동으로 문제를 해결할 수 있습니다. 따라서 운영 담당자에게 부담을 주지 않고도 보안 위험을 줄일 수 있습니다.

9.6.2 Config Rules 활용 패턴

Config Rules 활용 패턴은 크게 두 가지로 나눌 수 있습니다.

패턴 1: Config Rules로 규칙 생성과 알림 설정하기

우선 Config Rules에서 의도한 AWS 리소스 구성이 맞는지 **준수 상황을 검사하는 규칙**을 생성합니다. 규칙을 생성한 후 준수 상황을 검사하더라도 운영 담당자가 알아차리지 못하면 초기 대응이 늦어질 수 있습니다. 따라서 Amazon EventBridge와 Amazon SNS를 이용하여 **검사한 결과를 운영 담당자에게 알림**으로 보내도록 합니다. 알림과 관련된 각 AWS 서비스는 '9.6.12절 Amazon SNS', '9.6.14절 Amazon EventBridge'에서 자세히 설명합니다. 이런 활용 패턴에서 문제 해결 작업은 정의하지 않습니다. Config Rules에서 규칙을 생성한 관리자가 AWS 리소스의 변경 권한은 가지고 있지 않기 때문입니다.

예를 들어 Config Rules 관리자는 부서 A의 엔지니어고, Config Rules로 검사한 AWS 리소스 관리자는 부서 B의 엔지니어로 각각 관리자가 다른 경우가 있습니다. 이때 Config Rules로 AWS 리소스를 검사한 결과가 미준수 상황이더라도 부서 B에서 관리하는 AWS 리소스를 부서 A가 마음대로 변경 작업을 하는 것은 규칙상 허용되지 않을 때가 많습니다. 이때는 부서 A의 엔지니어가 부서 B의 엔지니어에게 미준수 상황을 알리고 적절히 대응할 수 있도록 도와야 합니다. 따라서 문제 해결 작업을 정의하는 대신에 준수 상황 검사와 알림 설정이면 충분합니다.

패턴 2: Config Rules에서 규칙 생성 및 문제 해결 작업 설정하기

이런 활용 패턴에서는 Config Rules에서 규칙 생성 및 문제 해결 작업을 함께 설정합니다. 앞서 본 활용 패턴과 다르게 Config Rules 관리자와 AWS 리소스 관리자가 동일할 경우에 활용할 수 있는 패턴입니다. 또 Config Rules에서 미준수인 AWS 리소스 구성이 회사 내 보안 정책을 위반하여 당장 대응이 필요할 때도 유용한 활용 패턴입니다.

예를 들어 보안 정책으로 **스토리지에 보관한 데이터 암호화와 관련된 규칙**이 있을 때 암호화 설정이 없는 S3나 RDS, EBS 등 AWS 리소스가 있으면 보안 정책 위반이므로 암호화 설정 대응이 필수입니다. 또 보안 그룹에서 SSH를 허용하는 인바운드 규칙의 CIDR 블록에 0.0.0.0/0이 설정되면 **악의적인 제3자가 침입할 위험이 커지므로 곧바로 대응할 수 있는 문제 해결 작업이 효과적입니다.** 실제로 인바운드 규칙을 부주의하게 개방하여 부정 액세스가 발생한 실제 보안 사고 사례도 있으므로 효과적인 대책이라고 볼 수 있습니다. 다음 표는 Config Rules를 사용한 규칙과 문제 해결 작업을 조합한 예입니다.

▼ 표 9-13 Config Rules 규칙과 문제 해결 작업 조합

규칙	작업	내용
vpc-Flow-logs-enabled	AWSSupport-EnableVPCFlowLogs	VPC Flow Logs가 생성되지 않으면 VPC Flow Logs를 생성합니다.
iam-user-unused-credentials-check	AWSConfigRemediation-RevokeUnusedIAMUserCredentials	미사용 IAM 암호와 활성 액세스 키가 있으면 비활성화합니다. 만료된 액세스 키를 비활성화하고 만료된 로그인 프로파일을 삭제합니다.
vpc-sg-open-only-to-authorized-ports	AWS-DisablePublicAccessForSecurityGroup	0.0.0.0/0을 수신하는 보안 그룹이 TCP 또는 UDP 포트에 액세스 가능한지 검사해서 모든 IP 주소(0.0.0.0/0)에 대해 개방된 SSH와 RDP 포트가 있으면 해당하는 규칙을 삭제합니다.
s3-bucket-server-side-encryption-enabled	AWS-EnableS3BucketEncryption	S3 기본 암호화가 활성화되지 않으면 S3 버킷 서버 쪽 암호화(AES-256)를 활성화합니다.

9.6.3 Config Rules 이용 요금

Config Rules는 정의한 규칙에 따라 평가된 횟수만큼 요금이 발생합니다. 자세한 요금은 AWS Config 요금 웹 페이지[25]를 확인합니다.

---

[25] https://aws.amazon.com/ko/config/pricing/

▼ 표 9-14 Config Rules 이용 요금

Config Rules 평가 횟수	AWS 사용료
첫 100,000개	규칙 평가당 0.001USD
100,001~500,000개	규칙 평가당 0.0008USD
500,001개 이상	규칙 평가당 0.0005USD

※ 2024년 2월 현재 아시아 태평양(서울) 리전 기준

Config Rules 이용 요금 예

Config Rules로 월간 20만 건을 평가한 경우

- 평가 횟수에 따른 AWS 이용 요금

  첫 $100,000$건 $= 100,000 \times 0.001USD = 100.00USD$

  $100,001 \sim 200,000$건 $= 100,000 \times 0.0008USD = 80.00USD$

- AWS 이용 요금

  $100.00USD + 80.00USD = 180.00USD$

9.6.4 AWS Security Hub

AWS Security Hub는 AWS의 보안 관리 서비스로 다음 두 가지 기능이 있습니다.

- AWS 계정 보안 상태를 지속적으로 검사하는 기능
- 보안 이벤트를 통합 관리하는 기능

9.6.5 AWS 계정 보안 상태를 지속적으로 검사하는 기능

Security Hub가 보안 상태를 검사할 때는 **보안 표준**(security standard)의 검사 항목에 따라 AWS 계정 보안 상태를 분석합니다. 이런 보안 표준은 **다섯 가지**가 있는데, 어떤 보안 표준을 바탕으로 검사할지 사용자가 하나 이상 선택할 수 있습니다.

▼ 표 9-15 다섯 가지 보안 표준의 차이점

보안 표준	설명
AWS 기초 보안 모범 사례 v1.0.0	AWS의 보안 모범 사례를 바탕으로 하는 보안 표준
CIS AWS Foundations Benchmark v1.2.0	미국 비영리단체 CIS(Center for Internet Security)에서 공개한 인터넷 보안 센터 AWS 재단 벤치마크(CIS AWS Foundations Benchmark) v1.2.0 보안 표준
CIS AWS Foundations Benchmark v1.4.0	미국 비영리단체 CIS에서 공개한 인터넷 보안 센터 AWS 재단 벤치마크 v1.4.0 보안 표준
PCI DSS v3.2.1	지속적인 PCI DSS(지불 카드 산업 데이터 보안 표준) 보안 활동을 지원하도록 설계된 보안 표준
NIST Special Publication 800-53 Revision 5	미국 국립표준기술연구소(NIST)의 Special Publication 800-53 개정판 5(NIST SP 800-53 r5)에 따른 보안 표준

보안 표준을 구성하는 각 검사 항목을 **보안 제어**(security control)라고 합니다. 보안 제어는 AWS에서 계속 추가하는데 **새로 추가된 보안 제어를 자동으로 활성화하여 검사 항목에 포함할지 여부를 사용자가 설정할 수 있습니다.**

이런 보안 제어는 앞서 설명한 Config Rules 방식을 이용합니다. **따라서 Config Rules를 이용할 때 필요한 AWS Config를 먼저 활성화하면 Security Hub를 활성화할 수 있습니다.** 실제로 Security Hub를 활성화한 후 Config Rules 규칙을 살펴보면 **securityhub-**로 시작하는 규칙을 확인할 수 있습니다.

▼ 그림 9-37 Security Hub를 활성화한 Config Rules

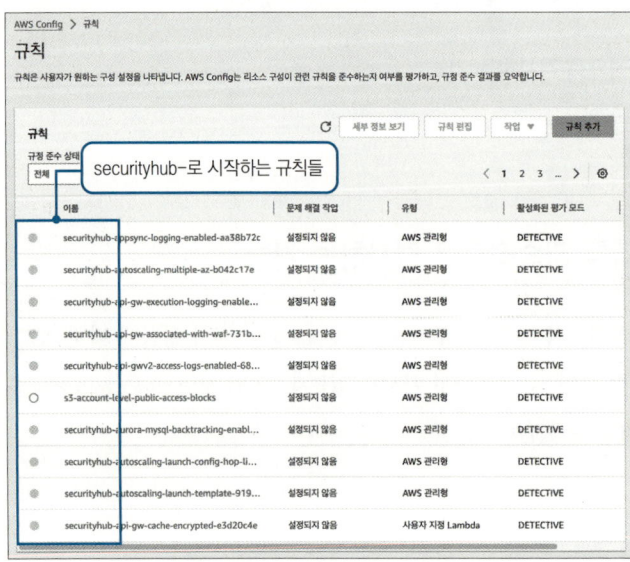

다섯 가지 보안 표준 중에서 **AWS 기초 보안 모범 사례 v1.0.0**은 AWS 보안 전문가가 생성하고 관리합니다. 다른 보안 표준은 보안 제어를 거의 관리하지 않지만 AWS 기초 보안 모범 사례 v1.0.0은 때마다 보안 제어가 추가 및 갱신됩니다. 따라서 **다섯 가지 보안 표준 중에서 어떤 보안 표준을 선택할지 고민된다면 먼저 AWS 기초 보안 모범 사례 v1.0.0을 활성화하길 추천합니다.**

▼ 그림 9-38 보안 검사 분석 결과

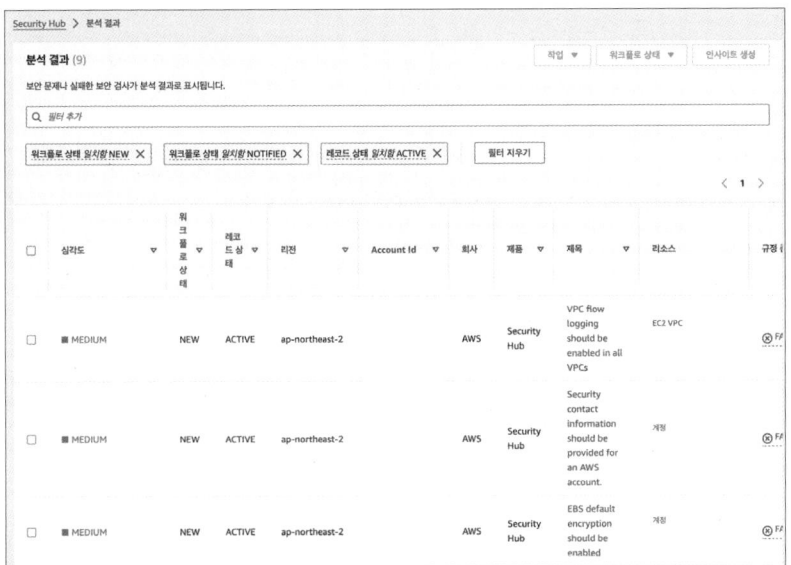

또 Security Hub에는 **보안 표준별로 보안 점수**가 표시되므로 현재 AWS 계정 환경의 보안 상태를 한눈에 확인할 수 있습니다.

▼ 그림 9-39 보안 표준으로 평가한 보안 점수

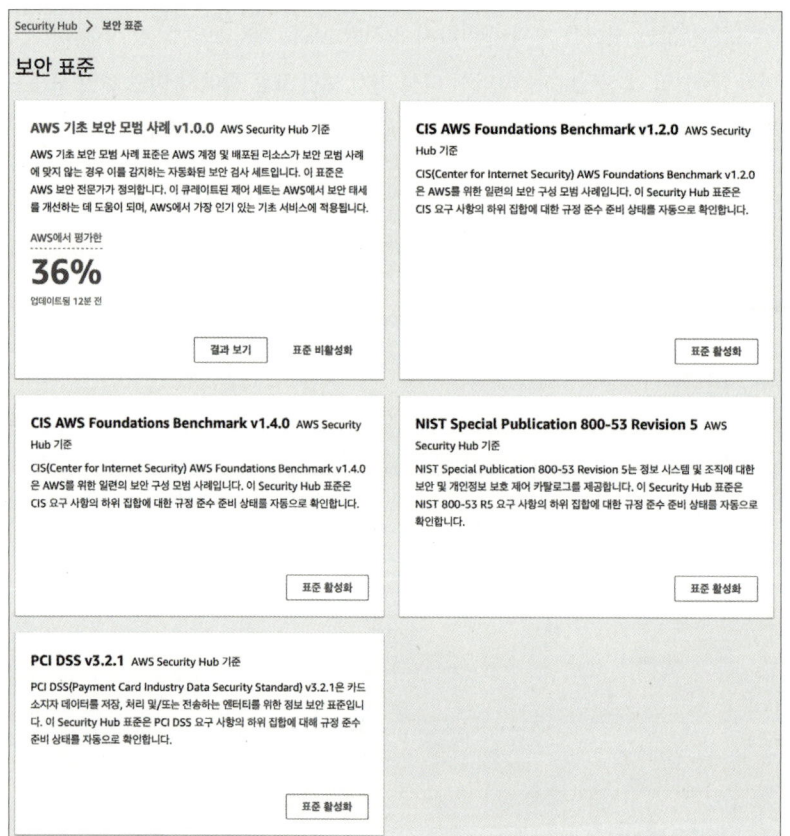

9.6.6 Security Hub 분석 결과(Findings) 이해

지금까지 보안 표준을 바탕으로 한 보안 검사를 설명했습니다. 보안 상태를 평가하여 분석 결과를 얻더라도 그에 따른 어떤 보안 대책을 실시하지 않으면 분석 결과는 아무런 쓸모가 없습니다. 보안 대책을 실시하려면 **Security Hub 분석 결과(Findings)**를 이해하는 것이 첫 번째 단계입니다. 이번에는 분석 결과를 이해하는 데 빠질 수 없는 네 가지 항목인 **심각도**, **워크플로 상태**, **레코드 상태**, **규정 준수 상태**를 설명합니다.

▼ 그림 9-40 Security Hub 분석 결과 예

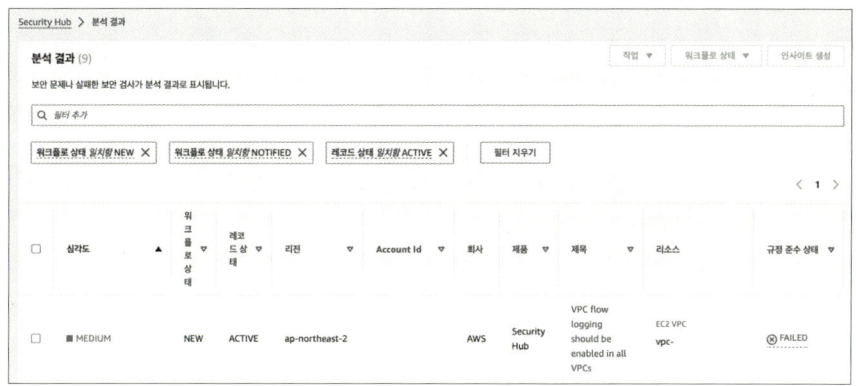

심각도

보안 표준에 따라 실시한 보안 검사의 분석 결과는 보안 위협 심각도에 따라 INFORMATIONAL, CRITICAL, HIGH, MEDIUM, LOW 다섯 단계로 분류됩니다. 이 분류는 콘솔 화면에 분석 결과라는 목록으로 표시됩니다.

▼ 표 9-16 보안 위협 심각도

심각도	설명
CRITICAL	문제가 번지지 않도록 재빠르게 문제를 해결해야 합니다.
HIGH	우선적으로 해결해야 하는 문제입니다.
MEDIUM	해결해야 하는 문제이지만 긴급하지 않습니다.
LOW	문제에서 조치를 취할 필요가 없습니다.
INFORMATIONAL	문제가 발견되지 않거나 규정 준수 상태가 WARNING 또는 NOT_AVAILABLE이 반환된 경우입니다.

워크플로 상태

Security Hub는 보안 대책 실시 상황을 **워크플로 상태** 설정 항목에서 관리할 수 있습니다. 표 9-17에 있는 네 가지 상태를 사용하여 관리합니다.

▼ 표 9-17 Security Hub 워크플로 상태

워크플로 상태	설명
NEW(신규)	결과에 대한 작업을 실시하기 전 초기 상태

NOTIFIED(알림)	• 분석 결과에 따라 AWS 리소스 소유자 또는 관리자에게 알림을 보내거나 연계했지만 문제 해결 관련 작업이 실시되지 않은 상태
	• 다음 경우에는 NOTIFIED에서 NEW로 자동으로 변경되고 추가 조사가 필요하다는 것을 의미합니다.
	  – 레코드 상태가 ARCHIVED에서 ACTIVE로 변경된 경우
	  – 규정 준수 상태가 PASSED에서 그 외의 상태로 변경된 경우

SUPPRESSED(억제됨)	• 분석 결과 내용을 조사해서 대응이 불필요하다고 판단된 상태 • 레코드 상태가 ARCHIVED에서 ACTIVE로 변경될 때도 해당 워크플로 상태는 변경되지 않습니다.

RESOLVED(해결됨)	• 분석 결과 내용을 조사해서 필요한 조치를 취한 결과로 문제가 해결된 상태
	• 다음 경우에는 RESOLVED에서 NEW로 자동으로 변경되고 추가 조사가 필요하다는 것을 의미합니다.
	  – 레코드 상태가 ARCHIVED에서 ACTIVE로 변경된 경우
	  – 규정 준수 상태가 PASSED에서 그 외의 상태로 변경된 경우

레코드 상태

레코드 상태는 보안 검사의 분석 결과와 관련된 상태를 나타냅니다.

▼ 표 9-18 Security Hub 레코드 상태

레코드 상태	설명
ACTIVE	Security Hub에서 분석 결과가 처음 생성된 상태

ARCHIVED	• 분석 결과가 비표시인 상태로, 아카이브된 분석 결과는 곧바로 삭제되지 않습니다.
	• 다음 경우에는 분석 결과가 자동으로 아카이브됩니다.
	  – 관련 AWS 리소스가 삭제된 경우
	  – AWS 리소스가 없는 경우
	  – 보안 제어가 비활성화된 경우

규정 준수 상태

규정 준수 상태는 보안 검사를 실시한 결과로, 해당하는 AWS 리소스가 보안 제어를 준수하는지 여부를 평가합니다.

▼ 표 9-19 규정 준수 상태

규정 준수 상태	설명
PASSED	• 보안 제어를 준수하고 있음을 나타냅니다. 이때 워크플로 상태는 자동으로 RESOLVED로 갱신됩니다. • 다음 경우에는 워크플로 상태가 NEW로 갱신됩니다. – 규정 준수 상태가 PASSED에서 그 외의 상태로 변했고, 워크플로 상태가 NOTIFIED 또는 RESOLVED인 경우
FAILED	보안 제어를 준수하지 않은 상태를 나타냅니다.
WARNING	보안 검사는 완료했지만 PASSED 또는 FAILED 중 어떤 상태인지 판단할 수 없는 것을 나타냅니다.

NOT_AVAILABLE	• 보안 검사가 미완료라는 것을 나타냅니다. 미완료되는 원인은 다음과 같습니다.
	  – 서버가 고장 난 경우
	  – 보안 검사 대상 AWS 리소스가 삭제된 경우
	  – Config Rules 평가 결과가 NOT_APPLICABLE인 경우
	• 이 경우 Security Hub는 분석 결과를 자동으로 아카이브합니다.

9.6.7 Security Hub 이용 방법

지금까지 Security Hub 분석 결과를 이해하는 데 필요한 내용을 설명했습니다. 이제 분석 결과로 어떻게 Security Hub를 이용하는지 설명합니다.

보안 제어 조정하기

Security Hub 분석 결과를 확인하면 해당하는 **보안 제어가 불필요**하다고 판단하는 경우가 있습니다. 예를 들어 AWS 기초 보안 모범 사례 v1.0.0 보안 표준에는 '루트 사용자는 하드웨어 MFA를 활성화한다'는 보안 제어 항목이 있습니다. 이는 AWS 계정의 루트 사용자에 하드웨어 MFA가 설정되었는지 여부를 확인합니다. 기업 보안 정책에 따라 Google Authenticator 등 소프트웨어 OTP 같은 가상 MFA 장치를 허용한다면, 즉 하드웨어 MFA가 아니라도 괜찮은 경우가 있습니다. 이 경우 해당하는 보안 제어는 불필요하므로 보안 검사를 할 필요가 없습니다. 이처럼 보안 제어 확인이 불필요해졌다면 Security Hub에서 **보안 제어를 비활성화할 수 있습니다.** 비활성화 같은 절차로 보안 제어를 다시 활성화할 수도 있습니다. **비활성화할 때는 그렇게 판단한 이유를 기억할 수 있도록 비활성화 이유를 선택해 두면 좋습니다.**

▼ 그림 9-41 보안 제어 비활성화

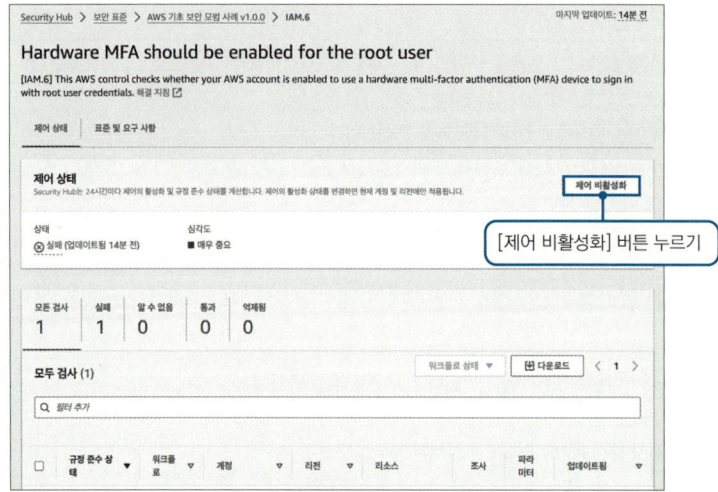

▼ 그림 9-42 보안 제어 비활성화 이유 선택

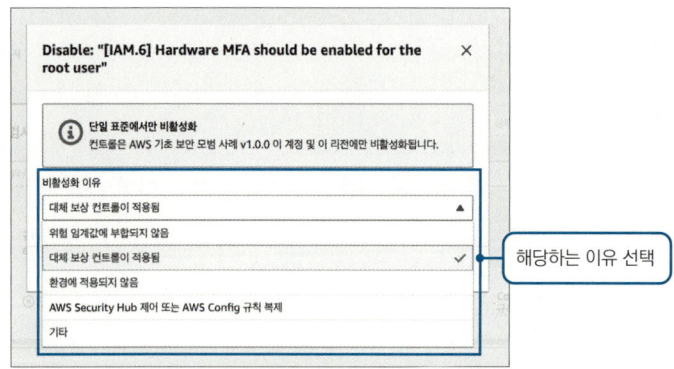

Security Hub 분석 결과에 대응 결과 반영하기

Security Hub 분석 결과 내용을 조사하고 필요한 조치를 취해서 문제가 해결되었다고 가정해 봅시다. 하지만 **필요한 조치를 했다는 사실**은 어떻게 파악할 수 있을까요? Security Hub는 분석 결과의 **워크플로 상태**를 변경해서 대응 결과를 반영할 수 있습니다. Security Hub 알림을 설정했다면 설정 내용에 따라서는 분석 결과에 대응했더라도 워크플로 상태가 **억제됨**이나 **해결됨** 상태가 아니라면 다시 알림을 받게 되므로 잊지 말고 워크플로 상태를 변경해 두어야 합니다.

▼ 그림 9-43 워크플로 상태 변경

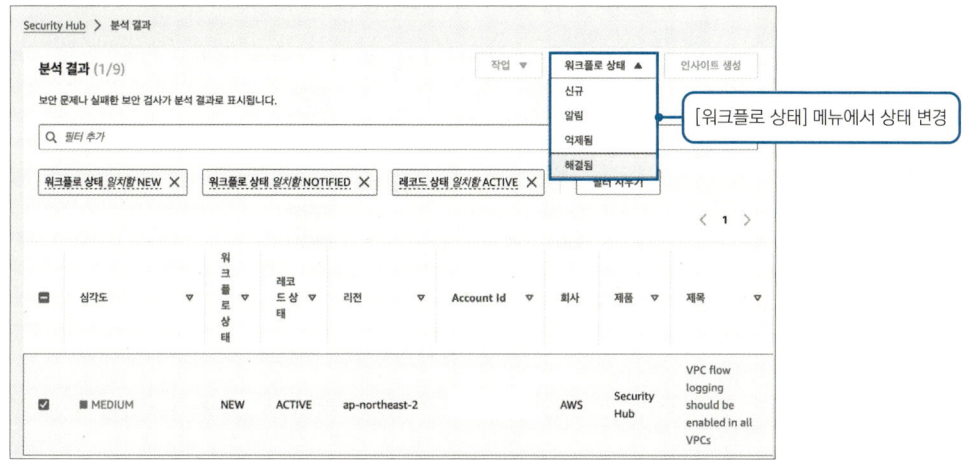

9.6.8 보안 이벤트 통합 관리 기능

Security Hub는 AWS 각종 보안 관련 서비스 및 서드파티 제품을 통합하여 보안 이벤트를 통합 관리할 수 있습니다. Config Rules나 Amazon GuardDuty는 Security Hub 통합을 지원하므로 Security Hub에서는 보안 이벤트를 한곳에서 관리할 수 있습니다. Security Hub와 통합 가능한 기타 서비스는 AWS 문서[26]를 확인합니다.

Security Hub에는 보안 이벤트 통합 관리 이외에도 편리한 기능이 있습니다. 바로 **리전 통합 기능**과 **계정 통합 기능**입니다. Security Hub는 **리전별 서비스로 분류되는데 서울 리전이나 버지니아 북부 리전처럼 각 AWS 리전마다 활성화해야 하는 AWS 서비스 중 하나입니다.** 리전 통합 기능으로 여러 AWS 리전에서 활성화된 Security Hub 분석 결과를 하나의 AWS 리전에서 통합 관리할 수 있습니다. 또 AWS 계정 두 개 이상에서 Security Hub를 활성화했다면 계정 통합 기능을 이용하여 임의의 AWS 계정에 분석 결과를 모을 수 있습니다. 이런 기능을 최대한 활용하여 Security Hub는 다수의 AWS 계정 및 AWS 리전에 활성화된 Security Hub 분석 결과를 **하나의 AWS 계정, 하나의 AWS 리전**에 통합할 수 있습니다.

---

26 자세한 내용은 다음 URL을 참고합니다.
https://docs.aws.amazon.com/ko_kr/securityhub/latest/userguide/securityhub-findings-providers.html

▼ 그림 9-44 Security Hub 분석 결과 통합 모습

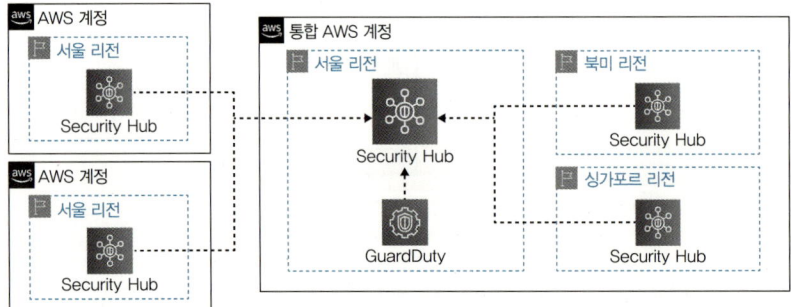

▼ 그림 9-45 Security Hub에서 AWS 계정 통합

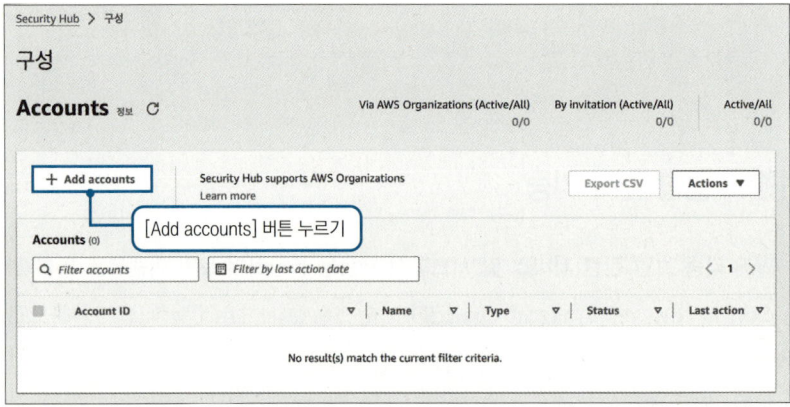

▼ 그림 9-46 Security Hub에서 AWS 리전 통합

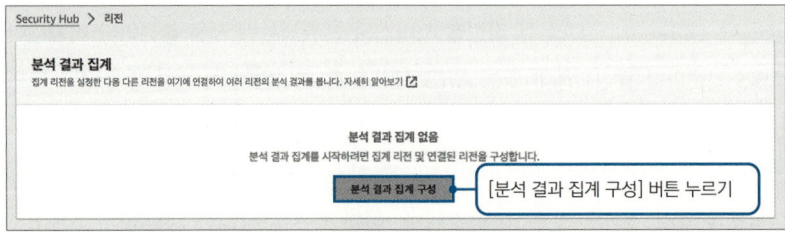

9.6.9 Security Hub 이용 요금

Security Hub는 **보안 검사로 평가된 평가 횟수, 보안 이벤트 집계 횟수**에 따라 요금이 발생합니다. 자세한 요금은 Security Hub 요금 웹 페이지[27]를 확인합니다. Security Hub는 Config Rules를 사용해서 평가하므로 보안 검사로 평가된 평가 횟수만큼 발생하는 AWS 사용료는 Config Rules와 요금 체계가 동일합니다. Security Hub를 활성화하면 30일간 평가 사용 기간 동안 무료로 이용할 수 있습니다. 또 Security Hub는 설정 메뉴에서 사용량 및 AWS 사용료를 확인할 수 있으므로 평가 사용 기간 종료 후 대략적인 AWS 사용료를 파악할 수 있습니다.

▼ 그림 9-47 Security Hub 사용량 및 AWS 사용료

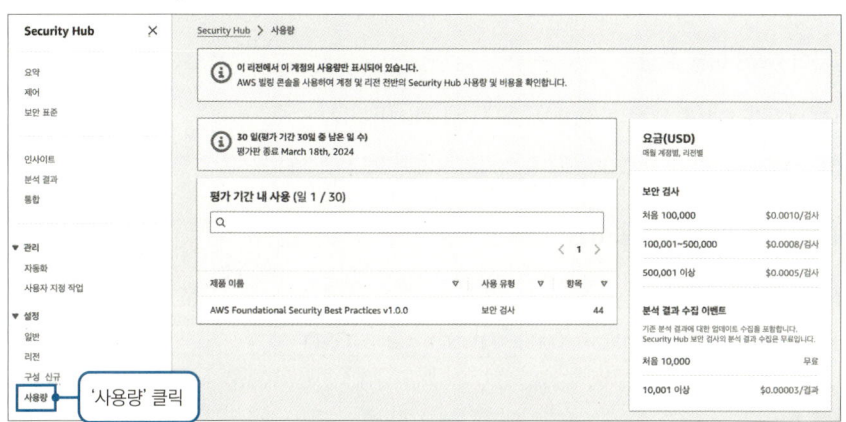

▼ 표 9-20 보안 검사 이용 요금

Config Rules 평가된 횟수	AWS 사용료
최초 100,000건	보안 검사당 0.001USD
100,001~500,000건	보안 검사당 0.0008USD
500,001건 이상	보안 검사당 0.0005USD

※ 2024년 2월 현재 아시아 태평양(서울) 리전 기준

---

27 https://aws.amazon.com/ko/security-hub/pricing/

▼ 표 9-21 보안 이벤트 집계 이용 요금

집계된 이벤트	AWS 사용료
Security Hub에서 생성된 분석 결과	무료
최초 10,000건	무료
10,001건 이상	1건당 0.00003USD

※ 2024년 2월 현재 아시아 태평양(서울) 리전 기준

Security Hub 사용료 예

Security Hub로 한 달에 보안 검사를 20만 건 하고 보안 이벤트를 10만 건 집계한 경우

- 보안 검사의 AWS 이용 요금

  최초 100,000건 = 100,000 × 0.001USD = 100.00USD

  100,001~200,000건 = 100,000 × 0.0008USD = 80.00USD

- 보안 이벤트 집계의 AWS 이용 요금

  최초 10,000건 = 0USD

  10,001~100,000건 = 90,000 × 0.00003USD = 2.70USD

- AWS 사용료

  100.00USD + 80.00USD + 2.70USD = 182.70USD

9.6.10 Amazon GuardDuty

Amazon GuardDuty는 AWS 머신 러닝 기술을 활용하여 지속적인 데이터 분석 및 보안 모니터링을 실시하고 분석 결과와 세부 정보를 시각화할 수 있는 서비스입니다. GuardDuty가 분석하는 데이터 소스는 DNS 쿼리 로그, VPC Flow Logs, CloudTrail 이벤트 로그, CloudTrail 관리 이벤트 로그, CloudTrail의 S3 데이터 이벤트 로그, EKS 감사 로그 등 총 여섯 가지입니다. 이런 여섯 가지 데이터로 머신 러닝을 활용하여 분석하고 보안 관점에서 위협이 될 수 있는 데이터를 위험도에 따라 HIGH/MEDIUM/LOW로 분류하여 분석 결과를 만듭니다.

▼ 그림 9-48 GuardDuty 역할

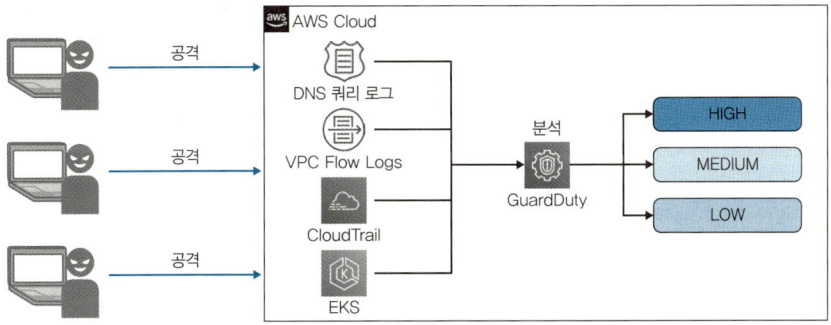

S3 데이터 이벤트 로그, EKS 감사 로그 분석은 사용자가 활성화해야 합니다. 특히 S3 데이터 이벤트 로그는 AWS에서도 활성화를 권장하는 항목입니다. **비활성화하면 GuardDuty는 S3 버킷에 보존된 데이터에 액세스하는 의심스러운 액세스 분석 결과를 모니터링할 수 없습니다.**

▼ 그림 9-49 S3 데이터 이벤트 로그 분석 활성화

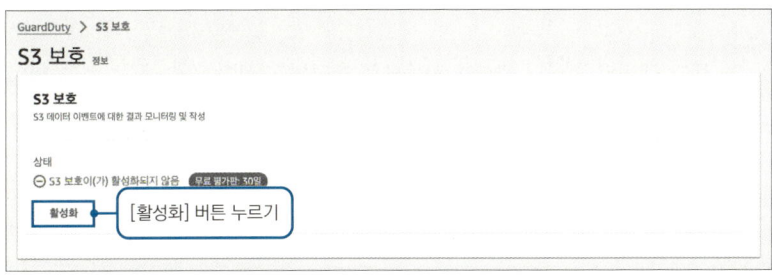

그러면 GuardDuty는 어떤 기준으로 위협을 판단할까요?

바로 악의적인 제3자의 공격 동기나 표적, 공격 패턴 등을 조직적으로 수집하고 분석한 **위협 인텔리전스** 데이터를 바탕으로 판단합니다. 예를 들어 '사용자 A가 수상하니까 주의하는 편이 좋다'는 데이터가 위협 인텔리전스에 정의되면 GuardDuty는 사용자 A의 액세스가 있을 때 위협 인텔리전스를 바탕으로 사용자 A를 위협적이라고 판단합니다.

이런 위협 인텔리전스는 AWS 내부 보안 팀과 Proofpoint나 CrowdStrike 같은 서드파티 프로바이더가 협력하여 생성하므로 사용자가 직접 생성하거나 관리할 필요 없습니다. 이런 위협 인텔리전스를 무료 이용하고 유지 보수를 신경 쓸 필요가 없다는 것은 GuardDuty의 가장 큰 장점입니다.

▼ 그림 9-50 분석 결과에 따른 위협 판정 주체

이외에도 GuardDuty는 **로그 데이터 수집과 분석을 자동으로 한다는 장점**이 있습니다. 로그 데이터를 분석할 때는 수집하는 로그 형식을 통일하거나 로그 데이터 보관 장소를 결정하고 대량의 로그 데이터를 보관할 수 있는 스토리지 용량을 확보하는 등 고려할 점이 많습니다. GuardDuty는 이런 작업을 한번에 해결해 주기 때문에 위협 탐지용 로그 분석 체계를 손쉽게 만들 수 있습니다.

GuardDuty에서 탐지하는 AWS 리소스는 주로 EC2, IAM, Kubernetes, S3 네 가지입니다. 또 위협으로 판단된 데이터는 그런 위협 목적에 따라 다음 표와 같이 분류할 수 있습니다.

▼ 표 9-22 GuardDuty에서 탐지하는 위협

위협 목적	설명
Backdoor	악의적인 제3자가 AWS 리소스(주로 EC2)에 침입하여 홈 커맨드 앤 컨트롤(C&C) 서버와 통신할 수 있도록 리소스가 변경됩니다.
Behavior	원하는 보안 수준(기준점)에서 벗어난 활동이나 활동 패턴을 탐지합니다.
CredentialAccess	악의적인 제3자가 계정 ID나 암호 등 인증 정보를 훔치려는 것으로 의심되는 활동을 탐지합니다.
Cryptcurrency	AWS 환경 내부의 리소스(주로 EC2)에 비트코인 같은 암호 화폐 관련 소프트웨어를 호스팅하는 것을 탐지합니다.
DefenseEvasion	악의적인 제3자가 AWS 환경에 침입할 때 탐지를 피하려는 활동이나 활동 패턴을 탐지합니다. 구체적으로는 보안 소프트웨어 설치 제거 등 행위에 해당합니다.

◯ 계속

위협 목적	설명
Discovery	악의적인 제3자가 AWS 환경 내부 시스템이나 내부 네트워크 관련 정보를 획득하려는 활동이나 활동 패턴을 탐지합니다. 시스템을 공격하기 전에 먼저 AWS 환경 내부 시스템 구성 등을 악의적인 제3자가 미리 파악하는 공격입니다.
Exfiltration	악의적인 제3자가 네트워크에서 데이터를 훔치려고 의심되는 활동이나 활동 패턴을 탐지합니다.
Impact	악의적인 제3자가 부정하게 시스템이나 데이터를 조작(파괴나 변조)하려고 시스템 가용성을 훼손하거나 데이터 무결성을 침해한다고 의심되는 활동이나 활동 패턴을 탐지합니다.
InitialAccess	악의적인 제3자가 어떤 방법으로 네트워크에 침입하려고 의심되는 활동이나 활동 패턴을 탐지합니다.
Pentest	사이버 공격을 모방한 침투 테스트와 유사한 활동이나 활동 패턴을 탐지합니다.
Persistence	• 악의적인 제3자가 AWS 환경에 침입 경로를 확보하려고 의심되는 활동이나 활동 패턴을 탐지합니다. • 예를 들어 InitialAccess에서 한번 취득(유출)한 인증 정보를 사용하여 신규 IAM 사용자를 생성해서 취득한 인증 정보가 삭제되더라도 신규 IAM 사용자로 AWS 환경에 침입 경로를 확보하는 행위에 해당합니다.
Policy	추천하는 보안 모범 사례를 위반하는 작동이 발생한 것을 탐지합니다.
PrivilegeEscalation	악의적인 제3자가 시스템이나 네트워크에 권한 상승을 시도했다고 의심되는 활동이나 활동 패턴을 탐지합니다.
Recon	악의적인 제3자가 AWS 환경 취약점을 찾으려고 하는 의심되는 활동이나 활동 패턴을 탐지합니다.
Stealth	악의적인 제3자가 공격한 흔적을 숨기려고 하는 의심되는 활동이나 활동 패턴을 탐지합니다.
Trojan	트로이 목마 프로그램 공격이 사용된 것을 탐지합니다.
UnauthorizedAccess	승인되지 않은 사용자의 의심스러운 활동이나 활동 패턴을 탐지합니다.

표 9-22와 같이 분류된 위협이 어떤 AWS 리소스와 관련된 탐지인지 **분석 결과 유형**으로 확인할 수 있습니다. 다음 그림은 분석 결과 유형 예입니다.

▼ 그림 9-51 GuardDuty 분석 결과 예

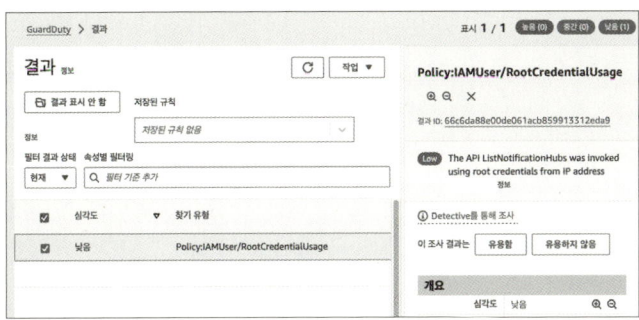

▼ 그림 9-52 GuardDuty에서 탐지한 위협을 읽는 방법

Stealth:IAMUser/CloudTrailLoggingDisabled
　위협 목적　　　관련 AWS 리소스　　　　탐지된 현상 설명

그림 9-52에서 예로 든 위협은 IAM 사용자와 관련된 로그 데이터 분석 결과로 **위협**(stealth)과 **의심스러운 활동**, 구체적으로는 CloudTrail 로깅이 비활성화된 흔적이 있다는 활동을 가리킵니다. 분석 결과 유형은 다양하여 모두 파악할 필요는 없지만, **GuardDuty에서 심각도가 HIGH로 탐지된 결과는 빠른 초기 대응이 필요합니다.** 이때 분석 결과 유형에서 어떤 위협인지 개요를 파악하고, AWS 공식 문서[28]에서 분석 결과 설명을 확인해서 탐지 내용 개요를 파악하여 적절한 초기 대응을 실시하는 것이 좋습니다.

GuardDuty 분석 결과 로그는 6시간, 1시간, 15분 중에서 원하는 간격으로 S3에 출력할 수 있으므로 필요에 따라 출력을 설정하길 바랍니다.

9.6.11 GuardDuty 이용 요금

GuardDuty는 분석한 로그 개수에 따라 요금이 발생합니다. 자세한 요금은 GuardDuty 요금 웹 페이지[29]를 확인합니다. GuardDuty를 활성화하면 평가판 기간인 30일 동안 무료로 사용할 수 있습니다. GuardDuty의 사용량 메뉴에서는 사용량과 AWS 요금을 확인할 수 있으므로 평가판 기간이 종료하면 AWS 사용료가 얼마나 나올지 대략적으로 파악할 수 있습니다.

---

[28] 자세한 내용은 다음 URL을 참고합니다.
https://docs.aws.amazon.com/ko_kr/guardduty/latest/ug/guardduty_finding-types-active.html
[29] https://aws.amazon.com/ko/guardduty/pricing/

▼ 그림 9-53 GuardDuty 사용량과 AWS 요금

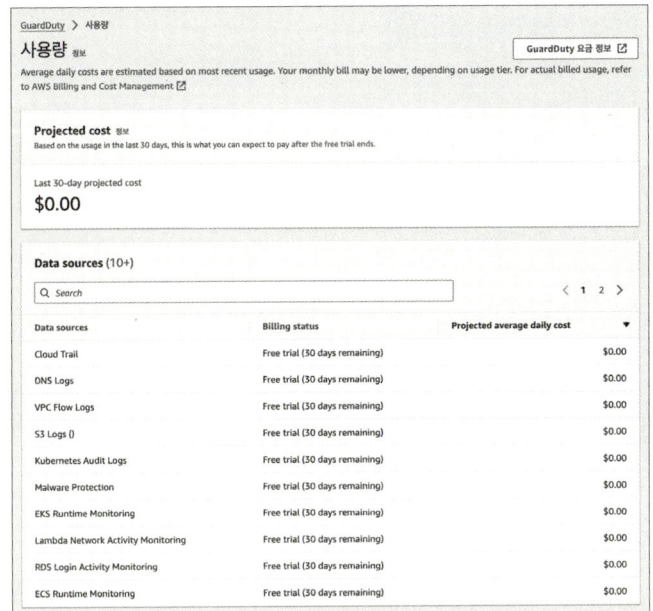

▼ 표 9-23 CloudTrail 관리 이벤트 로그 분석 이용 요금

CloudTrail 관리 이벤트	AWS 사용료
100만 이벤트/월	4.60USD

※ 2024년 2월 현재 아시아 태평양(서울) 리전 기준

▼ 표 9-24 CloudTrail S3 데이터 이벤트 로그 분석 이용 요금

CloudTrail S3 데이터 이벤트	AWS 사용료
첫 5억 건/월	100만 건당 0.90USD
5~50억 건/월	100만 건당 0.45USD
50억 건~/월	100만 건당 0.23USD

※ 2024년 2월 현재 아시아 태평양(서울) 리전 기준

▼ 표 9-25 EKS 감사 로그의 로그 분석 이용 요금

EKS 감사 로그	AWS 사용료
첫 1억 건/월	100만 건당 2.05USD
1~2억 건/월	100만 건당 1.03USD
2억 건~/월	100만 건당 0.26USD

※ 2024년 2월 현재 아시아 태평양(서울) 리전 기준

▼ 표 9-26 VPC Flow Logs와 DNS 쿼리 로그의 로그 분석 이용 요금

VPC Flow Logs와 DNS 쿼리 로그	AWS 사용료
첫 500GB/월	1.15USD/GB
500~2,500GB/월	0.58USD/GB
2,500~10,000GB/월	0.29USD/GB
10,000GB~/월	0.17USD/GB

※ 2024년 2월 현재 아시아 태평양(서울) 리전 기준

GuardDuty 사용료 예

CloudTrail 관리 이벤트, CloudTrail S3 데이터 이벤트, VPC Flow Logs와 DNS 쿼리 로그가 각각 200만 요청, 10억 이벤트와 1,000GB 로그가 분석된 경우

- CloudTrail 관리 이벤트 로그 분석의 AWS 이용 요금

  $200 / 100 \times 4.60USD = 9.20USD$

- CloudTrail S3 데이터 이벤트 로그 분석의 AWS 이용 요금

  첫 5억 이벤트 = 5억 / 100만 $\times$ 0.90USD = 450USD

  5~10억 건 = 5억 / 100만 $\times$ 0.45USD = 225USD

- VPC Flow Logs와 DNS 쿼리 로그 분석 AWS 이용 요금

  첫 500GB = 500 $\times$ 1.15USD = 575USD

  500~1,000GB = 500 $\times$ 0.58USD = 290USD

- AWS 이용 요금

  9.20USD + 450USD + 225USD + 575USD + 290USD = 1549.20USD

9.6.12 Amazon SNS

Amazon SNS는 애플리케이션의 메시지 송수신을 중계하는 관리형 서비스입니다. SNS를 이해하려면 Publisher(게시자), Topic(주제), Subscriber(구독자)라는 세 가지 키워드를 알아야 합니다.

게시자는 메시지를 전송하는 발행 주체, **주제**는 메시지를 일시적으로 담아 두는 곳, **구독자**는 주제에서 전송된 메시지를 받는 수신자입니다. 이메일 송수신에 비유하면 게시자는 이메일 전송자, 주제는 POP 서버, 구독자는 이메일 수신자가 됩니다.

이런 세 가지 구성 요소의 관계를 Pub-Sub(게시/구독) 메시지 모델이라고 합니다. **이런 Pub-Sub 메시지 모델의 장점은 게시자와 구독자가 서로 의식할 필요 없이 메시지 송수신을 할 수 있다는 것입니다.** 실제로 게시자와 구독자가 확인하는 것은 **메시지 송수신에 관련된 주제**뿐입니다. 따라서 게시자와 구독자 사이에는 의존 관계가 없습니다. 이런 관계성을 **느슨한 결합**이라고 합니다. 느슨한 결합과 대조적으로 게시자와 구독자 사이에 의존 관계가 있을 때 **강한 결합**이라고 합니다. 다음 그림은 느슨한 결합과 강한 결합을 보여 줍니다. SNS가 아니더라도 Pub-Sub 메시지 모델, 강한 결합, 느슨한 결합 등 개념은 자주 등장하므로 잘 기억해 둡니다. SNS를 구체적으로 어떻게 이용하는지 '9.6.14절 Amazon EventBridge'에서 소개합니다.

▼ 그림 9-54 메시지 송수신의 느슨한 결합과 강한 결합

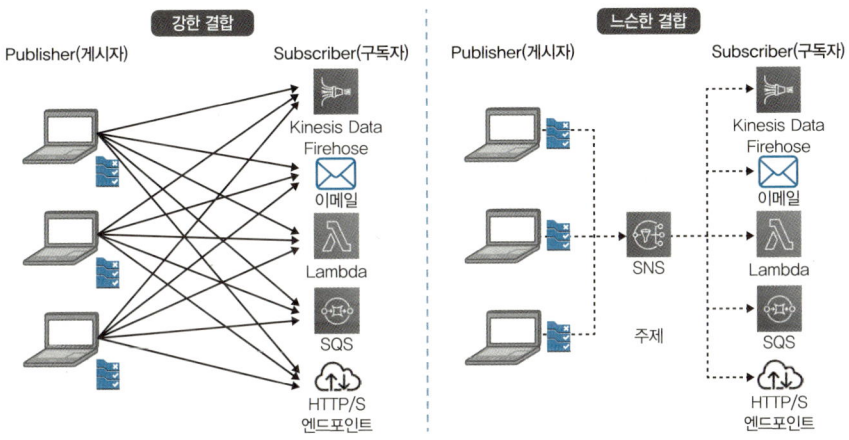

구독 생성하기

주제가 수신한 메시지를 구독자가 받을 수 있도록 설정하는 것을 **구독**(subscription)**이라고 합니다.** 구독은 HTTP 엔드포인트나 Kinesis Data Firehose 등 여러 종류의 엔드포인트를 지원합니다. 이메일을 이용하는 절차를 소개합니다.

구독 생성 화면에서 프로토콜에 **이메일**을 지정하면 엔드포인트로 **이메일 주소** 입력을 요구하는데 메시지를 전송하고 싶은 이메일 주소를 입력해서 구독을 생성합니다.

▼ 그림 9-55 Amazon SNS 주제에서 구독 화면 표시

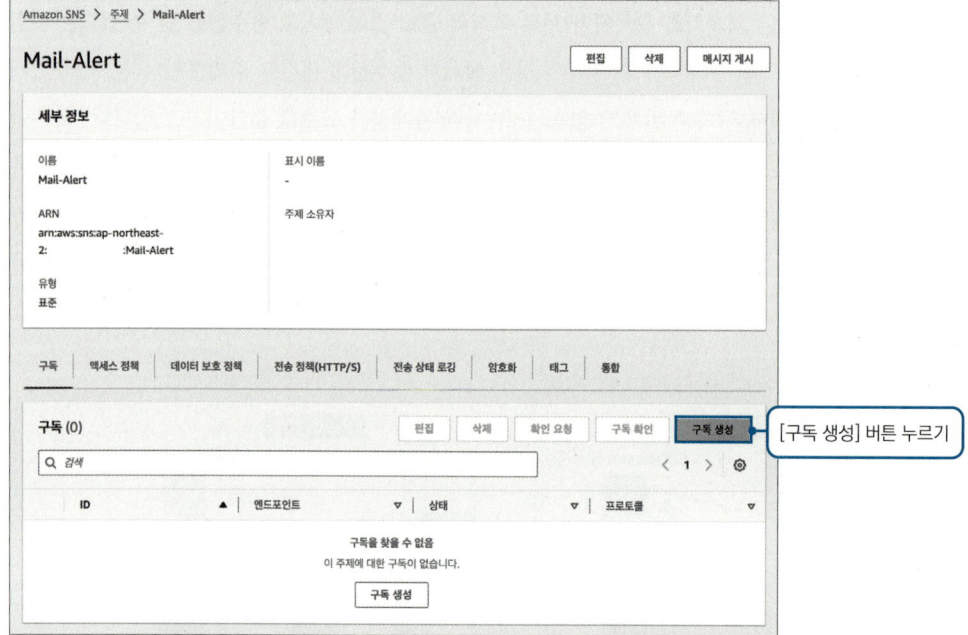

▼ 그림 9-56 Amazon SNS에서 구독 생성

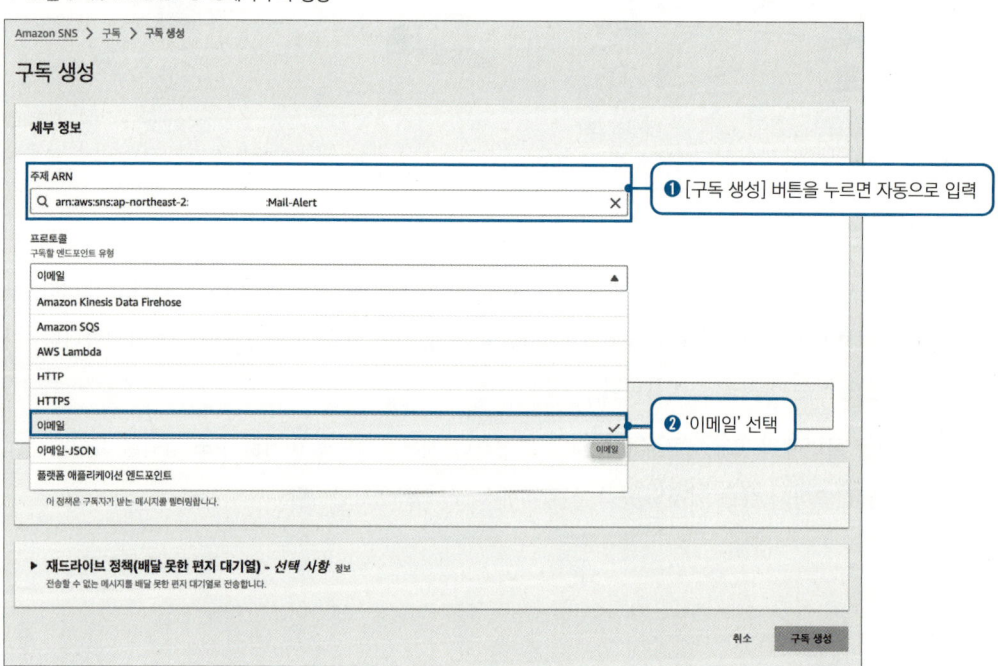

▼ 그림 9-57 구독에서 메시지를 수신할 엔드포인트 설정

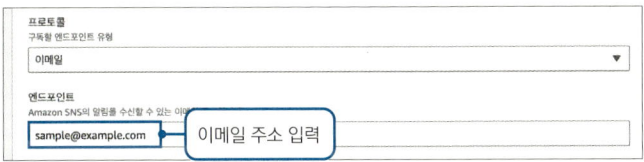

이메일 주소 입력

구독 승인하기

구독 생성에 성공하면 입력한 이메일 주소로 **승인 메일**이 수신됩니다. 이메일 본문에 있는 Confirm subscription 링크를 클릭하면 웹 브라우저에서 해당 링크가 열리며, 다음 그림과 같은 승인 화면이 표시됩니다.

▼ 그림 9-58 구독 승인 화면

'click here to unsubscribe'를 클릭하면 구독이 취소된다

하지만 이 방법은 구독자가 실수로 click here to unsubscribe를 클릭하여 구독을 취소할 위험이 있습니다. **이메일 주소에 그룹 이메일 주소를 지정해 두고 그룹의 누군가가 실수로 취소를 누른다면 모든 그룹 사용자가 이메일을 수신할 수 없게 됩니다.** 실제로 주제에서 구독자에게 전송된 메시지 마지막에도 구독 취소 링크가 포함되어 있습니다.

▼ 그림 9-59 전송 메시지 내부에 있는 구독 취소 링크

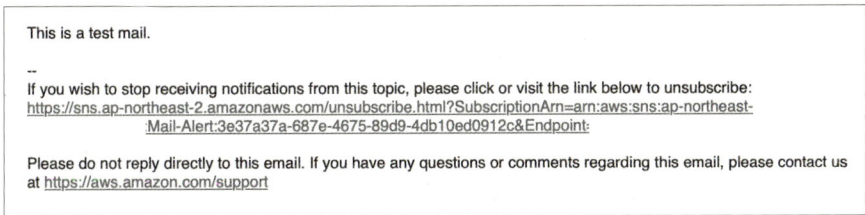

이런 일을 방지하려면 승인 이메일 본문에 있는 Confirm subscription의 URL 링크를 복사하여 SNS 콘솔 화면에서 승인해야 합니다.

▼ 그림 9-60 이메일에 있는 Confirm subscription URL 링크 복사

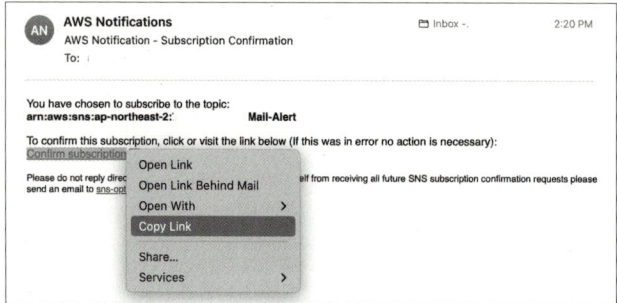

링크를 복사했다면 콘솔 화면에서 SNS를 열고 **구독 확인** 버튼을 누릅니다.

▼ 그림 9-61 Amazon SNS에서 [구독 확인] 버튼 누르기

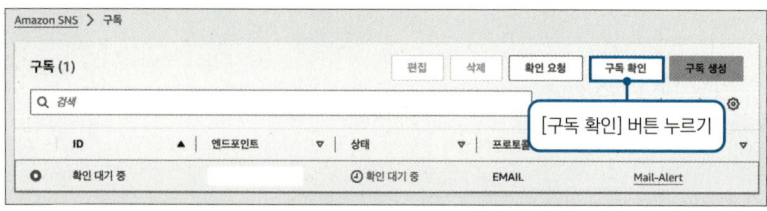

미리 이메일에서 복사한 URL 링크를 붙여 넣고 **구독 확인** 버튼을 누릅니다.

▼ 그림 9-62 이메일에서 복사한 URL 링크 붙여 넣기

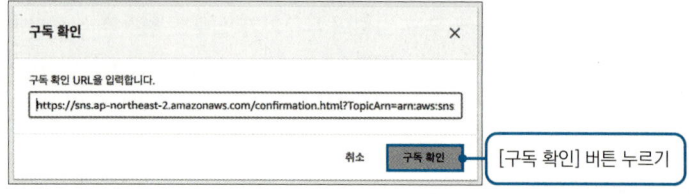

9.6.13 SNS 이용 요금

SNS는 주제에 따라 각각 다른 요금이 발생합니다. 자세한 요금은 SNS 요금 웹 페이지[30]를 확인합니다. 이 절에서 설명한 메일 알림(엔드포인트에 전송된 알림 수)의 AWS 요금은 다음 표와 같습니다.

---

30 https://aws.amazon.com/ko/sns/pricing/

▼ 표 9-27 엔드포인트 알림 전송에 따른 이용 요금

엔드포인트 종류	무료 이용 범위	AWS 사용료
모바일 푸시 알림	100만 건	100만 건당 0.50USD
이메일	1,000건	10만 건당 2.00USD
HTTP/S	10만 건	100만 건당 0.60USD
Simple Queue Service(SQS)	SQS 큐 전송은 무료	SQS 큐 전송은 무료
AWS Lambda	AWS Lambda 전송은 무료	AWS Lambda 전송은 무료
Kinesis Data Firehose	Kinesis Data Firehose 이용 요금 및 데이터 전송 요금이 추가로 발생	100만 건당 0.229USD

※ 2024년 2월 현재 아시아 태평양(서울) 리전 기준

SNS 이용 요금 예

지정한 이메일 주소에 월간 10만 건 알림을 보낸 경우

- 메일 알림 전송 요금

    최초 1,000건 = 0USD

    1,000~100,000건 = (100,000 - 1,000) / 100,000 × 2.00USD = 1.98USD

- AWS 사용료

    1.98USD

9.6.14 Amazon EventBridge

Amazon EventBridge는 AWS 서비스나 자체 애플리케이션, SaaS 애플리케이션 등에서 전송된 **이벤트** 데이터를 받아 SNS나 Lambda 등 **대상 애플리케이션에 데이터를 전송하는 역할을 담당하는 AWS 서비스입니다.** 다시 말해 애플리케이션 사이에서 데이터 중계를 담당하는 AWS 서비스라고 볼 수 있습니다. EventBridge는 이런 중계자 역할을 하는 구성 요소를 **이벤트 버스**라고 하며, 수신한 이벤트에 따라 이벤트 버스가 세 종류 있습니다.

▼ 표 9-28 이벤트 버스 종류

종류	설명
기본 이벤트 버스	AWS 서비스(예 Security Hub)에서 전송된 이벤트를 수신하여 대상에 전송합니다.
사용자 지정 이벤트 버스	자체 애플리케이션에서 전송된 이벤트를 수신하여 대상에 전송합니다.
파트너 이벤트 버스	SaaS 애플리케이션(예 데이터독)에서 전송된 이벤트를 수신하여 대상에 전송합니다.

이 절에서는 이용 빈도가 높은 **기본 이벤트 버스**를 이용하여 Security Hub와 SNS를 연동하고, 운영 담당자에게 Security Hub 분석 결과를 알리는 사용법을 설명하겠습니다.

▼ 그림 9-63 SNS로 운영 담당자에게 Security Hub 분석 결과 알리기

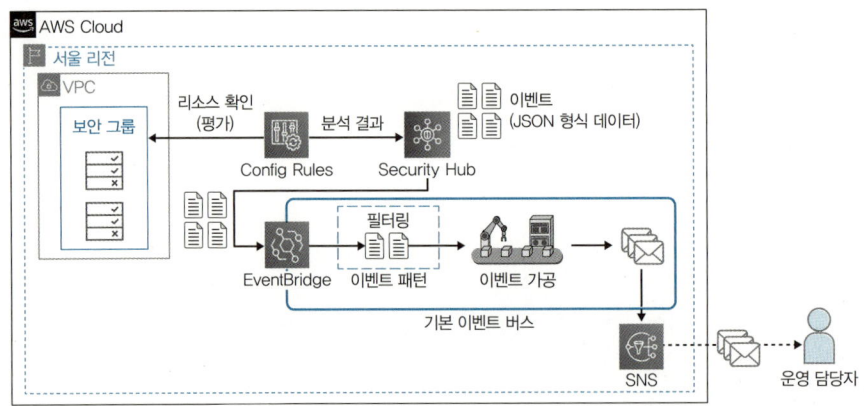

그림 9-63 처리 흐름을 Config Rules나 Security Hub가 어떻게 작동하는지 그 내용을 포함해서 설명하겠습니다. 우선 Config Rules는 **미리 사용자가 정의해 둔 규칙 또는 Security Hub 보안 표준에 따라 생성된 규칙으로** AWS 리소스를 평가합니다. 평가 결과는 Security Hub에 연동되고 Security Hub 분석 결과 목록에 **분석 결과** 형식으로 표시됩니다. 이때 Security Hub는 이벤트라는 JSON 형식 데이터를 생성합니다. 이벤트에는 **AWS 계정 ID, AWS 리전, Security Hub 분석 결과 세부 데이터**가 담겨 있습니다. EventBridge는 이런 이벤트를 **기본 이벤트 버스**에서 수신합니다. 기본 이벤트는 두 가지 처리를 실행할 수 있습니다. **첫 번째는 이벤트 패턴을 사용한 이벤트 필터링**이고, 두 번째는 대상이 되는 SNS에 전송할 메시지 가공 처리입니다.

이벤트 패턴을 사용한 이벤트 필터링

EventBridge의 이벤트 버스가 수신할 수 있는 이벤트 수가 방대한데, 그중 필요하지 않은 이벤트도 적지 않습니다. 따라서 EventBridge는 **이벤트 패턴**이라는 필터링 기능을 사용하여 **대상에**

전송하고 싶은 이벤트만 선별하여 수신할 수 있습니다. 이벤트에 포함된 필드 또는 이벤트 예는 다음 표와 같습니다.

▼ 표 9-29 이벤트에 포함되는 필드

필드 이름	설명
version	기본값은 모두 0으로 설정됩니다.
id	이벤트별로 생성된 버전 4의 UUID(Universally Unique IDentifier)
detail-type	SaaS 애플리케이션(예 데이터독)에서 전송된 이벤트를 받아 대상에 전송합니다.
source	이벤트를 만든 AWS 서비스를 식별합니다. AWS 서비스에서 온 이벤트는 기본적으로 aws로 시작합니다.
account	AWS 계정 ID
time	이벤트 타임스탬프
region	이벤트가 발생한 AWS 리전
resources	이벤트에 관련된 AWS 서비스 ARN(Amazon Resource Name)
detail	이벤트에 관련된 정보를 포함한 JSON 객체로, 이벤트를 만든 AWS 서비스에 따라 필드가 달라집니다.

예제 9-5 EC2를 삭제할 때 발생하는 이벤트

```
{
    "version": "0",
    "id": "6a7e8feb-b491-4cf7-a9f1-bf3703467718",
    "detail-type": "EC2 Instance State-change Notification",
    "source": "aws.ec2",
    "account": "111122223333",
    "time": "2022-11-22T18:43:48Z",
    "region": "ap-northeast-2",
    "resources": [
        "arn:aws:ec2:ap-northeast-2:123456789012:instance/i-1234567890abcdef0"
    ],
    "detail": {
        "instance-id": "i-1234567890abcdef0",
        "state": "terminated"
    }
}
```

그러면 실제로 Security Hub에서 발생한 이벤트에 이벤트 패턴을 설정해 봅시다. 다음 이벤트 패턴은 이벤트를 AND 조건 네 개로 필터링합니다.

❶ 규정 준수 상태가 FAILED 또는 WARNING인 이벤트
❷ 레코드 상태가 ACTIVE인 이벤트
❸ 심각도가 HIGH 또는 CRITICAL인 이벤트
❹ 워크플로 상태가 NEW 또는 NOTIFIED인 이벤트

예제 9-6 Security Hub에서 발생한 이벤트에 대한 이벤트 패턴 예

```
{
    "source": ["aws.securityhub"],
    "detail-type": ["Security Hub Findings - Imported"],
    "detail": {
        "findings": {
            "Compliance": {
                "Status": ["FAILED", "WARNING"]              ❶
            },
            "RecordState": ["ACTIVE"],                       ❷
            "Severity": {
                "Label": ["HIGH", "CRITICAL"]                ❸
            },
            "Workflow": {                                    ❹
                "Status": ["NEW", "NOTIFIED"]
            }
        }
    }
}
```

이벤트 패턴의 다른 예를 소개합니다. 다음 예제는 Config Rules 관련 이벤트 패턴입니다. 이 이벤트 패턴은 이벤트에 다음과 같은 AND 조건으로 필터링합니다.

❺ Config Rules 준수 상태 변경에 관련된 이벤트
❻ SampleConfigRules1, SampleConfigRules2, SampleConfigRules3 관련 이벤트

예제 9-7 Config Rules 관련 이벤트 패턴 예

```
{
    "source": [
        "aws.config"
    ],
    "detail-type": [
        "Config Rules Compliance Change"                     ❺
    ],
    "detail": {
```

```
        "messageType": [
            "ComplianceChangeNotification"
        ],
        "configRuleName": [
            "SampleConfigRule1",
            "SampleConfigRule2",                                      ❻
            "SampleConfigRule3"
        ]
    }
}
```

대상에 전송하는 메시지 가공 처리

앞서 기본 이벤트 버스가 대상에 전송하는 이벤트는 **JSON 형식 데이터**라고 설명했습니다. 이런 이벤트에는 다양한 데이터가 기록되어 있으며, 이벤트를 받는 대상이 이벤트 데이터를 처리할 때 불필요한 데이터도 많이 포함되어 있습니다. 따라서 EventBridge는 **추가 설정을 하여 대상에 이벤트를 전송하기 전에 이벤트 데이터를 가공하는 기능이 있습니다.** 선택할 수 있는 가공 방법은 다음 네 가지입니다.

▼ 표 9-30 이벤트 데이터 가공 방법

가공 방법	내용
일치하는 이벤트	데이터를 가공하지 않고 이벤트의 모든 데이터를 대상에 전송
일치하는 이벤트 중 일부	이벤트 데이터의 일부만 대상에 전송
상수(JSON 텍스트)	이벤트 데이터를 대상에 전송하는 대신에 지정한 JSON 텍스트 데이터를 대상에 전송
입력 변환기(input transformation)	이벤트 데이터의 필요한 부분만 가져와서 사용자가 지정한 텍스트 데이터를 대상에 전송

이번에는 SNS에 이메일로 보낼 문장을 간단히 가공할 수 있는 **입력 변환기**(input transformation)를 설명하겠습니다. 구체적인 설정 방법은 AWS 공식 문서[31]에 자습서가 있으므로 확인합니다.

---

[31] https://docs.aws.amazon.com/ko_kr/eventbridge/latest/userguide/eb-input-transformer-tutorial.html

입력 변환기는 **입력 경로**와 **입력 템플릿**을 설정하여 데이터를 가공합니다. 입력 경로는 **이벤트 데이터**에서 특정 값을 변수로 추출하는 역할을 합니다.

예제 9-8 Security Hub가 생성하는 JSON 데이터 예

```
{
    "version": "0",
    "id": "54c4169f-167d-4d41-0427-cf572ab50f96",
    "detail-type": "Security Hub Findings - Imported",
    "source": "aws.securityhub",
    "account": "123456789123",
    "time": "2021-04-07T19:03:24Z",
    "region": "ap-northeast-2",
}
```

예제 9-9 입력 경로 예

```
{
    "Account": "$.account",
    "Time": "$.time",
    "Region": "$.region"
}
```

예제 9-8의 JSON 데이터는 실제로 Security Hub가 생성하는 이벤트 데이터의 일부를 발췌한 것입니다. 예제 9-9의 JSON 데이터는 입력 경로 예입니다. 입력 경로를 설정하면 추출하고 싶은 값을 임의의 변수에 저장할 수 있습니다.

▼ 표 9-31 입력 경로와 값의 관계

추출하고 싶은 값	입력 경로	추출한 값 저장 위치(변수)
123456789123	"Account": "$.account"	Account
2021-04-07T19:03:24Z	"Time": "$.time"	Time
ap-northeast-2	"Region": "$.region"	Region

입력 템플릿은 입력 경로에서 추출한 값(변수)을 사용하여 실제로 대상에 전송할 데이터를 생성합니다. 다음 예제는 입력 템플릿 예입니다.

> 예제 9-10 입력 템플릿 예
>
> "AWS 계정 <Account>에서 문제를 발견했습니다."
> "발생 시각은 <Time>입니다."
> "문제가 발생한 리전은 <Region>입니다."

입력 템플릿은 입력 경로의 변수를 < >로 감싸고 텍스트를 **따옴표**(")로 감싸서 변수 값을 입력 템플릿에 사용할 수 있습니다. EventBridge 대상인 SNS에는 **입력 템플릿으로 생성한 메시지**가 전송됩니다.

SNS(주제)는 게시자인 EventBridge가 보낸 메시지를 수신하여 구독자인 이메일 주소로 메시지를 전송합니다. 즉, **최종적으로 메일함에서 수신하는 이메일 본문은 입력 템플릿에서 생성한 메시지와 내용이 동일합니다.**

입력 변환기는 SNS를 써서 메일 알림을 보낼 때 무척 편리한 기능이므로 꼭 사용해 보길 바랍니다.

9.6.15 샌드박스 활용

지금까지 구체적인 사용 사례와 함께 **이벤트 패턴**과 **입력 변환기**를 설명했지만, 실제로 EventBridge로 이벤트를 수신하기 전까지는 제대로 설정했는지 확인할 수 없습니다. 따라서 EventBridge에는 이벤트 패턴과 입력 변환기 설정과 설계를 지원하는 **샌드박스**(sandbox) 기능이 있습니다. 이 책에서는 두 가지 활용 예를 소개합니다.

활용 사례 1: 이벤트 패턴으로 필터링하고 싶은 대상 이벤트 구조 파악하기

이 절에서는 Security Hub에 이벤트 패턴을 설정하는 방법으로 EventBridge를 설명했습니다. 그렇다면 Security Hub에서 생성된 이벤트 구조는 어떻게 파악해야 할까요? **샌드박스를 이용하면 AWS 서비스의 이벤트 구조를 간단히 알 수 있기 때문에 이벤트 패턴으로 필터링할 필드를 선정하는 데 도움이 됩니다.**

▼ 그림 9-64 샘플 이벤트 표시 1

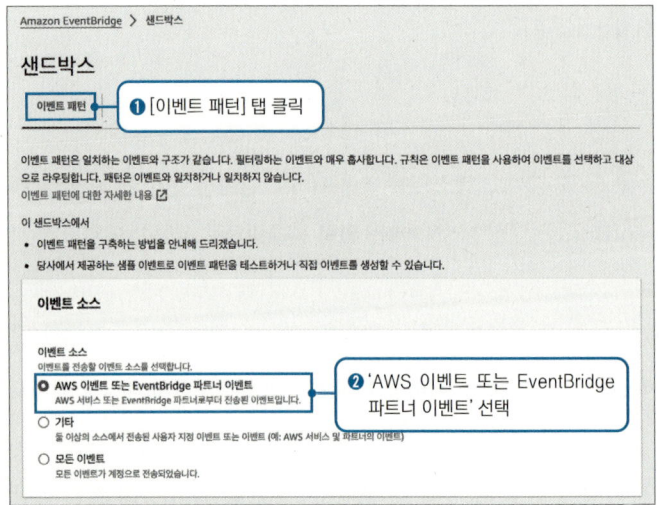

▼ 그림 9-65 샘플 이벤트 표시 2

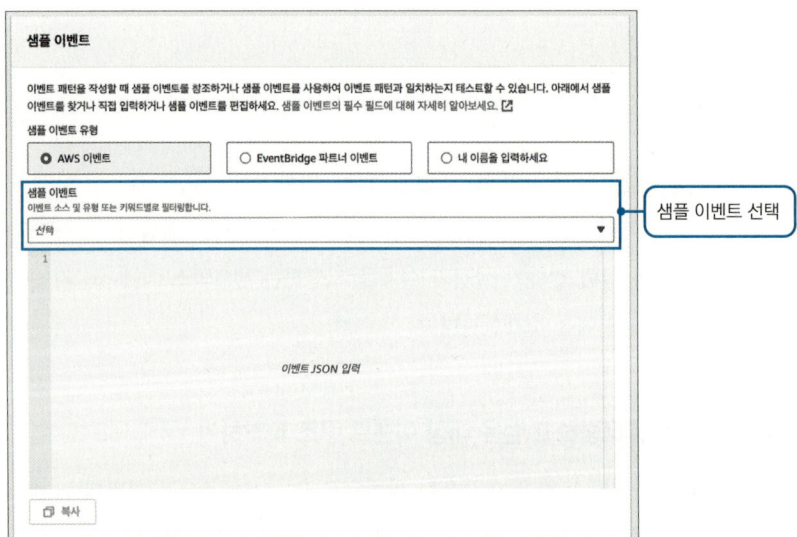

▼ 그림 9-66 샘플 이벤트 표시 3

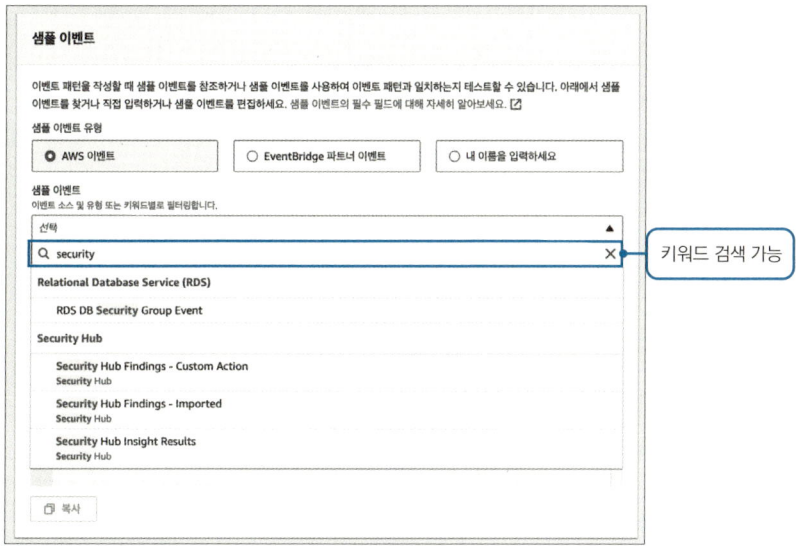

▼ 그림 9-67 샘플 이벤트 표시 4

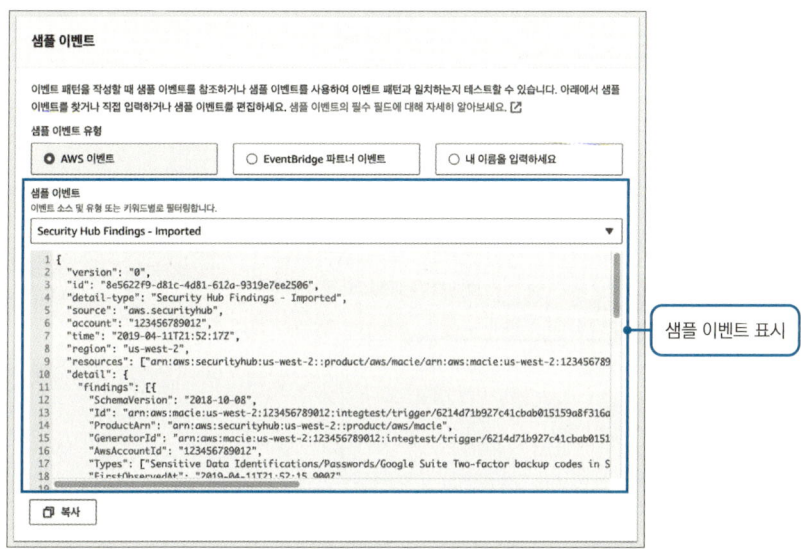

활용 사례 2: 입력 변환기로 출력 결과 확인하기

샌드박스는 입력 변환기로 메시지 처리를 미리 검증하여 출력 결과를 알 수 있습니다. 과거 샌드박스 기능이 없었던 시절에는 실제로 알림을 설정하여 알림 결과를 받아 보기 전까지는 출력 결과를 알 수 없었습니다.

▼ 그림 9-68 입력 변환기 검증 1

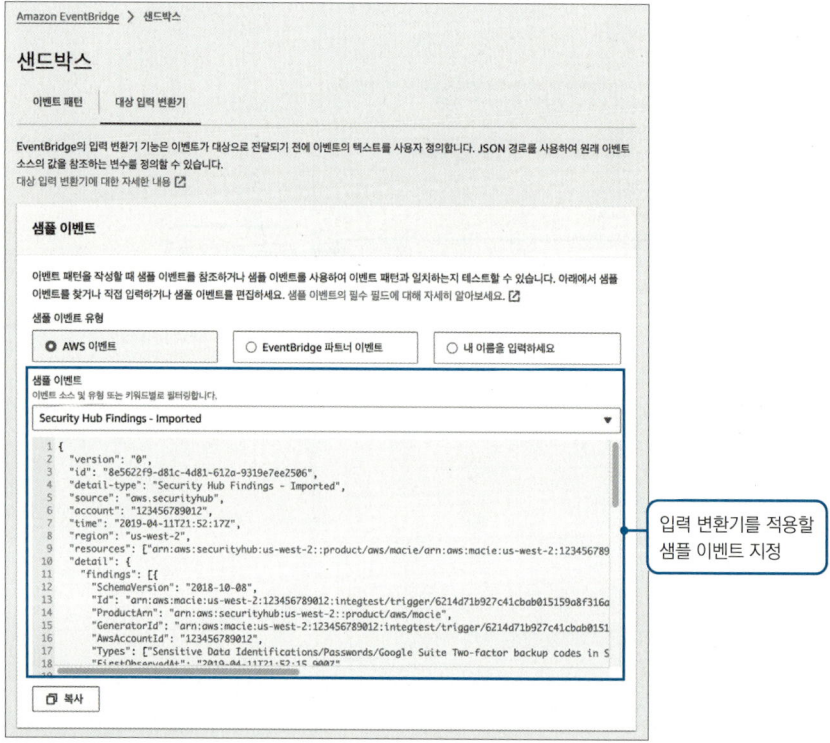

▼ 그림 9-69 입력 변환기 검증 2

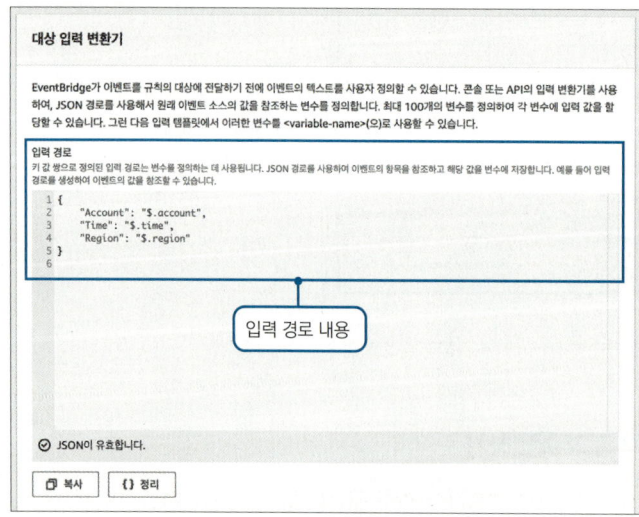

▼ 그림 9-70 입력 변환기 검증 3

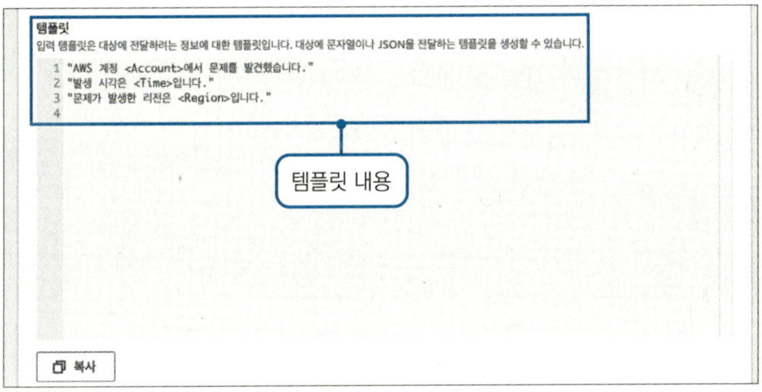

▼ 그림 9-71 입력 변환기 검증 4

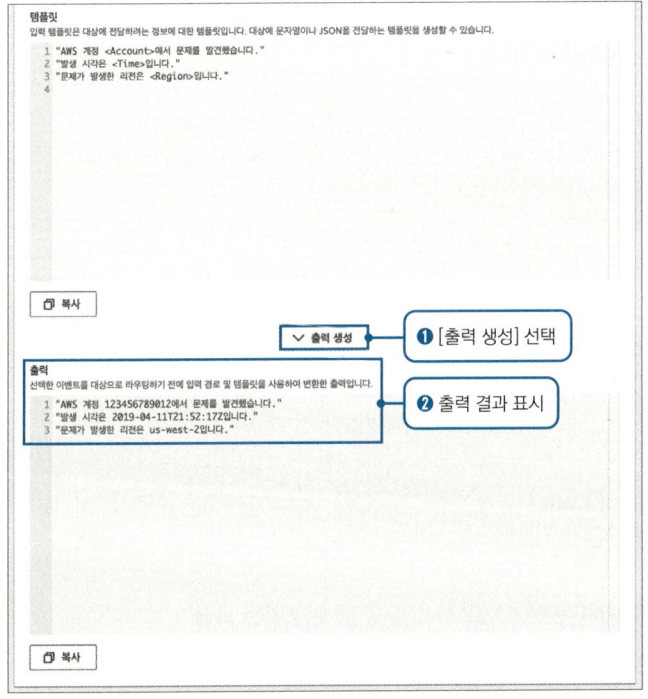

9.6.16 EventBridge 이용 요금

EventBridge는 이벤트 버스와 이벤트 버스에서 지정한 애플리케이션에 전송한 이벤트 수에 따라 요금이 발생합니다. 자세한 내용은 EventBridge 요금 페이지[32]를 확인합니다.

▼ 표 9-32 이벤트 버스 이용 요금

이벤트 버스 종류	AWS 사용료
기본 이벤트 버스	무료
사용자 지정 이벤트 버스	• 발행된 사용자 지정 이벤트 100만 건당 1.00USD • AWS 서비스의 사용자 지정 이벤트(Amazon S3 이벤트 알림 등) 100만 건당 1.00USD
파트너 이벤트 버스	100만 건당 1.00USD

※ 2024년 2월 현재 아시아 태평양(서울) 리전 기준

▼ 표 9-33 이벤트 버스에서 지정한 애플리케이션에 이벤트를 전송할 때 발생하는 이용 요금

이벤트 버스에서 전송	AWS 사용료
API 호출	100만 건당 0.24USD

※ 2024년 2월 현재 아시아 태평양(서울) 리전 기준

EventBridge 사용료 예

기본 이벤트 버스에서 지정한 엔드포인트로 매월 이벤트를 200만 건 전송하는 경우

- 이벤트 버스 요금

  기본 이벤트 버스 = 무료

- 이벤트 버스에서 지정한 애플리케이션에 이벤트를 전송할 때 발생하는 요금

  200만 / 100만 × 0.24USD = 0.48USD

- AWS 사용료

  0.48USD

---

[32] https://aws.amazon.com/ko/eventbridge/pricing/

9.6.17 AWS Trusted Advisor

AWS Trusted Advisor는 AWS 모범 사례에 따라 AWS 계정 상태를 평가하고 개선에 필요한 권장 사항을 제안하는 AWS 서비스입니다. Trusted Advisor는 다음 표에 있는 여섯 가지 관점에서 AWS 계정 상태를 평가합니다.

▼ 표 9-34 Trusted Advisor 평가 관점

평가 관점	설명
비용 최적화	AWS 리소스 사용 상태나 설정, 사용료 등을 분석해서 비용을 절감할 수 있는 대응 방법을 권장 사항으로 제안합니다. 예 이용 빈도가 낮은 EBS 볼륨 삭제 등
성능	AWS 리소스 사용 상태나 설정을 분석해서 애플리케이션 성능을 향상하는 권장 사항을 제안합니다. 예 최근 14일간 EC2에서 CPU 사용률이 90%를 넘은 날이 4일 이상일 때 경고 알림
보안	AWS 리소스 설정 등을 분석해서 AWS 환경의 보안을 향상하는 권장 사항을 제안합니다. 예 리소스에 무제한 액세스를 허용하는 보안 그룹 규칙이 있는지 확인
내결함성	AWS 리소스 설정 등을 분석해서 AWS 환경의 내결함성을 향상하는 권장 사항을 제안합니다. 예 RDS가 멀티 리전 구성인지 확인
서비스 한도	AWS 계정에 생성 가능한 리소스 한도를 분석해서 사용량 한도가 80%를 넘지 않는지 확인하고 필요한 대응법을 권장 사항으로 제안합니다. 예 서비스 한도 초과가 예상된다면 한도 제한 완화 신청 추천
운영 우수성	AWS 리소스 운영 준비 상태를 개선할 수 있는 권장 사항을 제안합니다. 다만 AWS Support 플랜 업그레이드가 필요할 때도 있습니다.

다음 그림은 Trusted Advisor 대시보드 화면입니다. 조치 권고, 조사 권고의 합계와 Trusted Advisor가 평가하는 관점의 각 내용을 한눈에 볼 수 있습니다.

▼ 그림 9-72 Trusted Advisor 대시보드 화면

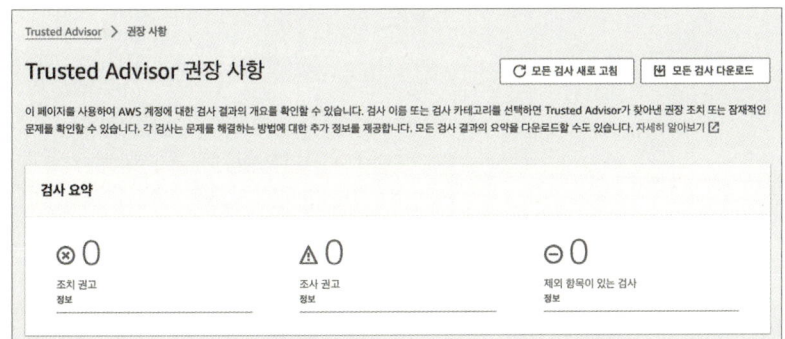

다음 그림은 보안 관련 Trusted Advisor 세부 화면입니다. **조치 권고, 조사 권고, 문제를 발견하지 못한 확인 항목** 등 각 평가 결과가 표시됩니다.

▼ 그림 9-73 Trusted Advisor 세부 화면(보안)

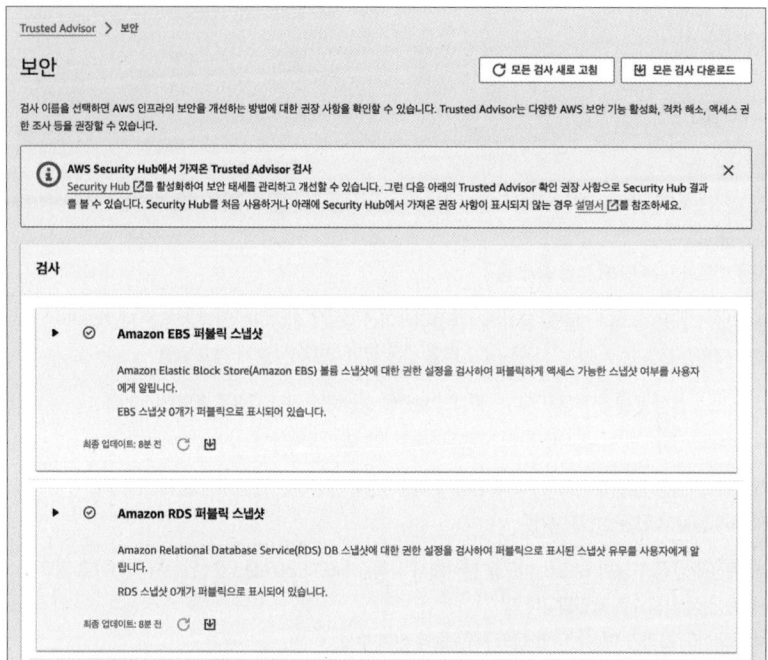

다음 그림은 보안 검사 항목의 세부 화면입니다. 보안 검사 항목 설명 외에도 **알림 기준, 권장 조치, 해당하는 리소스 정보**를 확인할 수 있습니다. 이런 내용을 확인함으로써 다음에 어떻게 대응할지 쉽게 파악할 수 있습니다.

▼ 그림 9-74 보안 검사 항목 세부 화면

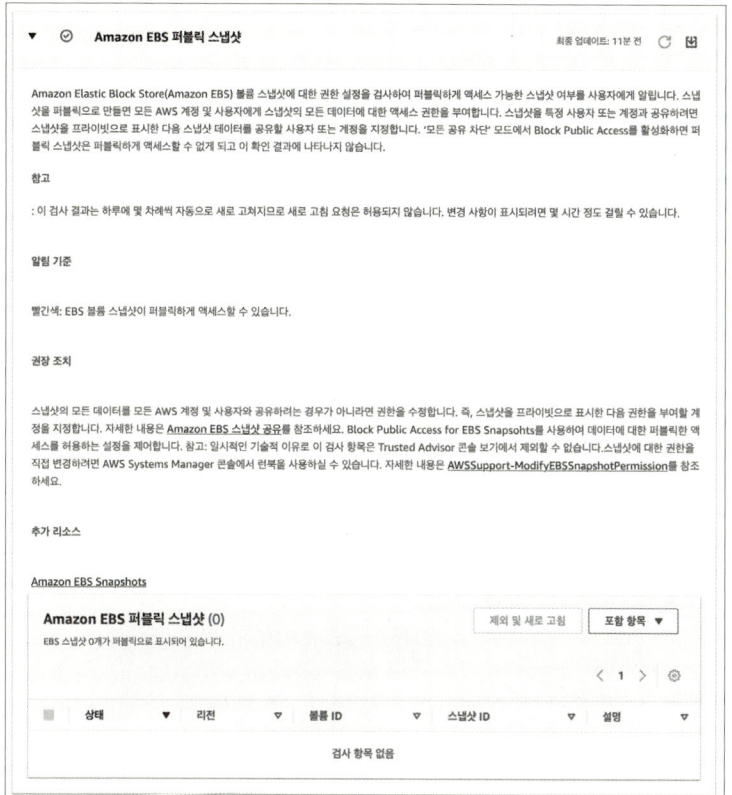

Trusted Advisor에서는 보안뿐만 아니라 **비용 최적화, 내결함성, 성능, 서비스 한도** 등의 관점도 같은 방식으로 확인할 수 있으므로 꼭 활용해 보기 바랍니다.

9.6.18 Trusted Advisor 이용 요금

Trusted Advisor는 무료로 이용할 수 있습니다. 다만 AWS 계정 계약 형태에 따라 이용이 제한될 수 있습니다. AWS 계정 계약 형태가 **기본 지원 플랜** 또는 **개발자 지원 플랜**이라면 **서비스 한도와 보안 중 일부만 이용 가능**하므로 주의합니다. 지원 플랜은 AWS 공식 문서[33]를 확인합니다.

---

[33] 자세한 내용은 다음 URL을 참고합니다.
https://docs.aws.amazon.com/ko_kr/awssupport/latest/user/aws-support-plans.html

9.7 실무 표본 아키텍처 소개

표본 아키텍처는 인터넷에 공개하는 웹 애플리케이션을 배포하는 환경을 구축한다고 전제합니다.

▼ 그림 9-75 보안 통제 표본 아키텍처

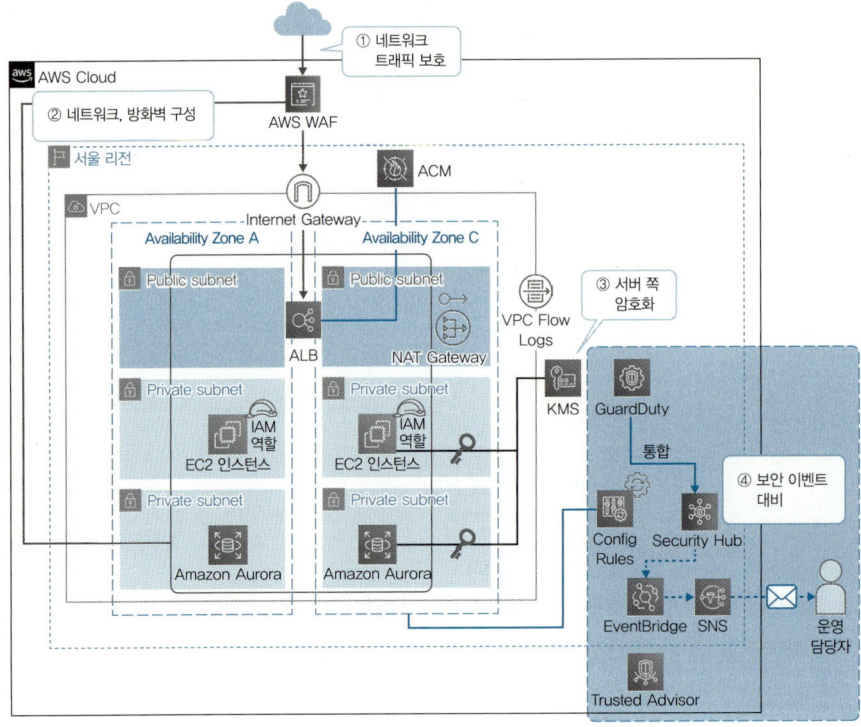

9.7.1 표본 아키텍처 개요

회사 내부 및 외부에서는 보안 위험을 줄이는 네 가지 보안 대책을 시행하고 있습니다. 이는 AWS에 한정된 이야기가 아닙니다. **보안을 더욱 강화하려면 시스템의 다양한 부분에서 대책을 실시하는 다단계 방어가 중요합니다.**

① 네트워크 트래픽 보호

클라이언트와 ALB 사이의 HTTP 통신을 ACM을 이용해서 암호화 통신(HTTPS 통신)으로 만듭니다. HTTP 통신은 통신 내용이 평문이라서 제3자가 간단히 훔쳐 볼 수 있으므로 HTTPS 통신으로 통신 내용을 암호화하여 간단히 훔쳐 볼 수 없도록 합니다.

② 네트워크, 방화벽 구성

ALB에 외부의 부정 액세스나 악의적인 액세스를 막을 수 있는 AWS WAF를 설치합니다. 또 EC2, ALB, Aurora에 보안 그룹으로 통신 제어를 실시해서 다단계 방어책을 마련합니다.

③ 서버 쪽 암호화

EC2 인스턴스에 연결된 EBS와 Aurora DB 인스턴스에 맡겨 둔 데이터를 안전하게 보관하도록 KMS를 이용하여 데이터를 암호화합니다.

④ 보안 이벤트 대비

AWS 환경에서 보안 위험성이 있는 설정 변경이 발생하면 이를 감지하여 정상적인 상태로 복구하는 기능을 Config Rules로 구현하고 있습니다. 예를 들어 데이터 암호화 설정을 비활성화하면 이를 감지하여 자동으로 암호화 설정을 활성화할 수 있습니다. 사용자의 설정 변경 실수를 완전히 막는 것은 힘들지만 Config Rules와 문제 해결 작업으로 설정 오류나 보안 위험은 줄일 수 있습니다.

또 표본 아키텍처는 Security Hub와 GuardDuty를 활성화합니다. Security Hub는 AWS 계정의 구성 정보를 확인하며, GuardDuty는 AWS 계정 주변의 의심스러운 활동을 확인합니다. Security Hub는 보안 이벤트를 통합 관리할 수 있으므로 GuardDuty를 통합하여 Security Hub의 분석 결과를 한곳에서 관리할 수 있습니다. 분석 결과 중에서 심각한 보안 위험을 발견하면 EventBridge와 SNS를 통해 담당자에게 이메일로 알림을 발송하여 신속한 초기 대응을 할 수 있는 체계를 구축합니다.

그리고 Trusted Advisor로 보안뿐만 아니라 비용 최적화, 내결함성, 성능, 서비스 한도, 운영 우수성 관점에서 AWS 계정 상태를 다각도로 평가합니다. Trusted Advisor를 주기적으로 확인하면 제안된 권장 사항에 따라 상태를 개선할 수 있습니다.

9.8 실무 자주 하는 질문

Q1. KMS에서 사용하는 암호 키는 Customer Managed CMK와 AWS Managed CMK 중 무엇을 이용하면 되나요?

A1. KMS 관련 액세스 관리 등을 엄격하게 실시하려면 Customer Managed CMK를 이용하면 좋습니다.

Customer Managed CMK와 AWS Managed CMK의 가장 큰 차이점은 **액세스 관리 유연성**입니다. 다음 정책은 EBS를 암호화하는 **AWS Managed CMK 키 정책**에서 일부를 발췌한 것인데, 암호화와 복호화 처리에서 Principal이 모두에게 허용되어 있으므로 누구나 키를 사용할 수 있는 상태입니다.

예제 9-11 AWS Managed CMK 키 정책

```
{
    "Version": "2012-10-17",
    "Id": "auto-ebs-2",
    "Statement": [
        {
            "Effect": "Allow",
            "Principal": {
                "AWS": "*"
            },
            "Action": [
                "kms:Encrypt",
                "kms:Decrypt",
                "kms:ReEncrypt*",
                "kms:GenerateDataKey*",
                "kms:CreateGrant",
                "kms:DescribeKey"
            ],
... 이하 생략 ...
```

기업 보안 정책에 엄격한 암호 키 액세스 관리 규정이 있다면 **Customer Managed CMK**를 이용하여 Principal에서 대상을 한정하는 방법을 검토합니다.

예제 9-12 Customer Managed CMK 키 정책에 따른 Principal 제어 예

```
{
    "Version": "2012-10-17",
    "Id": "auto-ebs-2",
    "Statement": [
        {
            "Effect": "Allow",
            "Principal": {
                "AWS": "arn:aws:iam::111122223333:user/SampleUser"
            },
            "Action": [
                "kms:Encrypt",
                "kms:Decrypt",
                "kms:ReEncrypt*",
                "kms:GenerateDataKey*",
                "kms:CreateGrant",
                "kms:DescribeKey"
            ],
... 이하 생략 ...
```

Q2. Trusted Advisor 결과는 얼마나 자주 업데이트되나요?

A2. 확인 항목에 따라 업데이트 간격은 다르지만 콘솔 화면에서 일괄 업데이트가 가능합니다.

Trusted Advisor 업데이트 간격은 확인 항목에 따라 다르지만 **개별 확인 항목을 업데이트하거나 한꺼번에 업데이트할 수 있습니다.** Trusted Advisor 대시보드에 액세스할 때 **최근 24시간 이내에** 업데이트되지 않은 확인 항목은 자동으로 업데이트됩니다.

▼ 그림 9-76 Trusted Advisor 확인 항목 업데이트

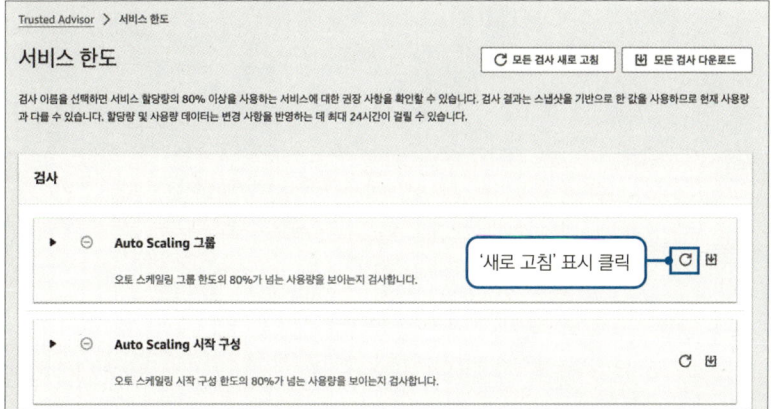

▼ 그림 9-77 Trusted Advisor 확인 항목 일괄 업데이트

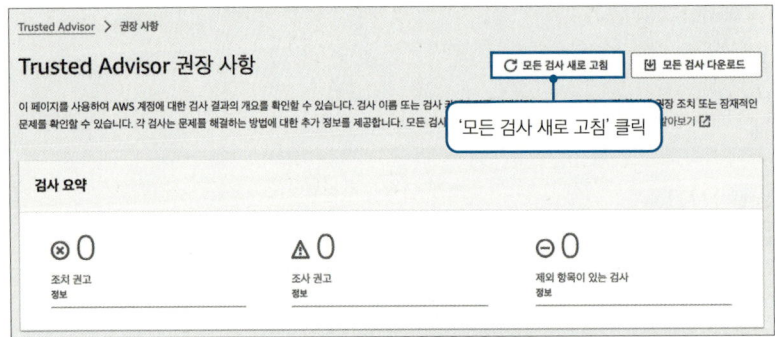

Q3. AWS WAF 규칙이 작동하고 있는지 어떻게 확인할 수 있나요?

A3. CloudWatch Metrics 또는 Sample Web Requests 결과에서 확인할 수 있습니다.

AWS WAF에서는 Web ACL에 적용한 규칙에 따라 정상적인 액세스를 부정 액세스로 잘못 탐지하는 경우가 발생하지 않도록 검증 환경에서 충분한 검증을 수행합니다. 검증 결과로 요청이 허용되었는지 아니면 차단되었는지는 **CloudWatch Metrics 지표 결과** 또는 **Sample Web Requests 결과**에서 확인할 수 있습니다.

CloudWatch Metrics

CloudWatch Metrics의 지표 결과를 표시하려면 **Web ACL에 적용한 규칙을 카운트 모드로 설정해야 합니다.** 이렇게 하면 AWS WAF가 검사한 요청이 적용된 규칙에 따라 허용된 요청인지 혹은 차단된 요청인지를 카운트하여 CloudWatch Metrics에 표시할 수 있습니다.

▼ 그림 9-78 Web ACL 규칙을 카운트 모드로 설정

▼ 그림 9-79 Web ACL 콘솔 화면에 표시된 CloudWatch Metrics

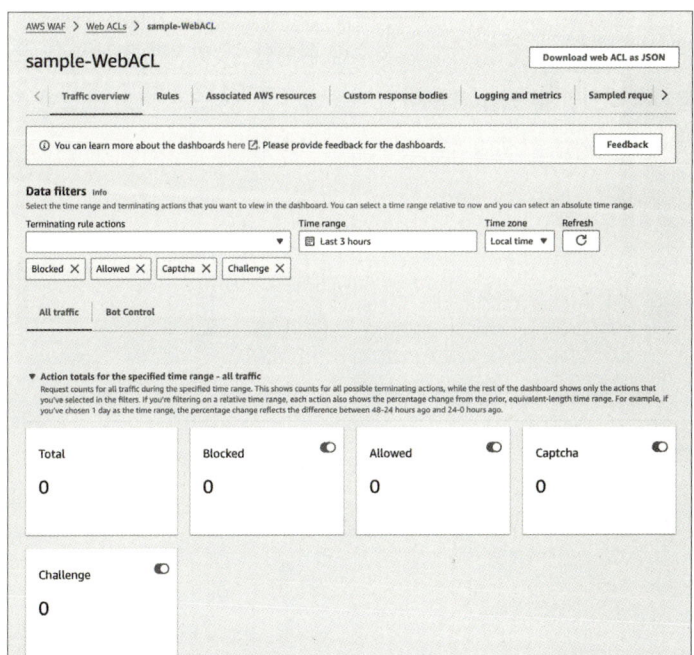

Sample Web Requests

Sample Web Requests는 Web ACL이 연결된 AWS 리소스(ALB 등)가 검사를 위해 AWS WAF에 전송한 요청 샘플을 확인할 수 있는 기능입니다. Sample Web Requests는 Web ACL 화면에서 활성화 및 비활성화 설정을 할 수 있습니다.

▼ 그림 9-80 Web ACL 화면에서 Sample Web Requests 활성화

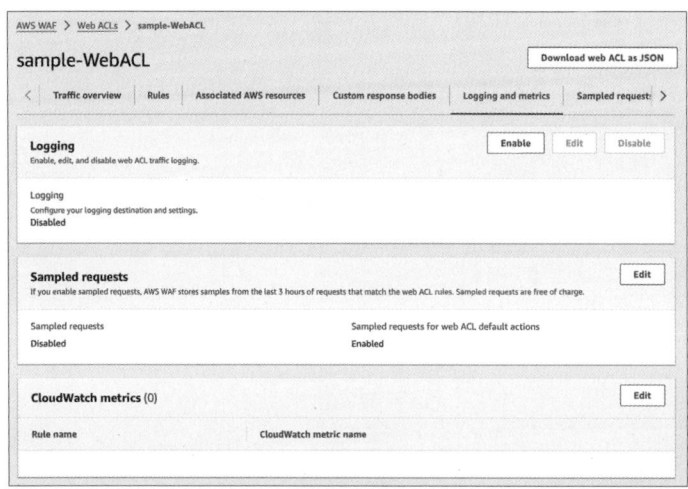

CloudWatch Metrics는 허용 또는 차단된 요청 카운트 횟수만 확인할 수 있지만 **Sample Web Requests는 검사된 요청 내용까지 확인할 수 있습니다.** 이를 이용해서 구체적으로 어떤 요청이 허용 또는 차단되는지 검증 단계에서 분석할 수 있습니다.

▼ 그림 9-81 Sample Web Requests 검사 결과 목록

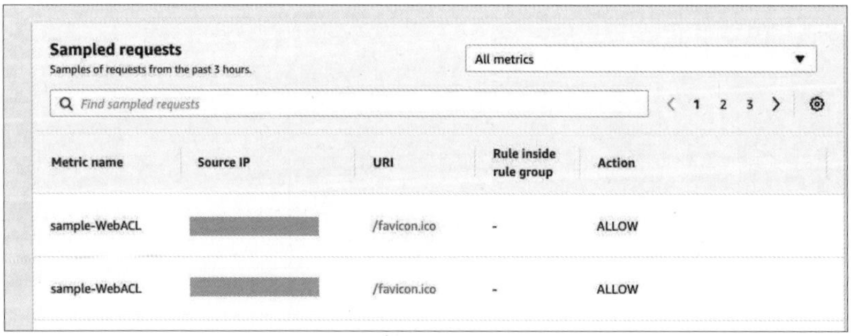

▼ 그림 9-82 Sample Web Requests 검사 결과 세부 내용

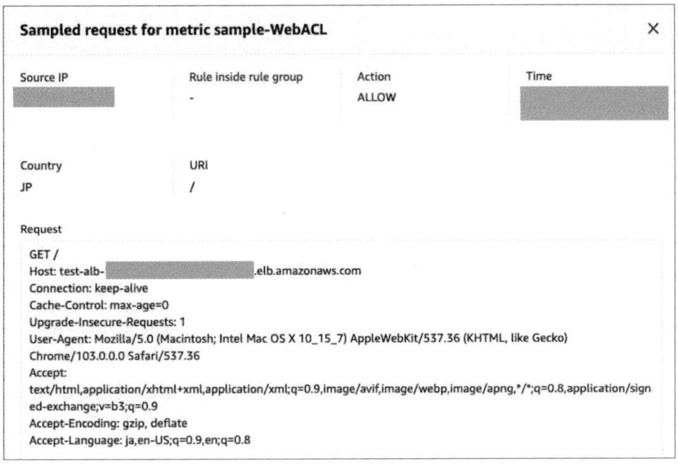

Sampled request for metric sample-WebACL　　　　　　　　　　　×

Source IP	Rule inside rule group	Action	Time
	-	ALLOW	

Country	URI
JP	/

Request

```
GET /
Host: test-alb-　　　　　　　　.elb.amazonaws.com
Connection: keep-alive
Cache-Control: max-age=0
Upgrade-Insecure-Requests: 1
User-Agent: Mozilla/5.0 (Macintosh; Intel Mac OS X 10_15_7) AppleWebKit/537.36 (KHTML, like Gecko) Chrome/103.0.0.0 Safari/537.36
Accept: text/html,application/xhtml+xml,application/xml;q=0.9,image/avif,image/webp,image/apng,*/*;q=0.8,application/signed-exchange;v=b3;q=0.9
Accept-Encoding: gzip, deflate
Accept-Language: ja,en-US;q=0.9,en;q=0.8
```

10장

감사 준비

이 장은 감사 업무 개요를 파악하는 것에서 시작합니다. 엔지니어링 부서가 감사 자체를 실시하지는 않지만, 감사 업무를 완수하려면 수행 부서의 협력이 반드시 필요합니다. 따라서 감사를 실시하는 부서가 어떤 식으로 감사를 진행하는지 개요를 파악해 봅니다. 그 후에 AWS 감사의 전체적인 모습을 소개합니다. 감사와 관련된 AWS 서비스 중 몇 가지를 골라서 개요와 이용 방법을 구체적으로 설명합니다. 마지막으로 표본 아키텍처를 바탕으로 실제 아키텍처를 생각해 봅니다.

키워드
- AWS CloudTrail
- AWS Config
- AWS Artifact

10.1 기초 감사 준비 기초 지식

감사(audit)가 어떤 업무인지 그 개요를 파악해 봅시다.

10.1.1 감사란

감사는 기업이나 자치 단체 등 다양한 경제 활동을 하는 조직에서 경영 및 업무 활동을 적절히 하고 있는지 제3자 시점에서 감사인이 점검 및 평가하고, 그 결과가 적절하지 않으면 의견을 표명해서 조직을 올바른 방향으로 지도하는 것입니다. 간단히 요약하면 **감사는 조직에 대해 점검, 평가, 의견 표명을 하는 것**입니다. 하지만 감사인이 점검, 평가하는 대상은 다양하므로 감사인에게 요구되는 전문성도 각각 다릅니다. 기업 활동에서 영업부, 경리부, 인사부, 개발부 등 요구되는 전문성이나 업무 내용에 따라 부서가 나뉘는 것처럼 감사도 감사를 실시하는 주체와 감사 내용에 따라 분류됩니다. 다음 그림은 감사의 분류 예입니다.

▼ 그림 10-1 감사 분류

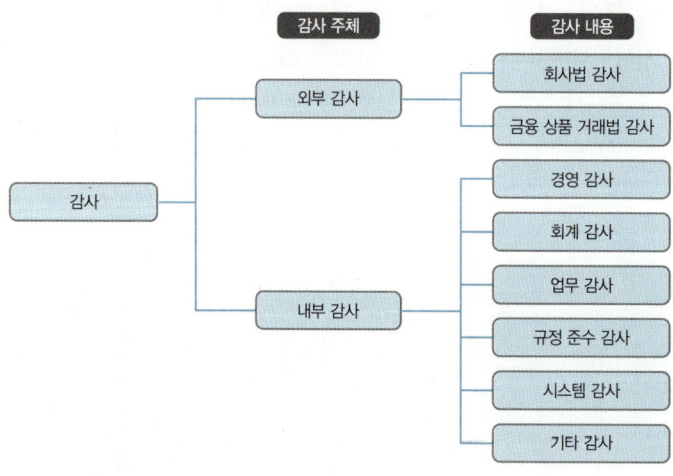

이 책에서는 IT 부서와 관련성이 높은 **시스템 감사**에 중점을 두고 설명합니다. 일본에서 시스템 감사에 관한 제도는 경제산업성이 사이버 보안 정책 등으로 통합적으로 관할합니다. 시스템 감사인에 필요한 요건이나 시스템 감사 절차 등 시스템 감사인 행동 규범을 **시스템 감사 기준**으로, 감사 대상(정보 시스템, 부서, 업무 등)의 상황 적합성을 판단하는 기준을 **시스템 관리 기준**으로 정리합니다. 2018년 4월 개정한 시스템 감사 기준에서는 시스템 감사 의의와 목적을 다음과 같이 정의합니다.

> 시스템 감사는 전문성과 객관성을 갖춘 시스템 감사인이 일정한 기준에 따라 정보 시스템을 종합적으로 점검, 평가, 검증하여 감사 보고 이용자에게 정보 시스템의 거버넌스, 관리, 제어의 적절성 등에 대한 보증을 제공하거나 개선을 위한 조언을 제공하는 감사의 일종이다. 또 시스템 감사는 정보 시스템과 관련된 리스크(이후 정보 리스크)에 적절히 대처할 수 있는지 여부를 독립적이고 전문적인 입장의 시스템 감사인이 점검, 평가, 검증하여 조직의 경영 활동과 업무 활동의 효과적이고 효율적인 수행, 나아가 그런 변화를 지원하고 조직 목표 달성에 기여하거나 이해 관계자에 대한 설명을 책임지는 것을 목적으로 한다.

이런 정의는 시스템 감사에서 꼭 알아 두어야 할 중요한 요소와 관점이 압축된 내용이므로 하나씩 간단히 설명하겠습니다.

> 전문성과 객관성을 갖춘 시스템 감사인이 일정한 기준에 따라 정보 시스템을 종합적으로 점검, 평가, 검증하여

일정한 기준이란 개인정보보호법 가이드라인, 정보보안관리 기준 ISO 27000(ISMS) 인증 제도, 클라우드 서비스 이용을 위한 가이드라인, 내부 통제 보고 제도(J-SOX) 시스템 관리 기준 추가 보충편 등 **준수해야 하는 법률, 인증 제도, 가이드라인**을 의미합니다. 시스템 감사인은 이런 기준에 따라 점검, 평가, 검증을 실시하는데 이를 위해서는 IT 지식뿐만 아니라 법률 지식도 필요합니다.

> 감사 보고 이용자에게 정보 시스템의 거버넌스, 관리, 제어의 적절성 등에 대한 보증을 제공하거나 개선을 위한 조언을 제공하는 감사의 일종이다.

감사 보고 이용자는 구체적으로 기업의 **경영진**을 가리킵니다. 또 경제산업성이 발간하는 시스템 관리 기준, 시스템 감사 기준에서는 거버넌스, 관리, 제어를 각각 다음 표와 같이 정의합니다.

▼ 표 10-1 거버넌스, 관리, 제어

용어	설명
(IT)거버넌스	경영진이 이해 관계자가 요구한 바에 따라 조직 가치를 높이도록 실천하는 행동입니다. 정보 시스템의 본래 모습을 보여 주는 정보 시스템 전략 수립 및 실현에 필요한 조직 능력을 의미합니다.
(IT)관리	정보 시스템의 기획, 개발, 보수, 운영의 수명 주기를 관리하는 관리 프로세스로, 경영진은 이해 관계자에 대해 IT 관리 책임이 있습니다.
(IT)제어	위험에 따른 제어(대책)가 적절히 통합되어 작동해야 합니다. 수작업으로 하는 제어와 정보 시스템에 내장된 자동화 제어를 모두 포함합니다.

즉, 시스템 감사인은 기업 경영진이 정보 시스템의 거버넌스, 관리, 제어를 일정 기준에 따라 평가, 점검, 검증한 결과로 제대로 작동하고 있는지 보증하는 의견을 내거나 개선을 위한 조언을 제공하는 역할을 담당합니다. 보증 의견, 개선 조언이 목적인 감사를 각각 **보증형 감사**, **조언형 감사**라고 합니다.

> 또 시스템 감사는 정보 시스템에 관련된 리스크(이후 정보 리스크)에 적절히 대처할 수 있는지 여부를 독립적이고 전문적인 입장의 시스템 감사인이 점검, 평가, 검증하여 조직의 경영 활동과 업무 활동의 효과적이고 효율적인 수행, 나아가 그런 변화를 지원하고 조직 목표 달성에 기여하거나 이해 관계자에 대한 설명을 책임지는 것을 목적으로 한다.

시스템 감사라고 하면 사내에서 사용하고 있는 정보 시스템의 품질 등을 확인하는 것을 떠올릴 수 있지만 사실은 크게 다릅니다. **시스템 감사 목적은 조직의 목표 달성, 매출 목표나 이익 목표 같은 경영 전략의 목표 달성에 기여하는 것입니다.** 기존 시스템 감사 기준에서는 시스템 감사 실시가 조직의 IT 거버넌스 실천에 기여하는 것이라고 했지만, 2018년 4월 개정 시스템 감사 기준에서는 한걸음 더 나아가서 **IT 거버넌스의 경영 목표에 대한 유효성**까지 평가하고 있습니다.

조직의 목표 달성에 기여한다는 명확한 목적이 있는 시스템 감사이지만 실제 감사 현장에서는 인적 리소스나 시간 제약 때문에 감사 대상에 포함되는 모든 대상을 감사하는 것은 현실적으로 불가능합니다. 따라서 감사 대상인 정보 시스템을 줄이고 확보할 수 있는 인적 리소스를 최대한 활용하여 한정된 시간 안에서 감사를 실시할 수 있도록 다음 절차로 시스템 감사를 실시합니다.

▼ 그림 10-2 시스템 감사 절차

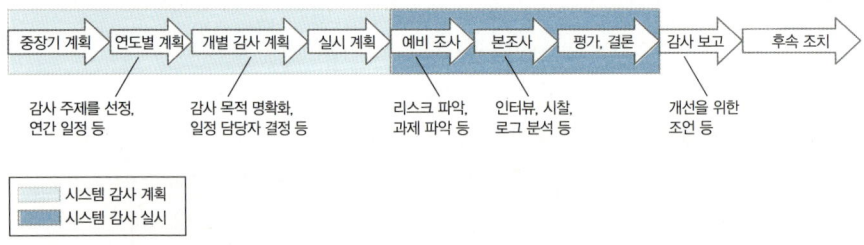

10.1.2 감사 준비란

여기까지 읽었다면 시스템 감사는 시스템 감사인이 실시하니 IT 부서는 관계없지 않을까 하는 의문이 들 수 있습니다. 하지만 이때 중요한 것은 시스템 감사 프로세스의 **예비 조사**와 **본조사**입니다.

시스템 감사인은 정보 시스템의 거버넌스, 관리, 제어를 일정한 기준에 따라 평가, 점검, 검증한 결과로 제대로 작동하고 있는지 보증하는 의견을 내거나 개선을 위한 조언을 제공합니다. 이런 보증 의견과 개선 조언에서 중요한 것은 '**어떤 근거를 바탕**으로 하는 의견인가?'입니다. 즉, 시스템 감사인이 합리적이고 설득력 있는 의견을 내려면 **충분한 양과 믿을 수 있는 증거나 사실(감사 증거)** 을 미리 확보해야 합니다. 감사 증거가 될 수 있는 설득력 있는 정보를 **감사 추적**(audit trail)이라고 합니다. 감사 추적은 시스템 감사에서 언제, 누가, 어떤 조작을 했고 어떤 결과가 나왔는가 같은 사실을 입증하는 증거로 흔적을 파악할 수 있는 **정보(데이터)입니다**. 이런 정보 수집을 실시하는 것이 예비 조사와 본조사의 절차입니다. 이런 과정에서 시스템 감사인이 IT 부서에 다음과 같이 의뢰할 때가 있습니다.

> "현재 내부 감사 부서에서 영업 지원 시스템, 생산 관리 시스템, 구매 정보 시스템 등 세 가지 시스템을 대상으로 시스템 감사의 본감사를 실시하겠습니다. 감사 추적으로 2002년 4월 1일 ~2002년 9월 30일 사이 각 시스템의 액세스 로그, 통신 로그, 설정 변경 로그, 인증 로그를 제공해 주시길 바랍니다. 제공 기한은 가급적 2주 이내로 부탁드리겠습니다."

인증 로그를 남겨 두지 않았거나 최근 3개월 분량밖에 보관하지 않았다면 시스템 감사인이 의뢰한 정보를 제공할 수 없습니다. 혹은 제공하더라도 2주라는 한정된 기한 내에 제공하려면 일반 업무를 멈추고 이쪽에 집중해야 할지도 모릅니다. 이렇듯 시스템 감사 자체는 **시스템 감사인이 수행하지만 시스템 감사인의 감사 추적 수집을 지원하려면 IT 부서가 움직여야만 합니다**. 이런 활동을 이 책에서는 **감사 준비**라고 합니다.

감사 준비와 시스템 설계의 관계

좀 더 깊이 들어가 봅시다. 시스템 감사인은 IT 부서에서 제공받은 로그가 정말 믿을 수 있는 로그인지 알아보아야 합니다. 즉, 로그가 변조되거나 손실되었을 가능성을 고려해야 합니다. 시스템 감사인 입장에서 합리적이고 설득력 있는 의견을 내려면 충분한 증명력을 갖춘 증거(감사 증거)를 바탕으로 평가해야 합니다. 그렇다면 **제공받은 로그가 변조되었거나 손실되었을 가능성이 정말로 없다고 증명하는 데 필요한 증거는 무엇일까?**' 하는 의문이 생깁니다.

이용하는 시스템이 외부 벤더가 제공하는 소프트웨어 제품이라면 좀 다르지만 자사에서 개발한 시스템을 이용한다면 **어떤 방법으로 어떤 로그를 기록하는지, 기록하는 로그가 충분한지, 변조나 손실 가능성은 없는지** 같은 내용도 시스템 감사인이 함께 확인할 가능성이 있습니다. 시스템 감사인의 확인 내용을 고려하는 것은 **시스템 설계**에도 영향을 미칩니다. 지금까지 로그 제공이라는 하나의 예로 설명했지만, 이런 면을 생각해 본다면 IT 부서 감사가 결코 남의 일이 아니라는 것을 이해할 수 있습니다.

연도 계획이나 개별 감사 계획에서 결정된 감사 주제나 감사 목적에 따라 수집하는 감사 추적이 달라지므로 IT 부서에서 감사 추적 수집을 전부 대비하는 것은 쉽지 않습니다. **하지만 시스템 감사에 필요한 감사 추적을 제공할 수 있도록 고려한 운영 설계라면, 감사를 실시할 때 IT 부서 업무 부담을 줄이고 정보 시스템의 품질 향상을 기대할 수 있습니다.**

10.2 실무 AWS의 감사 준비

HOW TO OPERATE AWS

9장에서 소개한 **공동 책임 모델**과 AWS가 공개한 **AWS 사용 감사에 대한 소개**라는 백서를 바탕으로 AWS 감사의 전체 모습을 정리해 보겠습니다.

10.2.1 AWS 감사 구분

AWS가 제시하는 **공동 책임 모델**[1]은 AWS가 시스템과 서비스에 가진 책임과 고객(AWS 사용자)이 가진 책임 범위를 명확하게 구분합니다. 이런 개념에 따라 역할과 평가할 관점을 나누어서 생각합니다.

▼ 그림 10-3 공동 책임 모델(필자가 일부 수정)

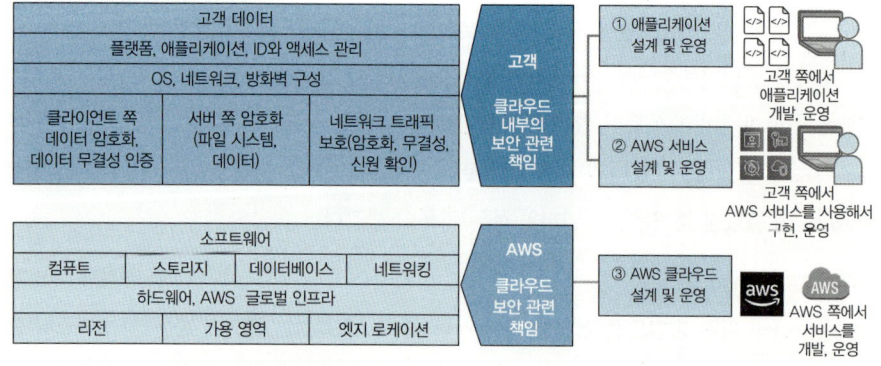

---

[1] 자세한 내용은 다음 URL을 참고합니다.
https://aws.amazon.com/ko/compliance/shared-responsibility-model/

AWS의 시스템 책임 범위(③ AWS 클라우드 설계 및 운영)는 AWS 쪽에서 감사를 실시하며, 10.3.6절에서 설명하는 **AWS Artifact**라는 AWS 서비스에서 감사 결과 보고서를 내려받을 수 있습니다. 따라서 AWS 사용자가 실시하는 AWS 자체에 대한 감사 추적을 수집하는 부담이 줄어듭니다.

한편 AWS를 이용하는 사용자의 책임 범위는 ① 애플리케이션 설계 및 운영, ② AWS 서비스 설계 및 운영으로 나뉩니다. ① 애플리케이션 설계 및 운영은 개발하는 시스템 요건에 좌우되므로 사용자 쪽에서 그때마다 감사 요건 정리가 필요합니다. 따라서 이 책에서는 설명하지 않습니다. ② AWS 서비스 설계 및 운영은 AWS가 공개한 **AWS 사용 감사에 대한 소개**[2] 백서에서 아홉 가지 평가 관점을 제공합니다. 이런 평가 관점과 개요를 다음 표에 정리했습니다. AWS 서비스를 설계, 운영할 때 이런 평가 관점을 도입하면 더욱 견고한 시스템을 구축하는 데 도움이 되므로 참고합니다.

▼ 표 10-2 AWS 사용 감사에 대한 개요(아홉 가지 평가 관점)

평가 관점	개요	관련 목차
거버넌스	어떤 AWS 서비스 및 리소스가 사용되고 있는지 이해하고, 조직의 위험 관리 프로그램이 AWS 사용을 고려 대상에 포함하고 있어야 합니다.	10장 감사 준비 - AWS Config
네트워크 구성 및 관리	AWS 네트워크 아키텍처를 이해하고 조직의 보안 요건을 만족하고 있어야 합니다.	9장 보안 통제 - 보안 그룹 - AWS WAF
자산 구성 및 관리	OS나 애플리케이션을 안전하게 설계, 관리하고 있어야 합니다. 취약점을 관리해서 애플리케이션 보안, 안정성, 무결성을 보호하고 있어야 합니다.	7장 패치 적용 - AWS Systems Manager Patch Manager
논리적 액세스 제어	AWS 서비스에서 어떤 사용자와 액세스 권한이 설정되었는지 이해하고 관리하고 있어야 합니다.	4장 계정 운영 - AWS IAM
데이터 암호화	데이터가 어디에 보관되고 보관 및 전송 중에 데이터가 어떻게 보호되고 있는지 이해하고 관리하고 있어야 합니다.	9장 보안 통제 - AWS Certificate Manager(ACM) - AWS KMS

보안 로깅 및 모니터링	AWS에 구축한 리소스(EC2 등)의 부정한 활동을 탐지하는 로그를 기록하고 모니터링하고 있어야 합니다. AWS 계정의 부정한 활동을 탐지하는 로그를 기록 및 모니터링하고 있어야 합니다.	• 5장 로그 운영
		• 9장 보안 통제
		  - Amazon GuardDuty
		• 10장 감사 준비
		  - AWS CloudTrail

○ 계속

---

2 자세한 내용은 다음 URL을 참고합니다.
   https://d1.awsstatic.com/International/ko_KR/whitepapers/Compliance/AWS_Auditing_Security_Checklist.pdf

평가 관점	개요	관련 목차
보안 사고 대응	AWS에 있는 시스템에 대한 보안 사고 관리가 적절히 운영, 관리되고 있어야 합니다.	9장 보안 통제 - AWS Config Rules - AWS Security Hub - AWS Trusted Advisor
재해 복구	단일 장애 지점(SPoF) 제거, 백업 생성 등 조직의 BCP와 DR(Disaster Recovery) 전략을 이해하고 내결함성이 뛰어난 아키텍처를 채택해야 합니다.	8장 백업 및 복원 운영 - AWS Backup
상속된 제어	조직이 이용하는 인프라 기반인 AWS가 관리하는 데이터 센터에 액세스하려면 적어도 이중 인증 두 번, 신분증명서 제시, 전담 직원 동행 필수 등 다양한 방식으로 관리 및 유지하고 정기적으로 감사를 받고 있다는 것을 이해하고 있어야 합니다.	10장 감사 준비 - AWS Artifact

이 장에서 다루지 않는 평가 관점에 관련된 AWS 서비스는 해당하는 각 장을 참고합니다.

10.3 실무 관련 AWS 서비스

HOW TO OPERATE AWS

이제 감사 준비에 관련된 AWS 서비스를 설명합니다.

10.3.1 AWS CloudTrail

AWS는 AWS 서비스의 API 엔드포인트를 호출해서 실제로 조작합니다. AWS CloudTrail은 지원하는 모든 AWS 서비스에 대한 API 조작 활동 로그를 기록, 보관하는 기능입니다.

CloudTrail은 언제, 누가, 어떤 AWS를 대상으로, 어떤 API 조작을 했는지 로그로 기록합니다. 기록된 내용은 API 조작에 관련된 활동 로그 기록이 대부분이지만, 이외에도 AWS 계정 보안이나 규정 준수에 영향을 줄 가능성이 있는 조작(예 AWS 관리 콘솔 로그인 등)이나 트러블슈팅에 도움이 되는 로그도 기록합니다. 이렇듯 CloudTrail은 AWS 계정 전체의 활동을 기록하므로 이런 데이터를 조사, 분석해서 보안 사고를 특정하거나 시스템 감사인에게 제공하는 감사 추적으로 활용할 수 있습니다.

▼ 그림 10-4 CloudTrail로 API 조작 로그 취득

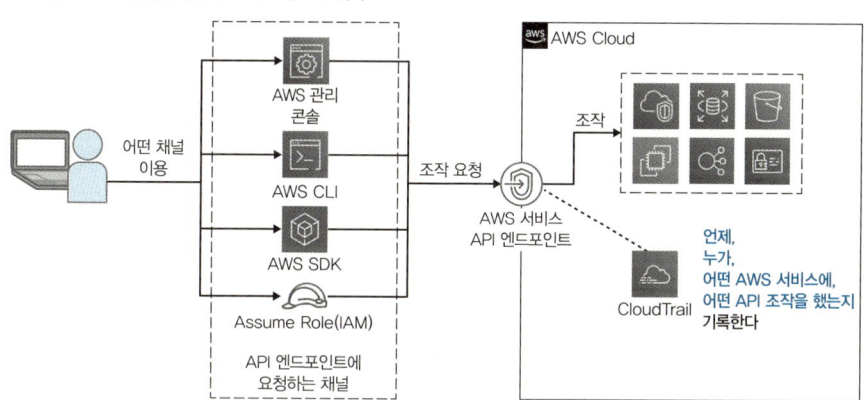

CloudTrail 로그는 AWS에 기본 **90일간** 보관됩니다. 90일 이상 로그를 보관하고 싶거나 CloudTrail 이외의 스토리지에 보관해서 분석 등에 이용하고 싶다면 **추적**(trail)을 생성합니다. 감사 추적용 로그를 보관한다면 **적어도 최근 1년간 로그 보존**이 필요할 때가 많으므로 추적 생성은 필수입니다.

▼ 그림 10-5 CloudTrail 대시보드 화면

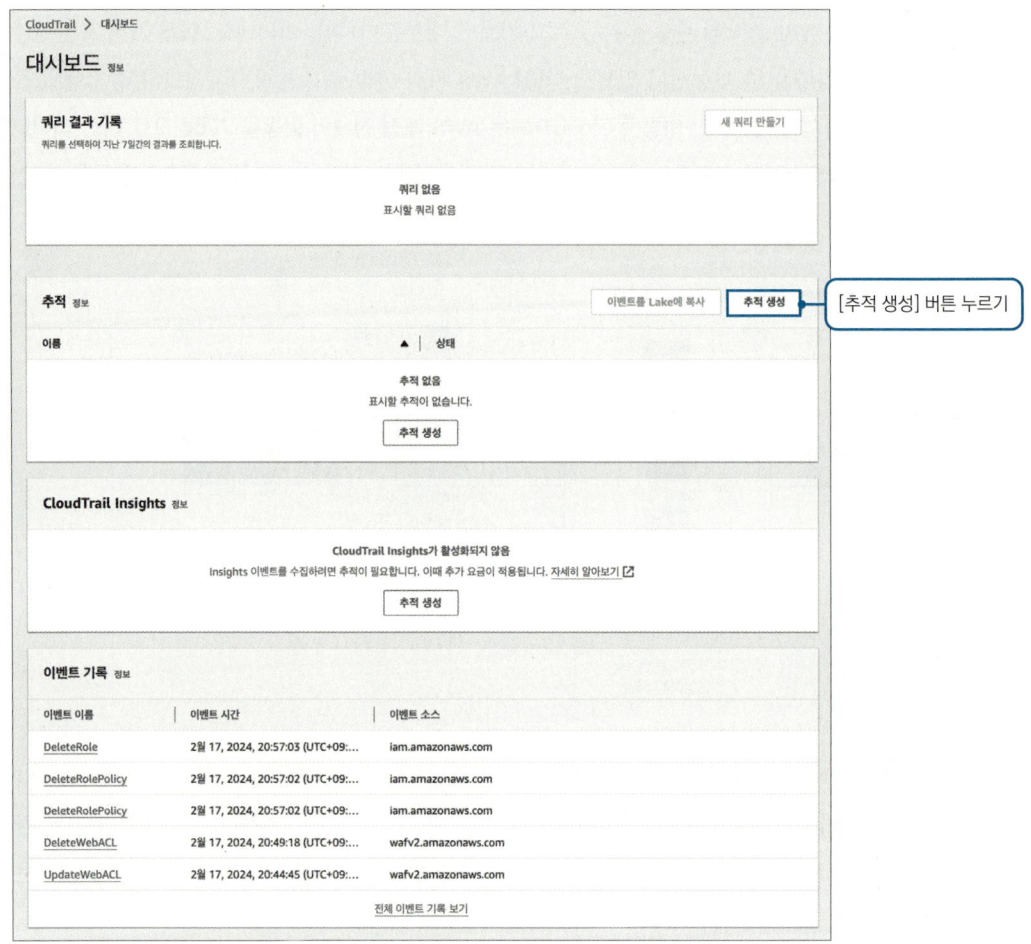

추적은 리전별 또는 모든 AWS 리전을 대상으로 생성할 수 있는데 **AWS 모범 사례에서는 모든 AWS 리전을 대상으로 생성하는 것을 추천합니다.** 또 관리 콘솔에서 추적을 생성할 때는 기본값으로 모든 AWS 리전이 대상이 됩니다.

추적 보관 장소로 S3와 CloudWatch Logs 중에서 하나 이상을 지정할 수 있고 **KMS를 이용해서 로그 파일을 암호화할 수 있습니다.** 주의할 점은 추적 보관 장소로 S3를 지정하면 보관할 S3 버킷의 버킷 정책에서 **CloudTrail에서 S3 버킷에 로그 파일 업로드**를 허용해야 합니다. 구체적인 버킷 정책은 AWS 공식 문서[3]를 참고합니다.

---

3 자세한 내용은 다음 URL을 참고합니다.
 https://docs.aws.amazon.com/ko_kr/awscloudtrail/latest/userguide/create-s3-bucket-policy-for-cloudtrail.html

▼ 그림 10-6 CloudTrail 추적 생성 화면 1

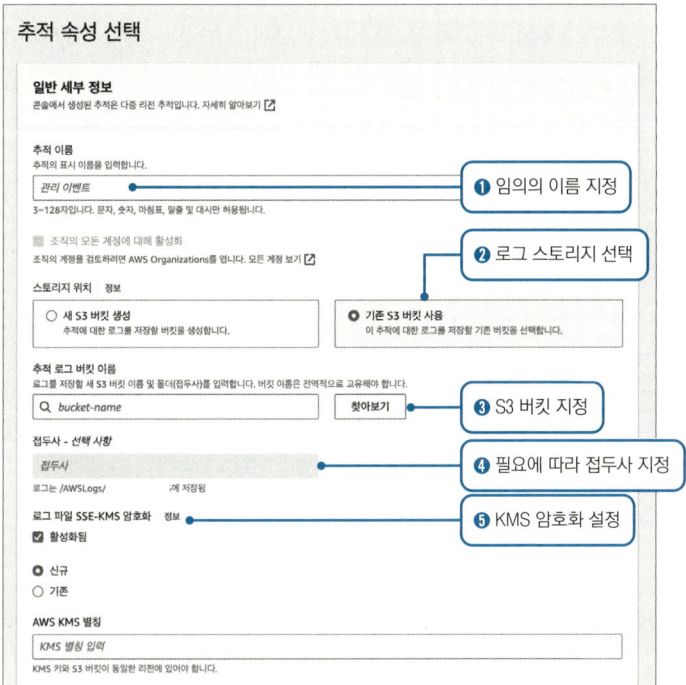

▼ 그림 10-7 CloudTrail 추적 생성 화면 2

추적으로 취득할 수 있는 로그

추적으로 취득할 수 있는 로그는 해당 내용에 따라 세 종류로 분류할 수 있습니다. 각각은 **관리 이벤트, 데이터 이벤트, 인사이트**(insights) **이벤트**입니다.

▼ 그림 10-8 CloudTrail에서 로그 이벤트 선택

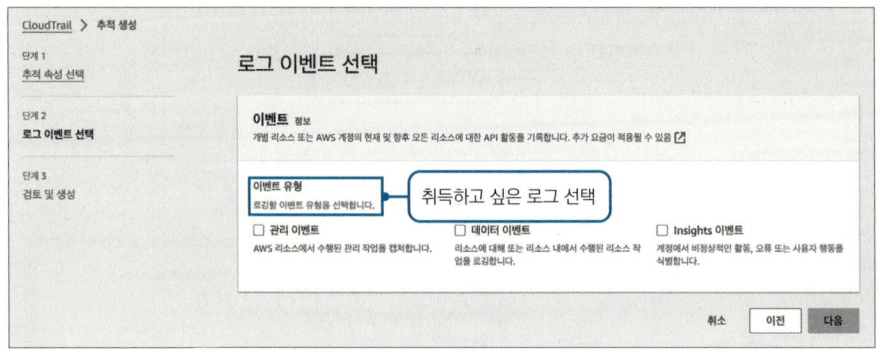

▼ 표 10-3 CloudTrail에서 취득 가능한 로그

분류	설명	추적 로그 예
관리 이벤트	• AWS 계정 내 리소스에 대해 실행된 관리 관련 조작을 기록합니다. • 무료로 로그 취득 가능*	• S3 버킷 생성 • AWS 관리 콘솔 로그인 • 네트워크 구성 변경
데이터 이벤트	• AWS 계정 리소스 또는 리소스 내부에 실행된 조작을 기록합니다. 고급 이벤트 셀렉터 기능을 이용하여 데이터 이벤트에서 취득할 로그를 세세하게 제어할 수 있습니다. • 로그 취득은 추가 요금 발생	• S3 객체 레벨의 API 활동(PutObject API 등) • Lambda 함수의 API 활동(InvokeFunction API 등) • DynamoDB 객체 레벨의 API 활동(PutItem API 등)
인사이트 이벤트	• 관리 이벤트 API 호출량과 API 오류율 패턴을 분석해서 기준(베이스라인)을 생성합니다. 기준에서 벗어난 비정상 API 활동을 인사이트 이벤트로 기록합니다. • 구체적으로 API 호출량 인사이트 이벤트는 쓰기 API에 대해 생성, API 오류율 인사이트 이벤트는 쓰기, 읽기 양쪽의 API에 대해 생성합니다. • 로그 취득은 추가 요금이 발생합니다.	EC2가 평소보다 더 많이 실행됩니다(RunInstances API 콜 급증).

* 추적을 두 개 이상 생성했을 때는 두 개째부터 유료

추적 관리를 목적으로 CloudTrail 로그를 취득한다면 관리 이벤트는 필수 항목입니다. 데이터 이벤트로 취득하는 로그는 S3, DynamoDB, Lambda 등 AWS 서비스 중에서 지정할 수 있습니다.

감사 준비 관점에서 S3는 데이터 이벤트 수집을 추천하는데, 스토리지 서비스로 자주 이용되고 기밀성이 높은 데이터를 저장할 가능성이 있기 때문입니다. 기타 데이터 이벤트는 감사 요건에 따라 활성화를 검토합니다. 인사이트 이벤트는 **API 호출과 API 오류율을 분석하여 일반적인 범위를 벗어난 값을 감지해서 로그로 출력하는 특성**이 있어 다른 로그와 조금 다르므로 감사 요건에 따라 활성화를 검토하기 바랍니다.

다음 예제는 관리 이벤트, 데이터 이벤트, 인사이트 이벤트에서 출력된 로그 예입니다.

예제 10-1 EC2를 가동할 때 관리 이벤트 추적 로그 예

```
{
    "eventVersion": "1.08",
    "userIdentity": {
        "type": "IAMUser",
        "principalId": "AIDAZY5ZLIUxxxxxxxxxxx",
        "arn": "arn:aws:iam::111111111111:user/administrator",
        "accountId": "111111111111",
        "accessKeyId": "AIDAZY5ZLIUxxxxxxxxxxx",
        "userName": "administrator",
... 중략 ...
    },
    "eventTime": "2022-08-05T07:30:47Z",
    "eventSource": "ec2.amazonaws.com",
    "eventName": "RunInstances",
    "awsRegion": "ap-northeast-2",
    "sourceIPAddress": "AWS Internal",
    "userAgent": "AWS Internal",
... 중략 ...
    "requestID": "45e1e652-2333-4895-88a8-xxxxxxxxxxxx",
    "eventID": "cba5e785-98ac-494e-b785-xxxxxxxxxxxx",
    "readOnly": false,
    "eventType": "AwsApiCall",
    "managementEvent": true,
    "recipientAccountId": "111111111111",
    "eventCategory": "Management",
    "sessionCredentialFromConsole": "true"
}
```

예제 10-2 데이터 이벤트(S3) 추적 로그 예

```
{
    "eventVersion": "1.05",
    "userIdentity": {
        "type": "Root",
        "principalId": "99999999999",
        "arn": "arn:aws:iam::99999999999:root",
        "accountId": "99999999999",
        "username": "jbarr",
        "sessionContext": {
            "attributes": {
                "creationDate": "2022-11-15T17:55:17Z",
                "mfaAuthenticated": "false"
            }
        }
    },
    "eventTime": "2022-11-15T23:02:12Z",
    "eventSource": "s3.amazonaws.com",
    "eventName": "PutObject",
    "awsRegion": "ap-northeast-2",
    "sourceIPAddress": "xx.xx.xx.xx",
    "userAgent": "[S3Console/0.4]",
    "requestParameters": {
        "X-Amz-Date": "20221115T230211Z",
        "bucketName": "sample-s3-trail-bucket",
        "X-Amz-Algorithm": "AWS4-HMAC-SHA256",
        "storageClass": "STANDARD",
        "cannedAcl": "private",
        "X-Amz-SignedHeaders": "Content-Type;Host;x-amz-acl;x-amzstorage-class",
        "X-Amz-Expires": "300",
        "key": "sample.png"
    }
}
```

예제 10-3 인사이트 이벤트 로그 예

```
{
    "Records": [
        {
            "eventVersion": "1.07",
            "eventTime": "2022-11-07T13:25:00Z",
            "awsRegion": "ap-northeast-2",
            "eventID": "a9edc959-9488-4790-be0f-05d60e56b547",
```

```
            "eventType": "AwsCloudTrailInsight",
            "recipientAccountId": "-REDACTED-",
            "sharedEventID": "c2806063-d85d-42c3-9027d2c56a477314",
            "insightDetails": {
                "state": "Start",
                "eventSource": "ec2.amazonaws.com",
                "eventName": "RunInstances",
                "insightType": "ApiCallRateInsight",
                "insightContext": {
                    "statistics": {
                        "baseline": {
                            "average": 0.0020833333
                        },
                        "insight": {
                            "average": 6
                        }
                    }
                }
            },
            "eventCategory": "Insight"
        }
    ]
}
```

10.3.2 CloudTrail 추적 무결성 수준 높이기

10.3.1절에서 설명했듯이, CloudTrail은 AWS 계정 전체의 활동을 기록하지만 이런 로그를 누군가가 멋대로 수정하거나 삭제하면 CloudTrail 로그는 증거력을 잃습니다. 따라서 CloudTrail은 **로그 무결성**(변조나 파손되지 않은 완전한 상태)을 검증하는 방법으로 **로그 파일 검증** 기능을 제공합니다. AWS 모범 사례에서도 이 기능에 대한 활성화를 추천하고 있으니, 감사 추적에서 로그 무결성을 보증하려면 활성화하도록 합시다.

로그 파일 검증은 **디지털 서명 구조**를 이용해서 CloudTrail(로그 전송자) 이외의 제3자가 로그를 변경하지 않았는지 검증합니다. 로그 파일 같은 전자 파일은 제3자가 내용을 바꾸기 쉬운 특성을 지닌 데이터입니다. 따라서 전자 파일에 **공개 키 암호를 사용한 전자 서명**을 해서 서명자 자신(전자 파일 생성자)이 전자 파일을 생성했다는 것을 증명함과 동시에 전자 파일 변조나 삭제되지 않았다는 것을 증명할 수 있습니다.

로그 파일 검증으로 위변조 탐지

CloudTrail 추적을 생성할 때 로그 파일 검증을 활성화하면 CloudTrail은 일반 로그 파일과 별도로 **다이제스트 파일**(digest file)을 1시간마다 생성합니다.

다이제스트 파일은 과거 1시간 동안 생성된 로그 파일마다 SHA-256 해시 알고리즘을 사용해서 계산한 해시 값을 기록합니다. 다이제스트 파일은 CloudTrail이 AWS 리전별로 서로 다른 키 쌍(공개 키와 암호 키)을 사용해서 전자 서명합니다. 또 다이제스트 파일은 CloudTrail 추적 스토리지에 지정한 **S3 버킷**의 CloudTrail-Digest 폴더 안에 보존됩니다.

> **예제 10-4** 다이제스트 파일 예(일부 발췌)

```
{"s3Bucket": "cloudtrail-backet-setup", "s3Object": "AWSLogs/111111111111/CloudTrail/
ap-northeast1/2022/05/01/111111111111_CloudTrail_ap-northeast1_20220501T0045Z_
PKmxsWVSUN2QOCsm.json.gz", "hashValue": "5387a9c36584035cc7cfde8d537f5fee530e
22e1f5fb309e49c4fd9f64f0c380", "hashAlgorithm": "SHA-256", "newestEventTime":
"2022-05-01T00:42:37Z", "oldestEventTime": "2022-05-01T00:37:40Z"}
```

▼ 그림 10-9 로그 파일 검증을 이용한 위변조 탐지 구조

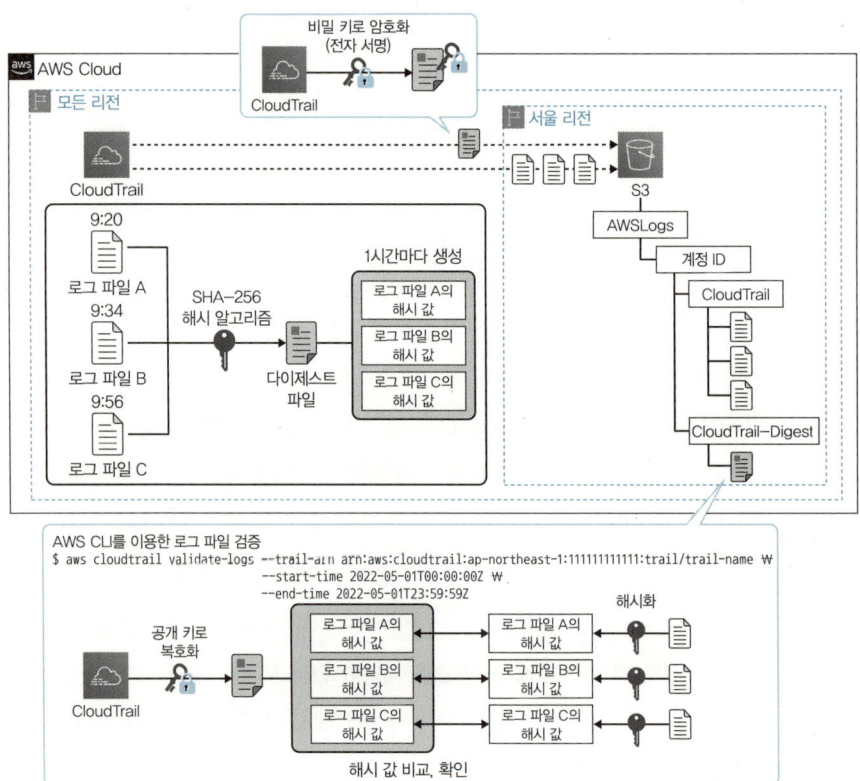

실제로 S3 버킷에 보존된 로그 파일을 CloudTrail로 로그 무결성 검증을 하려면 AWS CLI를 사용해서 검증합니다.

예제 10-5 로그 무결성을 검증하는 CLI 명령어

```
$ aws cloudtrail validate-logs --trail-arn arn:aws:cloudtrail:apnortheast-
2:111111111111:trail/trail-name \
    --start-time 2022-05-01T00:00:00Z \      ※ 검증을 시작할 로그 파일 타임스탬프
    --end-time 2022-05-01T23:59:59Z          ※ 검증을 종료할 로그 파일 타임스탬프
```

CLI를 실행하면 **다이제스트 파일 안에 기록된 각 로그 파일의 해시 값과 실제 로그 파일에서 계산한 해시 값을 비교해서 변조나 삭제되지 않았는지 확인합니다.** 이 방식으로 CloudTrail은 로그 파일의 무결성을 검증해서 증거력을 확보할 수 있습니다.

예제 10-6 로그 파일이 변조되지 않은 경우 CLI 실행 결과

```
$ aws cloudtrail validate-logs --trail-arn arn:aws:cloudtrail:apnortheast-
2:111111111111:trail/trail-name --start-time 2022-05-01T00:00:00Z --end-time
2022-05-01T23:59:59Z
Validating log files for trail arn:aws:cloudtrail:ap-northeast1:111111111111:trail/
trail-name between 2022-05-01T00:00:00Z and 2022-05-01T23:59:59Z

Results requested for 2022-05-01T00:00:00Z to 2022-05-01T23:59:59Z
Results found for 2022-05-01T00:51:17Z to 2022-05-01T23:59:59Z:

25/25 digest files valid
583/583 log files valid
```

예제 10-7 로그 파일이 변조된 경우 CLI 실행 결과

```
$ aws cloudtrail validate-logs --trail-arn arn:aws:cloudtrail:apnortheast-
2:111111111111:trail/trail-name --start-time 2022-05-01T00:00:00Z --end-time
2022-05-01T23:59:59Z
Validating log files for trail arn:aws:cloudtrail:ap-northeast1:111111111111:trail/
trail-name between 2022-05-01T00:00:00Z and 2022-05-01T23:59:59Z
Log file s3://cloudtrail-backet-setup/AWSLogs/111111111111/CloudTrail/ap-northeast-2/
2022/05/01/111111111111_CloudTrail_apnortheast-2_20220501T0000Z_6lVBCM9OEPmRO3Ys.json.
gz INVALID: hash value doesn't match

Results requested for 2022-05-01T00:00:00Z to 2022-05-01T23:59:59Z
Results found for 2022-05-01T00:51:17Z to 2022-05-01T23:59:59Z:
```

```
25/25 digest files valid
582/583 log files valid, 1/583 log files INVALID
```

예제 10-8 로그 파일이 삭제된 경우 CLI 실행 결과

```
$ aws cloudtrail validate-logs --trail-arn arn:aws:cloudtrail:apnortheast-
2:111111111111:trail/trail-name --start-time 2022-05-01T00:00:00Z --end-time
2022-05-01T23:59:59Z
Validating log files for trail arn:aws:cloudtrail:ap-northeast1:111111111111:trail/
trail-name between 2022-05-01T00:00:00Z and 2022-05-01T23:59:59Z

Log file s3://cloudtrail-backet-setup/AWSLogs/111111111111/CloudTrail/ap-northeast-2/
2022/05/01/111111111111_CloudTrail_apnortheast-2_20220501T0000Z_6lVBCM90EPmRO3Ys.json.
gz INVALID: not found

Results requested for 2022-05-01T00:00:00Z to 2022-05-01T23:59:59Z
Results found for 2022-05-01T00:51:17Z to 2022-05-01T23:59:59Z:

25/25 digest files valid
582/583 log files valid, 1/583 log files INVALID
```

로그 파일 검증 기능 덕분에 증거력을 확보한 CloudTrail은 감사 추적 취득 이외에도 보안 사고를 찾아내거나 트러블슈팅 등 다양한 곳에서 활용할 수 있습니다. 각각의 조사 방법이나 구체적인 절차는 설명을 생략하지만 다음 표에 대표적인 조사 방법을 정리했으므로 사용 사례를 참고해서 시도해 보기 바랍니다.

▼ 표 10-4 CloudTrail 로그를 사용한 조사 방법

조사 방법	설명	사용 사례
이벤트 이력 검색[4]	CloudTrail 콘솔 화면에서 검색하는 방법으로, 세부 검색 기능이 아니라 단순히 단일 태그 키 필터링만 가능합니다. 검색 대상은 지난 90일간 관리 이벤트가 해당됩니다.	• 과거에 실행된 특정 API 조작 관련 로그 세부 정보를 확인하기 • 과거에 실패한 특정 API 조작에서 오류가 발생한 이유 상세하게 확인하기

○ 계속

---

[4] 자세한 내용은 다음 URL을 참고합니다.
https://docs.aws.amazon.com/ko_kr/awscloudtrail/latest/userguide/view-cloudtrail-events-console.html

조사 방법	설명	사용 사례
CloudTrail Lake[5]	CloudTrail 로그를 이벤트 데이터 스토어에 모아서 쿼리를 실행하는 방법입니다. 다수의 AWS 리전, AWS Organizations 조직 내 AWS 계정의 CloudTrail 로그에 동시에 쿼리를 실행할 수 있고 기본 7년간 데이터를 보관합니다. 다른 조사 방법에 비해 AWS 요금이 많이 나올 수 있으므로 주의합니다.	• 90일보다 더 오래된 로그 확인하기 • 다수의 AWS 리전, AWS Organizations 조직 내부의 AWS 계정 CloudTrail 로그에 동시에 쿼리 실행하기
S3 + Athena	추적이 보관된 S3 버킷에 Athena에서 쿼리를 실행하는 방법입니다. S3 요금은 저렴하므로 장기간, 대량의 데이터 로그를 조사하는 데 이용 가능합니다.	• 지난 1년간 로그에 쿼리 실행해서 분석하기 (대량의 로그에 쿼리 실행) • 조사에 드는 AWS 요금을 최대한 줄이기
CloudWatch Logs Insights	추적이 보관된 CloudWatch Logs에 쿼리를 실행하는 방법입니다. S3 + Athena와 마찬가지로 쿼리를 실행해서 조사하는 방법이지만 CloudWatch Logs가 로그를 읽어 오는 요금은 비싸므로 주의합니다.	• 지난 1년간 로그에 쿼리 실행해서 분석하기 (소량의 로그에 쿼리 실행) • 간단한 그래프도 포함해서 분석 결과 확인하기
OpenSearch[6]	Amazon OpenSearch Service를 이용해서 쿼리를 실행하는 방법입니다. 검색 조건이나 필터링 조건 지정이 유연한 Kibana와 함께 사용해서 가시성 향상이 가능합니다.	검색 조건이나 필터링 조건을 지정해서 유연하게 분석하기

COLUMN ≡ | AWS CloudShell을 이용한 AWS CLI 실행

CloudTrail의 로그 무결성을 검증하는 방법으로 AWS CLI를 이용한 방법을 소개했습니다. AWS CLI는 AWS 서비스 조작에 이용하는 오픈 소스 명령어 도구로, 이용하는 방법은 두 가지가 있습니다.

▼ 표 10-5 AWS CLI를 실행하는 두 가지 방법

사용 방법	사용 준비
클라이언트 터미널에서 사용하기	• IAM 사용자 및 인증 정보 발행 • 클라이언트 터미널에 AWS CLI 설치 • 클라이언트 터미널에 구성 파일을 생성하고 인증 정보 설정
웹 브라우저에서 사용하기	• IAM 사용자에 IAM 정책(AWSCloudShellFullAccess) 연결 • AWS 관리 콘솔에서 AWS CloudShell 실행

---

[5] 자세한 내용은 다음 URL을 참고합니다.
https://docs.aws.amazon.com/ko_kr/awscloudtrail/latest/userguide/cloudtrail-lake.html

[6] 자세한 내용은 다음 URL을 참고합니다.
https://docs.aws.amazon.com/ko_kr/opensearch-service/latest/developerguide/gsg.html

AWS CloudShell은 OS로 Amazon Linux 2를 사용하는 웹 브라우저 기반의 셸입니다. 해당 셸에는 AWS CLI가 설치되어 있어 CloudShell을 실행하면 곧바로 AWS CLI를 이용할 수 있습니다.

관리 콘솔에 로그인할 때 사용하는 IAM 사용자에 IAM 정책(AWSCloudShellFullAccess)을 연결하면 곧바로 쓸 수 있습니다. CloudShell 사양이나 설치된 소프트웨어는 AWS 공식 문서[7]를 확인합니다.

CloudShell을 실행하려면 콘솔에 로그인한 IAM 사용자 또는 역할 전환용 IAM 역할에 인증 및 CLI 조작 권한(허용)을 연결합니다. 클라이언트 터미널을 사용하는 방법[8]은 준비 작업이 번거롭지만 CloudShell을 사용하면 AWS 관리 콘솔에서 간단히 실행 환경을 실행할 수 있고 IAM 사용자의 인증 정보를 발행하지 않아도 되어서 인증 정보 누출 방지 효과도 있습니다. CloudShell은 셸에서 파일 올리기나 내려받기도 가능하므로 만들어 둔 스크립트를 실행할 수 있습니다.

▼ 그림 10-10 AWS CloudShell 실행

▼ 그림 10-11 CloudShell 팝업 화면

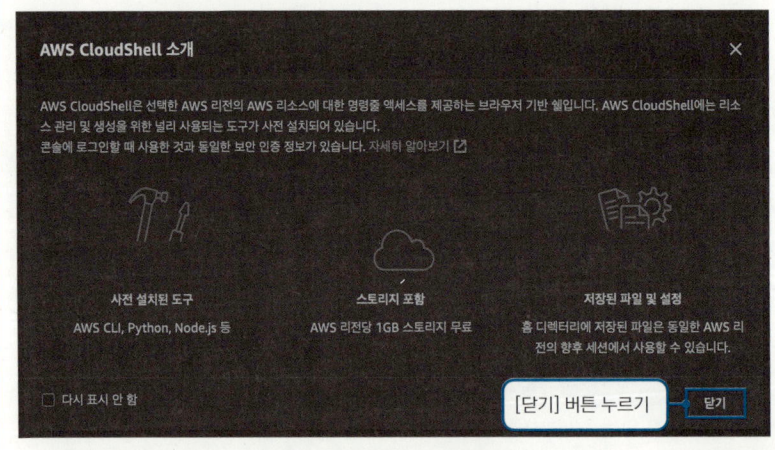

▼ 그림 10-12 10~20초 정도 기다리면 CloudShell이 실행

---

7 자세한 내용은 다음 URL을 참고합니다.
  https://docs.aws.amazon.com/ko_kr/cloudshell/latest/userguide/vm-specs.html
8 자세한 내용은 다음 URL을 참고합니다.
  https://docs.aws.amazon.com/ko_kr/cli/latest/userguide/cli-chap-getting-started.html

▼ 그림 10-13 셸에 파일 올리기나 내려받기 가능

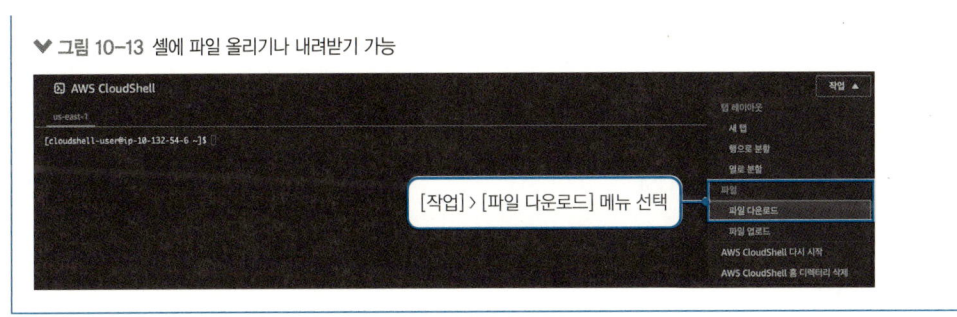

10.3.3 CloudTrail 이용 요금

CloudTrail은 추적으로 기록된 로그 개수에 따라 요금이 발생합니다. 자세한 요금은 CloudTrail 요금 웹 페이지[9]를 확인합니다.

▼ 표 10-6 무료 이용 범위

무료 이용 범위 대상	무료 이용 범위
관리 이벤트 취득 및 이벤트 이력 표시	무료로 이용 가능
추적	관리 이벤트에 대한 추적은 첫 번째만 무료

※ 2024년 2월 현재 아시아 태평양(서울) 리전 기준

▼ 표 10-7 추적 이용 요금

로그 종류	AWS 사용료
S3에 전송된 관리 이벤트	100,000건 전송당 2.00USD
S3에 전송된 데이터 이벤트	100,000건 전송당 0.10USD
인사이트 이벤트	100,000건 전송당 0.35USD

※ 2024년 2월 현재 아시아 태평양(서울) 리전 기준

CloudTrail 이용 요금 예

관리 이벤트와 데이터 이벤트 추적을 하나씩 생성하고 로그가 각각 5,000만 건과 1억 건 전송된 경우

---

[9] https://aws.amazon.com/ko/cloudtrail/pricing/

- 관리 이벤트 요금

    첫 번째 추적이므로 0USD

- 데이터 이벤트 요금

    1억 / 100,000 × 0.10USD = 100USD

- AWS 사용료

    100USD

10.3.4 AWS Config

AWS Config는 AWS 계정에서 구축한 리소스 구성 정보, 변경 이력을 기록하고 관리하는 AWS 서비스입니다. 감사 준비의 변경 관리 추적이 필요할 때 특히 효과적입니다.

기존의 구성 관리 방법은 상세 설계서나 파라미터 등 구성 관리 문서를 사용해서 구성 정보나 변경 이력을 관리했지만, 변경 작업이나 관리할 시스템이 늘어나면 구성 관리 문서를 수정하거나 새롭게 생성해야 했습니다. 이런 방식은 사람이 직접 문서를 관리하므로 구성 관리 문서 수정을 잊거나 버전 관리가 힘든 문제가 있어 운영 실수가 발생합니다. **Config는 사람이 관리하던 구성 정보를 시스템에서 관리할 수 있습니다.**

Config를 활성화하면 지원하는 **AWS 리소스**[10]를 검출해서 AWS 리소스별로 **JSON 형식의 구성 항목**(configuration item)을 생성하여 구성 정보를 기록합니다. 기본값은 **7년간** 데이터를 보관합니다. Config를 설정할 때 두 가지 주의점이 있습니다. 첫 번째는 **전역 리소스**를 포함하는 설정인데, 설정하지 않으면 IAM 등 전역 서비스의 구성 정보나 변경 이력을 취득할 수 없습니다. 두 번째는 로그 스토리지로 S3를 지정하면 보관할 **S3 버킷의 버킷 정책에 Config에서 S3 버킷으로 로그 파일을 업로드할 수 있도록 허용**해야 합니다. 구체적인 버킷 정책은 AWS 공식 문서[11]를 확인합니다.

---

10 자세한 내용은 다음 URL을 참고합니다.
   https://docs.aws.amazon.com/ko_kr/config/latest/developerguide/resource-config-reference.html
11 자세한 내용은 다음 URL을 참고합니다.
   https://docs.aws.amazon.com/ko_kr/config/latest/developerguide/s3-bucket-policy.html

▼ 그림 10-14 AWS Config 설정 화면

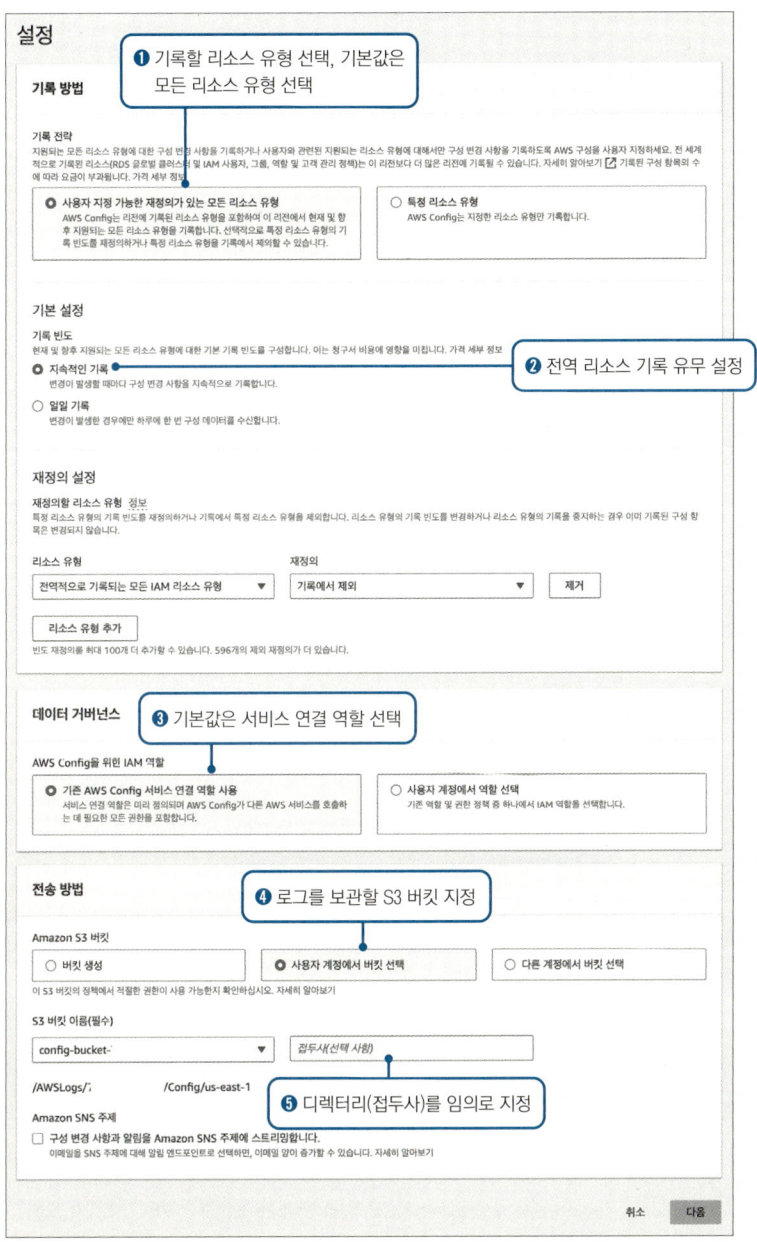

Config는 AWS 리소스의 현재 구성 정보뿐만 아니라 **과거에 삭제한 구성 정보**도 그대로 기록하므로 **실수로 AWS 리소스를 삭제했을 때**도 삭제 전후의 설정을 확인할 수 있습니다.

▼ 그림 10-15 AWS Config에서 리소스 구성 정보 확인

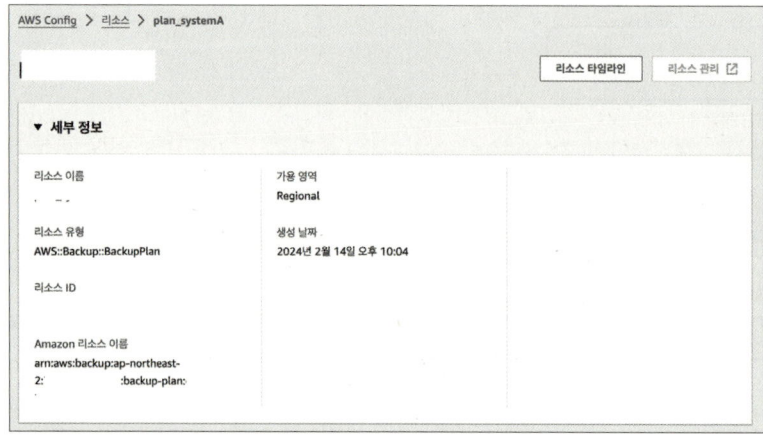

▼ 그림 10-16 AWS Config에서 삭제된 리소스 구성 정보 확인

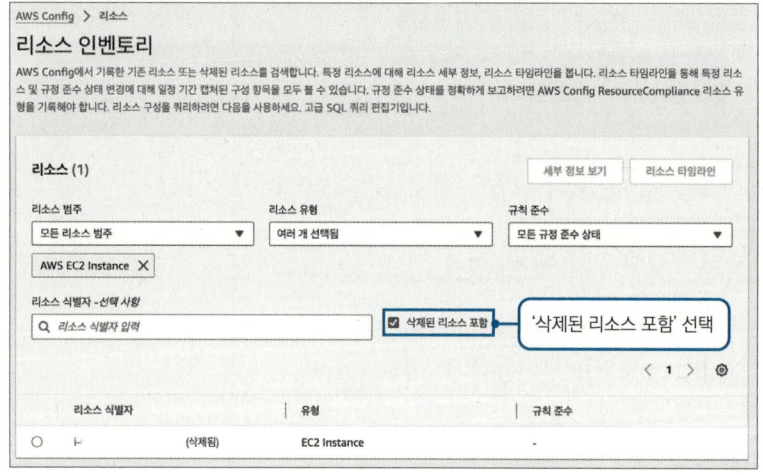

그리고 Config는 **특정 AWS 리소스에 관련된 리소스 의존 관계도** 기록합니다. 의존 관계는 EC2 인스턴스를 예로 설명하겠습니다. EC2 인스턴스를 구축할 때 EC2 인스턴스는 단독으로는 구축할 수 없습니다. 스토리지로 이용할 EBS, 구축할 네트워크(VPC, 서브넷), 보안 그룹을 지정해야 비로소 EC2 인스턴스를 구축하고 가동할 수 있습니다. EC2 인스턴스는 **EBS나 VPC, 보안 그룹과 의존 관계가 있습니다.** Config는 이런 의존 관계도 기록할 수 있습니다.

다음 예제는 특정 EC2 인스턴스의 Configuration Item(구성 항목)에서 일부를 발췌한 내용인데, **relationships** 항목에 의존 관계가 있는 AWS 리소스 정보가 기록된 것을 알 수 있습니다.

예제 10-9 EC2 인스턴스 의존 관계(일부 발췌)

```
{
    "version": "1.3",
    "accountId": "111111111111",
    "configurationItemCaptureTime": "2022-04-06T21:40:47.098Z",
    "configurationItemStatus": "OK",
    "configurationStateId": "1649281247098",
... 중략 ...
    },
    "relatedEvents": [],
    "relationships": [
        {
            "resourceType": "AWS::EC2::VPC",
            "resourceId": "vpc-xxxxxxxxxxxxxxx",
            "relationshipName": "Is contained in Vpc"
        },
        {
            "resourceType": "AWS::EC2::Volume",
            "resourceId": "vol-xxxxxxxxxxxxxxx",
            "relationshipName": "Is attached to Volume"
        },
... 중략 ...
    ]
}
```

이렇게 구축이나 삭제가 끝난 AWS 리소스별 구성 정보뿐만 아니라 AWS 리소스 사이의 의존 관계도 기록하는 Config는 취득할 수 있는 로그로 Configuration History와 Configuration Snapshot 두 종류가 있습니다. 각각의 로그 특징은 표 10-8과 같습니다. **기본적으로 Configuration History를 취득하면 되는데 필요에 따라 Configuration Snapshot도 검토합니다.**

▼ 표 10-8 AWS Config에서 수집하는 로그 특징

구분	Configuration History	Configuration Snapshot
설명	임의의 기간 동안 특정 리소스 유형의 Configuration Item을 수집합니다.	AWS Config에서 지원하는 모든 AWS 리소스의 Configuration Item을 수집합니다. 개별적인 AWS 리소스 로그가 아니라 AWS 계정 내 리소스를 할당하는 특정 시점의 스냅샷을 의미합니다.
설정 방법	Config를 활성화하면 자동으로 활성화	CLI, CloudFormation으로 이용해서 활성화[12]
취득 주기	6시간 간격	1·3·6·12·24시간 간격
트리거	AWS 리소스에 변경이 발생하면 실행	설정한 시간 간격으로 정기적으로 실행
사용 사례	특정 리소스 유형의 과거 설정 상태를 확인하고 싶을 때	AWS 계정에서 구축된 리소스 전체 모습을 확인하고 싶을 때

▼ 그림 10-17 Configuration History와 Configuration Snapshot 모습

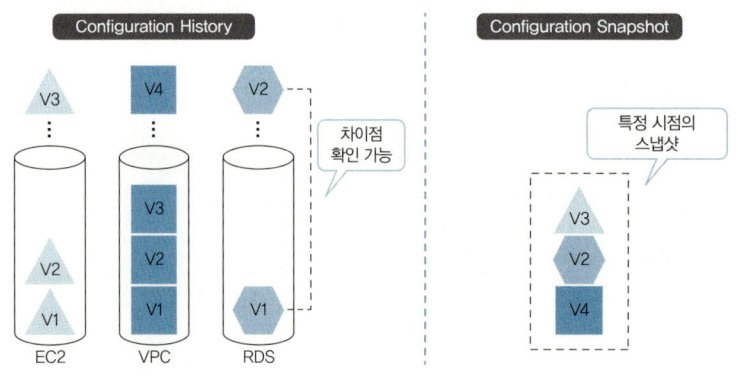

Config는 Configuration History를 수집하므로 **특정 리소스 유형에서 과거에 실행된 설정 변경 내용**을 타임라인으로 확인할 수 있습니다. 따라서 특정 AWS 리소스의 언제, 누가, 어떤 AWS 리소스에서, 어떤 API 조작을 하고, 어떤 설정 변경을 했는지 시간 순서대로 조사할 수 있습니다. 이렇듯 Config는 구성 변경 추적뿐만 아니라 변경 작업을 계기로 발생한 트러블슈팅에도 활용할 수 있습니다.

---

[12] 자세한 내용은 다음 URL을 참고합니다.
https://docs.aws.amazon.com/ko_kr/config/latest/developerguide/deliver-snapshot-cli.html

▼ 그림 10-18 AWS Config로 구성 변경 내용을 시간 순으로 확인

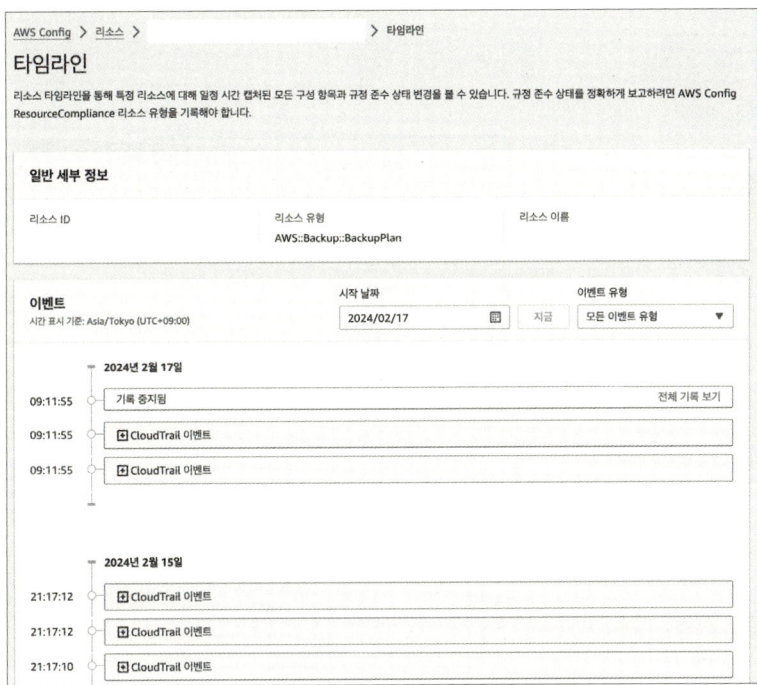

지금부터는 감사 추적 취득과 직접적인 관계는 없지만 Config에서 이용할 수 있는 편리한 두 가지 기능을 소개합니다.

Config 애그리게이터

Config 애그리게이터(Config Aggregator)는 여러 AWS 계정 및 리전의 Config에서 수집한 구성 정보나 변경 이력, Config Rules로 평가한 결과를 하나의 AWS 계정과 리전으로 통합할 수 있는 기능입니다. Config 애그리게이터는 콘솔 화면에서 간단히 생성해서 곧바로 사용할 수 있습니다.

▼ 그림 10-19 Config 애그리게이터 콘솔 화면

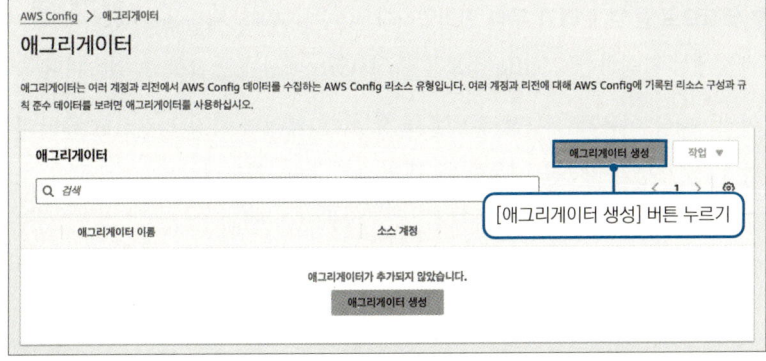

▼ 그림 10-20 애그리게이터 생성 화면

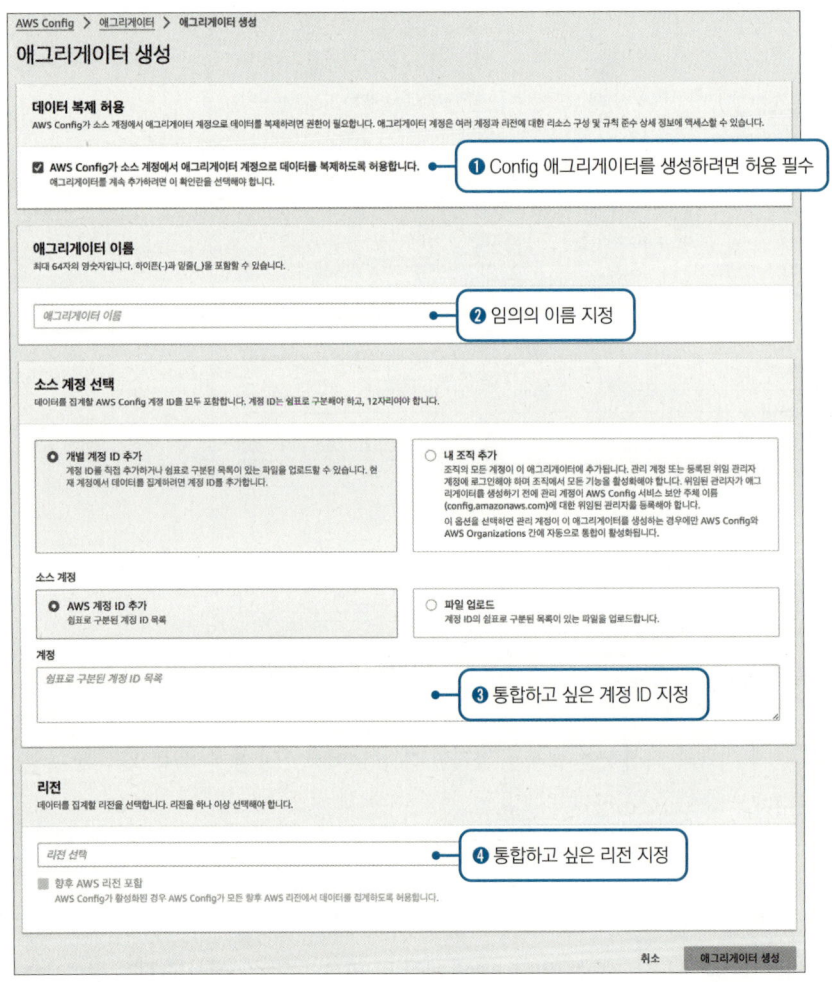

Config는 리전별 서비스이므로 여러 AWS 리전에서 활성화하려면 AWS 리전마다 활성화 작업이 필요합니다. 그런데 각 AWS 리전의 Config를 확인하려면 그때마다 AWS 리전을 전환해야 해서 너무 불편합니다. Config 애그리게이터를 활용하면 **서울 리전의 Config에서 모든 AWS 리전 정보를 한꺼번에 확인할 수 있으므로 운영 관리가 무척 편리합니다.** 다수의 AWS 계정을 이용할 때도 마찬가지로 여러 AWS 계정에서 활성화한 Config 정보를 특정 AWS 계정에 통합할 수 있습니다.

이렇게 Config 애그리게이터를 이용하면 구성 정보를 특정 AWS 계정의 특정 리전으로 통합 관리할 수 있으므로 여러 AWS 계정과 리전을 이용할 때 큰 효과를 볼 수 있습니다.

▼ 그림 10-21 Config 애그리게이터로 여러 AWS 리전과 계정 정보 통합

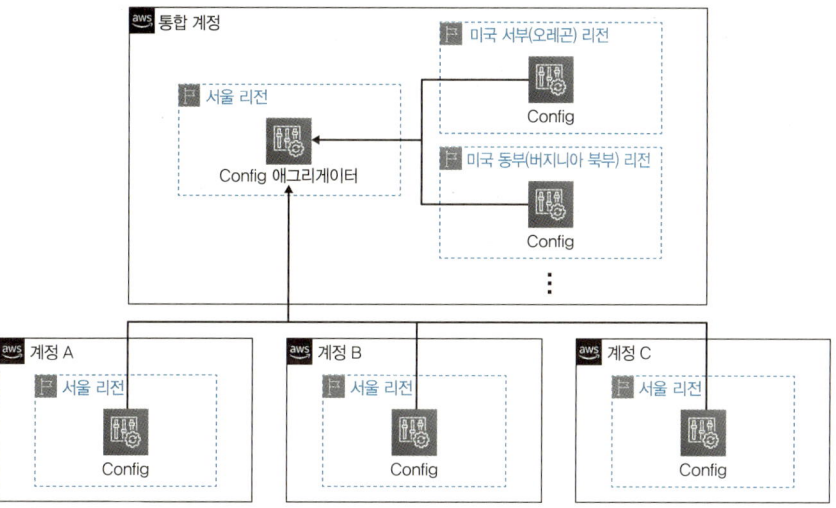

▼ 그림 10-22 Config 애그리게이터로 리소스 확인

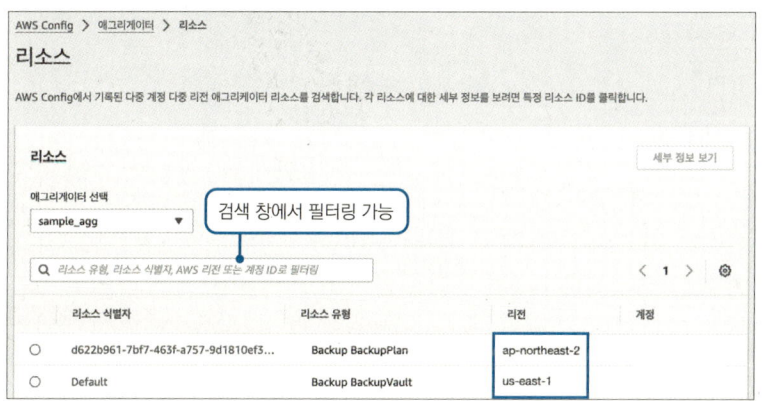

고급 쿼리

고급 쿼리는 Config에 기록된 구성 정보에 SQL 쿼리를 실행해서 구성 정보 검색 능력을 향상시키는 기능입니다. 10.3.4절에서 설명했듯이, Config 구성 정보는 구축한 AWS 리소스마다 생성된 Configuration Item이라는 JSON 형식 파일에 기록됩니다. Configuration Item에는 의존 관계를 포함한 다양한 정보가 기록되므로 특정 AWS 리소스의 구성 정보를 자세히 조사하기에 딱 적합합니다. 하지만 여러 AWS 리전 또는 AWS 계정에서 구축한 AWS 리소스 전체를 대상으로 조사하려면 Configuration Item을 전부 확인해야 합니다.

이때 **고급 쿼리를 이용하면** AWS 계정에서 구축한 AWS 리소스를 대상으로 한번에 필요한 정보를 꼭 짚어서 검색할 수 있습니다. 고급 쿼리는 AWS 계정과 AWS 리전뿐만 아니라 **Config 애그리게이터에서 통합한 구성 정보**도 쿼리를 실행할 수 있습니다.

SQL 쿼리를 생성하는 방법을 자세하게 설명하지는 않겠지만 AWS 샘플 쿼리[13]가 제공되므로 고급 쿼리를 간단히 실행할 수 있습니다. 그림 10-23과 그림 10-24는 AWS 계정에서 구축한 EC2 인스턴스 대수를 인스턴스 유형별로 검색하는 샘플 쿼리(Count EC2 Instances)를 실행한 예입니다.

▼ 그림 10-23 고급 쿼리에서 샘플 쿼리를 검색해서 선택

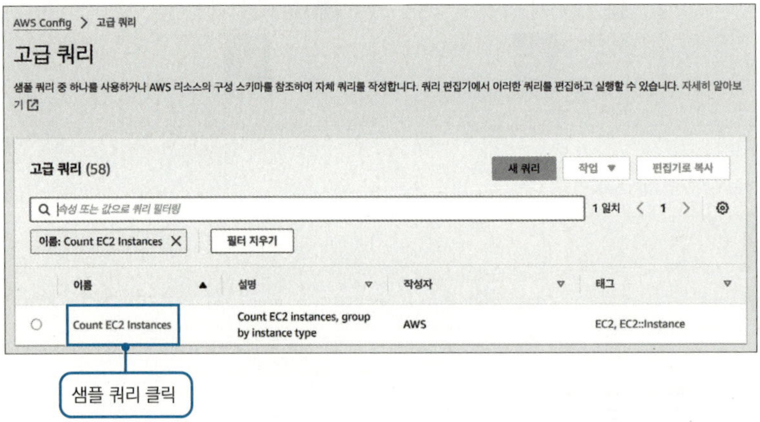

---

[13] 자세한 내용은 다음 URL을 참고합니다.
https://docs.aws.amazon.com/ko_kr/config/latest/developerguide/example-query.html

▼ 그림 10-24 고급 쿼리 실행

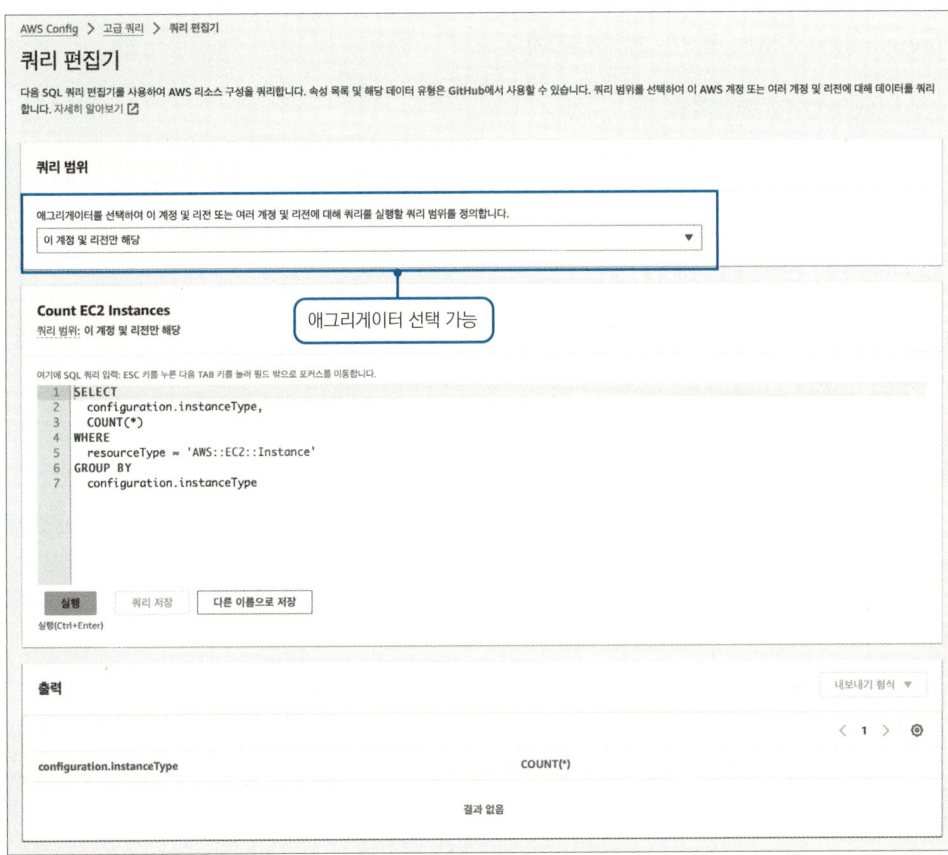

10.3.5 Config 이용 요금

Config는 AWS 리전별로 기록된 Configuration Item에 따라 요금이 발생합니다. 자세한 요금은 Config 요금 웹 페이지[14]를 확인합니다.

▼ 표 10-9 Configuration Item 이용 요금

요금 대상	AWS 사용료
Configuration Item	1건당 0.003USD

※ 2024년 2월 현재 아시아 태평양(서울) 리전 기준

---

14 https://aws.amazon.com/ko/config/pricing/

Config 사용료 예

Configuration Item이 월 1만 건 기록된 경우

- **Configuration Item 요금**

    10,000 × 0.003USD = 30USD

- **AWS 사용료**

    30USD

10.3.6 AWS Artifact

AWS Artifact는 AWS ISO 인증, Payment Card Industry(PCI), Service Organization Control(SOC) 보고서 등 AWS 관련 보안 및 규정 준수 문서(AWS 규정 준수 보고서) 확인과 일부 온라인 계약 체결을 할 수 있는 AWS 서비스입니다.

AWS 자체는 미국에 본사가 있는 Amazon Web Services, Inc.가 제공하는 클라우드 컴퓨팅 서비스이므로 Amazon Web Services, Inc.에서도 AWS에 대한 감사를 실시합니다. 그뿐만 아니라 AWS 서비스 자체의 보안 수준과 품질을 증명하려고 제3자 기관에서 인증과 인정을 받고 있습니다. 이렇게 감사, 인증, 인정을 받은 결과로 만들어진 보고서를 Artifact에서는 **AWS 규정 준수 보고서**라고 합니다. **AWS 규정 준수 보고서**는 Artifact 콘솔 화면에서 내려받을 수 있습니다.

▼ 그림 10-25 Artifact 콘솔 화면

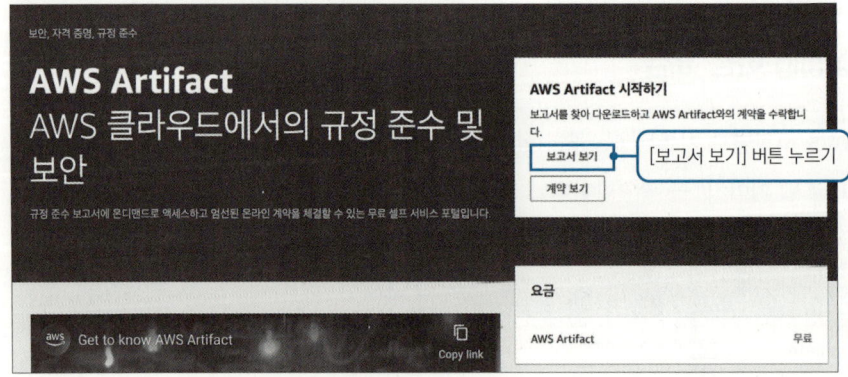

▼ 그림 10-26 AWS 규정 준수 보고서 내려받기

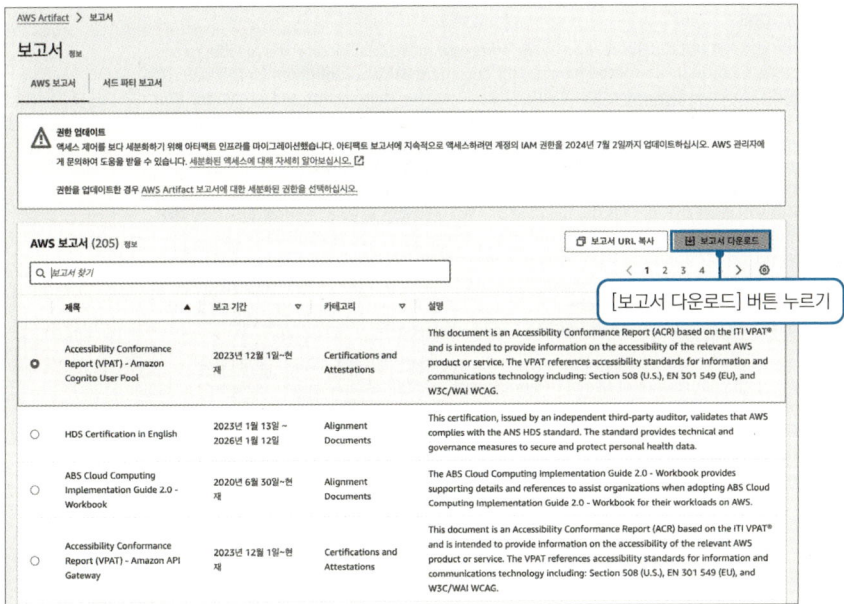

AWS 규정 준수 보고서를 내려받을 수 있어 AWS 사용자와 시스템 감사인에게는 다음 표와 같은 장점이 있습니다.

▼ 표 10-10 AWS 규정 준수 보고서를 이용하는 장점

	AWS 사용자	시스템 감사인
장점	AWS 자체의 보안이나 규정 준수 엄수 등에 관한 감사 증거로 시스템 감사인에게 제시할 수 있습니다.	감사의 일환으로 AWS에 대한 실사(적절하고 철저한 조사)를 실시할 때 감사 증거로 필요한 경우 입수 및 이용할 수 있습니다.

AWS 규정 준수 보고서는 Amazon Web Services, Inc.가 기업 활동 일환으로 실시한 감사 등에 관한 기밀 정보이므로 **기본적으로 AWS를 이용하는 고객에게만 계약에 따라 제공합니다**. 따라서 Artifact를 이용해서 AWS 규정 준수 보고서를 내려받을 때 Terms and Conditions(이용 약관)에 동의가 필요합니다. 콘솔 화면에서 간단히 내려받을 수 있으므로 잊기 쉽지만 **AWS 규정 준수 보고서는 Amazon Web Services, Inc.가 계약 체결자(AWS 계정 사용자)에게만 제공하는 기밀 정보이므로 Terms and Conditions(이용 약관)를 제대로 확인한 후 이용합니다**.

▼ 그림 10-27 AWS 규정 준수 보고서 이용 약관

> **TERMS AND CONDITIONS**
>
> You hereby agree that you will not distribute, display, or otherwise make this document available to an *individual or entity*, unless expressly permitted herein. This document is AWS Confidential Information (as defined in the AWS Customer Agreement), and you may not remove these terms and conditions from this document, nor take excerpts of this document, without Amazon's express written consent. You may not use this document for purposes competitive with Amazon. You may distribute this document, in its complete form, upon the commercially reasonable request by (1) an end user of your service, to the extent that your service functions on relevant AWS offerings provided that such distribution is accompanied by documentation that details the function of AWS offerings in your service, provided that you have entered into a confidentiality agreement with the end user that includes terms not less restrictive than those provided herein and have named Amazon as an intended beneficiary, or (2) a regulator, so long as you request confidential treatment of this document (each (1) and (2) is deemed a "Permitted Recipient"). You must keep comprehensive records of all Permitted Recipient requests, and make such records available to Amazon and its auditors, upon request.
>
> You further (i) acknowledge and agree that you do not acquire any rights against Amazon's Service Auditors in connection with your receipt or use of this document, and (ii) release Amazon's Service Auditor from any and all claims or causes of action that you have now or in the future against Amazon's Service Auditor arising from this document. The foregoing sentence is meant for the benefit of Amazon's Service Auditors, who are entitled to enforce it. "Service Auditor" means the party that created this document for Amazon or assisted Amazon with creating this document.

다음은 2024년 2월 시점의 이용 약관 및 이용 규약을 번역한 내용입니다.

> **AWS 규정 준수 보고서의 이용 약관**
>
> 귀하는 본 문서에서 명시적으로 허용하지 않는 한, 본 문서를 개인이나 단체에 배포, 전시 또는 기타 방식으로 제공하지 않을 것에 동의합니다. 본 문서는 AWS 기밀 정보(AWS 고객 계약에 정의됨)이며, 귀하는 아마존의 명시적 서면 동의 없이 본 문서에서 본 이용 약관을 삭제하거나 본 문서의 일부를 발췌할 수 없습니다. 귀하는 본 문서를 아마존과 경쟁하는 목적으로 사용할 수 없습니다. 귀하는 본 문서에 대한 기밀 취급을 유지하는 한 (1) 귀하의 서비스 최종 사용자의 상업적으로 합리적인 요청에 따라 귀하의 서비스 관련 AWS 오퍼링에서 작동하는 범위 내에서 귀하가 최종 사용자와 본 계약에서 제공하는 것보다 덜 제한적인 조건을 포함하는 기밀 유지 계약을 체결하고 아마존을 의도된 수혜자로 지정해서 해당 배포에 귀하의 서비스에서 AWS 오퍼링의 기능을 자세히 설명하는 문서가 수반되는 경우에 한해 또는 (2) 규제 기관의 요청에 따라 본 문서를 완전한 형태로 배포할 수 있습니다(각 (1) 및 (2)는 "허용된 수령자"로 간주됨). 귀하는 모든 허용된 수령자 요청에 대한 포괄적인 기록을 보관하고, 요청 시 아마존 및 그 감사관이 해당 기록을 이용할 수 있도록 제공해야 합니다.
>
> 또한 귀하는 (i) 본 문서의 수령 또는 사용과 관련하여 아마존 서비스 감사자에 대해 어떠한 권리도 취득하지 않음을 인정하고 이에 동의하며, (ii) 본 문서로 인해 현재 또는 미래에 아마존 서비스 감사자에 대해 제기할 수 있는 모든 청구 또는 소송 원인으로부터 아마존 서비스 감사자를 면제합니다. 전술한 문장은 이를 집행할 권한이 있는 아마존 서비스 감사자의 이익을 위한 것입니다. "서비스 감사자"는 아마존을 위해 이 문서를 생성했거나 아마존이 이 문서를 생성하는 데 도움을 준 당사자를 의미합니다.

Artifact는 AWS 규정 준수 보고서를 내려받을 뿐만 아니라 온라인 계약 체결도 가능하지만 일반 사용자가 이용할 일은 없습니다.

10.3.7 Artifact 이용 요금

Artifact는 생성된 AWS 계정에서 무료로 이용할 수 있습니다.

10.4 실무 표본 아키텍처 소개

이 아키텍처는 AWS에서 구축한 리소스(EC2 인스턴스와 RDS DB 인스턴스) 감사 로그와 AWS 계정의 활동 로그를 기록해서 S3 버킷에 장기간 보관하고 Athena를 이용해서 감사할 때 로그 분석을 할 수 있도록 설계한 것입니다.

▼ 그림 10-28 AWS의 감사 준비 전체 모습

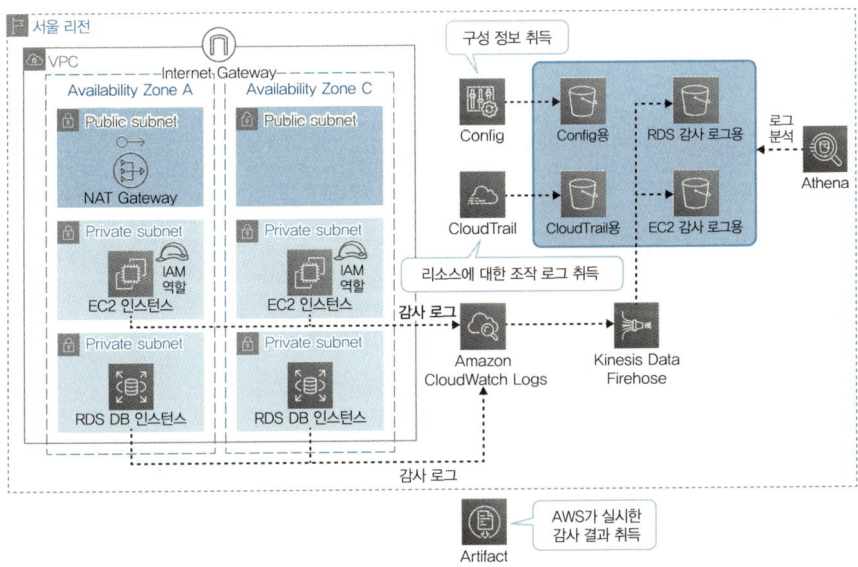

10.4.1 표본 아키텍처 개요

EC2와 RDS는 S3와 통합되지 않아서 S3 버킷으로 직접 로그를 출력할 수 없으므로 CloudWatch Logs에 기록하고 Kinesis Data Firehose를 경유해서 감사 로그 저장용 S3 버킷에 출력합니다.

감사 로그는 언제, 누가, 어떤 조작을 해서, 어떤 결과가 되었는지 확인하려고 **조작 로그, 인증 로그, 이벤트 로그, 설정 변경 로그**를 취득합니다.

Config와 CloudTrail은 S3와 통합되어 장기 보관용 S3에 직접 로그를 출력합니다. EC2 인스턴스, RDS DB 인스턴스, Config, CloudTrail 로그는 모두 S3에 보관하므로 CloudTrail 데이터 이벤트로 S3 객체 수준의 API 활동을 취득합니다. 또 로그 무결성 강화를 위해 **로그 파일 검증**을 활성화합니다. 이렇게 해서 거버넌스, 보안 로그 기록 및 모니터링 평가 관점을 반영한 아키텍처를 만들었습니다. 상속된 제어 평가 관점에서는 Artifact로 **AWS 규정 준수 보고서**를 콘솔 화면에서 내려받을 수 있도록 했습니다.

10.5 실무 자주 하는 질문

Q1. AWS CloudTrail은 얼마나 자주 로그를 기록하나요?

A1. CloudTrail은 API 호출에서 15분 이내에 로그(이벤트)를 전송합니다.

보통 CloudTrail은 API 호출 발생 후 15분 이내에 로그(이벤트)를 전송합니다. 또 S3 버킷에 CloudTrail 로그를 전송하도록 설정했으면 약 5분 간격으로 로그 파일을 지정한 S3 버킷으로 전송합니다.

참고로 CloudTrail에서 S3 버킷에 로그를 출력할 때 S3 버킷의 버킷 정책에 CloudTrail 로그 출력을 허용해야 합니다(10.3.1절 참고)

Q2. AWS Artifact에서 내려받은 AWS 규정 준수 보고서를 고객과 공유할 수 있나요?

A2. 보고서를 내려받기 전에 이용 약관을 확인합니다.

AWS 규정 준수 보고서는 Amazon Web Services, Inc.가 계약 체결자(AWS 계정 사용자)에게만 제공하는 기밀 정보입니다. AWS 규정 준수 보고서 이용 약관에서 허용한다면 AWS 규정 준수 보고서를 고객과 직접 공유할 수 있지만, 이용 약관에서 허용하지 않는다면 공유할 수 없습니다.

AWS 규정 준수 보고서 공유 여부는 Artifact에서 내려받은 AWS 규정 준수 보고서 첫 번째 페이지에 있는 이용 약관을 확인합니다.

11장

비용 최적화

클라우드 비용은 기존 온프레미스와 다르게 종량 요금제이며, AWS 역시나 종량 요금제를 선택하여 제공합니다. 따라서 비용 개념 면에서 온프레미스와는 근본적으로 다릅니다. 이 장에서는 AWS(클라우드)의 비용 개념을 이해하고 AWS 비용 최적화를 설명합니다. 그리고 비용 최적화 관련 AWS 서비스를 골라 AWS 서비스 개요와 이용 방법을 설명합니다. 마지막으로 표본 아키텍처를 바탕으로 비용 최적화를 구현할 수 있는 아키텍처를 생각해 봅니다.

키워드

- AWS Cost Explorer
- AWS Budgets
- AWS Cost Anomaly Detection
- 비용 할당 태그
- AWS Compute Optimizer
- AWS Trusted Advisor
- 예약 인스턴스(Reserved Instances)
- 절감형 플랜(Savings Plans)
- AWS Systems Manager Quick Setup

11.1 기초 AWS(클라우드) 비용 개념

AWS 비용 최적화를 이야기하기 전에 우선 AWS(클라우드) 비용 개념부터 다루어 보겠습니다.

11.1.1 필요할 때 필요한 만큼만 지불하는 종량 요금제

기존 온프레미스는 물리 서버를 회사 자산으로 소유하지만 AWS에서 서버는 **AWS 자산**입니다. 따라서 AWS를 이용한다는 말은 AWS에서 서버를 빌려 이용하는 것과 같습니다. AWS는 빌리는 비용을 AWS 사용료로 사용자에게 청구하며, 청구 금액을 계산할 때는 종량 요금제를 채용합니다. 따라서 AWS 사용자는 필요할 때 필요한 서버만 AWS에서 빌려서 사용하고, 사용한 만큼만 요금을 지불합니다.

또 **회계 관점에서 AWS 사용료는 일률적으로 고정된 금액을 지불하는 고정비가 아니라 변동비로 처리됩니다.** 기존 온프레미스에서는 물리 서버를 '구입'하기 때문에 **고정 자산**으로 취급되며, 법률상 정해진 기간에 따라 감가상각[1] 처리가 됩니다. 한편 AWS 사용료는 수도 요금이나 전기 요금처럼 **변동비**로 처리됩니다. 이렇게 AWS(클라우드)의 비용 개념은 기존 온프레미스와 무척 다릅니다.

11.1.2 비용 최적화 원칙

AWS에서 비용 개념은 Well-Architected 프레임워크의 비용 최적화 원칙[2]에서 다루는 다섯 가지 중심 영역으로 정리합니다.

1. 클라우드 재무 관리 시행
2. 지출 및 사용량 인식
3. 비용 효율적인 리소스

---

1 역주 장기간 사용하는 자산을 비용화하는 개념으로 시간이 지면 가치가 줄어드는 것을 반영합니다.
2 자세한 내용은 다음 URL을 참고합니다.
https://docs.aws.amazon.com/ko_kr/wellarchitected/latest/cost-optimization-pillar/welcome.html

4. 수요 관리 및 리소스 공급

5. 시간 경과에 따른 최적화

다음 그림은 이런 관점을 실제 AWS 이용에 맞추어서 바꾼 것입니다.

▼ 그림 11-1 AWS 비용 관리의 다섯 가지 관점

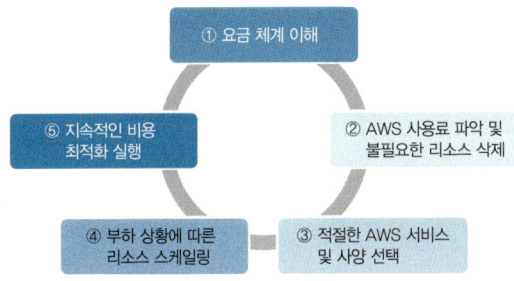

① 요금 체계 이해

AWS 사용료는 종량 요금제이지만 요금을 계산하는 방법은 AWS 서비스에 따라 다양합니다. 또 EC2나 RDS는 **일정 기간(1년 또는 3년) 동안 계속해서 이용하는 조건으로 할인 옵션(예약 인스턴스, 절감형 플랜)**이 있습니다. 이를 적절히 조합하면 비용을 최적화할 수 있습니다.

그렇게 하려면 AWS 요금 체계[3]를 올바르게 이해하는 것이 필수입니다. 전부 이해하려면 상당한 시간이 걸리겠지만 비용 최적화에서는 무척 중요한 필수 지식입니다.

② AWS 사용료 파악 및 불필요한 리소스 삭제

AWS 사용료는 종량 요금제이므로 이용 상황에 따라 사용료가 변합니다. 따라서 사용료 증감을 주기적으로 관측하고 파악해야 합니다. 특히 **불필요한 리소스를 파악하고 삭제하는 것**이 중요합니다. 불필요한 리소스가 그대로 남아 있으면 쓰지 않은 것에도 쓸데없는 비용이 발생합니다. 예를 들어 검증 목적으로 이용한 EC2 인스턴스를 가동한 상태로 방치하면 불필요한 비용이 발생하기 때문에 사용이 끝난 EC2 인스턴스는 삭제해야 합니다.

---

3 자세한 내용은 다음 URL을 참고합니다.
https://aws.amazon.com/ko/pricing/?nc1=h_ls&aws-products-pricing.sort-by=item.additionalFields.productNameLowercase&aws-products-pricing.sort-order=asc&awsf.Free%20Tier%20%20Type=*all&awsf.tech-category=*all&awsf.Free%20Tier%20Type=*all

③ 적절한 AWS 서비스 및 사양 선택

AWS가 제공하는 서비스는 무척 다양하기 때문에 원하는 기능을 갖춘 AWS 서비스는 하나만 있지 않습니다. 예를 들어 데이터 보관이 목적이라면 RDS나 S3가 후보에 오를 수 있으며, 용도에 따라 적절한 AWS 서비스를 선택해야 합니다.

EC2를 비롯한 컴퓨팅 리소스 사양 선택도 마찬가지입니다. EC2 인스턴스를 생성할 때는 인스턴스 유형을 지정하는데, 이 책을 쓰는 현재 시점을 기준으로 600여 개가 넘는 유형이 있습니다. 따라서 어떤 인스턴스 유형이 최적인지 선택하는 일은 결코 쉽지 않습니다.

이렇게 **이용 용도에 따라 적절한 AWS 서비스와 사양을 선택하는 것**은 비용 최적화에서 빠질 수 없는 요소입니다.

게다가 선택 가능한 인스턴스 유형은 AWS 업데이트에 따라 계속 늘어나고 있으며 새로운 인스턴스 유형 쪽이 개선된 가성비를 보이고 있습니다. 늘 최신 인스턴스 유형을 쓰면 좋겠지만, 인스턴스 유형 변경에 따른 운영상 문제점이 발생할 수 있습니다. 이런 리소스 최적화는 **AWS Compute Optimizer**를 이용하면 효과가 좋습니다. 이후 11.5.4절에서 자세히 설명합니다.

④ 부하 상황에 따른 리소스 스케일링

시스템과 서비스에 대한 부하는 늘 변합니다. 예를 들어 연초에 액세스가 집중되는 시스템이 있고, 월말에만 액세스가 집중되는 시스템도 있습니다. 온프레미스와 다르게 AWS는 컴퓨팅 리소스를 부하 피크(최고점)에 맞추어서 준비할 필요가 없다는 것이 큰 장점입니다. AWS에서는 손쉽게 스케일 아웃/스케일 업할 수 있기 때문에 부하 피크 때도 문제없이 워크로드를 처리할 수 있습니다. 그렇게 하려면 미리 시스템이나 서비스에 대한 수요(부하 상황)를 파악해서 필요한 만큼 리소스를 준비할 수 있도록 합니다.

⑤ 지속적인 비용 최적화 실행

AWS 기능이 자주 업데이트되듯이 비용 최적화 관련 기능도 마찬가지입니다. 예를 들어 EC2 인스턴스 비용 최적화에서는 과거 오랜 시간 동안 예약 인스턴스 할인 구매 옵션이 제일 가성비가 좋았습니다. 하지만 2019년에 새로운 절감형 플랜 할인 구매 옵션이 제공되면서 절감형 플랜이 더 가성비 좋은 비용 최적화 서비스가 되었습니다. 이처럼 AWS는 일회성이 아니라 **지속적으로 비용 최적화를 해야 합니다.**

11.2 실무 AWS 비용 최적화

AWS(클라우드) 비용 개념을 이해했다면 이제 AWS 비용 최적화를 알아봅시다.

11.2.1 비용 최적화와 비용 절감의 차이

비용을 이야기할 때 비용 최적화, 비용 절감이라는 말을 자주 사용합니다. 일단 둘이 서로 어떻게 다른지 알아봅시다.

'11.1.2절 비용 최적화 원칙'에서 소개했듯이, AWS Well-Architected 프레임워크에서는 **비용 최적화**(cost optimization) 단어를 쓰고 있으며, **비용 절감**이라는 말은 사용하지 않습니다. AWS는 왜 비용 절감이라는 말을 사용하지 않을까요? 그 배경에는 **비용을 낮추는 것이 꼭 옳은 것은 아니라는 의도**가 담겨 있습니다.

비용 절감의 함정

기업 경영에서는 이익 최대화를 목적으로 **비용 절감**이라는 말을 자주 사용합니다. 특히 2022년은 환율 약세 때문에 클라우드 서비스 사용료가 상승하여 비용 절감이라는 말이 계속해서 등장했습니다. 우리는 2008년에 발생한 리먼 쇼크 때문에 불황 상황에서 비용 절감이라는 말을 굉장히 자주 들을 수 있었습니다.

이렇듯 외부 요인이 크게 변하는 상황에서 사용하는 비용 절감이라는 말에는 어떻게든 지출을 줄이고 비용을 쥐어짠다는 인상이 강합니다. 불필요하게 많은 비용을 지출하는 상태를 바로잡는 것은 필요하지만 **지나친 비용 절감은 나쁜 영향을 끼칠 수 있습니다**. 예를 들어 비용 절감을 이유로 EC2 인스턴스 사양을 낮춘 결과, 원래 필요한 성능을 충분히 발휘하지 못해서 시스템이나 서비스에 악영향을 줄 때가 있습니다.

구체적인 예로 설명해 볼까요? EC2 인스턴스를 이용한 배치 처리를 생각해 봅시다. 현재 가동 중인 EC2 인스턴스 사양에서는 30분이면 완료할 수 있는 배치 처리를 그 절반 수준의 서버 사양에서 실행하면 배치 처리를 완료할 때까지 기존 2배인 60분 이상이 걸릴 수 있습니다. EC2 인스턴스의 인스턴스 유형별 1시간당 사용료만 보자면 사양을 낮추었기 때문에 **표면상 비용 절감에는 성공한 것처럼 보입니다**. 하지만 사양 변경 때문에 EC2 인스턴스 처리 속도가 떨어져 실제로 처리하는 시간이 2배로 늘어나면 시스템 개발과 운영하는 현장은 문제를 겪게 됩니다. 그 배치 처리가 끝나야 시작되는 후속 처리가 있다면 배치 처리가 완료될 때까지 다음 작업이 시작되지 않는 병목 현상이 발생합니다. 이때는 사양을 낮추는 것이 아니라 오히려 사양을 2배로 올리고 배치 처리 시간을 15분으로 줄여서 후속 처리 대기 시간을 줄이는 편이 시스템 전체 최적화를 생각했을 때 올바른 선택입니다.

▼ 그림 11-2 비용과 처리 시간을 고려한 배치 처리에 필요한 서버 사양과 비교

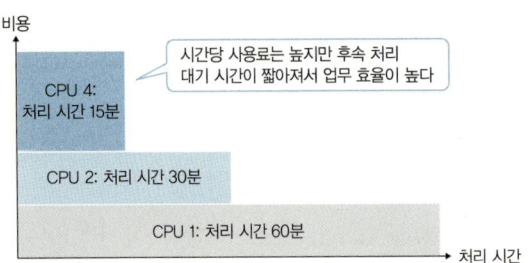

비용 절감에 너무 집중하면 **시스템 전체 최적화** 관점에서 벗어날 우려가 있습니다. **따라서 AWS는 비용 절감이 아니라 비용 대비 효과의 최대화를 뜻하는 '비용 최적화'를 지향하는 것이 중요합니다.**

비용 최적화는 다이어트와 비슷

여기에서 최적화라는 단어를 더욱 이해하기 쉽도록 다이어트에 비유해 보겠습니다. 비용을 최적화해서 **필요한 만큼만 사용료를 지불하는 상태**로 만드는 목표는 건강 목적의 다이어트와 비슷합니다. 특히 주기적으로 체중(금액)을 측정하고 이를 줄이려고 열심히 노력하는 점이 닮았습니다. 여러분도 다이어트라는 단어를 들으면 체중을 줄이는 일부터 떠올릴 것입니다. 또 체중을 줄이려고 극단적으로 식사량을 줄여서 살을 뺐다는 이야기를 주변에서 들은 적이 있을 것입니다. 하지만 지나친 다이어트는 건강을 해치고 더 나아가 생명을 위협하는 상태가 될 수 있습니다. 체중은 적게 나갈수록 좋다는 생각은 틀렸기 때문에 키나 성별, 나이를 고려해서 건강한 체중 목표를 세우고 유지하는 것이 더 중요합니다.

▼ 그림 11-3 다이어트와 체중

AWS 사용료도 마찬가지로 **적절한 사용료**가 목표입니다. 지나친 비용 절감은 결국에는 쓰지 않는 것이 아끼는 것이라는 극단적인 생각으로 이어지고, AWS 계정 해지로 연결됩니다. 이 정도까지는 아니더라도 이용 중인 리소스가 거의 없는 AWS 계정이 되거나 자유롭게 AWS 리소스를 생성할 수 없을 수도 있습니다. 이런 상황은 리소스를 자유롭게 생성하고 삭제할 수 있는 **비즈니스 민첩성**[4]이라는 클라우드의 큰 장점을 스스로 버리는 것입니다. 따라서 비용 절감이 아니라 **비용 최적화** 관점에서 AWS 계정 비용 관리가 무척 중요합니다.

11.2.2 비용 최적화는 왜 필요한가?

AWS에서 비용 최적화가 필요한 이유는 세 가지입니다.

- 온프레미스와 다른 용량 계획 개념이 존재
- 빈번한 서비스 업데이트
- 새로운 AWS 서비스 출시

온프레미스와 다른 용량 계획 개념이 존재

온프레미스의 용량 계획 개념, 즉 서버 사양을 선정하는 것은 **예상된 최대 용량을 추정하고 미리 확보**하는 방식입니다. 연말 성수기(12월 말)에 최대 부하가 발생하는 서비스를 예로 들어 봅시다.

최대 부하가 발생할 때 필요한 서버 사양은 **32코어/메모리 128GB**고 평소에 필요한 서버 사양은 **8코어/메모리 32GB**라고 합시다. 온프레미스는 서버를 구입해서 보유하는 개념이므로 최대 부하가 발생하는 연말에만 고사양 서버를 임대하는 등 대응이 불가능합니다. 따라서 최대 부하가 발생할 때 필요한 사양의 서버를 구입해서 계속 보유해야만 합니다. 그 결과로 **최대 부하가 발생할 때 필요 사양과 평소 필요한 사양의 차이에서 생기는 여유 용량은 평소에는 이용하지 않으므로 투자 낭비가 됩니다.** 또 예상한 최대 용량을 정확하게 추정하는 것 역시나 쉽지 않기 때문에 서비스 운영 경험과 지식이 필요합니다. 이런 내용이 온프레미스에서 용량 계획의 기본적인 개념입니다.

---

[4] 비즈니스 상황에 따라 신속하게 대응하는 것 또는 그 능력을 의미합니다.

▼ 그림 11-4 온프레미스를 전제로 한 서버 조달 모습

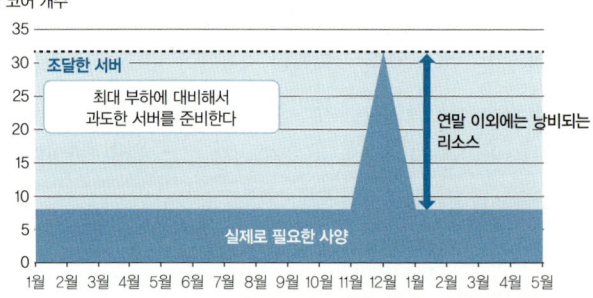

반면에 AWS를 비롯한 클라우드 컴퓨팅에서 용량을 계획하는 개념은 **필요할 때 필요한 만큼만 조달하여 필요에 따라 적절한 사양으로 변경**하는 것입니다. AWS는 온디맨드 셀프 서비스이므로 어느 때나 서버 조달을 할 수 있습니다. 서버 사양을 변경하는 스케일 업/스케일 다운도 무척 간단합니다. 특히나 EC2 기능인 EC2 Auto Scaling을 이용하면 서버 대수를 자동으로 조절하여 적절한 대수를 유지하도록 스케일 아웃/스케일 인할 수 있습니다.

▼ 그림 11-5 클라우드를 전제로 한 서버 조달 모습

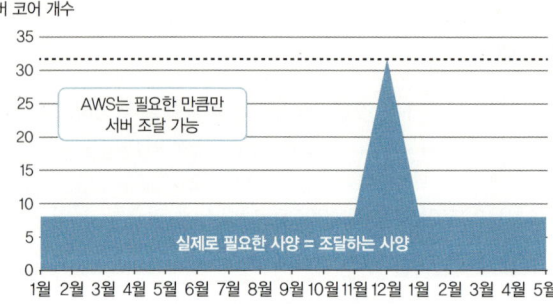

이런 AWS 서비스의 특성 때문에 온프레미스에서는 낭비되던 여유 리소스를 최적화할 수 있습니다. 바꾸어 말하면 AWS에서는 사용자가 서비스 특성을 파악하고 그에 맞는 용량 계획을 실행하여 최대한의 비용 대비 효과를 노려야 한다는 것입니다.

> Note ≡ 대표적인 서버리스(serverless) 서비스인 AWS Lambda는 이런 개념을 최대로 발휘하는 AWS 서
> 비스입니다. AWS Lambda가 출시되기 전에는 몇 초, 몇 분이면 완료되는 간단한 처리라고 할지라도 필요한 순간
> 에 실행하려면 늘 가동된 EC2 인스턴스가 필요했습니다. 하지만 실행할 처리 없이 대기하는 시간은 리소스 낭비였
> 습니다.
>
> AWS Lambda는 처리가 필요한 순간에만 서버가 가동되며 실행 시간만큼만 요금을 내는 AWS 서비스입니다. 미리
> EC2 인스턴스를 구축할 필요 없으며 AWS가 모든 관리를 담당합니다. Lambda 도입에는 약간의 기술적 난관이 있
> 지만, Lambda로 대표되는 AWS 서버리스 서비스를 효율적으로 이용하면 비용 최적화를 더욱 효과적으로 할 수 있
> 습니다.

빈번한 서비스 업데이트

기존 온프레미스에서 이용하는 서버에는 기능 개선 같은 서비스 업데이트가 거의 없었습니다. 그러나 AWS는 빈번하게 서비스를 업데이트하므로 이런 점에서도 서로 큰 차이가 있습니다.

AWS 업데이트 예로는 EC2를 들 수 있습니다. EC2는 **최신 세대의 서버일수록 비용 대비 효과**가 높습니다. 이 책을 집필하는 시점에서 C로 시작하는 인스턴스 패밀리는 C7이 최신 버전이며, C1 -> C3 -> C4 -> C5 -> C6 -> C7 순서로 업데이트되었고 그때마다 비용 대비 효과가 개선됩니다.

▼ 그림 11-6 EC2 인스턴스 패밀리의 세대 업데이트 예

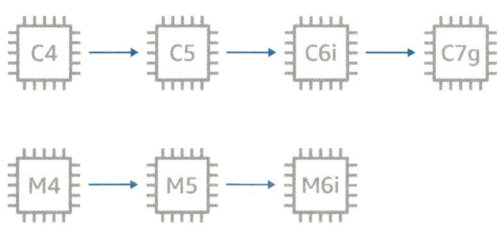

따라서 EC2의 새로운 인스턴스 유형이 출시될 때마다 최대 비용 대비 효과를 얻으려는 사용자라면 인스턴스 유형을 따라 변경해야 합니다. 인스턴스 유형 변경 작업은 EC2 인스턴스 중지나 ENA 드라이버 등 각종 업데이트를 겸하는 경우가 많습니다. 따라서 검증 환경에서 충분히 검증한 후 실제 환경에 도입해야 합니다.

물론 이런 작업을 할 것인지 여부는 AWS의 사용자가 판단하는데, 기본적으로 AWS에서 강제로 변경을 요구하는 경우는 없습니다(하지만 구세대 인스턴스 패밀리가 서비스를 종료하면 강제로 변경됩니다). **비용 최적화를 이용한 최대의 비용 대비 효과를 원한다면 운영 계획에 서비스 업데이트 적용을 포함해서 주기적으로 업데이트하는 체계가 필요합니다.**

새로운 AWS 서비스 출시

AWS는 서비스 업데이트를 이용한 기능 개선뿐만 아니라 많은 **새로운 서비스도 출시**합니다. 따라서 아키텍처도 종종 변합니다. 이번에는 과거 아키텍처에 큰 영향을 준 세 가지 서비스를 소개합니다.

첫 번째는 2015년에 발표된 **Amazon VPC NAT Gateway**입니다. 이 AWS 서비스 출시로 지금까지 EC2 인스턴스에 독자적으로 NAT 서버를 구축했던 사용자는 더 이상 NAT 서버를 유지 보수 관리할 필요가 없어졌습니다.

두 번째는 2018년에 발표된 **AWS Transit Gateway**입니다. 이 AWS 서비스 출시로 지금까지 VPC Peering을 이용한 VPC 통신의 풀 메시 구성에 필수였던 Transit VPC를 유지 보수 관리할 필요가 없어졌습니다.

세 번째는 2014년에 발표된 **AWS Lambda**입니다. Lambda는 스크립트 실행에 계속 켜 두는 서버(EC2 인스턴스)가 필요 없다는 의미에서 서버리스(serverless)라는 획기적인 서비스를 이용하여 Lambda 전환으로 비용을 줄일 수 있습니다.

이런 사례들처럼 AWS에서는 리소스를 구축한 이후에도 **이용하는 AWS 서비스와 호환되는 비용 효율이 좋은 AWS 서비스 발표** 같은 최신 정보에 지속적인 관심을 두어야 합니다. 그리고 새로운 AWS 서비스를 이용하기로 결정했다면 아키텍처 변경 작업(전환 작업)도 필요합니다.

AWS 서비스 전환을 이용한 비용 최적화는 효과가 높은 반면에 많은 경우 아키텍처 변경을 수반하기 때문에 기술적 난이도가 높은 편입니다. 이 책에서는 기술적인 난이도가 낮고 비용 최적화 효과가 높은 방법을 소개하므로 아키텍처 변경을 동반한 비용 최적화는 자세히 다루지 않습니다.

COLUMN | 최신 AWS 업데이트 정보를 수집하는 세 가지 방법

AWS는 계속해서 수많은 업데이트를 출시하므로 모든 AWS 서비스의 업데이트를 파악하려면 상당한 시간이 필요합니다. 따라서 이 칼럼에서는 AWS 업데이트를 효율적으로 파악하는 세 가지 방법을 소개하고자 합니다.

1. AWS 최신 소식을 영어로 확인하기(매일)

AWS에는 최신 소식 정보를 제공하는 전용 웹 페이지[5]가 있습니다. 이 웹 페이지에는 기본적으로 매일 업데이트 소식이 갱신되므로 이를 매일 확인하면 좋습니다. AWS 최신 소식을 확인하는 포인트는 두 가지입니다. 첫 번째는 **한국어가 아니라 영어로 확인하는 것**입니다. 한국어로 번역될 때까지는 시간이 걸리므로 최신 업데이트 소식의 신속함에 차이가 있습니다.

---

5 자세한 내용은 다음 URL을 참고합니다.
　https://aws.amazon.com/ko/new/

▼ 그림 11-7 AWS 최신 소식 언어 선택 화면

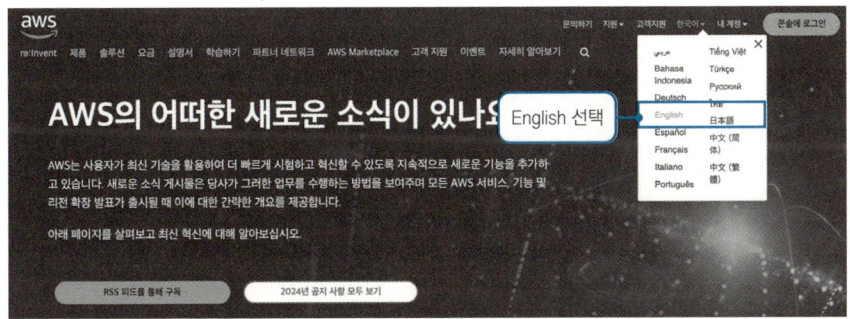

두 번째는 **너무 많은 시간을 쓰지 않는 것**입니다. AWS에는 매일 같이 다양한 서비스가 업데이트됩니다. 따라서 하루에 30분 정도로 시간 제한을 두고 실제로 이용하는 AWS 서비스부터 우선적으로 확인하면 좋습니다. AWS 업데이트를 따라잡는 데 가장 중요한 점은 무리하지 않는 범위에서 반복하는 습관을 들이는 것입니다. 따라서 습관화할 수 있는 범위에서 시간 제한을 두는 것이 포인트입니다.

2. 문서 기록 확인하기(월 1회)

AWS 최신 소식을 확인하면 AWS 업데이트 내용의 80% 정도는 파악할 수 있습니다. 하지만 **AWS 최신 소식에는 공개되지 않고 AWS 문서[6]에만 갱신 내용이 담기는 경우도 있습니다**. 따라서 월 1회 정도 간격으로 실제 이용하는 AWS 서비스의 **문서 기록**을 확인하면 좋습니다.

문서 기록은 업데이트에 따른 AWS 문서 갱신 이력이 나열되므로 과거에 어떤 업데이트 내용이 있었는지 함께 확인할 수 있습니다. AWS 문서의 왼쪽 메뉴에 문서 기록 링크가 있습니다. 문서 기록 역시 한국어 페이지보다는 **영어 페이지가 최신 정보**이므로 가급적이면 영어 페이지를 확인하는 것이 좋습니다.

▼ 그림 11-8 문서 기록 선택 화면

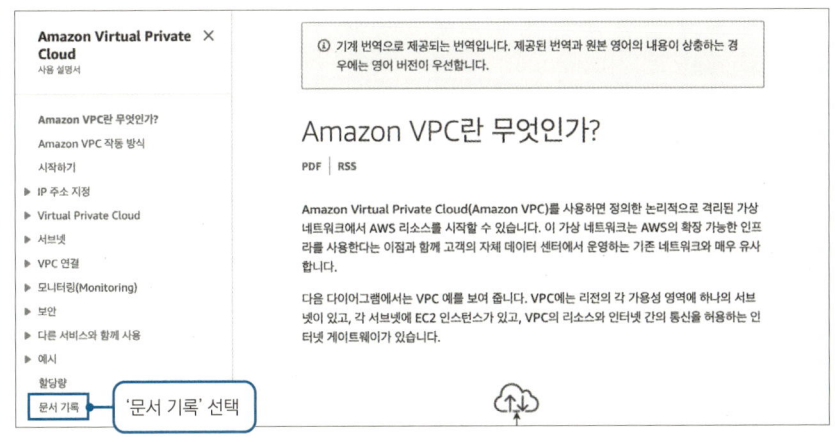

---

6 자세한 내용은 다음 URL을 참고합니다.
   https://docs.aws.amazon.com/ko_kr/

▼ 그림 11-9 문서 기록

3. AWS 뉴스 블로그 확인하기(월 1회)

AWS 뉴스 블로그[7]는 AWS 엔지니어가 비정기적으로 포스팅하는 공식 블로그입니다. AWS 최신 소식, 문서 기록은 AWS 업데이트를 빠짐없이 폭넓게 확인하는 데 좋고, AWS 뉴스 블로그는 어떤 업데이트를 깊이 이해하고 싶을 때 확인하면 좋습니다. 뉴스 블로그도 문서 기록처럼 월 1회 간격으로 확인하길 추천합니다.

▼ 그림 11-10 AWS 뉴스 블로그

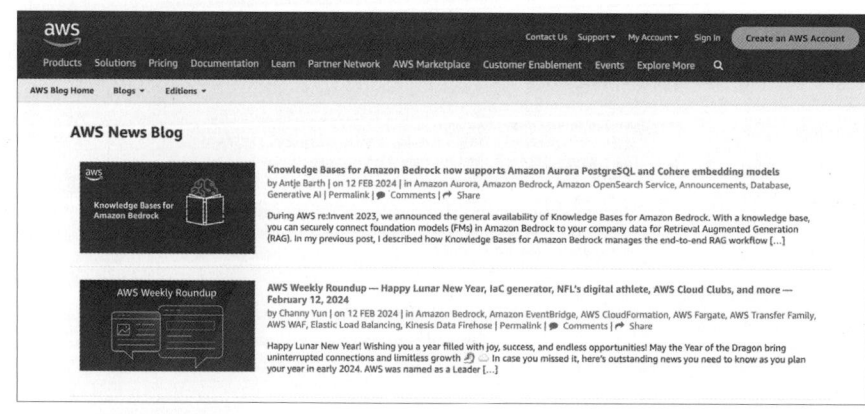

---

7   자세한 내용은 다음 URL을 참고합니다.
    https://aws.amazon.com/ko/blogs/korea/

11.2.3 비용 최적화 실현에 필요한 네 가지 요소

AWS 비용 최적화의 구체적인 노하우를 설명하기 전에 먼저 성공적인 비용 최적화의 필수 요소인 **AWS 서비스의 올바른 지식, 전사적 조직 간 협력 관계, 비용 최적화 실행, 효과 측정**을 설명합니다.

AWS 서비스에 대한 올바른 지식

성공적인 비용 최적화의 필수 요소 중 첫 번째는 **AWS 요금 관련 지식**입니다. 구체적으로 말하면 AWS 서비스별 요금 체계 지식이 가장 중요합니다. AWS 서비스마다 요금 체계가 다양하여 무척 복잡한데, 비용 최적화 프로젝트에 계속해서 참여한 필자조차도 전부 기억하기 힘들 정도입니다.

▼ 그림 11-11 매우 복잡한 AWS 요금 체계

AWS의 글로벌 IP 주소 생성을 담당하는 기능인 탄력적 IP를 예로 들어 그 복잡성을 설명하겠습니다.

탄력적 IP는 인스턴스에 연결될 것, 연결된 인스턴스가 실행 중일 것, 인스턴스에 연결된 첫 번째 탄력적 IP일 것이라는 조건을 모두 만족할 때만 무료로 이용할 수 있습니다. 중지 상태 인스턴스라면 탄력적 IP에 연결된 인스턴스가 실행 중일 것이라는 조건을 만족하지 않습니다. 따라서 탄력적 IP를 위한 유지 비용이 소액이지만 발생합니다.

이렇듯 비용 최적화를 하려면 이용 중인 각 서비스의 요금 체계와 관련된 올바른 지식이 필요합니다.

게다가 요금 체계뿐만 아니라 **AWS 서비스 사양 관련 지식**도 필요합니다. 예를 들어 실행 중인 EC2 인스턴스는 인스턴스 유형을 변경할 수 없습니다. 변경하려면 일단 EC2 인스턴스를 중지해야 합니다. 이런 지식이 없다면 비용 최적화 실행 중에 자사 서비스가 잠시 멈추는 일이 발생할 수도 있습니다.

이 장에서는 주로 '11.3절 관련 AWS 서비스(AWS 사용료 파악)'에서 이런 **AWS 서비스와 관련된 올바른 지식**을 중심으로 설명합니다. 하지만 이후에 등장할 다른 요소 역시도 성공적인 비용 최적화에 빠질 수 없는 요소이므로 함께 잘 익혀 두길 바랍니다.

전사적 조직 간 협력 관계

그다음으로 중요한 요소는 **전사적 조직 간 협력 관계**입니다. 이 개념이 생소한 분도 있겠지만 성공적인 비용 최적화에는 빠질 수 없는 요소입니다. 소규모 팀에서 관리하던 AWS 계정이라면 이런 조직 요소가 장벽이 될 일은 거의 없습니다. 하지만 대규모 조직에서는 이런 조직 개념을 의식적으로 다루어야 합니다. 그 이유는 과연 무엇일까요?

▼ 그림 11-12 AWS 비용 최적화에는 전사적 조직 협력 관계가 빠질 수 없다

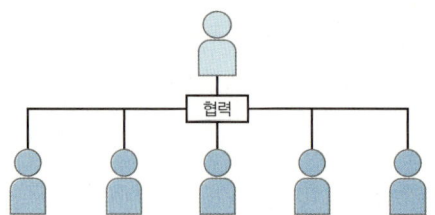

바로 상당수의 기업이 ① AWS에 서비스를 제공하는 구축 부서를 보유한 조직인 서비스 제공 부서와 ② AWS 계정을 관리하고 지불을 책임지는 조직(정보 시스템 부서)인 인프라 부서가 서로 다른 부서로 분리된 경우가 많기 때문입니다.

① 서비스 제공 부서는 이름 그대로 고객에게 서비스를 제공하는 주체 부서입니다. ② 인프라 부서는 비용을 관리하고 실제로 AWS에 지불을 경리 부서에 의뢰하는 역할을 담당합니다. 이외에도 ② 인프라 부서는 새로운 AWS 계정을 생성해서 ① 서비스 제공 부서에 제공하거나 보안 대책 등을 고안, 지도하는 역할을 담당합니다. ① **서비스 제공 부서와** ② **인프라 부서가 각각 다른 역할을 담당하는 것은 서로의 이해 관계가 다르다는 의미입니다**. 이때는 조직 간 이해 관계 때문에 비용 최적화 실행에 어려움을 겪거나 비용 최적화 난이도가 높아집니다.

또 ① 서비스 제공 부서는 서비스 제공이 최우선이라 비용 우선순위가 낮아지는 경향이 있습니다. 서비스 제공 부서의 가장 중요한 미션은 **더욱 좋은 서비스를 고객에게 계속해서 제공하는 것**이기 때문입니다. 비용 최적화로 EC2 인스턴스 사양을 낮추는 경우에도 고객에게 제공하는 서비스에 영향이 가는 것은 피해야 한다고 생각하기 마련입니다. 서비스 제공 부서는 이런 심리 때문에 비용 최적화를 그다지 긍정적으로 보지 않는 편입니다.

이렇게 비용보다 사용자 경험(고객 만족) 향상과 유지가 중요하다는 생각은 서비스 제공 부서 안에서는 큰 지지를 받습니다. 또 필자의 경험상 조직에서는 이런 서비스 제공 부서의 발언권이 더 강할 때가 많습니다.

한편 ② 인프라 부서는 **전사적 시스템 통제 및 비용 최적화를 실현하는 것**이 중요한 미션입니다. 조직 규모에 따라 인프라 부서가 다루는 미션은 다르지만 서비스 제공 부서에 비하면 비용에 민감한 경향이 있습니다. 비용 최적화로 모든 서비스 제공 부서에서 EC2 인스턴스 사양 재조정을 실시하면 연간 1,000만 원의 비용 절감 효과를 기대할 수 있다고 가정해 봅시다. 인프라 부서 입장에서는 전사적 비용 최적화를 실시함으로써 연간 1,000만 원의 비용이 절감됩니다. 즉, 연간 1,000만 원 이익을 창출할 수 있기 때문에 비용 최적화에 긍정적인 입장입니다.

사용자 경험(고객 만족) 향상과 유지, 전사적 비용 최적화에 따른 수익 창출은 어느 한쪽이 옳고 그른 것이 아닙니다. 각 부서가 미션을 달성하는 데 중요시하는 요소의 우선순위가 서로 다를 뿐이지 최종적으로 회사 이익에 공헌하고 싶다는 점은 다르지 않습니다. 그렇기 때문에 **AWS 비용 최적화를 지속적으로 실시함으로써 실현할 조직의 공통 목적과 목표는 각 부서 간 대화를 시도하여 설정하고, 서로 눈높이를 맞추어서 협력할 수 있는 체계를 만드는 것이 무척 중요합니다.** 조직의 공동 목표를 각 부서의 상급자끼리 합의하는 경우가 많은데, 이렇게 합의된 내용을 사내에 널리 선언함으로써 각 부서에 소속된 직원이 서로 협조하여 비용 최적화를 실행하는 분위기를 조성하는 것도 중요합니다.

비용 최적화 실행하기

세 번째 요소는 **비용 최적화를 확실하게 실행하는 것**입니다. AWS 서비스의 올바른 지식을 습득하고 전사적 조직 간 협력 관계를 구축하더라도 실제로 비용 최적화를 실행하지 않으면 성공할 수 없습니다. 그리고 기업 조직에서는 비용 최적화를 실행하는 데도 장벽이 있습니다. 그것은 비용 최적화 실행을 인정받으려면 **그 유용성을 설명할 수 있는 힘, 타 부서도 포함한 비용 최적화 실행의 조정력**이 요구되기 때문입니다.

할인 구매 옵션인 예약 인스턴스(Reserved Instance, RI)와 절감형 플랜(Savings Plans, SP)을 예로 들어 설명하겠습니다. 예약 인스턴스와 SP는 **1년간 또는 3년간 AWS 사용료를 할인된 가격으로 미리 지불**하는 구입 방법을 자주 사용합니다. 이때 결제 승인을 받으려고 **품의서**를 올립니다. 특히 예약 인스턴스나 SP를 처음으로 구매한다면 과거 구매 전례가 없기 때문에 품의서를 포함하여 업무 프로세스 자체가 없을 때가 있습니다.

현장 담당자가 상사에게 품의서를 결재받으려면 **예약 인스턴스나 SP를 구입했을 때 어떤 장점이 있는지** 설명하여 이해를 구하고, 경리 부서에 이런 타당성을 설명하는(상사가 대신 설명하는 경우도 있음) 과정이 필요합니다. 이런 장벽을 통과해야 비로소 예약 인스턴스, SP를 구입할 수 있는 것입니다.

효과 측정하기

마지막으로 비용 최적화에 반드시 따르는 요소는 **효과 측정**입니다. 비용 최적화는 **AWS 사용료를 얼마나 줄였고 구체적인 대응 내용은 무엇인지** 등을 최종 결과물로 보고합니다.

이때 **비용 최적화 실시 전후로 AWS 사용료가 얼마나 변화했는지 비교하여 효과를 측정합니다.** 이런 비교를 함으로써 발생한 금액 차이는 비용 최적화 효과를 정량적으로 증명하는 근거가 되므로 월별 또는 분기별 보고라면 AWS 사용료를 월별 요금으로 비교하고, 연간 보고가 필요하다면 연간 사용료로 비교하는 등 시간축에 맞추어서 효과를 측정해야 합니다.

실제 효과를 측정하는 방법에는 11.3.1절에서 소개하는 **AWS Cost Explorer**를 이용하는 방법과 **AWS 계정을 제공하는 벤더가 발송하는 월별 AWS 비용 명세서**를 이용하는 방법이 있습니다.

> **COLUMN** | 비용 최적화를 실행하는 조직 구성
>
> 보통은 비용 최적화를 전담하는 부서가 없는 경우가 흔하기 때문에 인프라 부서가 해당 역할을 대신합니다. 하지만 인프라 부서의 현실상 비용 최적화는 수많은 업무 중 하나에 불과하므로 부가적으로 달성할 목표가 되기 쉽습니다. 비용 최적화를 실시하지 않는다고 고객에게 제공하는 서비스에 영향을 미치는 것도 아니고, 인프라 부서 업무에 지장이 가는 것도 아니기 때문입니다. 따라서 AWS 사용료 비용 최적화에 성공하더라도 좋은 인사 평가를 받는 것은 어렵기 때문에 비용 최적화를 실시하려는 동기 자체가 부족하게 됩니다. 그 결과, 비용 최적화 업무의 우선순위는 낮아지고 해당 업무 자체는 흐지부지되기가 쉽습니다. 필자는 실제로 이런 상황을 자주 목격했습니다.
>
> 이처럼 적절하게 클라우드가 활용되지 않는 조직 상황을 타파하는 방법으로 CCoE(Cloud Center of Excellence) 설립이 효과적입니다. CCoE는 '클라우드 활용 추진 조직'이라고도 하는데, 클라우드 전략을 실행하는 데 필요한 인재를 모아 전사적 조직을 만들어서 운영하는 활동을 의미합니다. 비용 최적화가 제대로 진행되지 않는 조직이라면 노하우 공유나 인재 육성을 목표로 CCoE를 설립하는 대책을 검토해 보기 바랍니다. CCoE 설립[8]과 추진할 때 주의점[9]은 AWS 공식 문서에서 소개하므로 참고합니다.

11.2.4 비용 최적화 실행 절차

비용 최적화는 ① AWS 사용료 파악, ② 태그 추가, ③ AWS 이용 상황 분석, ④ 비용 최적화 실행 등 네 가지 절차에 따라 실행합니다.

---

8 https://aws.amazon.com/ko/blogs/korea/how-to-get-started-your-own-ccoe/

9 https://aws.amazon.com/ko/blogs/enterprise-strategy/7-pitfalls-to-avoid-when-building-a-ccoe/

▼ 그림 11-13 비용 최적화 실행 절차

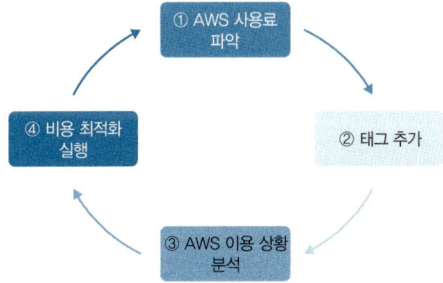

① AWS 사용료 파악하기

가장 먼저 현재의 AWS 사용료부터 파악해야 합니다. 앞서 효과 측정을 설명할 때 이미 이야기했지만, 비용 최적화는 최종 결과물로 AWS 사용료를 얼마나 줄였는가와 함께 구체적으로 실시한 대응 내용을 보고합니다. 따라서 가장 먼저 **현재의 AWS 사용료를 정확히 파악**하는 것이 중요합니다.

AWS Cost Explorer를 참조하거나 AWS 계정을 제공하는 벤더가 발송하는 월별 AWS 비용 명세서를 분석해서 어떤 AWS 서비스에서 얼마나 AWS 사용료가 발생하는지 구체적으로 파악할 수 있습니다. 가능하면 분기별 또는 반기별로 AWS 사용료를 파악하여 서비스별 증감과 경향을 파악해 두면 좋습니다.

또 AWS 사용료를 원화로 계산해서 결제할 때는 환율 변동 영향을 줄이기 위해 USD로 AWS 사용료를 파악하길 추천합니다.

▼ 그림 11-14 AWS Cost Explorer로 월 사용료 확인

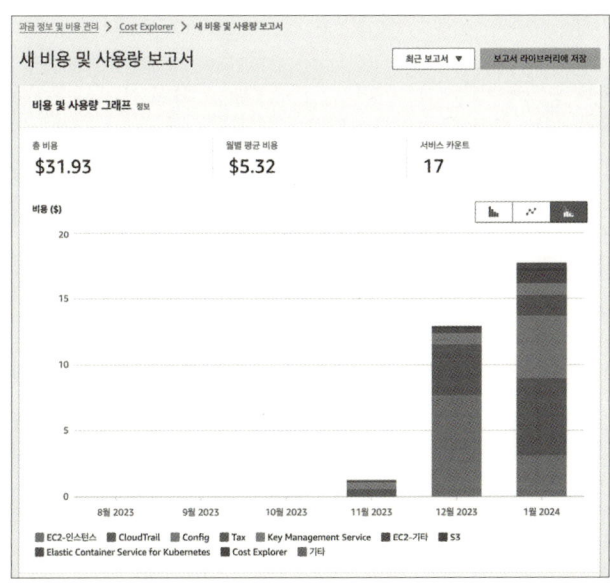

② 태그 추가하기

어떤 AWS 서비스의 어떤 AWS 리소스에서 얼마만큼 사용료가 발생하는지 파악하더라도 각 AWS 리소스가 어떤 상황에서 이용되는지는 파악할 수 없을 때가 있습니다. 예를 들어 m5.xlarge의 EC2 인스턴스가 두 대 있을 때 어떤 EC2 인스턴스가 서비스 용도고 검증 용도인지 판단할 수 없는 경우가 있습니다.

이런 상황을 피하려면 각 AWS 리소스에 태그를 추가하면 효과적입니다. 태그 추가는 비용 최적화 면에서도 무척 유용한 기능입니다.

▼ 그림 11-15 태그로 리소스 세부 정보 파악

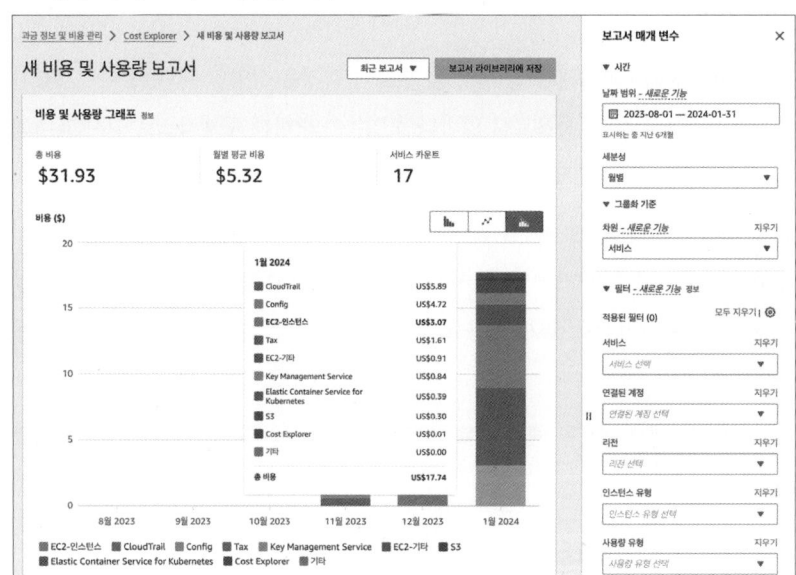

③ AWS 이용 상황 분석하기

AWS 사용료와 각 AWS 리소스 상황을 파악할 수 있으면 **어떤 AWS 서비스에 대해 비용 최적화를 실행해야 할지 분석하고 판단**할 수 있습니다. 단기간에 비용 최적화 효과를 극대화하려면 **AWS 사용료가 적은 AWS 서비스가 아니라 사용료가 높은 AWS 서비스부터 시작해야 합니다**. 따라서 전체 AWS 사용료에서 차지하는 비중이 높은 AWS 서비스와 AWS 리소스를 파악해야 합니다.

이런 AWS 서비스 사용료 비율은 어느 정도 경향성을 띱니다. AWS 계정을 제공하는 벤더 입장에서 파악한 내용에 따르면 각 AWS 계정에서 AWS 서비스별 이용 비율은 **EC2와 RDS**가 대부분을 차지합니다.

하지만 이런 경향이 있다는 것일 뿐이지 실제로 AWS 계정 이용 상황을 살펴보면 각자 조금씩 달라서 EC2나 RDS가 아니라 다른 AWS 서비스가 AWS 사용료를 많이 차지하는 경우도 있습니다. AWS 계정별로 정확히 비용을 파악하는 것이 중요합니다.

④ 비용 최적화 실행하기

현재 AWS 사용료를 파악하고 AWS 리소스에 태그를 부여하며 AWS 이용 상황을 분석해서 비용 최적화를 실시할 대상을 선정했다면, 드디어 비용 최적화를 실행할 차례입니다. 비용 최적화를 하려면 **대상 AWS 리소스 관리자와 사전 조율**이 필요합니다. AWS 계정 관리자가 AWS 계정의 모든 AWS 리소스를 전부 파악하고 있을 때도 있지만, 보통은 AWS 계정에 다양한 이용자의 AWS 리소스가 혼재될 때가 많습니다.

따라서 **비용 최적화를 실시하기 전에 먼저 AWS 리소스 관리자에게 문의할 수 있도록 사내에서 조정하거나 태그 추가 작업으로 AWS 리소스 관리자를 파악하는 것이 중요합니다**. AWS 계정 관리자가 멋대로 판단하여 최적화 작업을 실행한다면 해당 AWS 리소스 관계자나 서비스 이용자가 곤란해질 수 있습니다. 비용 최적화를 실행하기 전에 먼저 미리 현장 협력을 구하고 충분한 조정을 거치길 바랍니다.

▼ 그림 11-16 사전 조정의 관계자

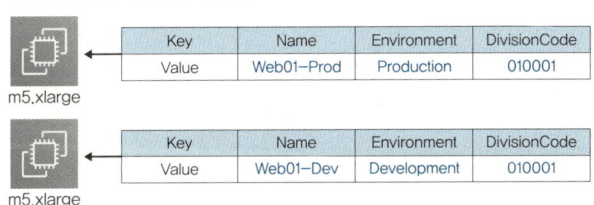

'11.3절 관련 AWS 서비스(AWS 사용료 파악)'에서 지금까지 소개한 비용 최적화를 실행하는 절차에 따라 각 프로세스와 관련된 AWS 서비스를 설명합니다.

▼ 표 11-1 비용 최적화 프로세스와 관련 AWS 서비스

프로세스	프로세스 개요	관련 AWS 서비스
① AWS 사용료 파악	현재의 AWS 사용료를 파악합니다.	• AWS Cost Explorer • AWS Budgets • AWS Cost Anomaly Dectection
② 태그 추가	AWS 이용 상황을 상세히 분석하도록 AWS 리소스에 태그를 부여합니다.	비용 할당 태그

○ 계속

프로세스	프로세스 개요	관련 AWS 서비스
③ AWS 이용 상황 분석	과거부터 현재까지 AWS 이용 상황을 분석하고 비용 최적화 대상이 되는 AWS 서비스를 선정합니다.	• AWS Cost Explorer • AWS Compute Optimizer • AWS Trusted Advisor
④ 비용 최적화 실행	대상 AWS 서비스에 비용 최적화를 실행합니다.	• 예약 인스턴스 • 절감형 플랜 • AWS Systems Manager Quick Setup

11.2.5 비용 최적화를 하는 네 가지 방법

'11.2.4절 비용 최적화 실행 절차'와 조금 다른 관점에서 비용 최적화 방법을 살펴봅시다. AWS 비용 최적화 방법은 다음 그림과 같이 네 가지로 분류할 수 있습니다. 비용 최적화에 익숙해질 때까지는 이용 중인 AWS 리소스를 이런 분류에 맞추어서 따져 보고 효과가 큰 순서대로 진행하면 좋습니다.

지금부터 비용 최적화 대상 리소스로 EC2를 예로 들어 설명하겠습니다.

▼ 그림 11-17 비용 최적화의 대표적인 네 가지 방법

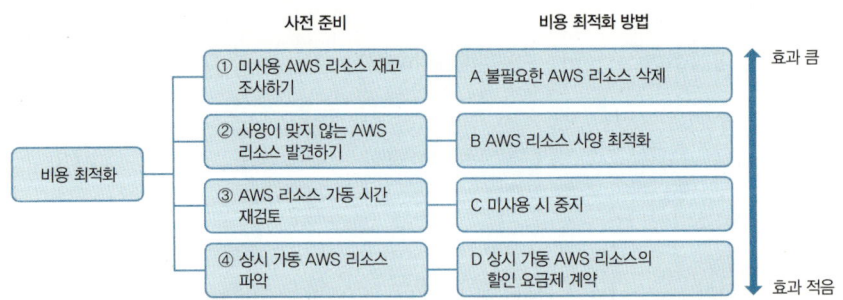

불필요한 AWS 리소스 삭제하기

첫 번째는 불필요한 AWS 리소스를 찾아서 삭제하는 방법입니다. 예를 들어 시스템 검증 기간에만 이용할 예정이었던 EC2 인스턴스가 검증 기간 종료 후에도 그대로 가동된 상태로 남아 있다고 가정해 봅시다. 이런 상황은 이용되지 않는 EC2 인스턴스에 사용료를 계속 지불하는 상태에 해당합니다. 이렇듯 의도하지 않았지만 **사용되지 않았음에도 계속 유지되어 오던 AWS 리소스**를 삭제하면 비용 최적화를 할 수 있습니다. 이런 대상을 발견하려면 주기적으로 AWS 리소스를 재고 조사해야 합니다. 재고를 조사하여 불필요한 AWS 리소스로 의심되는 것이 있다면 해당하는

AWS 리소스의 이용 유무를 관리자에게 확인하고, 사용하고 있지 않은 상태라면 즉시 삭제하도록 요청합니다.

또 EC2 인스턴스를 삭제할 때 모든 EBS 볼륨을 삭제할 수 있도록 유의해야 합니다. EC2 인스턴스를 삭제할 때 EBS 루트 볼륨만 자동 삭제되도록 기본 설정했기 때문에 여러 EBS 볼륨을 EC2 인스턴스 한 대에 연결해서 이용했다면 삭제 대상에서 누락될 때가 있습니다.

▼ 그림 11-18 EC2 인스턴스를 삭제할 때의 EBS 볼륨

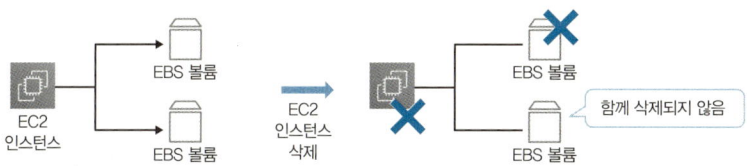

이렇게 AWS 계정에서 불필요한 AWS 리소스를 찾아 삭제하는 비용 최적화 방법은 정기적 대청소에 비유할 수 있습니다. 이런 대청소를 실시하여 불필요한 AWS 리소스를 삭제하면 이에 해당하는 AWS 리소스에 지불하던 AWS 사용료가 100% 줄어들어 비용 최적화의 네 가지 방법 중에서 가장 높은 효과를 기대할 수 있습니다. 따라서 불필요한 AWS 리소스 삭제는 비용 최적화에서 매우 중요한 운영에 해당합니다.

AWS 리소스 사양 최적화하기

두 번째 방법은 EC2 인스턴스 사양 최적화입니다. 불필요한 AWS 리소스를 삭제한 후 삭제되지 않고 남은 AWS 리소스(필요하다고 판단한 AWS 리소스)를 대상으로 해당하는 **AWS 리소스에 할당된 사양이 적절한지 여부**를 판단하는 것입니다. 이용 중인 AWS 리소스가 지나치게 높은 사양의 인스턴스 유형에서 실행된다면 인스턴스 유형 사양을 낮추어(스케일 다운) 비용 최적화를 할 수 있습니다.

▼ 그림 11-19 EC2 인스턴스 사양 최적화

예를 들어 m5.2xlarge 인스턴스 유형으로 실행 중인 EC2 인스턴스를 생각해 봅시다. 이 EC2 인스턴스의 인스턴스 유형을 m5.xlarge로 스케일 다운하면 EC2 인스턴스의 운영 비용을 50% 줄일 수 있습니다. 하지만 어떤 사양이 적절한지 파악하는 일은 쉽지 않습니다. AWS는 11.5.4절에

서 설명하는 AWS Compute Optimizer 서비스를 이용해서 효율적으로 사양 최적화를 실시할 수 있습니다.

미사용 시 중지

세 번째 방법은 필요한 시간대에만 EC2 인스턴스를 가동해서 사용하지 않을 때는 중지하도록 일정을 관리합니다. 24시간 365일 가동하는 시스템이나 서버는 이 방법을 사용한 비용 최적화 대상에서 제외됩니다. 미사용 정의는 기업이나 제공하는 서비스 특성에 따라 다르지만 주말 등 비영업일, 업무 시간 외, 연말연시 등 휴무일은 미사용에 해당할 때가 많으므로 이런 내용은 정리해 두는 것이 좋습니다.

검증용으로 이용하는 EC2 인스턴스를 예로 들어 보겠습니다. 검증에 사용 중인 EC2 인스턴스는 검증 작업을 실시하는 시간대 이외에는 가동할 필요가 없습니다. 따라서 **검증할 때만 EC2 인스턴스를 가동하고 검증이 완료된 후에는 EC2 인스턴스를 중지**하도록 사용자에게 요청합니다.

▼ 그림 11-20 EC2 인스턴스를 미사용 시 중지

  중지

하지만 요청하더라도 사용자가 EC2 인스턴스를 중지하는 것을 잊을 수도 있습니다. 이런 상황을 감안해서 평일 8시부터 20시까지는 EC2 인스턴스를 가동하고, 그 외 시간대에는 EC2 인스턴스를 중지하도록 **스케줄링**하면 운영 부담을 줄이고 비용 최적화도 할 수 있습니다. **EC2 인스턴스를 적절히 스케줄링해서 미사용 시 중지하는 것만으로도 많게는 연간 비용의 70% 정도를 줄일 수 있습니다.**

자세히 계산해 봅시다. 우선 어떤 달(31일간)의 영업일이 21일이라고 합시다. 그리고 EC2 인스턴스 가동 시간은 영업일 하루당 12시간이라고 가정해 봅시다. 그러면 12시간 × 21영업일 = 252시간이 해당하는 달의 가동 예정 시간이 됩니다. 252시간은 31일(744시간)의 약 34%이므로 나머지 시간에 인스턴스를 중지하는 것만으로도 약 66% 비용 절감 효과를 얻을 수 있습니다.

▼ 그림 11-21 스케줄링으로 최적화한 EC2 인스턴스 주간 가동 시간

시간/요일	일	월	화	수	목	금	토
0:00	X	X	X	X	X	X	X
2:00	X	X	X	X	X	X	X
4:00	X	X	X	X	X	X	X
6:00	X	X	X	X	X	X	X
8:00	X	O	O	O	O	O	X
10:00	X	O	O	O	O	O	X
12:00	X	O	O	O	O	O	X
14:00	X	O	O	O	O	O	X
16:00	X	O	O	O	O	O	X
18:00	X	O	O	O	O	O	X
20:00	X	X	X	X	X	X	X
22:00	X	X	X	X	X	X	X
가동 시간	0hr	12hr	12hr	12hr	12hr	12hr	0hr

X: 중지 O: 가동

미사용 시 중지 방법은 이후에 설명하는 상시 가동 AWS 리소스의 할인 요금제 계약보다 비용 최적화 효과가 좋으므로 우선적으로 검토합니다. 미사용 시 중지 스케줄링은 서드파티 작업 관리 도구를 사용하는 경우가 많지만, 이 책에서는 AWS만으로 구현하는 방법을 설명합니다.

상시 가동 AWS 리소스의 할인 요금제 계약

불필요한 AWS 리소스 삭제, AWS 리소스 사양 최적화, 미사용 시 중지 작업을 실시한 후 **마지막으로 검토할 방법은 상시 가동 AWS 리소스의 할인 요금제 계약을 이용한 비용 최적화입니다.**

할인 요금제를 계약할 수 있는 대표적인 AWS 서비스는 EC2인데, **예약 인스턴스** 또는 **절감형 플랜** 같은 할인 요금제를 선택할 수 있습니다. AWS 할인 요금제는 AWS 서비스마다 명칭이나 내용이 달라지므로 이런 플랜을 제공하지 않는 AWS 서비스도 있습니다. 이 책을 집필하는 현재 기준으로 할인 계약할 수 있는 AWS 서비스는 표 11-2와 같습니다.

▼ 표 11-2 AWS 서비스와 계약 가능한 할인 요금제

AWS 서비스	할인 요금제 명칭
Amazon Elastic Compute Cloud(EC2)	• 예약 인스턴스(RI) • Compute Savings Plans • EC2 Instance Savings Plans
Amazon Relational Database Service(RDS)	Reserved DB Instance
Amazon Redshift	Reserved Node
Amazon ElasticCache	Reserved Cache Node
Amazon MemoryDB for Redis	Reserved Node
Amazon OpenSearch Service	Reserved Instance
Amazon DynamoDB	Reserved Capacity
AWS Fargate	Compute Savings Plans
AWS Lambda	Compute Savings Plans
Amazon CloudFront	CloudFront Security Savings Bundle
AWS WAF*	CloudFront Security Savings Bundle
Amazon SageMaker	SageMaker Savings Plans

* CloudFront와 연결된 경우로 한정

11.2.6 비용 최적화 실행 워크플로

지금까지 소개한 비용 최적화를 하는 네 가지 방법을 실제 업무에 적용할 때 어떤 방법을 선택하면 좋을지 판단하는 데 도움이 될 만한 워크플로를 정리했습니다. 대상 서비스는 주로 EC2나 RDS 같은 인스턴스를 생성하는 AWS 서비스입니다.

▼ 그림 11-22 비용 최적화 실행 워크플로

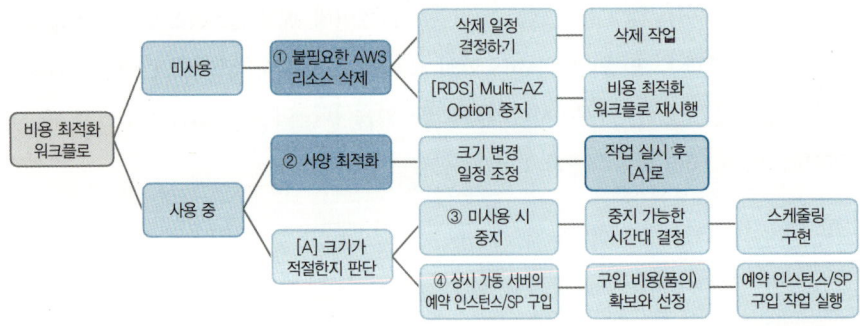

이런 워크플로를 모든 AWS 리소스에 실행하여 비용을 최적화합니다. 이 워크플로는 **회계 기간의 연도 내에 적어도 한 번은 모든 AWS 리소스에 실시하는 정기적인 작업으로 조직 내 자리 잡는 것이 이상적입니다**. 그림 11-22의 워크플로 내용이 실제 업무에 적합하지 않다면 자신의 상황에 맞게 고쳐서 사용하기 바랍니다.

다음은 워크플로를 이용할 때 참고할 사항입니다.

- 일단 AWS 리소스의 재고를 조사하고 해당 AWS 리소스가 사용 중인지, 미사용 중인지 판단합니다.
- 미사용 AWS 리소스는 기본적으로 삭제합니다. 다만 RDS의 Multi-AZ Option을 중지(비활성화)하면 Multi-AZ로 가동한 RDS DB 인스턴스는 Single-AZ로만 가동합니다. 따라서 **Single-AZ로 가동한 RDS DB 인스턴스가 비용 최적화되었는지 확인하려면 다시 한 번 비용 최적화 실행 워크플로에 따라 확인합니다**.
- 사용 중인 AWS 리소스의 사양을 최적화하는 동시에 미사용 시 중지가 가능한지 여부도 판단합니다.
- 마지막으로 남은 상시 가동 AWS 리소스에서는 할인 요금제 계약(대표적으로 예약 인스턴스, SP 구입)을 합니다. 단 모든 AWS 서비스에 할인 요금제가 제공되는 것은 아닙니다.

11.3 실무 관련 AWS 서비스 (AWS 사용료 파악)

우선 AWS 사용료를 파악하는 데 사용하는 AWS 서비스를 소개합니다.

11.3.1 AWS Cost Explorer

AWS Cost Explorer는 AWS 사용료를 시각화하고 분석할 수 있는 AWS 서비스로, 비용 최적화에 빠질 수 없는 서비스입니다. Cost Explorer 초기 화면에는 AWS 사용료에서 차지하는 비중이 큰 AWS 상위 서비스 아홉 개가 누적 막대 그래프로 표시됩니다. 표시되는 기간은 지난달 말일 기준으로 과거 6개월간이며, 월별로 표시됩니다.

▼ 그림 11-23 Cost Explorer 초기 화면

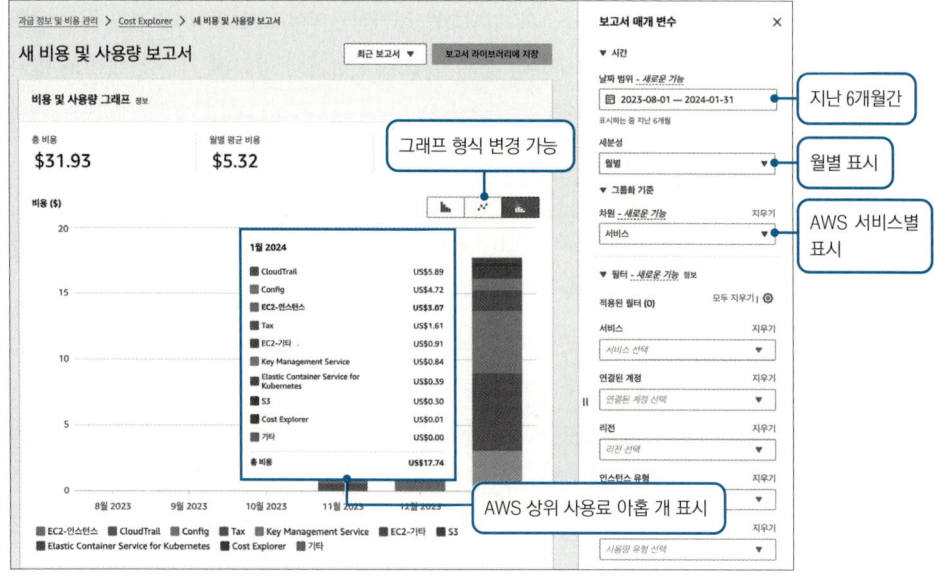

그래프 형식은 막대 그래프와 선 그래프 중 선택할 수 있습니다.

▼ 그림 11-24 Cost Explorer 막대 그래프

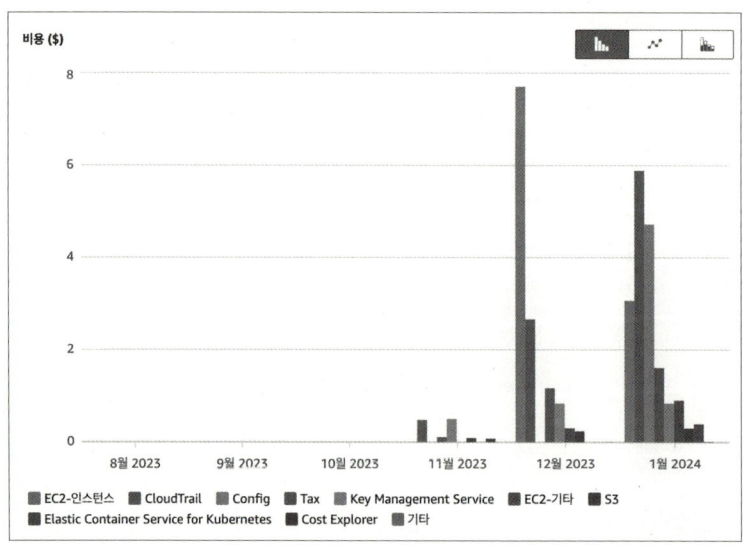

▼ 그림 11-25 Cost Explorer 선 그래프

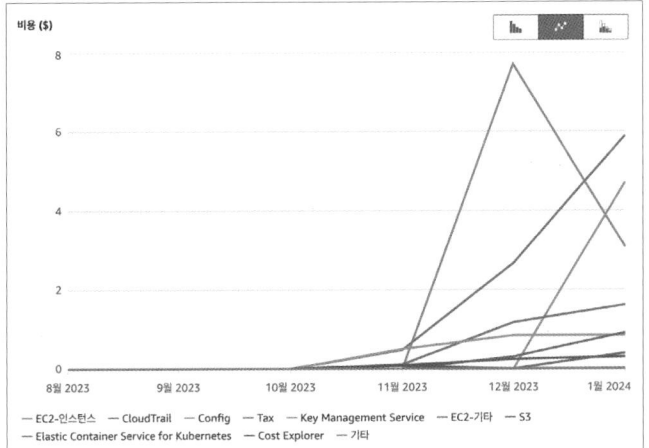

또 날짜 범위나 표시 단위도 각각 변경할 수 있습니다. 날짜 범위는 최대 '지난 1년 전 같은 달의 1일'까지 거슬러 올라가 지정할 수 있습니다. 예를 들어 오늘이 2024년 1월 20일이라면 2023년 1월 1일까지 거슬러 올라가 확인할 수 있습니다.

▼ 그림 11-26 Cost Explorer 날짜 범위 변경

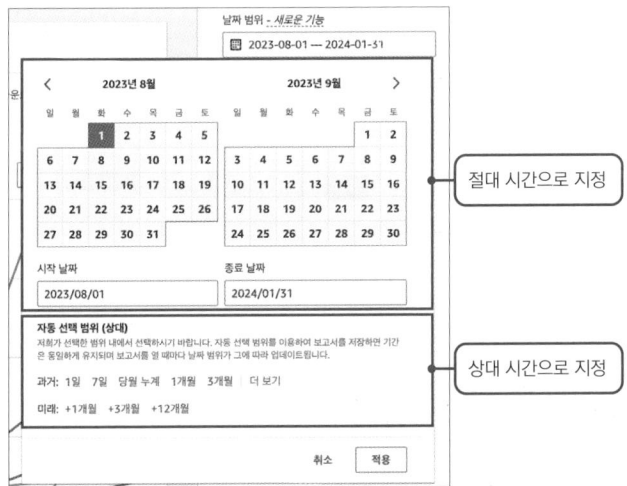

▼ 그림 11-27 Cost Explorer 표시 단위 변경

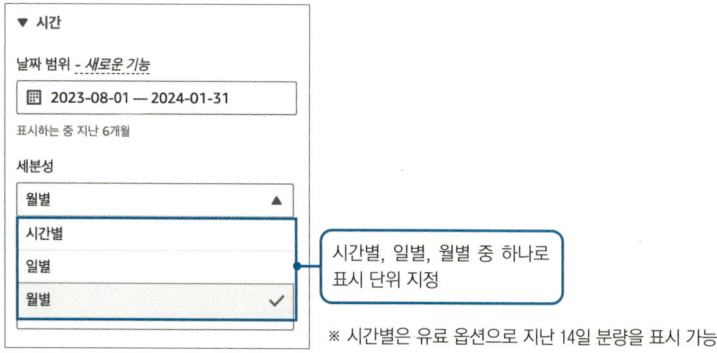

상위 서비스 아홉 개를 제외하고 모든 AWS 서비스 사용료를 포함한 AWS 사용료 정보는 CSV 파일로 내려받을 수 있습니다. 따라서 간단한 분석은 Cost Explorer를 통해 대략적인 AWS 사용료 경향을 파악하고, 다양한 각도로 유연하게 분석하려면 CSV 파일을 이용하는 등 골라서 다양하게 사용할 수 있습니다.

▼ 그림 11-28 Cost Explorer의 CSV 파일 내려받기

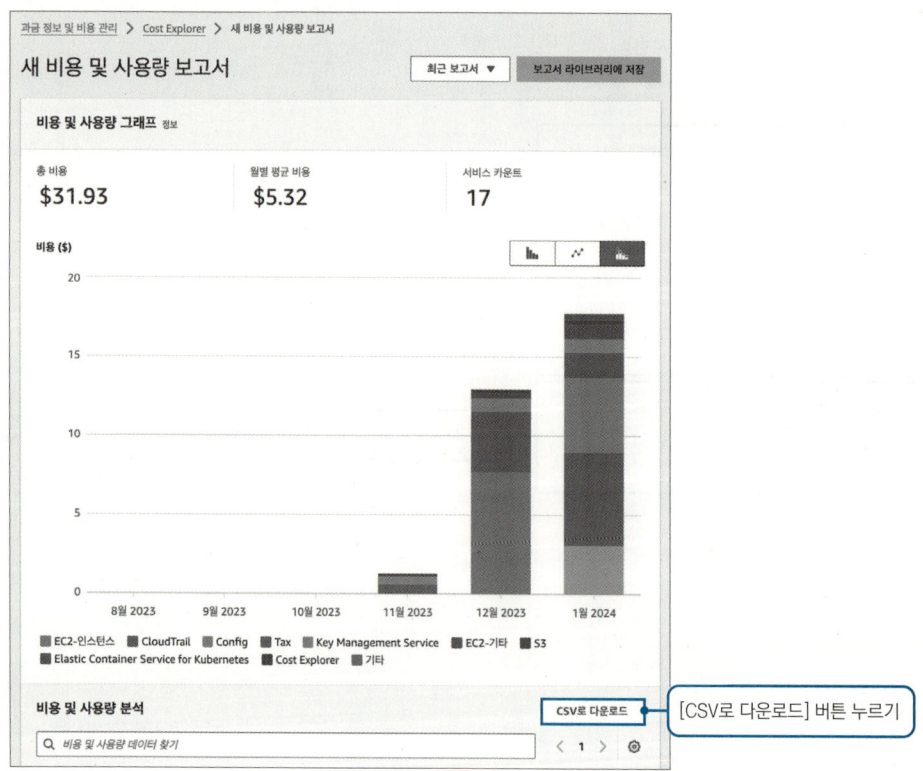

▼ 그림 11-29 AWS 사용료에서 차지하는 비중이 큰 AWS 서비스 분석 결과 예(CSV 파일 분석)

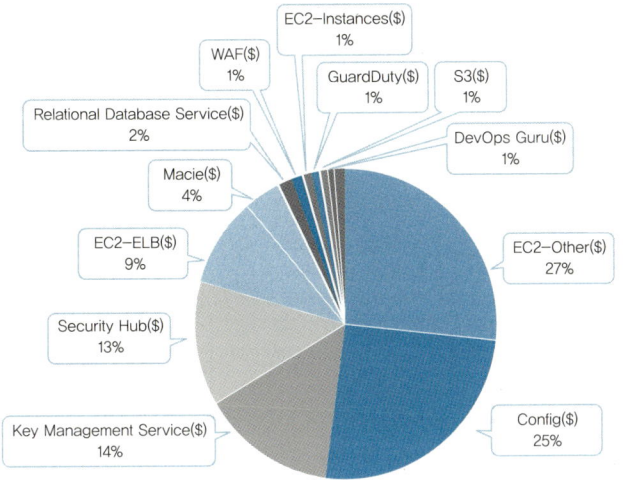

Cost Explorer 이용 요금

Cost Explorer는 API 요청 개수에 따라 AWS 사용료가 발생합니다. 자세한 요금은 Cost Explorer 요금 웹 페이지[10]를 확인합니다.

▼ 표 11-3 Cost Explorer 이용 요금

요금 대상	AWS 사용료
API 요청	요청당 0.01USD/월

※ 2024년 2월 현재 아시아 태평양(서울) 리전 기준

11.3.2 AWS Budgets

AWS Budgets(예산)는 AWS 사용료를 예산으로 설정하고 관리할 수 있는 AWS 서비스입니다. 또 예산에 임계 값을 설정해서 알림을 보낼 수도 있습니다. 다음은 Budgets 설정 예입니다.

▼ 그림 11-30 Budgets 콘솔 화면

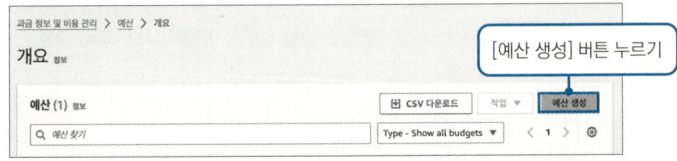

---

10 https://aws.amazon.com/ko/aws-cost-management/aws-cost-explorer/pricing/

Budgets에서 예산을 설정할 때 **템플릿**을 사용하거나 사용자가 직접 설정하는 **사용자 지정**에서 하나를 선택합니다. 이번에는 **사용자 지정**을 선택하고 예산 유형은 AWS가 추천하는 **비용 예산**을 선택합니다.

▼ 그림 11-31 예산 종류 선택 화면

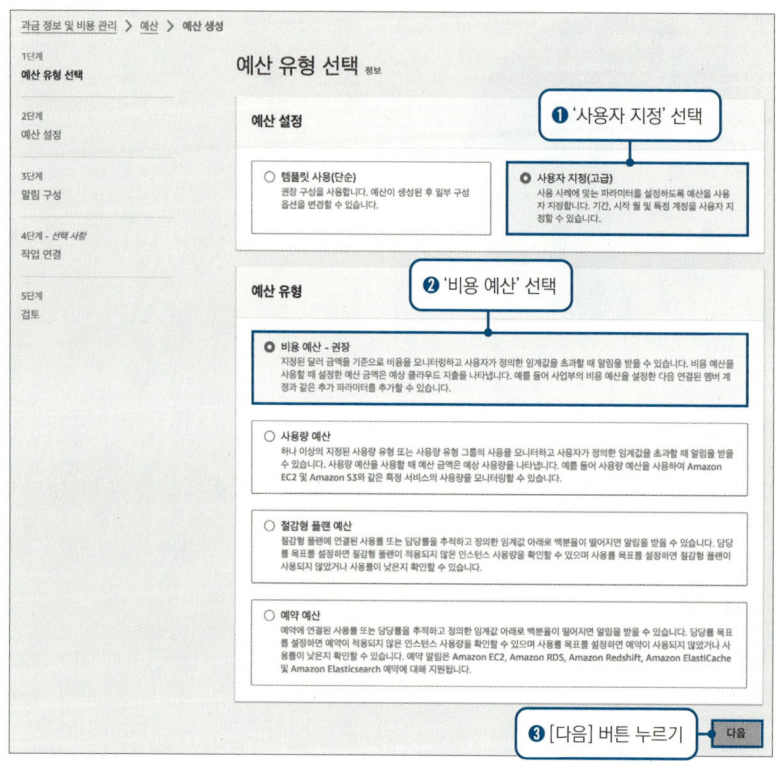

Budgets 예산 설정에는 다음 표와 같은 항목이 있습니다. 각 설정 항목의 상세한 내용은 AWS 공식 문서[11]를 확인합니다.

▼ 표 11-4 Budgets 예산 설정 항목

설정 내용	설명
기간	예산을 책정할 기간을 일별, 월별, 분기별, 연별 중에서 지정합니다.
예산 유형	설정한 예산을 지정한 기간 후에 재설정할지 여부를 지정합니다. 예를 들어 기간을 월별로 지정하고 예산 업데이트 유형을 정기 예산으로 지정했다면 다음 달에는 예산이 재설정되어 설정한 예산과 동일한 예산이 설정됩니다.
시작(일, 월, 분기, 년)	Budgets에 설정한 예산 적용 시작 시점을 정의합니다.

⊙ 계속

---

11 https://docs.aws.amazon.com/ko_kr/cost-management/latest/userguide/create-cost-budget.html

설정 내용	설명
예산 책정 방법	기간에 설정한 각 기간 예산액의 설정 방법을 고정, 계획, 자동 조정 중에서 선택합니다. 예를 들어 기간을 월별로 지정하여 예산 설정 방법이 '고정'일 때 예산 금액을 한번만 설정하면 다음 달 이후에도 같은 금액(고정)의 예산이 적용됩니다. 예산 설정 방법이 '계획'이라면 월별로 예산 금액을 설정해서 적용합니다. 예산 설정 방법이 '자동 조정'이라면 지정한 기간에서 AWS 사용료의 과거 데이터를 기반으로 자동 계산된 예산 금액이 설정됩니다.
예산 금액	예산으로 설정할 금액을 달러($)로 지정합니다.
예산 범위	세부 옵션을 설정하여 이 예산의 일부로 추적할 비용 정보 세트를 필터링합니다. 예를 들어 예산 금액에 세금을 포함할지 여부를 선택할 수 있습니다.

▼ 그림 11-32 Budgets 예산 설정 화면

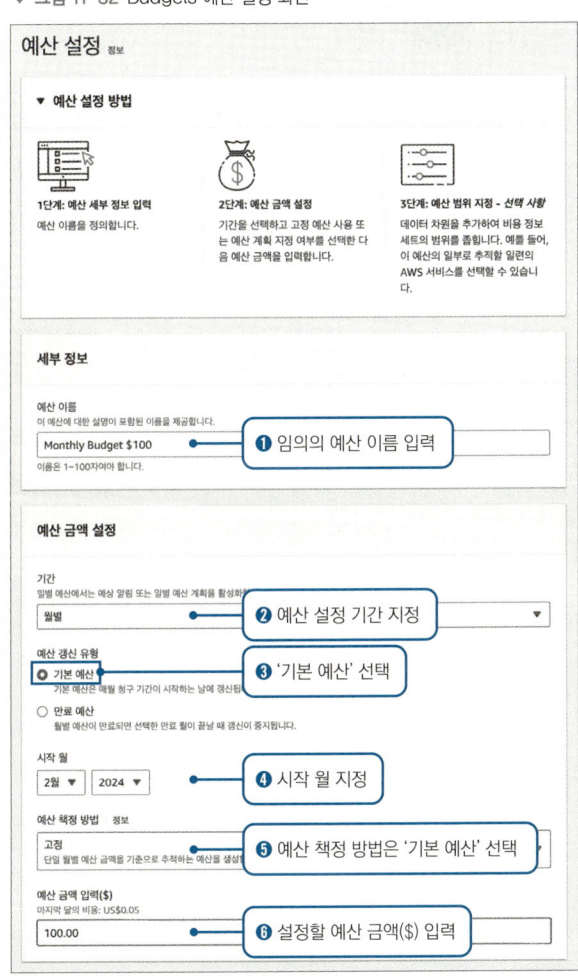

▼ 그림 11-33 Budgets 예산 설정 화면(예산 범위)

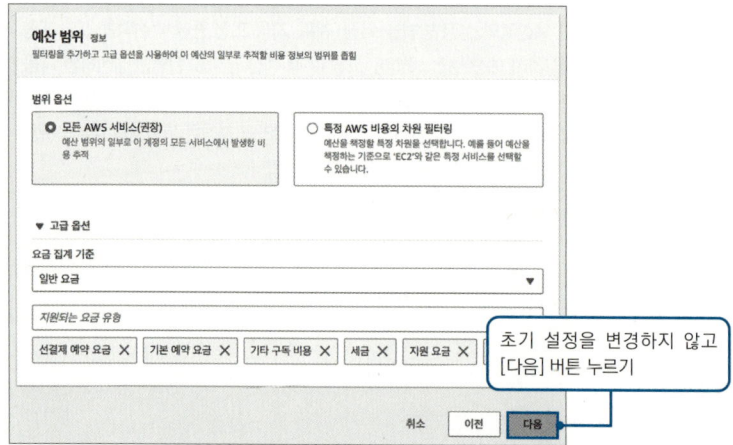

Budgets에서 생성한 예산에 대해 임계 값을 정해서 서 **알림을 설정**합니다. 임계 값은 예산 금액 비율(%) 또는 지정 금액(절댓값) 중에서 선택하여 설정합니다. **이런 알림 설정은 여러 개 생성할 수 있으므로 임계 값을 예산 금액 비율(%)로 지정하여 20%, 40%, 60%, 80%, 100%처럼 단계적으로 알림을 설정하면 좋습니다.**

임계 값 기준이 되는 금액(트리거)은 실제 AWS 사용료, AWS 사용료 예상 금액 중에서 선택할 수 있으며, 실제 AWS 사용료를 권장합니다.

알림 전송 대상에는 **이메일 주소, SNS 주제, AWS Chatbot** 중에서 선택할 수 있습니다. AWS Chatbot은 슬랙 채널이나 채팅 채널을 이용해서 AWS 리소스를 쉽게 모니터링 및 조작할 수 있는 AWS 서비스입니다. AWS Chatbot을 사용한 알림 전송 방법의 자세한 내용은 AWS 공식 문서[12]를 확인합니다.

---

[12] https://docs.aws.amazon.com/ko_kr/cost-management/latest/userguide/sns-alert-chime.html

▼ 그림 11-34 Budgets 알림 설정 화면

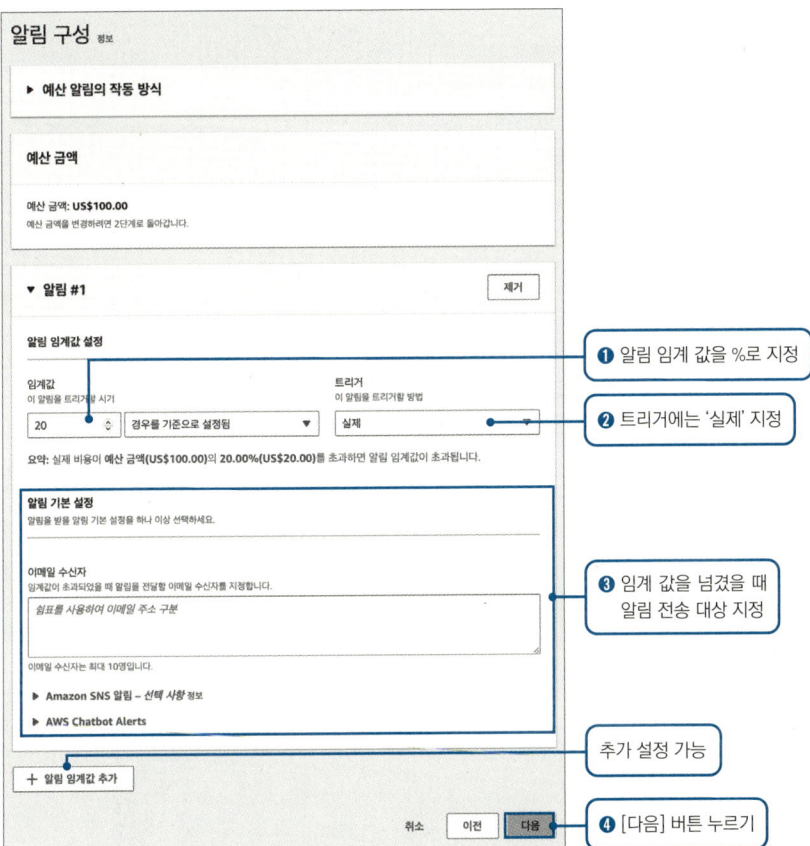

▼ 그림 11-35 Budgets에서 보낸 알림 내용(메일 알림)

▼ 그림 11-36 AWS Chatbot에서 보낸 알림 내용(슬랙 알림)

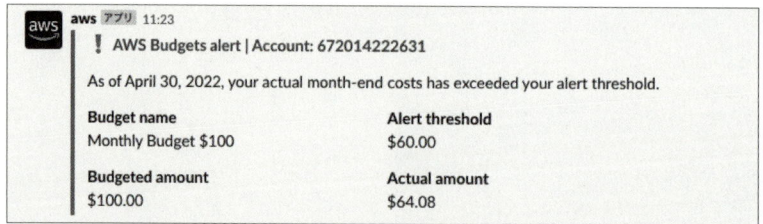

Budgets에는 **AWS Budgets 작업** 기능이 있습니다. Budgets에서 설정한 예산 임계 값을 넘으면 Budgets이 작업을 실행할 수 있는 기능입니다. 예를 들어 EC2 또는 RDS를 중지하는 작업을 실행할 수 있습니다. 다만 AWS 리소스 관리자에게 알리지 않고 작업을 실행하면 업무에 지장을 초래할 수 있으므로 시스템 관리자에게 허락받은 후 필요에 따라 Budgets 작업을 설정해야 합니다. Budgets 작업의 자세한 내용은 AWS 공식 문서[13]를 확인합니다.

▼ 그림 11-37 Budgets 작업 설정 화면

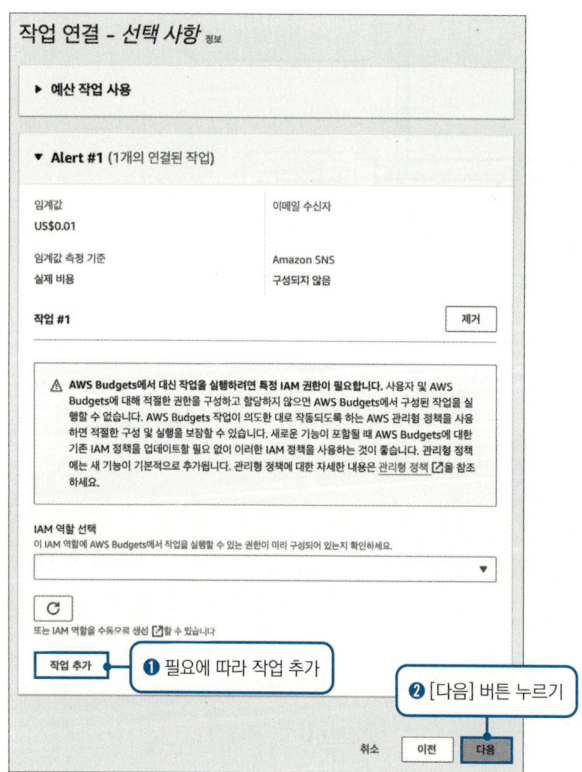

---

[13] https://docs.aws.amazon.com/ko_kr/cost-management/latest/userguide/budgets-controls.html

마지막으로 지금까지 설정한 내용에 문제없는지 확인하고 **저장** 버튼을 누르면 예산 설정이 끝납니다.

▼ 그림 11-38 Budgets 설정 확인 화면

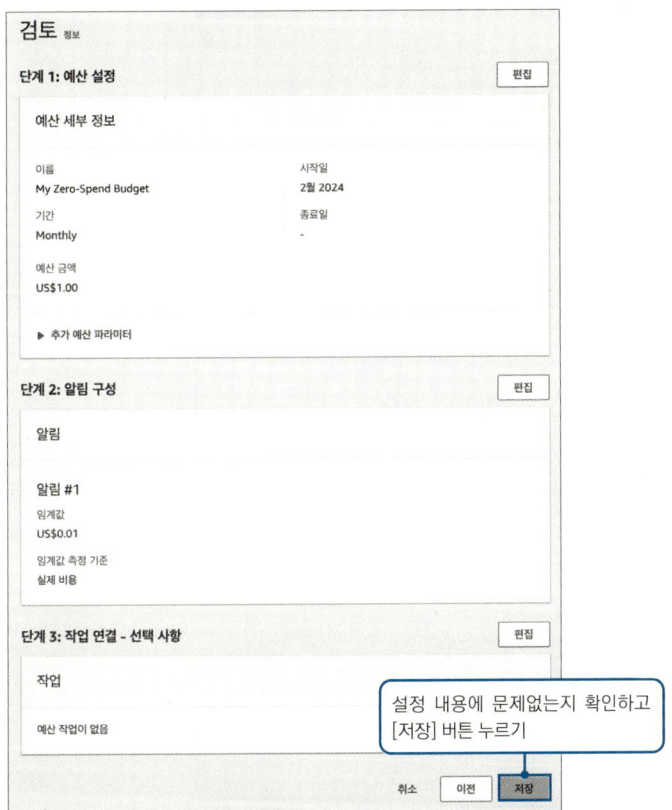

AWS Budgets 보고서를 이용한 AWS 사용료 관측하기

Budgets에 설정하는 알림은 **설정한 예산 임계 값을 초과하지 않으면 AWS 사용료 및 사용 상황을 알려 주지 않습니다.** 따라서 AWS Budgets 보고서를 이용하여 일별, 주별, 월별 간격으로 AWS 사용료를 지정한 이메일 주소로 보낼 수 있습니다. 이러면 AWS 사용료를 관측할 수 있습니다. 그림 11-39는 Budgets 보고서 설정 예입니다.

▼ 그림 11-39 Budgets 보고서 콘솔 화면

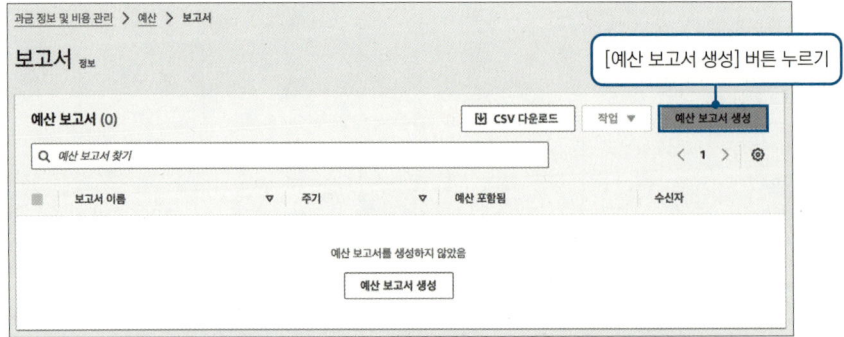

Budgets 보고서는 Budgets에서 생성한 예산 보고서를 작성하는 것이므로 Budgets 보고서에는 **보고서를 만드려는 예산**을 지정합니다.

▼ 그림 11-40 Budgets 보고서 생성 화면

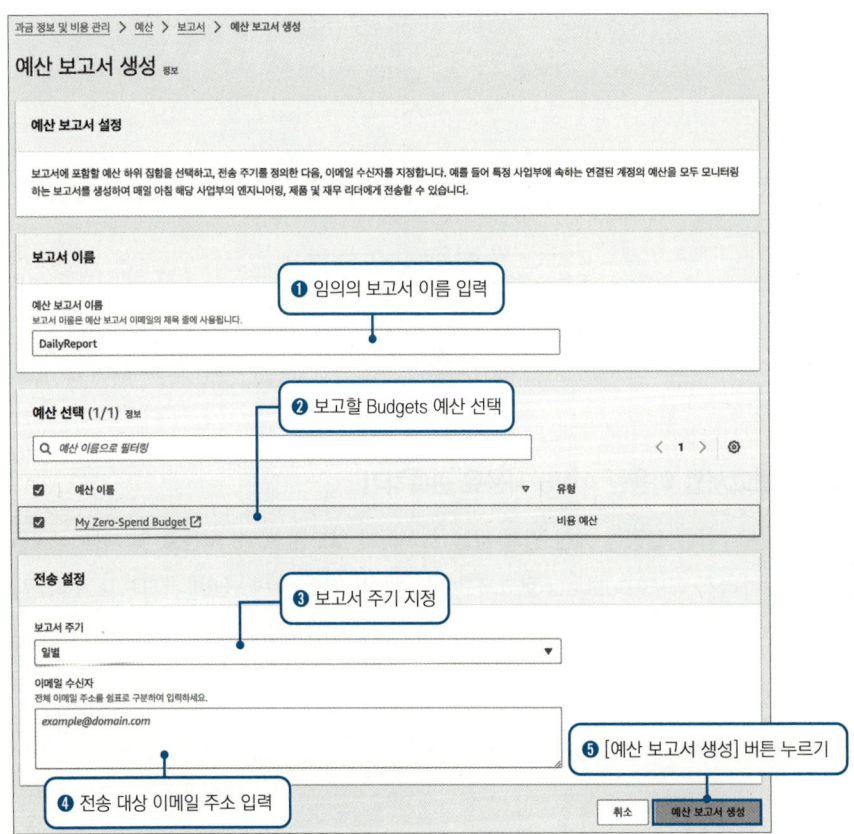

그림 11-41은 실제로 Budgets 보고서에서 이메일로 보낸 보고서 내용입니다. 보고서에는 다음 내용이 포함되어 있으므로 **AWS 사용료 현황**과 **당월 예측**을 확인할 수 있습니다.

- 현재 AWS 사용료(Current)
- Budgets에 책정한 예산 금액(Budgeted)
- AWS 사용료 당월 예측(Forecasted)
- 예산에 대한 현재 AWS 사용료 소화율(Current vs. Budgeted)
- 예산에 대한 당월 예측의 AWS 사용료 소화율(Forecasted vs. Budgeted)

▼ 그림 11-41 Budgets 보고서로 전송된 보고 내용

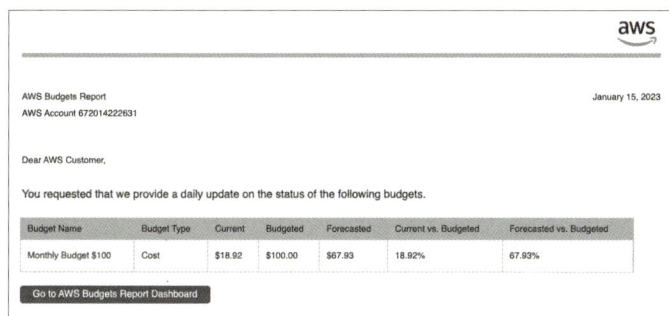

Budgets 이용 요금

Budgets는 예산을 생성하는 것만으로는 AWS 사용료가 발생하지 않습니다. 다만 **Budgets 작업 및 Budgets 보고서를 설정하면 AWS 사용료가 발생합니다.** 자세한 요금은 Budgets 요금 웹 페이지[14]를 확인합니다.

▼ 표 11-5 Budgets 이용 요금

요금 대상	AWS 사용료
Budgets 작업	Budgets 작업이 활성화된 예산 하나당 0.10USD/일(Budgets 작업이 활성화된 예산은 두 개까지 무료)
Budgets 보고서	전송된 보고서당 0.01USD/월

※ 2024년 2월 현재 아시아 태평양(서울) 리전 기준

---

14 https://aws.amazon.com/ko/aws-cost-management/aws-budgets/pricing/

11.3.3 AWS Cost Anomaly Detection

AWS Cost Anomaly Detection(비용 이상 징후 감지)은 AWS 사용료 및 AWS 리소스 사용 상황을 지속적으로 모니터링하여 AWS 사용료의 이상 징후를 감지하고 알림을 보낼 수 있는 서비스입니다. 이 서비스는 Cost Explorer 기능 중 하나이므로 Cost Explorer를 미리 활성화해야 이용할 수 있습니다. Cost Anomaly Detection을 사용한 모니터링은 머신 러닝을 활용하므로 과거의 비용 데이터에서 지출, 이용 패턴을 기준으로 학습하고, 기준선에서 벗어난 비정상적인 AWS 사용료 상승을 감지합니다. 이렇게 해서 의도하지 않은 AWS 사용료 급상승을 AWS 계정 관리자가 신속하게 파악할 수 있습니다.

그림 11-42는 Cost Anomaly Detection으로 이상 징후를 감지하는 모습입니다. 80~150달러 범위에 있는 세로 막대(I)는 **표준 오차 범위(예상 오차 범위)**를 의미합니다. 실제로 이런 표준 오차 범위 값은 머신 러닝을 이용하여 산출된 값이라고 생각하면 됩니다. 그리고 이런 표준 오차 범위에서 크게 벗어난 값을 **비용 이상**(cost anomaly)으로 감지합니다.

주의할 점은 Cost Anomaly Detection을 이용한 이상 징후 감지는 실시간이 아니라 2~3일 정도 시차가 있다는 것입니다. 이는 Cost Explorer나 Budgets를 포함한 AWS Billing 서비스의 사양입니다.

▼ 그림 11-42 Cost Anomaly Detection으로 AWS 사용료의 이상 감지 모습

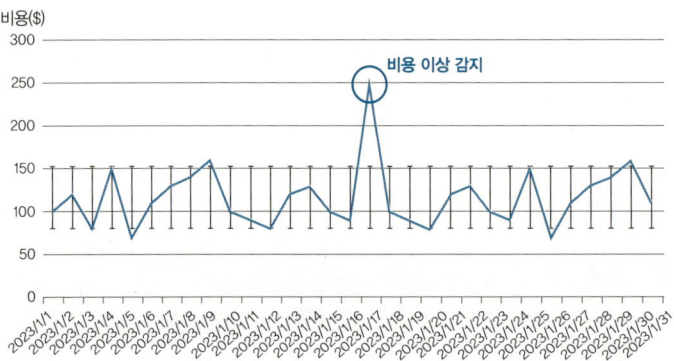

지금까지는 AWS 사용료 청구 시점에야 비로소 비용이 이상하다고 알아차리는 경우가 많았지만, Cost Anomaly Detection을 활성화하여 AWS 계정의 부정 사용을 빠르게 발견한 사례가 다수 있습니다. 이는 부정 사용으로 평소 업무에 이용하지 않던 AWS 서비스 사용료가 급증하면 이를 이상 상태로 감지하기 때문입니다.

비용 최적화에서 의도하지 않은 AWS 사용료 증가를 빠르게 파악하고 제어하는 데 Cost Anomaly Detection은 무척이나 유용한 기능이므로 기본적으로 활성화해 두도록 합시다.

Cost Anomaly Detection 설정 방법

우선 AWS 비용 관리 콘솔 화면에서 **비용 이상 징후 감지**를 선택하고 모니터를 생성하는 화면을 표시합니다.

▼ 그림 11-43 AWS 비용 관리 콘솔 화면

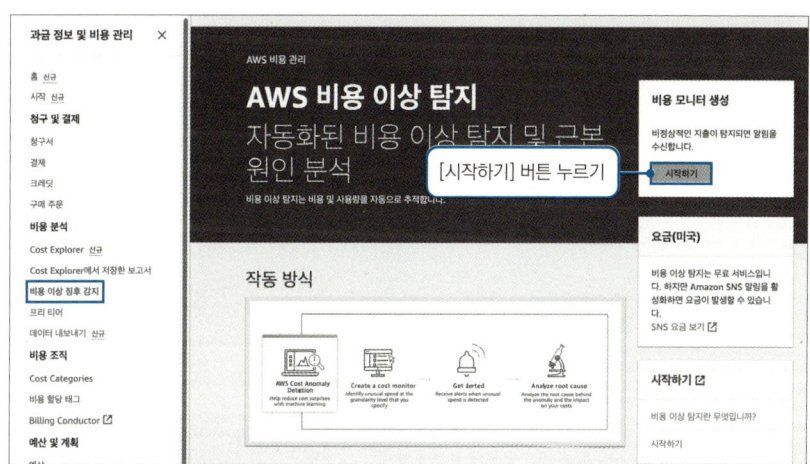

▼ 그림 11-44 Cost Anomaly Detection 콘솔 화면

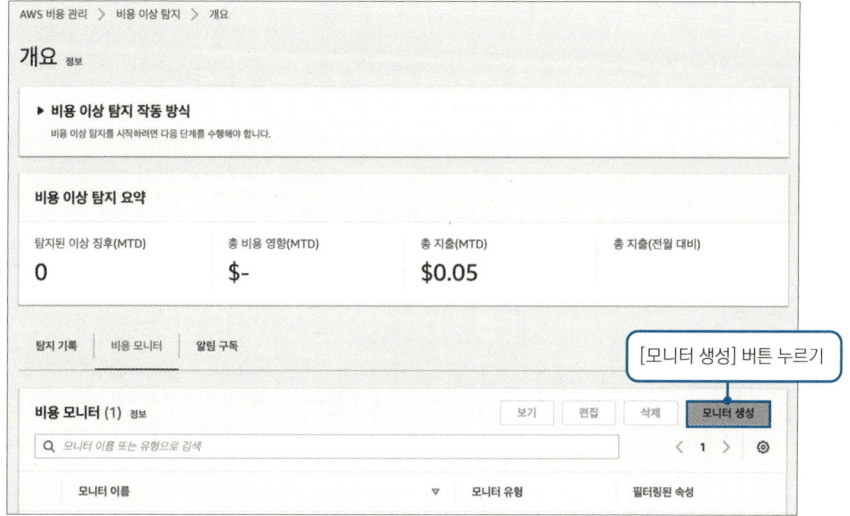

이제 모니터 유형을 선택합니다. Cost Anomaly Detection은 다음 표에 있는 네 가지 **모니터 유형** 중에서 선택할 수 있습니다. 이번에는 **AWS 서비스**를 선택합니다.

▼ 표 11-6 Cost Anomaly Detection 모니터 유형

모니터 유형	설명
AWS 서비스	각 AWS 계정에서 사용하고 있는 모든 AWS 서비스에 이상이 없는지 평가합니다. 새로운 AWS 서비스를 추가하면 자동으로 새로운 서비스도 이상이 없는지 평가하기 시작합니다. 조직이나 환경별로 비용을 세분화할 필요가 없을 때 추천하는 모니터 타입입니다.
연결된 계정	AWS Organizations 조직에서 팀, 제품, 서비스, 환경별로 지출을 세분화할 필요가 있을 때 선택합니다.
비용 범주	비용 범주[15]를 사용하여 지출을 정리, 관리할 때 사용합니다.
비용 할당 태그	비용 할당 태그를 사용하여 팀, 제품, 서비스, 환경별로 지출을 세분화할 때 선택합니다.

▼ 그림 11-45 Cost Anomaly Detection 설정 화면(모니터 유형 선택)

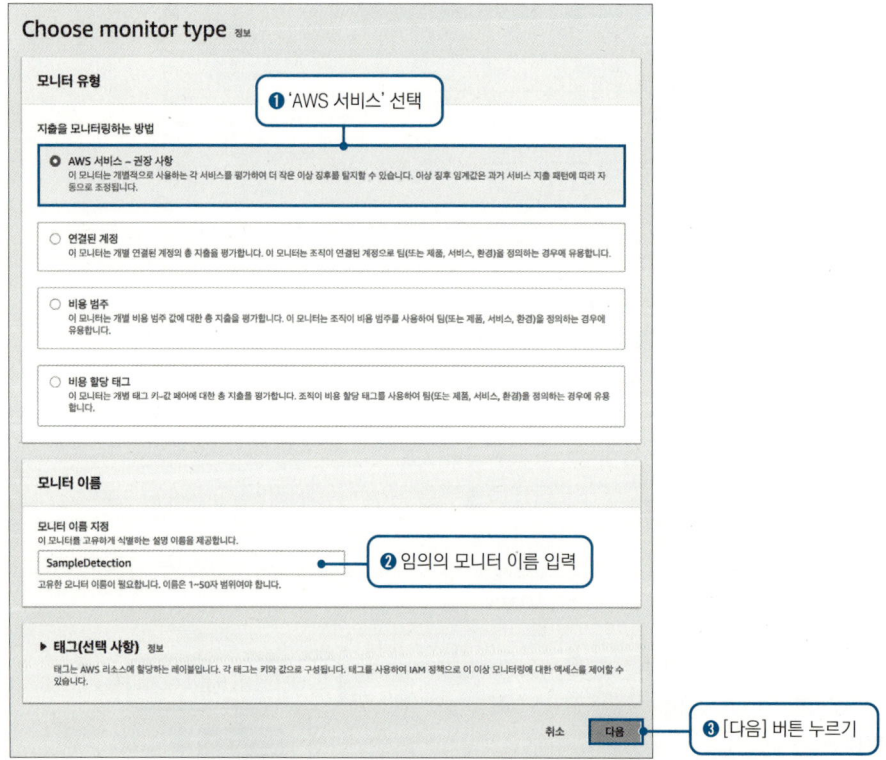

---

[15] 자세한 내용은 다음 URL을 참고합니다.
https://docs.aws.amazon.com/ko_kr/awsaccountbilling/latest/aboutv2/manage-cost-categories.html

이제 **알림 구독 설정**입니다. 알림 빈도와 임계 값을 설명합니다.

▼ 그림 11-46 Cost Anomaly Detection 알림 구독 생성 화면

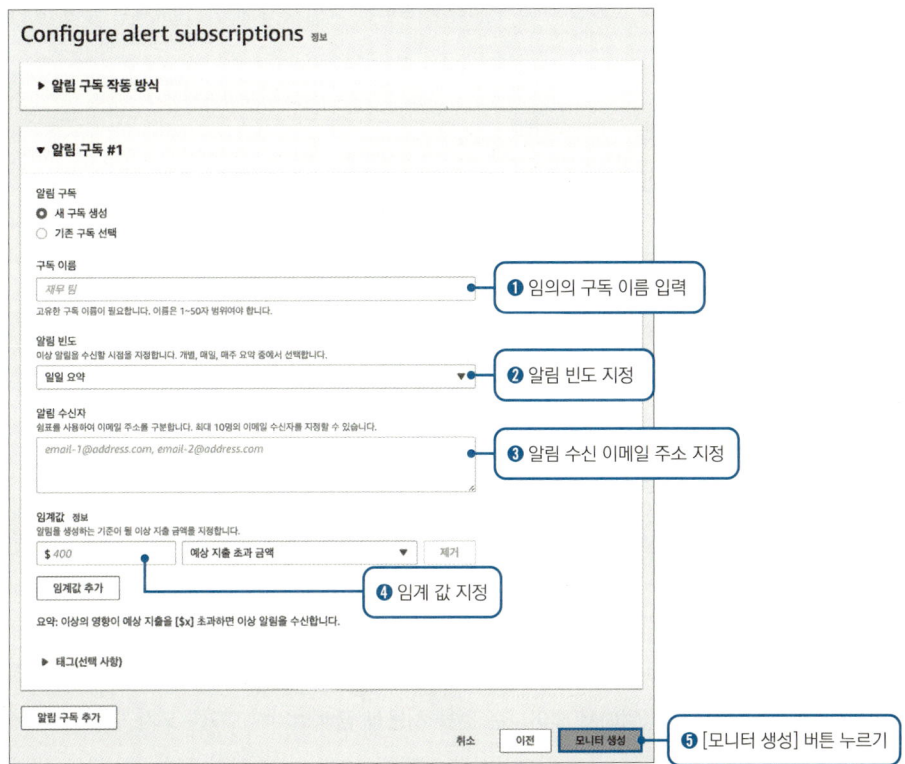

알림 빈도는 **개별 알림**, **일일 요약**, **주간 요약** 중에서 선택합니다.

▼ 표 11-7 Cost Anomaly Detection 알림 빈도

알림 빈도	설명
개별 알림	이상을 감지하면 곧바로 알림을 보냅니다. 알림 수신 대상에는 SNS 주제를 지정합니다.
일일 요약	이상을 감지하면 일일 요약으로 알림을 보냅니다. 해당하는 날에 발생한 여러 이상 현상 관련 정보가 담긴 이메일을 한 통만 전송합니다.
주간 요약	이상을 감지하면 주간 요약으로 알림을 보냅니다. 해당하는 주에 발생한 여러 이상 현상 관련 정보가 담긴 이메일을 한 통만 전송합니다.

일일 요약, 주간 요약을 선택하면 메일 알림을 받는데, 실제로 발송된 이메일 본문에는 줄바꿈되지 않은 JSON 데이터가 담겨 있어 가독성이 떨어집니다. **슬랙 같은 채팅 도구를 이용한다면 '개별 알림'을 선택하여 AWS Chatbot과 연동된 SNS 주제를 지정하는 것이 좋습니다.** 구체적인 설정 방법은 AWS 공식 문서[16]를 확인합니다.

▼ 그림 11-47 AWS Chatbot을 이용한 알림 내용(슬랙 알림)

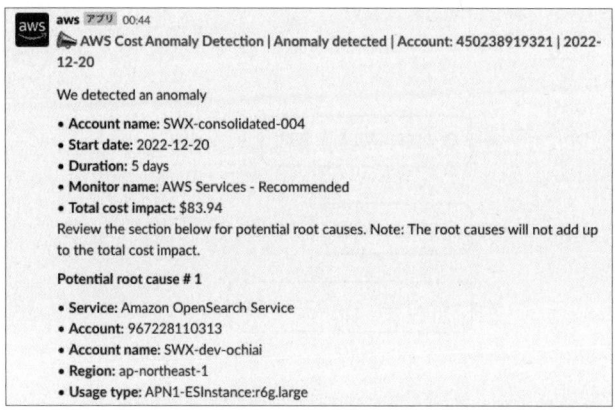

임계 값 설정에는 절댓값을 **달러로 지정하는 방법**과 **퍼센트로 지정하는 방법**이 있는데, 이번에는 어떤 상황인지 구체적인 이미지로 떠올리기 쉬운 '달러로 지정하는 방법'을 설명합니다. 임계 값으로 설정하는 금액은 **표준 오차 범위에서 벗어나는 것을 허용할 금액**입니다. 표준 오차 범위는 과거의 AWS 사용료를 바탕으로 계산한 예상치 오차이므로 임계 값에는 포함하지 않습니다(표준 오차 금액 자체는 고려할 필요 없습니다). **임계 값으로 설정한 금액이 너무 작으면 알림이 자주 발생하므로 처음에는 50달러나 100달러 정도로 설정하고 필요에 따라 적절히 변경하면 좋습니다.**

이번에는 모니터 유형으로 AWS 서비스를 선택했으므로 사용하는 모든 AWS 서비스의 사용료에 이상이 없는지 임계 값을 바탕으로 평가합니다. 다음 그림에서는 EC2만 임계 값에서 벗어났기 때문에 EC2만 비용 이상이 감지됩니다. 참고로 Cost Anomaly Detection은 비용 급상승만 이상으로 감지하며, 비용이 갑자기 줄어드는 것은 감지하지 않습니다.

---

16 https://docs.aws.amazon.com/ko_kr/cost-management/latest/userguide/ad-SNS.html

▼ 그림 11-48 임계 값 모습

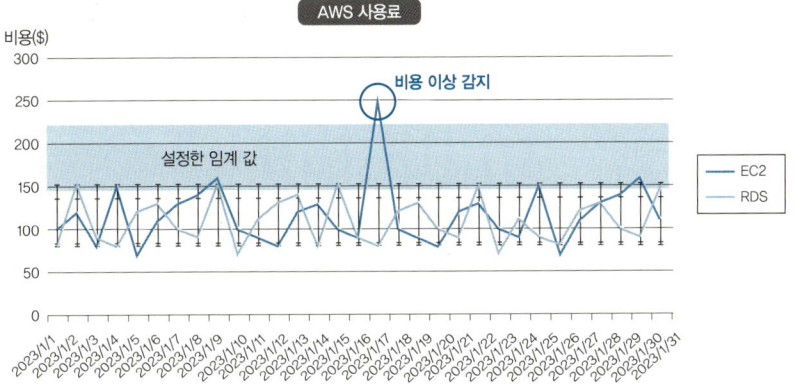

모니터가 생성되면 Cost Anomaly Detection 콘솔 화면의 **탐지 기록**에 최대 지난 90일간의 감지 결과가 AWS 서비스별로 표시됩니다.

▼ 그림 11-49 Cost Anomaly Detection 콘솔 화면 탐지 기록

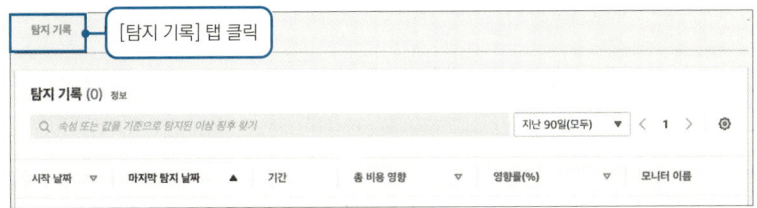

Cost Explorer, Budgets, Cost Anomaly Detection 조합하기

11.3.1절과 11.3.2절에서 소개한 Cost Explorer, Budgets, Cost Anomaly Detection을 조합하면 AWS 사용료를 쉽게 파악할 수 있습니다. 꼭 함께 사용해 보기 바랍니다.

▼ 그림 11-50 Cost Explorer, Budgets, Cost Anomaly Detection을 조합한 AWS 사용료를 파악하는 모습

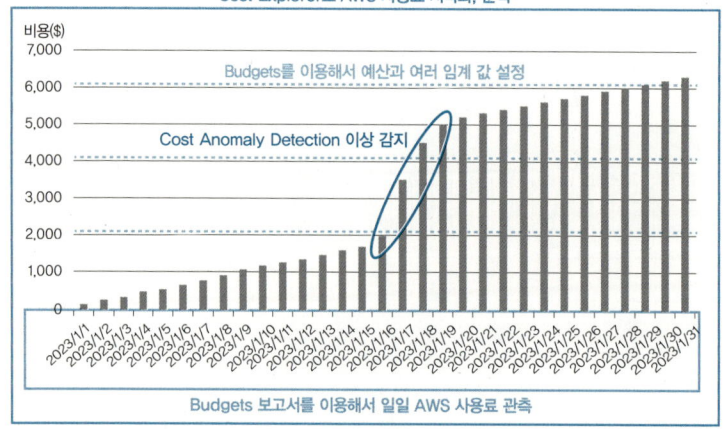

Cost Anomaly Detection 이용 요금

Cost Anomaly Detection은 무료로 이용할 수 있습니다.

11.4 실무 관련 AWS 서비스(태그 추가)

HOW TO OPERATE AWS

먼저 태그 특징을 알아보고 태그 지정 전략과 비용 할당 태그를 설명합니다.

11.4.1 AWS에서 태그 역할

AWS에서 태그란 AWS 리소스에 부여할 수 있는 메타데이터를 의미합니다. 어떤 기준과 목적에 따라 AWS 리소스를 분류, 식별, 검색할 때 사용합니다. 태그 특징[17]은 다음과 같습니다.

---

[17] 자세한 내용은 다음 URL을 참고합니다.
https://docs.aws.amazon.com/ko_kr/tag-editor/latest/userguide/tagging.html

- 태그는 태그 키와 태그 값 두 요소로 구성됩니다.
  - 태그 키 = Name
  - 태그 값 = Sample-AP
- 하나의 태그 키에는 하나의 태그 값만 부여할 수 있습니다.
- 태그 키와 태그 값에 설정하는 값은 대문자와 소문자를 구분합니다.
- UTF-8에서 태그 키는 1문자 이상, 최대 128문자의 유니코드 문자를 사용할 수 있습니다.
- UTF-8에서 태그 값은 0문자 이상, 최대 256문자의 유니코드 문자를 사용할 수 있습니다.
- 태그 키와 태그 값에 사용할 수 있는 문자는 일반적으로 UTF-8 대응 문자, 숫자, 공백 문자와 _.:/=+-@ 문자인데, AWS 서비스마다 다릅니다.
- aws: 접두사는 AWS 전용으로 예약되어 사용할 수 없습니다.
- 하나의 리소스당 최대 50개까지 태그를 추가할 수 있습니다.

▼ 그림 11-51 태그 추가 모습

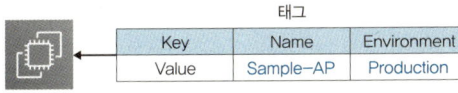

네 가지 태깅 전략

AWS 리소스에 추가할 태그 설계는 **태그 키**와 **태그 값** 조합을 검토 및 설계하여 태그를 추가합니다.

▼ 표 11-8 태그를 설계할 때 검토할 내용

요소	검토 내용
태그 키	AWS 리소스를 분류, 식별, 검색할 목적을 정합니다.
태그 값	태그 키로 설계한 목적에 맞는 값을 정합니다.

AWS는 태그를 설계할 때 고려해야 할 점을 '일반적인 태깅 전략'[18]이라고 이름 붙이고 네 가지 관점을 제시하고 있습니다.

---

18 자세한 내용은 다음 URL을 참고합니다.
https://docs.aws.amazon.com/ko_kr/tag-editor/latest/userguide/tagging.html

▼ 표 11-9 일반적인 태깅 전략

태깅 전략	내용	이용 예
리소스 정리용 태그	AWS 리소스를 식별하거나 그룹화할 수 있는 태그를 추가합니다.	AWS 리소스를 식별할 수 있는 EC2 인스턴스에 Name 태그를 추가합니다.
비용 할당 태그	AWS 사용료가 발생하는 AWS 리소스에 태그를 추가해서 AWS 사용료를 추적할 수 있도록 합니다(비용 할당 태그).	AWS 리소스 사용료를 부서별로 그룹화하는 DivisionCode 태그를 추가합니다.
자동화용 태그	AWS 리소스에 대한 운영을 자동화할 때 자동화 대상의 리소스를 식별할 수 있는 태그를 추가합니다.	AWS Backup으로 백업 대상을 그룹화하는 Backup 태그를 추가합니다.
액세스 제어용 태그	AWS 리소스에 대해 조건부 액세스 제어를 실시하는 데 필요한 태그를 추가합니다.	부서 A의 사용자 A가 부서 B가 관리하는 EC2 인스턴스를 가동하거나 중지할 수 없도록 사용자 A에 부여할 IAM 정책에 Condition 문을 사용한 조건부 액세스 제어를 실시합니다.

비용 최적화는 **비용 할당 태그**를 이용하여 AWS 이용 상황을 자세히 분석할 수 있습니다.

11.4.2 비용 할당 태그

비용 할당 태그는 AWS 사용료가 발생하는 AWS 리소스에 태그를 추가해서 AWS 사용료를 추적하는 태그입니다. 비용 할당 태그를 추가하면 두 가지 장점이 있습니다. 첫 번째는 AWS 이용 명세에서 **비용 할당 태그별로 사용료를 확인할 수 있다는** 점입니다. 이것으로 비용 할당 태그로 필터링하여 요금을 확인 및 분석할 수 있습니다. 다음 그림은 AWS 이용 명세 출력 예인데, user:Company 항목의 Company가 비용 할당 태그의 태그 키를 의미합니다.

▼ 그림 11-52 AWS 이용 명세 출력 예

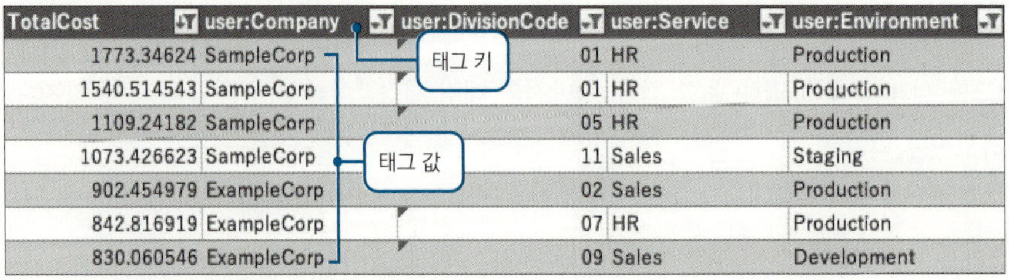

TotalCost	user:Company	user:DivisionCode	user:Service	user:Environment
1773.34624	SampleCorp	01	HR	Production
1540.514543	SampleCorp	01	HR	Production
1109.24182	SampleCorp	05	HR	Production
1073.426623	SampleCorp	11	Sales	Staging
902.454979	ExampleCorp	02	Sales	Production
842.816919	ExampleCorp	07	HR	Production
830.060546	ExampleCorp	09	Sales	Development

두 번째는 AWS 사용료 파악과 분석에 이용하는 Cost Explorer에서 **비용 할당 태그로 AWS 사용료를 필터링할 수 있다는** 점입니다.

▼ 그림 11-53 Cost Explorer에서 비용 할당 태그로 필터링

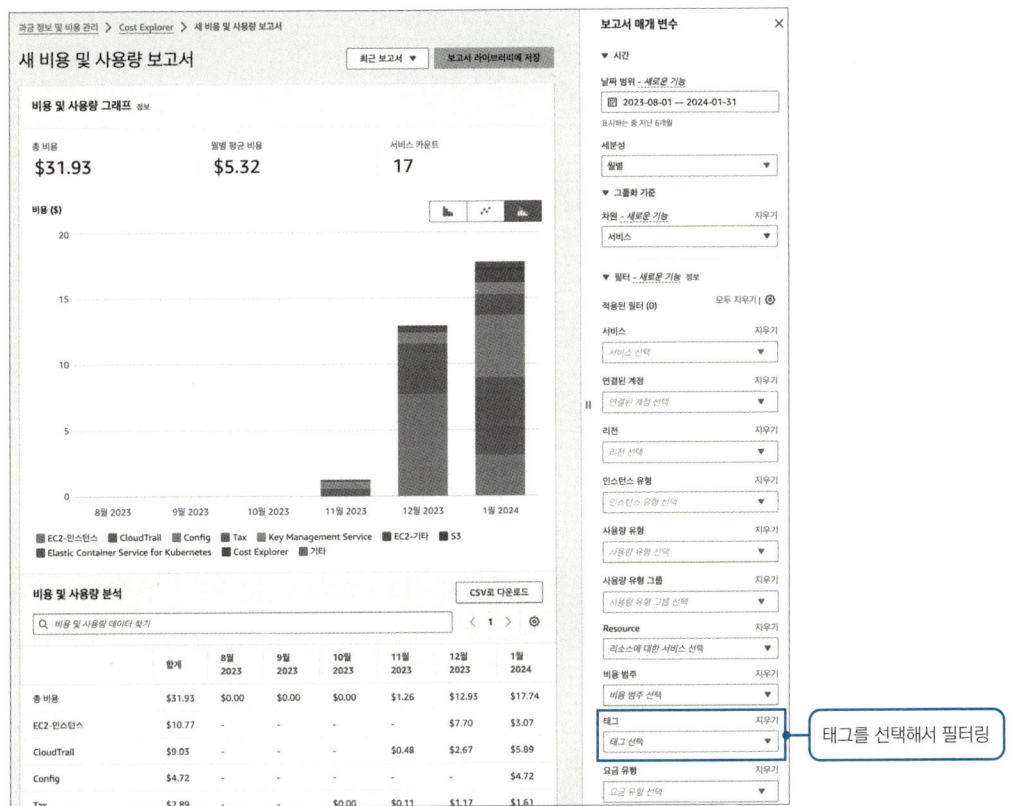

비용 할당 태그 활성화하기

비용 할당 태그를 활성화하려면 다음 두 가지 전제 조건이 필요합니다.

- 활성화하고 싶은 태그 키가 AWS 리소스에 추가되어 있고 이용 중이어야 합니다.
- 청구 정보를 관리하는 AWS 계정에서 수행해야 합니다.

전제 조건을 만족한다면 비용 할당 태그를 활성화하는 절차는 다음과 같습니다. 먼저 콘솔 화면에서 **Billing**(과금 정보 및 비용 관리) 화면으로 이동합니다. 왼쪽 메뉴에서 **비용 할당 태그**를 선택합니다.

▼ 그림 11-54 Billing 콘솔 화면

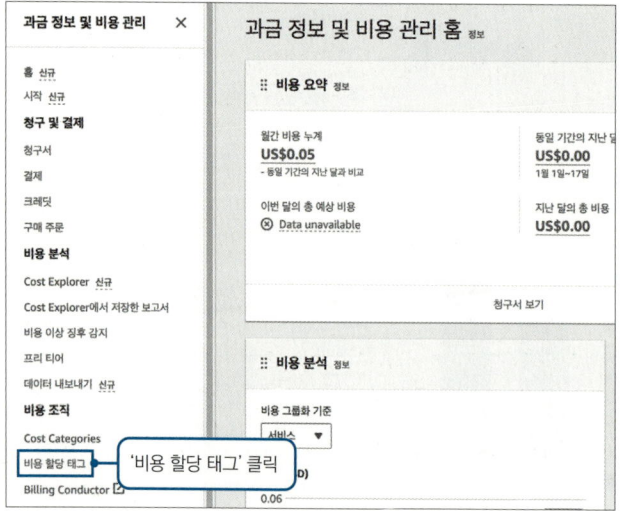

비용 할당 태그 콘솔 화면에서는 **사용자 정의 비용 할당 태그**에 AWS 리소스에 추가된 이용 중인 태그 키 목록이 표시됩니다. 태그 수가 많으면 검색 창에서 **비용 할당 태그를 활성화하고 싶은 태그 키**를 검색합니다.

▼ 그림 11-55 비용 할당 태그 콘솔 화면 1

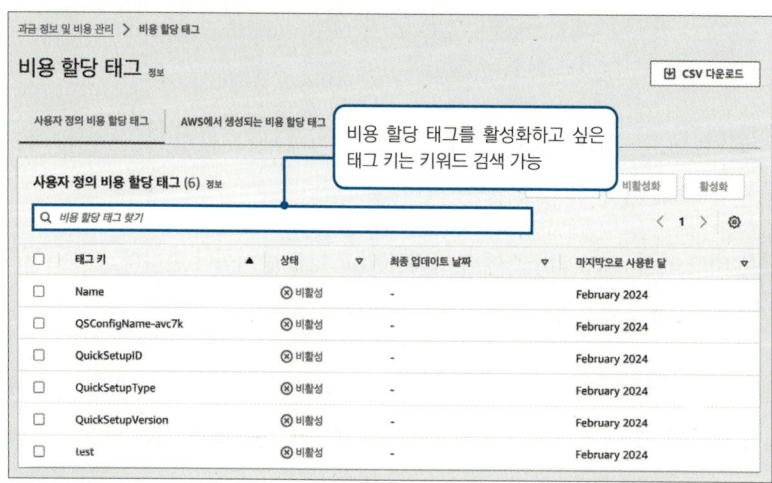

비용 할당 태그를 활성화하고 싶은 태그 키를 선택하고 화면 오른쪽 위에 있는 **활성화** 버튼을 누릅니다.

▼ 그림 11-56 비용 할당 태그 콘솔 화면 2

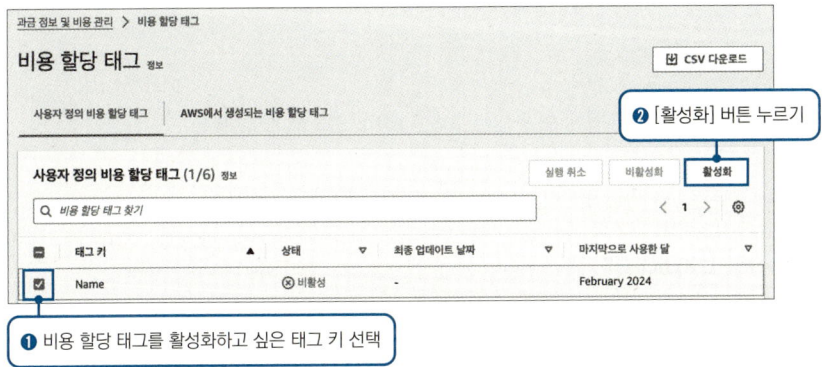

마지막으로 **비용 할당 태그 활성화** 확인 창이 표시되면 **활성화** 버튼을 누릅니다. 이것으로 비용 할당 태그 활성화 작업이 모두 끝났습니다.

비용 할당 태그는 활성화 이후 반영될 때까지 최대 24시간 정도가 걸릴 수 있으니 주의하기 바랍니다.

▼ 그림 11-57 비용 할당 태그 활성화 화면

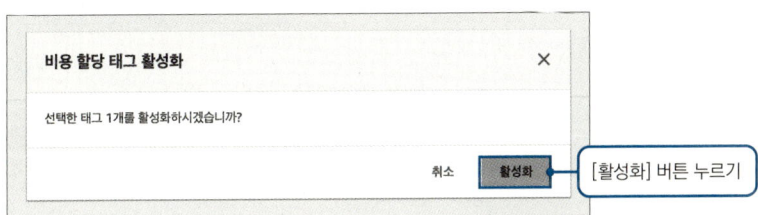

비용 할당 태그 이용 요금

비용 할당 태그는 무료로 이용할 수 있습니다.

11.5 실무 관련 AWS 서비스 (AWS 이용 상황 분석)

HOW TO OPERATE AWS

지금부터는 주로 AWS 이용 상황 분석에 활용되는 AWS 서비스를 소개합니다.

11.5.1 AWS Cost Explorer

'11.3.1절 AWS Cost Explorer'에서는 Cost Explorer의 기본적인 이용 방법을 설명했습니다. 여기에서는 AWS 이용 상황을 더욱 자세히 분석하는 **Cost Explorer 응용 사용법**을 설명합니다.

그룹화 기준

Cost Explorer는 그룹화 기준에 **차원(집계 항목)**을 지정할 수 있습니다. 예를 들어 리전을 차원에 지정하면 리전별로 집계된 AWS 사용료가 Cost Explorer에 그래프로 표시됩니다.

▼ 그림 11-58 차원을 리전으로 지정한 경우 Cost Explorer 표시 화면

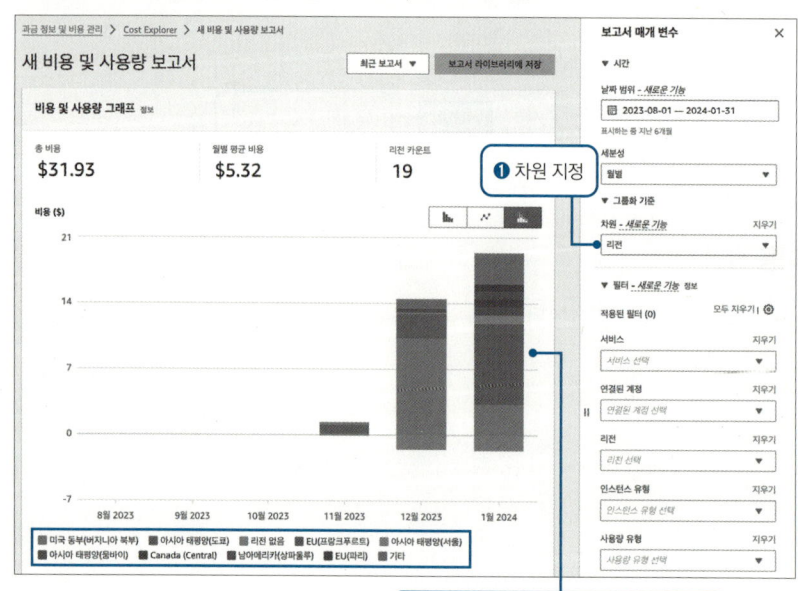

차원에는 리전 이외에도 **서비스, 연결된 계정, 인스턴스 유형, 사용량 유형, 구매 옵션** 등 다양한 집계 방법이 있습니다. 자세한 설명은 AWS 공식 문서[19]를 확인합니다.

필터

Cost Explorer는 그룹화 기준으로 지정한 차원에 상세한 분석 조건을 써서 표시 내용을 필터링할 수 있습니다. 이때 이용하는 것이 **필터**입니다. 예를 들어 차원을 '리전'으로 지정하고 서비스 필터에 'EC2 인스턴스'를 지정하면 AWS 리전별 **EC2 인스턴스 AWS 사용료만** Cost Explorer에 표시할 수 있습니다.

▼ 그림 11-59 차원과 필터로 분석 범위를 필터링한 Cost Explorer 표시 화면

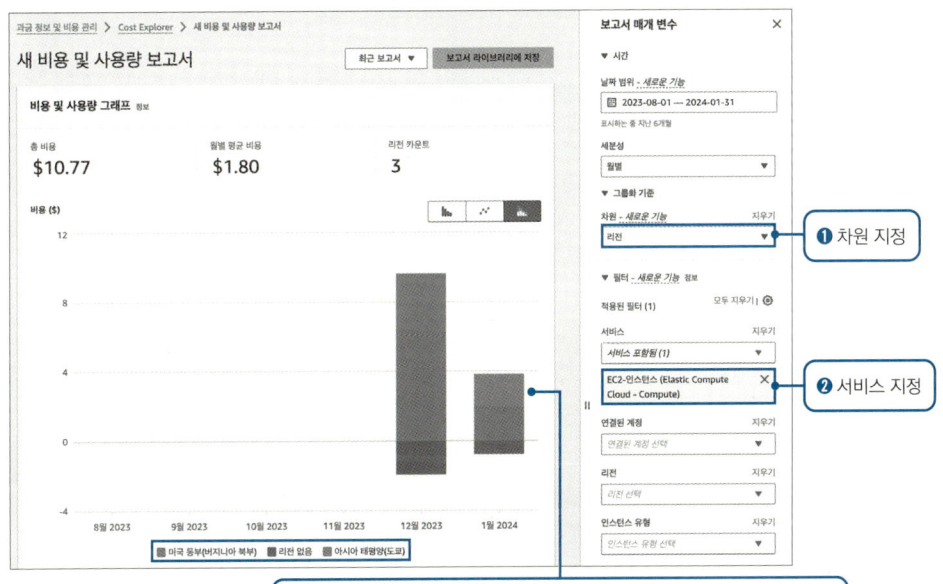

차원과 필터에 지정할 수 있는 항목은 거의 동일하지만 **사용량 유형 그룹 항목은 필터에서만 지정할 수 있습니다. 사용량 유형 그룹**은 DynamoDB, EC2, ElastiCache, RDS, Redshift, S3 같은 AWS 서비스에 이용할 수 있습니다. 예를 들어 사용량 유형 그룹에 'EC2: Running Hours'를 지정하면 **EC2 인스턴스가 실행된 시간 관련 AWS 사용료**를 표시할 수 있습니다.

---

19 https://docs.aws.amazon.com/ko_kr/cost-management/latest/userguide/ce-filtering.html

11.5.2 사용 사례별 검색 조건

Cost Explorer는 그룹화 기준과 필터를 설정해서 AWS 사용료를 자세히 분석할 수 있다고 소개했습니다. 이번에는 실제 사용 사례를 바탕으로 검색 조건의 몇 가지 예를 소개합니다.

① EC2 인스턴스의 AWS 사용료와 사용 시간 알아보기

▼ 표 11-10 사용 사례 ① EC2 인스턴스의 AWS 사용료와 사용 시간 조사의 분석 조건

목적	
지난 1개월간 EC2 인스턴스의 AWS 사용료와 사용 시간을 날짜별로 조사	
날짜 범위	세분성
절댓값으로 지난 1개월을 지정	일별
그룹화 기준	필터
지정 불필요	사용량 유형 그룹: EC2: Running Hours

해당 사용 사례는 필터의 사용량 유형 그룹에 **EC2: Running Hours**를 지정합니다. 그러면 Cost Explorer에 **비용($)** 과 **사용량(Hrs)** 그래프가 표시됩니다(그림 11-60 참고). 사용량(Hrs)은 리소스 이용 시간 분석에 활용할 수 있습니다.

② 세금을 제외한 실제 비용 알아보기

▼ 표 11-11 사용 사례 ② 세금을 제외한 실제 비용 조사의 분석 조건

목적	
세금을 제외한 실제 비용을 조사	
날짜 범위	세분성
절댓값으로 지난 1개월을 지정	일별
그룹화 기준	필터
서비스	[서비스] Excludes Tax 또는 [요금 유형] Excludes Tax

해당 사용 사례는 그룹화 기준에 **서비스**, 필터에 **서비스**를 선택하고 **Tax**를 분석 대상에서 제외(excludes)합니다. Cost Explorer에 표시되는 AWS 사용료는 기본적으로 세금을 포함한 금액이며, 이렇게 조건을 지정하면 세금을 제외한 실제 AWS 사용료를 확인할 수 있습니다.

▼ 그림 11-60 지난 1개월간 EC2 인스턴스의 AWS 사용료와 사용 시간(일별)

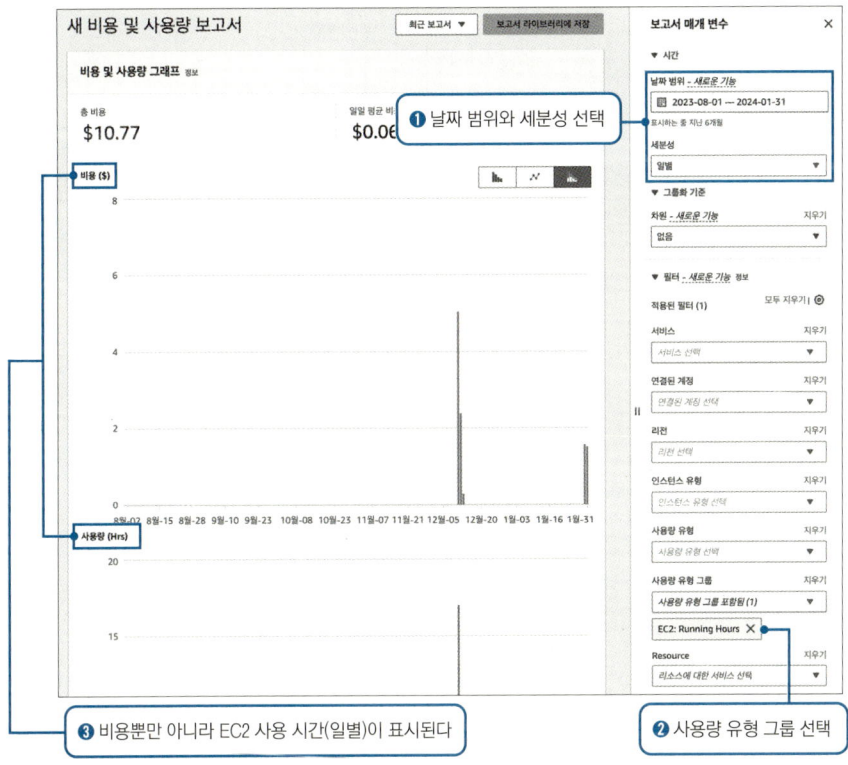

▼ 그림 11-61 사용 사례 ② 세금을 제외한 실제 비용 조사(세금 포함)

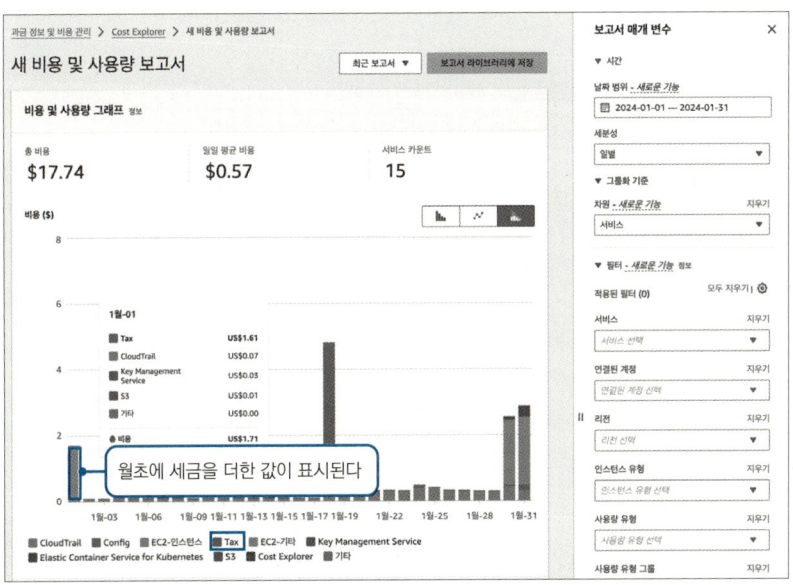

▼ 그림 11-62 사용 사례 ② 세금을 제외한 실제 비용 조사(세금 제외)

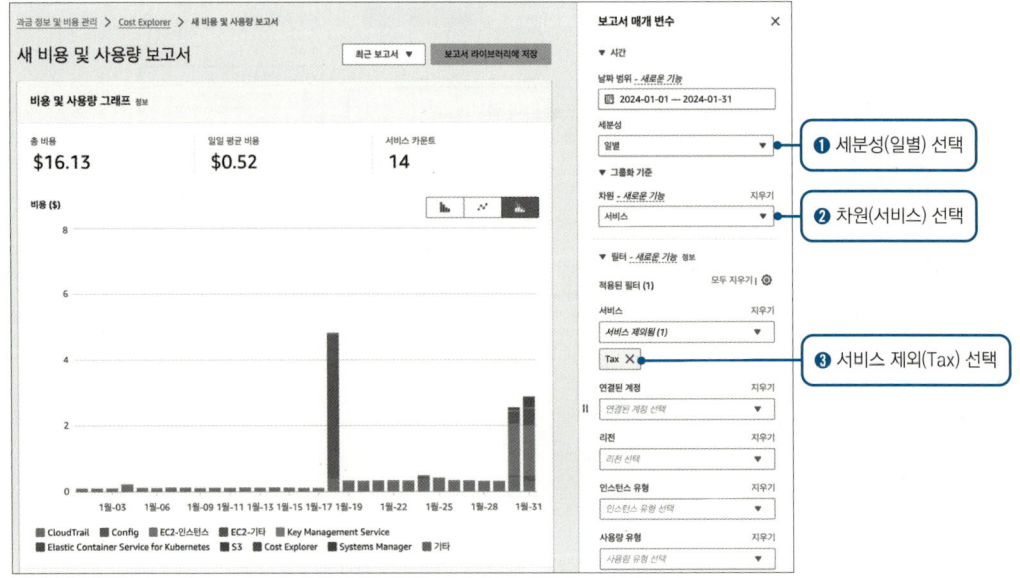

③ 태그별로 비용 조사하기

▼ 표 11-12 사용 사례 ③ 태그별 비용 조사의 분석 조건

목적	
태그별로 비용을 조사	
날짜 범위	세분성
임의의 기간을 지정	일별
그룹화 기준	필터
태그, 임의의 태그 키 지정	필요에 따라 '태그' 태그 키 및 태그 값 지정

해당 사용 사례는 그룹화 기준에 **태그**를 지정하고 **원하는 태그 키**를 선택합니다. **선택할 수 있는 태그 키는 비용 할당 태그로 활성화된 태그 키가 대상입니다.** 이것으로 지정한 태그 키가 추가된 리소스의 AWS 사용료를 확인할 수 있습니다.

또 필터에 **태그**를 지정하고 임의의 **태그 키**와 **태그 값**을 지정하면 한 번 더 필터링할 수 있습니다. 예를 들어 태그 키에 'Environment', 태그 값에 'Staging'을 지정하면 검증 환경(Staging 환경) 리소스의 AWS 사용료를 확인할 수 있습니다. 이처럼 **비용 할당 태그를 Cost Explorer 분석 조건으로 지정하면 AWS 이용 상황을 더욱 자세히 분석할 수 있습니다**.

▼ 그림 11-63 사용 사례 ③ 태그별 비용 조사

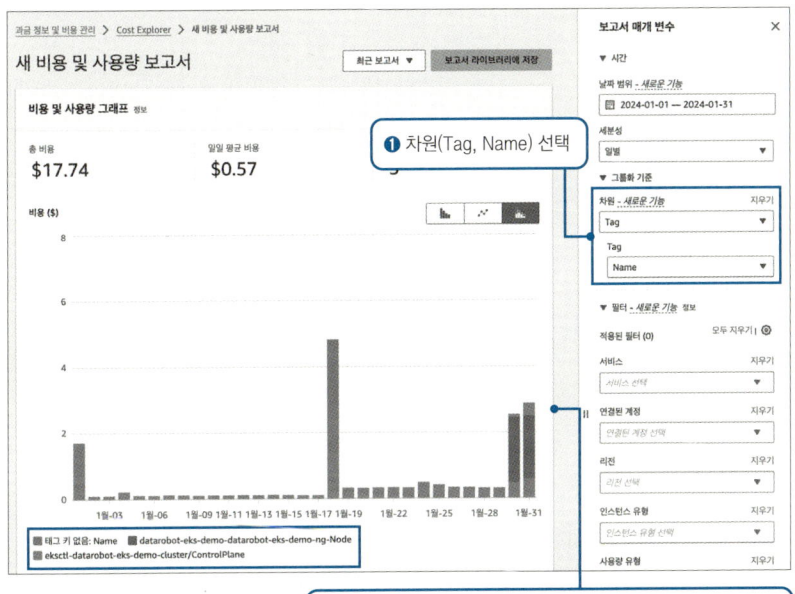

11.5.3 Cost Explorer 보고서 라이브러리 활용

사용 사례에서 소개했듯이, Cost Explorer는 **그룹화 기준**, **필터**를 조합하여 AWS 사용료와 이용 상황을 다양하게 분석할 수 있습니다. 하지만 Cost Explorer를 이용할 때마다 매번 이런 조건을 지정하는 것은 번거롭습니다. 그래서 Cost Explorer가 제공하는 **보고서 라이브러리** 기능을 사용합니다. 이 기능을 사용하면 Cost Explorer에 설정한 검색 조건을 보고서로 저장할 수 있습니다.

▼ 그림 11-64 보고서 라이브러리 저장 화면 1

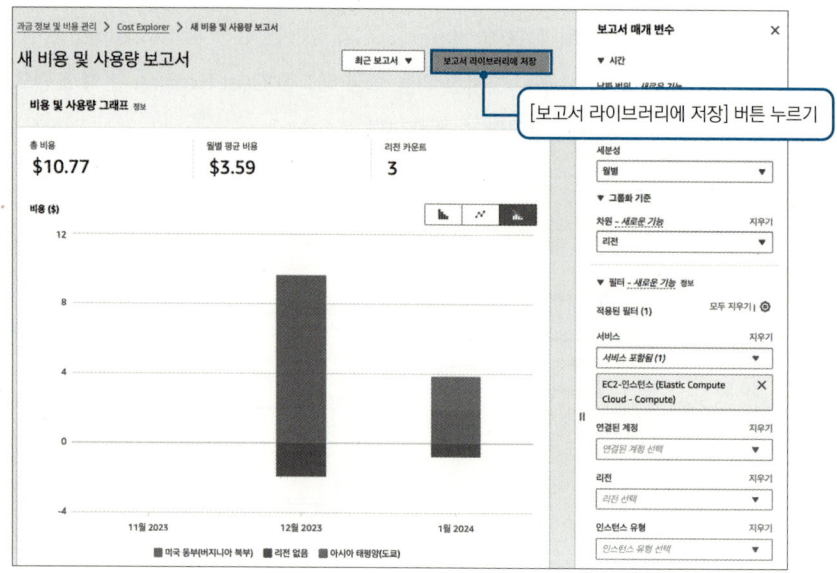

▼ 그림 11-65 보고서 라이브러리 저장 화면 2

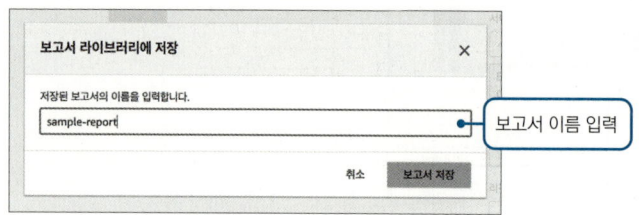

저장된 보고서는 **보고서 메뉴**에서 언제든지 다시 볼 수 있습니다. 자주 사용하는 분석 보고서는 보고서 라이브러리에 저장하면 언제든지 다시 이용할 수 있습니다. 보고서 라이브러리에는 AWS 가 제공하는 아홉 가지 보고서가 있으며, 열쇠 모양이 표시되어 있습니다. **이 기본 보고서는 삭제할 수 없습니다.**

▼ 그림 11-66 보고서 라이브러리 목록 화면

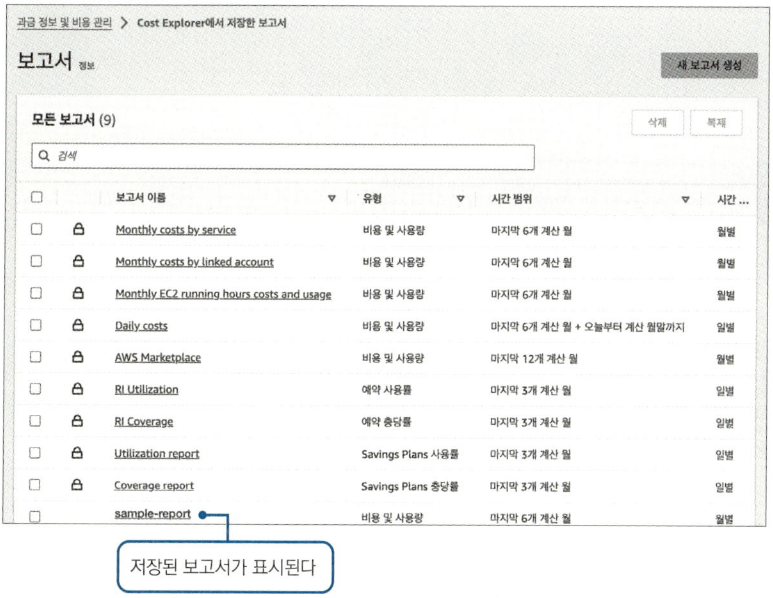

저장된 보고서가 표시된다

11.5.4 AWS Compute Optimizer

AWS Compute Optimizer는 최대 지난 14일간 CloudWatch 지표를 분석하여 컴퓨팅 리소스 사양의 최적화 여부를 평가해서 권장 사항 등을 표시하는 AWS 서비스입니다. 지원하는 AWS 서비스는 EC2, EBS, EC2 Auto Scaling Group, AWS Lambda, Fargate(ECS) 다섯 가지입니다.

Compute Optimizer는 11.2.5절에서 다룬 비용 최적화를 하는 네 가지 방법 중에서 **리소스 사양 최적화**에 무척 편리한 도구입니다. 다음 그림과 같이 콘솔 화면에서 클릭 몇 번만으로 활성화할 수 있습니다.

▼ 그림 11-67 Compute Optimizer 초기 콘솔 화면

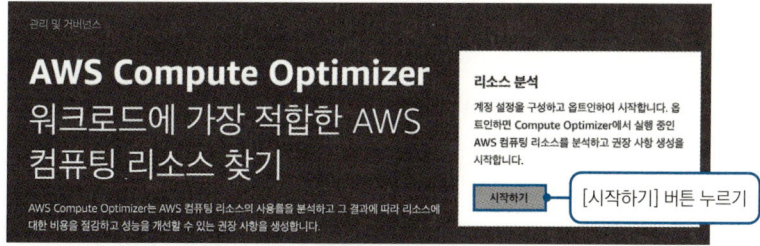

▼ 그림 11-68 Compute Optimizer 활성화 화면

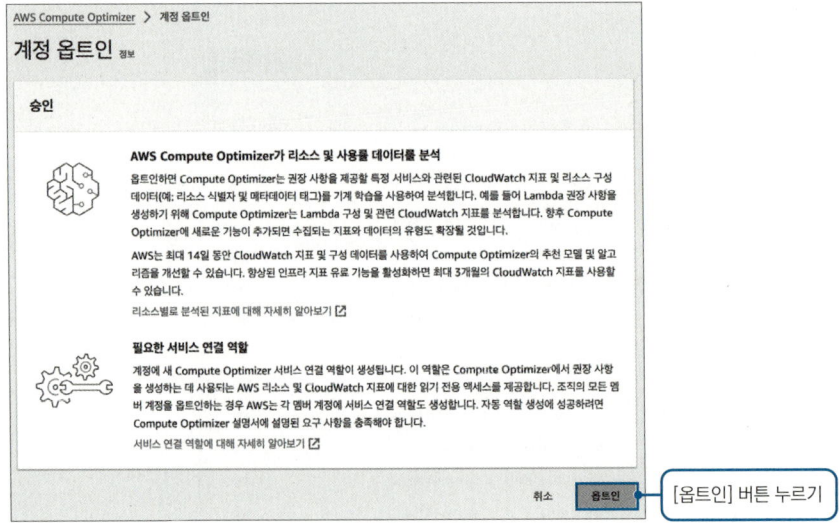

Compute Optimizer 분석 결과를 확인하는 방법

Compute Optimizer를 활성화하면 대시보드에 비용 최적화와 성능에 대한 평가 결과 개요가 표시됩니다. Compute Optimizer를 활성화한 후 평가 결과와 권장 사항이 콘솔 화면에 표시될 때까지는 최대 12시간 정도가 걸릴 수 있습니다. 또 AWS 리소스가 구축된 지 30시간 미만이라면 권장 사항이 생성되지 않으므로 주의합니다.

▼ 그림 11-69 Compute Optimizer 대시보드 화면

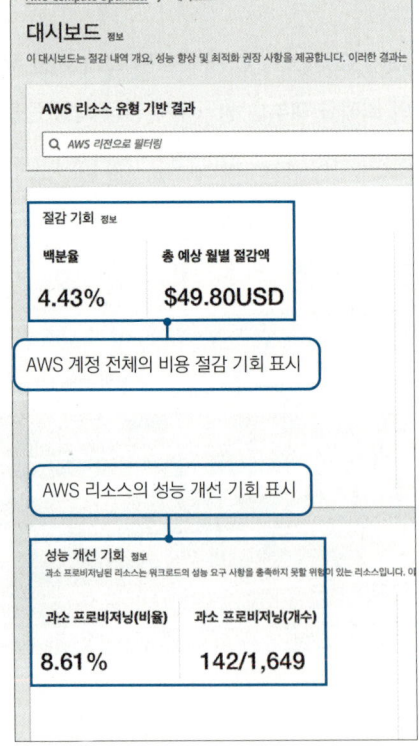

Compute Optimizer의 왼쪽 메뉴에는 지원하는 AWS 서비스 목록이 있습니다. 이번에는 EC2 인스턴스를 선택하여 내용을 확인해 보겠습니다.

EC2 인스턴스 메뉴로 이동하면 권장 사항이 생성된 EC2 인스턴스 목록이 표시됩니다. 결과에는 Compute Optimizer의 평가 결과가 표시됩니다. EC2 인스턴스 평가 결과에는 **과소 프로비저닝, 최적화됨, 과다 프로비저닝** 중 하나가 표시됩니다.

이번에는 그중에서 비용 최적화 여지가 가장 많은 **과다 프로비저닝**이 표시된 EC2 인스턴스를 자세히 확인해 보겠습니다. EC2 인스턴스 이외의 AWS 서비스에 표시되는 평가 결과 내용은 AWS 공식 문서[20]를 확인합니다.

▼ 그림 11-70 Compute Optimizer의 EC2 인스턴스 권장 사항 목록

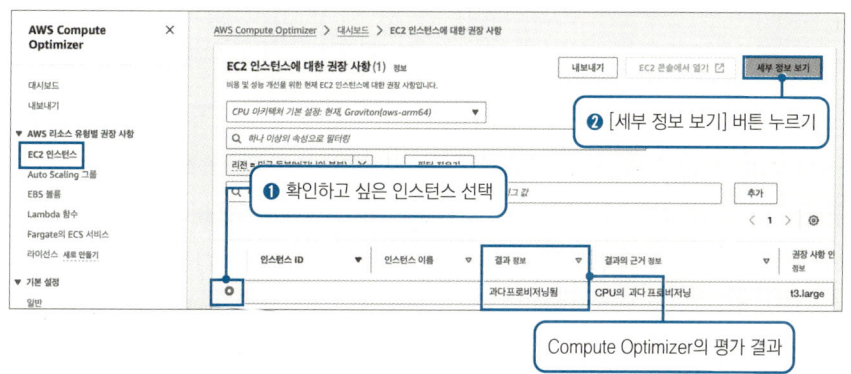

EC2 인스턴스 세부 정보를 표시하면 **현재 인스턴스 유형과 권장 옵션 비교**가 표시되는데, Compute Optimizer가 권장하는 인스턴스 유형으로 변경한 경우의 영향(AWS 요금 차이, 성능 영향, 플랫폼 차이 등)을 확인할 수 있습니다. 비용 최적화 관점에서 주목해야 할 점은 **인스턴스 유형 변경 후 AWS 사용료 차이**입니다. 기본적으로 가장 금액 차이가 큰(비용 최적화 효과가 가장 높은) **인스턴스 유형으로 변경하길 추천합니다.**

---

[20] https://docs.aws.amazon.com/ko_kr/compute-optimizer/latest/ug/viewing-dashboard.html

▼ 그림 11-71 Compute Optimizer의 개별 EC2 인스턴스 권장 사항

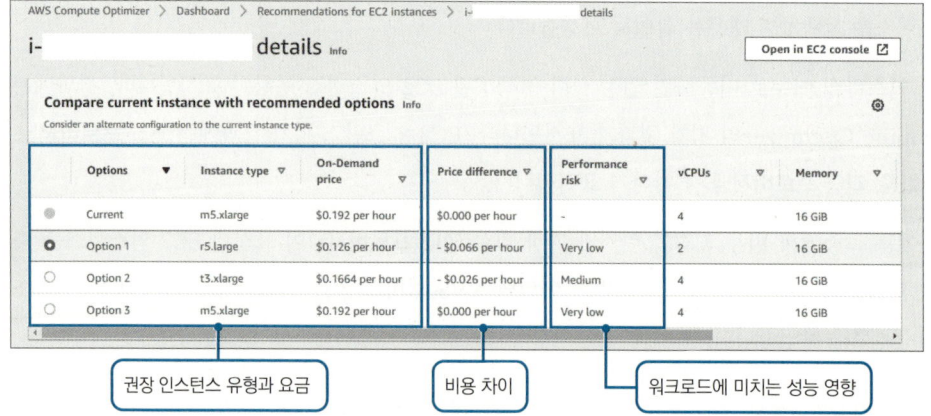

하지만 Compute Optimizer가 권장하는 인스턴스 유형으로 변경할 때는 두 가지 주의점이 있습니다.

첫 번째는 아키텍처 차이입니다. EC2 인스턴스 사용자 대부분은 인텔 기반의 아키텍처를 탑재한 인스턴스 유형을 이용하는데, Compute Optimizer 권장 인스턴스에는 **그라비톤**(Graviton(Arm))[21] **기반 아키텍처를 탑재한 인스턴스 유형**이 표시될 때가 있습니다. **기존 것에서 다른 아키텍처로 변경하려면 AMI에서 EC2 인스턴스를 재구축해야 하므로 주의합니다.** 그라비톤 기반 아키텍처를 추천 인스턴스에서 제외하려면 옵션에서 **그라비톤 표시를 삭제하는 옵션**을 선택합니다.

두 번째는 하이퍼바이저(가상화 유형) 차이입니다. 예를 들어 니트로(Nitro) 세대가 아닌 m4.large와 니트로 세대인 t3나 m5 계열 인스턴스 유형은 하이퍼바이저가 다릅니다. **하이퍼바이저가 다를 때는 변경 대상 인스턴스 유형을 지원하는 드라이버로 업그레이드 및 설정이 필요합니다.**[22] 이런 아키텍처나 하이퍼바이저 등 차이에 따라 유의해야 할 사항이 표시되는 곳이 **플랫폼 차이점** 항목입니다.

Compute Optimizer 분석 정확도 향상시키기

11.5.4절에서 Compute Optimizer가 CloudWatch 지표를 분석한다고 설명했는데, 여기에서는 이런 분석 정확도를 향상시키는 두 가지 방법을 소개하겠습니다.

---

21 역주 AWS가 자체 개발한 서버용 프로세서로 고성능, 저전력, 뛰어난 가성비가 특징입니다.
22 자세한 내용은 다음 URL을 참고합니다.
   https://docs.aws.amazon.com/ko_kr/AWSEC2/latest/WindowsGuide/migrating-latest-types.html

첫 번째는 **통합 CloudWatch 에이전트를 이용하여 메모리 관련 지표를 수집하는 방법**입니다. 예제 11-1과 예제 11-2의 설정 내용을 통합 CloudWatch 에이전트에 적용합니다.

예제 11-1 리눅스의 경우

```
"metrics_collected": {
    "mem": {
        "measurement": [
            "mem_used_percent"
        ],
        "metrics_collection_interval": 60
    }
}
```

예제 11-2 윈도우의 경우

```
"metrics_collected": {
    "Memory": {
        "measurement": [
            "Available Mbytes",
            "Available Kbytes",
            "Available Bytes",
            "Memory % Committed Bytes in Use"
        ],
        "metrics_collection_interval": 60
    }
}
```

두 번째는 **'향상된 인프라 지표'를 활성화하는 방법**입니다. 보통 Compute Optimizer는 기본적으로 최대 지난 14일간 CloudWatch 지표를 분석하는데, 유료 기능인 향상된 인프라 지표를 활성화하면 최대 지난 3개월간(93일간) CloudWatch 지표를 분석할 수 있습니다. **향상된 인프라 지표는 AWS 계정 단위 또는 AWS 리소스 단위로 활성화할 수 있습니다.** 그림 11-72와 같이 설정합니다.

▼ 그림 11-72 Compute Optimizer 설정 화면(일반 기본 설정 메뉴) 1

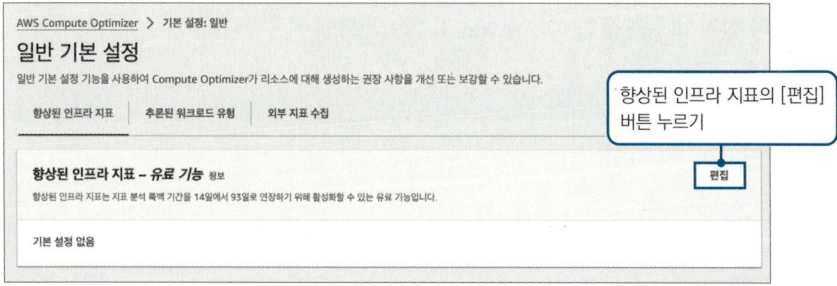

▼ 그림 11-73 Compute Optimizer 설정 화면(일반 기본 설정 메뉴) 2

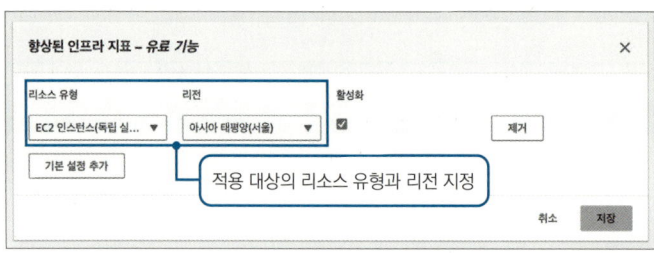

11.5.5 Compute Optimizer 이용 요금

Compute Optimizer는 기본적으로 무료로 이용할 수 있지만 **향상된 인프라 지표를 활성화하면 AWS 사용료가 발생합니다.** 자세한 요금은 Compute Optimizer 요금 웹 페이지[23]를 확인합니다.

▼ 표 11-13 Compute Optimizer 이용 요금

요금 대상	AWS 사용료
향상된 인프라 지표	대상 리소스 실행 시간당 0.0003360215USD/시간

※ 2024년 2월 현재 아시아 태평양(서울) 리전 기준

Compute Optimizer 사용료 예

상시 가동하는 EC2 인스턴스 다섯 대에 향상된 인프라 지표를 활성화한 경우

---

23 https://aws.amazon.com/ko/compute-optimizer/pricing/

- Compute Optimizer 요금

  EC2 인스턴스 실행 시간 = 24시간 × 31일 = 744시간

  EC2 인스턴스 한 대당 향상된 인프라 지표 요금 = 0.0003360215USD × 744
  $$= 0.25USD$$

- AWS 사용료

  0.25USD × 5대 = 1.25USD/월

11.5.6 AWS Trusted Advisor

Trusted Advisor 평가 관점 중 하나인 **비용 최적화**를 확인하면 비용 최적화 여지가 있는 AWS 리소스 사용 상황을 파악할 수 있습니다.

▼ 그림 11-74 Trusted Advisor(비용 최적화) 콘솔 화면

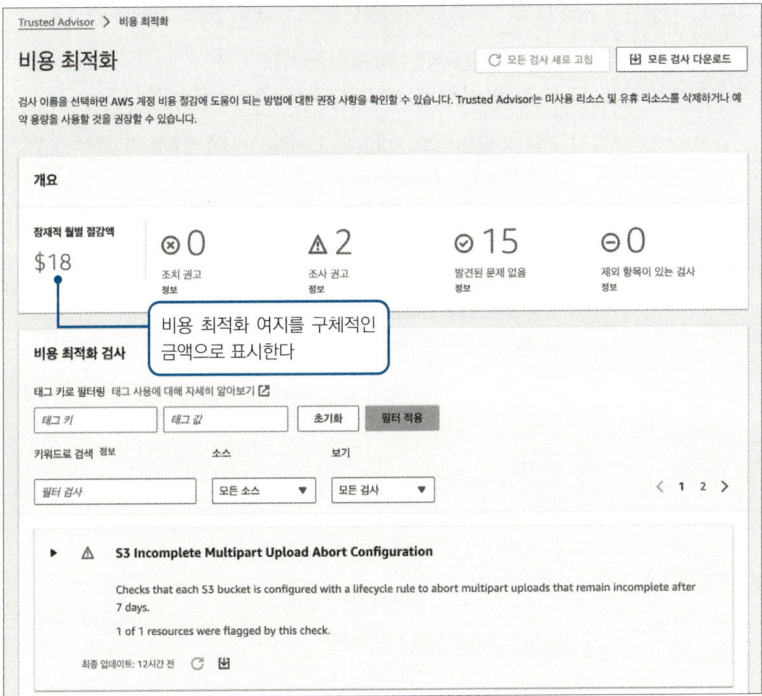

다음은 Trusted Advisor에서 확인할 수 있는 항목 중 일부입니다. Amazon RDS 아이들(idle)(유휴) 상태의 DB 인스턴스, 아이들 상태의 Load Balancer는 비용 최적화에 무척 유용한 확인 항목이므로 꼭 확인합니다. 자세한 내용은 AWS 공식 문서[24]를 확인합니다.

▼ 표 11-14 Trusted Advisor(비용 최적화) 확인 항목 예

확인 항목	개요
Amazon EC2 예약 인스턴스 최적화	온디맨드 인스턴스 사용으로 발생하는 비용을 절감할 수 있는 예약 인스턴스 권장 사항을 제공합니다.
사용률이 낮은 Amazon EC2 인스턴스	지난 14일간 상시 실행 중인 EC2 인스턴스를 확인하여 4일 이상 하루 CPU 사용률이 10% 이하고 네트워크 I/O가 5MB 미만이라면 경고를 표시합니다.
이용 빈도가 낮은 Amazon EBS 볼륨	EBS 볼륨 설정을 확인해서 볼륨이 충분히 사용되지 않을 가능성을 경고합니다.
Amazon EBS의 과도하게 프로비저닝된 볼륨	워크로드에 비해 과도하게 프로비저닝된 EBS 볼륨 유무를 확인합니다.
Amazon RDS 아이들 상태의 DB 인스턴스	아이들 상태로 보이는 DB 인스턴스의 RDS 설정을 확인합니다.
Amazon Relational Database Service(RDS) 예약 인스턴스 최적화	RDS 사용량을 확인하여 RDS 온디맨드 사용으로 발생하는 비용을 절감할 수 있는 예약 인스턴스 구매 관련 권장 사항을 제공합니다.
절감형 플랜	지난 30일간 EC2, Fargate, Lambda 사용 상황을 확인하여 절감형 플랜 구매 권장 사항을 제공합니다.
아이들 상태의 Load Balancer	연결된 백엔드 EC2 인스턴스가 없거나 사용되지 않는 로드 밸런서 설정을 확인합니다.
연결되지 않은 Address	실행 중인 EC2 인스턴스에 연결되지 않은 탄력적(elastic) IP 주소(EIP)를 확인합니다.

---

24 https://docs.aws.amazon.com/ko_kr/awssupport/latest/user/cost-optimization-checks.html

11.6 실무 관련 AWS 서비스 (비용 최적화 실행)

마지막으로 비용 최적화 실행에 사용하는 서비스를 소개합니다.

11.6.1 예약 인스턴스

예약 인스턴스(RI)란 AWS 컴퓨팅 리소스를 정해진 기간 동안 계속 이용하는 조건으로 대폭적인 할인을 받는 구매 옵션입니다. 예약 인스턴스를 구매할 수 있는 대표적인 AWS 서비스로 EC2, RDS가 있으며 OS와 인스턴스 유형 조합별로 구매할 수 있습니다. **OS와 인스턴스 유형 조합**에 따라 예약 인스턴스 할인율이 서로 다르며, AWS 공식 요금 웹 페이지[25]에서 할인율을 볼 수 있으니 구매 전에 미리 확인하면 좋습니다.

예약 인스턴스 할인은 EC2 인스턴스는 1시간 또는 1초마다, RDS DB 인스턴스는 1시간마다 적용됩니다. 이 책에서는 이해를 돕고자 EC2 인스턴스와 RDS DB 인스턴스 모두 1시간마다 예약 인스턴스가 적용된다고 가정합니다.

예약 인스턴스를 1시간마다 이용할 수 있는 할인권에 비유해서 설명해 보겠습니다. 예약 인스턴스 할인권을 구매하면 1시간마다 반드시 하나씩 써야 하고, 사용하지 않고서는 계속 보유할 수 없습니다. 즉, 예약 인스턴스를 구매한 EC2 인스턴스라면 작업이 없는 시간에도 예약 인스턴스 할인권을 1시간마다 써야 하므로 그만큼 낭비하게 됩니다.

따라서 상시 가동 중인 EC2 인스턴스의 OS와 인스턴스 유형으로 예약 인스턴스를 구매하면 가장 높은 할인 효과를 얻을 수 있습니다.

---

[25] https://aws.amazon.com/ko/ec2/pricing/reserved-instances/pricing/

▼ 그림 11-75 예약 인스턴스 적용 모습

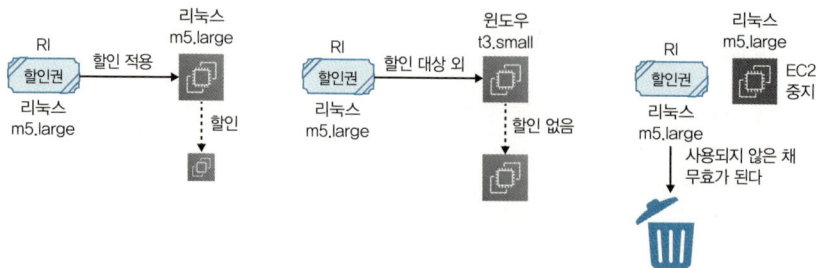

예약 인스턴스 구매 방법(EC2 인스턴스)

EC2 인스턴스의 예약 인스턴스 구매 방법을 소개합니다. 먼저 EC2 콘솔 화면의 왼쪽 메뉴에서 **예약 인스턴스**를 선택하고 **예약 인스턴스 구매** 버튼을 누릅니다.

▼ 그림 11-76 EC2 콘솔 화면

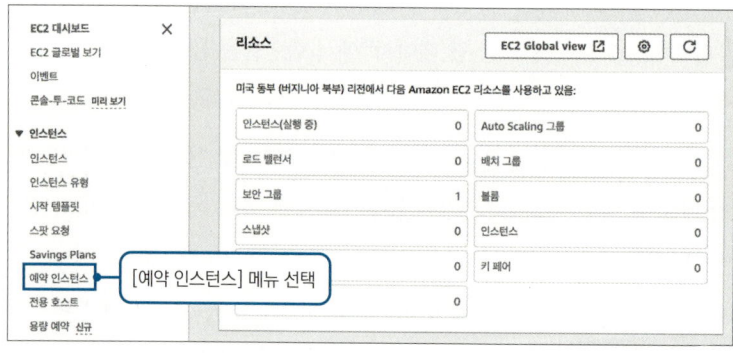

▼ 그림 11-77 예약 인스턴스 콘솔 화면

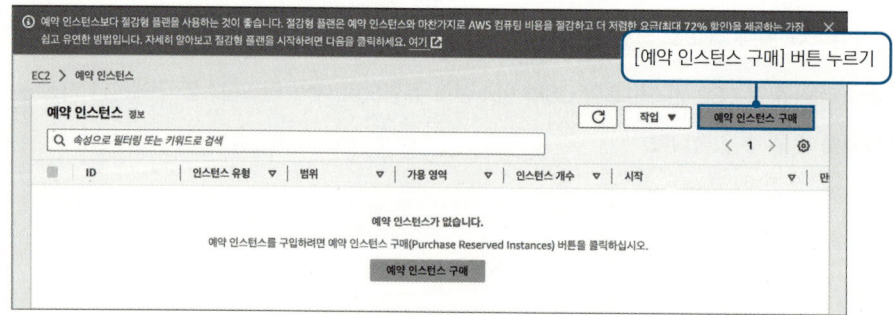

예약 인스턴스를 구매할 때는 몇 가지 옵션이 있으므로 원하는 사양에 맞게 선택해서 구매합니다.

▼ 그림 11-78 예약 인스턴스 구매 화면 1

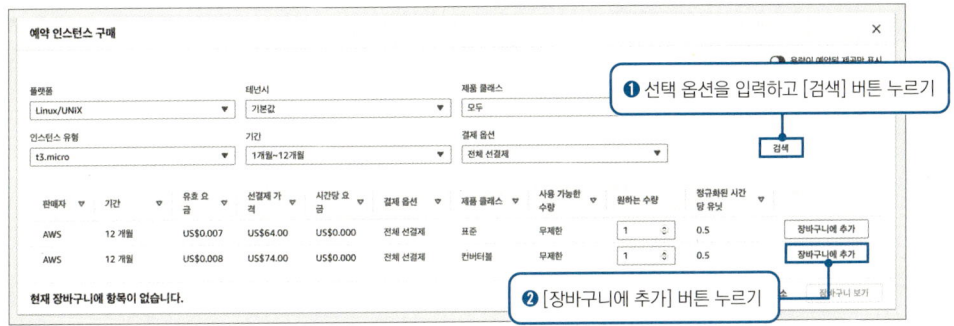

예약 인스턴스는 OS와 인스턴스 유형 조합으로 구매하는데 **플랫폼**과 **인스턴스 유형** 선택은 필수입니다. **테넌시는 EC2 인스턴스가 공유 하드웨어에서 실행될지, 전용 하드웨어에서 실행될지 선택하는 옵션입니다.** 기타 선택 옵션은 다음 표를 참고합니다. 결제는 예산 계획에 맞추어서 적절한 시기와 방법을 선택하면 됩니다.

▼ 표 11-15 예약 인스턴스를 구매할 때 선택 옵션

설정	선택 옵션	설명	할인율
제품 클래스	Standard RI(표준)	인스턴스 유형을 변경할 수 없습니다.	높음
	Convertible RI(컨버터블)	인스턴스 유형을 변경할 수 있습니다.*	낮음
기간	3년	3년간 계속 이용하는 조건으로 계약	높음
	1년	1년간 계속 이용하는 조건으로 계약	낮음
결제 옵션	전체 선결제(all upfront)	예약 인스턴스를 구매할 때 사용료 전체 선결제	높음
	부분 선결제(partial upfront)	예약 인스턴스를 구매할 때 사용료 일부 선결제, 잔금은 월별 결제	중간
	선결제 없음(no upfront)	예약 인스턴스를 구매할 때 사용료를 선결제하지 않고 월별 사용료에 할인 적용해서 월별 결제	낮음

* RDS는 선택 불가능

선택 옵션은 총 12가지로 조합할 수 있지만, 조합마다 할인율이 다릅니다. 표 11-16은 OS를 리눅스, 인스턴스 유형을 t3.large로 선택했을 때 선택 옵션별 할인율입니다.

▼ 표 11-16 할인율 적용 예(리눅스 t3.large)

제품 클래스	기간	결제 방법	절감한 액수
Standard	3년	전체 선결제	62%
		부분 선결제	60%
		선결제 없음	57%
Convertible	3년	전체 선결제	48%
		부분 선결제	47%
		선결제 없음	43%
Standard	1년	전체 선결제	41%
		부분 선결제	40%
		선결제 없음	37%
Convertible	1년	전체 선결제	27%
		부분 선결제	25%
		선결제 없음	21%

예약 인스턴스 구매 화면에는 **용량이 예약된 제공만 표시** 선택 상자가 있습니다. 해당 기능을 활성화하면 새롭게 **가용 영역** 선택 옵션이 추가되어 용량을 예약할 수 있습니다.

▼ 그림 11-79 예약 인스턴스 구매 화면 2(용량 예약)

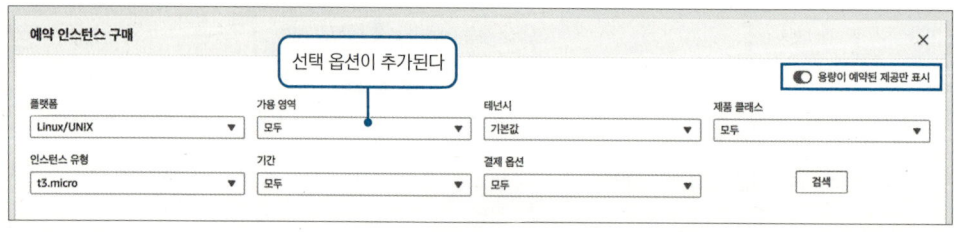

용량 예약은 해당하는 인스턴스 유형의 EC2 인스턴스를 원할 때 가동할 수 있도록 용량을 확보하는 권리입니다. AWS 리소스는 AWS가 보유한 서버를 대여하여 이용하는 것이 기본 개념입니다. 즉, AWS에 대여할 수 있는 서버가 없으면(리소스가 부족하면) 당연히 AWS에서 서버를 빌려 쓸 수 없습니다.

이렇게 리소스가 부족한 상태일 때 EC2 인스턴스를 가동하면 InsufficientInstanceCapacity(**캐퍼시티 부족**) 오류가 발생합니다. 따라서 필요할 때 빌릴 수 있게 예약을 걸어서 확보한 상태가 용량 예약입니다. 용량 예약을 하려면 **가용 영역 지정**이 필요합니다.

▼ 그림 11-80 용량 예약 모습

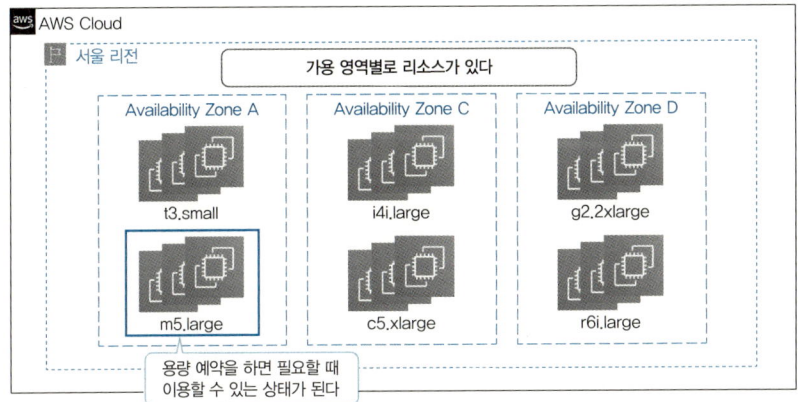

장바구니 보기 버튼을 누르면 주문 확인 화면이 표시되고 내용에 문제없으면 **모두 주문** 버튼을 누릅니다. 예약 인스턴스는 구매 후 취소가 원칙적으로 불가능합니다. 따라서 주문 확인 화면에서 구매하려는 예약 인스턴스 설정에 문제없는지 꼼꼼히 확인하는 것이 좋습니다. 정규화된 시간당 유닛 항목이 있는데, 이는 예약 인스턴스의 **유연성**과 관련된 내용으로 나중에 다시 설명합니다.

▼ 그림 11-81 예약 인스턴스 구매 화면 3

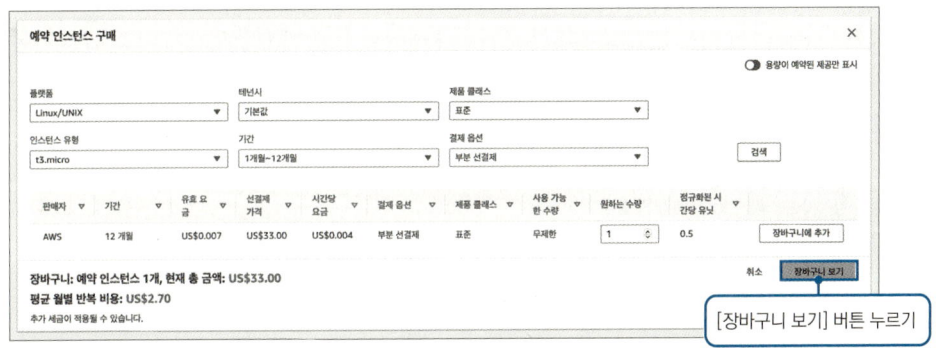

▼ 그림 11-82 예약 인스턴스 구매 화면 4

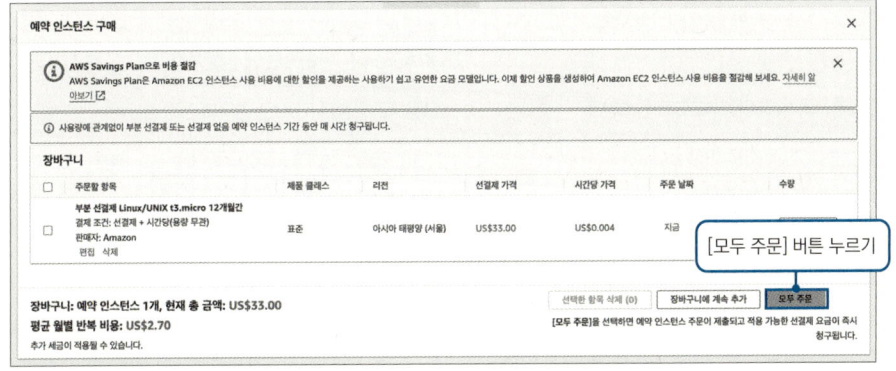

예약 인스턴스 구매 방법(RDS DB 인스턴스)

이번에는 RDS의 예약 인스턴스 구매 방법을 소개합니다. 먼저 RDS 콘솔 화면의 왼쪽 메뉴에서 **예약 인스턴스**를 선택하고 **예약형 DB 인스턴스 구매** 버튼을 누릅니다.

▼ 그림 11-83 RDS 콘솔 화면

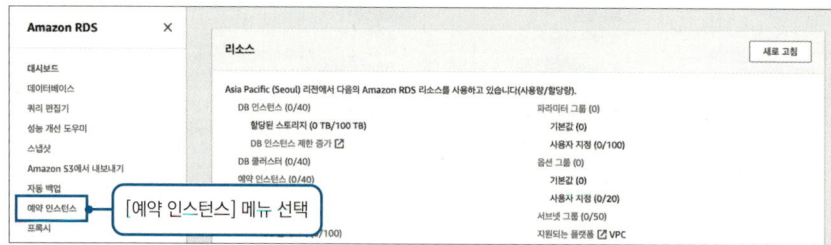

▼ 그림 11-84 예약 인스턴스 콘솔 화면

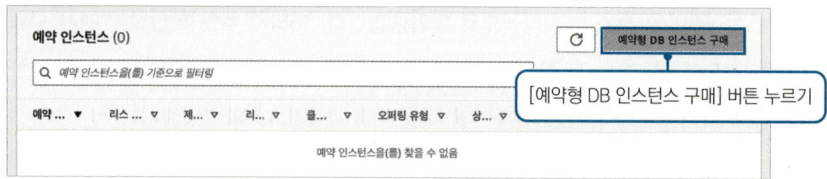

예약 인스턴스 구매 화면에서 EC2의 예약 인스턴스 구매에서 했던 것과 동일하게 각종 설정 항목을 입력합니다. EC2는 OS와 인스턴스 유형 조합으로 구매했다면 RDS는 **DB 엔진(제품)**과 **DB 인스턴스 클래스 조합**으로 예약 인스턴스를 구매합니다.

▼ 표 11-17 예약 인스턴스를 구매할 때 선택 옵션

설정	선택 옵션	설명	할인율
제품 설명	RDS에서 지정 가능한 각종 DB 엔진	예약 인스턴스를 구매할 DB 엔진을 지정	-
DB 인스턴스 클래스	RDS의 예약 인스턴스에서 구매 가능한 각종 DB 인스턴스 유형	예약 인스턴스를 구매할 DB 인스턴스 유형을 지정	-
배포 옵션	멀티 AZ DB 인스턴스	멀티 AZ 구성의 RDS인 경우에 지정 ※ Aurora는 클러스터 개수를 지정	-
	단일 AZ DB 인스턴스	단일 AZ 구성의 RDS인 경우에 지정	-
기간	3년 이상	3년간 계속 이용하는 조건으로 계약	높음
	1년 이상	1년간 계속 이용하는 조건으로 계약	낮음

○ 계속

설정	선택 옵션	설명	할인율
오퍼링 유형	전체 선결제(all upfront)	예약 인스턴스를 구매할 때 사용료 전체 선결제	높음
	부분 선결제(partial upfront)	예약 인스턴스를 구매할 때 사용료 일부를 선결제하고 잔금은 월별 결제	중간
	선결제 없음(no upfront)	예약 인스턴스를 구매할 때 사용료 선결제 없이 월별 사용료에 할인을 적용해서 월별 결제*	낮음
예약 ID	1~63문자의 영숫자 또는 하이픈을 포함한 임의의 문자열 지정	구매한 예약 인스턴스에 고유한 ID를 부여하므로 예약 인스턴스 식별과 관리가 편리	–

* 3년 이상 지정한 경우에는 선택 불가능

▼ 그림 11-85 예약 인스턴스 구매 화면

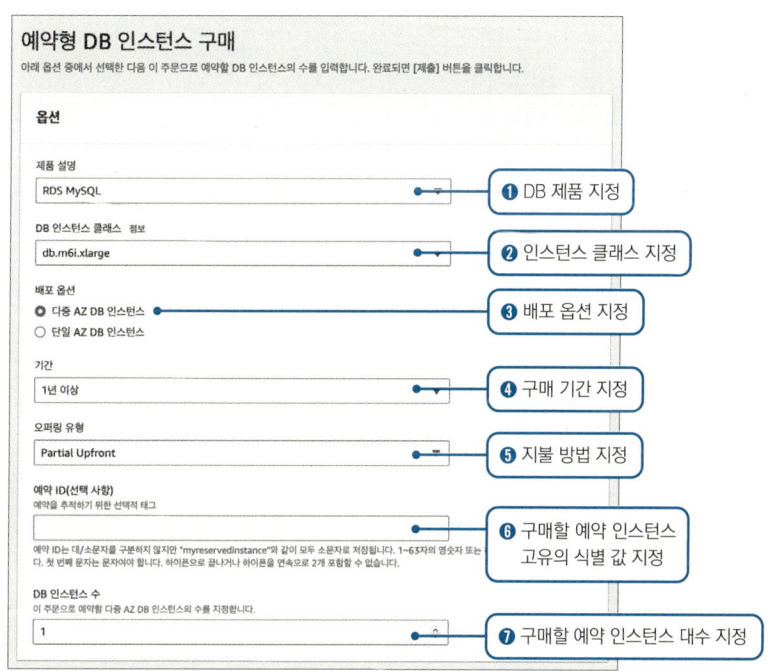

이제 페이지 아래쪽에 있는 **요금 세부 내용**을 확인하고 **예약형 DB 인스턴스 구매** 버튼을 누르면 구매가 완료됩니다. 시간당 정규화된 단위 항목이 있지만 예약 인스턴스의 유연성 특성과 관련된 내용이므로 나중에 다시 설명합니다.

▼ 그림 11-86 예약 인스턴스 구매 확인 화면

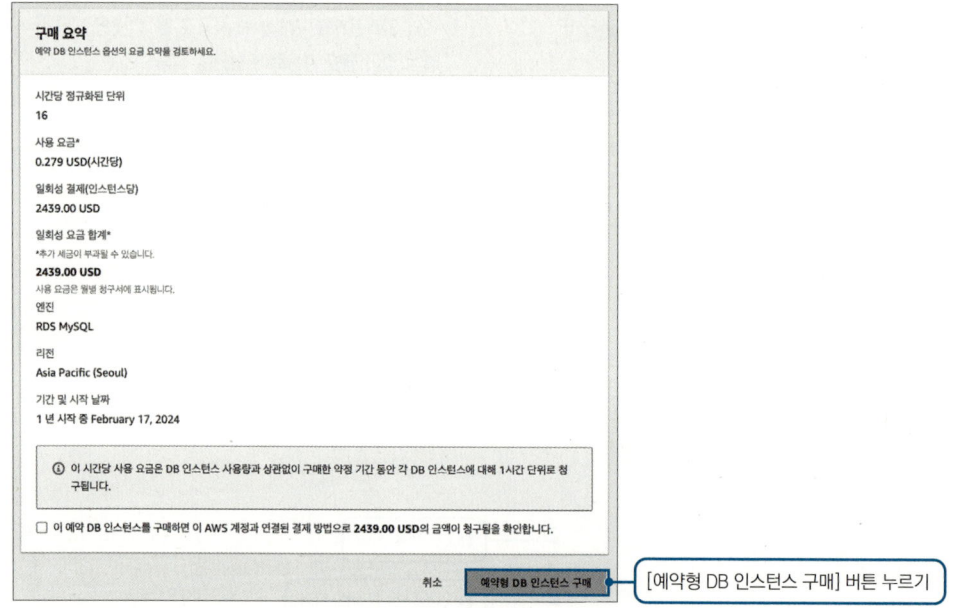

권장 사항 표시 기능

예약 인스턴스는 OS와 인스턴스 유형, DB 엔진과 DB 인스턴스 클래스를 조합하여 구매하는데, 어떤 조합으로 얼마나 예약 인스턴스를 구매해야 하는지 판단하기가 쉽지 않습니다.

그래서 Cost Explorer에는 **구매해야 할 예약 인스턴스를 권장 사항으로 표시하는 기능**이 있습니다. 권장 사항을 표시할 때 **지불 기간과 지불 옵션, 권장 사항을 표시할 분석 대상인 과거 데이터 기간**을 선택할 수 있습니다.

▼ 그림 11-87 예약 인스턴스 권장 사항

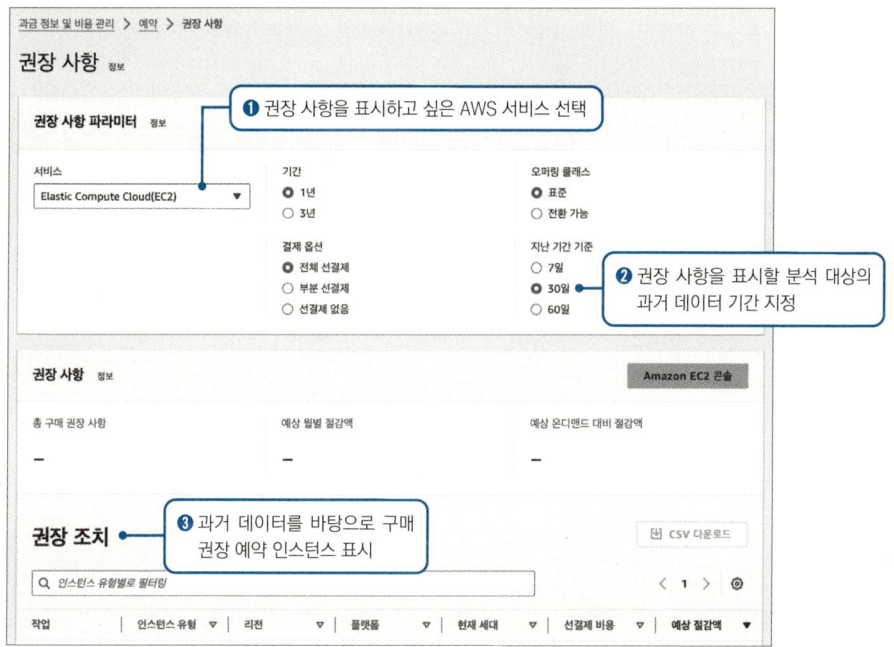

인스턴스 크기 유연성

EC2와 RDS의 예약 인스턴스 구매를 확인하는 화면에는 **시간당 정규화된 단위(정규화된 시간당 유닛)** 항목이 있습니다. 이것은 예약 인스턴스의 **인스턴스 크기 유연성**(size flexibility) 관련 내용입니다. **인스턴스 유연성은 할당된 정규화 인자[26]에 따라 예약 인스턴스를 다른 인스턴스 크기에 적용할 수 있는 특성입니다.** 정규화 인자는 최소가 0.25, 최대가 256입니다.

정규화 인자 개념은 조금 복잡하므로 티켓을 예로 들어 설명하겠습니다. 전제 조건으로 정규화 인자의 최소 단위인 0.25를 티켓 한 장 분량이라고 생각합니다. 예를 들어 인스턴스 패밀리가 t3이고 인스턴스 크기가 large인 예약 인스턴스를 하나 구매한다고 합시다. large의 정규화 인자는 4이므로 티켓은 16(4 ÷ 0.25)장을 구매한 셈입니다.

이를 실제로 적용한 두 가지 예를 살펴봅시다. 첫 번째 적용 예는 **t3.large의 EC2 인스턴스 한 대**에 예약 인스턴스 할인을 적용하는 경우입니다. 이때 정규화 인자 4를 소비하므로 구매한 16장의 티켓을 전부 사용합니다. 두 번째 적용 예는 **t3.micro의 EC2 인스턴스 한 대**에 예약 인스턴스 할인을 적용하는 경우입니다. 이때는 정규화 인자 0.5를 소비하므로 구매한 티켓 중에서 2(0.5 ÷ 0.25)

---

[26] https://docs.aws.amazon.com/ko_kr/AWSEC2/latest/WindowsGuide/apply_ri.html#ri-instance-size-flexibility

장만 소비되어 티켓이 14장 남습니다. 따라서 t3.micro의 EC2 인스턴스는 남은 티켓을 모두 이용하면 추가로 EC2 인스턴스 일곱 대에 예약 인스턴스를 적용할 수 있습니다.

이처럼 **동일한 인스턴스 패밀리 내에서는 정규화 인자에 따라 예약 인스턴스를 적용할 인스턴스 크기를 변경할 수 있는 특성을 인스턴스 크기 유연성**이라고 합니다.

▼ 표 11-18 인스턴스 크기별 정규화 인자 대응표

인스턴스 크기	정규화 인자	예약 인스턴스를 적용 가능한 인스턴스 대수
nano	0.25	16
micro	0.5	8
small	1	4
medium	2	2
large(예약 인스턴스를 한 대 구입한다고 가정)	4	1
xlarge	8	0
2xlarge	16	0
3xlarge	24	0
4xlarge	32	0
6xlarge	48	0
8xlarge	64	0
9xlarge	72	0
10xlarge	80	0
12xlarge	96	0
16xlarge	128	0
18xlarge	144	0
24xlarge	192	0
32xlarge	256	0
48xlarge	384	0
56xlarge	448	0
112xlarge	896	0

예약 인스턴스를 유연하게 적용할 수 있다는 점에서 인스턴스 크기 유연성은 편리하지만 다음 예약 인스턴스에서는 인스턴스 크기 유연성 효과가 적용되지 않으므로 주의합니다.

- 다른 인스턴스 패밀리, 다른 DB 엔진
- 특정 가용 영역용으로 구매한 예약 인스턴스(영역 예약 인스턴스)
- 전용 테넌트(전용 하드웨어) 예약 인스턴스
- Windows Server, Windows Server with SQL Standard, Windows Server with SQL Server Enterprise, Windows Server with SQL Server Web, RHEL, SUSE Linux Enterprise Server용 예약 인스턴스
- G4ad, G4dn, G5, G5g, Inf1 인스턴스용 예약 인스턴스
- Microsoft SQL Server, Oracle 라이선스 포함(LI) 에디션 DB 인스턴스

예약 인스턴스 만료 알림

예약 인스턴스는 구매한 예약 인스턴스가 만료되는 당일, 7일 전, 30일 전, 60일 전에 지정한 이메일 주소로 만료 알림을 보낼 수 있는 **알림 구독** 기능이 있습니다. 예약 인스턴스 유효 기간 만료는 구매일에서 1년 후 또는 3년 후이기 때문에 잊어버리기 쉬우므로 만료 전에 알림을 보내도록 설정하는 것이 좋습니다.

▼ 그림 11-88 알림 구독 콘솔 화면

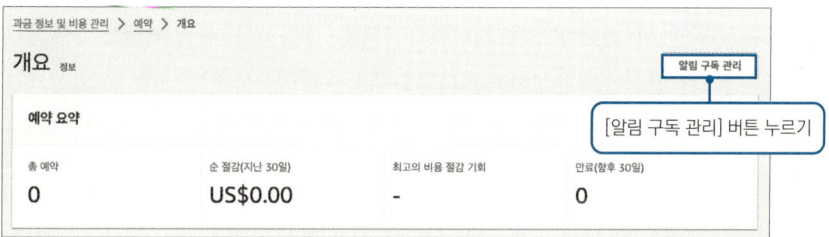

▼ 그림 11-89 알림 구독 설정 화면

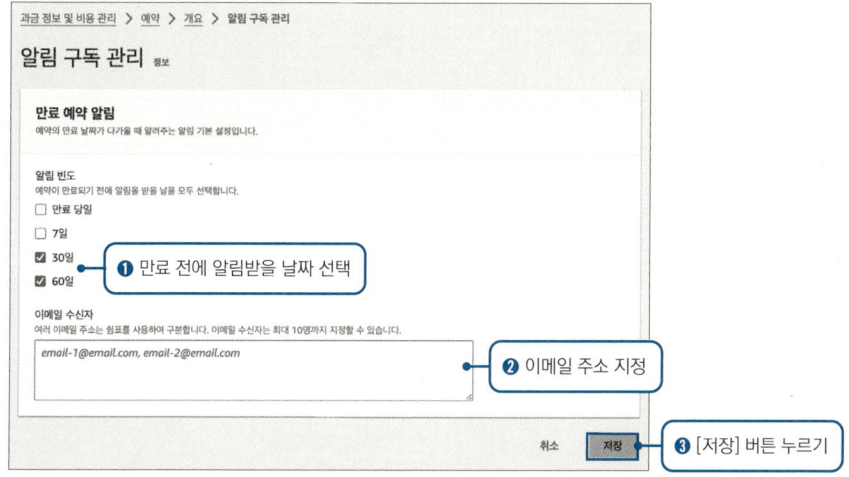

예약 인스턴스 할인 적용 예

여기에서는 OS와 인스턴스 유형이 서로 다른 EC2 인스턴스가 총 30대 실행 중인 AWS 환경이 존재한다고 가정하고, 가장 할인율이 높은 예약 인스턴스를 구매하는 방법을 설명합니다.

예약 인스턴스를 구매할 때 선택 옵션은 제품 클래스는 표준, 기간은 1년, 지불 방법은 전체 선결제를 선택합니다. 가동한 EC2 인스턴스 정보와 예약 인스턴스 선결제 요금을 다음 표에 정리했습니다. 인스턴스당 예약 인스턴스 선결제 요금은 AWS 공식 문서[27]를 참고합니다.

▼ 표 11-19 예약 인스턴스 할인 적용 예(1년분 전체 선결제)

인스턴스 유형	OS	일반 요금/년	예약 인스턴스 선결제 요금/대	할인율	인스턴스 대수	예약 인스턴스 선결제 요금/대 × 인스턴스 대수
r6i.large	리눅스	$1,331.52	$822.0	38%	10	$8,220.0
t3.large	리눅스	$953.09	$560.0	41%	10	$5,600.0
r6i.large	윈도우	$2,137.44	$1,628.0	24%	5	$8,140.0
t3.large	RHEL	$1,478.69	$1,086.0	27%	5	$5,430.0

r6i.large/Linux로 가동한 EC2 인스턴스 열 대를 전부 예약 인스턴스로 적용하려면 그림 11-78에서 예약 인스턴스를 구매할 때 선택 옵션을 지정하고 원하는 수량에 10을 입력해서 구매합니다. 표 11-19를 보면 동일한 인스턴스 유형이라도 OS가 다르면 할인율도 변합니다. EC2 인스턴스의 예약 인스턴스를 구매한다면 미리 이런 정보를 정리하여 할인 효과가 높은 인스턴스 유형과 OS를 조합해서 예약 인스턴스를 구입하면 좋습니다.

이런 방식에 익숙해지기 전에는 앞서 설명한 **권장 사항 표시 기능**을 이용해서 구입하길 추천합니다.

---

[27] https://aws.amazon.com/ko/ec2/pricing/reserved-instances/pricing/

COLUMN ≡ | 일반 온디맨드 요금으로 이용할 수 있는 온디맨드 용량 예약

11.6.1절에서 설명한 용량 예약 외에도 일반 온디맨드 요금으로 용량 예약을 제공하는 **온디맨드 용량 예약** 기능이 있습니다. 온디맨드 용량 예약은 EC2 콘솔 화면에서 생성할 수 있습니다.

▼ 그림 11-90 용량 예약 생성 화면 1

▼ 그림 11-91 용량 예약 생성 화면 2

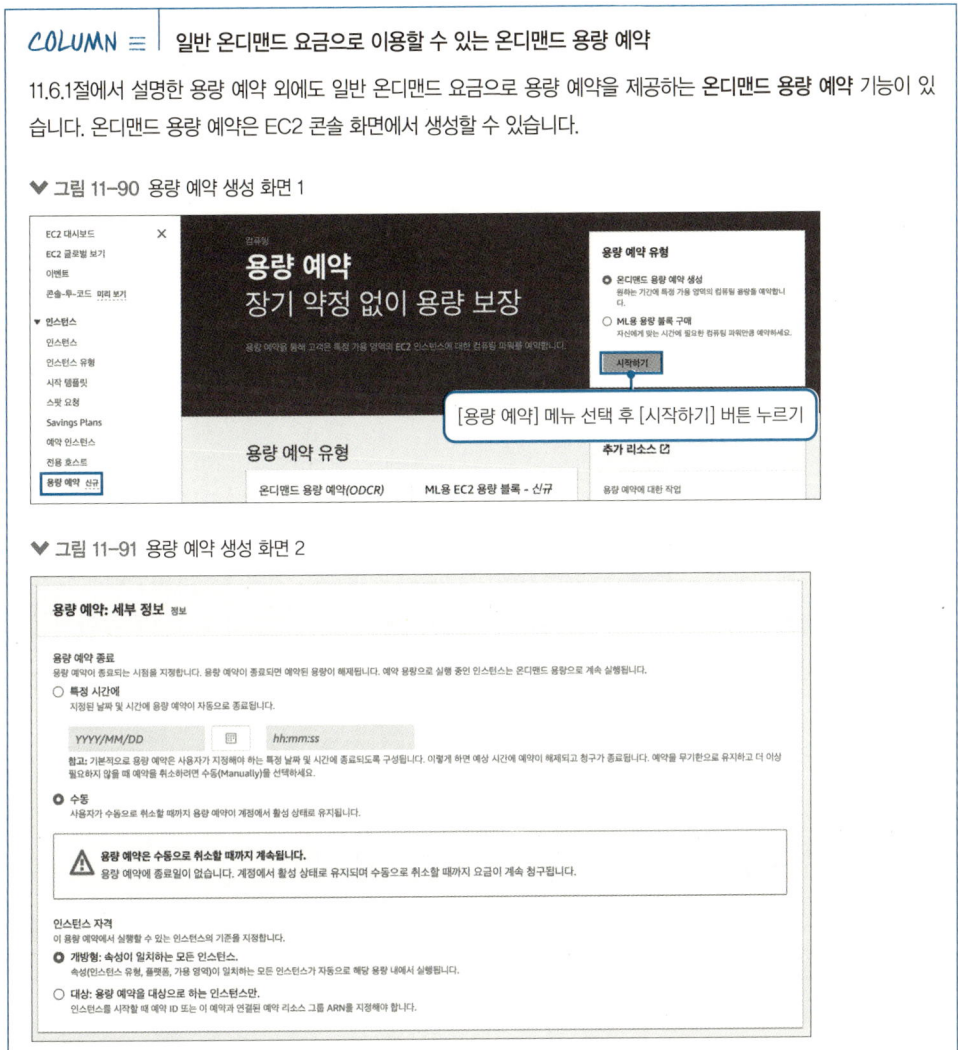

11.6.2 절감형 플랜

절감형 플랜(Savings Plans, SP)은 예약 인스턴스처럼 AWS 컴퓨팅 리소스를 정해진 기간 동안 계속해서 이용하는 조건으로 큰 할인을 받을 수 있는 구매 옵션입니다. 절감형 플랜은 2019년에 발표된 비교적 새로운 구매 옵션으로, 예약 인스턴스보다 유연하게 비용 최적화할 수 있습니다.

예약 인스턴스는 OS와 인스턴스 유형 조합을 지정해서 구매하는데, 절감형 플랜은 **할인 적용 후 1시간당 사용료**를 달러로 직접 지정해서 구매합니다. 절감형 플랜의 할인율은 대상 OS나 인스턴스 유형에 따라 다릅니다. AWS 공식 요금 웹 페이지[28]에서 할인율을 알 수 있으므로 구매하기 전에 미리 확인하면 좋습니다.

절감형 플랜 할인은 예약 인스턴스처럼 1시간 단위로 대상 AWS 리소스에 적용됩니다. 예약 인스턴스에서 설명했듯이, 1시간마다 쓸 수 있는 할인권을 구매하는 것과 비슷합니다. 1시간마다 반드시 사용해야 하고 남겨 둘 수 없습니다. 즉, 사용하지 않는 시간이 많은 AWS 리소스에 절감형 플랜을 구매하는 경우에는 절감형 플랜 할인권을 1시간마다 낭비하는 것과 같습니다. 이런 절감형 플랜에는 크게 세 종류가 있습니다.

Compute Savings Plans

Compute Savings Plans는 적용할 수 있는 AWS 서비스가 가장 많고 적용 조건도 유연해서 널리 이용되는 절감형 플랜입니다. Compute Savings Plans는 다음 특징이 있습니다.

- 적용할 수 있는 AWS 서비스는 EC2, AWS Lambda, AWS Fargate 세 가지입니다.
- 모든 AWS 리전이 적용 대상입니다.
- EC2 인스턴스는 모든 인스턴스 패밀리, 인스턴스 유형이 적용 대상입니다.
- 할인 효과가 가장 높은 리소스부터 순서대로 자동으로 적용됩니다.

▼ 그림 11-92 Compute Savings Plans 적용 모습

[28] https://aws.amazon.com/ko/savingsplans/compute-pricing/

EC2 Instance Savings Plans

EC2 Instance Savings Plans는 Compute Savings Plans보다 할인 효과가 더 높은 절감형 플랜입니다. EC2 Instance Savings Plans는 다음 특징이 있습니다.

- EC2 서비스에만 적용할 수 있습니다.
- 지정한 AWS 리전과 지정한 인스턴스 패밀리만 적용 대상이 됩니다.

▼ 그림 11-93 EC2 Instance Savings Plans 적용 모습

Machine Learning Savings Plans

Machine Learning Savings Plans는 2024년 6월 현재 Machine Learning Savings Plans for Amazon SageMaker에서만 제공되고 있으며, Amazon SageMaker 이용자가 할인받을 수 있는 절감형 플랜입니다. Machine Learning Savings Plans에는 다음 특징이 있습니다.

- 적용할 수 있는 AWS 서비스는 2024년 2월 현재 Amazon SageMaker뿐입니다.
- 모든 AWS 리전이 적용 대상입니다.

절감형 플랜 비교 및 사용법

앞서 소개한 Compute Savings Plans, EC2 Instance Savings Plans, Machine Learning Savings Plans 세 가지 절감형 플랜을 표 11-20에 비교해 두었습니다. 표에서 ○ 개수를 세어 보면 알 수 있지만 Compute Savings Plans가 가장 유연한 구매 옵션입니다. SageMaker를 이용하지 않고 적용 대상 EC2 인스턴스의 인스턴스 패밀리가 고정이 아니라면 보통은 Compute Savings Plans를 선택하길 추천합니다.

▼ 표 11-20 절감형 플랜 비교표

종류(유형 또는 클래스)	Compute SP	EC2 Instance SP	ML SP
할인율	최대 66%	최대 72%	최대 64%
시간당 약정 기간 종류	1년간(24시간 × 365일) 또는 3년간(24시간 × 365일 × 3년) 기간 지정		
지불 옵션	전체 선결제, 부분 선결제, 선결제 없음 중에서 하나 선택		
Fargate 적용(ECS, EKS)	○	×	
Lambda 적용	○	×	
SageMaker 적용	×		○
모든 리전에 자동 적용	○	× 지정한 리전만 할인	○
모든 인스턴스 패밀리에 자동 적용	○	× 지정한 인스턴스 패밀리만 할인	○
모든 인스턴스 유형에 자동 적용	○		
모든 테넌시에 자동 적용	○		– 테넌시 개념 없음
모든 OS(플랫폼)에 자동 적용	○		– OS(플랫폼) 개념 없음
용량 예약 기능 제공	× 온디맨드 용량 예약으로 대응 가능		× 용량 예약을 제공하지 않음
AWS 계정 간 공유 비활성화	○		
구매 후 교환 기능 제공	×		

11.6.3 절감형 플랜 구매 방법(Compute Savings Plans)

가장 많이 이용하는 Compute Savings Plans 절감형 플랜 구매 방법을 소개합니다. 먼저 Cost Explorer 콘솔 화면에서 **Savings Plans 구매**를 선택하고 구매할 **절감형 플랜 유형**을 선택합니다. 구매 화면을 보면 바로 알 수 있듯이, 예약 인스턴스 구입 화면보다 선택 옵션이 적어서 단순합니다.

▼ 그림 11-94 절감형 플랜 구매 화면 1

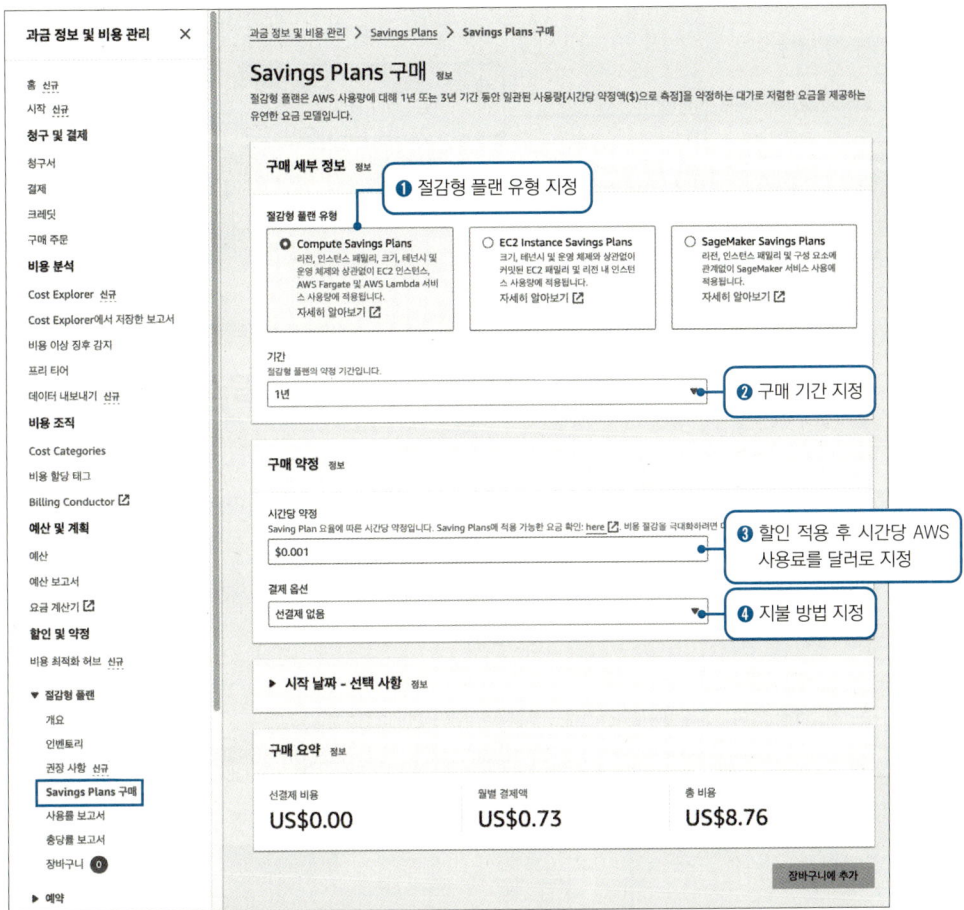

선택 옵션 입력 후 **절감형 플랜의 시작 날짜와 시간**(UTC)을 입력하고 **장바구니에 추가** 버튼을 누릅니다. 시작 날짜와 시간에 미래 시간을 지정하면 절감형 플랜 구매 예약을 할 수 있습니다.

▼ 그림 11-95 절감형 플랜 구매 화면 2

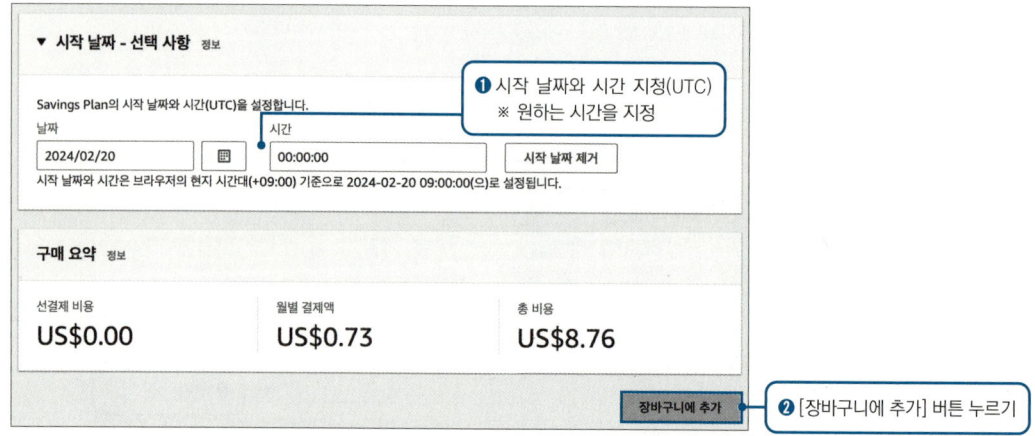

절감형 플랜은 구매를 완료한 후에는 원칙적으로 취소할 수 없지만 구매 예약은 취소할 수 있으므로, 미래 날짜와 시간을 지정하는 예약 구매 방식을 추천합니다. 구매 예약을 한 경우 절감형 플랜 구매 이력의 상태 항목에 **대기됨** 상태가 표시됩니다. 이런 대기 중인 예약은 구매가 시작되기 전에 삭제하여 구매 예약을 쉽게 취소할 수 있습니다.

▼ 그림 11-96 절감형 플랜 구매 이력(인벤토리)

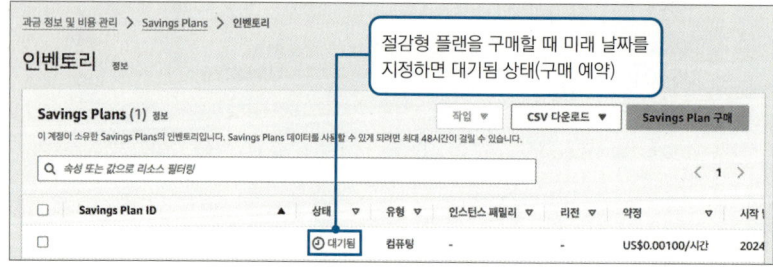

▼ 그림 11-97 절감형 플랜 예약 삭제

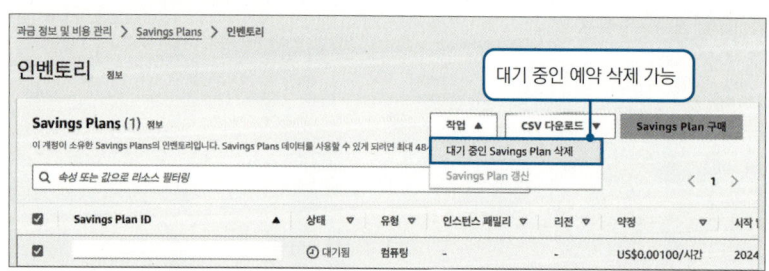

그 외의 구입 예약 활용 방법으로는 **기간 만료된 절감형 플랜 재구매**가 있습니다. 예전에 구매한 절감형 플랜의 기간 만료가 다가오면 기간 만료 다음 날로 구매 예약하여 기간 만료 후에도 계속해서 절감형 플랜을 적용할 수 있습니다. 또 날짜를 자동으로 **종료 날짜의 1초 후**로 설정해서 구매 예약하는 **갱신 예약 기능**도 있으므로 활용해 봅시다.

▼ 그림 11-98 절감형 플랜 인벤토리 화면에서 갱신 예약

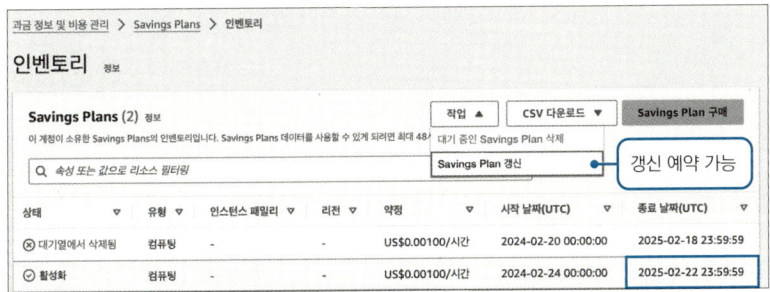

▼ 그림 11-99 절감형 플랜 갱신 예약

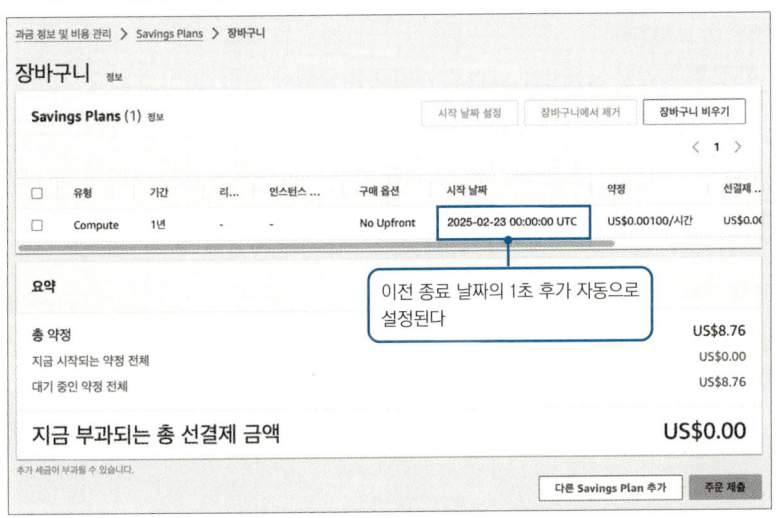

장바구니에 추가 버튼을 누르면 확인 화면이 표시됩니다. 내용에 문제없는지 확인한 후 **주문 제출** 버튼을 누르면 구매가 완료됩니다.

▼ 그림 11-100 절감형 플랜 구매 확인 화면

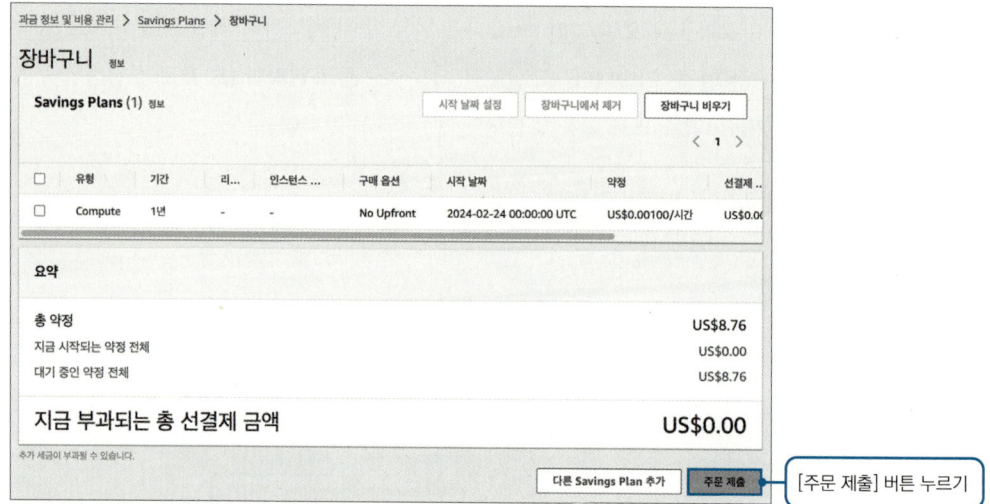

권장 사항 표시 기능

절감형 플랜은 **할인 적용 후 시간당 사용료**를 달러로 지정해서 구입하는데, 할인 적용 후 가격을 계산하는 것이 쉽지 않습니다. 따라서 Cost Explorer에는 **구입해야 할 절감형 플랜을 권장 사항으로 표시하는 기능**이 있습니다. 권장 사항을 표시할 때 **지불 기간과 지불 옵션, 권장 사항을 표시할 분석 대상의 과거 데이터 기간**을 선택할 수 있습니다.

▼ 그림 11-101 절감형 플랜 권장 사항

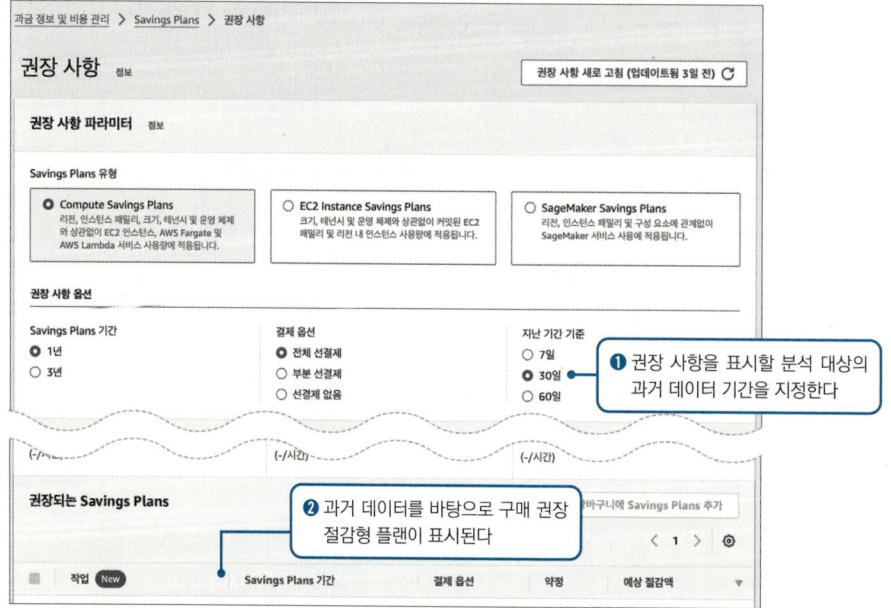

절감형 플랜 기간 만료 알림

절감형 플랜에는 구매한 절감형 플랜의 기간 만료 1일 전, 7일 전, 30일 전, 60일 전에 지정한 이메일 주소로 기간 만료를 알려 주는 **알림 구독** 기능이 있습니다. **절감형 플랜 유효 기간 만료는 구매일부터 1년 후 또는 3년 후**이므로 기간 만료를 잊지 않도록 알림을 설정해 둡시다.

▼ 그림 11-102 알림 구독 콘솔 화면

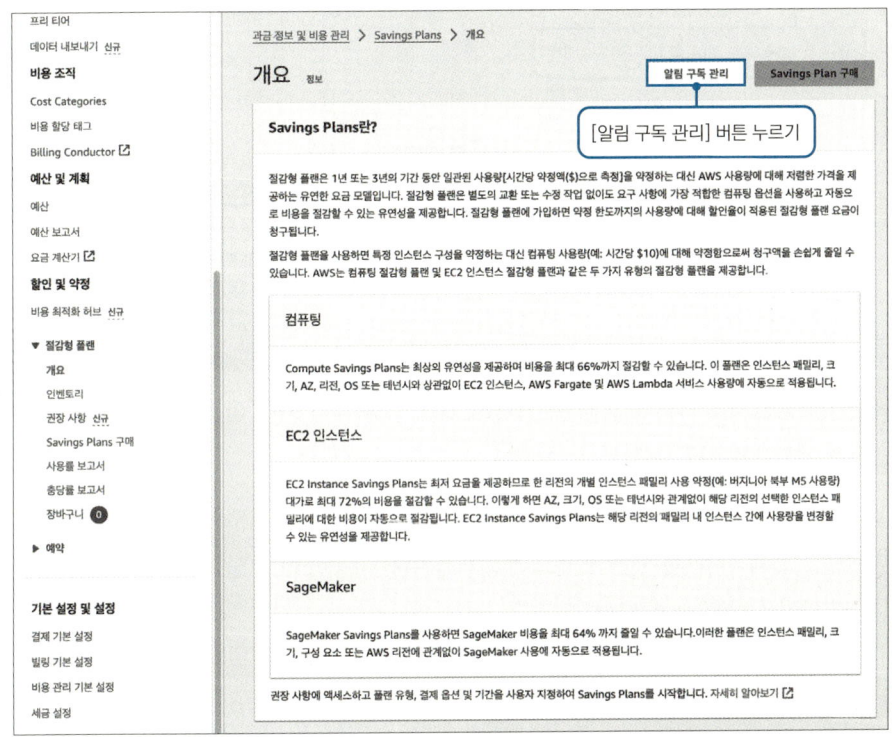

▼ 그림 11-103 알림 구독 설정 화면

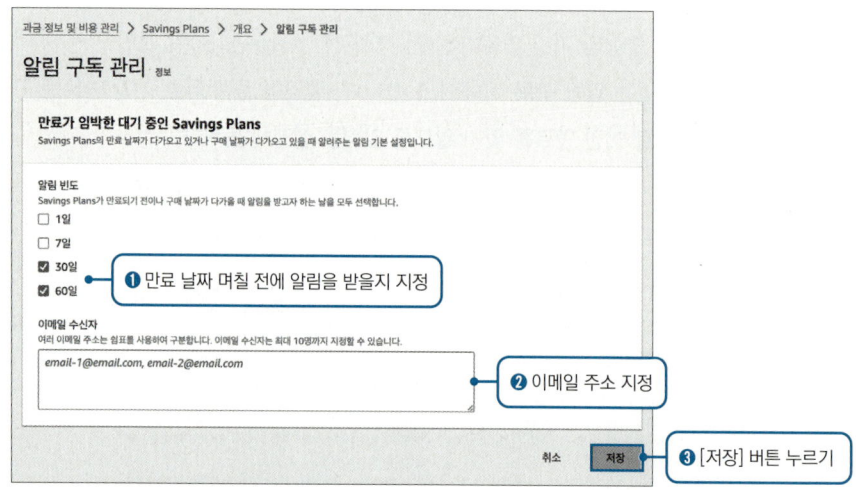

절감형 플랜 할인 적용 예

OS와 인스턴스 유형이 각각 다른 EC2 인스턴스가 총 30대 가동 중인 AWS 환경을 가정하여 구매한 절감형 플랜을 어떻게 적용할 수 있는지 알아봅시다.

절감형 플랜을 구매할 때 선택 옵션으로 절감형 플랜 유형은 Compute Savings Plans, 기간은 1년, 지불 옵션은 전체 선결제를 선택했다고 가정해 봅시다. 가동한 EC2 인스턴스 정보와 절감형 플랜의 시간당 약정을 다음 표에 정리했습니다.

▼ 표 11-21 절감형 플랜 할인 적용 예(1년분 전체 선결제)

인스턴스 유형	OS	일반 요금/ 시간	절감형 플랜 요금/ 시간	할인율	인스턴스 대수	일반 요금/시 간 × 인스턴 스 대수	절감형 플랜 요금/시간 × 인스턴스 대수
r6i.large	리눅스	$0.15200	$0.10278	32%	10	$1.5200	$1.0278
t3.large	리눅스	$0.1088	$0.0798	27%	10	$1.0880	$0.7980
r6i.large	윈도우	$0.24400	$0.19478	20%	5	$2.4400	$1.9478
t3.large	RHEL	$0.1688	$0.1398	17%	5	$1.6880	$1.3980

절감형 플랜 요금/시간 항목의 금액은 절감형 플랜을 구매할 때 지정하는 **시간당 약정**을 계산하는 데 이용하는 정보입니다.

이번에는 가장 할인율이 높은 r6i.large/Linux로 가동한 EC2 인스턴스 열 대에 전부 절감형 플랜 할인을 적용한 경우를 생각해 보겠습니다. 이때 절감형 플랜 요금/시간 항목의 $0.10278에 가동한 인스턴스 대수 10을 곱해서 계산한 $1.0278이 그림 11-94의 **시간당 약정**에 지정하는 금액입니다.

시간당 약정에 $1.8258 금액을 지정하면 어떤 EC2 인스턴스에 절감형 플랜이 적용될까요? 정답은 r6i.large/Linux와 t3.large/Linux의 EC2 인스턴스입니다. **Compute Savings Plans는 할인 효과가 가장 높은 AWS 리소스부터 순서대로 자동으로 적용됩니다. 따라서 가장 할인율이 높은 r6i.large/Linux의 EC2 인스턴스에 먼저 절감형 플랜 할인이 적용됩니다.**

하지만 r6i.large/Linux로 가동한 EC2 인스턴스 열 대에 전부 절감형 플랜 할인을 적용해도 $0.7980($1.8258 - $1.0278)만큼 절감형 플랜 약정 금액이 남습니다.

따라서 절감형 플랜은 다음으로 할인율이 높은 t3.large/Linux의 EC2 인스턴스에 할인을 적용합니다. t3.large/Linux로 가동한 EC2 인스턴스 열 대에 전부 절감형 플랜 할인을 적용하면 남아 있던 $0.7980 절감형 플랜을 전부 다 쓸 수 있습니다.

EC2 인스턴스의 예약 인스턴스 구매와 다르게 절감형 플랜은 **시간당 약정** 금액 계산이 필요하므로 표 11-21과 같이 미리 정보를 정리해 두는 것이 중요합니다. 하지만 익숙해지기 전에는 계산 실수가 있을 수 있으므로 **권장 사항 표시 기능**을 이용한 구매를 추천합니다.

> **Note ≡** 예약 인스턴스와 절감형 플랜을 모두 구매하면 예약 인스턴스 할인이 먼저 적용됩니다. 절감형 플랜은 예약 인스턴스 할인 적용 후에 아직 할인이 적용되지 않은 EC2 인스턴스에 적용됩니다. 또 EC2 인스턴스에 Compute Savings Plans와 EC2 Instance Savings Plans를 모두 구매하면 EC2 Instance Savings Plans 할인 적용이 우선됩니다.

11.6.4 예약 인스턴스와 절감형 플랜 비교

AWS에서 구매할 수 있는 할인 구매 옵션으로 각각 예약 인스턴스와 절감형 플랜을 소개했습니다. 그렇다면 무엇을 구매하면 좋을까요? 표 11-22는 EC2 인스턴스에 예약 인스턴스와 절감형 플랜을 구매한 경우를 비교한 것입니다. 결과적으로 할인율에는 큰 차이가 없습니다. 하지만 적용할 수 있는 OS, 인스턴스 유형은 절감형 플랜 쪽이 적용 범위가 넓습니다. 또 절감형 플랜의 Compute Savings Plans는 EC2 Instance Savings Plans보다 인스턴스 패밀리나 AWS 리전 적용 범위가 더욱 넓기 때문에 가장 유연한 할인 구매 옵션입니다. **하지만 RDS는 절감형 플랜을 구매할 수 없으므로 예약 인스턴스를 구매합니다.**

▼ 표 11-22 예약 인스턴스와 절감형 플랜 비교

할인 구매 옵션 이름	절감형 플랜		EC2 예약 인스턴스	
종류(유형/클래스)	Compute Savings Plans*	EC2 Instance Savings Plans	Convertible RI	Standard RI
할인율	최대 66%, Convertible RI와 동일	최대 72%, Standard RI와 동일	최대 66%	최대 72%
시간당 약정 기간 종류	1년간(24시간 × 365일) 또는 3년간(24시간 × 365일 × 3년) 기간 지정			
지불 옵션	전체 선결제, 부분 선결제, 선결제 없음 중에서 하나 선택			
Fargate 적용(ECS, EKS)	○	×		
Lambda 적용	○	×		
모든 리전에 자동 적용	○	× 지정한 AWS 리전만 할인		
모든 인스턴스 패밀리에 자동 적용	○	× 지정한 인스턴스 패밀리만 할인		
모든 인스턴스 유형에 자동 적용	○		× 단 인스턴스 크기 유연성 유지	
모든 테넌시에 자동 적용	○		× 지정한 테넌시만 할인	
모든 OS(플랫폼)에 자동 적용	○		× 지정한 OS(플랫폼)만 할인	
용량 예약 기능 제공	×		○ 단 가용 영역 지정 필요	
AWS 계정 간 공유 비활성화	○ 가능(절감형 플랜과 예약 인스턴스 공통 설정 항목)			
구매 후 교환 기능 제공	×		○ 테넌시, OS, 인스턴스 패밀리, 인스턴스 유형 등 가능	×

* Compute Savings Plans가 가장 유연

예약 인스턴스와 절감형 플랜 중에서 고르기

앞서 예약 인스턴스와 절감형 플랜을 비교해 보았습니다. 그렇다면 결국 어떤 기준으로 어떤 할인 구매 옵션을 선택해야 할까요?

이번에는 AWS 사용료에서 높은 비중을 차지하는 EC2와 RDS 할인 구매 옵션을 검토할 때 참고할 수 있는 워크플로를 소개합니다.

먼저 구매 검토 중인 리소스가 RDS인지 여부에 따라 예약 인스턴스와 절감형 플랜 중 어느 쪽을 선택할지 정합니다. 앞서 설명했듯이, RDS는 예약 인스턴스만 구매할 수 있으므로 당연히 예약 인스턴스를 구매합니다.

▼ 그림 11-104 할인 구매 옵션 검토 워크플로 1

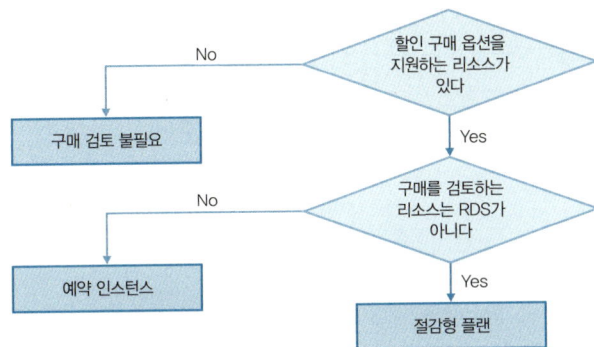

예약 인스턴스를 구매한다면 이어서 그림 11-105의 워크플로를 검토합니다. RDS의 예약 인스턴스를 구매한다면 EC2 인스턴스의 예약 인스턴스와 다르게 Convertible RI 옵션을 선택할 수 없으므로 DB 엔진과 DB 인스턴스 클래스는 구매하면 변경할 수 없습니다. **DB 엔진과 DB 인스턴스 클래스를 변경할 가능성이 있다면 변경 검토 및 변경 작업을 미리 끝내고 예약 인스턴스를 구매하는 것이 좋습니다.**

이제 구매 기간과 지불 방법을 검토합니다. 예약 인스턴스 구매 대상 AWS 리소스를 3년간 계속해서 이용하는 데 문제없는지, 전체 선결제할 수 있는지에 따라 구입 기간과 지불 방법이 다릅니다. 예를 들어 RDS가 2년 후에 이용 중지한다고 결정되었다면 3년간 계속해서 이용하는 예약은 어려우므로 구입 기간은 1년 옵션을 선택해야 합니다.

지불 방법은 전체 선결제라면 구매하는 예약 인스턴스 금액을 일시불로 지불해야 하므로 한꺼번에 나가는 금액이 커집니다. 예산 편성 문제로 전체 선결제 가능한 예산을 확보하지 못했다면 부분 선결제 또는 선결제 없음 지불 방법을 선택합니다. **하지만 RDS의 예약 인스턴스는 구매 기간이 3년이라면 선결제 없음을 선택할 수 없으므로 주의합니다.**

▼ 그림 11-105 할인 구매 옵션 검토 워크플로 2

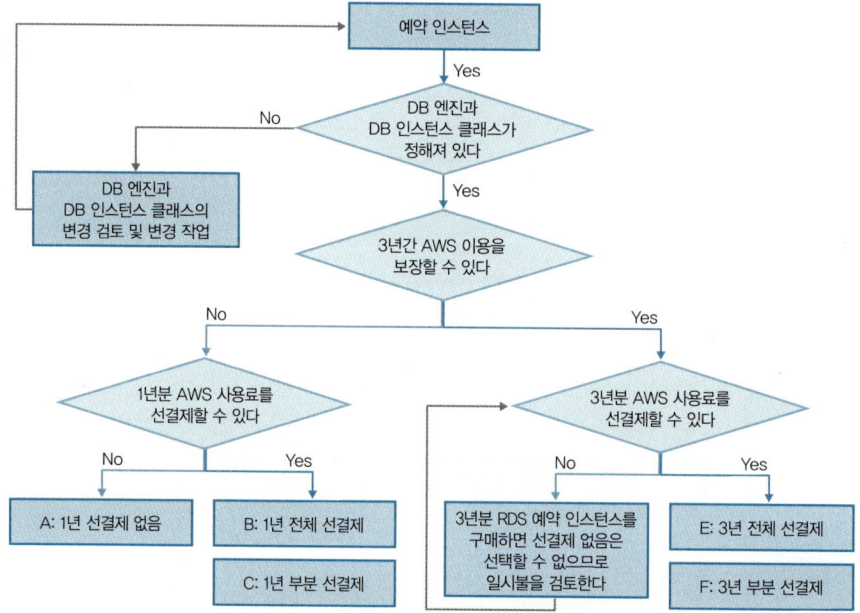

절감형 플랜을 구매한다면 다음 그림의 워크플로를 검토합니다.

▼ 그림 11-106 할인 구매 옵션 검토 워크플로 3(절감형 플랜)

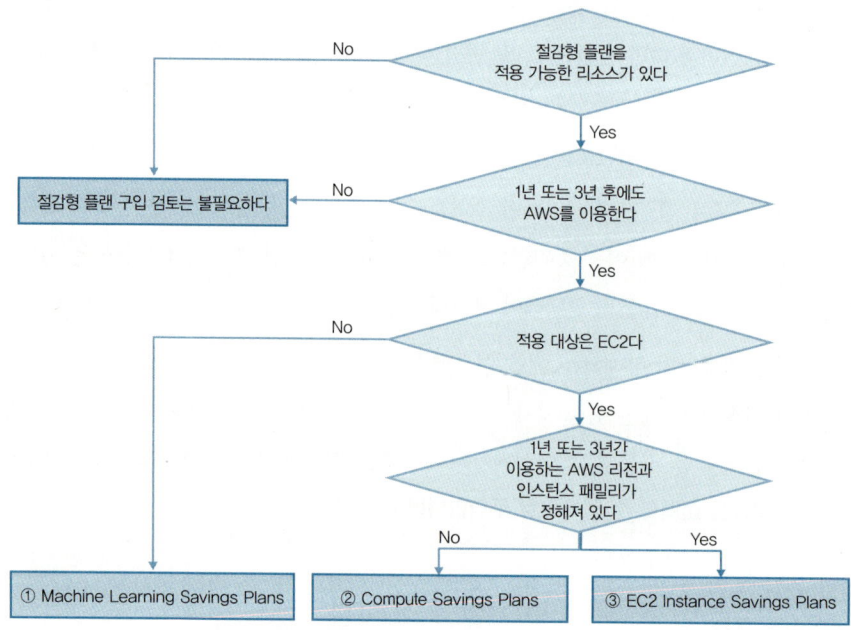

어떤 절감형 플랜을 구매하는가는 SageMaker 이용 유무, 적용 대상 EC2 인스턴스의 인스턴스 패밀리가 고정인지에 따라 결정합니다. 구매할 절감형 플랜을 결정했으면 예약 인스턴스 구매처럼 **구입 기간**과 **지불 방법**을 검토합니다.

▼ 그림 11-107 할인 구매 옵션 검토 워크플로 4(절감형 플랜)

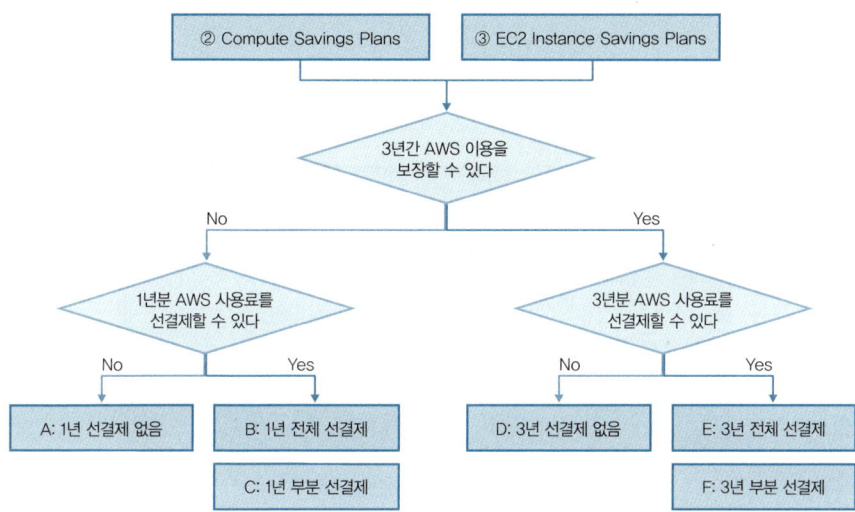

11.6.5 AWS Systems Manager Quick Setup

AWS Systems Manager Quick Setup은 SSM 기능 중 하나인데 다음 설정 과정을 간소화할 수 있습니다.

- IAM 역할 생성
- CloudWatch Agent 설치, 업데이트
- SSM Agent 업데이트, 인벤토리 수집, 누락된 패치가 없는지 매일 스캔
- AWS Config 활성화
- Config Conformance Packs 배포
- DevOps Guru 활성화
- SSM Distributor를 이용한 소프트웨어 패키지 배포
- Resource Scheduler를 이용한 인스턴스 가동, 중지 스케줄링

이 중에서 Resource Scheduler를 이용한 인스턴스 가동, 중지 스케줄링이 비용 최적화에 효과적입니다. '11.2.5절 비용 최적화를 하는 네 가지 방법'에서 소개한 **미사용 시 중지**를 간단히 구현할 수 있는 기능입니다.

Resource Scheduler 설정 방법

SSM 콘솔 화면의 왼쪽 메뉴에서 **빠른 설정**을 선택합니다.

▼ 그림 11-108 SSM 콘솔 화면

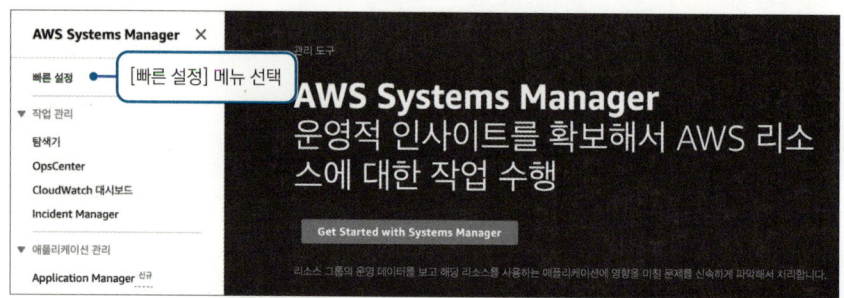

빠른 설정(Quick Setup) 콘솔 화면이 표시되면 구성 유형 검색 창에서 Resource Scheduler를 검색하여 **생성** 버튼을 누릅니다.

▼ 그림 11-109 빠른 설정 콘솔 화면

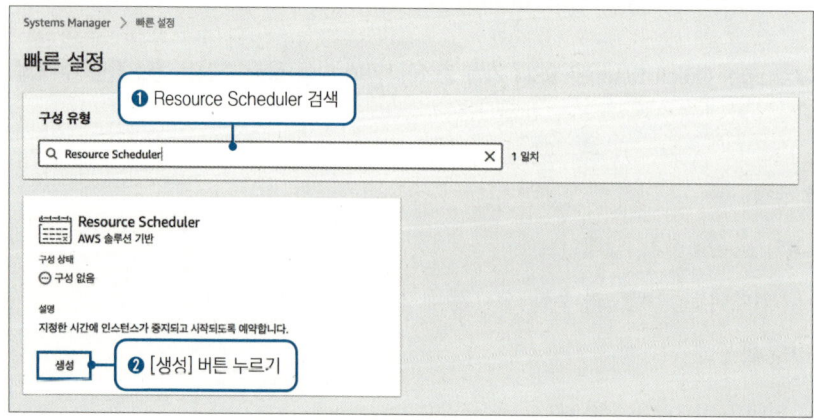

Resource Scheduler로 가동, 중지할 EC2 인스턴스는 **태그 키**와 **태그 값** 조합으로 지정합니다. 11.4.1절의 비용 할당 태그에서 소개한 네 가지 일반적인 태깅 전략 중에서 **자동화용 태그**에 해당하는 태그 이용 방법입니다.

예를 들어 검증 환경용 EC2 인스턴스에 전부 일정을 적용한다면 대상 EC2 인스턴스에 태그 키 Environment, 태그 값 stg를 추가하고 Resource Scheduler 설정에서 해당 태그를 지정합니다. 그리고 일정 시간대, 일정 날짜, EC2 인스턴스 시작 및 중지 시간, 일정을 적용할 리전을 지정하면 설정이 완료됩니다. 다만 **Resource Scheduler의 EC2 인스턴스에 적용하려면 해당 인스턴스가 SSM 관리형 노드여야 합니다.**

▼ 그림 11-110 Resource Scheduler 설정 화면 1

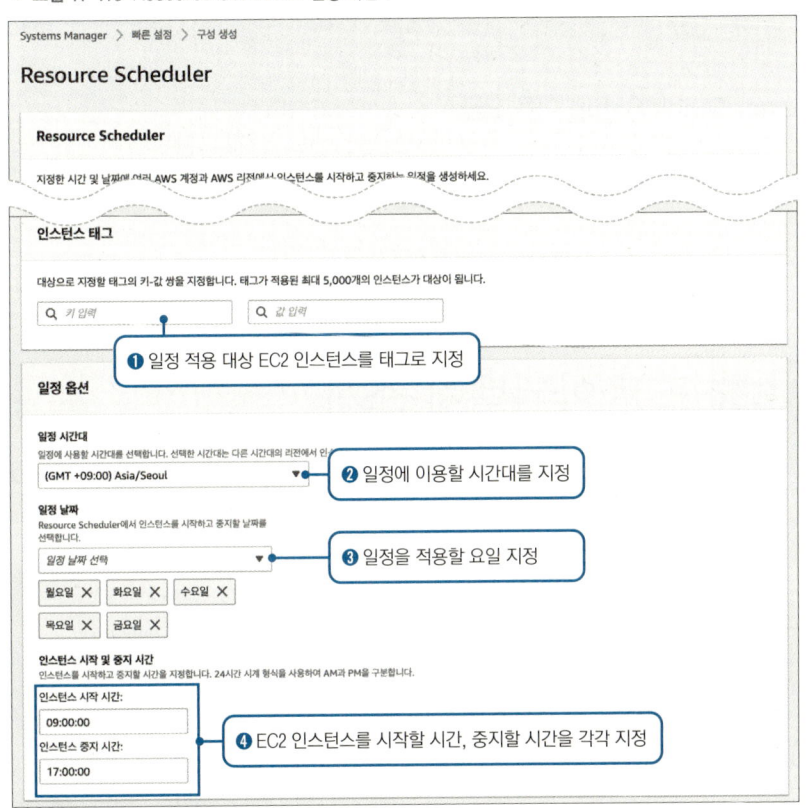

▼ 그림 11-111 Resource Scheduler 설정 화면 2

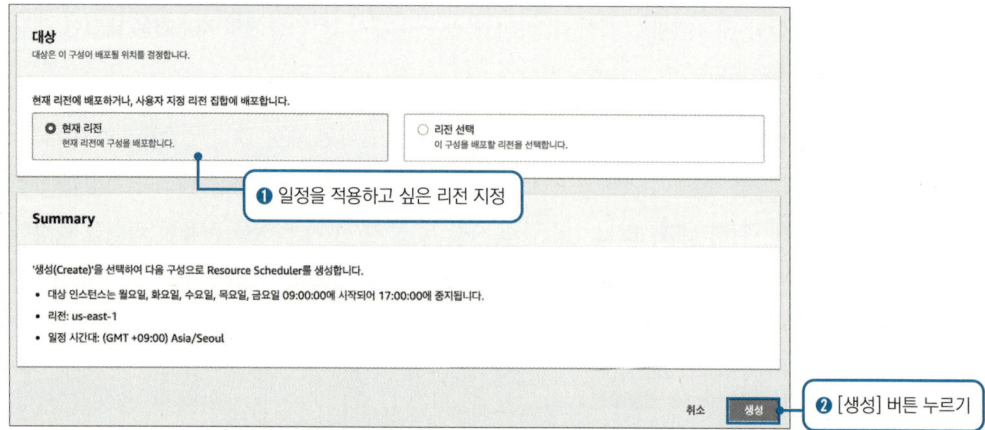

Systems Manager Quick Setup 이용 요금

Systems Manager Quick Setup은 무료로 이용할 수 있습니다.

11.7 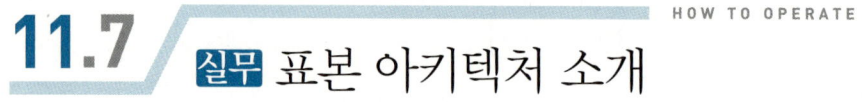 표본 아키텍처 소개

HOW TO OPERATE AWS

비용 최적화를 위한 표본 아키텍처는 다음 그림과 같습니다.

▼ 그림 11-112 표본 아키텍처

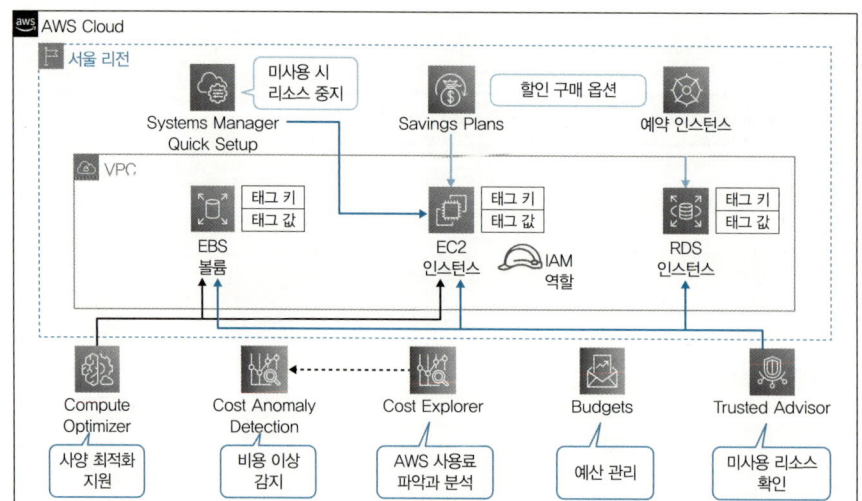

11.7.1 표본 아키텍처 개요

표본 아키텍처는 '11.2.4절 비용 최적화 실행 절차'에서 소개한 네 가지 절차와 '11.2.5절 비용 최적화를 하는 네 가지 방법'에서 설명한 방법을 다룹니다.

비용 최적화 실행 절차의 관점

표본 아키텍처는 AWS 사용료 파악, 태그 추가, AWS 이용 상황 분석, 비용 최적화 실행의 비용 최적화 실행을 돕는 AWS 서비스를 모두 활성화했다고 가정합니다. 구체적으로 AWS 사용료 파악, AWS 이용 상황 분석 관점에서 Cost Explorer 및 Cost Anomaly Detection을 써서 AWS 사용료를 파악 및 분석하고 비용 이상 탐지를 실시합니다. 이때 Cost Explorer에서 자세히 분석하려면 AWS 리소스에 태그를 추가하고 비용 할당 태그를 활성화해야 합니다. 예산 소화 정도의 확인과 AWS 사용료의 예측을 목적으로 Budgets도 사용합니다.

비용 최적화 네 가지 방법의 관점

비용 최적화 네 가지 방법 중에서 불필요한 리소스 삭제는 Trusted Advisor를 활성화하여 미사용 리소스를 확인하도록 운영하는 것입니다. AWS 리소스 사양 최적화는 Compute Optimizer를 활성화하여 최적 사양을 쉽게 판단할 수 있도록 합니다. 또 미사용 시 중지는 Systems Manager Quick Setup으로 EC2 인스턴스 미사용 시 자동 중지 일정을 구성합니다. 마지막으로 상시 가동 리소스의 할인 요금 플랜 계약은 EC2와 RDS에 각각 **절감형 플랜**과 **예약 인스턴스**를 구매하여 상시 가동하는 컴퓨팅 리소스의 비용 최적화를 실시합니다.

11.8 실무 자주 하는 질문

Q1. RDS의 예약 인스턴스는 구매 예약이 가능한가요?

A1. 불가능합니다.

RDS의 예약 인스턴스는 구매 예약할 수 없으므로 기한이 만료될 때마다 새로 구매합니다.

▼ 표 11-23 예약 인스턴스와 절감형 플랜 구매 예약 가능 여부

할인 구매 옵션	갱신 예약 가능 여부	비고
EC2 예약 인스턴스	가능	미래 날짜 지정으로 구매 가능
RDS 예약 인스턴스	불가능	-
절감형 플랜	가능	미래 날짜 지정으로 구매 가능

Q2. 예약 인스턴스 구매 후 기간 연장이나 취소가 가능한가요?

A2. 불가능합니다.

예약 인스턴스는 1년 또는 3년간 고정 기간으로만 구매할 수 있고 기간 연장은 불가능합니다. 또 예약 인스턴스나 절감형 플랜은 원칙적으로 구매하면 취소할 수 없습니다.

Q3. RDS의 예약 인스턴스에서 용량 예약이 가능한가요?

A3. 불가능합니다.

RDS의 예약 인스턴스는 EC2의 예약 인스턴스와 다르게 용량 예약 기능이 없습니다.

Q4. 절감형 플랜은 Convertible RI처럼 다른 옵션으로 교환, 변경할 수 있나요?

A4. 불가능합니다.

절감형 플랜은 Convertible RI와 같은 교환, 변경 기능을 제공하지 않습니다.

Q5. 절감형 플랜은 EC2의 예약 인스턴스와 함께 사용할 수 있나요?

A5. 가능합니다.

예약 인스턴스와 절감형 플랜을 함께 사용할 수 있습니다. 적용되는 순서는 다음과 같습니다.

예약 인스턴스 > EC2 Instance Savings Plans > Compute Savings Plans

Q6. 절감형 플랜에서 용량 예약이 가능한가요?

A6. 불가능합니다.

절감형 플랜은 용량 예약 기능을 제공하지 않습니다. 다만 EC2 인스턴스의 온디맨드 용량 예약을 이용하는 방식으로 대신할 수 있습니다.

Q7. 예약 인스턴스나 절감형 플랜에 지정하는 기간에 윤년이 포함되나요?

A7. 포함되지 않습니다.

예약 인스턴스나 절감형 플랜은 1년 또는 3년의 구매 기간을 지정할 수 있지만 해당 기간에는 윤년이 포함되지 않습니다. 1년은 365일로 계산합니다. 따라서 구입 기간 안에 윤년이 있으면 예약

인스턴스나 절감형 플랜 기간 종료일에 하루가 차이 납니다. 예약 인스턴스나 절감형 플랜의 정확한 종료 날짜는 콘솔 화면에 표시됩니다.

Q8. 예약 인스턴스를 제대로 구매했는지 확인하는 방법이 있나요?

A8. 예약 인스턴스 콘솔 화면에서 확인할 수 있습니다.

구매한 예약 인스턴스 세부 화면을 열어서 상태가 Active(활성화)인지 확인합니다. 예를 들어 AWS 사용료 지불에 이용하는 신용 카드에 문제가 생겨서 사용이 불가능하다면 구매에 실패할 수 있습니다. 따라서 예약 인스턴스 구매 후에는 인스턴스 상태가 Active인지 확인합니다.

참고 문헌

- 〈그림으로 배우는 보안 구조〉, 영진닷컴, 2020
- 〈情報セキュリティ読本 五訂版 : IT 時代の危機管理入門(정보처리추진기구, 정보 보안 독본 개정5판: IT시대의 위기 관리 입문)〉, 짓쿄출판, 2018
- 〈運用設計の教科書: 現場で困らないIT サービスマネジメントの実践ノウハウ(운영 설계 교과서: 현장에서 활용하는 IT 서비스 관리 실무 노하우)〉, 기술평론사, 2019
- 〈インフラ設計のセオリー 要件定義から運用・保守まで全展開(인프라 설계 이론 요구 정의부터 운영/보수까지의 모든 것)〉, 릭테레콤, 2019
- 〈インフラ／ネットワークエンジニアのためのネットワーク技術&設計入門第2版(인프라/네트워크 엔지니어를 위한 네트워크 기술&설계 입문 제2판)〉, SB 크리에이티브, 2019
- 〈Practical Monitoring: Effective Strategies for the Real World(실용적인 모니터링: 현실 세계를 위한 효과적인 전략)〉, O'Reilly Media, 2017
- 〈よくわかるシステム監査の実務解説 第3版(잘 이해되는 시스템 감시 실무 해설 제3판)〉, 도분칸 출판, 2019
- NPO 법인 일본 시스템 감사인 협회, 정보 시스템 감사 실무 매뉴얼(제3판), 모리키타 출판, 2020
- 〈Amazon Web Services 企業導入ガイドブック: 企業担当者が知っておくべきAWSサービスの全貌から、セキュリティ概要、システム設計、導入プロセス、運用まで(Amazon Web Services 기업 도입 가이드북: 기업 담당자가 알아야 할 AWS 서비스 전체 모습부터 보안 개요, 시스템 설계, 도입 프로세스, 운영까지)〉, 마이나비 출판, 2016

찾아보기

A

access advisor   110
account   78
ACL   62
ACM   288
ALB   73
alert   187
Amazon Athena   145
Amazon CloudWatch   126
Amazon CloudWatch 대시보드   204
Amazon CloudWatch Alarm   193
Amazon CloudWatch Logs   127, 206
Amazon CloudWatch Metrics   190
Amazon Data Lifecycle Manager   268
Amazon EBS   55
Amazon EC2   49
Amazon EventBridge   215, 341
Amazon GuardDuty   330
Amazon Kinesis   141
Amazon Machine Image   50
Amazon RDS   64
Amazon S3   58
Amazon SNS   195, 336
Amazon VPC   43
Amazon Web Services   35
AMI   50
Application Load Balancer   73
attach   44
audit   366
audit trail   369
authentication   78
authorization   78
Availability Zone   36
AWS   35
AWS 계정   39
AWS 관리형 키   305
AWS 규정 준수 보고서   396
AWS 기초 보안 모범 사례 v1.0.0   321
AWS account root user   81
AWS Artifact   396
AWS Budgets   429
AWS Budgets 보고서   435
AWS Certificate Manager   288
AWS Chatbot   432
AWS CLI   383

AWS CloudShell   383
AWS CloudTrail   122, 372
AWS Compute Optimizer   457
AWS Config   122, 386
AWS Cost Anomaly Detection   438
AWS Cost Explorer   425
AWS Health   213
AWS IAM   82
AWS KMS   304
AWS Lambda   409
AWS Managed CMK   305
AWS Organizations   115
AWS Pricing Calculator   131
AWS Security Hub   319
AWS Security Token Service   176
AWS shared responsibility model   37
AWS Systems Manager   163
AWS Systems Manager Parameter Store   163
AWS Systems Manager Patch Manager   227
AWS Systems Manager Quick Setup   491
AWS Systems Manager Run Command   164
AWS Systems Manager Session Manager   182
AWS Trusted Advisor   353, 463
AZ   36

B

Backtrack   256
backup   248
bucket   59

C

CDK   304
CIDR   43
CloudWatch Logs 구독 필터   177, 209
CloudWatch Logs Insights   134
CloudWatch Metrics Insight   191
CMK   304
Command 문서   164
Config 애그리게이터   391
Config Aggregator   391
Config Rules   312
Configuration History   389

configuration item 386
Configuration Snapshot 389
cost optimization 405
Customer Data Key 304
Customer Managed CMK 305
Customer Master Key 304
CVE 240

D

dashboard 189
DB 서브넷 그룹 70
DB 인스턴스 클래스 67
DDL 147
decrypt 303
Deserialize 148
detach 44
detective control 281
differential backup 252
digest file 380
Disaster Recovery 36

E

EBS 스냅샷 56
EC2 만료 알림 218
EC2 Auto Scaling 408
elastic 52
Elastic Block Store 55
Elastic Compute Cloud 49
Elastic Load Balancing 72
Elastic Network Interface 53
ELB 72
encrypt 303
ENI 53
ephemeral port 48

F

failover 68
Findings 322
firewall 293
first touch latency 274
first touch penalty 274

FQDN 68
full backup 251

G

generation 51, 251

I

IAM 그룹 87
IAM 사용자 83
IAM 엔티티 86
IAM 역할 83
IAM 정책 85
IAM 정책 시뮬레이터 108
IAM 콘솔 99
IAM Access Analyzer 111
IAM policy simulator 108
Identity and Access Management 82
incremental backup 252
infrastructure 24
insights 376
instance 49
internet gateway 44
IP 주소 52
ISMS 279

J

jump account 89

K

Key Management Service 304
key pair 54

L

log 118

M

managed 65
managed prefix list 296
metadata 60
metrics 126
MFA 93
Multi AZ Deployments 68

N

Network Access Control List 46
Network Load Balancer 73
NLB 73

O

object 59
object key 59
offline backup 249
online backup 249
on-premise 28
option group 66

P

parameter group 66
patch 224
patch baselines 228
patch compliance reports 231
path based routing 74
point in time recovery 256
preventive control 281
private certificate 290
public certificate 290
Publisher 336
Pub-Sub(게시/구독) 메시지 모델 337

R

RDS 복원 71
RDS 스냅샷 70
read replica 69
Recovery Point Objective 253

Recovery Time Objective 253
region 35
Relational Database Service 64
Resource Scheduler 492
restore 248
retirement 218
RI 465
role 83
routing table 45
RPO 253
RTO 253
rule 46

S

Sample Web Requests 362
sandbox 347
Savings Plans 477
SDGs 286
Secure Sockets Layer 288
security 278
security control 320
security group 46
Security Hub 분석 결과 322
security standard 319
SerDe 148
Serialize 148
serverless 409
Simple Notification Service 195
Simple Storage Service 58
size flexibility 473
snapshot 51
SP 477
SSL 288
SSL/TLS 인증서 288
SSM 163, 491
SSM 에이전트 165
SSM Automation 314
SSM Documents 314
stateful 46
stateless 47
storage class 61
STS 176
subnet 44
Subscriber 336

subscription　337
switch role　89

T

TLS　288
Topic　336
Transport Layer Security　288
trust policy　84

V

Virtual Private Cloud　43
VPC 엔드포인트　172
VPC Flow Logs　134

W

WAF　299
Web Access Control List　300
Web ACL　300
Web Application Firewall　299
Well-Architected 프레임워크　38

ㄱ

가상 네트워크　43
가상화 유형　460
가용성　279
가용 영역　36
감사　366
감사 준비　368
감사 추적　369
객체　59
객체 키　59
게시자　336
경로 기반 라우팅　74
경보　187
계정　78
계정 관리　80
계정 운영　80
계정 통합 기능　327
고객 관리형 키　305

공개 키　54
공동 책임 모델　37, 283, 370
공식 인증서　290
공통 취약점 식별자　240
관리 이벤트　376
관리형　65
관리형 접두사 목록　296
구독　337
구독 승인　339
구독자　336
구성도　25
구성 항목　386
규정 준수 보고　231
규칙　46
기능 요구 사항　22
기밀성　279
기본 이벤트 버스　342

ㄴ

네트워크 액세스 제어 목록　46
네트워크 ACL　46

ㄷ

다이제스트 파일　380
다중 AZ 배포　68
대시보드　189
데이터 이벤트　376
데이터 정의 언어　147

ㄹ

라우팅 테이블　45
로그　118
로그 무결성　379
루트 사용자　81
리소스 사양 최적화　421, 457
리전　35
리전 통합 기능　327

ㅁ

만료 218
멀티 팩터 인증 93
메타데이터 60
명령 실행 164
모니터링 186
무결성 279
문서 314

ㅂ

방화벽 293
백업 248
백업 계획 257
백업 볼트 264
백업 세대 251
백트랙 256
버킷 59
버킷 정책 62
보안 278
보안 그룹 46, 293
보안 그룹 규칙 46
보안 제어 320
보안 표준 281, 319
복구 시점 264
복원 248
복호화 303
본조사 368
부하 분산 72
비기능 요구 사항 22
비밀 키 54
비용 이상 징후 감지 438
비용 절감 405
비용 최적화 405, 420
비용 최적화 원칙 402
비용 할당 태그 446

ㅅ

사설 인증서 290
샌드박스 347
서버리스 409
서브넷 44
스냅샷 51

스케일 아웃 73
스케일 업 73
스테이트리스 47
스테이트풀 방식 46
스토리지 클래스 61
스트리밍 데이터 141
시스템 20
시스템 감사 366
시스템 수명 주기 21
시스템 운영 21
신뢰 정책 84
심각도 323

ㅇ

아웃바운드 46
암호 정책 97
암호화 303
액세스 관리자 110
액세스 분석기 111
액세스 키 106
업무 운영 23
엔드포인트 68
여섯 가지 원칙 38
역추적 256
역할 전환 89
연결 44
연결 해제 44
예방 통제 281
예비 조사 368
예산 429
예약 인스턴스 465
오프라인 백업 249
온디맨드 셀프 서비스 31
온디맨드 패치 적용 245
온라인 백업 249
온프레미스 28
옵션 그룹 66
요금 계산기 131
요금 체계 403
운영 관리 24
원격 액세스 182
이벤트 패턴 342
이벤트 필터링 342
인가 78

인바운드 46
인사이트 이벤트 376
인스턴스 49
인스턴스 세대 51
인스턴스 유형 51, 460
인스턴스 크기 52
인스턴스 크기 유연성 473
인증 78
인증 기관 289
인터넷 게이트웨이 44
인프라 운영 24
읽기 전용 복제본 69
임계 값 187
임시 포트 번호 48
입력 변환기 349

ㅈ

자동 복구 211
자동화 314
작업 그룹 156
재해 복구 36
적발 통제 281
전사적 조직 간 협력 관계 414
전송 스트림 143
전체 백업 251
절감형 플랜 477
점프 계정 89
정보 보안 관리 시스템 279
종량 요금제 402
주제 336
증분 백업 252
지속 가능성 286
지표 126, 187

ㅊ

차등 백업 252
초기 성능 저하 274
최소 권한의 원칙 83

ㅋ

쿼리 138, 151
클라우드 30
키 페어 54

ㅌ

탄력적 IP 주소 52
테넌트 81
통합 CloudWatch 에이전트 128
특정 시점으로 복구 256

ㅍ

파라미터 그룹 66
파라미터 스토어 163
파라미터 쿼리 157
패치 224
패치 검증 244
패치 관리자 227
패치 기준 228
패치 예외 231
패치 정책 233
퍼블릭 서브넷 45
퍼블릭 액세스 차단 63
페일오버 68
프라이빗 서브넷 45
프로비저닝 459

ㅎ

하이퍼바이저 460
할인 요금제 423

번호

3계층 구조 아키텍처 161